TGCR

『十三五』国家重点出版物出版规划项目

长江三峡工程文物保护项目 报告 乙种第三十四号

# 巫山麦沱墓地

重庆市文物局 重庆市移民局 编

科学出版社

## 内 容 简 介

本书收录了重庆市巫山县麦沱墓地1997～2002年先后四次发掘的全部资料。共设五章，分别为导论、墓葬资料、墓葬形制、随葬器物以及汉墓综述等内容。

本书将麦沱汉墓分为六期，各期年代分别相当于西汉早期、西汉中期、西汉晚期、新莽至东汉初期、东汉中期和东汉晚期。六期文化面貌一脉相承，几无缺环，为三峡地区汉墓分期研究提供了标尺。另外，本书还就麦沱汉墓特征、墓地结构、丧葬制度、与中原汉墓的比较以及汉文化在麦沱墓地的形成等方面展开了分析和讨论。

本书可供考古学、历史学、文物研究者及相关专业高校师生阅读和参考。

**图书在版编目（CIP）数据**

巫山麦沱墓地 / 重庆市文物局，重庆市移民局编. —北京：科学出版社，2018.10

（长江三峡工程文物保护项目报告. 乙种第三十四号）

"十三五"国家重点出版物出版规划项目

ISBN 978-7-03-058733-6

Ⅰ.①巫… Ⅱ.①重… ②重… Ⅲ.①墓群–发掘报告–巫山县 Ⅳ.①K878.85

中国版本图书馆CIP数据核字（2018）第206850号

责任编辑：樊 鑫 曹 伟 / 责任校对：邹慧卿
责任印制：肖 兴 / 封面设计：陈 敬

*科 学 出 版 社* 出版

北京东黄城根北街16号
邮政编码：100717
http://www.sciencep.com

中国科学院印刷厂 印刷

科学出版社发行 各地新华书店经销

\*

2018年10月第 一 版　　开本：A4（880×1230）
2018年10月第一次印刷　　印张：29 1/2 插页：96
字数：930 000

定价：**480.00元**

（如有印装质量问题，我社负责调换）

"13th Five-Year Plan" National Key Publications Publishing and Planning Project
Reports on the Cultural Relics Conservation
in the Three Gorges Dam Project
B(site report) Vol.34

# Maituo Cemetery in Wushan County

Cultural Relics and Heritage Bureau of Chongqing
&
Resettlement Bureau of Chongqing

Science Press

长江三峡工程文物保护项目报告

# 重 庆 库 区 编 委 会

张洪斌　刘贵忠　幸　军　彭　亮　王川平　程武彦　刘豫川

# 重庆市人民政府三峡文物保护专家顾问组

张　柏　谢辰生　吕济民　黄景略　黄克忠　苏东海　徐光冀

刘曙光　夏正楷　庄孔韶　王川平　李　季　张　威　高　星

长江三峡工程文物保护项目报告
乙种第三十四号

《巫山麦沱墓地》

主　编

尹检顺

**项目承担单位**

湖南省文物考古研究所

巫山县文物管理所

# 目　　录

# 插 图 目 录

# 插 表 目 录

# 彩 版 目 录

# 图 版 目 录

# 第一章 导 论

## 第一节 地理位置及自然环境

巫山县位于重庆市最东端，地处三峡库区腹心地带，素有"渝东门户"之称。县境跨长江巫峡两岸，东邻湖北巴东县，南抵湖北建始县，西与奉节县毗邻，北与巫溪县及神农架林区接壤。地理坐标为东经109°33′~110°11′，北纬30°45′~23°28′。县境东西最大距离61.2千米，南北最大距离80.3千米，总面积2958平方千米。境内山地占96%，丘陵平地只占4%。总人口61万。巫山县城位于长江北岸，处于大宁河与长江交汇处，水路交通十分便利，地理位置极为重要（图一）。

巫山县域正好处于大巴山弧形构造、川东褶皱带及川鄂湘黔隆褶皱带三大构造体系结合处。长江横贯东西，大宁河等支流呈南北向强烈下切，地貌呈现出深谷和中低山相间的形态。地形起伏大，坡度陡，谷底海拔300米左右，坡顶多在1000米以上。区内出露地层多为沉积岩地层，自寒武系至侏罗系均有出露，第四系也有零星分布。岩层软硬相间，次级褶皱及断裂构造十分发育，地质构造背景较为复杂。境内主要山脉有大巴山、巫山、七曜山等。

巫山县属亚热带季风性湿润气候，立体气候特征明显。气候温和，雨量充沛，年均温度18.4℃，年均降水量1041毫米。

巫山县资源丰富。矿产资源有煤、铁、硫铁矿、石灰岩、硫等，而且储量都较丰富。珍稀动物有金丝猴、鬣羚、牛羚、白唇鹿、鸳鸯、大鲵、红腹角雉、白尾椎红雉、绿尾红雉、猕猴、穿山甲、水獭、大灵猫、小灵猫、猞猁、獐、马鹿、斑羚、白冠长毛雉、金鸡等，另外还有豺、狼、熊、野猪、鹿等各种兽类50余种。珍稀植物有猕猴桃、野生大豆、三叶、金橘、桑、辛夷、香樟、重阳木、银杏、红豆、珙桐、三尖杉、杜仲等。

此外，巫山县境内有举世闻名的长江三峡、幽深秀丽的小三峡和景色宜人的神女峰等著名景点。

## 第二节 文化背景及建置沿革

早在距今200万年前出现的"巫山直立人"，在探讨亚洲人类起源问题上有着举足轻重的作用。旧石器时代中、晚期以来，三峡地区一直有人类在此生存、繁衍，发展至新石器时代的大溪文化，更是研究长江流域文明起源不可或缺的一支重要文化。经过商周时期青铜时代的发展演变，大约在春秋战国之际，巴国完全统治了包括巫山在内的三峡地区东部。战国中期，楚的势力曾一度占据整个三峡地区。秦灭巴蜀后，白起拔郢，三峡便落入秦属地。西汉之初，三

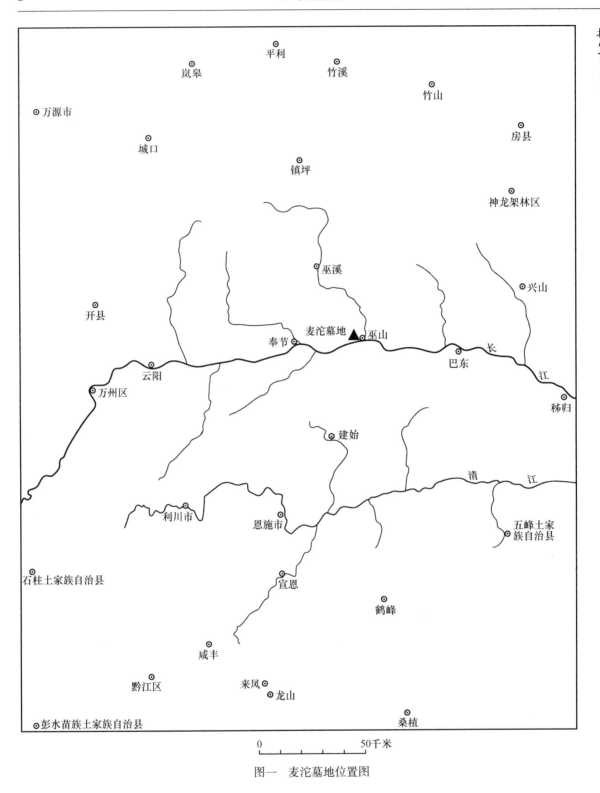

图一 麦沱墓地位置图

峡承秦制，在西汉中期前后，中央集权下的汉制在三峡地区得以确立。自此以后，三峡地区的社会、经济、文化呈现出前所未有的繁荣，大量汉代古城和大型墓地的出现就足以说明这个问题，而麦沱墓地就是其中一处。

麦沱墓地与巫山老县城相距很近，虽然墓地无史料记载，但巫山县城历史沿革对墓地研究还是有一定参考价值的[①]。

据《巫山县志·沿革志》，巫山历唐、虞及三代，悉以巫称。

唐尧时，巫山以巫咸得名。《艺林伐山》卷四引郭璞《巫咸山赋》："巫咸以鸿术为帝尧医师，生为上公，死为贵神，封于是山，因以为名。"

虞，《舜典》"肇十有二州"，巫山属荆梁之区。

夏，《禹贡》分九州，巫山仍在荆梁二州之域。

商，《商颂》"九有九围"，注皆九州，巫山所属，与夏无殊。

周，巫为庸国地，《牧誓》所谓庸，蜀者是。

春秋时巫为夔子国地，僖公三（应作二）十六年，楚人灭夔，地共入楚，巫乃属焉。《左传》"楚败郧师于蒲骚"，注"蒲骚在峡州巫山"。《寰宇记》"夔之巫山县，楚子熊挚所治，多熊姓"。

战国楚有巫郡，《国策》苏秦说楚威王曰"南（应作西）有巫郡"。《括地志》"郡在夔东百里，后为南郡邑"。

秦昭襄王三十年（前277年），改置巫县。《史记·秦本纪》"昭襄王三十年取楚巫郡"。《一统志》"巫郡改为巫县，属南郡"。

两汉因秦旧，仍名巫县，属南郡。

东汉建安十五年（210年），析巫县置北井县。蜀汉章武二年（222年），县境属吴国宜都郡。吴孙休永安三年（260年），分宜都郡置建平郡，治巫县。

西晋泰始四年（268年），以巫县为吴蜀之界，置建平都尉治，又置北井县。后又改都尉为建平郡，又置南陵县。宋、齐、梁皆因之。后周巫县属建平郡，又置江阴县。

隋开皇三年（583年），罢郡改县，巫县更名为巫山县，属巴东郡。

唐、五代属夔州。

宋属夔州路。

元仍旧。

明属夔州府。

清因之。康熙九年（1670年），裁去大昌县并入巫山县。


## 第三节　墓　地　概　况

麦沱墓地位于重庆市巫山县巫峡镇高塘村。墓地坐落在长江北岸，紧濒长江，东距巫山老县城直线距离约1千米，海拔150～250米。墓地范围大致为东起四道桥自然冲沟，西至原巫山淀粉厂（川东淀粉厂）西侧，北以通往新县城的环山公路为界（其上为上西坪），南及长江岸边的采砂路。经过多年考古工作，我们基本探明了墓地的大致范围及面积。墓地东西长约500米，南北宽约250米，面积约10万平方米（图二）。

---

[①] 本节参考资料见清光绪十九年李友梁等纂《巫山县志》，巫山县志编纂委员会重印（内部发行），1988年。

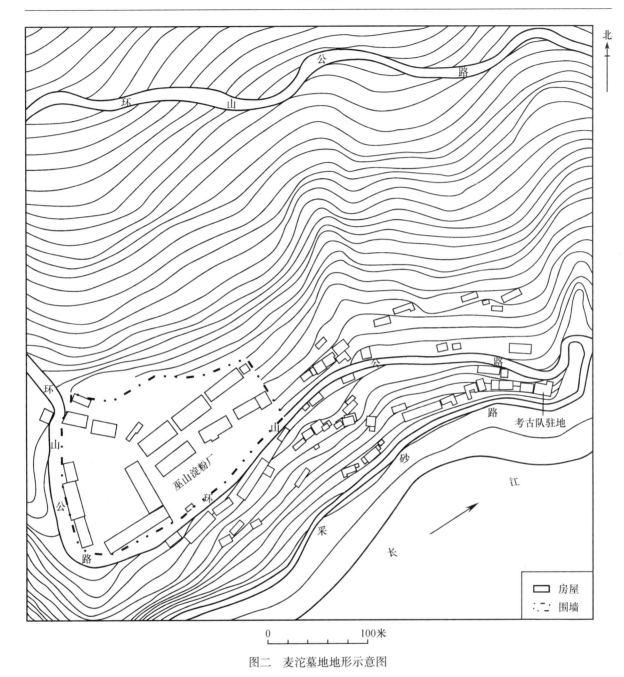

图二　麦沱墓地地形示意图

　　墓地山势陡峻，坡度较大，中部有一条南北向的自然冲沟自上而下穿过，并将墓地分隔成东、西两部分。墓地多处可见裸露的基岩，地表多风化页岩和粉砂岩，土壤贫瘠，土层较薄，可耕种面积少。植被稀少，多为旱地作物及经济果林。

　　墓地范围内的建筑及道路较多，除巫山淀粉厂占据墓地西部大片区域外，还有一条东西向的公路从墓地南部横穿而过，而且公路南、北两侧还有密集分布的民房。这些建筑都是直接建在墓葬分布区内，对墓葬破坏极大。相对而言，墓地东部建筑物较比西部要少些，该区域内的墓葬保存也相对要好些。

　　麦沱墓地被盗或被毁严重。原因主要有两方面：一是人为盗掘；二是基建损毁。据村民反映，1994～1997年盗墓之风最为盛行，绝大多数被盗墓葬都是在此期间被盗的。现今仍保留在地表上的盗洞随处可见，粗略统计有上百个，好在有些盗洞并未盗入墓葬。不过，经考古人员逐一确认且位置清楚的被盗墓葬也有50余座。另外，早年修建的淀粉厂、民房、道路及其他建筑物对墓地造成了极大的损毁。据查，仅1984年淀粉厂的修建就损毁了30余座墓葬，由此可知，麦沱墓地因基建而损毁的墓葬当不在少数。

根据1997年和2001年两次较大规模的勘探情况，结合墓地地形及山坡走势，我们发现该墓地墓葬分布呈现出东、西两块较为集中的分布区，二者基本可以墓地中部南北向自然冲沟为界。墓地东部发现的墓葬以竖穴土坑墓居多，且大多集中在东端地势较为平缓的两级台阶上。墓地西部发现的墓葬则以竖穴或洞穴砖（石）室墓葬占有较大比例，主要分布于巫山淀粉厂及其周围区域，尤以厂区东北部分布最为密集。

麦沱墓地经过4次发掘，墓葬编号共计95座（表一）。其中，1997~1998年发现的42座墓葬当中，有23座墓葬已被完全盗毁，我们只做了一些简单的记录工作，并未清理发掘。因此，该次发掘墓葬数量实际只有19座。

表一 墓葬编号统计表

| 工作年度 | 墓葬总数/座 | 墓地东部墓葬编号 | 墓地西部墓葬编号 |
|---|---|---|---|
| 1997~1998年 | 42 | M20~M23、M25~M27、M30~M35、M37、M38~M40 | M1~M19、M24、M28、M29、M36、M41、M42 |
| 1999年 | 13 | M43~M55 | |
| 2001年 | 21 | M66~M71、M72~M76 | M56~M65 |
| 2002年 | 19 | M85、M86~M92 | M77~M84、M101~M103 |
| 合计/座 | 95 | 49 | 46 |

另外，我们在麦沱墓地发掘的同时，还采集到少量东周时期的陶片，尤其是2002年采取探方发掘墓葬时，在A区少数探方内还发现了明确的东周文化层。虽然文化层堆积较薄，出土遗物也不丰富，但这一发现足以说明麦沱墓地在汉代之前，确实已有人类在此活动了。

# 第四节 考古工作

为配合三峡工程建设，三峡文物保护工作启动不久，湖南省文物考古研究所就主动承担了巫山麦沱墓地的抢救性发掘任务。自1997年以来，先后签订了四个年度的发掘协议，累计完成勘探面积65000平方米，发掘面积5000平方米，发掘墓葬72座（表二）。

表二 历年工作情况统计表

| 工作年度 | 协议号 | 勘探面积/平方米 | 发掘面积/平方米 | 发掘墓葬/座 |
|---|---|---|---|---|
| 1997~1998年 | 不详 | 25000 | 1000 | 19 |
| 1999年 | 1998~1006 | | 500 | 13 |
| 2001年 | 2001~1020 | 40000 | 1500 | 21 |
| 2002年 | 2002~1018 | | 2000 | 19 |
| 合计 | | 65000 | 5000 | 72 |

　　为了全面掌握麦沱墓地的基本情况，1997～1998年第一次工作重点并不是要发掘多少墓葬，而是把主要精力放在墓地勘探方面。根据地面踏查、盗洞分布以及村民反映诸多信息综合分析，我们选定了三个重点工作区域：一是墓地西部巫山淀粉厂东北部区域；二是墓地东部地势较为平缓的两级台地上；三是墓地西南部（淀粉厂南部）环山公路以南区域。结果在这三个区域都发现了不少墓葬，尤其是前两个区域墓葬分布还比较密集。随后，我们在这两个区域选择了部分墓葬进行发掘。根据第一次工作情况，我们发现墓地东部墓葬保存相对好些，因此，1999年第二次发掘时，重点放在墓地东部进行墓葬发掘。2001年第三次考古工作，勘探工作主要在墓地东北部进行，墓葬发掘采用探方发掘，共分五区。其中，A、D两区分别选在墓地西部第一次发掘位置的东部和南部，B、C两区分别选在墓地东部第一、二次发掘位置的北部和西部，E区位于墓地东北部，相距B区较远。发掘结果以D区发现墓葬最多，其次是C区，A、E区发现墓葬最少。2002年第四次发掘共分八区，除G区未布方发掘外，其他七区均采用探方发掘，布方位置主要是依据2001年第三次发掘结果来确定的。其中，A区紧靠2001年D区西侧，再往西则接近淀粉厂东部围墙了，B、C两区分别布设在2001年C区东北侧和南侧，D、E、F三区位于2001年E区北侧，已属墓地东部最北端了，G区位于墓地西南部，H区位于墓地东部环山公距以南，距2002年C区仅一路相隔。发掘结果以A区发现墓葬最多，其次是H区，C、G区有少量墓葬，其他四个发掘区仅在最北端的E区发现1座墓葬。以上就是历年考古工作区域变动情况（图三）。

　　下面依发掘年度，简单介绍历年考古工作基本情况及主要收获如下。

# 一、1997～1998年考古工作

　　1997年11月至次年3月，湖南省文物考古研究所主持了麦沱墓地首次考古工作。巫山县文化局、巫山县文物管理所为项目协作单位。历经三个多月，在完成1000平方米的发掘面积的同时，我们还完成了5万平方米的普探面积和近2万平方米的重点勘探面积，远远超出协议要求的工作内容。

　　通过本次考古工作，我们发现各类墓葬（含存疑墓葬）共计69座。其中，早期盗毁墓葬31座、新发现墓葬38座（其中27座墓葬未发掘，是否有被盗墓葬尚不清楚）。在这69座墓葬当中，经过清理发掘的墓葬有19座、未发掘墓葬50座（图四）。其中，已发掘的19座墓葬当中，有8座墓葬早期被盗。

　　在50座未发掘墓葬当中，有23座墓葬早期被盗，另外27座墓葬（编号为TM1～TM27）为新发现墓葬。早期被盗墓葬多数分布于墓地西部，未见土坑墓，除3座存疑洞室墓外，均为砖室墓或石室墓（表三）。

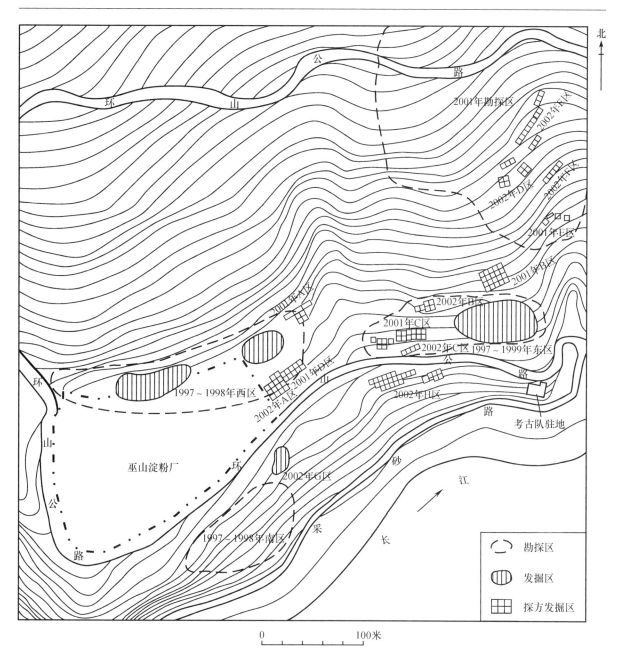

图三　麦沱墓地历年勘探及发掘位置图

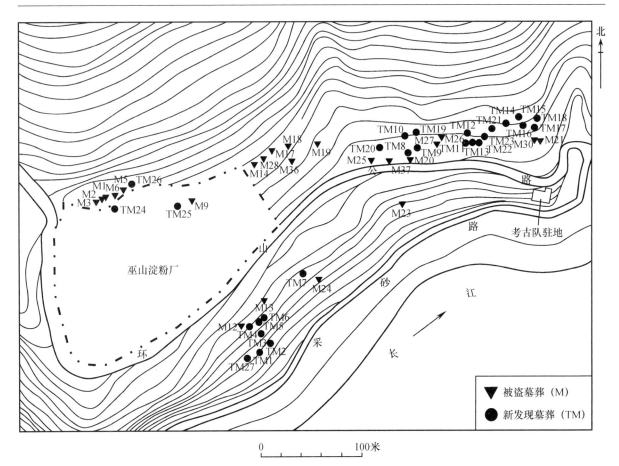

图四 麦沱墓地1997年发现墓葬分布图

**表三 1997年发现盗毁墓葬登记表**

| 序号 | 编号 | 位置 | 类型 | 序号 | 编号 | 位置 | 类型 |
|---|---|---|---|---|---|---|---|
| 1 | 1997WMM1 | 墓地西部 | 砖室墓 | 13 | 1997WMM27 | 墓地东部 | 砖室墓 |
| 2 | 1997WMM2 | 墓地西部 | 砖室墓 | 14 | 1997WMM28 | 墓地西部 | 砖室墓 |
| 3 | 1997WMM3 | 墓地西部 | 砖室墓 | 15 | 1997WMM30 | 墓地东部 | 砖室墓 |
| 4 | 1997WMM5 | 墓地西部 | 砖室墓 | 16 | 1997WMM36 | 墓地西部 | 砖室墓 |
| 5 | 1997WMM6 | 墓地西部 | 砖室墓 | 17 | 1997WMM9 | 墓地西部 | 石室墓 |
| 6 | 1997WMM13 | 墓地西部 | 砖室墓 | 18 | 1997WMM12 | 墓地西部 | 石室墓 |
| 7 | 1997WMM14 | 墓地西部 | 砖室墓 | 19 | 1997WMM23 | 墓地东部 | 石室墓 |
| 8 | 1997WMM17 | 墓地西部 | 砖室墓 | 20 | 1997WMM24 | 墓地西部 | 石室墓 |
| 9 | 1997WMM18 | 墓地西部 | 砖室墓 | 21 | 1997WMM20 | 墓地东部 | 洞室墓？ |
| 10 | 1997WMM19 | 墓地西部 | 砖室墓 | 22 | 1997WMM25 | 墓地东部 | 洞室墓？ |
| 11 | 1997WMM21 | 墓地东部 | 砖室墓 | 23 | 1997WMM37 | 墓地东部 | 洞室墓？ |
| 12 | 1997WMM26 | 墓地东部 | 砖室墓 | | | | |

　　新发现的27座墓葬，多数分布于墓地东部，包括土坑墓16座（5座存疑）、砖（石）室墓7座、存疑洞室墓4座（表四）。

表四　1997年新发现墓葬登记表

| 序号 | 编号 | 位置 | 类型 | 序号 | 编号 | 位置 | 类型 |
|---|---|---|---|---|---|---|---|
| 1 | 1997WMTM3 | 墓地西部 | 土坑墓 | 15 | 1997WMTM16 | 墓地东部 | 土坑墓? |
| 2 | 1997WMTM10 | 墓地东部 | 土坑墓 | 16 | 1997WMTM17 | 墓地东部 | 土坑墓? |
| 3 | 1997WMTM11 | 墓地东部 | 土坑墓 | 17 | 1997WMTM4 | 墓地西部 | 砖（石）室墓 |
| 4 | 1997WMTM12 | 墓地东部 | 土坑墓 | 18 | 1997WMTM5 | 墓地西部 | 砖（石）室墓 |
| 5 | 1997WMTM13 | 墓地东部 | 土坑墓 | 19 | 1997WMTM6 | 墓地西部 | 砖（石）室墓 |
| 6 | 1997WMTM15 | 墓地东部 | 土坑墓 | 20 | 1997WMTM14 | 墓地东部 | 砖（石）室墓 |
| 7 | 1997WMTM18 | 墓地东部 | 土坑墓 | 21 | 1997WMTM21 | 墓地东部 | 砖（石）室墓 |
| 8 | 1997WMTM20 | 墓地东部 | 土坑墓 | 22 | 1997WMTM24 | 墓地西部 | 砖（石）室墓 |
| 9 | 1997WMTM22 | 墓地东部 | 土坑墓 | 23 | 1997WMTM26 | 墓地西部 | 砖（石）室墓 |
| 10 | 1997WMTM23 | 墓地东部 | 土坑墓 | 24 | 1997WMTM1 | 墓地西部 | 洞室墓? |
| 11 | 1997WMTM25 | 墓地西部 | 土坑墓 | 25 | 1997WMTM2 | 墓地西部 | 洞室墓? |
| 12 | 1997WMTM7 | 墓地西部 | 土坑墓? | 26 | 1997WMTM19 | 墓地东部 | 洞室墓? |
| 13 | 1997WMTM8 | 墓地东部 | 土坑墓? | 27 | 1997WMTM27 | 墓地西部 | 洞室墓? |
| 14 | 1997WMTM9 | 墓地东部 | 土坑墓? | | | | |

本次发掘的19座墓葬当中，有9座位于墓地东部、10座位于墓地西部淀粉厂东北部区域。前者有7座为土坑墓，另外2座为石室墓；后者以砖室墓为主，共8座，另外2座分别为石室墓和土坑墓。共有两组打破关系：一组是M35打破M34，另一组是M38打破M39（图五）。

发掘工作结束后，我们立即进行了资料整理工作，并撰写了年度发掘报告①。

参加本次考古工作的人员有尹检顺（领队）、谭远辉、潘茂辉、封剑平、龙京沙、肖国光、胡明忠、张双北等。

## 二、1999年考古工作

1999年2~3月，湖南省文物考古研究所主持了麦沱墓地第二次考古工作，协作方仍为巫山县文化局和巫山县文物管理所。

根据协议，本次考古工作只有500平方米的发掘面积。鉴于本次发掘面积较少，结合第一次发掘情况综合分后，我们决定把本次工作区域集中放在保存状况较好的墓地东部。经过仔细勘探，在墓地东部环山公路以上的两级台地上，我们最终确认了13座墓葬，并全部发掘完毕。

本次发掘的13座墓葬当中，只有土坑墓和砖室墓两种类型。其中，土坑墓有9座，砖室墓只有4座。这批墓葬分布较为密集，排列有一定规律，也有打破关系。共发现两组：一组是M46、M47和M48三墓，其关系是M46和M47同时打破M48；另一组是M49、M50和M53三墓，

① 重庆市文化局、湖南省文物考古研究所、巫山县文物管理所：《重庆巫山麦沱汉墓群发掘报告》，《考古学报》1999年第2期；湖南省文物考古研究所、巫山县文物管理所：《巫山麦沱汉墓群发掘报告》，《重庆库区考古报告集·1997卷》，科学出版社，2001年。

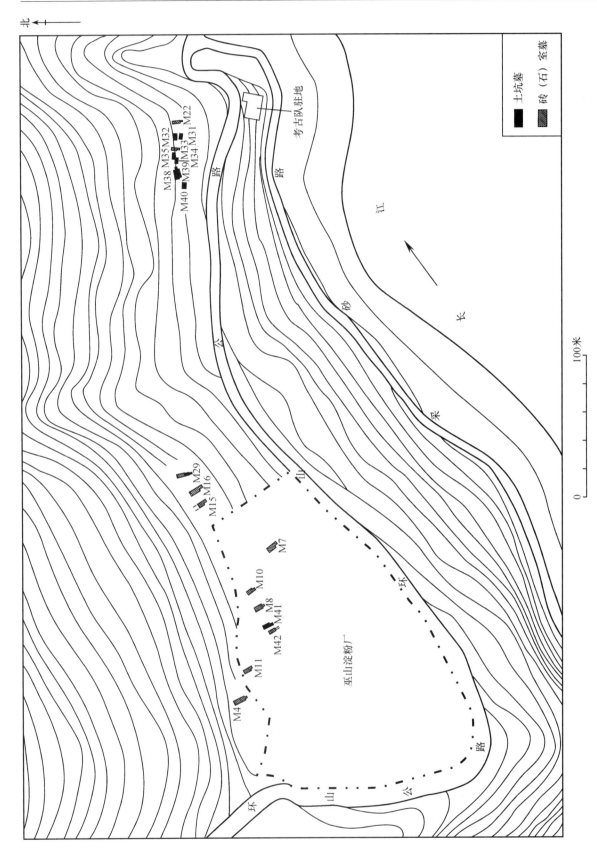

图五　麦沱墓地1997～1998年发掘墓葬分布图

它们之间的关系较为复杂，第一层关系是M53甬道打破M49，而其排水沟又打破了M50，第二层关系是M49打破M50（图六）。

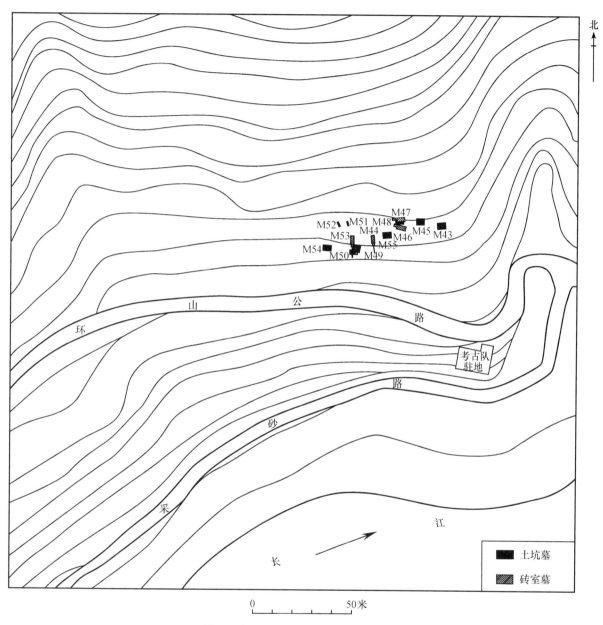

图六 麦沱墓地1999年发掘墓葬分布图

经过两次勘探和发掘，我们在墓地东部面积不大的两级台地上共发掘了22座墓葬，并发现了四组有打破关系的墓葬（图七）。通过这批墓葬的发掘，我们对麦沱墓地有了初步认识。

发掘工作结束后，我们同样在发掘现场完成了资料整理工作，并撰写了相关报道及年度发掘报告[①]。

---

① 尹检顺：《三峡麦沱墓群两度发掘获丰收》，《中国文物报》1999年8月25日第1版；重庆市文化局、湖南省文物考古研究所、巫山县文物管理所：《重庆巫山麦沱古墓群第二次发掘报告》，《考古学报》2005年第2期；重庆市文化局、湖南省文物考古研究所、巫山县文物管理所：《巫山麦沱古墓群第二次发掘报告》，《重庆库区考古报告集·1998卷》，科学出版社，2003年。

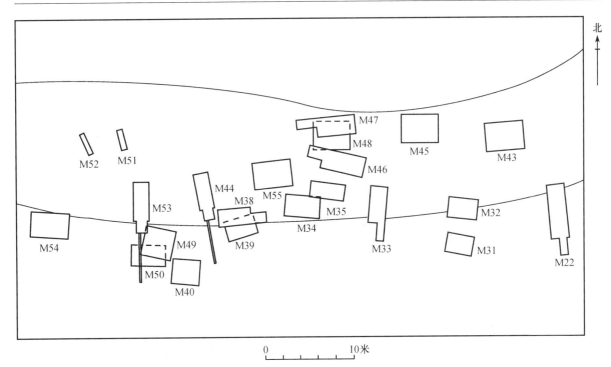

图七　麦沱墓地东部1997～1999年发掘墓葬分布图

参加本次考古工作的人员有尹检顺（领队）、谭远辉、龙京沙、江洪、张涛、彭运瑞、胡明忠、严华平、汪华英、付林英等。

# 三、2001年考古工作

2001年10～12月，湖南省文物考古研究所主持了麦沱墓地第三个协议年度的勘探和发掘工作。共完成了勘探面积40000平方米，发掘面积1500平方米。巫山县文化局、巫山县文物管理所继续承担协作工作。

本次勘探工作区域主要在墓地东北部环山公路周围，勘探区北端已延伸至上西坪墓地。勘探工作分四组同时进行。工作方法是：每组4人，各组配备两名工作人员，一人负责记录和绘图，一人辨认、判断、总结勘探结果。具体要求是：每个探孔要有准确位置，探孔间距统一设定为4米，并尽可能纵、横对齐，进而使探孔形成网格分布的效果（图八）。

通过对这一区域的密集勘探，发现环山公路以南区域土壤较厚，墓葬分布相对较多，而公路以北区域则表土较薄，多紫砂岩和风化角砾，而且只零星发现数座年代较晚的墓葬。

本次墓葬发掘开始采用探方发掘方法。探方分A、B、C、D、E五区，共布探方及探沟62个[①]。由于特定的地势原因，除C区为正北方向外，其他各区探方都不是正北方向。其中，A区位于墓地西部东北端（淀粉厂东北侧），共布方10个；B区位于墓地东部靠北端，共布方20

---

① a. 年度报告探方有62个，另有2条探沟，查原始图纸只有E区有1条探沟，另1条位置不详；b. 年度报告E区有4个探方，原始图纸只有3个探方及1条探沟；c. 年度报告发掘墓葬有22座，但查原始资料及图纸只有21座。

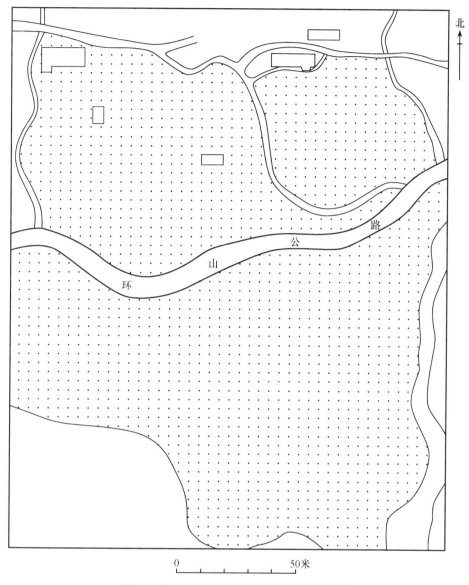

北

路

公

山

环

0         50米

图八 麦沱墓地2001年勘探探孔分布示意图

个；C区位于墓地东部靠西端，共布方18个；D区位于墓地西部淀粉厂东侧，共布方10个；E区位于墓地东北部，海拔较高，西南距B区有50余米，该区仅布设了3个探方及1条探沟。探方均为5米×5米。共发掘墓葬21座。其中，土坑墓占大多数，共有15座，砖（石）室墓只有6座（图九）。

从各发掘区探方发掘情况看，堆积都很简单。不同历史时期的地层因为频繁的生产开垦活动而被反复扰乱，未形成真正意义上的文化堆积层。各区堆积层自上而下基本都是由表土层、扰乱层和生土层构成，因此，这些堆积层是没有时代意义的。

从21座墓葬分布来看，墓葬主要集中在C、D两区。A区10个探方仅发掘1座墓葬（另在发掘探方以西发掘1座），B区20个探方也只发掘4座墓葬，E区3个探方仅发掘1座墓葬。C区18个探方共发掘墓葬6座，而且全部集中于发掘区西部6个探方内，其中还有一组打破关系，即M67、M70打破M71（图一〇）。D区墓葬分布较为密集，10个探方共发掘墓葬8座，而且有两

北

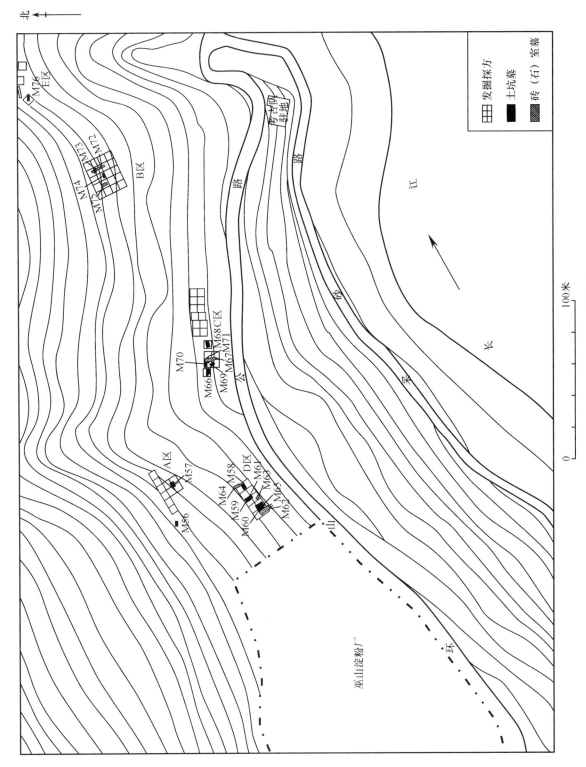

图九　麦沱墓地2001年发掘探方及墓葬分布图

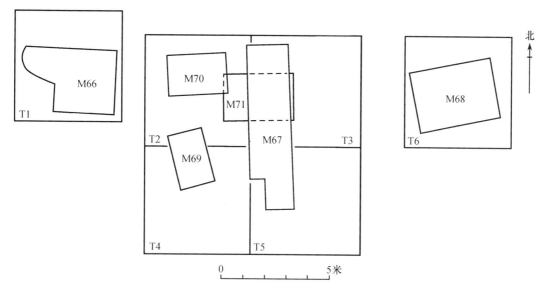

图一〇 麦沱墓地2001年C区T1～T6发掘墓葬分布图

组打破关系。一组为M61打破M59墓道，另一组为M62、M65打破M60（图一一）。

发掘工作结束后，考古工作者在现场完成了全部资料整理工作，并撰写了年度发掘报告[①]。

参加本次发掘的人员有张春龙（领队）、吴仕林、刘颂华、徐炼、王永彪、肖国光、向新民、封剑平、黄鹤鸣、李付平、汪俊、肖时高、方芳等。

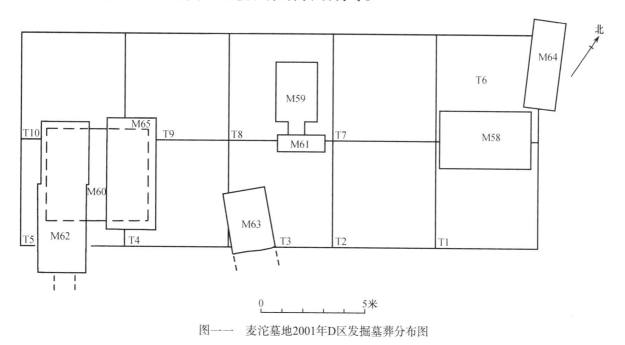

图一一 麦沱墓地2001年D区发掘墓葬分布图

① 湖南省文物考古研究所、重庆市文物局、重庆市文物考古所、巫山县文物管理所：《巫山麦沱古墓群第三次发掘简报》，《重庆库区考古报告集·2001卷·上》，科学出版社，2007年。

# 四、2002年考古工作

2002年9～11月，湖南省文物考古研究所主持了麦沱墓地第四个协议年度的勘探和发掘工作。本次协议发掘面积为2000平方米。协作单位为巫山县文化局和巫山县文物管理所。

本次发掘分A～H共八个工作区域，除G区未布方发掘外（该区属基建施工区，不宜布方），其余七区均采取了探方发掘方法，共布探方88个。因特殊的地理条件限制，各区均是根据具体的地形和地势来安排探方的，因此，探方均非正北方向。其中，A区位于墓地西部淀粉厂东墙外，紧靠2001年发掘D区西侧，共布方14个；B、C两区位于墓地东部环山公路以北，分别布设了6个和4个探方；D、E、F三区选在墓地东北部位置较高的山坡上，分别布置了11、14和5个探方；G区位于墓地西南部环山公路以南，即淀粉厂东南侧；H区位于墓地东部环山公路以南，共布方26个。除H区T23为6米×6米外，其他探方均为5米×5米。共发掘墓葬19座（彩版一）。从墓葬类型来看，本次发掘出来的墓葬仍以土坑墓为主，共有15座，砖（石）室墓只有4座（图一二）。

各发掘区探方堆积都很简单。除A区外，各区基本堆积只有三层，即表土层、扰乱层和生土层。A区东南部T3、T4、T7、T8四个探方在扰土层和生土层之间，我们还发现了东周文化层，这是麦沱墓地通过探方发掘首次发现有真正意义的文化层。下面以T4北壁为例介绍如下（图一三）。

第1层：表土层，即农耕层。厚约20厘米。

第2层：扰乱层。黄褐色土，土质较紧，含少量瓷片及汉代砖瓦块等。厚25～40厘米。

第3层：文化层。深灰色土，土质较纯，略带沙性，较软。厚65～75厘米。该层包含少量东周陶片，主要有鬲、罐、豆等（图一四）。

第3层以下即为生土层，黄白色黏土，含较多粉砂岩。

从19座墓葬分布来看，墓葬主要集中在A区。A区共发掘墓葬8座，而且有两组打破关系。一组是M77、M78、M79和M80四墓，它们之间的关系分别是M77打破M78和M80，M78打破M79和M80，M80又打破M79；另一组是M81、M83和M84三墓，它们之间的关系分别是M81打破M83和M84，M83又打破M84（图一五）。

发掘工作结束后，我们及时在发掘现场完成了资料整理工作，并撰写了年度发掘报告[①]。

参加本次发掘的人员有尹检顺（领队）、向开旺、向新民、张涛、吴仕林、封剑平、周治、汪俊、胡明忠、李付平、汪华英等。

---

① 湖南省文物考古研究所、重庆市文物考古所、巫山县文物管理所：《巫山麦沱墓地第四次发掘报告》，《重庆库区考古报告集·2002卷·上》，科学出版社，2010年。

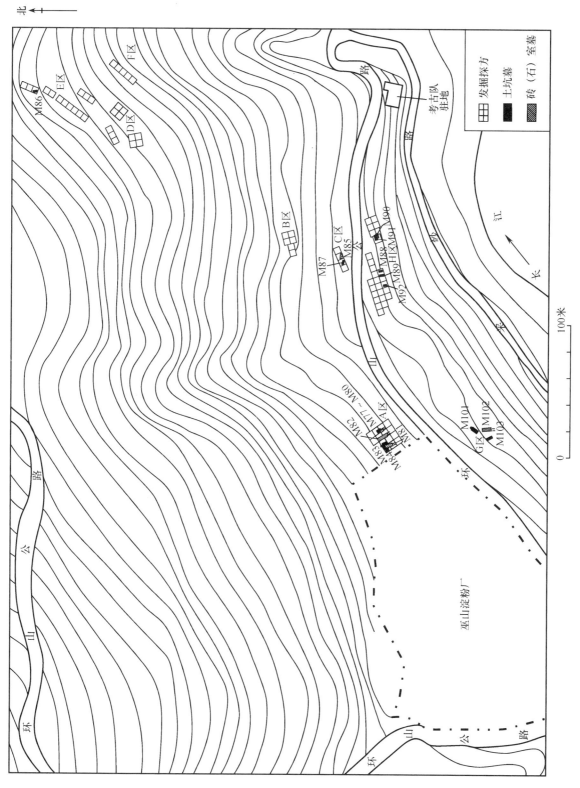

图一二　麦沱墓地2002年发掘探方及墓葬分布图

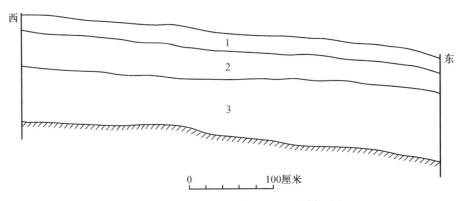

图一三　麦沱墓地2002年A区T4北壁剖面图

1.表土（农耕层）　2.黄褐色土（扰乱层）　3.深灰色土（文化层）

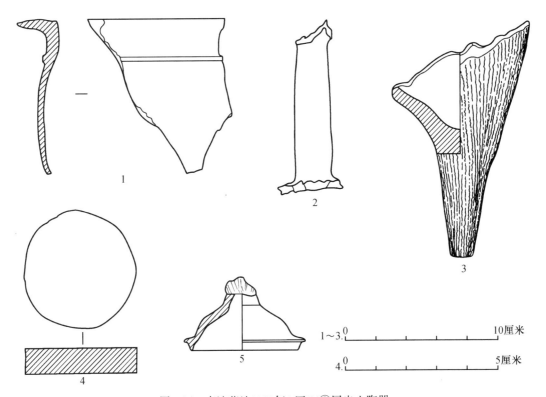

图一四　麦沱墓地2002年A区T4③层出土陶器

1.器物口沿（2002WMAT4③：5）　2.豆柄（2002WMAT4③：3）　3.鬲足（2002WMAT4③：4）　4.陶饼

（2002WMAT4③：2）　5.豆足（2002WMAT4③：1）

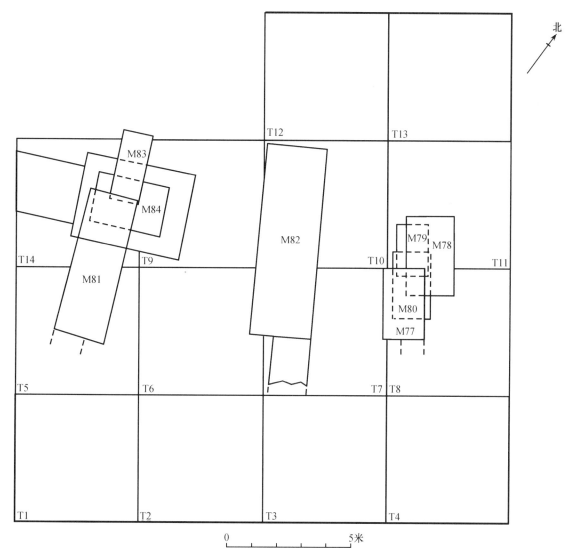

图一五　麦沱墓地2002年发掘A区墓葬分布图

# 第五节　报告编写

　　麦沱墓地先后进行了四个协议年度的考古工作。按照协议规定，每个年度田野工作结束后，都要在现场进行资料整理，并撰写年度发掘报告。在2002年以前，这些基础工作我们都按年度及时完成了。后来，由于多方面原因，麦沱墓地专题报告的编写事宜一直未提上工作日程。时隔多年后，直至2014年12月，经多方会商，决定出版麦沱墓地专题报告的事宜才最终确定。作为麦沱墓地发掘主持单位，单位领导十分重视该项工作，会后不久就把麦沱墓地的资料整理及报告编写工作落实到人。

　　由于田野资料全部存放在重庆市文化局三峡办，我们接到工作任务后，马上赶赴重庆进行了资料复印、扫描工作。经过三个多月的努力，我们参照年度报告，对历年发掘的全部资料都进行了认真核查。由于年度报告发表资料不够全面，而且有些资料缺少应有的说明，个别地方还存在与原始资料不太一致的地方。为此，本报告进行了一些必要的说明或更正，并对2001年发掘的21座墓葬编号进行了统一编号（表五）。

表五　2001年发掘墓葬统一编号登记表

| 原始编号 | 统一编号 | 原始编号 | 统一编号 | 原始编号 | 统一编号 |
|---|---|---|---|---|---|
| 2001WMAM2 | 2001WMM56 | 2001WMCM6 | 2001WMM67 | 2001WMDM14 | 2001WMM60 |
| 2001WMAM3 | 2001WMM57 | 2001WMCM8 | 2001WMM68 | 2001WMDM15 | 2001WMM61 |
| 2001WMBM1 | 2001WMM72 | 2001WMCM9 | 2001WMM69 | 2001WMDM16 | 2001WMM62 |
| 2001WMBM4 | 2001WMM73 | 2001WMCM11 | 2001WMM70 | 2001WMDM17 | 2001WMM63 |
| 2001WMBM7 | 2001WMM74 | 2001WMCM18 | 2001WMM71 | 2001WMDM19 | 2001WMM64 |
| 2001WMBM21 | 2001WMM75 | 2001WMDM12 | 2001WMM58 | 2001WMDM20 | 2001WMM65 |
| 2001WMCM5 | 2001WMM66 | 2001WMDM13 | 2001WMM59 | 2001WMEM10 | 2001WMM76 |

另外，由于时间过于久远，原有实物照片资料已满足不了出版要求。为此，我们再次赶赴巫山，把麦沱墓地现藏于巫山县博物馆库房内的所有器物进行了重新拍照。不过，还有少数藏于重庆中国三峡博物馆以及由巫山博物馆送往外地修复的重要器物，我们没有拍摄到实物，只能由原有照片替代了。需说明的是，在资料收集过程当中，得到了重庆市文化局三峡办、重庆市文化遗产研究院、巫山县博物馆等单位的大力支持，在此深表感谢。

资料收集完成后，我们按墓葬单位进行了重新整理：一是统一了有关编号方面的问题；二是统一了墓葬分类及器物型式的划分标准；三是重新核定了所有发掘墓葬的年代早晚关系，并进行了初步的分期研究工作。在整理过程中，我们特别注重以墓葬为单位，统筹文字、线图、拓片、照片等资料，对所有墓葬逐一进行整理，并通过墓葬形制、出土钱币以及器物类型学研究，基本厘清了各墓葬之间的早晚关系。

整理工作持续到2016年才全部完成。参加整理的修复人员有汪华英、朱元妹、付林英等，谭何易、李静负责插图绘制，杨盯承担器物拍摄。其他整理事宜均由尹检顺完成。

依照报告编写的一般体例，本报告共设五章。第一章为相关背景资料及概述方面的内容，第二章为墓葬资料介绍，第三章为墓葬形制分析，第四章为随葬器物型式介绍，第五章为汉墓综合分析及初步研究内容。其中，第二章是本报告重点。在报告编写过程中，我们基本坚持了以下三条原则。

原则一，注重资料的全面性。本报告完整地报道了72座墓葬的全部资料。墓葬方面，即使是非常残损甚至是未见任何随葬品的墓葬，我们都尽量做些必要介绍。随葬器物方面，除了钱币因数量太多而有选择性地发表外，其他随葬器物都悉数刊发。当然，资料的全面性也是相对的，这与发掘者提取信息的深度和广度有关。譬如，墓砖、人骨标本的收集方面，发掘者当时就没有引起足够重视，进而丢失了很多研究信息。

原则二，注重资料的真实性。为了使客观描述与主观分析互不干扰，我们在编写体例上做了一些调整。本报告第二章纯属墓葬资料介绍，在介绍墓葬基本情况及其随葬品时，本着客观原则进行介绍，尽可能不把墓葬形制、随葬品型式等主观分析带入资料介绍中，而是在后面再设相关章节开展分析和研究，这样既保证了资料的真实性，也让读者知道编者对资料的一些初步认知。但是，即便这样，在资料介绍时也会不经意地附带一些主观看法，好在这些资料一般都配有线图、照片或拓片可供大家研读。

原则三，注重墓葬单位的独立性。本报告在发表资料时，没有打乱资料、采取先入为主的方式，跨单位提取典型标本作为介绍对象，而是严格以墓葬为单位，逐一介绍每座墓葬的完整资料。

需说明的是，由于发掘未提取检测标本，本报告无相关检测报告，这是我们工作的不足。另外，以往发表的资料若与本报告有抵牾之处，以本报告为准。

# 第二章 墓葬资料

## 第一节 墓葬概述

### 一、墓葬分布

麦沱是一处大型墓地，面积近10万平方米。由于墓地保存状况不甚理想，加之墓葬盗毁极其严重，墓葬实际数量已无法得知。根据我们现已确认的95座墓葬（含23座盗毁墓葬）分布情况看，该墓地似可划分为东、西两部分，二者大致以墓地中部南北向自然冲沟为界。

墓地东部发现墓葬49座（含8座盗毁墓葬）。墓葬主要沿环山公路一线分布，而且绝大多数位于环山公路以北。墓葬以土坑墓为多。大致有三个墓葬比较集中的区域，分别是西南部、东部和北部。西南部13座发掘墓葬中，除2座砖室墓外，余均为土坑墓。该区墓葬分布较为分散，方向不一，排列也无明显规律。东部22座发掘墓葬中，除6座砖（石）室墓外，余均为土坑墓。土坑墓多为东西向（M51和M52除外），砖（石）室墓多为南北向（M46和M47除外）。该区墓葬分布密集，间距匀称，而且14座东西向土坑墓还有一定排列规律。其中，北侧M43、M45、M48、M55四座墓葬似为一组，南侧10座墓葬似为一组，后者还有三组打破关系。北部6座发掘墓葬中，除2座砖（石）室墓外，余均为土坑墓。该区墓葬分布较为分散，除了M72、M73、M74、M75分布较为集中外，M76和M86分布在北部海拔更高的位置。而且，本区6座墓葬方向及排列无明显规律（图一六）。

墓地西部发现墓葬46座（含15座盗毁墓葬）。墓葬主要分布于巫山淀粉厂周围，淀粉厂应该是麦沱西部墓葬分布的中心区域。据已发掘的31座墓葬来看，该区域土坑墓和砖（石）室墓葬比例接近，分别为15座和16座。而且，除6座（M56、M57、M58、M60、M61、M84）土坑墓方向接近东西向外，其余墓葬方向均以南北向为主。从46座墓葬分布位置分析，大致有四个墓葬比较集中的区域，分别是西部、中部、东北部和东南部，其中尤以东北部墓葬分布最为密集。另外，墓葬排列也有一定规律，尤其是砖（石）墓葬规律更为明显。从发掘的16座砖（石）墓葬来看，有数组墓葬是成排分布的。东部有两组，北组由西往东包括M15、M16、M29等3座墓葬，南组由西往东包括M81、M82、M77、M62、M63、M64等6座墓葬。西部有M42、M8、M10等一组墓葬，北部M4、M11和南部M7、M102均有可能分别代表一组墓葬（图一七）。

图一六　麦沱墓地东部墓葬分布图

（不含M76、M86）

## 二、墓葬分类

麦沱墓地先后进行了四次考古工作，共发掘墓葬72座。按照传统的墓葬分类方法，可把该批墓葬分为土坑墓和砖（石）室墓两大类。前者多位于地势较缓的台地或缓坡上，因而均为竖穴墓；后者因特殊的地理条件，有竖穴和洞穴两种，其中，洞穴砖（石）室墓全部位于墓地西部地势较为陡峭的山坡上（表六）。

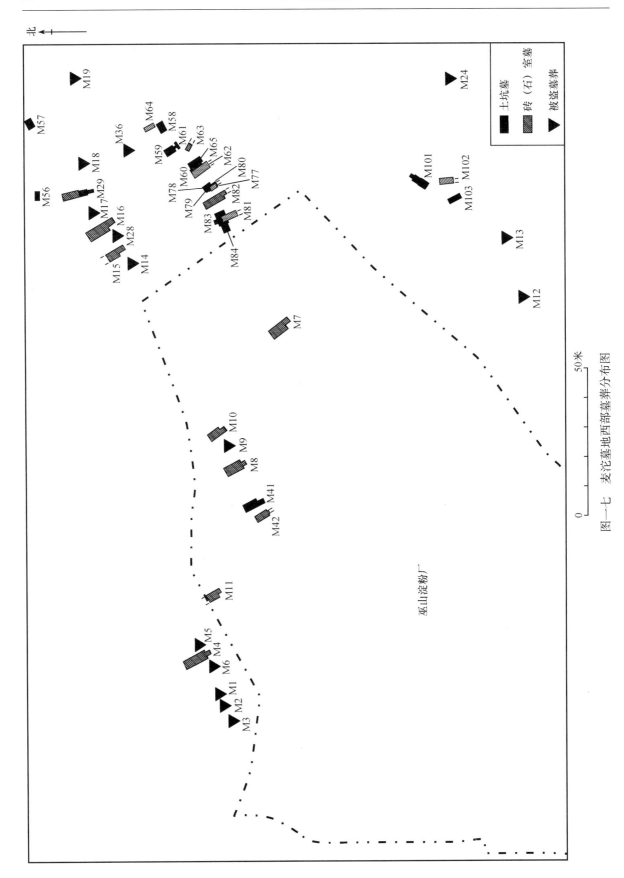

图一七　麦沱墓地西部墓葬分布图

表六 墓葬分类统计表

| 墓葬分类 | | 墓地东部墓葬 | 墓地西部墓葬 | 小计 / 座 |
|---|---|---|---|---|
| 竖穴土坑墓 | | M31、M32、M34、M35、M38、M39、M40、M43、M45、M48、M49、M50、M51、M52、M54、M55、M66、M68、M69、M70、M71、M73、M74、M76、M86、M87、M88、M89、M90、M91、M92 | M41、M56、M57、M58、M59、M60、M61、M65、M78、M79、M80、M83、M84、M101、M103 | 46 |
| 砖（石）室墓 | 竖穴墓 | M22、M33、M44、M46、M47、M53、M67、M72、M75、M85 | M42、M62、M63、M64、M77、M81、M82、M102 | 18 |
| | 洞穴墓 | | M4、M7、M8、M10、M11、M15、M16、M29 | 8 |
| 合计 / 座 | | 41 | 31 | 72 |

## （一）竖穴土坑墓

共46座。该类墓葬是麦沱墓地最常见墓葬。它的建造方法是：由地面垂直向下开挖竖穴式墓室，再把墓室四壁及墓底修筑平整。有的墓底有生土或熟土二层台，环绕四壁或其中几壁，有的墓底还有枕木沟。有的墓葬可能有用木料构筑的墓椁，椁内放一个或多个墓棺，有的有棺无椁或有椁无棺，也有无椁无棺者。墓葬形制有两种：一种没有墓道；另一种有墓道。前者40座，约占87%；后者6座，约占13%。有墓道者有3座（M38、M41、M66），墓道偏向一侧，与墓室构成刀形，其余3座（M59、M84、M101）墓道居中，与墓室构成凸字形。另外，还有3座（M35、M41、M65）墓底铺有石块。

## （二）砖（石）室墓

共26座。分竖穴和洞穴两种。

### 1. 竖穴砖（石）室墓

共18座。包括砖室墓10座，石室墓5座，砖、石混筑墓3座。由于它们之间的差别仅体现在筑墓材质上，而建造方法并没有本质不同，因而本报告把它们合为一类来叙述。该类墓葬年代稍晚，尤以东汉墓为多。它们的建造方法与竖穴土坑墓接近，但墓穴挖好后，还要用砖（石）修筑墓室和甬道，再用砖（石）铺好墓底。也有个别墓葬（如M62），墓室后部并没有用砖（石）砌壁，而是把土坑稍加修整即为墓壁。早期墓葬（如M22）墓顶多为土顶，后来逐渐采用砖（石）砌筑拱顶或券顶。到了晚期，有些墓葬（如M44、M53）甬道外端还有砖筑排水沟。墓葬形制有三种：一种既无墓道也无甬道，数量少，只有2座（M64、M85），而且时代偏晚；第二种有墓道，共5座，平面呈刀形者4座（M72、M77、M81、M102），平面呈凸字形者1座（M62）；第三种有甬道，有的甬道外还有墓道，共9座，平面呈刀形者5座（包括M33、M46、M47、M67、M82），平面呈凸字形者4座（M22、M42、M44、M53）。另外，还有2座（M63、M75）仅保存墓室一部分，有无墓道或甬道情况不明。

**2. 洞穴砖（石）室墓**

共8座。该类墓葬数量较少，常见于地势较为陡峭的山坡上。它的建造方法是：先在一陡坡前竖直挖出斜坡墓道和平底甬道，然而从甬道底部向陡坡内水平开凿一个圆弧形顶的长方形洞穴，最后在洞穴内以砖（石）砌筑墓室，并用砖（石）铺好墓底，个别墓葬（如M29）还修有排水设施。时代较早者（如M29），甬道还保留土坑竖穴形制。墓葬结构一般由墓道、甬道及墓室三部分构成，形制有两种：平面呈刀形者有5座（M7、M10、M11、M15、M16），平面呈凸字形者有3座（M4、M8、M29）。该类墓葬出现时间与竖穴砖（石）室墓接近。

# 三、墓砖特征

麦沱墓地共发现36座砖室墓（含砖、石混筑墓）。其中，经过发掘的墓葬有20座，除M75外，有19座墓葬采集了墓砖标本；未发掘的16座盗毁墓葬中，有11座采集了墓砖标本（附表一）。

根据我们采集的70件墓砖标本形制特征，可大致划分六类（表七）。

A类　26件。常规长形砖。平面呈窄长方形，长、宽比一般在3∶1。该型墓砖数量较多，应是麦沱墓地常用墓砖之一（图一八，1、2）。

B类　25件。常规宽形砖。平面呈宽长方形，长、宽比一般在2∶1。个别墓葬（如M85）有些铺地砖接近方形。该型墓砖数量较多，也是麦沱墓地常用墓砖之一（图一八，3、4）。

C类　8件。坡边长形砖。平面呈长方形，长、宽比一般在3∶1。端面呈梯形或等腰梯形。包括单坡边和双坡边两种。一侧呈斜边者为单坡边砖（图一九，1），双侧均呈斜边者为双坡边砖（图一九，2）。该型砖多用在墓葬顶部。

D类　5件。坡边宽形砖。平面呈宽长方形，长、宽比一般在2∶1。端面呈梯形或等腰梯形。同样有单坡边和双坡边两种。一侧呈斜边者为单坡边砖（图一九，3），双侧均呈斜边者为双坡边砖（图一九，4）。该型砖常见于墓葬顶部，少数墓底也用此型砖。

E类　5件。榫卯砖。体形较大，两端有公、母榫卯结构。平面呈宽长方形，长、宽比在2∶1以上。包括常规、单坡边、双坡边等形制（图二○，1~3）。

F类　1件。镂空凹面砖。砖较厚，俗称"盒形砖"。上、下两面内凹，并有镂空和深凹窝，横截面呈工字形。平面呈宽长方形，长、宽比小于2∶1（图二○，4）。

表七　采集墓砖分类统计表

| 分类 | 墓砖编号 | 小计/件 |
|---|---|---|
| A类 | M1砖：1、M2砖：1、M3砖：1、M5砖：1、M6砖：1、M7砖：1、M8砖：3、M11砖：4、M14砖：1、M14砖：2、M15砖：2、M16砖：2、M18砖：1、M46砖：1、M46砖：2、M46砖：3、M46砖：4、M47砖：1、M47砖：2、M62砖：1、M62砖：2、M62砖：3、M62砖：4、M63砖：1、M63砖：2、M67砖：1 | 26 |
| B类 | M8砖：1、M8砖：2、M16砖：3、M17砖：1、M29砖：1、M29砖：2、M29砖：3、M42砖：1、M42砖：3、M44砖：2、M44砖：3、M53砖：1、M53砖：2、M63砖：3、M64砖：1、M64砖：2、M77砖：1、M77砖：2、M77砖：3、M81砖：1、M81砖：2、M81砖：3、M85砖：1、M85砖：2、M85砖：3 | 25 |
| C类 | M7砖：2、M11砖：1、M11砖：2、M11砖：3、M15砖：1、M16砖：1、M47砖：3、M67砖：2 | 8 |
| D类 | M8砖：4、M27砖：1、M27砖：2、M42砖：2、M44砖：1 | 5 |
| E类 | M4砖：1、M4砖：2、M4砖：3、M4砖：4、M19砖：1 | 5 |
| F类 | M13砖：1 | 1 |

墓砖纹饰较为丰富。除少量铺地砖以及年代较晚的墓砖外，一般都有纹饰或铭文。从施纹部位来看，墓砖平面一般饰有粗绳纹，素面者较少。端面素面者较多，饰纹者较少，常见短竖线纹、交叉线纹、菱形几何纹、虺蛇纹等。侧面纹饰丰富多样，包括竖线、斜线、交叉纹、折线、弧线、三角、半圆等各种形状的几何纹以及菱形纹、勾连纹、叶脉纹、网格纹、花草纹、扇形纹、鱼形纹、楼梯形纹、车轮纹、摇钱树纹等。另外，少量墓砖侧面还有铭文，如"永元十三年""永元十五年作治""富贵昌乐未央""阳？富贵"等。

# 第二节　1997～1998年发掘墓葬

本次工作共发掘墓葬19座，另外还对23座被严重盗毁的墓葬进行了统一编号，并做了相关的资料收集工作。其中，1997年发掘墓葬9座，编号记录墓葬21座；1998年发掘墓葬10座，编号记录墓葬2座。经过发掘的19座墓葬累计出土各类器物387件（套）（7件有盖）、铜钱778枚（不含墓葬填土出土）（附表二）。

本次发掘的19座墓葬当中，有两组墓葬有打破关系，分别是M35打破M34，M38打破M39。下面依墓葬编号顺序，分别介绍如下。

## 一、1997WMM4

M4位于墓地西部西北段，正好处于巫山淀粉厂北围墙外侧一处陡坎下。墓葬坐北朝南，甬道朝向东南。墓葬方向160°。

该墓为洞穴砖室墓。其建造方法：先选择一处陡坎，并在坎前挖一竖穴或斜坡墓道，至一定深度后，再向坎内水平方向掏挖一洞穴，洞穴形状与所砌墓室形状相同，而且空间要略大于墓室，最后在洞穴内用砖砌建墓室、甬道及券顶，并用墓砖铺底。

图一八　麦沱墓地采集A、B类墓砖

1、2.A类（M1砖：1、M2砖：2）　3、4.B类（M29砖：1、M29砖：3）

墓葬平面呈凸字形，由甬道、墓室两部分组成。该墓原来可能有竖穴斜坡式墓道，因修建淀粉厂而完全破坏，现已无迹可寻。墓内填土为黄褐色土，土质疏松，并有较多石块。墓葬通长1060厘米，墓室通宽254厘米（此处"通长"和"通宽"指的是含墙体宽度。下同）。

甬道位于墓葬南端，内空长186、宽126、高182厘米。甬道口两边各横砌一砖作为墓门，未见封门砖。甬道两侧墙高约100厘米以上开始构筑券顶，墙及顶均为长方形单砖平缝垒砌，墙厚17厘米。墓室狭长，内空长830、宽220、高236厘米。墓室两侧墙高108厘米以上起券顶，墓室前后两端墙壁上端略向内收，收幅约25厘米。墓壁及墓顶均为长方形单砖错缝垒砌，墙厚17厘米。墓底用长方形砖铺地，铺地砖绝大多数被盗墓者撬起，少数未撬起者看不出排列规律

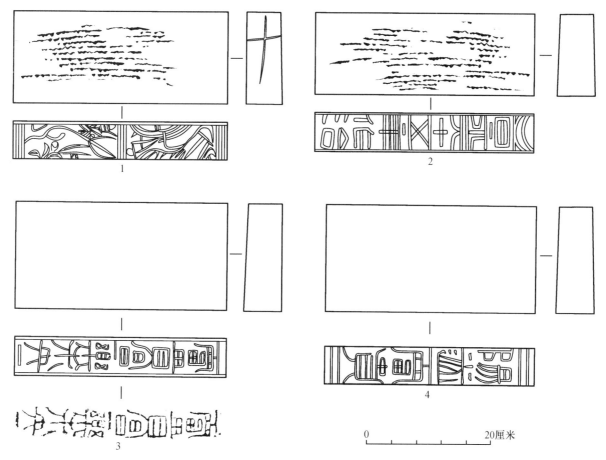

图一九　麦沱墓地采集C、D类墓砖

1、2.C类（M11砖：1、M11砖：3）　3、4.D类（M27砖：1、M27砖：2）

（图二一）。

该墓所用墓砖比较宽厚，大致可分三类：第一类为砌墓壁的常规花纹砖；第二类为砌券顶的坡边花纹砖或素面砖；第三类为铺底用的常规素面砖。前两类砖在砖的两端有榫卯结构，一端为公榫，一端为母榫，砌墓时前后咬合。墓壁用砖只有常规砖一种形制，花纹均为菱形几何纹。砖长40.3～40.4、宽16.8、厚8.6～9.7厘米（图二二，1、2）。券顶用砖比较讲究，有双坡边砖和单坡边砖两种。在甬道券顶上，从顶中向两侧以2、2、1、2的间隔对称砌9条双坡边砖，两侧再用单坡边砖把顶部砌完；在墓室券顶上，仅顶中1纵条为双坡边砖，余均为单坡边砖。单坡边券顶砖侧面一般有菱形几何纹或折线纹，双坡边券顶砖一般为素面砖。前者长40.2、宽17.0、厚8.6～9.4厘米，后者长39.0、宽16.5、厚5.7～7.4厘米（图二二，3、4）。铺地砖稍大，且略偏薄。均为素面。长44.0、宽22.5、厚6.5厘米。

该墓随葬器物全部被盗。因墓葬保存尚好，盗墓者进入墓室时，墓内只有少量淤土，因此，随葬器物被悉数盗尽。据当地村民反映，盗墓者曾从墓中盗取了各类陶、铜质器物10余件。

虽然该墓葬具、人骨及随葬器物均已不存，但据墓葬形制及墓砖花纹判断，推测该墓年代可能到了东汉晚期。

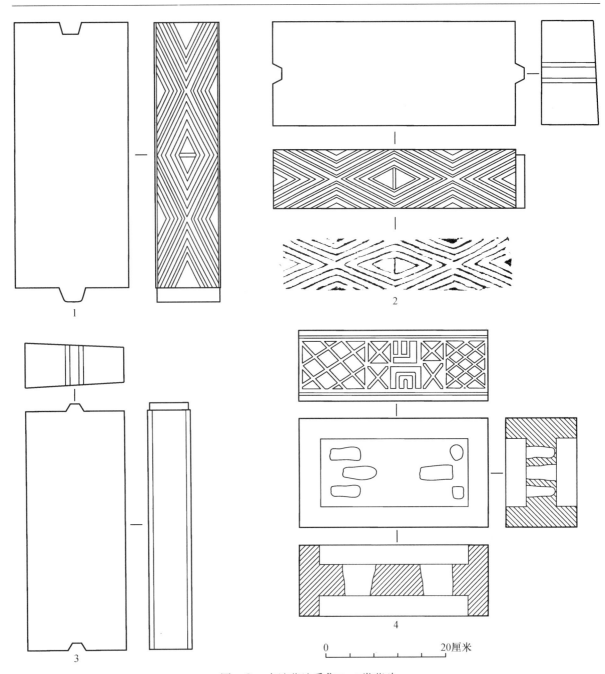

图二〇　麦沱墓地采集E、F类墓砖

1～3.E类（M19砖：1、M4砖：3、M4砖：4）　4.F类（M13砖：1）

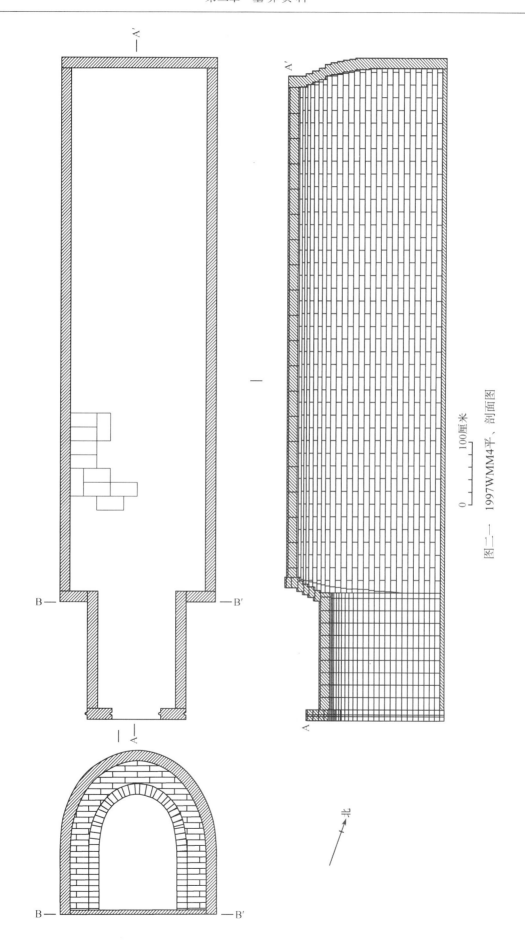

图二一　1997WMM4平、剖面图

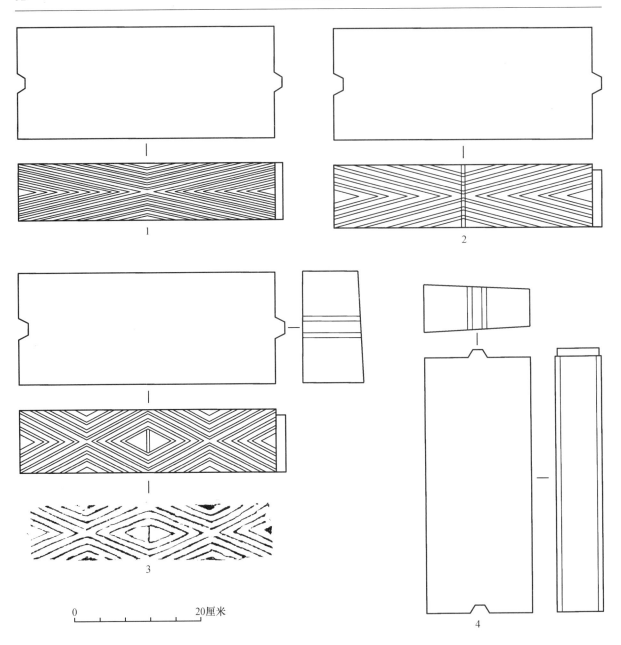

图二二　1997WMM4出土墓砖
1、2.常规榫卯砖　3.单坡边榫卯砖及拓片　4.双坡边榫卯砖

## 二、1997WMM7

　　M7位于墓地西部中心地段，坐落在巫山淀粉厂食堂后山坎下。墓葬坐北朝南，甬道朝向东南。墓葬方向144°。

　　该墓为洞穴砖室墓。其修筑方法与M4相同。墓葬平面呈刀形，现存甬道和墓室两部分，墓道不明。甬道偏向一侧，并与墓室一侧呈直线连为一体，近似刀把。甬道底部与墓室底部持平。墓葬通长742厘米，墓室通宽226厘米。

甬道位于墓葬南端，内空长180、宽105、高168厘米。甬道两侧墙高107厘米以上开始起券顶，墙及顶均为长方形单砖错缝垒砌。墓室位于墓葬北端，内空长556、宽202、高200厘米。两侧墙高82厘米以上开始起券，墓壁及券顶均为长方形单砖错缝垒砌。墙厚12厘米，即墓砖宽度。墓室及甬道铺地砖保存完好，均铺设为人字形（图二三）。

墓砖有两种。墓壁用砖为常规长形砖，砖长36.0、宽12.0、厚4.5厘米，长、宽比为3∶1。券顶用砖为单坡边长形砖，长、宽尺寸与墓壁砖接近，砖长36.1、宽12.2、厚4.0～4.5厘米。墓砖全部采用一种纹饰，一长侧饰交叉线纹和楼梯状纹，并在两端及中间饰成组竖条纹，与M5墓砖花纹接近。墓砖有花纹的一侧朝向内壁，在甬道与墓室内均有上、下两条素边向内的墓砖。其中，靠下边一条素边砖在甬道和墓室内高度一致，从而形成环形素带；靠上边一条素边砖，甬道内高71厘米，墓室内高127厘米，可能为调整券顶弧度而设。

该墓随葬器物全部被盗，葬具、人骨均无。墓室、甬道保存完整，墓内只有薄层淤土。为了收集该墓资料，我们对其进行了清理，并做了记录、绘图、照相等资料收集工作。

从该墓结构、墓砖形制及花纹分析，该墓时代应与M4相若，当为东汉晚期。

# 三、1997WMM8

## （一）墓葬概述

M8位于墓地西部中段巫山淀粉厂内。该墓西北距M4约57米，东南距M7约35米。墓葬坐北朝南，甬道朝向东南。墓葬方向164°。

该墓为一洞穴砖室墓。墓葬修筑方法与M4近似。墓葬平面呈非对称性凸字形，现存墓室和甬道两部分，墓道不明。甬道底部与墓室底部持平。墓内填土为灰褐色土，土质疏松，并有较多石块。墓葬通长752厘米，墓室通宽242厘米。

甬道位于南端，较短促，且明显偏向西侧，与墓室两侧并不对称，墓室西壁仅多出甬道西壁一块墓砖的宽度。甬道口两边直立两砖，高68厘米。甬道内空长126、宽114、高153厘米。甬道与墓室交接处东宽70、西宽19厘米。甬道自91厘米处起券顶，墙及顶均用长方形墓砖错缝垒砌，铺底砖为对缝竖铺，但门前有一条砖为横铺。墓室狭长，内空长607、宽204、高180厘米。墓室自97厘米处起券顶，墙及顶均用长方形墓砖错缝垒砌，铺底砖为对缝横铺。墓壁厚19厘米，即墓砖宽度（图二四）。

墓砖形制共有三种，包括常规宽形砖、常规长形砖及双坡边宽形砖。其中，用来砌墓壁的砖多数为常规宽形砖，其间夹杂少量常规长形砖，券顶用砖均为双坡边宽形砖。常规宽形砖长33.1～32.7、宽19.2～18.8、厚5.0厘米（图二五，1、2），常规长形砖长36.3、宽12.0、厚5.4厘（图二五，3），双坡边宽形砖长33.0、宽18.6、厚4.6～5.3厘米（图二五，4）。墓砖花纹多为组合几何纹，有交叉、斜线、网格、三角、圆弧、半圆以及横、竖线纹等。

该墓被盗。葬具、人骨均无。墓内器物支离破碎，分别位于甬道中后部及墓室中部偏东一侧。铜容器不见，仅有少量陶器、铜钱等。随葬器物编号12件，计有陶罐3件、釉陶锤2件、釉

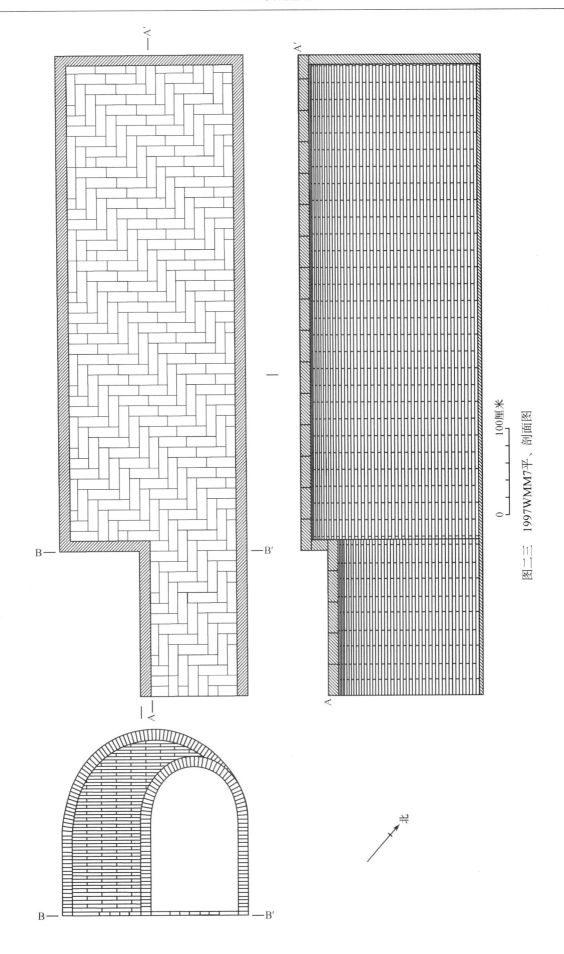

图二三　1997WMM7平、剖面图

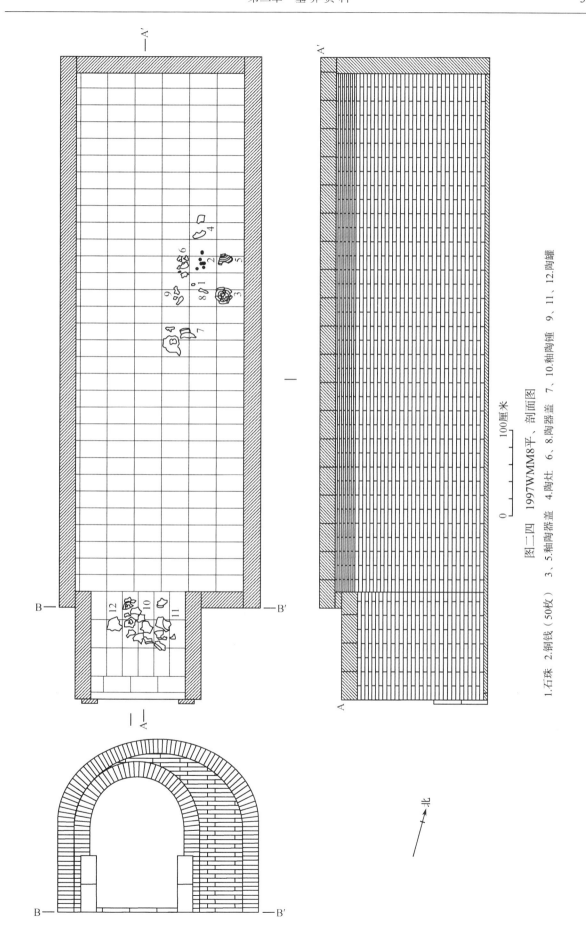

图二四 1997WMM8平、剖面图

1.石珠 2.铜钱（50枚） 3、5.釉陶器盖 4.陶灶 6、8.陶器盖 7、10.釉陶罐 9、11、12.陶罐

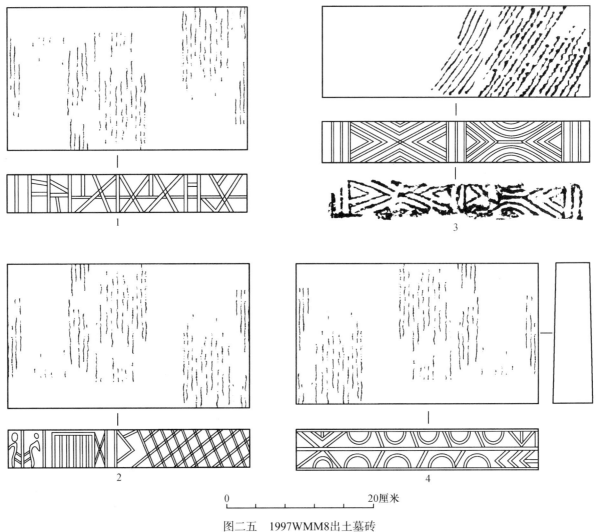

图二五　1997WMM8出土墓砖

1、2.常规宽形砖　3.常规长形砖及拓片　4.双坡边宽形砖

陶器盖2件、陶器盖2件、陶灶1件、石珠1件、铜钱50枚（编号1件）。另外，还有少量板瓦、筒瓦残片及破碎人骨（未编号）。

该墓形制比较接近M4，但甬道较短，年代当早于M4。据出土釉陶器物观察，我们推断该墓时代大致在东汉中期。

## （二）随葬器物

该墓除50枚铜钱外，共有随葬器物11件，包括陶罐、釉陶锺、釉陶器盖、陶器盖、陶灶、石珠等。

### 1.陶（釉陶）器

共10件。均以本地一种砂性较重的土壤烧制，砂粒极细。陶器有红、灰两色。前者有灰红和橙红两种，后者外表多涂抹一层黑衣。釉陶器皆为泥质红胎，器表施酱红色釉。装饰较单调，多为素面，有弦纹、瓦楞纹及绳纹等。

陶罐  3件。标本M8:11，个体较大，腹及底部残。泥质灰陶。厚方唇微内勾，口微敛，窄沿内凹，圆肩，鼓腹。素面。口径21.4、腹径36.0厘米（图二六，1）。

标本M8:9，残甚。泥质橙红陶。形制不明。

标本M8:12，残甚。泥质灰陶。形制不明。

釉陶锺  2件。标本M8:10，仅存肩及腹部残片。泥质红陶，器表施红色釉。弧领，圆肩，鼓腹。肩、腹部饰有带方形纽饰的铺首及数组弦纹。残高23.1厘米（图二六，2）。

标本M8:7，口及下腹部已残。泥质红胎。器表施酱红色釉。弧领，圆肩，扁鼓腹，坦底，高圈足外撇，足沿内凹起凸棱。肩及上腹部饰一对衔环铺首及数周弦纹。腹径24.2、足径14.9、残高22.1厘米（图二六，3）。

陶灶  1件。标本M8:4，仅存火门一侧。泥质红陶。单釜眼，单火门位于一长侧，并与釜眼相对。长侧下部饰粗竖绳纹。灶上炊器已失。灶底长20.4、残宽8.4、高7.1厘米（图二六，4）。

釉陶器盖  2件。标本M8:3，泥质红胎。器表施酱红色釉。盖沿内凹较甚，呈子母口

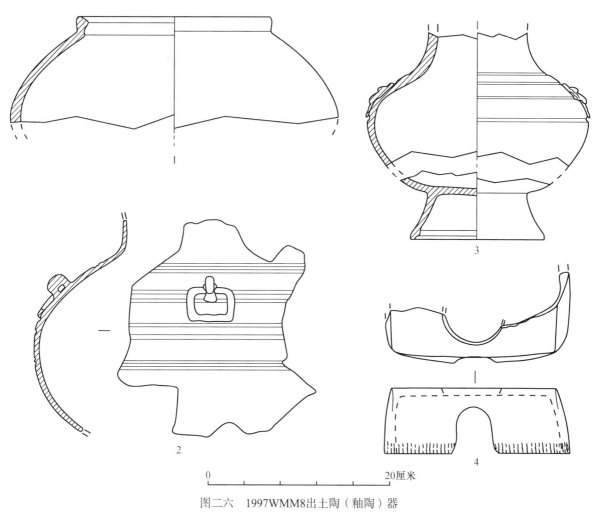

0                                        20厘米

图二六  1997WMM8出土陶（釉陶）器

1.陶罐（M8:11）  2、3.釉陶锺（M8:10、M8:7）  4.陶灶（M8:4）

状，弧形盖较深，盖顶平坦并有一宽桥形纽，纽中衔柱状立环。盖面饰瓦楞状纹及等距离排列的3个乳凸状装饰。盖径16.9、通高8.4厘米（图二七，1；图版一〇，1）。

标本M8：5，泥质深红胎。器表施酱色釉，局部露胎并有灰黑色烟炱。盖沿内折，弧形盖面略浅，盖顶较平坦，桥形盖纽残。盖面饰瓦楞状纹。盖径15.5、残高6.0厘米（图二七，2；图版一〇，2）。

陶器盖　2件。标本M8：8，纽及盖沿均残。泥质红陶。弧形盖面，盖顶实心纽已残，形状不明。素面。残高3.8厘米（图二七，3）。

标本M8：6，泥质灰陶。盖沿内折呈子母口状，弧形盖面较浅，顶残。素面。盖口径17.0、复原高5.1厘米（图二七，4）。

**2. 铜器**

铜钱　1件，共50枚。编号为M8：2。有五铢、大泉五十、货泉三种，分别为33、12和5枚。均有郭，篆体阳文。钱币直径2.7～2.8厘米。

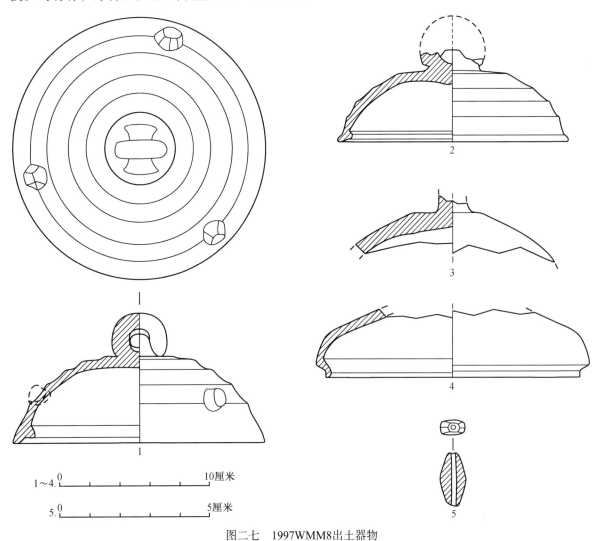

图二七　1997WMM8出土器物

1、2.釉陶器盖（M8：3、M8：5）　3、4.陶器盖（M8：8、M8：6）　5.石珠（M8：1）

**3. 其他**

该墓除随葬陶、铜器外，还发现1件石珠。

石珠 1件。标本M8：1，质地未鉴定，初步推断为玛瑙。红色，微透明。扁菱形，纵向穿孔。长1.75、宽0.9、厚0.4、孔径0.15厘米（图二七，5）。

# 四、1997WMM10

## （一）墓葬概述

M10位于墓地西部中段，坐落在巫山淀粉厂库房隔挡土墙上，与M8、M9并排，由西到东依次为M8、M9、M10，三者间距约5米。墓葬坐北朝南，甬道朝向东南。墓葬方向148°。

该墓为一洞穴石室墓。筑墓方法与洞穴砖室墓近似，同样是先在坎前挖一竖穴或斜坡墓道，至一定深度后再水平掏洞，最后用石块砌成墓室和甬道。该墓平面呈刀形，现存甬道和墓室两部分，墓道不明。甬道底部与墓室底部持平。墓内填土为黄褐色土，有较多石块。墓葬整体规模略小，通长504厘米，墓室通宽202厘米。

甬道偏向西侧，与墓室西壁呈一直线。甬道短促，内空长120、宽110、残高110厘米。甬道墙高约70厘米处以上开始起券顶。墓室较短，内空长368、宽170、高177厘米。墓室墙高95厘米处以上开始起券顶。修建墓室所用石块大小、厚薄不甚一致，大致敲打成砖样，而铺底石块则未经敲打，形状、大小极不规整。墓壁厚16厘米左右。

该墓被盗。葬具、人骨均无。墓中器物所剩无几，主要分布于甬道东侧。铜器不见，仅发现少量陶片。随葬器物编号6件，计有釉陶锺2件、陶高领罐2件、陶罐1件、陶器盖1件（图二八）。

该墓虽未发现钱币，但据其陶器判断，该墓应与M8时代相当，大致处于东汉初期。

## （二）随葬器物

该墓残存的6件随葬器物均为陶（釉陶）器。器类包括釉陶锺、高领罐、罐、器盖等。釉陶锺胎为橘红色，外施酱红色釉，罐呈灰色，盖为暗红色。纹饰较简单，仅见弦纹、锯齿状指甲纹、网状刻划纹等。

陶罐 1件。标本M10：3，中腹残。泥质灰陶。内斜方唇，窄折沿，斜折肩，斜腹较深，平底。肩饰一周锯齿状粗指甲纹，腹部有刀削棱痕，余素面。口径11.6、肩径16.2、底径8.4、复原高14.5厘米（图二九，1）。

陶高领罐 2件。均残。标本M10：2，肩以下残。泥质灰陶。三角形唇，喇叭形口，沿面微凹，细高领，宽斜折肩，领、肩、腹相交处转折明显。肩部饰三周网状刻划纹，余素面。口径17.2、肩径28.4、残高13.2厘米（图二九，2）。

标本M10：5，仅存领、肩部。大小、形制及装饰与M10：2相若。

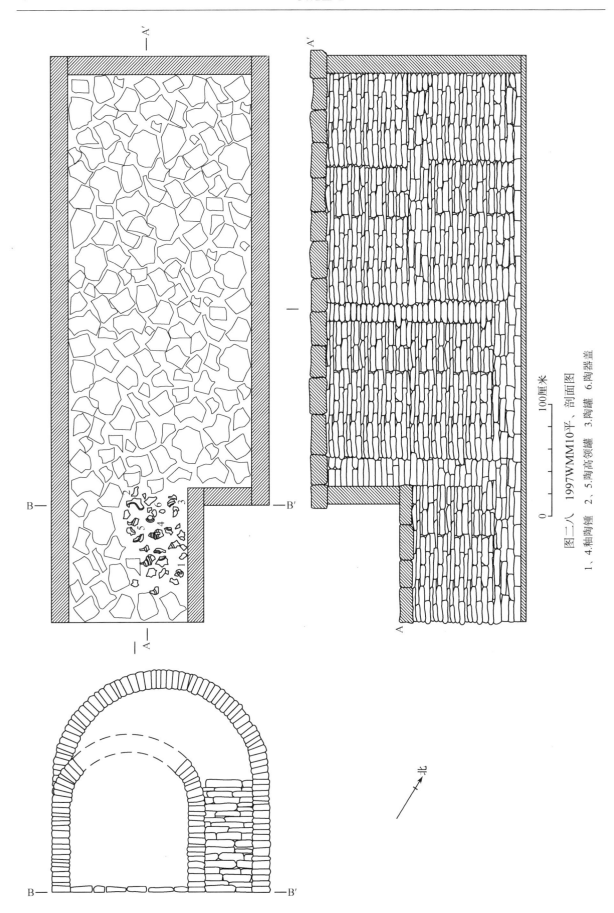

图二八　1997WMM10平、剖面图

1、4.釉陶锺　2、5.陶高领罐　3.陶罐　6.陶器盖

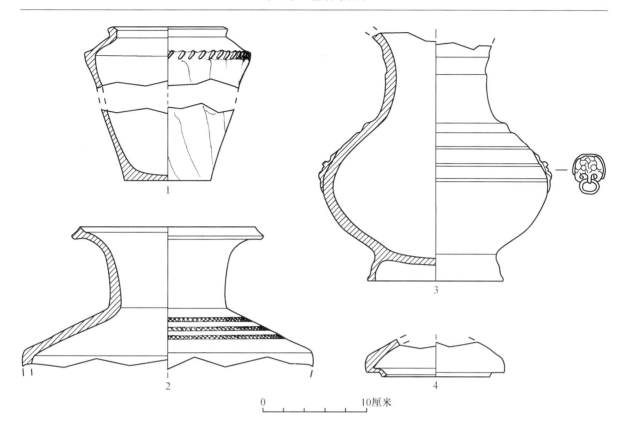

图二九 1997WMM10出土陶（釉陶）器

1.陶罐（M10：3） 2.陶高领罐（M10：2） 3.釉陶锺（M10：1） 4.陶器盖（M10：6）

釉陶锺 2件。标本M10：1，泥质橘红胎，酱红色釉。口残，高弧领，溜肩，扁鼓腹，坦底，矮圈足略外撇。领及肩部饰数周凸棱，上腹饰一对衔环兽面形铺首及三周弦纹。腹径22.1、足径13.6、残高23.6厘米（图二九，3；图版一〇，3）。

标本M10：4，残甚。大小、形制及装饰与M10：1相若。

陶器盖 1件。标本M10：6，盖顶部已残。泥质暗红陶。盖沿内折呈子母口状，盖面略弧，盖腹较浅。盖口径10.8、残高3.2厘米（图二九，4）。

# 五、1997WMM11

M11位于墓地西部西北段，正好处于巫山淀粉厂北围墙下，西北距M4约15米，东南距M8约36米。墓葬坐北朝南，甬道朝向东南。墓葬方向158°。

该墓盗毁严重。经清理，发现该墓葬券顶早已坍塌，掉落下来的石头、土块将墓室完全填实。墓葬周边及盗洞内未见任何陶器及其他遗物。由于该墓正好处于淀粉厂围墙下，上方土质结构又不太牢固，当我们清理完甬道及墓室前端一部分后，同样发现有大量碎土及大块石头掉落，出于安全考虑，我们没有往前掘进。后与厂方协商，不同意拆除围墙，发掘只能被迫中止。我们在做好绘图、照相及相关记录，并收集一些墓砖标本后，就立刻回填了。

M11为洞穴砖室墓。墓葬修筑方法与M4相若。该墓平面呈刀形，现存甬道和墓室两部分，墓道不明。甬道底部与墓室底部持平。墓内填土为黄褐色土，松散，含较多石块。墓葬通长不明，墓室通宽220厘米。

甬道基本完整，偏向东侧并与墓室东壁呈一直线。甬道内空长185、宽95、高172厘米。墓室内空宽192、高216厘米。甬道墙壁砖为错缝砌成，券顶砖为对缝砌成，墓室砌法亦然。甬道墙高100厘米，墓室墙高110厘米，甬道及墓室东侧墙高90厘米处有一条素面向内的墓砖，其他墓砖均有花纹向内。甬道底及墓室底均无铺地砖。墙厚14厘米，即墓砖宽度（图三〇）。

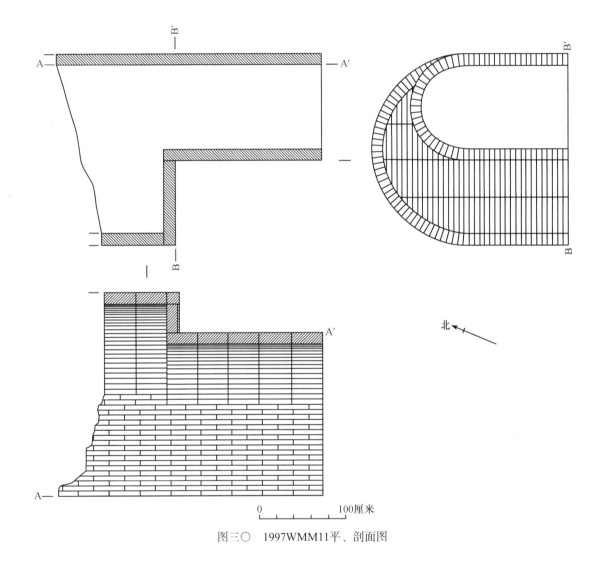

图三〇　1997WMM11平、剖面图

墓砖形制可分两种：一种为砌墓壁的常规长形砖；一种为砌券顶的坡边长形砖。花纹大致有两类：一类为花草纹砖；另一类为纪年砖。花草纹砖多为砌券顶的单坡边长形砖，花纹朝向墓室，其上可见兰草，其余不甚明了，砖一端侧刻有"十"字记号。砖长33.8、宽14.2、厚5.2～5.7厘米（图三一，1）。纪年砖有三种铭文及装饰：一种铭文为"永元十三年"，铭文位于一长侧的上半段，分左右两边排列，从左至右为左2字右3字，下半段为菱形几何花纹，另一端边亦刻有"十"字记号，这类砖一般是砌券顶的双坡边长形砖。砖长34.7、宽13.8、厚

4.8～5.8厘米（图三一，2）。另一种铭文为"日永元十五年作治"，上端饰一横线及两个向上的弧线装饰，这类砖也是砌券顶的双坡边长形砖。砖长34.7、宽12.6、厚5.2～5.9厘米（图三一，3）。还有一种铭文为"永元十五年作治"，两端均有三道横线装饰，这类砖是用以砌墓壁的常规长形砖。砖长33.7、宽14.2、厚5.7厘米（图三一，4、5）。

该墓葬具、人骨及随葬器物均未发现，但发现有明确纪年的墓砖。"永元"为东汉和帝年号，永元十三年为101年，永元十五年则为103年，故该墓年代应属东汉中期。

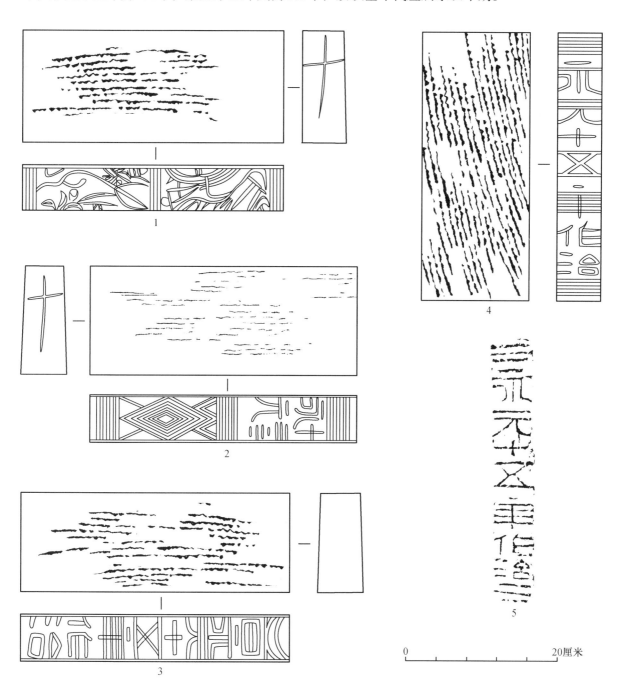

图三一　1997WMM11出土墓砖

1.单坡边长形砖　2、3.双坡边长形砖　4、5.常规长形砖及拓片

# 六、1997WMM15

## （一）墓葬概述

M15位于墓地西部东北段，坐落在巫山淀粉厂围墙东北角以外。该墓西距M10约65米，东与M16并列，二者相距约6米。墓葬坐北朝南，甬道朝东南。墓葬方向142°。

该墓为洞穴砖室墓。筑墓方法：先在一高坎前挖一竖穴，然后平竖穴底部向坎内水平掏一洞穴，洞穴的形状即为墓室形状，洞穴挖好后，再在其内用墓砖砌甬道和墓室，最后用砖铺好墓底。墓葬平面呈刀形，现存甬道和墓室两部分，墓道不明。甬道底部与墓室底部持平。墓内填土为灰褐色，较纯净。因墓室远端塌方严重，墓室未清理到头，故墓葬通长不详，墓室通宽216厘米。

甬道偏向东侧，并与墓室东壁呈一直线。甬道狭长，内空长272、宽112、高172厘米。甬道墙基及券顶墓砖均为错缝垒砌。墓室内空宽192、高216厘米，已清理长度为336厘米。墓室两侧墙壁及券顶墓砖砌法与甬道同，靠近甬道南壁为平缝垒砌。铺地砖为一直一横顺次相间铺设。墓壁及券顶墙厚均为12厘米，即墓砖宽度（图三二）。

墓砖形制有两种。一种为砌券顶的双坡边长形砖，长38.0、宽12.0、厚4.6～5.6厘米（图三三，1）。第二种为砌墓壁和铺墓底的常规长形砖，墓壁砖长36.6、宽12.0、厚5.6厘米（图三三，2），铺地砖无纹，规格与墓壁砖接近。券顶砖和墓壁砖均在一长侧边和一端边印有花纹，长侧边上花纹均为摇钱树纹，双坡边砖端边花纹为菱形几何纹，常规砖端边花纹为虺蛇纹。两种墓砖均较狭长，长、宽之比约为3∶1。

该墓早年被盗，近年也有盗扰迹象。葬具、人骨均无。器物多位于墓室西南角，少数位于甬道与墓室交界处。铜器仅见1件铜泡钉，陶器残甚。随葬器物编号23件，计有釉陶锤1件、陶罐3件、陶甑1件、陶瓶1件、陶釜3件、陶钵5件、陶杯1件、陶灯4件、陶器盖1件、釉陶器盖1件、陶灶1件、铜泡钉1件（图版一，1）。

该墓可资断代的资料欠缺，从陶罐、陶灶及釉陶锤形态分析，时代当在东汉中期。

## （二）随葬器物

该墓共有随葬器物23件。除1件铜泡钉外，余均为陶器。

### 1. 陶（釉陶）器

共22件。器类有釉陶锤、釉陶器盖、陶罐、陶甑、陶瓶、陶釜、陶钵、陶杯、陶灯、陶器盖、陶灶。釉陶器外表施酱红色釉，胎为泥质橙红色或红色。陶器多为夹细砂泥质陶，陶色除3件陶罐和1件陶灶为灰陶外，其余均为红陶或橙红陶，这是该墓出土陶器一大特色。

陶罐　3件。标本M15∶4，泥质灰陶。方唇，内折口，折肩，筒形腹，近底部内收较甚，平底微凹呈假圈足状。腹中部饰一道凹槽，余素面。内壁凹凸不平，整器变形较甚。口径

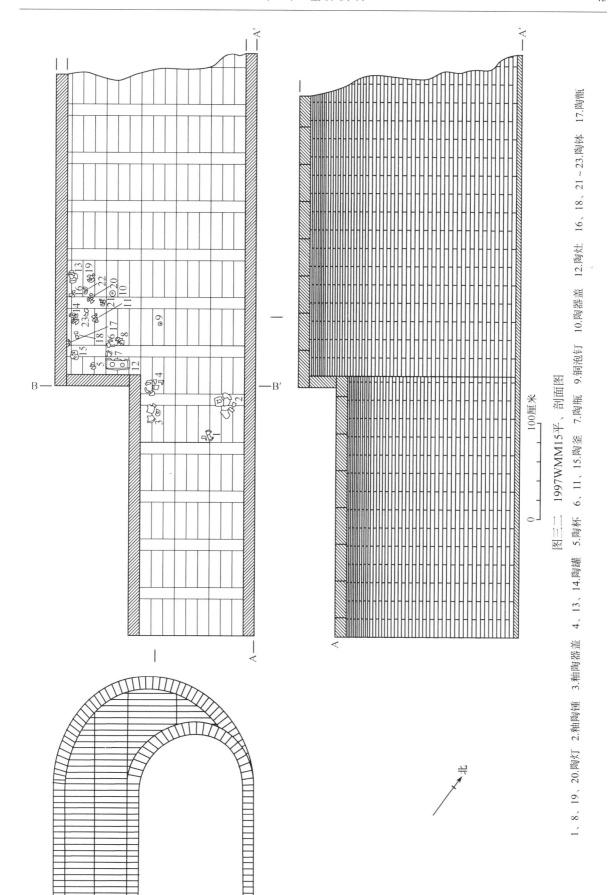

图三二 1997WMM15平、剖面图

1、8、19、20.陶灯 2.釉陶锺 3.釉陶器盖 4、13、14.陶罐 5.陶杯 6、11、15.陶釜 7.陶盆 9.铜泡钉 10.陶器盖 12.陶灶 16、18、21~23.陶钵 17.陶瓶

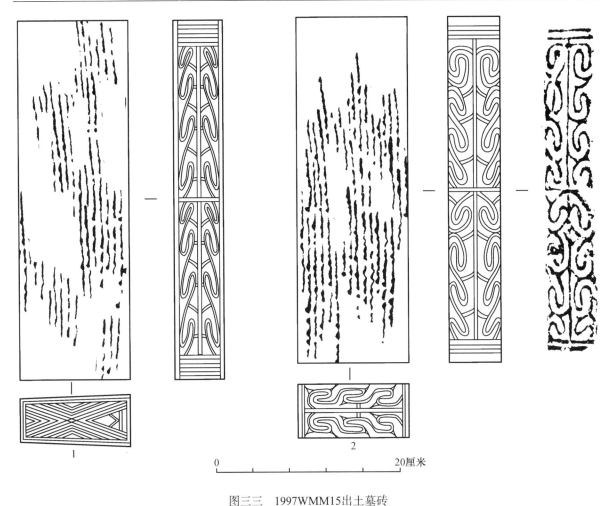

图三三　1997WMM15出土墓砖
1.双坡边长形砖　2.常规长形砖及拓片

9.3、肩径11.2、底径7.2、高10.3厘米（图三四，1；图版一〇，4）。

标本M15：13，泥质灰陶。形制及装饰同M15：4，口径8.9、肩径10.8、底径6.8、高10.4厘米（图三四，2；图版一〇，5)。

标本M15：14，泥质灰陶。形制及装饰同M15：4，底径稍小。整器变形较甚，口部呈椭圆形。口径7.6～9.6、肩径11.6、底径6.0、高9.6厘米（图三四，3；图版一〇，6）。

釉陶锺　1件。标本M15：2，颈以上残，圈足脱落。酱红色釉，泥质橙红胎。溜肩，扁腹。肩部饰数周凸棱及一对衔环兽面形铺首，下腹饰一道浅弦纹，余素面。腹径21.3、残高11.8厘米（图三四，4）。

陶甑　1件。标本M15：17，泥质红陶。厚卷沿，敞口，浅弧腹，平底较窄。腹饰一道弦纹，底有5个箅孔。口径9.8、底径4.2、高4.1厘米（图三四，5）。

陶瓶　1件。标本M15：7，泥质红陶。厚斜方唇，喇叭形口，高弧领，扁腹微折，下腹斜收较急，平底微凹。素面。口径7.2、腹径8.1、底径3.8、高6.1厘米（图三五，1；图版一一，1）。

陶釜　3件。标本M15：6，泥质红陶。内斜方唇，唇沿微内勾，仰折沿，斜折肩，深鼓

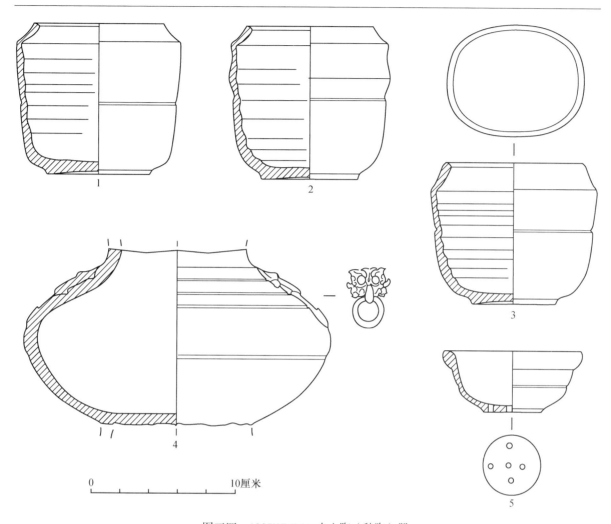

图三四 1997WMM15出土陶（釉陶）器

1~3.陶罐（M15：4、M15：13、M15：14） 4.釉陶锤（M15：2） 5.陶甑（M15：17）

腹，平底略凹呈假圈足状。素面。口径7.2、腹径8.9、腹径4.5、高6.1厘米（图三五，2；图版一一，2）。

标本M15：15，泥质红陶。尖唇，敞口，沿微内凹，折肩较宽平，扁腹，下腹内收较急，平底外凸。器表素面，内壁近底部凹凸不平。口径6.4、肩径9.4、底径4.7、高5.6厘米（图三五，3；图版一一，3）。

标本M15：11，泥质红陶。圆唇，仰折沿，沿面内凹呈盘口状，斜折肩，扁腹，平底微凹呈假圈足状。素面。口径7.9、肩径8.3、底径4.2、高4.8厘米（图三五，4；图版一一，4）。

陶钵 5件。标本M15：16，泥质橙红陶。尖唇，唇沿内削，口微敛，弧腹略深，平底微外凸。上腹饰一道凹槽，余素面。口径10.5、底径4.6、高4.6厘米（图三五，5；图版一一，5）。

标本M15：23，泥质橙红陶。尖唇，唇沿内削，口微敛，弧腹略浅，平底微外凸。中腹饰一道凹槽，余素面。口径10.3、底径4.5、高4.5厘米（图三五，6；图版一一，6）。

标本M15：21，泥质橙红陶。尖唇，平折沿，敞口，浅弧腹，平底微外凸。上腹饰两周弦纹，余素面。口径10.8、底径4.2、高3.1厘米（图三五，7；图版一二，1）。

标本M15：18，泥质橙红陶。尖唇，平折沿，敞口较甚，浅斜腹，平底微外凸。器表饰瓦棱状纹。口径11.0、底径4.3、高3.0厘米（图三五，8；图版一二，2）。

标本M15：22，泥质橙红陶。残甚。大小、形制及装饰与M15：18相若。

陶杯　1件。标本M15：5，泥质橙红陶。厚方唇微内勾，直口微敞，上腹较直，下腹急收，平底微凹呈假圈足状。素面。口径7.2、底径3.8、高3.8厘米（图三五，9；图版一二，3）。

陶灯　4件。标本M15：20，泥质橙红陶。尖唇，直口，口外出檐呈子母口状，盏底内凹较甚，豆柄形灯柱较矮，台式圈足。素面。口径4.5、足径9.8、高6.7厘米（图三五，10；图版一二，4）。

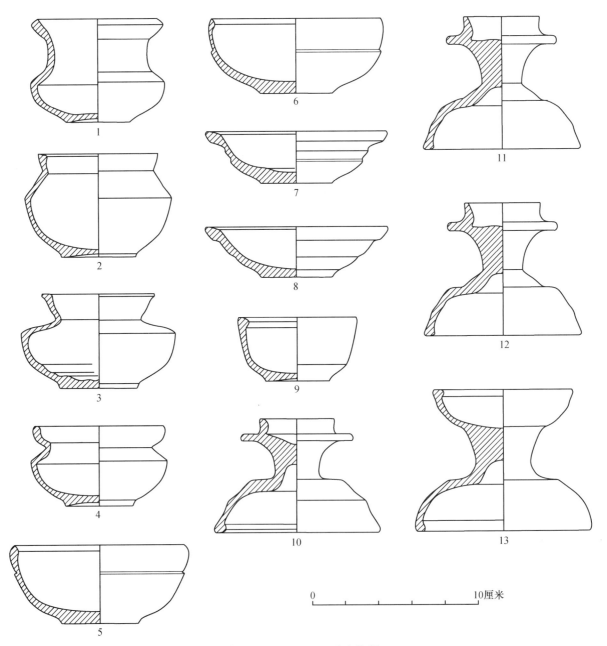

0　　　　　　　　　　　10厘米

图三五　1997WMM15出土陶器

1.瓶（M15：17）　　2～4.釜（M15：6、M15：15、M15：11）　　5～8.钵（M15：16、M15：23、M15：21、M15：18）　9.杯（M15：5）　　10～13.灯（M15：20、M15：1、M15：19、M15：8）

标本M15：1，泥质红陶，局部有黑斑。尖唇，直口，口外出檐呈子母口状，盏底平坦，豆柄形灯柱略高，台式圈足。素面。口径4.5、足径9.6、高7.7厘米（图三五，11；图版一二，5）。

标本M15：19，泥质红陶，局部有黑斑。大小、形制与M15：1相若，圈足台面更宽平。口径4.6、足径9.5、高7.8厘米（图三五，12；图版一二，6）。

标本M15：8，泥质红陶。方唇内勾，浅弧壁灯盏，盏底呈圜底状，豆柄形灯柱较粗矮，台式圈足，足微内敛。素面。口径8.3、足径10.5、高8.3厘米（图三五，13；图版一三，1）。

釉陶器盖 1件。标本M15：3，泥质红胎，器表施酱红色釉，脱落较甚。盖沿内凹呈子母口状，盖面浅斜，盖顶平坦，顶上有一桥形纽，纽中衔柱状立环。盖面等列3个乳凸状装饰全部脱落，余素面。盖口径15.0、通高6.9厘米（图三六，1；图版一三，2）。

陶器盖 1件。标本M15：10，泥质深红陶。盖沿微内收，唇内勾，曲弧形盖，盖顶有一实心纽。盖面饰网状划纹。盖口径6.5、通高2.8厘米（图三六，2；图版一三，3）。

陶灶 1件。标本M15：12，泥质灰陶。平面略呈窄长方形。双釜眼，双方形火门位于一长侧边，并与釜眼相对，火门直通底边，灶面两端有挡板。灶上炊器已失。灶底长27.2、宽12.8、通高（含挡板）7.9厘米（图三六，3；图版一三，4）。

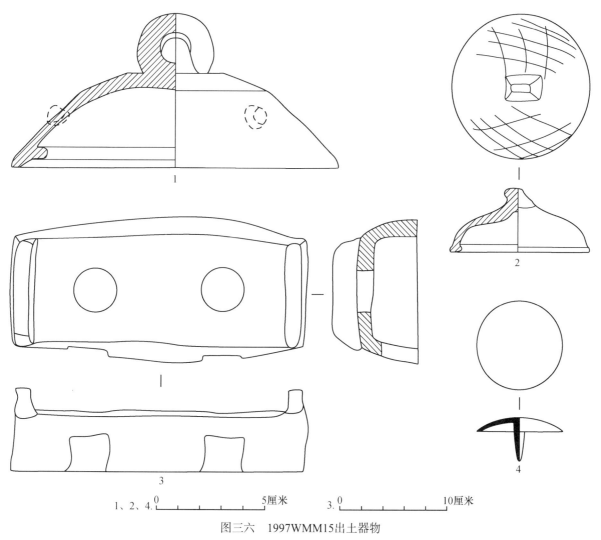

图三六 1997WMM15出土器物

1.釉陶器盖（M15：3） 2.陶器盖（M15：10） 3.陶灶（M15：12） 4.铜泡钉（M15：9）

**2. 铜器**

铜泡钉　1件。标本M15：9，鎏金。伞形，圆弧形钉帽，锥形钉柱。直径4.0、高1.9厘米（图三六，4）。

# 七、1997WMM16

## （一）墓葬概述

M16位于墓地西部东北段。该墓与M15、M29并列，西距M15约6米，东距M29约10米。墓葬坐北朝南，甬道朝向东南。墓葬方向140°。

该墓为洞穴砖室墓。墓葬平面呈刀形，现存甬道和墓室两部分，墓道不明。甬道偏向东侧，与墓室呈一直线，底部与墓室持平。墓内填土为灰褐色，较纯净。与M15一样，该墓墓室远端塌方严重，我们只清理完甬道及墓室近端。甬道内空长260、宽115、高185厘米，墓室内空宽195、高210厘米，已清理长度为295厘米。该墓的修筑方法、墓葬结构以及甬道位置、墓壁和券顶的砌法均与M15一致，唯独铺地砖不是一直一横顺次相间铺设，而是呈"人"字形铺设。因墓室远端塌方严重，墓室未清理到头，故墓葬通长不详，墓室通宽216厘米。

墓砖形制有三种：一种为砌券顶用的双坡边长形砖，长37.8、宽11.9、厚4.4～5.4厘米；一种为砌墓壁用的常规长形砖，长36.4、宽12.0、厚5.6厘米；一种为铺地砖，长30.5、宽15.2、厚2.1厘米。前两种墓砖形制、规格及花纹均与M15相近。铺地砖为常规宽形砖，较薄，而且侧边及端边均无花纹，但双面饰有纹饰，一面为绳纹，另一面为深网状纹及竖线纹，与M17采集的墓砖比较接近。

该墓早年被盗。葬具、人骨均无。我们只在甬道与墓室交接部发现少量随葬器物，分别为釉陶杯、陶盂、陶甑、铜洗残片各1件。

该墓可资断代的随葬器物较少，若从墓葬修建方法及其形制上分析，应与M15相若，当属东汉中期墓葬。

## （二）随葬器物

该墓随葬器物仅存4件，包括釉陶杯、陶盂、陶甑、铜洗残片各1件。

**1. 陶（釉陶）器**

釉陶杯　1件。标本M16：1，泥质红胎，胎较厚。器表施薄层酱红色釉，脱落较甚。内斜方唇，口微敞，直腹略浅，平底外凸呈假圈足状。腹饰两道弦纹。口径7.8、底径4.3、高5.6厘米（图三七，1；图版一三，5）。

陶盂　1件。标本M16：2，泥质灰陶。厚方唇，敛口，宽折肩，浅弧腹，平底。下腹有刀

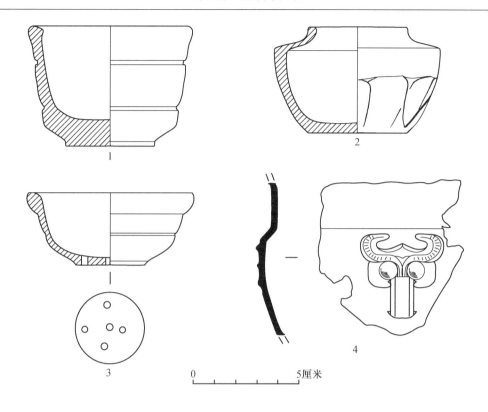

图三七 1997WMM16出土器物

1.釉陶杯（M16：1） 2.陶盂（M16：2） 3.陶甑（M16：3） 4.铜洗残片（M16：4）

削棱痕，余素面。口径4.8、肩径7.9、底径4.7、高4.9厘米（图三七，2；图版一三，6）。

陶甑 1件。标本M16：3，泥质红陶。厚卷沿，敞口，浅弧腹，平底。腹饰一道弦纹，底有5个箅孔。口径7.7、底径3.2、高3.3厘米（图三七，3）。

**2. 铜器**

铜洗 1件。标本M16：4，残片。胎略厚。其上有一完整的牛头形铺首。残高7.1厘米（图三七，4）。

# 八、1997WMM22

## （一）墓葬概述

M22位于墓地东部东端一处地势较为平缓的台地边缘。墓葬坐北朝南，墓道朝向接近正南方向。墓葬方向175°。

该墓为竖穴石室墓。墓葬开口于距地表深80厘米的表土及扰土层下，打破生土。筑墓方法是：从地表挖一竖穴墓坑，墓坑含斜坡墓道、甬道及墓室三部分，并用石块铺好墓室及甬道底部，然后在墓室部位用敲制好的石块砌成一定高度的墓壁，待墓主人下葬后，再用墓坑掘出的土回填夯实。

墓葬平面略呈凸字形，由墓道、甬道、墓室三部分组成。墓道前端直通坎边，部分已被冲刷，残长150、宽84厘米。墓道未砌墙，坡底高出甬道底部40厘米，坡度30°。甬墓短而窄，两侧无墙，但底部铺有石块，似为过渡形态，长仅54厘米，宽度与墓道相同。甬道偏东，与墓室两侧不对称，因此，该墓平面并非严格意义上的凸字形。墓室狭长，四壁砌石墙，但无券顶。内空长570、宽170厘米，墙高133、厚14厘米。墓室墙体距外侧土坑墓壁有3~5厘米的空隙。墓葬通长现存793厘米，墓室通宽205厘米。墓底距墓口最深480厘米，墓底距地表最深560厘米。

该墓保存较好，墓内填土为本坑掘出的土回填和挖取周围表土回填，土色较杂，内含较多石块、陶片等。填土较松散，夯筑不实，填土内出有6件与墓葬年代相近或略早的器物。包括鎏金铜泡钉2件，五铢铜钱1枚，铜牌饰、磬形铜片各1件，陶盆1件。葬具、人骨均无。墓内随葬器物大多位于墓室前端，只有两处铜钱及少量陶片散落在墓室中后部。墓内随葬器物编号27件（两处铜钱各计1件），计有陶罐7件、陶高领罐2件、陶壶1件、陶灶1件、陶盂6件、陶钵1件、陶甑1件、陶瓶1件、铜鍪1件、铜洗1件、铜碗1件、铜构件2件、铜钱105枚（编号2件）（图三八；彩版二，1）。

该墓为土坑墓向砖（石）室墓的过渡形态，斜坡墓道尚存西汉墓葬遗风，甬道属东汉墓甬道的早期形态。器物形态方面，高领罐与西汉晚期同类器相似，铜鍪、铜洗也可在西汉晚期墓中找到相似器形。而且，可资断代的直接依据还有五铢铜钱，从钱文观察，基本上属西汉晚期五铢钱，文字清瘦，五字上下两横略出头，交笔两侧几平行，钱品相对较新，当使用不久。再者，内有2枚新莽时期布泉钱。因此，从墓葬形制、器物形态以及五铢、布泉铜钱等分析，该墓应属新莽至东汉初期。

## （二）随葬器物

该墓出土器物共33件。其中，墓内随葬陶器20件、铜器5件、铜钱105枚（编号2件）填土出土器物6件。

### 1. 陶器

共20件。器类有罐、高领罐、壶、灶、盂、钵、甑、瓶等。陶器均为泥质灰陶，无一例外。陶器纹饰有弦纹、网状刻划纹、锯齿状指甲纹、绳纹等，多数陶器下腹部还有刀削棱痕。其中，罐肩部一般有一周锯齿状细指甲纹，高领罐肩部一般有两至三周网状刻划纹，腹至底则饰交错绳纹。

陶罐　7件。标本M22：13，泥质灰陶。外斜方唇，仰折沿，折肩，斜直腹，平底。肩下饰一周锯齿状细指甲纹，腹有浅刀削棱痕，余素面。口径8.9、肩径15.0、底径8.8、高11.6厘米（图三九，1；图版一四，1）。

标本M22：15，泥质灰陶。圆唇微内勾，近直口，折肩微外耸，斜直腹，平底。肩下饰一周锯齿状细指甲纹，下腹有刀削棱痕，余素面。口径8.6、肩径15.2、底径9.4、高11.5厘米（图

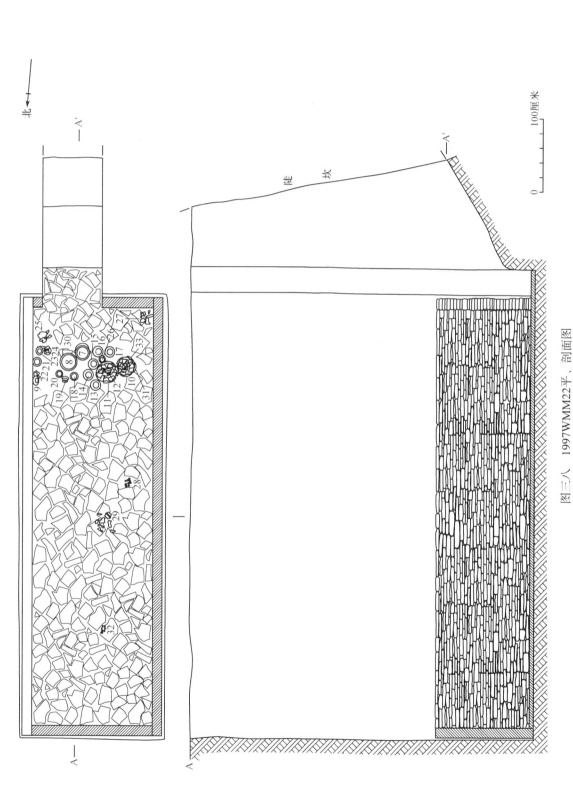

图三八 1997WMM22平、剖面图

7.铜鍪 8.铜洗 9.铜碗 10.陶壶 11、25.陶高领罐 12、20、22～24、26.陶盂 13～17、27、29.陶钵 18.陶罐 19.陶瓶 21.陶甑 28.铜钱(66枚) 30.陶灶 31、33.铜构件(均压在10下) 32.铜钱(39枚) (1～6为填土遗物)

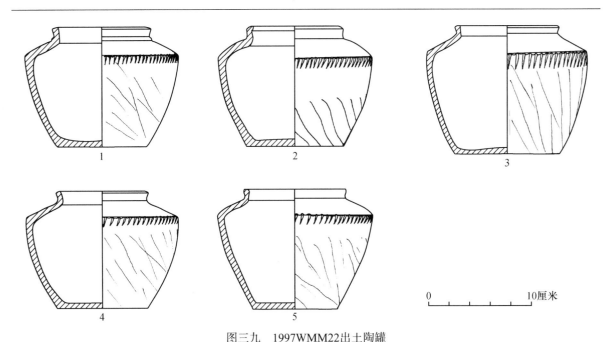

图三九　1997WMM22出土陶罐
1.M22：13　2.M22：15　3.M22：17　4.M22：14　5.M22：16

三九，2；图版一四，2）。

标本M22：17，泥质灰陶。外斜方唇，窄仰折沿，斜折肩，斜直腹，平底。肩下饰一周锯齿状细指甲纹，腹有浅刀削棱痕，余素面。口径9.6、肩径15.7、底径10.1、高12.4厘米（图三九，3；图版一四，3）。

标本M22：14，泥质灰陶。外斜方唇，仰折沿微外卷，斜折肩，斜直腹，平底。肩下饰一周锯齿状细指甲纹，腹有浅刀削棱痕，余素面。口径8.4、肩径14.8、底径8.8、高11.2厘米（图三九，4；图版一四，4）。

标本M22：16，泥质灰陶。内斜方唇，直口，短沿，折肩，斜直腹，平底。肩下饰一周锯齿状细指甲纹，腹有浅刀削棱痕，余素面。口径9.9、肩径15.2、底径8.3、高11.5厘米（图三九，5；图版一五，1）。

标本M22：27，泥质灰陶。残甚，不能修复。从残片观察，体略小，形制及装饰比较接近M22：14。

标本M22：29，泥质灰陶。残甚，不能修复。从残片观察，大小、形制及装饰比较接近M22：13。

陶高领罐　2件。标本M22：11，泥质灰陶。口部残。高弧领，宽斜折肩，领、肩、腹交接处转折明显，弧腹略浅，圜底内凹。口、领部素面，肩部饰两周网状刻划纹，腹、底部饰错乱绳纹。复原口径17.0、肩径29.2、底径10.4、复原高27.6厘米（图四〇，1；图版一五，2）。

标本M22：25，泥质灰陶。三角形尖唇，沿外翻，喇叭形口，高弧领，宽斜折肩，领、肩、腹交接处转折明显，弧腹较深，圜底微凹。口、领部素面，肩部饰三周网状刻划纹，腹、底部饰交错绳纹。口径15.7、肩径28.1、底径10.6、复原高27.2厘米（图四〇，2；图版一五，3）。

陶壶　1件。标本M22：10，泥质灰陶。圆唇，卷沿，敞口，高弧领，圆肩，鼓腹较浅，

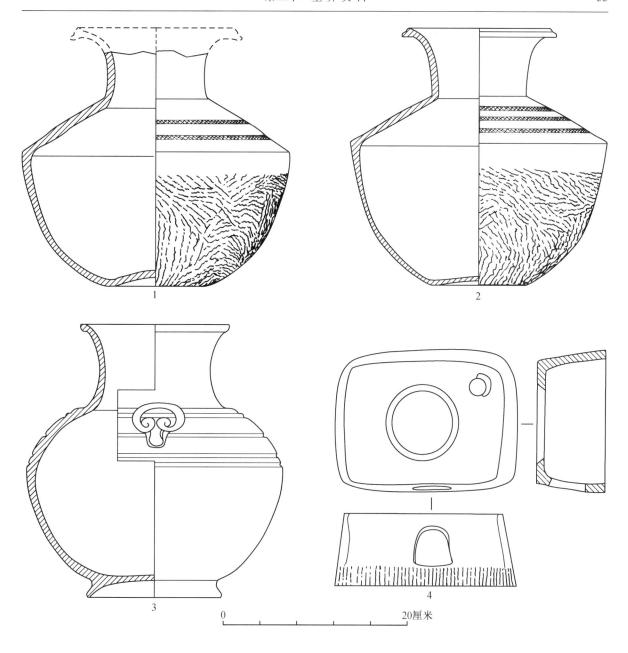

图四〇　1997WMM22出土陶器

1、2.高领罐（M22：11、M22：25）　3.壶（M22：10）　4.灶（M22：30）

矮圈足外撇。肩及上腹部饰数周弦纹及一对无环铺首，余素面。口径16.2、腹径28.0、足径14.4、高29.2厘米（图四〇，3；图版一五，4）。

陶灶　1件。标本M22：30，泥质灰陶，器表凹凸不平。短体，近方形。单釜眼，单火门置于一长侧，并与釜眼相对应，灶面右上角有一烟囱孔。火门以下四周均饰有粗绳纹，余素面。灶底长20.0、宽15.2、高7.6厘米（图四〇，4；图版一六，1）。

陶盂　6件。标本M22：12，泥质灰陶。外斜方唇，直口微敛，圆肩微耸，扁腹外鼓较甚，宽平底。下腹有刀削棱痕，余素面。口径5.4、肩径9.8、底径6.8、高4.9厘米（图四一，1；图版一六，2）。

标本M22：23，泥质灰陶。外斜方唇，直口微敞，圆肩微耸，扁腹，肩、腹折转不明显，宽平底。下腹有刀削棱痕，余素面。口径5.8、腹径9.1、底径6.3、高4.6厘米（图四一，2；图版一六，3）。

标本M22：24，泥质灰陶。内斜方唇，直口微敛，斜折肩，扁腹，宽平底。下腹有刀削棱痕，余素面。口径6.1、肩径9.6、底径6.4、高5.0厘米（图四一，3；图版一六，4）。

标本M22：26，泥质灰陶。圆唇近尖，直口，耸肩较窄，斜腹较浅，肩、腹较圆转，宽平底。下腹有刀削棱痕，余素面。口径6.6、腹径9.6、底径6.3、高5.3厘米（图四一，4；图版一六，5）。

标本M22：22，泥质灰陶。体形较高大。泥质灰陶。圆唇近尖，直口，耸肩较窄，斜腹较深，肩、腹圆转，宽平底。下腹有刀削棱痕，余素面。口径7.0、腹径10.2、底径6.3、高6.5厘米（图四一，5；图版一六，6）。

标本M22：20，泥质灰陶。方唇，敛口，斜折肩，扁腹，平底。下腹有刀削棱痕，余素面。口径7.8、肩径10.5、底径5.7、高5.4厘米（图四一，6；图版一七，1）。

陶钵　1件。标本M22：18，泥质灰陶。胎较薄。尖唇，窄折沿，浅弧腹，下腹斜收较甚，平底。下腹有刀削棱痕，余素面。口径11.8、底径4.8、高3.6厘米（图四一，7；图版

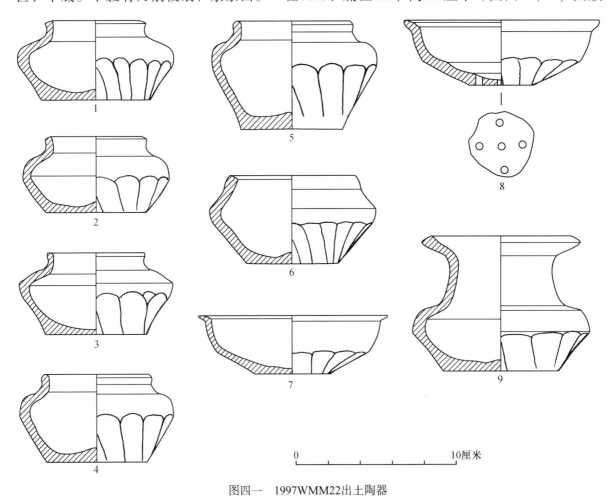

0　　　　　　　　　　　　10厘米

图四一　1997WMM22出土陶器

1～6.盂（M22：12、M22：23、M22：24、M22：26、M22：22、M22：20）　7.钵（M22：18）　8.甑（M22：21）

9.瓶（M22：19）

一七，2）。

　　陶甑　1件。标本M22：21，泥质灰陶。圆唇近尖，窄折沿，沿面起棱，浅弧腹，下腹斜收较急，小平底。器物内壁不平整。下腹有刀削棱痕，底部不规则，上有5个箅孔，余素面。口径12.1、底径4.0、高4.0厘米（图四一，8；图版一七，3）。

　　陶瓶　1件。标本M22：19，泥质灰陶。外斜方唇，喇叭形口，沿面微凹，高弧领，窄肩微折，扁腹外鼓较甚，宽平底。下腹有刀削棱痕，余素面。口径8.7、腹径11.0、底径7.1、高8.2厘米（图四一，9；图版一七，4）。

**2. 铜器**

　　共7件（铜钱2件）。器类有鍪、洗、碗各1件，铜构件2件，五铢铜钱1件（103枚），布泉铜钱1件（2枚）。

　　铜鍪　1件。标本M22：7，器表布满烟炱。窄方唇，喇叭形口，束颈，斜折肩，浅盆形腹，圜底近平。肩部有一对环形耳，肩下饰两道凸箍，余素面。口径20.4、肩径23.3、高18.2厘米（图四二，1；图版一七，5）。

　　铜洗　1件。标本M22：8，方唇，折沿，矮直领，斜折肩较窄，弧腹较深，平底微凹。上

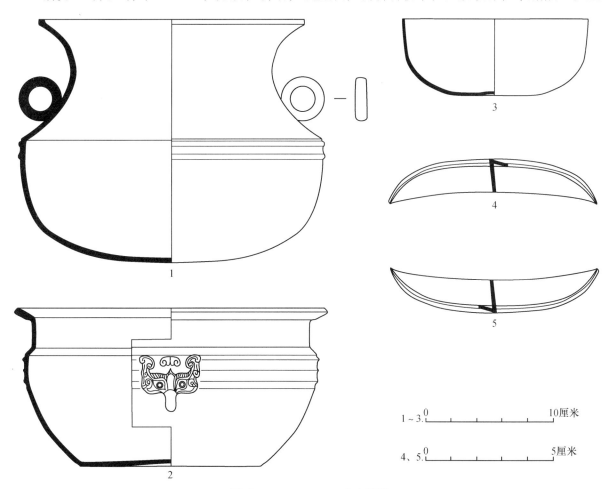

图四二　1997WMM22出土铜器

1.鍪（M22：7）　2.洗（M22：8）　3.碗（M22：9）　4、5.铜构件（M22：31、M22：33）

腹部有一对牛头形铺首，肩及上腹饰数道凸棱，器底中部有一条铸痕，余素面。口径23.6、肩径22.6、底径14.0、高11.9厘米（图四二，2；图版一七，6）。

铜碗　1件。标本M22：9，质地较好。方唇，直口微敞，浅直腹，圜底略内凹。素面。口径14.4、高5.7厘米（图四二，3；图版一八，1）。

铜构件　2件。均为漆耳杯之耳部铜扣件。标本M22：31，新月形，弧边尖角，断面呈"L"形。长8.1、宽1.3、厚0.1厘米（图四二，4；图版一八，2上）。

标本M22：33，大小及形状均与M22：31接近（图四二，5；图版一八，2下）。

铜钱　2件。共105枚。除2枚布泉钱币外，余均为五铢钱币。这些钱币有郭，篆体阳文。其中，编号为M22：28者有62枚（图版一八，3），编号为M22：32者有43枚。五铢钱币直径约2.5厘米（图四三，1、2），布泉钱币直径约2.6厘米（图四三，3）。

**3. 填土出土器物**

该墓填土共出土6件器物，包括陶盆1件、鎏金铜泡钉2件、五铢铜钱1枚、铜牌饰1件、磬形铜片1件。

陶盆　1件。标本M22：6，泥质红陶。方唇，敛口，浅斜直腹，腹、底转折起棱，圜底残。口部饰一周弦纹，余素面。口径18.3、残高5.9厘米（图四四，1）。

铜牌饰　1件。标本M22：3，薄片。局部残。略似卷尾鸟形。宽7.5、高7.8厘米（图四四，2；图版一八，4）。

铜泡钉　2件。标本M22：1，钉帽鎏金。伞形。蘑菇状钉帽，锥形钉柱。直径5.8、高2.3厘米（图四四，3；图版一八，5）。

标本M22：4，钉帽鎏金。体略小，形同M22：1。直径4.6、高1.8厘米（图四四，4）。

磬形铜片　1件。标本M22：5，薄片。磬形。该器出土时已对折变形，器物照相后，绘图时已拉直。长25.5、宽2.4厘米（图四四，5；图版一八，6）。

# 九、1997WMM29

## （一）墓葬概述

M29位于墓地西部东北段，坐落在淀粉厂东北侧，西与M16相邻，二者相距约10米。墓葬坐北朝南，墓道朝向东南。墓葬方向159°。

该墓为洞穴砖室墓，结构较为复杂。墓室为洞穴，内以墓砖砌四壁及铺底，斜坡墓道及甬道为竖穴土坑。其构筑方式为：先在一陡坡前竖直挖出斜坡墓道和平底甬道，然而平甬道底部向陡坡内开凿一个圆弧顶洞穴，最后在洞穴内以墓砖砌墓壁和铺底。在墓室前端横挖一条排水沟，东侧墓壁底部留一小孔以排水。其构筑方法与M22近似，只不过M29墓室为洞穴，后者为竖穴。这种情形可能是因地势不同而选择不同的建墓方式，并不一定有年代差异。

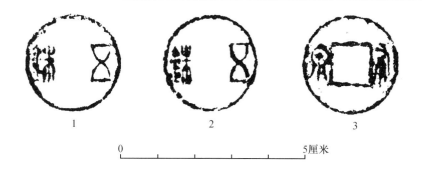

图四三 1997WMM22出土铜钱拓片

1、2.五铢铜钱（M22：28-1、M22：32-1） 3.布泉铜钱（M22：32-2）

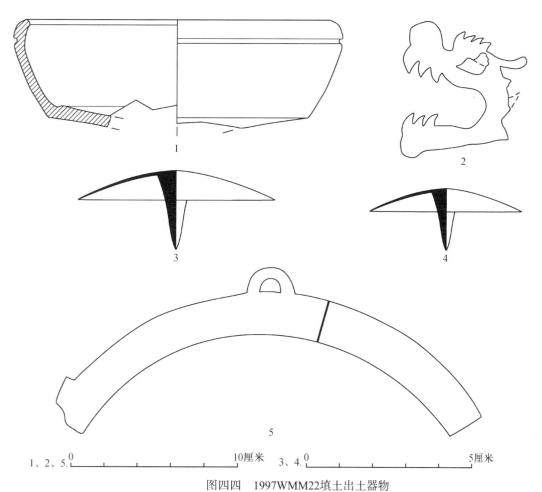

图四四 1997WMM22填土出土器物

1.陶盆（M22：6） 2.铜牌饰（M22：3） 3、4.鎏金铜泡钉（M22：1、M22：4） 5.磬形铜片（M22：5）

墓葬平面近似刀形，由墓道和甬道构成的"刀把"不在同一条直线上。墓葬由斜坡墓道、甬道和弧顶墓室三部分组成。墓内填土为黄褐色，较为松散，含较多石块。墓室四壁砌墙，墙砖为错缝垒砌，无券顶。墓底铺砖，地砖为错缝竖铺。墓道长290、宽100厘米，坡度15°；甬道与墓道平面呈凸字形连接，二者相连处几无高差，甬道长277、宽150厘米；墓室内空长590、宽170、高234厘米，墙高134、厚17厘米。墓葬通长1174厘米，墓室通宽204厘米（图四五）。

M29墓砖均为常规宽形砖，但大小略有差异。墓砖长30～32、宽16.4～17、厚5.6～6厘米，长、宽之比不足2：1。墓砖花纹比较单一，以几何纹为主。铺地砖平面一般饰粗绳纹，有的侧边饰网格纹、竖条纹及楼梯形纹等（图四六，1、2）。墓壁砖平面为素面，侧边一般饰成组几何纹，如对称分布的扇形、方形及横三角形几何纹等（图四六，3）。

墓葬近期有盗扰现象，盗洞底部直径约1米，深入甬道前部，但未到底，随葬器物保存完好。该墓葬具、人骨均无。随葬器物较丰富，包括陶、铜器及数百枚铜钱。器物均出自甬道和墓室内。铜容器均位于甬道口，鍪、洗位于东侧，碗位于西侧。陶器及铜钱分散于六处堆放，较集中的有四处，分别为甬道前端、甬道东北侧、墓室东南角以及墓室后部。随葬器物编号共85件（套）。计有陶罐22件、陶高领罐3件、陶瓮1件、陶壶3件（1件有盖）、陶瓶6件、陶盂21件、陶钵13件、陶甑6件、陶杯1件、陶灶4件、陶镇墓俑1件、陶筒瓦1件、铜鍪1件、铜洗1件、铜碗1件、铜钱364枚（编号5件）（彩版二，2；图版一，2）。

该墓出土铜钱均为新莽时期的货泉及大泉五十，无疑为墓葬断代提供了直接依据。该墓形制表现出两汉之际墓葬由土坑墓向砖（石）室墓演变的过渡形态，因此，该墓时代应在新莽至东汉初期这一时间段内。

## （二）随葬器物

共随葬陶器82件（套）、铜器3件、铜钱5件（364枚）。

### 1. 陶器

共82件（套）。器类有罐、高领罐、瓮、壶、瓶、盂、钵、甑、杯、灶、镇墓俑、筒瓦等。陶质以略带砂性的泥质灰陶（含浅灰、深灰）为主，而且多数器表有灰白斑，少数有黑斑，泥质红陶和褐陶较少。纹饰有弦纹、绳纹以及锯齿状指甲纹或短条纹等，大多数器物下腹部有刀削棱痕。

陶罐 22件。标本M29：8，泥质深灰陶。方唇，敛口，斜折肩，斜直腹较深，平底。肩下饰一周锯齿状粗指甲纹，腹部有刀削棱痕，余素面。口径9.6、肩径14.8、底径7.4、高11.5厘米（图四七，1；图版一九，1）。

标本M29：9，泥质灰褐陶。圆唇，敛口，斜折肩，斜直腹，平底。肩下饰一周锯齿状细指甲纹，腹部有刀削棱痕，余素面。口径11.8、肩径15.7、底径8.8、高12.9厘米（图四七，2；图版一九，2）。

标本M29：10，泥质灰褐陶。方唇，敛口，耸肩微折，深斜直腹，平底。肩下饰一周锯齿

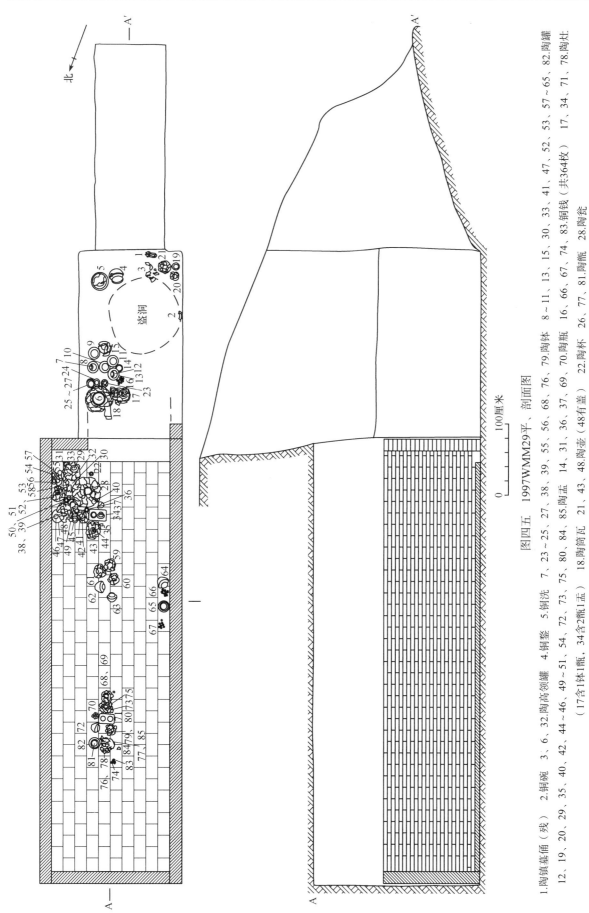

图四五　1997WMM29平、剖面图

1.陶镇墓俑（残）　2.铜碗　3、6、32.陶高领罐　4.铜鍪　5.铜洗　7、23~25、27、38、39、55、56、68、76、79.陶钵　8~11、13、15、30、33、41、47、52、53、57~65、82.陶罐

12、19、20、29、35、40、42、44~46、49~51、54、72、73、75、80、84、85.陶盖　14、31、36、37、69、70.陶瓶　16、66、67、74、83.陶瓶　17、34、71、78.陶灶

（17含1钵1甑，34含2甑1盂）　18.陶筒瓦　21、43、48.陶壶（48有盖）　22.陶杯　26、77、81.陶甑　28.陶瓮

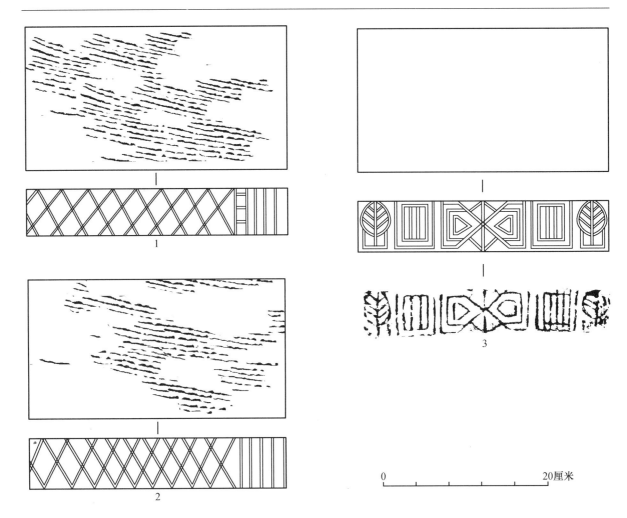

图四六　1997WMM29出土墓砖
（均为常规宽形砖）

状短条纹，腹部有刀削棱痕，余素面。口径10.6、肩径14.2、底径8.1、高12.9厘米（图四七，3；图版一九，3）。

标本M29：11，泥质灰褐陶，器表似涂抹一层黑褐色陶衣。方唇，敛口，斜折肩，深斜直腹，平底。肩下饰一周锯齿状短条纹，腹部有刀削棱痕，余素面。口径10.7、肩径15.5、底径7.9、高12.8厘米（图四七，4；图版一九，4）。

标本M29：13，泥质灰陶。方唇，敛口，耸肩微折，深斜直腹，平底。肩下饰一周锯齿状浅指甲纹，腹部有刀削棱痕，余素面。口径10.4、肩径14.8、底径7.8、高12.0厘米（图四七，5；图版二〇，1）。

标本M29：15，泥质褐陶，器表红、黑相间。器身较宽，略显矮胖。方唇，敛口，宽斜折肩，斜直腹，平底。肩下饰一周锯齿状短条纹，腹部有刀削棱痕，余素面。口径10.8、肩径18.4、底径9.1、高13.6厘米（图四七，6；图版二〇，2）。

标本M29：30，泥质浅灰陶，器表有灰白斑。内斜方唇，直口微敛，斜折肩，斜腹微外弧，平底。肩下饰一周锯齿状指甲纹，腹部有刀削棱痕，余素面。口径9.3、肩径14.2、底径

8.3、高13.2厘米（图四七，7；图版二〇，3）。

标本M29：33，泥质浅灰陶，器表有灰白斑。方唇，直口，圆肩微耸，斜腹微内弧，平底。肩下饰一周指甲纹，腹部有刀削棱痕，余素面。口径9.8、肩径14.1、底径9.4、高14.0厘米（图四七，8；图版二〇，4）。

标本M29：41，泥质褐陶，器表灰、红相间。器身较宽，略显矮胖。圆唇，敞口，斜折肩，斜直腹，宽平底。肩下饰一周锯齿状短条纹，下腹有刀削棱痕，余素面。口径10.6、肩径15.8、底径11.0、高12.8厘米（图四七，9；图版二一，1）。

0　　　　　　　10厘米

图四七　1997WMM29出土陶罐

1. M29：8　2. M29：9　3. M29：10　4. M29：11　5. M29：13　6. M29：15　7. M29：30　8. M29：33　9. M29：41
10. M29：47　11. M29：52

标本M29：47，泥质青灰陶。内斜方唇，直口微外侈，斜折肩，深弧腹，下腹斜收较甚，平底。肩下饰一周锯齿状长指甲纹，上腹饰浅细绳纹及一周凹槽，下腹有刀削棱痕，余素面。口径9.4、肩径15.2、底径7.7、高13.6厘米（图四七，10；图版二一，2）。

标本M29：52，泥质浅灰陶，器表有灰白斑。整器瘦高。方唇内凹，直口微敛，斜折肩，深斜腹，平底。肩下饰一周锯齿状粗指甲纹，上腹饰细点状绳纹，中腹饰一道凸箍，下腹有密集刀削棱痕，余素面。口径10.1、肩径17.0、底径10.4、高20.0厘米（图四七，11；图版二一，3）。

标本M29：53，泥质浅灰陶，器表有灰白斑。方唇，直口微敛，斜折肩，深斜直腹微内弧，平底。肩下饰一周锯齿状指甲纹，腹有刀削棱痕，余素面。口径9.0、肩径14.0、底径8.2、高12.8厘米（图四八，1；图版二一，4）。

标本M29：57，泥质深灰陶，器表灰、黑相间。外斜方唇，直口，折肩微耸，斜直腹微外弧，平底。肩下饰一周锯齿状细指甲纹，上腹饰绳纹，中腹饰稀疏弧线形刻划纹，下腹有刀削棱痕，棱痕较浅，余素面。口径9.2、肩径15.2、底径9.1、高12.9厘米（图四八，2；图版二二，1）。

标本M29：58，泥质灰黑陶，器表有较多烟黑斑。外斜方唇，直口微敛，斜肩圆转，斜直腹，平底。肩下饰一周锯齿状指甲纹，腹有刀削棱痕，余素面。口径9.6、肩径14.9、底径10.1、高13.4厘米（图四八，3；图版二二，2）。

标本M29：59，泥质褐陶，器表红、黑相间。方唇，直口，斜折肩，斜直腹微外弧，平底。肩下饰一周锯齿状短条纹，腹部偏下有刀削棱痕，余素面。口径9.9、肩径14.5、底径7.8、高13.6厘米（图四八，4；图版二二，3）。

标本M29：60，泥质灰陶。器身较瘦高。方唇微外侈，敞口，斜折肩，深斜腹，上腹微内弧，下腹斜收，平底。肩下饰一周锯齿状指甲纹，上腹饰浅绳纹，中腰有一周凹弦纹，下腹有浅刀削棱痕，余素面。口径9.9、肩径16.0、底径8.4、高16.2厘米（图四八，5；图版二二，4）。

标本M29：62，泥质灰陶。方唇，直口微敞，沿微内凹，斜折肩，斜腹微外弧，下腹斜收，平底。肩下饰一周锯齿状粗指甲纹，中腹饰一周凹弦纹，下腹有刀削棱痕，余素面。口径9.5、肩径14.8、底径8.0、高12.8厘米（图四八，6；图版二三，1）。

标本M29：64，泥质褐陶，器表局部呈红褐色。体形较矮小。圆唇，卷沿，束颈，折肩，浅斜腹，平底。肩下饰一周较密集的锯齿状短条纹，下腹有刀削棱痕，余素面。口径9.3、肩径14.8、底径9.0、高12.4厘米（图四八，7；图版二三，2）。

标本M29：82，泥质灰褐陶，器表有灰白斑。内斜方唇，直口微敛，折肩，肩较宽平，斜直腹，宽平底。肩下饰一周锯齿状指甲纹，上腹饰两周凹弦纹，下腹有刀削棱痕，余素面。口径9.6、肩径17.2、底径11.6、高14.5厘米（图四八，8；图版二三，3）。

标本M29：61，泥质深灰陶，器表有较多黑斑。整器较瘦高。外斜方唇，唇微内凹，敞口微外卷，斜折肩，深斜直腹，上腹微内弧，下腹斜收，平底。肩下饰一周锯齿状粗指甲纹，上腹饰浅绳纹，抹平，中腹饰一周凸箍，下腹有刀削棱痕，余素面。口径10.0、肩径16.6、底径11.1、高19.0厘米（图四八，9；图版二三，4）。

标本M29：63，泥质灰陶，略偏红，近底部有黑斑。整器较瘦高。外斜方唇，唇微内凹，直口微敞，斜折肩，深斜直腹，平底。肩下饰一周较深的锯齿状粗指甲纹，中腹饰一道凸箍，下腹有刀削棱痕，余素面。口径11.0、肩径18.5、底径12.4、高18.6厘米（图四八，10；图版二四，1）。

标本M29：65，泥质灰陶，略偏暗红。整器瘦高。外斜方唇，唇微内凹，直口微敞，斜折

图四八　1997WMM29出土陶罐

1. M29：53　2. M29：57　3. M29：58　4. M29：59　5. M29：60　6. M29：62　7. M29：64　8. M29：82　9. M29：61
10. M29：63　11. M29：65

肩，肩部微曲，深斜腹，上腹微内弧，下腹斜收，平底。肩下饰一周锯齿状长指甲纹，上腹绳纹被抹平而不显，中腹饰一道凸箍，下腹有刀削棱痕，余素面。口径11.0、肩径17.6、底径11.2、高19.9厘米（图四八，11；图版二四，2）。

陶高领罐　3件。标本M29：32，泥质深灰陶，器表有灰白斑。三角形唇沿微外翻，喇叭形口，口沿内凹，高弧领，宽斜折肩，肩较平坦，肩、腹急折，弧腹较浅，圜底微内凹。唇沿饰两周弦纹，腹、底饰交错粗绳纹，余素面。口径15.0、肩径28.5、底径8.3、高25.3厘米（图四九，1；图版二四，3）。

标本M29：6，泥质青灰陶。尖唇外侈，喇叭形口，口沿微凹，高弧领，宽斜折肩，领、肩、腹交接处转折都较明显，深弧腹，圜底微内凹。唇沿饰一周弦纹，沿下饰数周凸棱，肩部刻划一周短斜线，并以弦纹镶边，腹及底饰交错粗绳纹，余素面。口径16.8、肩径29.8、底径10.0、高28.5厘米（图四九，2；图版二四，4）。

标本M29：3，泥质青灰陶。残破态甚，不能修复。个体略小，形制及纹饰与M29：6接近。

陶瓮　1件。标本M29：28，泥质灰褐陶，器表有灰白斑。三角形唇沿，小口微敛，矮

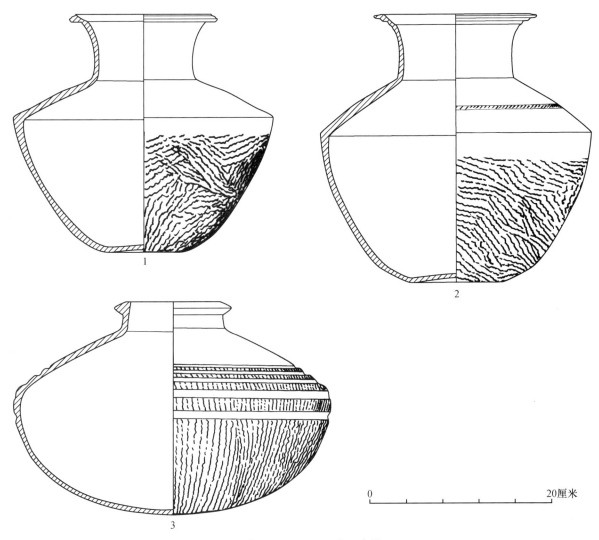

0　　　　　　　　　　　20厘米

图四九　1997WMM29出土陶器
1、2.高领罐（M29：32、M29：6）　3.瓮（M29：28）

领，广肩，肩、腹圆转，宽扁腹，大圜底。上腹饰五周宽凹弦纹，并间以与下腹近似的绳纹，似被抹断，下腹及底饰粗竖绳纹，余素面。口径10.4、腹径35.0、高22.8厘米（图四九，3；图版二五，1）。

陶壶　3件（套）。标本M29：43，泥质青灰陶。方唇，盘状口，高弧领，圆肩，深鼓腹，坦底，矮圈足略外撇。肩饰一对衔环耳，环朝上并紧贴器表，肩及上腹饰数组弦纹，余素面。口径14.2、腹径27.2、足径13.2、高31.1厘米（图五〇，1；图版二五，2）。

标本M29：48，泥质灰陶。有盖。盖为子母口，盖面呈弓弧状，盖上有三个实心扁纽。壶为方唇，盘状口，高弧领，圆肩，深弧腹，最大腹径靠上，下腹斜收，圜底，矮圈足略外撇。肩饰一对衔环耳，环朝上并紧贴器表，肩及上腹饰数组弦纹，余素面。口径15.0、腹径27.4、足径13.3、高30.5、通高37.6厘米（图五〇，2；图版二五，3）。

标本M29：21，个体较小，口、领及足均残。泥质灰陶。圆肩，肩、腹圆转，扁鼓腹，最大腹径偏上，底平坦，矮圈足外撇。肩部有一对桥形耳，并饰有两组弦纹，余素面。腹径15.8、残高10.3厘米（图五〇，3；图版二五，4）。

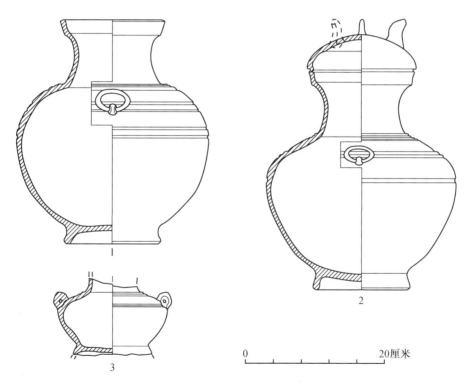

图五〇　1997WMM29出土陶壶
1. M29：43　2. M29：48（有盖）　3. M29：21

陶瓶　6件。标本M29：69，泥质深灰陶，器表有灰白斑。近三角形唇，唇沿内凹，大喇叭形口，粗弧领，圆肩，扁腹，宽平底。下腹有刀削棱痕，余素面。口径9.0、腹径10.2、底径7.3、高6.5厘米（图五一，1；图版二六，1）。

标本M29：36，泥质深灰陶。三角形唇沿，喇叭形口，粗弧领，折肩，扁鼓腹，上腹较直，平底。近底部有刀削棱痕，余素面。口径6.6、腹径8.9、底径5.8、高7.2厘米（图五一，2；图版二六，2）。

标本M29：14，泥质青灰陶。三角形唇沿，唇沿内凹，敞口，高弧领，圆肩，扁鼓腹，平底。上腹饰一道宽凹槽，下腹有刀削棱痕，余素面。口径6.2、腹径9.0、底径5.4、高7.5厘米（图五一，3；图版二六，3）。

标本M29：37，泥质灰陶，器表有灰白斑。三角形唇沿，唇沿内凹，喇叭形口，高弧领较细，圆肩，扁鼓腹，平底。领肩相交处及上腹部各有一周弦纹，下腹有刀削棱痕，余素面。口径6.5、腹径8.5、底径4.9、高7.2厘米（图五一，4；图版二六，4）。

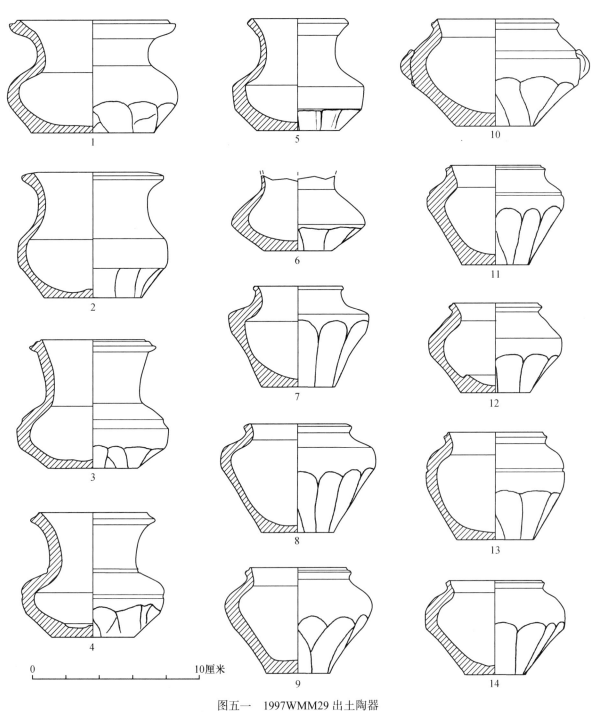

图五一　1997WMM29出土陶器

1~6. 瓶（M29：69、M29：36、M29：14、M29：37、M29：31、M29：70）　7~14. 盂（M29：20、M29：44、M29：46、M29：35、M29：50、M29：40、M29：85、M29：45）

标本M29：31，泥质深灰陶。外斜方唇，喇叭形口，高细弧领，折肩，扁鼓腹，上腹较直，平底。近底部有刀削棱痕，余素面。口径5.6、腹径7.8、底径4.9、高6.5厘米（图五一，5；图版二六，5）。

标本M29：70，泥质灰陶。口及领残。扁鼓腹，平底。下腹有刀削棱痕，余素面。腹径7.9、底径4.0、残高4.3厘米（图五一，6；图版二六，6）。

陶盂　21件。标本M29：20，泥质灰陶，局部红、灰相间。圆唇，敞口微外卷，折肩微耸，斜腹，下腹斜收较急，平底。腹部有刀削棱痕，余素面。口径5.2、肩径8.4、底径4.4、高5.8厘米（图五一，7；图版二七，1）。

标本M29：44，泥质青灰陶。外斜方唇，敞口微卷，折肩微耸，斜直腹，平底。腹部有刀削棱痕，余素面。口径5.8、肩径9.2、底径4.3、高6.3厘米（图五一，8；图版二七，2）。

标本M29：46，泥质青灰陶。外斜方唇，唇面内凹，敞口微侈，圆肩，斜腹较深，下腹内收较急，平底。下腹有刀削棱痕，余素面。口径5.7、肩径8.8、底径3.8、高6.2厘米（图五一，9；图版二七，3）。

标本M29：35，泥质青灰陶。器形较矮胖。外斜方唇，唇面内凹，敞口，圆肩，鼓腹略浅，平底。中腹饰一周宽凹槽及一对实心泥凸，下腹有刀削棱痕，余素面。口径6.9、肩径10.2、底径4.6、高6.2厘米（图五一，10；图版二七，4）。

标本M29：50，泥质灰陶，器表有灰白斑。外斜方唇，唇面内凹，敞口，圆肩，斜腹，平底。肩部饰一道凹弦纹，腹部有刀削棱痕，余素面。口径5.3、肩径8.1、底径4.0、高5.8厘米（图五一，11；图版二七，5）。

标本M29：40，泥质青灰陶。体形较小。外斜方唇，唇面微凹，敞口微外卷，斜折肩，浅斜腹，平底，内壁近底部有一圈凸棱。下腹有刀削棱痕，余素面。口径5.0、肩径7.9、底径4.1、高5.2厘米（图五一，12；图版二七，6）。

标本M29：85，泥质灰陶，器表灰、红相间，并有灰白斑。外斜方唇，唇面内凹，敞口微卷，圆肩，弧腹微鼓，平底。肩下饰一周凹弦纹，下腹有刀削棱痕，余素面。口径5.6、肩径8.2、底径4.5、高6.2厘米（图五一，13；图版二八，1）。

标本M29：45，泥质灰陶，器表灰、红相间，并有灰白斑。外斜方唇，敞口，沿面微内凹，圆肩，斜腹，下腹内收较急。下腹有刀削棱痕，余素面。口径5.5、肩径8.3、底径3.6、高5.4厘米（图五一，14；图版二八，2）。

标本M29：49，泥质灰陶，器表有灰白斑。外斜方唇，唇面内凹较甚，近似子母口唇，口微敞，沿内凹，圆肩，斜腹，平底。口下饰一周凸棱，下腹有刀削棱痕，余素面。口径5.3、肩径8.5、底径4.5、高5.8厘米（图五二，1；图版二八，3）。

标本M29：51，泥质青灰陶，器表有灰白斑。外斜方唇，直口微敞，圆肩，斜腹，平底。口下饰一周凸棱，下腹有刀削棱痕，余素面。口径4.8、肩径7.8、底径4.1、高5.8厘米（图五二，2；图版二八，4）。

标本M29：72，泥质深灰陶，器表有灰白斑。体形宽扁。圆唇，侈口，折肩微耸，浅斜腹，平底微凹。腹部有刀削棱痕，余素面。口径5.9、肩径8.9、底径5.1、高4.8厘米（图五二，

3；图版二八，5）。

标本 M29：84，泥质深灰陶。体形宽扁。尖唇，敞口，折肩，肩部外凸较甚，浅斜腹，平底。腹部有刀削棱痕，余素面。口径6.4、肩径9.2、底径5.5、高5.0厘米（图五二，4；图版二八，6）。

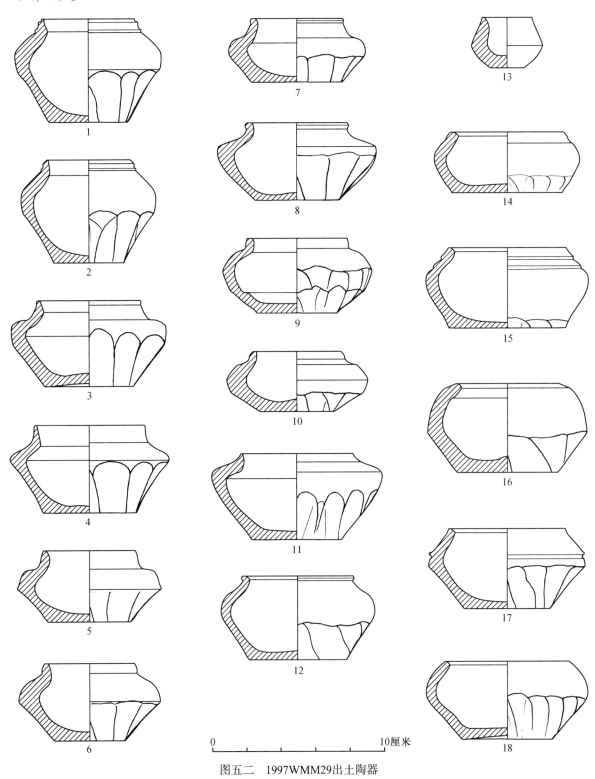

0　　　　　　　　　　　　　　10厘米

图五二　1997WMM29出土陶器

1～12.盂（M29：49、M29：51、M29：72、M29：84、M29：29、M29：42、M29：73、M29：19、M29：80、M29：54、M29：75、M29：12）　13.杯（M29：22）　14～18.钵（M29：7、M29：24、M29：23、M29：76、M29：79）

标本M29：29，泥质深灰陶。体形宽扁。尖圆，敞口微卷，折肩微耸，浅斜腹，上腹外斜，腹部外凸，下腹急收，平底。下腹有刀削棱痕，余素面。口径5.3、腹径8.2、底径4.8、高4.1厘米（图五二，5；图版二九，1）。

标本M29：42，泥质深灰陶，器表有灰白斑。体形宽扁。方唇，敞口微卷，圆肩，浅斜腹，腹部外凸，下腹急收，平底。下腹有刀削棱痕，余素面。口径5.2、腹径8.2、底径4.1、高4.4厘米（图五二，6；图版二九，2）。

标本M29：73，泥质深灰陶。体形宽扁。圆唇，口微敛，圆肩微折，浅斜腹，平底。下腹有刀削棱痕，余素面。口径5.3、肩径7.9、底径5.2、高3.6厘米（图五二，7；图版二九，3）。

标本M29：19，泥质深灰陶，下腹部呈青灰色。体形宽扁。外斜方唇，窄卷沿，折肩，肩部外凸较甚，浅斜腹，平底。下腹有刀削棱痕，余素面。口径5.8、肩径9.2、底径4.8、高4.4厘米（图五二，8；图版二九，4）。

标本M29：80，泥质灰陶，局部灰、红相间。体形宽扁。方唇，直口，圆肩，浅弧腹，平底。器内壁近底部有明显凸棱，下腹有刀削棱痕，余素面。口径5.8、腹径8.6、底径4.6、高4.2厘米（图五二，9；图版二九，5）。

标本M29：54，泥质青灰陶。体形宽扁。圆唇，敛口，折肩，浅鼓腹，平底。下腹有刀削棱痕，余素面。口径5.1、肩径8.2、底径4.2、高3.4厘米（图五二，10；图版二九，6）。

标本M29：75，泥质灰陶，局部灰、红相间。体形宽扁。尖唇，敛口较甚，耸肩微折，斜腹，平底。下腹有刀削棱痕，余素面。口径6.5、肩径9.8、底径5.2、高4.8厘米（图五二，11；图版三〇，1）。

标本M29：12，泥质深灰陶。体形宽扁。方唇，窄卷沿，圆肩，斜腹，平底。下腹有刀削棱痕，余素面。口径6.4、肩径8.9、底径5.7、高4.7厘米（图五二，12；图版三〇，2）。

标本M29：34-4，该器出土时位于陶灶（编号M29：34-1）上。泥质灰陶，局部灰、红相间。尖唇，直口微敛，鼓腹，平底。腹中部有一对实心泥凸，下腹有刀削棱痕，余素面。口径7.2、腹径10.8、底径3.4、高6.2厘米（图五四，7；图版三三，2）。

陶杯　1件。标本M29：22，泥质灰陶，器表似有一层黑褐色陶衣。手捏小杯，胎较厚。尖唇，敛口，浅折腹，平底。器表光滑，素面。口径2.8、肩径4.1、底径1.9、高2.8厘米（图五二，13；图版三〇，3）。

陶钵　13件。标本M29：7，泥质褐陶，器表涂抹一层黑衣。体形宽扁。方唇，敛口，浅扁腹，宽平底。下腹有刀削棱痕，余素面。口径6.5、腹径8.4、底径6.4、高3.5厘米（图五二，14；图版三〇，4）。

标本M29：24，泥质灰陶，局部灰、红相间。体形宽扁。方唇，敛口，扁腹，平底。口下饰两周弦纹，下腹有刀削棱痕，余素面。口径6.6、肩径9.4、底径6.8、高4.6厘米（图五二，15；图版三〇，5）。

标本M29：23，泥质深灰陶，微偏黄。体形宽扁。胎较厚。圆唇，敛口较甚，扁折腹，平底。下腹有刀削棱痕，余素面。口径5.9、腹径9.2、底径5.8、高5.0厘米（图五二，16；图版三〇，6）。

　　标本M29：76，泥质深灰陶。体形宽扁。方唇，敛口，扁折腹，平底。上腹饰一周弦纹，下腹有刀削棱痕，余素面。口径6.7、腹径9.0、底径5.0、高4.5厘米（图五二，17；图版三一，1）。

　　标本M29：79，泥质深灰陶。体形宽扁。方唇，敛口较甚，宽扁弧腹，平底。下腹有刀削棱痕，余素面。口径7.2、肩径9.3、底径5.2、高4.4厘米（图五二，18；图版三一，2）。

　　标本M29：17-2，该器出土时位于陶灶（编号M29：17-1）上。泥质深红陶，局部有黑斑。方唇，敛口较甚，浅弧腹，平底。上腹饰一对实心泥凸，酷似錾耳，下腹有刀削棱痕，余素面。口径5.9、腹径8.9、底径6.1、高4.8厘米（图五四，2；图版三三，1）。

　　标本M29：25，泥质深灰陶。三角形唇沿，唇面内凹，敞口，浅折腹，上腹较直，下腹斜收较急，平底。下腹有刀削棱痕，余素面。口径8.8、底径4.6、高3.8厘米（图五三，1；图版三一，3）。

　　标本M29：38，泥质青灰陶，器表有灰白斑。三角形唇沿，敞口，浅弧腹，平底。唇面及口外饰数道弦纹，下腹有刀削棱痕，余素面。口径9.4、底径5.1、高3.8厘米（图五三，2；图

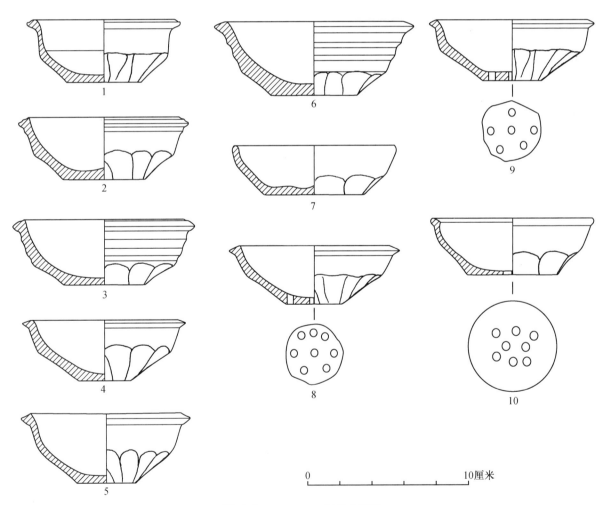

图五三　1997WMM29出土陶器

1~7. 钵（M29：25、M29：38、M29：39、M29：55、M29：56、M29：68、M29：27）　8~10. 甑（M29：77、M29：81、M29：26）

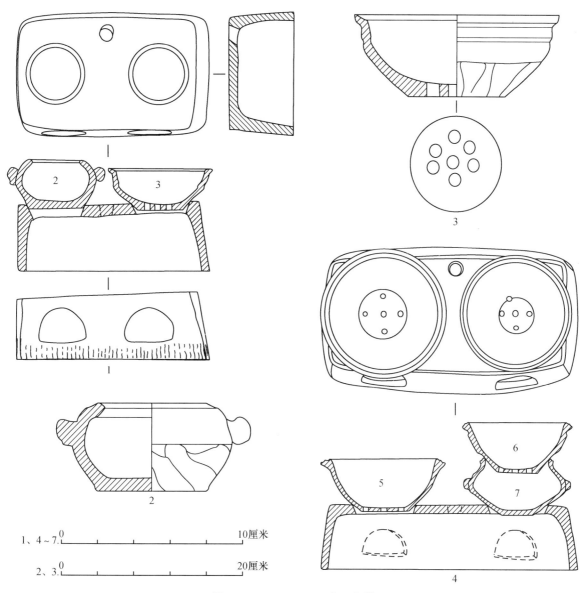

图五四 1997WMM29 出土陶器

1、4.灶（M29：17-1、M29：34-1） 2.钵（M29：17-2） 3、5、6.甑（M29：17-3、M29：34-2、M29：34-3）
7.盂（M29：34-4）

版三一，4）。

标本M29：39，泥质灰陶，器表有灰白斑。三角形唇沿，唇面内凹，敞口，浅弧腹，平底。上腹饰弦纹，下腹有刀削棱痕，余素面。口径10.0、底径5.1、高4.0厘米（图五三，3；图版三一，5）。

标本M29：55，泥质灰陶，器表有灰白斑。三角形唇沿，敞口，浅斜腹，下腹内收较急，小平底。下腹有刀削棱痕，余素面。口径9.2、底径3.2、高3.7厘米（图五三，4；图版三一，6）。

标本M29：56，泥质灰褐陶。三角形唇沿，唇面微凹，敞口，浅弧腹，小平底。下腹有刀削棱痕，余素面。口径9.5、底径3.7、高4.2厘米（图五三，5；图版三二，1）。

标本M29：68，泥质灰陶，局部灰、红相间。体形略大。三角形唇沿不显，敞口，浅弧腹，平底。上腹饰弦纹，下腹有刀削棱痕，余素面。口径11.0、底径5.3、高4.5厘米（图五三，

6；图版三二，2）。

标本M29：27，泥质深灰陶。体矮。圆唇，口微敛，浅斜腹，平底。下腹有刀削棱痕，余素面。口径10.0、底径6.2、高3.0厘米（图五三，7；图版三二，3）。

陶甑　6件。标本M29：77，泥质深灰陶。三角形唇沿，敞口，浅弧腹，下腹斜收较急，平底。下腹有刀削棱痕，底有8个箅孔，余素面。口径9.3、底径3.4、高3.6厘米（图五三，8；图版三二，4）。

标本M29：81，泥质灰陶，局部偏红。三角形唇沿，敞口，浅折腹，下腹急收，平底。下腹有刀削棱痕，底有6个箅孔，余素面。口径9.3、底径3.6、高3.8厘米（图五三，9；图版三二，5）。

标本M29：26，泥质深灰陶。圆唇，窄折沿，浅曲腹，宽平底。下腹有刀削棱痕，底有8个箅孔，余素面。口径9.9、底径5.6、高3.4厘米（图五三，10；图版三二，6）。

标本M29：17-3，该器出土时位于陶灶（编号M29：17-1）上。泥质深红陶，局部有黑斑。尖唇，窄折沿，浅弧腹，平底。上腹饰一道弦纹，下腹有刀削痕迹，底部有7个箅孔。口径11.3、底径5.2、高4.4厘米（图五四，3；图版三三，1）。

标本M29：34-2，该器出土时位于陶灶（编号M29：34-1）上。泥质灰陶，局部灰、红相间。三角形唇沿，唇面内凹，敞口，浅弧腹，平底。下腹有刀削痕迹，底有5个箅孔，余素面。口径11.9、底径5.2、高5.6厘米（图五四，5；图版三三，2）。

标本M29：34-3，该器出土时位于陶灶（编号M29：34-1）上。泥质灰陶，局部灰、红相间。三角形唇沿，唇面内凹，敞口，斜腹，下腹斜收较甚，平底。口外饰一周凹弦纹，下腹有刀削痕迹，底有5个箅孔，余素面。口径11.0、底径4.5、高5.2厘米（图五四，6；图版三三，2）。

陶灶　4件。标本M29：17-1，泥质深红陶，局部有黑斑。长方形。双釜眼，双弧形火门悬置于一长侧边，并与釜眼相对，两釜眼中间后部有一圆形烟囱斜孔。四周火门以下均饰竖向粗绳纹，余素面。该灶出土时灶上有1钵1甑与之伴出。灶底长21.2、宽13.3、高7.2厘米（图五四，1；图版三三，1）。

标本M29：34-1，陶灶。泥质灰陶，局部灰、红相间，器表有较多烟黑斑。长方形。双釜眼，双火门位于一长侧边，并与釜眼相对，火门悬置，弧形，两釜之间后部有一圆形烟囱孔。灶身素面。该灶出土时灶上置2甑1盂。灶底长28.4、宽15.5、高6.8厘米（图五四，4；图版三三，2）。

标本M29：71，泥质灰陶，微偏黄。长方形，体略宽。双釜眼，双拱桥形火门悬置于一长侧边，并与釜眼相对，两釜眼中间后部有一圆形烟囱孔，烟囱孔斜度较大。灶周边火门以下部分饰竖向粗绳纹，余素面。灶上炊器已失。灶底长22.2、宽16.1、高8.5厘米（图五五，1；图版三三，3）。

标本M29：78，泥质灰陶，局部有灰黑斑。长方形。双釜眼，双火门位于一长侧边，并与釜眼相对，火门悬置，拱桥形，两釜眼之间后部有一个三角形烟囱孔。灶周边火门以下部分饰竖向粗绳纹，余素面。灶上炊器已失。灶底长23.5、宽16.0、高7.6厘米（图五五，2；图版三三，4）。

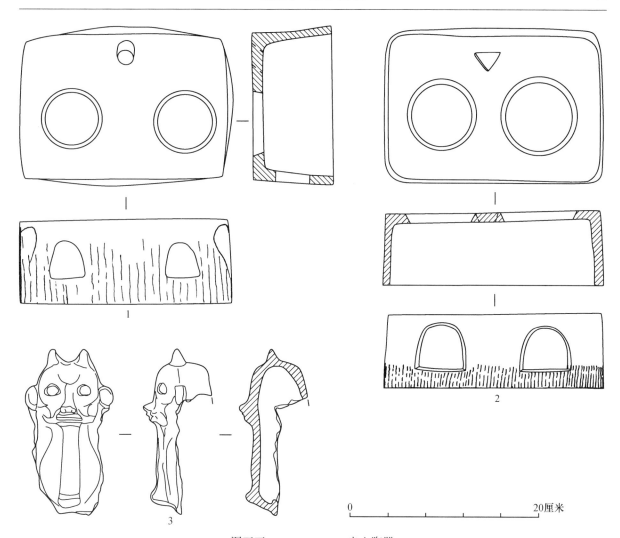

图五五 1997WMM29 出土陶器

1、2. 灶（M29：71、M29：78） 3. 残镇墓俑（M29：1）

陶镇墓俑 1件。标本M29：1，仅存头部，背面残。泥质青灰色，质地较硬。中空。兽面脸，双角耸立于头顶，双耳外张，鼓目，高鼻，突唇，长舌垂胸。残长16.8、残宽9.2厘米（图五五，3；图版三三，5）。

陶筒瓦 1件。标本M29：18，泥质灰陶。瓦身饰绳纹。残长17.3厘米。

## 2. 铜器

共8件（铜钱5件）。其中，铜容器3件，分别为鍪、洗和碗各1件。铜钱5件，共364枚。

铜洗 1件。标本M29：5，胎极薄。折沿，浅弧腹，上腹较直，下腹弧收，平底微内凹，底边等列三个乳凸状小足。腹有一对牛头形铺首，耳中无环。器身素面。口径24.4、底径11.6、通高11.2厘米（图五六，1；图版三四，1）。

铜鍪 1件。标本M29：4，胎极薄，底部有烟炱痕。敞口，弧领，斜折肩，鼓腹较深，圜底。折肩处饰一对饰绚索纹环形双耳，肩下有两周弦纹，余素面。口径15.4、肩宽（不含耳）17.4、高16.0厘米（图五六，2；图版三四，2）。

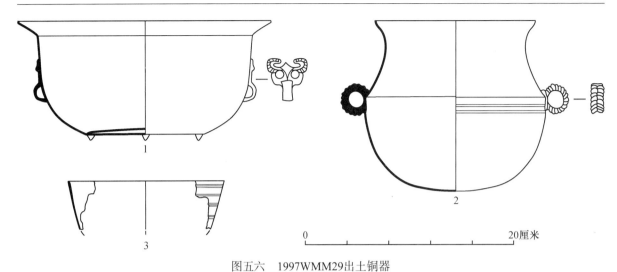

图五六　1997WMM29出土铜器

1. 洗（M29：5）　2. 鍪（M29：4）　3. 碗（M29：2）

　　铜碗　1件。标本M29：2，残甚。胎极薄。尖唇，敞口，浅斜直腹，圜底全残。器表有数组细弦纹。口径15.2、残高4.5厘米（图五六，3）。

　　铜钱　5件，共364枚。其中，货泉钱币295枚、大泉五十钱币69枚。货泉少数钱文为左读，大泉五十钱文只有一种。标本M29：16，共85枚货泉钱币；标本M29：66，包括25枚货泉钱币和22枚大泉五十钱币（图版三四，3）；标本M29：67，共115枚货泉钱币（图版三四，4）；标本M29：74，共47枚大泉五十钱币；标本M29：83，共70枚货泉钱币（图版三四，5）。这些钱币均有郭，篆体阳文。货泉钱币直径2.2～2.3厘米，大泉五十钱币直径约2.7厘米（图五七）。

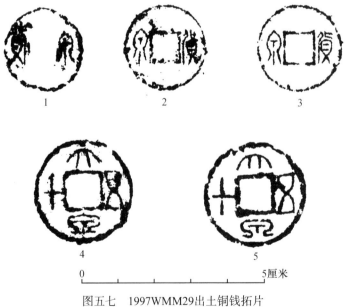

图五七　1997WMM29出土铜钱拓片

1～3. 货泉铜钱（M29：16-1、M29：66-1、M29：67-1）　4、5. 大泉五十

铜钱（M29：74-1、M29：83-1）

# 一〇、1998WMM31

## （一）墓葬概述

M31位于墓地东部东端一处平缓的台地上。该墓东距M22不足10米，北距M32不足2米。墓葬略呈东西向。墓葬方向100°。

该墓为长方形竖穴土坑墓。墓葬开口于距地表深80厘米的表土及扰乱土层下，打破生土。墓内填土为灰褐色黏土，夹杂少量碎石块，夯筑严实。墓坑较宽，墓壁光滑，两侧墓壁斜度较两端略大。墓底平整，墓底距周边30～40厘米的中间部位，可见近似石灰的板灰痕迹。墓底两端各横设一条枕木沟，沟两端直抵侧边墓壁。枕木沟宽约20、深10厘米左右。墓口长290、宽200厘米，墓底长298、宽180厘米。墓底距墓口最深320厘米，墓底距地表最深400厘米。

该墓保存完整，未发现盗扰迹象。随葬器物多沿北侧东端放置，铜带钩置于西部偏中位置，器物均放在板灰痕迹内侧，由此推断，该墓应该是有棺椁的，而且木棺应在墓室南侧板灰范围以内。人骨不存，葬式不明。根据墓葬规模、板灰残痕、随葬品摆放位置判断，该墓应为一椁一棺，椁室边箱设在北侧。随葬器物编号16件（套），实有陶罐2件、陶瓶2件、陶盂3件（1件有盖）、陶钵2件、陶甑2件、陶器座1件、陶灶1件、铁鍪1件、铜带钩1件、铜环2件、铜钱2枚（编号1件）。该墓出铜带钩，可能为男性墓（图五八；图版二，1）。

该墓墓坑较宽，具有西汉墓葬典型特征。墓中出有西汉前期四铢半两，不见五铢，是该墓断代的最直接实物。西汉武帝元狩年间在中国货币史上出现过一次重大变革，元狩四年曾销毁四铢半两，更铸三铢钱，元狩五年又罢三铢钱，更铸五铢钱，自此，五铢钱币占据中国货币舞台近千年。据此，M31的时代应在元狩五年铸行五铢钱以前。另外，从铁鍪的形态也可看出是较早的器形，因此该墓时代应属西汉中期。

## （二）随葬器物

共随葬陶器13件（套），铜器3件、铜钱2枚、铁器1件。

### 1. 陶器

共13件（套）。器类有罐、瓶、盂、钵、甑、器座、灶等。陶器以泥质灰陶为主，陶质较硬。纹饰常见弦纹、花边状附加堆纹等，器物近底部常见刀削棱痕。

陶罐　2件。标本M31：5，泥质青灰陶。体略显矮胖。三角形唇沿，直口微敛，圆肩，折腹，上腹较直，下腹斜收较急，平底。腹部饰两周花边状附加堆纹，近底部有刀削棱痕，余素面。口径6.4、腹径11.2、底径4.3、高9.0厘米（图五九，1；图版三五，1）。

标本M31：11，泥质青灰陶。三角形唇沿，敛口，扁鼓腹，小平底。内壁有凸棱，器表素面，近底部可见错乱印痕。口径5.0、腹径11.0、底径4.1、高6.0厘米（图五九，3；图版三五，2）。

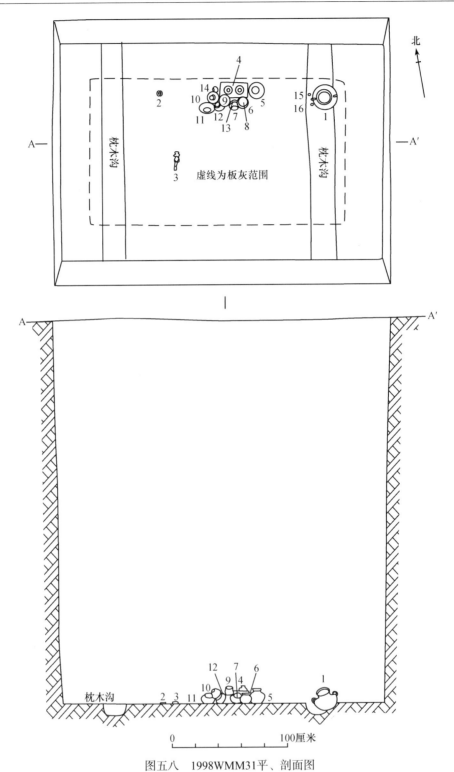

图五八　1998WMM31平、剖面图

1.铁鍪　2.铜钱（2枚）　3.铜带钩　4.陶灶（含2盂）　5、11.陶罐　6、9.陶甑　7、12.陶瓶
8、13.陶钵　10.陶盂（有盖）　14.陶器座　15、16.铜环

陶盂 3件（套）。标本M31:10，泥质深灰陶。有盖。圆唇近尖，小直口，圆肩，弧腹较深，肩、腹圆转，小平底。器内壁有多道凸棱。中腹饰一周花边状附加堆纹，下腹有刀削棱痕，余素面。盖为浅弧腹，子母口，盖顶有一鸟喙形实心纽。盖身素面。口径3.9、腹径8.6、底径2.8、通高8.4厘米（图五九，2；图版三五，3）。

标本M31:4-2，该器出土时置于陶灶（M31:4-1）上。泥质青灰陶。方唇，直口微敛，圆肩，浅鼓腹，平底。肩下饰一对实心泥凸，近底部有刀削棱痕，余素面。口径4.1、腹径7.8、底径2.6、高5.1厘米（图六〇，4；图版三六，5）。

标本M31:4-3，该器出土时置于陶灶（M31:4-1）上。泥质青灰陶。形制与装饰与M31:4-2相同。口径4.2、腹径8.0、底径3.4、高5.3厘米（图六〇，5；图版三六，5）。

陶钵 2件。标本M31:8，泥质青灰陶。三角形唇沿，深腹微折，上腹近直，下腹斜收，小平底。下腹有刀削棱痕，余素面。口径8.7、底径2.5、高5.2厘米（图五九，4；图版三五，4）。

标本M31:13，泥质深灰陶。三角形唇沿，深折腹，上腹近直，下腹斜收，小平底。下腹有刀削棱痕，余素面。口径8.2、底径2.6、高5.2厘米（图五九，5；图版三五，5）。

陶器座 1件。标本M31:14，泥质灰陶。豆形，中空。方唇，敞口，细腰，喇叭足。足沿饰一道宽凹弦纹，余素面。口径5.5、底径5.9、高5.6厘米（图五九，6；图版三五，6）。

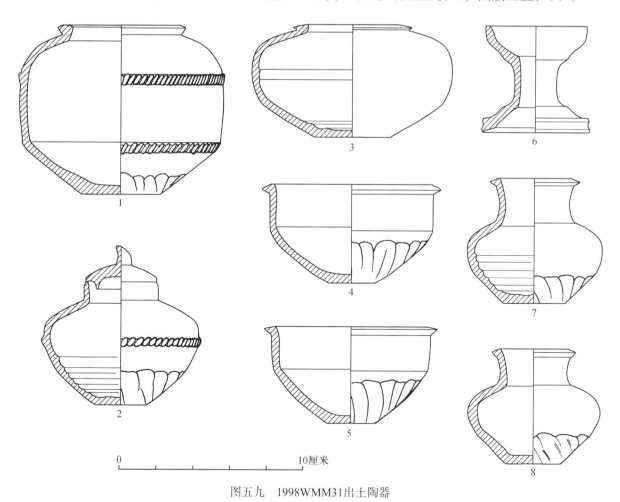

图五九 1998WMM31出土陶器

1、3.罐（M31:5、M31:11） 2.盂（M31:10） 4、5.钵（M31:8、M31:13） 6.器座（M31:14） 7、8.瓶（M31:7、M31:12）

陶瓶　2件。标本M31：7，泥质灰陶。三角形唇沿，敞口，高弧领，圆肩，球形鼓腹，平底。内壁近底部有多道凸棱。器表近底部有刀削棱痕，余素面。口径4.0、腹径7.4、底径3.4、高6.7厘米（图五九，7；图版三六，1）。

标本M31：12，泥质灰陶。三角形唇沿，敞口，弧领较矮，圆肩，鼓腹，腹壁微曲，下腹斜收较甚，平底。器表近底部有刀削棱痕，余素面。口径3.7、腹径7.3、底径3.0、高6.1厘米（图五九，8；图版三六，2）。

陶甑　2件。标本M31：6，泥质青灰陶。三角形唇沿，直口，折腹，上腹短直，下腹斜收较急，小平底。下腹有刀削棱痕，底有6个箅孔，余素面。口径7.9、底径2.0、高5.1厘米（图六〇，1；图版三六，3）。

标本M31：9，泥质灰陶。三角形唇沿，口微敛，口下内凹呈矮领状，弧腹略浅，下腹内收较急，小平底。下腹有刀削棱痕，底有6个箅孔，余素面。口径8.0、底径2.2、高4.8厘米（图六〇，2；图版三六，4）。

陶灶　1件。标本M31：4-1，泥质灰陶。长方形。双釜眼，不规则圆弧形双火门悬置于一长侧边并与釜眼相对，灶面未见烟囱孔，但与火门相对的另一长侧边有两个小烟囱孔。灶上放置2盂。灶身素面。灶底长23.2、宽12.8、高6.1厘米（图六〇，3；图版三六，5）。

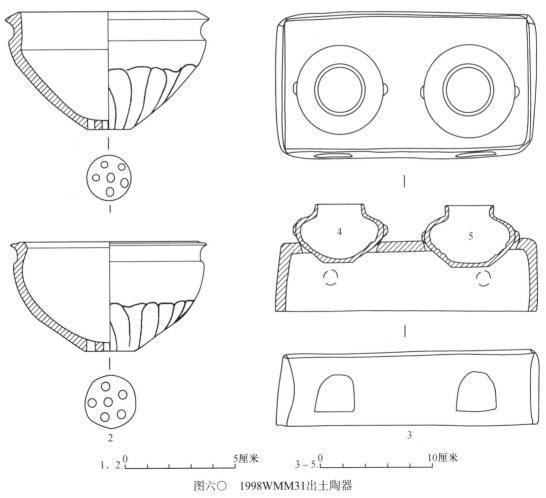

图六〇　1998WMM31出土陶器

1、2.甑（M31：6、M31：9）　3.灶（M31：4-1）　4、5.盂（M31：4-2、M31：4-3）

**2. 铜器**

共4件（铜钱1件）。包括铜带勾、铜环、铜钱等。

铜带钩　1件。标本M31：3，钩作蛇首形，圆扣。钩身主体花纹为镂空浮雕羽翼形，图案比较抽象。长8.0、宽2.6厘米（图六一，2）。

铜环　2件。均附有铁钉。标本M31：15，形体较大，椭圆形茎。内径2.0、外径2.6厘米（图六一，3）。

标本M31：16，形体较小，形制与M31：15相近。内径1.2、外径1.7厘米（图六一，4）。

铜钱　1件。共2枚。均为半两钱。标本M31：2-1，无郭，篆体阳文，直径2.3厘米（图六一，5）。

**3. 铁器**

铁器仅1件。

铁鍪　1件。标本M31：1，方唇，喇叭形口，弧领，斜折肩，弧腹较浅，圜底。肩部有一对饰绚索状纹的环耳，肩下饰一道凸棱，余素面。口径13.8、肩径（不含纽）18.8、高20.0厘米（图六一，1；图版三六，6）。

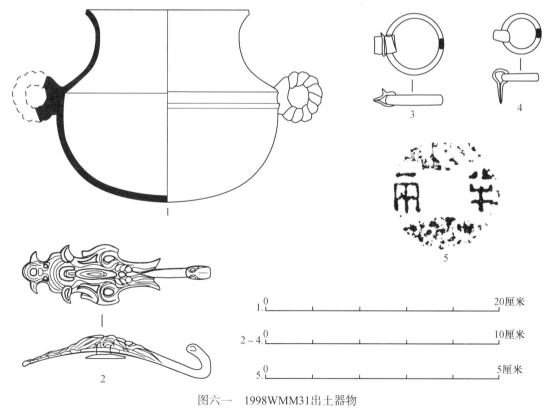

图六一　1998WMM31出土器物

1. 铁鍪（M31：1）　2. 铜带钩（M31：3）　3、4. 铜环（M31：15、M31：16）　5. 半两铜钱拓片（M31：2-1）

# 一一、1998WMM32

## （一）墓葬概述

M32位于墓地东部东端。该墓与M31并列，东距M22不足10米，南距M31不足2米。墓葬略呈东西向。墓葬方向95°。

该墓为长方形竖穴土坑墓。墓坑开口于距地表深约80厘米的表土及扰土层之下，打破生土。墓内填土为灰褐色黏土，夹杂较多碎石块，夯筑不如M31严实。墓坑略显狭长，墓壁较斜，而且比较光滑。墓底较平，中央位置同样可见近似石灰的板灰痕迹。墓底两端各横设一条枕木沟，沟两端直抵侧边墓壁。枕木沟宽15、深6厘米。墓口长340、宽230厘米，墓底长260、宽150厘米。墓底距墓口最深470、距地表最深550厘米。

该墓埋藏较深，保存较好，未发现盗扰迹象。随葬器物集中摆放于墓室东北侧，而且与M31一样，全部放在板灰痕迹以内，推测该墓也有棺椁。人骨不存，葬式不明。根据墓葬规模、板灰残痕、随葬品摆放位置判断，该墓应为一椁一棺，椁室边箱设在北侧。随葬器物编号12件（套），实有陶罐2件、陶瓶2件、陶盂3件（1件有盖）、陶钵2件、陶甑2件、陶器座1件、陶灶1件、铁鍪1件、铜钱5枚（编号1件）（图六二；彩版三，1）。

该墓可资断代的依据主要为半两钱。不出五铢钱，说明该墓早于汉武帝元狩五年（前118年）铸行五铢之时，半两为四铢半两，铸于汉武帝建元五年（前136年），而元狩四年曾下令销毁半两钱，行三铢钱，次年又罢三铢而行五铢。据此，该墓年代应在建元五年至元狩四年的17年间，时值西汉中期。

值得注意的是，该墓与M31有着明显的内在联系。两墓并排而葬，相距仅170厘米，头端墓壁平齐，墓坑大小、形制均相若，随葬器物组合、形态也异常接近，且均置于北侧。组合方面均有1件铁鍪、1套灶具，其他陶器也都惊人一致，且均有数枚半两钱。两墓主要区别在于M31多1件铜带钩，而M32无。如果出带钩的M31为男性墓，那么，M32则为女性墓。若依头向，墓葬排列为男左女右格局，二者很可能属夫妻异穴合葬墓。

## （二）随葬器物

M32共随葬陶器13件（套）、铁器1件、铜器只有铜钱1件（5枚）。

### 1.陶器

共13件（套）。陶器质地、颜色、装饰均与M31相同，而且器类组合以及随葬陶器数量也是完全一致，二者均有罐2件、瓶2件、盂3件、钵2件、甑2件、器座1件、灶1件。

陶罐　2件。标本M32：8，泥质灰陶。三角形唇沿，直口微敛，耸肩，深直腹，近底部斜收较甚，平底。肩下及腹部转折部位各饰一周花边状附加堆纹，近底部有刀削棱痕，余素面。

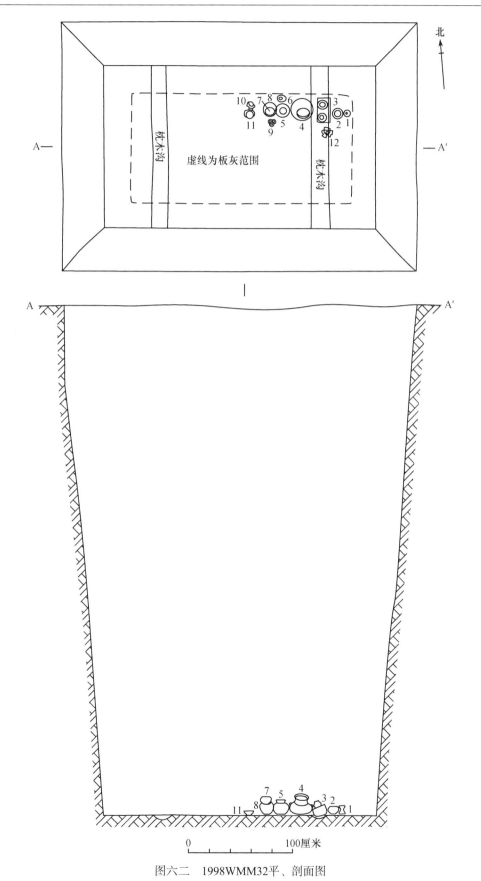

图六二　1998WMM32平、剖面图

1.陶器座　2、7.陶钵　3.陶灶（含2盉1甑）（1盉有盖）　4.铁鍪　5、8.陶罐　6、10.陶瓶　9.铜钱（5枚）　11.陶甑　12.陶盉

口径6.3、腹径11.7、底径6.2、高10.0厘米（图六三，1；图版三七，1）。

标本M32：5，泥质青灰陶。三角形唇沿，直口微敛，圆肩，扁鼓腹，最大径在肩部，小平底微凹。素面。口径7.5、肩径12.8、底径5.2、高7.4厘米（图六三，2；图版三七，2）。

陶钵　2件。标本M32：7，泥质灰陶。三角形唇沿，敞口，折腹，腹略浅，上腹斜直，下腹斜收，平底。下腹有刀削棱痕，余素面。口径8.9、底径2.6、高5.1厘米（图六三，3；图版三七，3）。

标本M32：2，泥质灰陶。三角形唇沿，敞口，折腹，腹较深，上腹较直，下腹斜收较甚，小平底。下腹有刀削棱痕，余素面。口径8.9、底径2.4、高5.3厘米（图六三，4；图版三七，4）。

陶甑　2件。标本M32：11，泥质灰陶。三角形唇沿，敞口，折腹，小平底。下腹有刀削棱痕，底有3个箅孔，余素面。口径8.1、底径2.4、高4.5厘米（图六三，5；图版三七，5）。

标本M32：3-3，该器出土时置于陶灶（M32：3-1）上。泥质灰陶，局部呈红灰色。三角

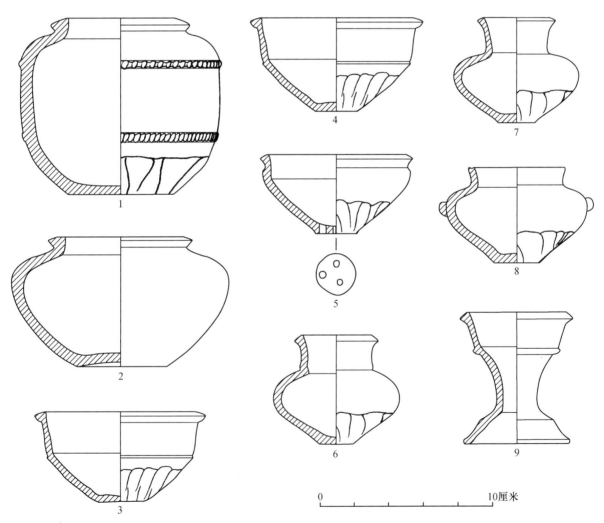

图六三　1998WMM32出土陶器

1、2. 罐（M32：8、M32：5）　3、4. 钵（M32：7、M32：2）　5. 甑（M32：11）　6、7. 瓶（M32：10、M32：6）　8. 盂（M32：12）　9. 器座（M32：1）

形唇沿，敞口，折腹，小平底。下腹有刀削棱痕，底有3个箅孔，余素面。口径7.0、底径2.0、高4.1厘米（图六四，4；图版三八，4）。

陶瓶　2件。标本M32：10，泥质灰陶。方唇，敞口微侈，高领微内弧，圆肩，扁斜腹，小平底。下腹有刀削痕迹，余素面。口径4.0、腹径7.4、底径1.9、高6.2厘米（图六三，6；图版三七，6）。

标本M32：6，泥质灰陶。方唇，喇叭形口，高弧领，圆肩，扁斜腹，小平底。下腹有刀削棱痕，余素面。口径3.8、腹径7.2、底径2.1、高6.0厘米（图六三，7；图版三八，1）。

陶盉　3件（套）。标本M32：12，泥质灰陶。方唇，唇面内凹，敞口，耸肩，鼓腹较深，微曲，小平底。肩有一对实心泥凸，下腹有刀削棱痕，余素面。口径5.6、腹径8.2、底径2.6、高5.4厘米（图六三，8；图版三八，2）。

标本M32：3-2，该器出土时置于陶灶（M32：3-1）上。泥质灰陶，局部呈黑灰色。方唇，直口，折肩，斜曲腹，小平底。下腹有刀削棱痕，余素面。口径4.0、腹径7.6、底径2.5、高5.0厘米（图六四，2；图版三八，4）。

标本M32：3-4，该器出土时置于陶灶（M32：3-1）上。有盖。器身为泥质灰陶，盖呈青灰色。方唇，直口微敞，斜折肩，斜腹，小平底内凹。肩下施一对实心泥耳，下腹有刀削棱痕，余素面。盖为浅弧形，子母口，顶有一鸟喙形实心纽。素面。口径5.5、腹径8.3、底径2.6、通高8.7厘米（图六四，3；图版三八，4）。

陶器座　1件。标本M32：1，泥质灰陶。豆形，中空。方唇，敞口，细柄状腰，台式足外撇较甚，足沿外翻。素面。口径5.8、底径6.0、高7.5厘米（图六三，9；图版三八，3）。

陶灶　1件。标本M32：3-1，泥质灰陶。长方形。双釜眼，拱桥形双火门悬置于一长侧边，并与釜眼相对。未见烟囱孔。长侧边火门以下有竖绳纹，余素面。灶上置2盉（1件有盖）1甑。灶底长22.8、宽12.9、高7.6厘米（图六四，1；图版三八，4）。

### 2. 铜器

铜器只有半两钱币一种。

铜钱　1件，共5枚。均为半两钱币。标本M32：9-1，无郭，篆体阳文，直径2.3厘米（图六四，6）。

### 3. 铁器

铁器仅1件。

铁鍪　1件。标本M32：4，胎较薄。方唇，敞口，高弧领，斜折肩，盆形浅腹，圜底近平。肩饰一对绚索状环耳及一周凸棱，余素面。口径13.6、肩宽（不含耳）19.2、高16.2厘米（图六四，5；图版三八，5）。

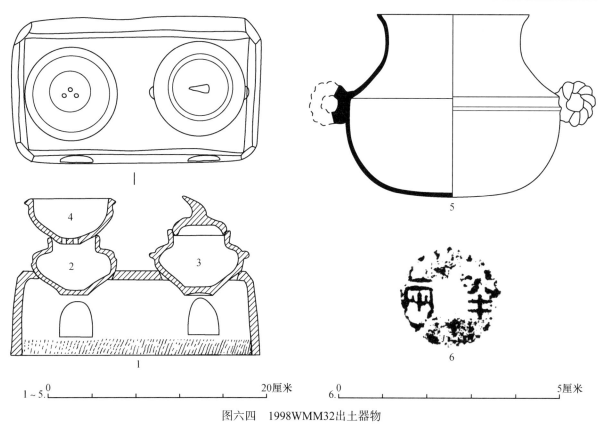

图六四　1998WMM32出土器物

1. 陶灶（M32：3-1）　2、3. 陶盂（M32：3-2、M32：3-4）　4. 陶甑（M32：3-3）　5. 铁鍪（M32：4）　6. 半两铜钱拓
片（M32：9-1）

# 一二、1998WMM33

## （一）墓葬概述

M33位于墓地东部东端一处较平缓的台地上。东距M31和M32约5米，西距M35不足1.5米。墓葬坐北朝南，甬道朝南。墓葬方向185°。

该墓为竖穴石室墓。相比同类型的M22而言，修建更为讲究，而且修筑方式与后者略有不同。具体来说，该墓筑造方法是先挖好一个近直壁的竖穴土坑，然后在土坑内用敲制好的石块（主要为页岩）砌好甬道、墓室及券顶，再以不规则石块铺底。石壁为错缝平铺，后壁未砌，甬道口未封门。待棺椁放入墓室后，再用灰褐色五花土掩埋至墓口，并逐层夯实。最后再在其上堆筑一个较为低矮的封土堆。从墓上后部山坎边的断面可见到墓葬封土堆痕迹，封土堆高150厘米。墓葬开口距地表深260厘米，打破生土（图六五）。

该墓平面呈刀形，包括墓室、甬道及墓道三部分。由甬道及墓道组成的"刀柄"在东侧，甬道及墓室都砌有券顶。甬道朝南，内空长216、宽85、高150厘米；墓室内空长384、宽162、高198厘米。墓葬通长600厘米，墙厚约16厘米，墙体距外侧土坑墓壁隔有约5厘米的空隙。墓底距墓口最深359、距地表最深610厘米。甬道前还有与甬道内空等宽的墓道作为进出口，因墓道范围内有多棵大树尚未补偿，我们只清理了一部分。墓道长度不详，宽87厘米，坡度21°。

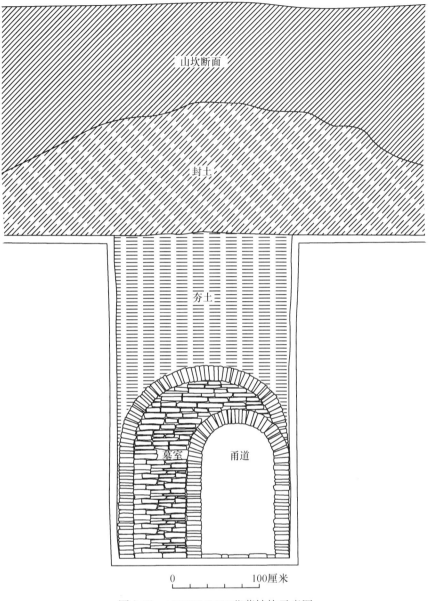

图六五　1998WMM33墓葬结构示意图

　　该墓保存较好，未见盗扰痕迹。墓室后部因无后墙已被散土灌满，前部及甬道基本是空的。棺木已朽，且不见板灰痕迹。骨架痕迹可辨，推测为仰身直肢。头骨尚存，头骨部位有4件石瑱。骨架位于墓室中后部偏西一侧，头南趾北，左臂部位有一串五铢铜钱。随葬品多位于墓室西南角，少数位于墓室中部，甬墓与墓室相连部东侧有一串五铢铜钱。器物位置因水浸泡而略有移位，但破损并不严重。随葬器物编号18件，石瑱4件合编1件，铜环2件合编1件）。计有陶高领罐3件、陶罐1件、陶灶1件、釉陶锺3件、釉陶钵4件、陶釜1件、铜环2件、铜钱48枚（编号3件）、石瑱4件（图六六；彩版三，2）。

　　该墓出土铜钱均为五铢钱币，钱文宽放丰满，具有东汉五铢特征。与M22相比，石室墓形态已较完备。因此，该墓属东汉墓无疑。从随葬器物形态上观察，与M22、M29等两汉之际墓葬相去甚远，反而与M15更为接近，故可大致判断该墓时代当属东汉中期。

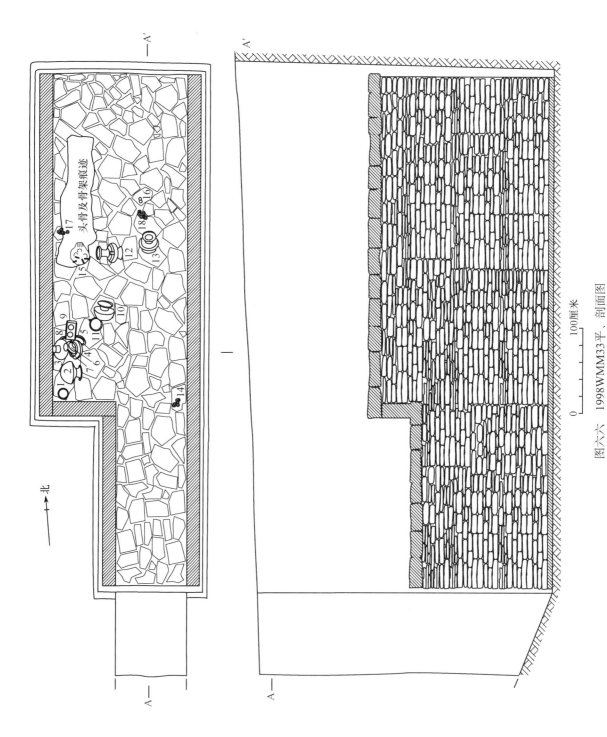

图六六 1998WMM33平、剖面图

1. 陶罐　2、4、10. 陶高领罐　3、12、13. 釉陶锺　5、6、8、11. 釉陶锺　7. 陶钵　9. 陶釜　14、17、18. 铜钱（共48枚）　15. 石琪（4件）　16. 铜环（2件）

## （二）随葬器物

共随葬陶（釉陶）器13件，铜器2件、铜钱48枚、石器4件。

### 1.陶（釉陶）器

共13件。器类有陶高领罐、陶罐、陶釜、陶灶、釉陶锺、釉陶钵等。陶器以灰陶为多，纹饰多见弦纹、绳纹及网状或连珠状刻划纹。釉陶器多数施深红色或酱红色釉，少数施青绿色釉。施釉不甚均匀，釉有极纤细冰裂纹。

陶高领罐　3件。标本M33：2，泥质灰陶。三角形唇沿，尖唇向下，唇面有两周凹槽，喇叭形口，沿面微凹，高领较直，宽斜折肩，领、肩、腹转折明显，深弧腹，圜底内凹较甚。领部饰满密集凸棱，肩部饰细密暗弦纹及两周网状刻划纹，腹、底饰交错绳纹。口径15.4、肩径25.4、底径8.5、高24.8厘米（图六七，1；图版三九，1）。

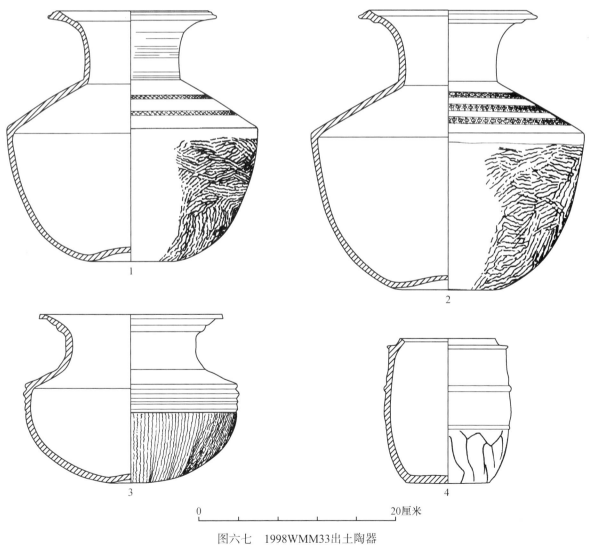

图六七　1998WMM33出土陶器

1~3.高领罐（M33：2、M33：10、M33：4）　4.罐（M33：1）

　　标本M33：10，泥质灰陶。三角形唇沿，尖唇向下，唇面有凹槽，喇叭形口，沿面内凹，高弧领，宽斜折肩，深弧腹，圜底内凹较甚。肩部饰三周由短细线、圆圈及圆点组成的连珠状刻划纹，腹、底饰交错绳纹，余素面。口径16.2、肩径28.1、底径10.3、高27.7厘米（图六七，2；图版三九，2）。

　　标本M33：4，泥质灰陶，器表有灰白斑。体形较小。方唇，大喇叭形口，短弧领，斜折肩，盆形浅弧腹，小圜底微内凹。口及肩下饰多道凸棱，腹、底饰粗绳纹，领部素面。口径18.4、肩径21.6、高16.6厘米（图六七，3；图版三九，3）。

　　陶罐　1件。标本M33：1，夹砂灰陶，质重，整器似井形。内斜方唇，敛口，口下出檐似子母口，深筒形腹，平底。腹饰两周凸箍，下腹有刀削棱痕，余素面。口径9.9、腹径13.2、底径8.6、高14.3厘米（图六七，4；图版三九，4）。

　　釉陶锺　3件。标本M33：12，泥质橙红胎。器表施深红色釉，局部青黄色，并有纤细冰裂纹，釉面光洁，局部脱釉，圈足未施釉。圆唇，敞口，沿面内凹较甚，口下部外凸出折棱，高直领，圆肩，扁鼓腹，高圈足外撇。腹饰一对衔环铺首，铺首作虎面形，肩及上腹饰数周弦纹，余素面。口径15.4、腹径21.7、足径16.6、高31.7厘米（图六八，1；图版四〇，1）。

　　标本M33：13，泥质橙红胎。器表施满青绿色釉，釉面光亮，较牢固，并有纤细冰裂纹。圆唇，敞口，口下部出棱，高弧领，圆肩，扁鼓腹，高圈足外撇并微向外弧，足沿微内收。腹部饰一对衔环铺首，铺首作虎面形，口、领、肩及上腹饰数周弦纹，余素面。口径15.8、腹径23.6、足径18.4、高31.5厘米（图六八，2；图版四〇，2）。

　　标本M33：3，口部残。泥质红胎，器表施酱红色釉。大小、形制及装饰与M33：13相同，只是圈足部饰有数周弦纹（图版四〇，3）。

　　陶灶　1件。标本M33：9，泥质灰陶。长方形。双釜眼，双火门悬置于一长侧边，并与釜眼相对，双火门近方形，未见烟囱孔。两窄端有长方形挡板（一端挡板已残），挡板外饰三角纹及乳钉纹，灶身素面。灶底长22.0、宽13.2、高7.6、通高（含挡板）11.2厘米（图六八，3；图版四〇，4）。

　　釉陶钵　4件。标本M33：5，泥质红胎。器表施深红色釉，局部呈姜黄色。尖唇，平折沿，沿面微凹，浅腹微折，平底。器表凹凸不平，中腹有一道凸棱，余素面。口径17.7、底径5.6、高5.4厘米（图六九，1；图版四一，1）。

　　标本M33：6，泥质红胎。器表施浅红色釉。尖唇，平折沿，沿微凹，深腹，上腹较直，下腹斜收，平底。器表凹凸不平，上腹部有一道凸棱，余素面。口径17.4、底径6.0、高6.9厘米（图六九，2；图版四一，2）。

　　标本M33：8，泥质红胎。器表施浅红色釉。尖唇，平折沿，沿面微凹，浅腹微折，平底。器表凹凸不平，腹有两道凸棱，余素面。口径16.1、底径4.6、高5.2厘米（图六九，3；图版四一，3）。

　　标本M33：11，泥质红胎。器表施深红色釉，局部呈姜黄色。器内及上腹施釉，下腹露胎。方唇，口微敛，弧腹，下腹内收较急，小平底，底边出凸棱，腹部有一鸟喙形小錾。器表凹凸不平，素面。口径14.6、底径4.5、高5.6厘米（图六九，4；图版四一，4）。

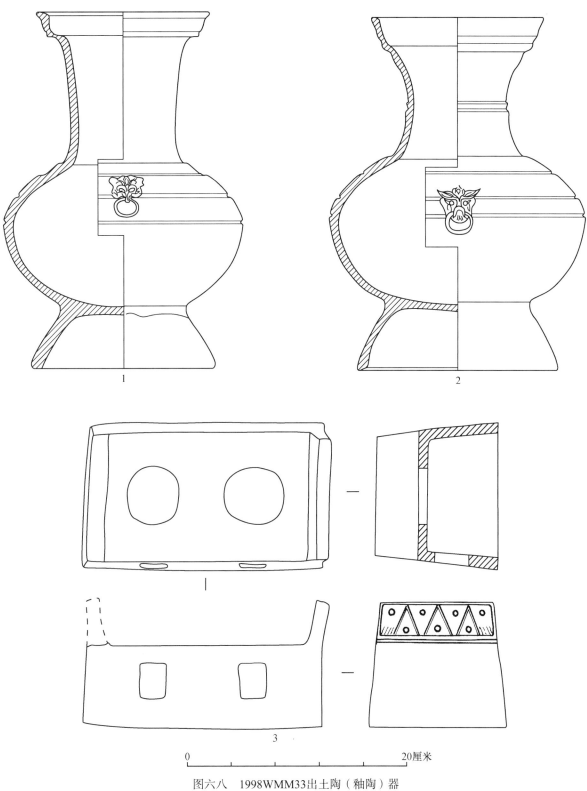

图六八 1998WMM33出土陶（釉陶）器

1、2.釉陶锺（M33：12、M33：13） 3.陶灶（M33：9）

陶釜　1件。标本M33：7，泥质红陶。外斜方唇，大敞口，束颈，窄折肩，浅弧腹，平底。器表凹凸不平，素面。口径8.7、肩径9.1、底径4.1、高5.0厘米（图六九，5；图版四一，5）。

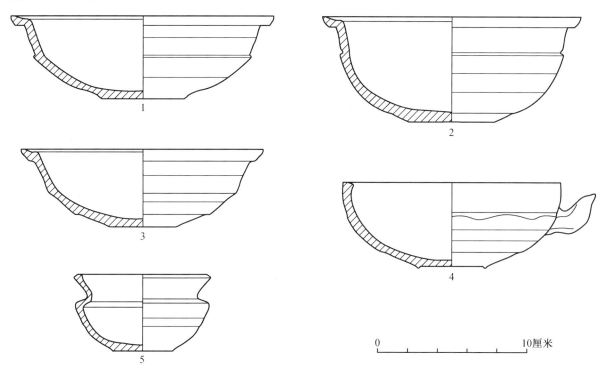

图六九　1998WMM33出土陶（釉陶）器

1~4.釉陶钵（M33：5、M33：6、M33：8、M33：11）　5.陶釜（M33：7）

## 2. 铜器

铜器包括铜环及五铢铜钱两类。

铜环　2件。标本M33：16-1，环形。椭圆形茎。内径1.8、外径2.2厘米（图七〇，1）。

标本M33：16-2，已残。大小与M33：16-1接近。

铜钱　3件，共48枚。其中，标本M33：14有14枚，标本M33：17有18枚，标本M33：18有16枚。均为五铢铜钱。有郭，篆体阳文。钱币直径约2.5厘米（图七〇，2~4）。

## 3. 石器

该墓除随葬陶、铜器外，还发现1套石瑱。

石瑱　4件。质地未鉴定，初步推断为琉璃。两端粗，中间细，呈束腰形，中空（图版四一，6）。

标本M33：15-2，直壁孔，一端微内凹。长1.75厘米（图七〇，5）。

标本M33：15-1，弧壁孔，两端平齐。长1.75厘米（图七〇，6）。

标本M33：15-3，直壁孔，一端内凹。长2.1厘米（图七〇，7）。

标本M33：15-4，直壁孔，一端内凹。长1.8厘米（图七〇，8）。

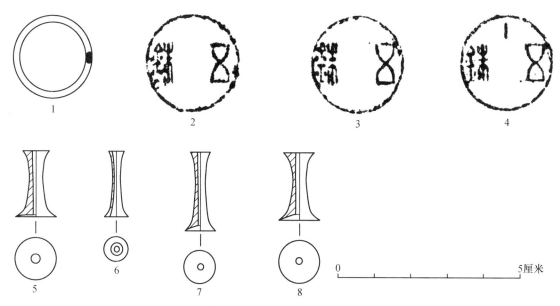

图七〇　1998WMM33出土器物

1. 铜环（M33：16-1）　2~4. 五铢铜钱拓片（M33：14-1、M33：17-1、M33：18-1）　5~8. 石瑱
（M33：15-2、M33：15-1、M33：15-3、M33：15-4）

## 一三、1998WMM34

M34位于墓地东部东端，东侧距M33西壁不足6米。墓葬略呈东西向，走向与M35接近。

该墓为长方形竖穴土坑墓。墓葬开口于距地表深75厘米的表土及扰乱土层下，东北角被M35打破，打破生土。墓壁较陡直，四壁光滑，墓底平整。填土为灰褐色黏土，夹杂较多碎石块，夯筑较实。该墓既未发现任何随葬品，又无棺椁及人骨痕迹，墓葬方向不明。墓口长397、宽240厘米，墓底长360、宽218厘米。墓底距墓口最深300、距地表最深375厘米。

M34可资断代的资料严重不足。该墓墓坑较为狭长，形制与周邻西汉晚期宽坑型墓葬（如M40）差异较大，反而与M35更为接近。M34被M35打破，M35发现大泉五十与西汉晚期五铢，当属新莽时期墓葬。据此，可大致推断M34年代当在西汉末年至新莽时期（图七一）。

## 一四、1998WMM35

### （一）墓葬概述

M35位于墓地东部东端，东侧距M33西壁不足3米。墓葬略呈东西向。墓葬方向为278°。

该墓为长方形竖穴土坑墓。墓葬开口于距地表深约150厘米的表土及晚期扰乱土层下，打破M34和生土。墓底低于M34底部约20厘米。墓底铺垫厚约8厘米的不规则石块，周围留出约10厘米宽的排水沟。墓壁陡直，光滑。填土为红色五花土，夯筑较实。墓口长400、宽194厘米，墓底长380、宽180厘米。墓底距墓口最深370、距地表最深520厘米。

该墓葬具、人骨均无。随葬品横向分布于西端。以陶器为主，铜器仅有钱币一类。随葬器

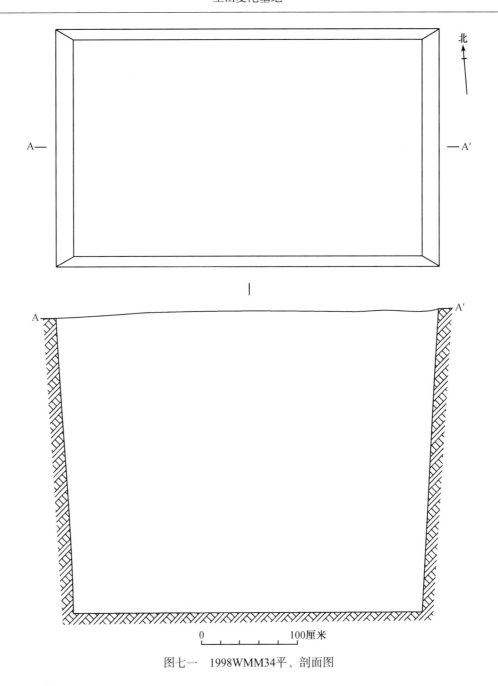

图七一　1998WMM34平、剖面图

物编号17件（铜钱五铢计2件，大泉五十计1件），计有陶高领罐4件、陶罐5件、陶盂4件、陶钵1件、陶甑1件、陶灶1件、陶器盖1件、铜钱68枚（编号3件）（图七二；彩版四，1）。

　　该墓同出大泉五十和五铢两种钱币。五铢据文字辨识，为西汉晚期五铢，大泉五十铸于西汉末年居摄二年（公元7年）。史载，居摄二年五月更造货币，造大泉五十、契刀五百等钱币与五铢钱币并行，该墓所出钱币正好反映这一历史事实。再者，墓葬形制也反映出由西汉土坑墓向东汉砖（石）室墓的转变过程，因此，该墓时代可定为西汉末年至新莽时期。

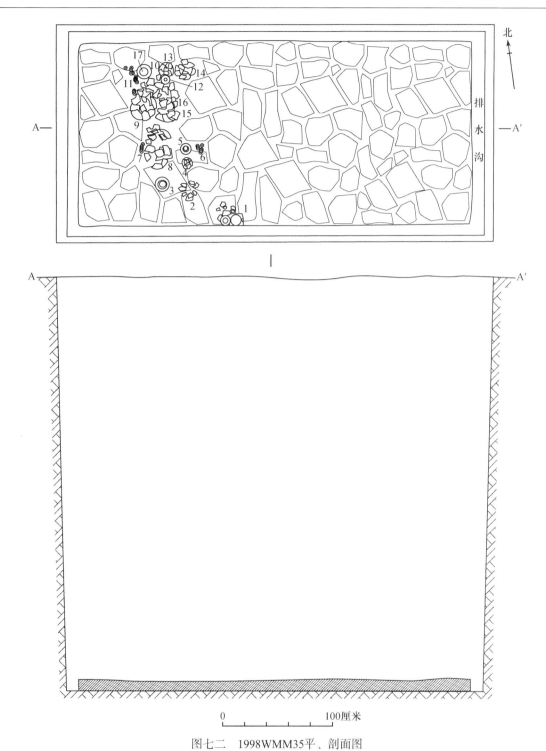

图七二 1998WMM35平、剖面图

1. 陶灶（含2盂1甑） 2、3、13、15、17. 陶罐 4、5. 陶盂 6、7、11. 铜钱（共68枚） 8～10、16. 陶高领罐 12. 陶钵
14. 陶器盖

## （二）随葬器物

**1. 陶器**

共17件。器类有高领罐、罐、盂、甑、钵、灶、器盖等。以泥质灰陶为主，包括青灰、深灰、浅灰等颜色，少数为泥质灰褐陶。纹饰有弦纹、绳纹、花边状短条纹、锯齿状指甲纹以及刻划几何纹等。部分器物下腹部或近底部有刀削棱痕。

陶高领罐　4件。标本M35：8，泥质灰陶，器表多黑褐斑。三角形唇沿，尖唇向下，敞口，弧领较粗，圆肩，深鼓腹，圈底微内凹。领部素面，肩及上腹饰密集弦纹，下腹饰粗绳纹。口径13.6、腹径23.0、底径7.2、高20.8厘米（图七三，1；图版四二，1）。

标本M35：9，泥质灰陶。三角形唇沿，尖唇向下，唇面内凹，喇叭形口，高弧领，宽

0　　　　　　　　　　　　　　　20厘米

图七三　1998WMM35出土陶高领罐
1. M35：8　2. M35：9　3. M35：10　4. M35：16

斜折肩，深弧腹，圜底内凹。肩部饰一周短条形几何纹，腹及底饰交错绳纹，余素面。口径13.6、肩径24.2、底径7.4、高24.0厘米（图七三，2；图版四二，2）。

标本M35：10，泥质灰陶，局部偏灰红色，器表有较多灰褐斑。三角形唇沿，尖唇向下，唇面有两道凹槽，高斜领，宽折肩，弧腹略浅，平底微凹。领部素面，肩部饰一周弦纹，其下再饰一周刻划几何纹，腹、底饰交错粗绳纹。口径13.8、肩径25.2、底径7.7、高23.0厘米（图七三，3；图版四二，3）。

标本M35：16，泥质灰陶，器表有较多灰褐斑。三角形唇沿，尖唇向下，唇面有两道凹槽，高弧领，宽折肩，弧腹较浅，圜底内凹。领部素面，肩部饰一周刻划几何纹，腹、底饰交错粗绳纹。口径13.6、肩径25.0、底径9.0、高22.0厘米（图七三，4；图版四二，4）。

陶罐　5件。标本M35：3，泥质青灰陶。体瘦高。窄方唇，短直口，斜折肩，深筒形腹，平底。肩下饰一周花边状短条纹，中腹饰三道弦纹，下腹有刀削棱痕，余素面。口径9.2、肩径15.4、底径10.8、高18.6厘米（图七四，1；图版四三，1）。

标本M35：17，泥质青灰陶。厚方唇，唇面内凹，短直口微敛，肩圆转，深筒形腹，腹壁微曲，平底，内底不平。肩下饰一周花边状短条纹，纹痕较深，中腹饰三道弦纹，下腹有刀削棱痕，余素面。口径9.6、肩径16.0、底径10.8、高17.6厘米（图七四，2；图版四三，2）。

标本M35：2，泥质深灰陶，局部有褐斑。体较矮胖。方唇，直口略内敛，沿面微凹，

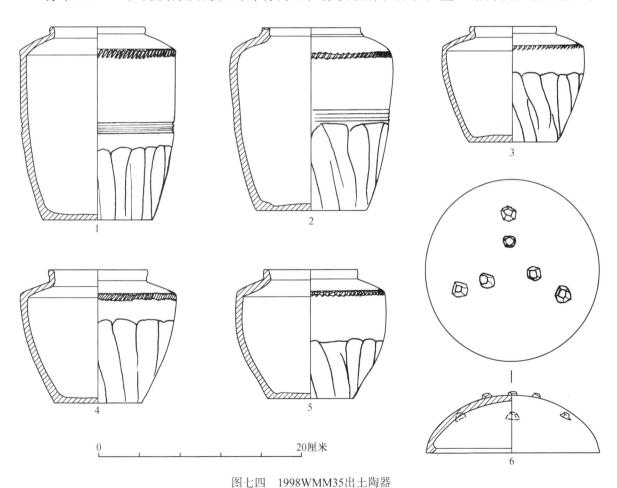

图七四　1998WMM35出土陶器

1～5.罐（M35：3、M35：17、M35：2、M35：13、M35：15）　6.器盖（M35：14）

斜折肩，斜腹微外弧，宽平底。肩部饰一周锯齿状指甲纹，下腹有刀削棱痕，余素面。口径8.6、肩径14.1、底径8.8、高11.3厘米（图七四，3；图版四三，3）。

标本M35：13，泥质浅灰陶。内斜方唇，直口微敞，折肩，深弧腹，平底。肩下饰一周花边状短条纹，腹部有刀削棱痕，余素面。口径9.6、肩径15.5、底径8.7、高12.8厘米（图七四，4；图版四三，4）。

标本M35：15，泥质青灰陶。方唇，直口略外卷，斜折肩，深弧腹，下腹斜收较甚，平底。肩部饰一周锯齿状深指甲状纹，下腹有刀削棱痕，余素面。口径9.2、肩径14.8、底径8.4、高12.4厘米（图七四，5；图版四四，1）。

陶器盖　1件。标本M35：14，泥质灰陶。盖沿微内勾，盖面呈圆弧形。盖上匀称分布三组共6个乳钉状装饰。盖口径17.3、高5.9厘米（图七四，6；图版四四，2）。

陶盂　4件。标本M35：4，泥质浅灰陶。方唇，直口微敛，耸肩微折，扁腹，小平底。颈部饰一道凸棱，下腹有刀削棱痕，余素面。口径5.3、腹径9.0、底径3.3、高4.7厘米（图七五，1；图版四四，3）。

标本M35：5，泥质灰陶。三角形唇沿，尖唇，卷沿，束颈，圆肩，扁腹，小平底。下腹有刀削棱痕，余素面。口径6.2、腹径9.1、底径3.5、高4.5厘米（图七五，2；图版四四，4）。

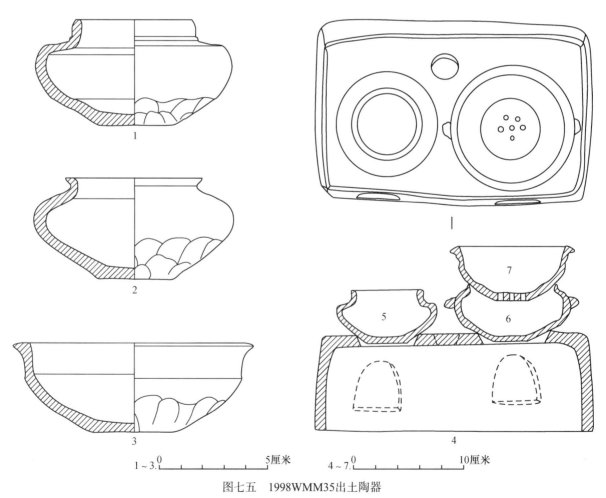

图七五　1998WMM35出土陶器

1、2、5、6.盂（M35：4、M35：5、M35：1-2、M35：1-4）　3.钵（M35：12）　4.灶（M35：1-1）　7.甑（M35：1-3）

标本M35：1-2，该器出土时置于陶灶（M35：1-1）上。泥质灰陶，器表有较多灰褐斑。方唇，直口微敞，束颈，折肩微耸，扁腹，平底。下腹有刀削棱痕，余素面。口径6.2、腹径9.0、底径3.6、高5.0厘米（图七五，5；图版四四，6）。

标本M35：1-4，该器出土时置于陶灶（M35：1-1）上。泥质灰陶，器表有较多灰褐斑。尖唇，直口微敞，圆肩，扁腹，小平底。肩部饰一对实心泥凸，下腹有刀削棱痕，余素面。口径7.6、腹径10.3、底径1.5、高5.2厘米（图七五，6；图版四四，6）。

陶钵　1件。标本M35：12，泥质灰褐陶，器表有黑褐斑。三角形唇沿，唇面宽平，敞口，浅折腹，上腹微内弧，平底。下腹有刀削棱痕，余素面。口径10.3、底径3.8、高4.0厘米（图七五，3；图版四四，5）。

陶甗　1件。标本M35：1-3，该器出土时置于陶灶（M35：1-1）上。泥质灰陶，器表有灰褐斑。三角形唇沿，敞口，斜折腹，上腹斜直，下腹内收较甚，平底。下腹有刀削痕迹，底有6个箅孔，余素面。口径9.6、底径3.0、高4.8厘米（图七五，7；图版四四，6）。

陶灶　1件。标本M35：1-1，泥质灰陶。长方形。双釜眼，拱桥形双火门置于一长侧边，并与釜眼相对应，两釜眼正中后部有一烟囱孔。灶身素面。灶上置2盂1甗。灶底长25.1、宽16.0、高8.5厘米（图七五，4；图版四四，6）。

**2. 铜器**

仅铜钱一类。

铜钱　3件，共68枚。其中，大泉五十钱币15枚，五铢钱币53枚。标本M35：6，共15枚大泉五十钱币；标本M35：7，共23枚五铢钱币；标本M35：11，共30枚五铢钱币。这些钱币均有郭，篆体阳文。大泉五十钱币直径2.7厘米（图七六，1）。五铢钱币直径2.5厘米（图七六，2、3）。

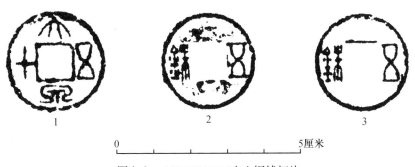

图七六　1998WMM35出土铜钱拓片

1. 大泉五十铜钱（M35：6-1）　2、3. 五铢铜钱（M35：7-1、M35：11-1）

# 一五、1998WMM38

## （一）墓葬概述

M38位于墓地东部东端。东距M34两米左右。墓葬略呈东西向，墓道朝东。墓葬方向85°。

　　该墓为带斜坡墓道的竖穴土坑墓。墓道与墓室南壁呈一直线，平面形状与由甬道和墓室组成的刀形砖（石）墓近似。墓葬开口于距地表深约250厘米厚的晚期扰土和早期夯土层之下，打破M39和生土。晚期扰土为深褐色碎石土及熟土（即耕作土），厚约100厘米；早期夯土为红褐色碎石土，疑似封土，厚约150厘米。该墓将M39北侧墓坑挖毁近半，但未超过M39墓底，二者尚有50厘米高差（图七七）。

　　该墓做工比较精细，墓壁陡直，四壁光滑，墓底平整。墓内填土为灰褐色土，并夹有大量碎石屑，土层填筑不严，较松散，只局部夯筑较实。墓室口部长385、宽190厘米，底部长370、宽180厘米。墓底距墓口最深205、距地表最深450厘米。墓道较短，而且坡度极陡。墓道长170、宽108厘米，坡度35°，坡底距墓底高30厘米。

　　该墓葬具、人骨均无。随葬器物保存较好，无扰乱现象。墓内随葬品主要摆放于墓室中后部及东北角区域，而且有分类摆放之意。陶器全部集中于墓室中后部，而铜器、铁器即放在墓室东北角，铜钱则分三处摆在墓室中部偏南侧的陶器周边。该墓随葬器物编号27件（套），计有陶罐6件、陶高领罐2件、陶壶2（均有盖）、陶瓶1件、陶盂1件、陶甑1件、陶钵1件、陶碟9

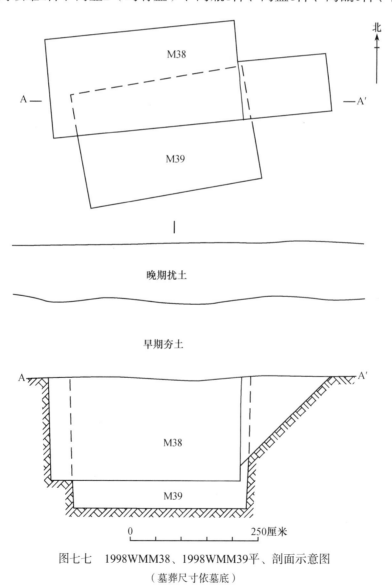

图七七　1998WMM38、1998WMM39平、剖面示意图

（墓葬尺寸依墓底）

件、陶灶2件、铜鍪1件、铜釜1件、铜盘1件、铜镜1件、铜钱108枚（编号3件）、铁锯1件、铁削1件、残铁叉1件、残铁器1件、穿孔石器1件（图七八；图版二，2）。

墓中所出五铢钱皆为西汉五铢，镜为昭明镜或日光镜，皆是西汉中晚期习见铜镜。陶器形态方面明显晚于M31、M32（西汉中期），但早于M35（西汉末期）。因此，把M38定为西汉晚期应无大碍。

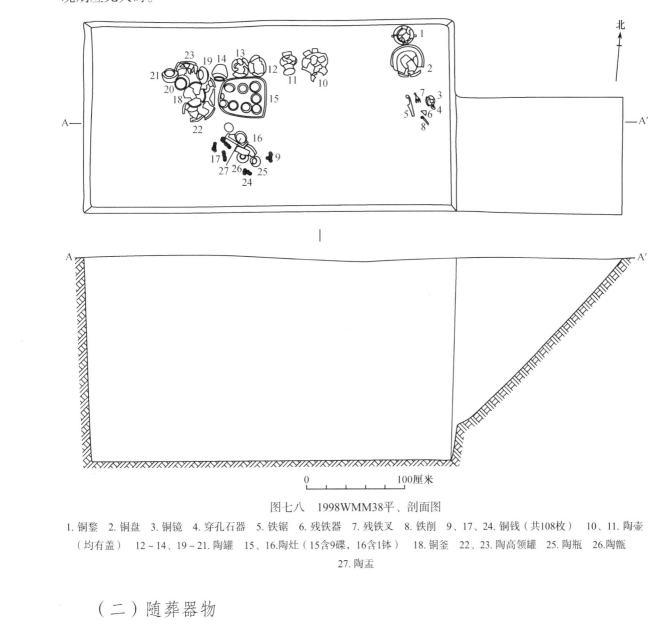

图七八　1998WMM38平、剖面图

1.铜鍪　2.铜盘　3.铜镜　4.穿孔石器　5.铁锯　6.残铁器　7.残铁叉　8.铁削　9、17、24.铜钱（共108枚）　10、11.陶壶（均有盖）　12~14、19~21.陶罐　15、16.陶灶（15含9碟，16含1钵）　18.铜釜　22、23.陶高领罐　25.陶瓶　26.陶甑　27.陶盉

## （二）随葬器物

M38随葬器物较丰富，包括陶、铜、铁、石等多种材质。其中，陶器有25件（套），铜器有4件，铜钱有108枚，铁器有4件，石器仅1件。

### 1.陶器

共25件（套）。包括罐、高领罐、壶、瓶、盉、甑、钵、碟、灶等器类。陶器多为灰陶，纹饰主要为弦纹、绳纹、刻划纹以及锯齿状指甲纹等。

　　陶罐　6件。标本M38：13，整器瘦高。泥质灰陶，局部灰红色。方唇，直口，斜折肩，深筒形腹，平底。肩部饰一周锯齿状长指甲纹，中腹有一组浅细划纹，下腹近底部有刀削棱痕，余素面。口径11.0、肩径16.6、底径10.4、高19.5厘米（图七九，1；图版四五，1）。

　　标本M38：14，整器瘦高。泥质青灰陶。方唇，直口微敛，耸折肩，深筒形腹，平底。肩部饰一周锯齿状指甲纹，上腹有浅细绳纹及剔刻卵点纹，下腹近底部有刀削棱痕，余素面。口径11.0、肩径16.6、底径10.8、高20.7厘米（图七九，2；图版四五，2）。

　　标本M38：12，泥质灰陶。圆唇，敛口，斜折肩，斜直腹，平底。口外起凸棱，肩部饰一周锯齿状指甲纹，中腹戳印一周长指甲状纹，下腹有刀削棱痕，余素面。口径8.6、肩径14.2、底径8.4、高10.5厘米（图七九，3；图版四五，3）。

　　标本M38：19，泥质青灰陶。圆唇，敛口，圆肩，斜腹较浅，平底。口外起凸棱，肩下有一道凹槽，腹有刀削棱痕，余素面。口径9.0、肩径14.5、底径7.6、高9.4厘米（图七九，4；图版四五，4）。

　　标本M38：20，泥质灰陶，局部灰红色。圆唇，敛口，圆肩，斜腹较浅，宽平底。口外起凸棱，肩下有一周凹槽，下腹有刀削棱痕，余素面。口径8.4、肩径14.6、底径8.6、高9.0厘米（图七九，5；图版四六，1）。

　　标本M38：21，泥质灰陶。圆唇，敛口，斜折肩，斜腹较深，下腹斜收较甚，平底。口外起凸棱，肩下饰一周锯齿状指甲纹，上腹有浅细绳纹，中腹戳印一周长指甲纹，下腹有刀削棱痕，余素面。口径9.0、肩径14.5、底径8.8、高11.6厘米（图七九，6；图版四六，2）。

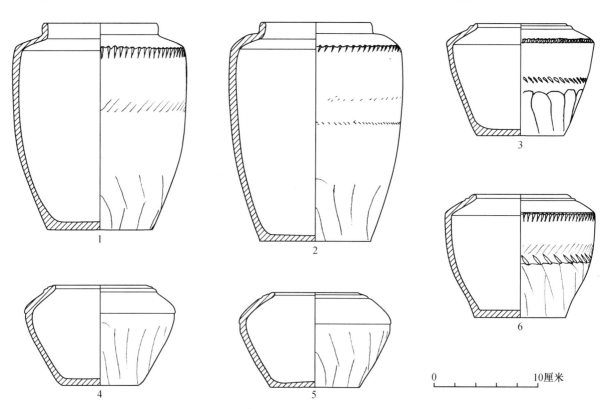

图七九　1998WMM38出土陶罐

1. M38：13　2. M38：14　3. M38：12　4. M38：19　5. M38：20　6. M38：21

陶高领罐 2件。标本M38：22，泥质灰陶。三角形唇沿，唇面有一道凹槽，尖唇向下，喇叭形口，高弧领，宽折肩微外弧，弧腹，圜底微凹。肩上纹饰已不清楚，似有一周浅指甲状纹，腹、底饰粗绳纹，余素面。口径13.7、肩径26.8、底径7.9、高22.8厘米（图八〇，1）。

标本M38：23，个体较大。泥质灰陶。三角形唇沿，唇面内凹，尖唇向下，喇叭形口，高弧领，宽折肩微外弧，弧腹，圜底微凹。肩部刻划一周短条纹，腹、底饰粗乱绳纹，余素面。口径15.4、肩径32.8、底径10.4、高28.2厘米（图八〇，2；图版四六，3）。

陶壶 2件（套）。标本M38：10，有盖。壶身为夹砂泥质灰红陶，局部有红褐斑。胎较薄。尖唇，小口微敞，直领，圆肩，深鼓腹，圜底，圈足较高，微内收。肩、腹部饰三组弦纹，肩部饰一对虎面形铺首及立耳，耳无环。盖为泥质黑陶，器表光亮，似涂有一层黑陶

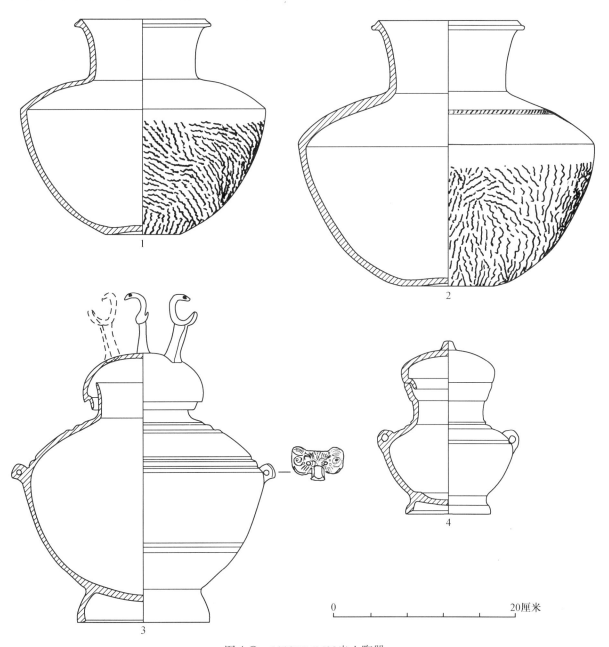

图八〇 1998WMM38出土陶器

1、2. 高领罐（M38：22、M38：23） 3、4. 壶（M38：10、M38：11）

衣。盖沿呈子母口状，盖面呈弧形，上饰三个抽象的立鸟形纽饰。口径10.1、腹径25.6、足径14.5、高25.5、盖口径11.2、通高（含盖及其纽饰）35.0厘米（图八〇，3；图版四六，4）。

标本M38：11，有盖，个体较小。壶身为泥质灰陶。方唇，盘状口，短弧领，圆肩，浅鼓腹，圜底，圈足微外折。颈及肩部饰弦纹及一对桥形环耳，余素面。盖为泥质深灰陶。盖沿呈子母口状，冠形盖面，盖顶有一梯形厚方纽。素面。口径9.8、腹径14.4、足径9.6、高13.8、盖口径7.2、通高（含盖及其纽饰）18.4厘米（图八〇，4；图版四七，1）。

陶瓶　1件。标本M38：25，泥质灰陶。外斜方唇，喇叭形口，高弧领，斜肩微折，扁腹，圜底近平。领、肩交接处饰一周粗指甲纹，腹近底部有刀削棱痕，余素面。口径5.6、腹径8.8、高7.2厘米（图八一，1；图版四七，2）。

陶甑　1件。标本M38：26，泥质青灰陶，局部有灰黑斑。方唇微外侈，敞口，口外内凹呈束颈状，深斜直腹，小平底。近底部有刀削棱痕，底有8个大小不一的箅孔，余素面。口径7.9、底径2.2、高5.5厘米（图八一，2；图版四七，3）。

陶盂　1件。标本M38：27，泥质深灰陶。方唇，直口微敛，折肩，扁腹，圜底。肩部有

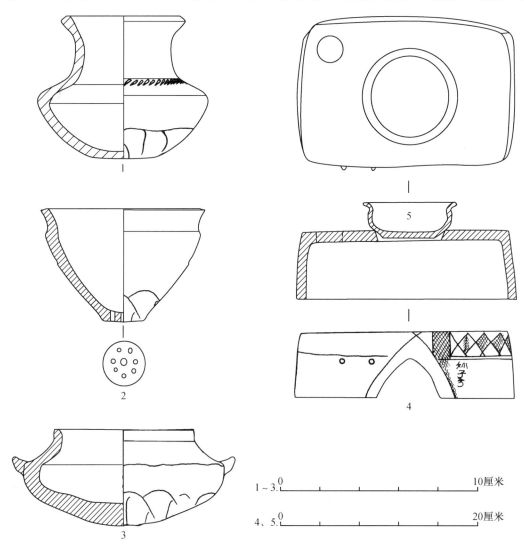

图八一　1998WMM38出土陶器

1. 瓶（M38：25）　2. 甑（M38：26）　3. 盂（M38：27）　4. 灶（M38：16-1）　5. 钵（M38：16-2）

一对实心泥凸纽，近底部有刀削痕迹，余素面。口径7.10、肩径10.2、高4.3厘米（图八一，3；图版四七，4）。

陶钵　1件。标本M38：16-2，该器出土时位于陶灶（M38：16-1）西北角。泥质灰黑陶。圆唇，卷沿，浅弧腹，宽平底。近底部有刀削棱痕，余素面。口径9.1、底径5.2、高3.4厘米（图八一，5；图版四七，5）。

陶灶　2件。标本M38：16-1，泥质灰陶。长方形。单釜眼，釜眼较大，上置1钵。釜眼左上角有一圆形烟囱孔。单火门位于一长侧边，火门下端直通灶底，呈三角形。火门两侧以交叉划纹镶边，左侧有2个小乳钉纹，右侧上方饰刻划网格纹及几何图案，下方饰网纹及竖排4个铭文"川女子方"，字体为隶书，"川女"二字自右而左横书，"子方"二字竖书。在M40中亦出有带"川女"字样的陶器。灶底长22.4、宽14.8、高6.8厘米（图八一，4；图版四七，5）。

标本M38：15-1，泥质灰陶。平面略呈圆角梯形。宽端有一火门，火门呈三角形直通至灶底。窄端呈弧形，中央有一椭圆形烟囱孔。灶面有9个釜眼，上置9个大小、形制接近的陶碟。灶身四周近底部饰绳纹，余素面。灶底长40.0、宽32.0、高9.9厘米（图八二，1；图版四八，1）。

陶碟　9件。出土时均位于同一件陶灶（M38：15-1）之上。9件陶碟大小、形制基本相同（图版四八，2）。标本M38：15-6，泥质灰陶。圆唇，敛口，浅弧腹，平底。素面。口径7.1、底径2.8、高3.5厘米（图八二，6）。

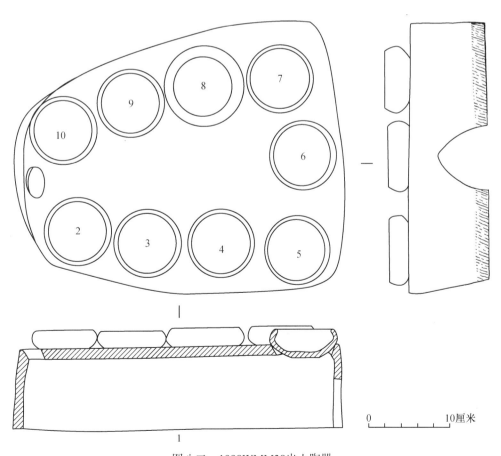

图八二　1998WMM38出土陶器

1. 灶（M38：15-1）　2～10. 碟（M38：15-2～M38：15-10）

**2. 铜器**

共7件（铜钱3件）。分别为铜鍪、铜釜、铜盘、铜镜各1件，铜钱108枚。

铜鍪　1件。标本M38：1，残甚。薄胎，略有变形，器身满布烟炱。方唇，卷沿，喇叭口，高弧领，折肩，鼓腹，圜底近平。肩饰一对绚索状环形耳及两周凸棱，余素面。口径17.6、肩径（不含耳）20.0、高16.5厘米（图八三，1）。

铜釜　1件。标本M38：18，残甚。薄胎，器身满布烟炱。方唇，仰折沿，沿面微凹，鼓腹，圜底。素面。口径18.4、高9.7厘米（图八三，2）。

铜盘　1件。标本M38：2，残甚。胎极薄。方唇，平折沿，浅折腹，上腹斜直，下腹斜收甚急，平底内凹。素面。口径34.1、底径10.8、高5.4厘米（图八三，3；图版四八，3）。

铜镜　1件。标本M38：3，铜镜正面呈银白色。背面宽素缘，内区可见弧线八角纹及匀称分布的几何纹，外区文字不清晰，难以辨认，应为昭明镜或日光镜。桥形纽。直径10.0、厚0.2～0.5厘米（图八三，4）。

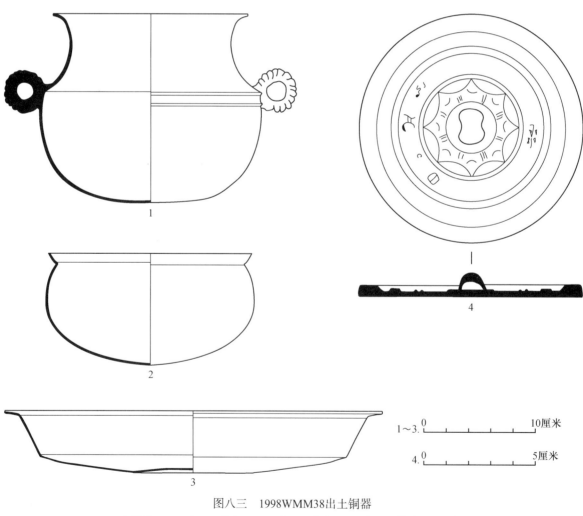

图八三　1998WMM38出土铜器

1.鍪（M38：1）　2.釜（M38：18）　3.盘（M38：2）　4.镜（M38：3）

铜钱 3件，共108枚。均为五铢钱币。其中，编号为M38：9者有19枚（图版四八，4），编号为M38：17者有65枚，编号为M38：24者有24枚。这些铜钱均有郭，篆体阳文。直径2.4～2.6厘米（图八四）。

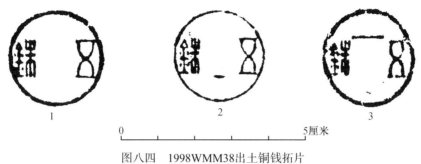

图八四 1998WMM38出土铜钱拓片
1～3. 五铢铜钱（M38：9-1、M38：17-1、M38：24-1）

**3. 铁器**

共4件。包括铁锯、铁削、残铁叉、残铁器各1件。

铁锯 1件。标本M38：5，锯柄弯曲，扁茎，锯身呈片状。残长22.8厘米（图八五，1）。

铁削 1件。标本M38：8，卷云形首，扁茎形柄，削断面略呈三角形。长23.0、宽1.3厘米（图八五，2）。

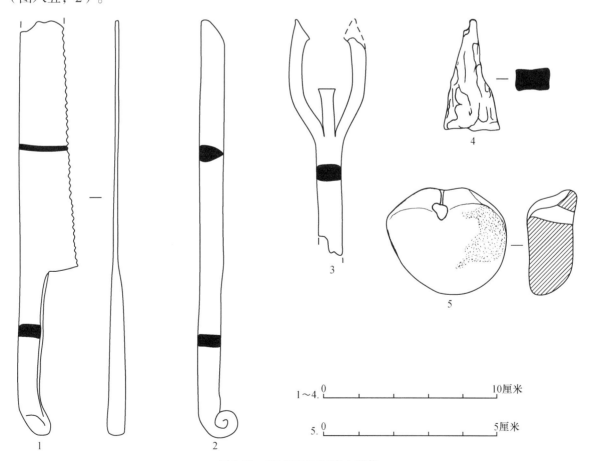

图八五 1998WMM38出土器物
1. 铁锯（M38：5） 2. 铁削（M38：8） 3. 残铁叉（M38：7） 4. 残铁器（M38：6） 5. 穿孔石器（M38：4）

残铁叉　1件。标本M38：7，三头叉状，两边叉有尖，并有回刺，中叉为凸柱状，叉柄断面为长椭圆形，柄残。残长13.0厘米（图八五，3；图版四八，5）。

残铁器　1件。标本M38：6，平面略呈三角形，横截面呈长方形。器形不明。长6.2、宽3.3厘米（图八五，4）。

**4. 石器**

石器仅1件。

穿孔石器　1件。标本M38：4，局部涂朱。略呈圆形，上端略凹，其上有一对穿小孔。该器出土时紧贴铜镜之上，可能系墓主人佩戴于胸前的坠类饰品。长3.5、宽3.0、厚1.4厘米（图八五，5）。

# 一六、1998WMM39

## （一）墓葬概述

M39位于墓地东部东端，东侧距M34约4米。墓葬略呈东西向。墓葬方向260°。

该墓为长方形竖穴土坑墓。墓葬开口与M38大致处于同一水平位置，坑口距地表深250厘米，其上部堆积由上而下分别为晚期扰土和早期夯土层。晚期扰土为深褐色碎石土及熟土（即耕作土），厚约100厘米；早期夯土为红褐色碎石土，疑似封土，厚约150厘米。该墓北侧被M38挖毁近半，但尚未至底，墓底还有50厘米厚的填土，因此，随葬器物尚未损毁。

该墓墓壁较陡直，四壁光滑，墓底平整。填土为灰褐色土，泛红，内夹较多碎石屑，夯筑不紧。墓口长360、宽244厘米，墓底长344、宽225厘米。墓底距墓口最深250、距地表最深500厘米。

该墓葬具、人骨均无。随葬器物保存较好，无扰乱现象。随葬陶器主要摆放于墓室偏西南部，其他随葬品则放在陶器东北侧。该墓随葬器物编号12件，计有陶高领罐1件、陶瓮1件、陶罐4件、陶灶1件（含陶盂1件、陶甑1件）、陶钵1件、陶瓶1件、铜鍪1件、铁剑1件、铜钱10枚（编号1件）（图八六；图版三，1）。

根据墓葬形制、出土铜钱以及器物形制分析，该墓应属西汉晚期。M39为宽坑竖穴墓，具有西汉晚期墓坑典型特征。同时又被M38打破，当不晚于M38，M38属西汉晚期墓葬。另外，该墓亦出西汉五铢钱，未出半两钱，应晚于同墓地出半两钱的M31和M32，当不早于西汉中期。因此，该墓年代应当介于M31、M32与M38之间，时代当属西汉晚期偏早阶段。

## （二）随葬器物

**1. 陶器**

该墓随葬陶器共11件。器类有罐、高领罐、瓮、盂、甑、钵、瓶、灶等。陶器以泥质灰陶

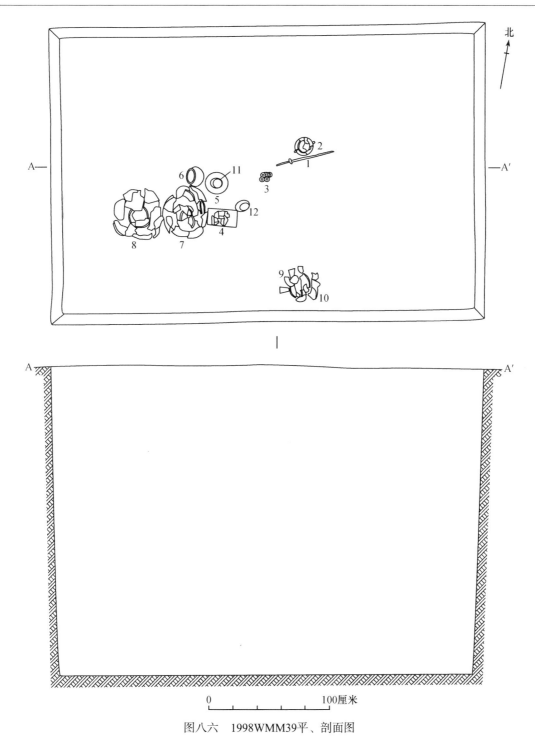

图八六 1998WMM39平、剖面图

1.铁剑 2.铜鍪 3.铜钱（10枚） 4.陶灶（含1甑1盂） 5、6、9、10.陶罐 7.陶瓮 8.陶高领罐 11.陶瓶 12.陶钵

为主，少数为泥质红褐、灰褐或灰红陶。纹饰较单调，多见弦纹、绳纹、锯齿状指甲纹以及刻划几何纹，部分器物在腹部或近底部可见刀削痕迹。陶器火候不高，易碎。

陶高领罐　1件。　标本M39：8，泥质深灰陶。三角形唇沿微外翻，唇面有凹槽，喇叭形口，口沿内凹，高弧领，宽折肩，深弧腹，圜底微凹。肩中部饰一周由弦纹及短斜线组成的带状几何纹，腹、底饰交错粗绳纹，余素面。口径13.8、肩径30.4、底径9.7、高26.5厘米（图八七，1；图版四九，1）。

陶瓮　1件。标本M39：7，泥质深灰陶，局部偏黄。整器似瓮。尖唇，平折沿，小口微敛，矮领，广肩，扁鼓腹，肩腹圆转，圜底近平。上腹饰宽浅弦纹及间断绳纹，下腹及底饰规整竖向绳纹，余素面。口径15.2、腹径36.0、高25.0厘米（图八七，2；图版四九，2）。

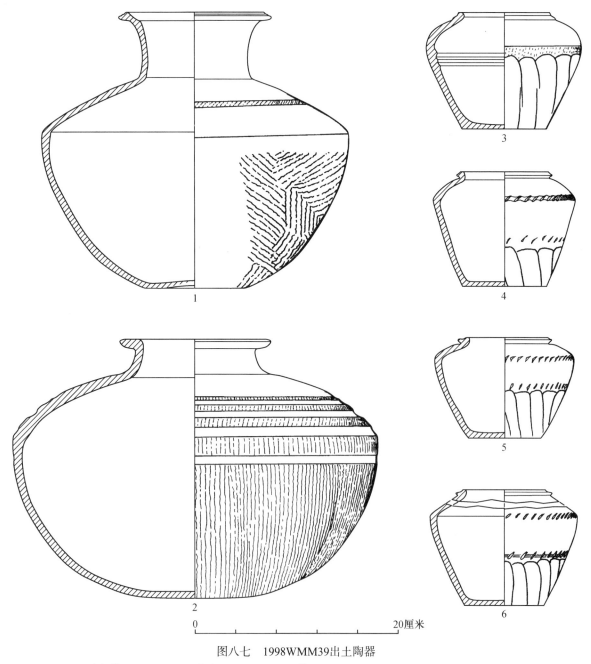

图八七　1998WMM39出土陶器
1. 高领罐（M39：8）　2. 瓮（M39：7）　3～6. 罐（M39：5、M39：6、M39：9、M39：10）

陶罐　4件。标本M39：5，泥质灰陶。圆唇，敛口，圆肩，斜直腹，肩、腹圆转，平底。内壁中部有密集凸棱。口外起凸棱，腹部饰细绳纹，下腹因刀削而不见，余素面。口径8.8、肩径15.2、底径8.3、高11.2厘米（图八七，3；图版四九，3）。

标本M39：6，泥质灰褐陶，微偏灰红色。三角形尖唇向下外凸，敞口微卷，折肩，肩微外弧，斜直腹，平底。肩下压印一周花边状短条纹，中腹饰一周长指甲纹，下腹有刀削棱痕，余素面。口径8.6、肩径14.0、底径8.2、高11.0厘米（图八七，4；图版四九，4）。

标本M39：9，泥质红褐陶，近底部局部有黑斑。三角形尖唇向下外凸，敛口，圆肩，斜直腹，肩、腹圆转，平底。肩及腹部各饰一周指甲纹，下腹有刀削棱痕，余素面。口径8.0、肩径13.7、底径7.2、高9.6厘米（图八七，5；图版五〇，1）。

标本M39：10，泥质红褐陶，微偏黄。三角形尖唇向下外凸，敛口，斜折肩，斜直腹，平底。肩及中腹各饰一周长指甲纹，腹部指甲纹上还有不规则刻划纹，下腹有刀削棱痕，余素面。口径8.2、肩径14.5、底径7.9、高11.0厘米（图八七，6；图版五〇，2）。

陶灶　1件。标本M39：4-1，泥质红褐陶。近长方形。单釜眼，单火门位于一长侧与釜眼相对，并直通至灶底，釜眼左上角有一椭圆形烟囱孔。灶上置1盂1甑。灶身素面。灶底长23.6、宽13.5、高7.0厘米（图八八，1；图版五〇，3）。

陶盂　1件。标本M39：4-2，该器出土时置于陶灶（标本M39：4-1）上。泥质红褐陶，局部黑褐色。圆唇，直口微敞，圆肩，扁鼓腹，平底。肩下饰一对衔环纽饰，环紧贴器壁，近底部有浅刀削棱痕，余素面。口径6.7、腹径9.9、底径4.4、高6.2厘米（图八八，2；图版五〇，3）。

陶甑　1件。标本M39：4-3，该器出土时置于陶灶（标本M39：4-1）上，叠压在陶盂上方。泥质红褐陶。三角形唇沿，沿面宽平，敞口，深弧腹，圜底近平。下腹有刀削棱痕，底有密集小箅孔，余素面。口径10.0、高5.2厘米（图八八，3；图版五〇，3）。

陶钵　1件。标本M39：12，泥质红褐陶，局部有黑斑。三角形唇沿，唇面微凹，敞口，浅弧腹，宽平底。下腹有刀削棱痕，余素面。口径9.0、底径5.3、高4.8厘米（图八八，4；图版五〇，4）。

陶瓶　1件。标本M39：11，泥质灰红陶，局部有黑斑。口残。高弧领，圆肩，扁鼓腹，圜底。肩部饰一周指甲纹，余素面。腹径8.9、残高8.0厘米（图八八，5；图版五〇，5）。

### 2. 铜器

共2件（铜钱1件）。分别为铜鍪和铜钱。

铜鍪　1件。标本M39：2，该器出土时即已变形，而且底部已塌，残破较甚。器身布满烟炱。方唇，敞口，矮弧领，斜折肩，鼓腹，圜底。肩下饰一对绚索状环耳及数周凸棱，余素面。口径13.0、肩径（不含耳）16.4、复原高13.6厘米（图八八，6）。

铜钱　1件，共10枚。均为五铢钱币。有郭，篆体阳文。标本M39：3-1，直径2.5厘米（图八八，7）。

### 3. 铁器

仅1件铁剑。

铁剑　1件。标本M39:1，扁茎，断面呈长方形，茎下端有一穿绳小孔，凹字形铜格，剑身狭长，断面呈菱形。长103.0、宽3.0厘米（图八八，8）。

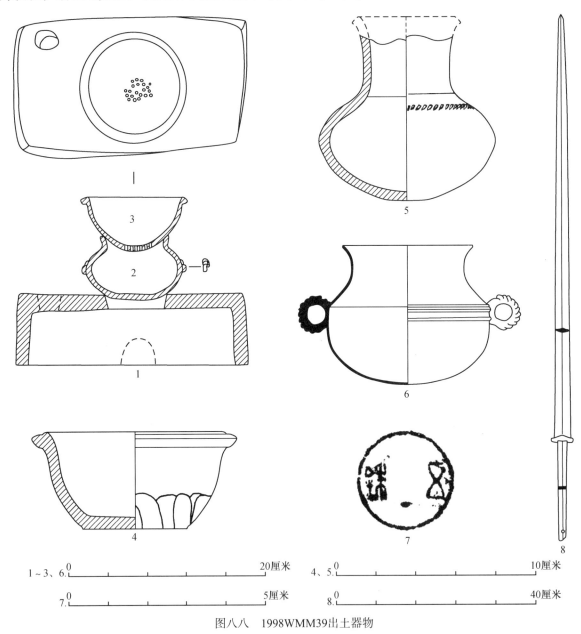

图八八　1998WMM39出土器物

1. 陶灶（M39:4-1）　2. 陶盂（M39:4-2）　3. 陶甑（M39:4-3）　4. 陶钵（M39:12）　5. 陶瓶（M39:11）　6. 铜鍪
（M39:2）　7. 五铢铜钱拓片（M39:3-1）　8. 铁剑（M39:1）

# 一七、1998WMM40

## （一）墓葬概述

M40坐落在墓地东部东端，东北距M39约5米。墓葬略呈东西向。墓葬方向95°。

该墓为长方形竖穴土坑墓。墓葬开口于距地表深约250厘米厚的晚期扰土和早期夯土层之下，打破生土。晚期扰土为深灰色，厚约100厘米；早期夯土为红褐色黏土，厚约150厘米。后者夯打相当严实，土质坚硬，相比M38和M39要好很多。初步推测该层为墓上封土堆积（图八九）。

墓葬做工相当精细，墓壁光滑，南壁略陡，墓底平整。墓内填土为灰褐色土，较松软，夯筑不甚严实。墓底可见少量板灰，棺木已朽，内有两具骨架痕迹，头骨及葬式可辨，头向95°，仰身直肢。北侧墓主足部葬有铜镜，应为女性。如此，依头向则为男左女右格局，应为夫妻同穴合葬墓。该墓墓坑较宽，长、宽比较接近。墓口长360、宽310厘米，墓底长320、宽275厘米。墓底距墓口最深330、距地表最深580厘米。

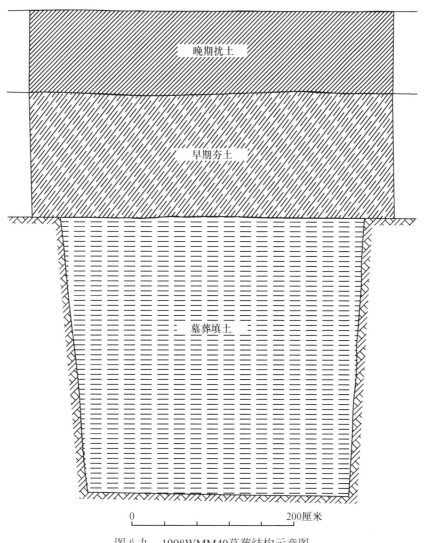

图八九　1998WMM40墓葬结构示意图

　　该墓随葬器物保存较好，无扰乱现象。从随葬器物种类及数量看，女性墓较男性墓要丰富得多。北侧女性墓随葬器物86件，而南侧男性墓仅随葬27件，两者为3∶1还要强。随葬器物主要放置于南北侧边及东侧墓主头部区域。女性墓随葬品主要堆放在墓主右侧（北侧）及头部，足端放置11件随葬器物（包括1面铜镜），此外，骨架左侧还放置了两堆铜钱和1件陶盂。男性墓随葬品主要摆放在墓底南侧以及墓主头部位置。根据墓葬规模、板灰残痕、随葬品摆放位置判断，该墓应为一椁两棺。

　　随葬器物以陶器为主，铜器只见镜、泡钉及钱币等，石器仅1件。该墓随葬器物编号113件，计有陶罐36件、陶仓3件（1件有盖）、陶器盖1件、陶瓶11件、陶盂18、陶钵17件、陶碟6件、陶甑5件、陶支垫1件、陶壶（有盖）1件、陶灶6件、陶人物俑6件、铜镜1件、铜泡钉4件、铜钱17枚（编号3件）、石板1件（图九〇；彩版四，2；图版三，2；图版四，1）。

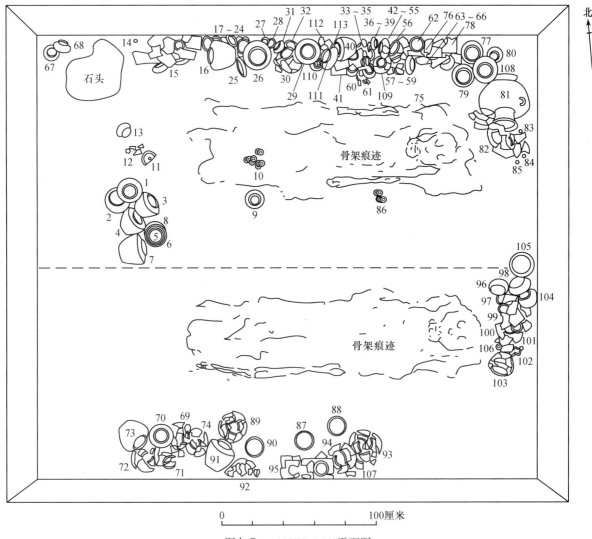

图九〇　1998WMM40平面图

1～4、7、16、17、19、20、22、23、26、29、30、40、56、59、62、69、70、73、74、77、79、89、91～93、96、98、100、103～105、108、109. 陶罐　5、9、13、21、43、45、48、57、64、67、68、87、88、94、97. 陶盂　6、8、25、32、36～39、46、50、58、66、90、111～113. 陶钵　10、86、106. 铜钱（共17枚）　11. 铜镜　12. 石板　14、83～85. 铜泡钉　15、41、76、78、95、99. 陶灶（95含1盂1甑1钵、99含2盂1瓶1甑）　18、27、28、47、51、54、65、71、80、107.陶瓶　24、82、101. 陶仓（82有盖）　31、49、63. 陶甑　33～35、60、61、102. 陶人物俑　42. 陶器盖　44、52、53、55、75、110. 陶碟　72. 陶支垫　81. 陶壶（有盖）

特别值得一提的是，该墓有3件（编号分别为9、64、97）形制相同的泥质青灰色陶盂，其肩部都有针刻的两个篆体铭文，从右至左读为"川女"。其中，9号铭文陶盂即是置于女主人足端左侧的一件，64号铭文陶盂置于女墓主东北侧器物堆中，97号铭文陶盂置于男墓主头端器物堆中。"川女"二字在M38中的一件陶灶上也有，为"川女子方"四字，字体为行隶。M38亦出铜镜，形制与M40铜镜相同，也应属女性墓。因此，我们初步推测，男墓头端一件铭文盂可能为不经意而放置。"川女"二字系何意？"女"字为男女之女应无疑问，而"川"字是否为地名呢？我们尚不知巫山一带当时是否即已称"川"。还有，M38与M40是否为同一家庭成员，若然，则麦沱东部墓葬可能为同一家族墓地。

该墓出西汉五铢，器物形态承西汉中期M31、M32两墓器形演变而来，但有明显差别，所出铜镜为西汉中晚期常见的昭明镜。据此，我们推断该墓年代当在西汉晚期。

## （二）随葬器物

该墓随葬器物十分丰富。包括陶器111件（套），铜器5件、石器1件。另外还有铜钱17枚。

### 1. 陶器

共111件（套）。器类有罐、仓、壶、瓶、盂、钵、碟、甑、灶、器盖、支垫及人物俑等。陶器以平底罐最多，共有36件，约占总数三分之一。陶质均为略带砂性的泥质陶，陶色以灰陶为主，有浅灰、深灰、灰黄、灰褐、灰红等多种颜色，有少量泥质红陶、红褐陶及黑陶，另外还有部分承袭早期遗风的青灰色陶。纹饰以弦纹、指甲纹或锯齿状指甲纹为多，有少量绳纹及素面陶，罐及小型明器绝大多数在腹部或近底部可见明显的刀削棱痕。

陶罐　36件。标本M40：1，泥质青灰陶。圆唇，敛口，斜折肩，斜直腹，肩、腹转折明显，平底。口外起凸棱，肩下部及中腹各戳印一周卵点状粗指甲纹，下腹有较浅的刀削棱痕，余素面。口径7.4、肩径15.6、底径9.3、高13.0厘米（图九一，1；图版五一，1）。

标本M40：2，泥质红褐陶，局部有烟黑斑。圆唇，敛口，圆肩，斜腹略，平底。口外起凸棱，下腹饰绳纹，近底部有刀削棱痕，余素面。口径10.2、肩径17.0、底径8.1、高12.2厘米（图九一，2；图版五一，2）。

标本M40：3，泥质灰褐陶，局部有灰黑斑。圆唇，敛口，斜肩，斜直腹，肩、腹折转明显，平底。口外起凸棱，上腹饰两周长指甲纹，下腹有刀削棱痕，余素面。口径7.3、肩径14.3、底径8.8、高12.8厘米（图九一，3；图版五一，3）。

标本M40：4，泥质灰黄陶，局部灰黑色。体形较高大。圆唇，三角形唇沿，肩圆转，深筒形腹略外弧，宽平底。肩及下腹各饰一周锯齿状指甲纹，近底部刀削棱痕不明显，余素面。口径10.2、肩径16.0、底径10.8、高17.0厘米（图九一，4；图版五一，4）。

标本M40：7，泥质黑褐陶，器表满布黑斑。体形矮胖。圆唇，敛口，圆肩，斜弧腹较浅，平底。口外起凸棱，肩下饰一周锯齿状指甲纹，腹部有刀削棱痕，余素面。口径8.6、肩径18.0、底径9.4、高11.7厘米（图九一，5；图版五二，1）。

标本M40：16，泥质深灰陶。圆唇，敛口，口外起凸棱，圆肩，鼓腹，平底。素面。口径7.2、腹径14.2、底径6.8、高10.6厘米（图九一，6；图版五二，2）。

标本M40：17，泥质红褐陶，器表有较多黑斑。圆唇，敛口，圆肩微折，斜直腹略浅，宽平底。口外起凸棱，肩部饰一周锯齿状指甲纹，下腹有刀削棱痕，余素面。口径9.6、肩径15.4、底径11.4、高12.0厘米（图九一，7；图版五二，3）。

标本M40：19，泥质红褐陶，器表有较多黑斑。圆唇，敛口，斜折肩，斜直腹较深，平底。口外起凸棱，上腹部饰两周卵点状粗指甲纹，下腹刀削棱痕不明显，余素面。口径7.4、肩径16.0、底径9.8、高13.2厘米（图九一，8；图版五二，4）。

标本M40：20，泥质暗红陶，局部呈灰褐色。体形较小。圆唇，敛口，耸肩略折，斜腹较浅，平底。器表光滑，素面。口径8.0、肩径14.4、底径7.9、高9.6厘米（图九一，9；图版五三，1）。

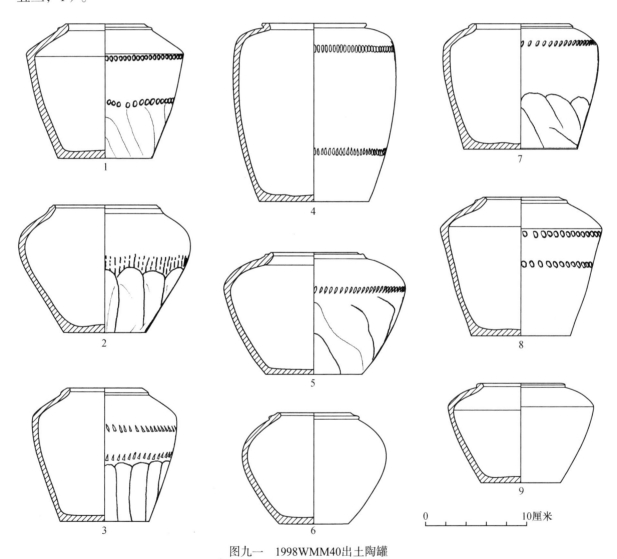

图九一　1998WMM40出土陶罐

1. M40：1　2. M40：2　3. M40：3　4. M40：4　5. M40：7　6. M40：16　7. M40：17　8. M40：19　9. M40：20

标本M40：22，泥质黑褐陶，局部红、黑相间。圆唇，敛口，折肩，斜弧腹较深，平底。口外起凸棱，肩部饰一周锯齿状粗指甲纹，下腹有刀削棱痕，余素面。口径9.0、肩径15.4、底径8.0、高12.9厘米（图九二，1；图版五三，2）。

标本M40：23，泥质青灰陶。体形较小。圆唇，敛口，圆肩，浅斜腹，平底。口外起凸棱，器身素面。口径7.0、肩径12.3、底径5.6、高6.8厘米（图九二，2；图版五三，3）。

标本M40：26，泥质灰褐陶，微偏黄，表层似有薄层黑衣。圆唇，敛口，圆肩微折，斜直腹，宽平底。口外起凸棱，肩下及中腹各饰一周锯齿状粗指甲纹，下腹有刀削棱痕，余素面。口径7.4、肩径15.2、底径9.0、高13.0厘米（图九二，3；图版五三，4）。

标本M40：29，泥质深灰陶。三角形唇，敛口，斜折肩，斜直腹略浅，宽平底。肩及中腹各饰一周锯齿状指甲纹，下腹有刀削棱痕，余素面。口径9.0、肩径14.0、底径10.4、高11.2厘米（图九二，4；图版五三，5）。

标本M40：30，泥质灰陶。圆唇，敛口，耸肩，斜腹，肩、腹圆转，平底。口外起凸棱，肩部饰一周锯齿状指甲纹，下腹有刀削棱痕，余素面。口径8.2、肩径14.6、底径9.0、高11.5厘

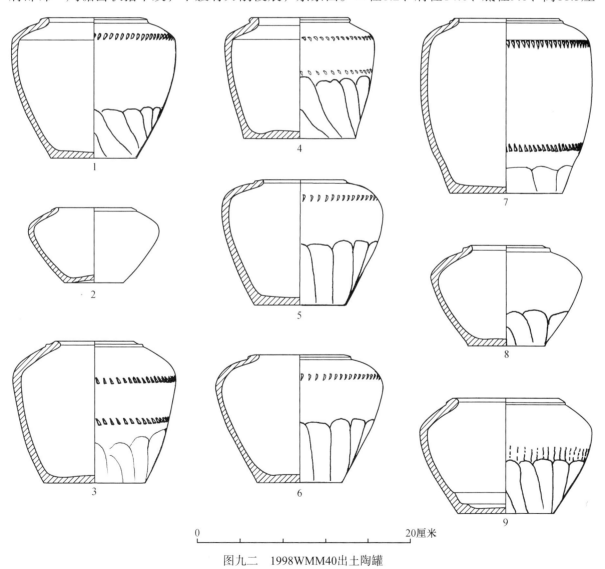

图九二　1998WMM40出土陶罐

1. M40：22　2. M40：23　3. M40：26　4. M40：29　5. M40：30　6. M40：40　7. M40：56　8. M40：59　9. M40：62

米（图九二，5；图版五三，6）。

标本M40：40，泥质灰陶。圆唇，敛口，圆肩微耸，斜腹，肩、腹圆转，平底。口外起凸棱，肩部饰一周锯齿状深指甲纹，下腹刀削棱痕较浅，余素面。口径8.8、肩径15.6、底径8.0、高11.7厘米（图九二，6；图版五四，1）。

标本M40：56，泥质红陶，器表有薄层黑衣。体形较高大。圆唇，敛口，圆肩微折，深弧腹，近底部微内弧，平底。口外起凸棱，肩下及下腹部各饰一周锯齿状指甲纹，近底部有刀削棱痕，余素面。口径10.0、肩径16.1、底径10.7、高16.0厘米（图九二，7；图版五四，2）。

标本M40：59，泥质灰陶微偏黄。体形略小。圆唇，敛口，圆肩微折，浅斜腹，平底。口外起凸棱，下腹有刀削棱痕，器身素面。口径6.8、肩径14.4、底径7.4、高9.2厘米（图九二，8；图版五四，3）。

标本M40：62，泥质红褐陶，局部有黑斑。圆唇，敛口，圆肩微折，斜弧腹，平底。器内近底部凹凸不平。口外起凸棱，下腹饰粗绳纹，近底部有刀削棱痕，余素面。口径10.2、肩径16.4、底径9.0、高10.6厘米（图九二，9；图版五四，4）。

标本M40：69，泥质灰黄陶。圆唇，敛口，斜折肩，斜直腹，平底。口外起凸棱，肩部饰一周锯齿状粗指甲纹，中腹饰一周凹弦纹及一周锯齿状长指甲纹，下腹有极浅的刀削棱痕，余素面。口径8.1、肩径14.8、底径9.8、高11.4厘米（图九三，1；图版五五，1）。

标本M40：70，泥质灰黄陶。圆唇，敛口，斜折肩，斜直腹，平底。口外起凸棱，肩及中腹各饰一周细指甲状纹，下腹有刀削棱痕，余素面。口径8.7、肩径14.8、底径10.4、高12.2厘米（图九三，2；图版五五，2）。

标本M40：73，泥质青灰陶。圆唇，窄沿，圆肩微折，斜弧腹，平底。口外起凸棱，肩部饰一周窝点状指甲纹，中腹饰一周指甲状纹，下腹有刀削棱痕，余素面。口径9.0、肩径14.0、底径9.5、高11.4厘米（图九三，3；图版五五，3）。

标本M40：74，泥质深灰陶。圆唇，敛口，圆肩微折，斜直腹，平底。口外起凸棱，肩部饰一周锯齿状指甲纹，中腹饰一周凹弦纹及一周锯齿状细指甲纹，下腹刀削棱痕不明显，余素面。口径9.4、肩径16.5、底径10.8、高13.6厘米（图九三，4；图版五五，4）。

标本M40：77，泥质浅灰陶。整器较矮胖。圆唇，敛口，圆肩，斜腹较浅，平底较宽。口外起凸棱，下腹饰绳纹，近底部有刀削棱痕，余素面。口径10.0、肩径16.5、底径10.4、高11.2厘米（图九三，5；图版五六，1）。

标本M40：92，泥质黑褐陶，器表似有一层烟黑斑。圆唇，敛口，斜折肩，斜直腹较浅，平底。口外起凸棱，肩及腹部各饰一周锯齿状指甲纹，下腹有刀削棱痕，余素面。口径7.3、肩径14.4、底径9.2、高10.9厘米（图九三，6；图版五六，2）。

标本M40：89，泥质浅灰陶。形体较宽。圆唇，敛口，圆肩微折，斜弧腹，平底。口外起凸棱，肩及中腹饰两周长指甲纹及一道弦纹，余素面。口径10.2、肩径18.1、底径11.4、高14.0厘米（图九三，7；图版五六，3）。

标本M40：91，泥质青灰陶。体形较小。圆唇，敛口，圆肩微折，浅斜直腹微内弧，宽平底。口外起凸棱，下腹有刀削棱痕，余素面。口径7.8、肩径13.8、底径9.0、高8.2厘米（图

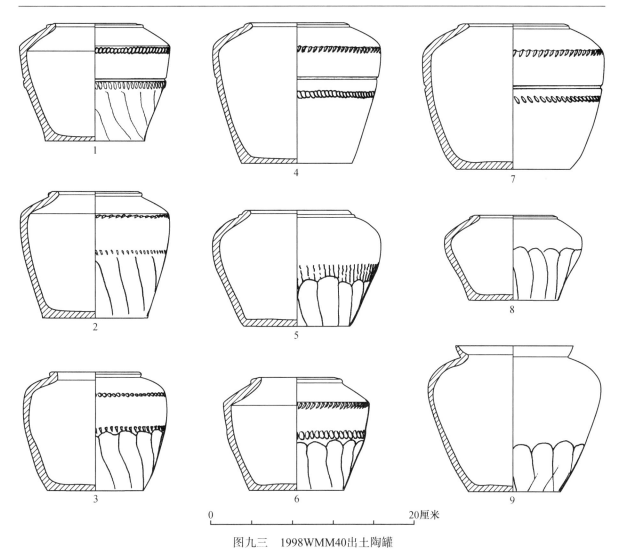

图九三 1998WMM40出土陶罐

1. M40：69 2. M40：70 3. M40：73 4. M40：74 5. M40：77 6. M40：92 7. M40：89 8. M40：91 9. M40：79

九三，8；图版五六，4）。

标本M40：79，泥质红陶，微偏黄。体形较大，形制较特殊。尖唇，窄折沿，沿面微凹，圆肩微耸，斜弧腹，平底。中腹似有一周浅指甲状纹，下腹刀削棱痕较浅，余素面。口径11.7、肩径17.3、底径9.2、高14.0厘米（图九三，9；图版五七，1）。

标本M40：93，泥质青灰陶。圆唇，敛口，折肩，肩微外弧，斜腹，平底。口外起凸棱，肩部饰一周锯齿状指甲纹，下腹有刀削棱痕，余素面。口径8.8、肩径14.5、底径8.8、高11.1厘米（图九四，1；图版五七，2）。

标本M40：96，泥质青灰陶。整器近方体。圆唇，敛口，圆肩微折，筒形腹，宽平底。口外起凸棱，肩及下腹各饰一周长指甲纹，余素面。口径10.6、肩径15.8、底径12.8、高13.4厘米（图九四，2；图版五七，3）。

标本M40：98，泥质青灰陶。圆唇，敛口，斜折肩，斜直腹，平底。口外起凸棱，肩下及中腹各饰一周深指甲纹，余素面。口径7.7、肩径16.5、底径11.8、高14.3厘米（图九四，3；图版五七，4）。

标本M40：100，泥质青灰陶。体形较小。圆唇，敛口，圆肩，浅斜腹，平底。下腹有刀削棱痕，余素面。口径9.4、肩径13.8、底径6.8、高7.2厘米（图九四，4；图版五八，1）。

标本M40：103，泥质灰黄陶。三角形唇，敛口，圆肩微曲，斜腹，下腹内收较急，平底。器内有凸棱，腹饰绳纹，近底部有刀削棱痕，余素面。口径11.0、肩径16.2、底径8.8、高11.3厘米（图九四，5；图版五八，2）。

标本M40：105，泥质灰黄陶。圆唇，敛口，圆肩，斜腹，下腹内收较急，平底。器内及口外有凸棱，腹饰绳纹，近底部有刀削棱痕，余素面。口径9.7、肩径16.2、底径8.4、高11.6厘米（图九四，6；图版五八，3）。

标本M40：109，泥质红褐陶，器表有较多烟黑斑。体形较宽。圆唇，敛口，圆肩略折，浅弧腹，宽平底。口外有凸棱，肩下饰一周月牙形指甲纹，腹部绳纹已被抹平，余素面。口径10.8、肩径19.0、底径11.2、高11.9厘米（图九四，7；图版五八，4）。

标本M40：104，泥质青灰陶。体形较小。圆唇，敛口，圆肩，浅斜腹，平底。口外有凸棱，下腹有刀削棱痕，余素面。口径8.6、肩径14.4、底径6.6、高7.4厘米（图九四，8；图版五八，5）。

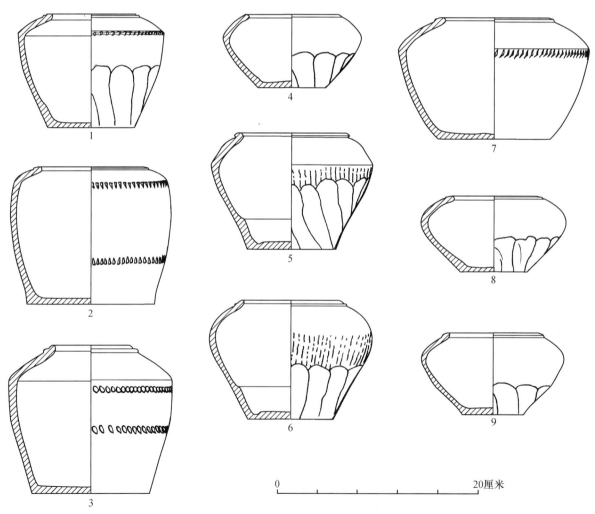

0　　　　　　　　　　　　　　　　　20厘米

图九四　1998WMM40出土陶罐

1. M40：93　2. M40：96　3. M40：98　4. M40：100　5. M40：103　6. M40：105　7. M40：109　8. M40：104　9. M40：108

标本M40：108，泥质灰陶，微偏黄。体形较小。圆唇，敛口，圆肩，浅斜腹，下腹内收较急，平底。口外有凸棱，下腹有刀削棱痕，余素面。口径9.0、肩径14.2、底径6.2、高8.0厘米（图九四，9；图版五八，6）。

陶壶　1件（套）。标本M40：81，泥质灰陶。有盖。壶身为内斜方唇，敞口，沿面微凹，高弧领，圆肩，深鼓腹，圜底，高圈足外撇，足沿略内敛。肩部有一对桥形实心耳，耳内无孔，肩及足部饰数道凸棱，余素面。盖为折壁冠状盖，盖沿内折呈子母口状，盖腹较深，盖顶呈圆弧形，上有三个立鸟形纽饰。盖身素面。口径15.8、腹径32.4、足径20.2、壶高41.2、通高（含盖及纽）58.6厘米（图九五，1）。

陶仓　3件（套）。标本M40：101，泥质浅灰陶。内斜方唇，直口微敛，斜腹微外弧，方形底座，座下有4个粗柱状足。仓盖已失。仓外壁刻划一假门及两道泥条状门闩，仓门位置饰一周短竖纹，余素面。口径20.8、底长17.8、高17.2厘米（图九五，2；图版五九，1）。

标本M40：82，泥质浅灰陶。有盖。仓身形制与M40：101近似。内斜方唇，直口微敞，斜腹，方形底座，座下有四个锥状足。仓外壁刻划一假门及两道泥条状门闩，假门上方饰一周花边状锯齿纹，近底部饰绳纹，余素面。仓盖呈弓弧形，腹较浅，顶部无纽。盖身素面。盖口径24.4、仓口径22.8、仓底长18.8、仓高16.8、通高23.0厘米（图九五，3；图版五九，2）。

标本M40：24，泥质灰陶。体形较小。圆唇，敛口，圆肩微折，深筒形腹略内斜，方形底座，座下四锥状足，足较高。仓前细刻有极浅的假门及门闩图案，余素面。口径5.2、肩径12.4、底长10.8、底宽10.0、高15.6厘米（图九五，4；图版五九，3）。

陶器盖　1件。标本M40：42，泥质红褐陶，器表有较多褐斑。弧形盖。盖沿微内敛，盖顶有一实心圆捉手状纽。盖身素面。口径26.4、高9.0厘米（图九五，5；图版五九，4）。

陶灶　6件。标本M40：15，泥质灰褐陶。体形较大，平面略呈圆角梯形。灶面有9个大小不一的釜眼，分两行排列于灶中央，每排4个，窄端正中部排列1个，宽端横置3个烟囱孔，窄端悬置一高一矮两火门。灶身素面。灶上炊具已失。灶底长44.8、宽22.2～29.6、灶高8.7厘米（图九六，1）。

标本M40：76，泥质红褐陶，器表多烟黑斑。体形较大，平面略呈圆角梯形。灶面有9个大小不一的釜眼，两长侧边每边排列4釜眼，窄端中间靠近边缘排列1个，窄端侧面悬置一火门。窄端近底部（火门以下）饰绳纹，纹痕较浅，余素面。灶上炊具已失。灶底长42.4、宽16.0～28.0、高7.2厘米（图九六，2；图版六〇，1）。

标本M40：78，泥质灰褐陶。体形较大，平面略呈圆角梯形。灶面有9个大小相同的釜眼，两长侧边每边排列4个，窄端中间排列1个，宽端横置3个烟囱孔，窄端侧面悬置一火门，火门较窄高，并有点歪斜。窄端近底部（火门以下）饰粗绳纹，余素面。灶上炊具已失。灶底长39.2、宽11.2～22.0、高7.8厘米（图九七，1；图版六〇，2）。

标本M40：41，泥质黑褐陶，器表多烟黑。长方形，一端稍宽。双釜眼，双火门悬置于一长侧边，并与釜眼相对，两釜眼中后部有一烟囱孔。灶身火门以下饰粗绳纹，余素面。灶底长26.4、宽17.7、高7.6厘米（图九七，2；图版六〇，3）。

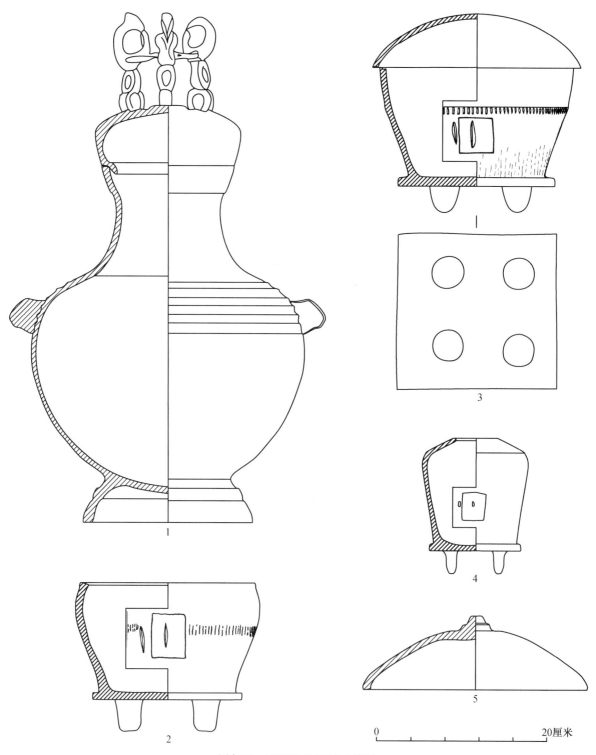

图九五　1998WMM40出土陶器

1. 壶（M40∶81）　2~4. 仓（M40∶101、M40∶82、M40∶24）　5. 器盖（M40∶42）

　　标本M40∶99-1，泥质灰红陶，微偏黄，局部有黑斑。长方形，双釜眼，双火门悬置于一长侧边，并与釜眼相对，两釜眼中后部有1个近三角形烟囱孔。灶身素面。灶上置1瓶、1甑、2盂共4件器物。灶底长30.8、宽18.5、高6.4~6.8厘米（图九八，1；图版六〇，4）。

　　标本M40∶95-1，泥质红褐陶，有较多黑褐斑。长方形，底微内收。双釜眼，双火门位于

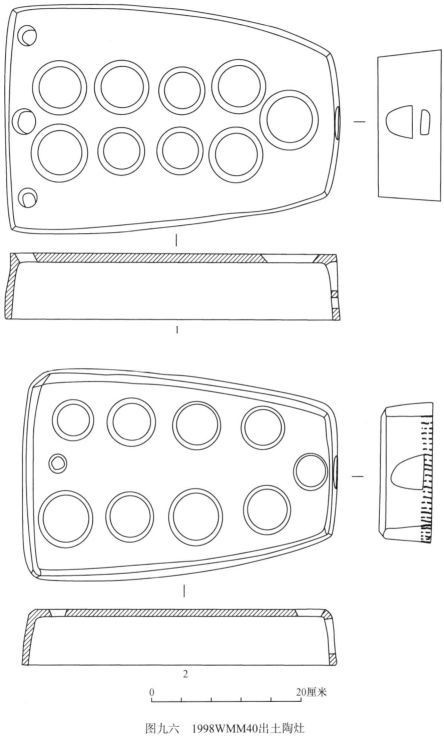

图九六　1998WMM40出土陶灶

1. M40：15　2. M40：76

一长侧边，并直通至灶底。火门与釜眼位置略有偏离，两釜眼中后部有一圆形烟囱孔。灶身素面。灶上放置甑、盂、钵等3件器物，甑套叠在盂上。灶底长22.8、宽14.8、高9.2厘米（图九八，6；图版六〇，5）。

　　陶瓶　11件。标本M40：18，泥质红褐陶，器表有薄层黑斑，似陶衣。体形略大。三角形唇沿，唇面微凹，喇叭形口，高弧领，圆肩，鼓腹，平底微凹。肩部饰两周锯齿状指甲纹，余

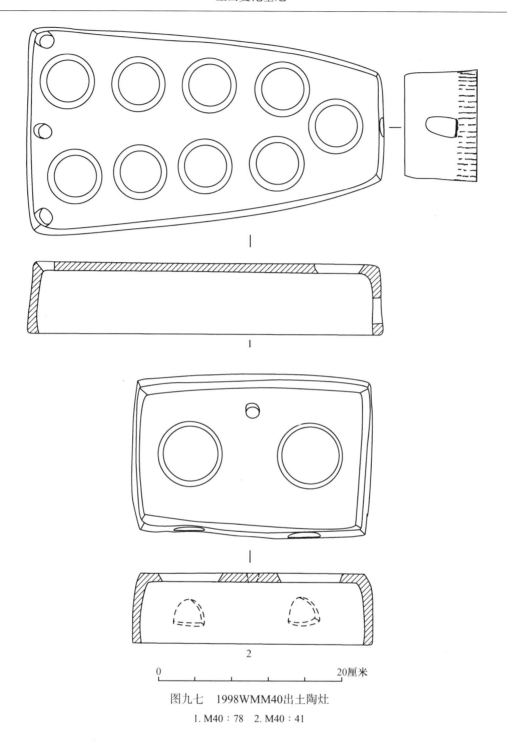

图九七　1998WMM40出土陶灶
1. M40：78　2. M40：41

素面。口径7.2、腹径12.0、底径6.0、高10.6厘米（图九九，1；图版六一，1）。

标本M40：28，泥质黑陶。外斜方唇，唇面内凹，喇叭形口，高弧领，圆肩，浅鼓腹，平底微凹。肩部饰一周指甲纹，下腹有刀削棱痕，余素面。口径6.1、腹径10.8、底径5.7、高7.6厘米（图九九，2；图版六一，2）。

标本M40：47，泥质灰陶。三角形唇沿，唇面内凹较甚，喇叭形口，高弧领，折肩，浅鼓腹，小平底。领、肩交接处饰两周弦纹，肩部饰一周弦纹及一周短斜线纹，下腹有刀削棱痕，余素面。口径6.5、腹径10.2、底径4.3、高7.7厘米（图九九，3；图版六一，3）。

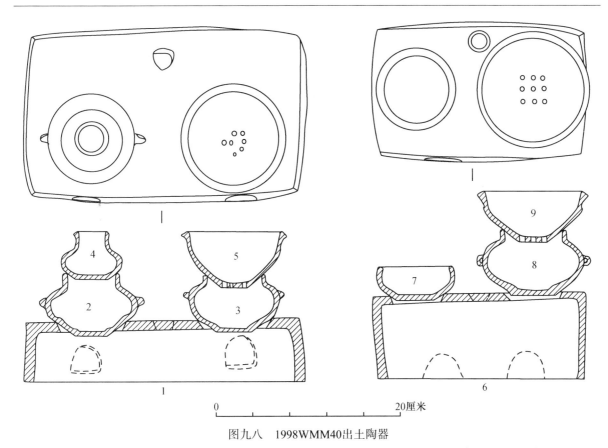

图九八 1998WMM40出土陶器

1、6. 灶（M40：99-1、M40：95-1） 2、3、8. 盂（M40：99-2、M40：99-4、M40：95-4） 4. 瓶（M40：99-3） 5、9. 甑（M40：99-5、M40：95-3） 7. 钵（M40：95-2）

标本M40：27，泥质灰黄陶。外斜方唇，唇面内凹，敞口，高弧领，圆肩微折，浅鼓腹，平底。肩部饰一周卵点状指甲纹，下腹有刀削棱痕，余素面。口径3.8、腹径7.8、底径3.9、高6.0厘米（图九九，4；图版六一，4）。

标本M40：54，泥质灰黄陶，器表有褐斑。方唇，唇面略凹，高弧领，圆肩，浅鼓腹，平底。肩部饰一周锯齿状指甲纹，下腹有刀削棱痕，余素面。口径3.8、腹径8.3、底径4.3、高6.8厘米（图九九，5；图版六一，5）。

标本M40：65，泥质灰黄陶。外斜方唇，敞口，高弧领，圆肩，浅鼓腹，平底。肩部饰一周指甲纹，下腹有刀削棱痕，余素面。口径4.1、腹径8.1、底径4.0、高6.0厘米（图九九，6；图版六一，6）。

标本M40：80，泥质褐陶。体形略小。外斜方唇，敞口，高弧领，圆肩微折，浅鼓腹，中腹内凹起棱，下腹急收，平底。肩部饰一周细长指甲纹，下腹有刀削棱痕，余素面。口径3.9、腹径7.1、底径3.6、高5.8厘米（图九九，7；图版六二，1）。

标本M40：71，泥质深灰陶。外斜方唇，喇叭形口，高弧领，圆肩，浅鼓腹，小平底。素面。口径4.9、腹径8.8、高7.0厘米（图九九，8；图版六二，2）。

标本M40：107，泥质黑褐陶，器表有灰白斑。三角形唇沿，唇面有两道凹槽，弧领内束较甚，圆肩微折，浅鼓腹，平底。器内近底部有一周凸棱。肩部饰一周短斜线几何纹，下腹有刀削棱痕，余素面。口径4.8、腹径9.9、底径5.3、高7.6厘米（图九九，9；图版六二，3）。

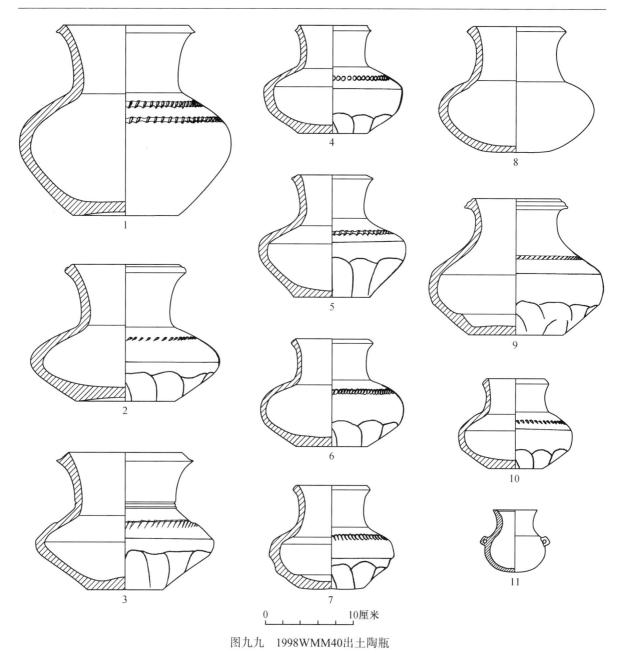

图九九　1998WMM40出土陶瓶

1. M40：18　2. M40：28　3. M40：47　4. M40：27　5. M40：54　6. M40：65　7. M40：80　8. M40：71　9. M40：107
10. M40：99-3　11. M40：51

　　标本M40：99-3，该器出土时置于陶灶（M40：99-1）上。泥质灰陶。体形较小。外斜方唇，口微敞，高弧领，圆肩，浅鼓腹，平底。肩部饰一周指甲纹，下腹有刀削棱痕，余素面。口径3.4、腹径6.5、底径3.1、高5.0厘米（图九九，10；图版六〇，4）。

　　标本M40：51，泥质黑褐陶。体形小巧，形制特殊。尖唇，喇叭形口，弧领，球形腹，圜底。肩有一对桥形耳，一耳残。器表除可见大量手捏制陶痕迹外，未见纹饰。口径2.5、腹径3.5、高3.5厘米（图九九，11；图版六二，4）。

　　陶盂　18件。标本M40：95-4，该器出土时置于陶灶（M40：95-1）上。泥质灰陶。方唇，直口，圆肩，浅鼓腹，平底。腹部有一对桥形耳，下腹有刀削棱痕，余素面。口径7.1、腹径（不含纽）11.2、底径4.6、高6.8厘米（图一〇〇，1；图版六〇，5）。

标本M40：99-4，该器出土时置于陶灶（M40：99-1）上。泥质灰陶。方唇，短直口微敛，圆肩微折，浅鼓腹，下腹内收较甚，平底。肩部有一对实心泥凸状假耳，腹有刀削棱痕，余素面。口径6.8、腹径（不含纽）9.9、底径4.0、高6.0厘米（图一〇〇，2；图版六〇，4）。

标本M40：99-2，该器出土时置于陶灶（M40：99-1）上。泥质灰陶。内斜方唇，直口微敛，折肩，肩微凹，浅鼓腹微曲，下腹斜收较甚，平底。上腹有一对实心泥凸状假耳，下腹有刀削棱

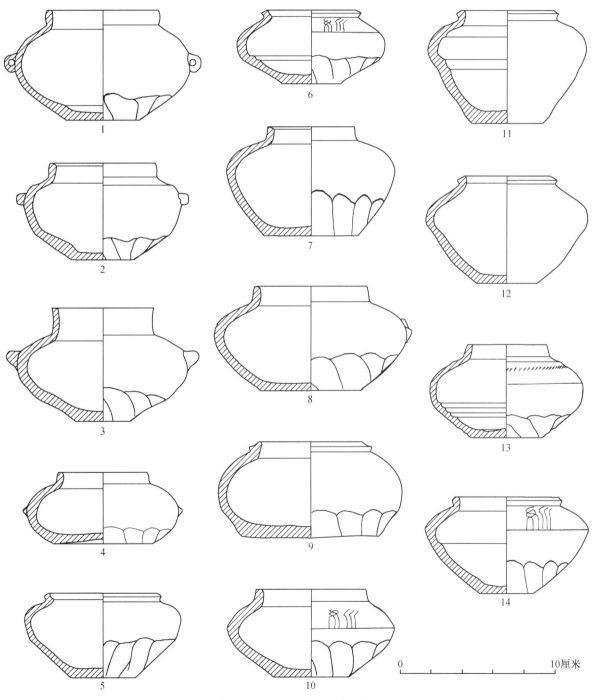

图一〇〇　1998WMM40出土陶盂

1. M40：95-4　2. M40：99-4　3. M40：45　4. M40：43　5. M40：5　6. M40：9　7. M40：21　8. M40：48　9. M40：57
10. M40：64　11. M40：87　12. M40：88　13. M40：94　14. M40：97

痕，余素面。口径6.7、腹径（不含纽）10.0、底径4.0、高6.0厘米（图九八，2；图版六〇，4）。

标本M40：45，泥质浅灰陶，器表有薄层红褐斑。方唇，矮直领，圆肩，斜曲腹，小平底。肩下有一对实心泥凸状假耳，下腹有刀削棱痕，余素面。口径6.4、腹径（不含纽）10.8、底径3.4、高7.0厘米（图一〇〇，3；图版六二，5）。

标本M40：43，泥质灰陶。体形矮小。方唇，直口微敛，圆肩，扁腹，宽平底微凹。腹部饰一对泥凸状假耳，下腹近底部有刀削棱痕，余素面。口径5.6、腹径（不含纽）9.7、底径6.3、高4.5厘米（图一〇〇，4；图版六二，6）。

标本M40：5，泥质灰陶。外斜方唇，窄折沿，沿面内凹，耸肩微折，斜腹，平底。口外起凸棱，下腹有刀削棱痕，余素面。口径6.8、腹径10.1、底径4.1、高5.3厘米（图一〇〇，5；图版六三，1）。

标本M40：9，泥质灰陶。体形略小。斜方唇，窄折沿，沿面内凹，圆肩，扁鼓腹，下腹斜收较甚，平底。口外起凸棱，肩部有针刻篆体陶文，似为右读“川女”篆体铭文，下腹有刀削棱痕，余素面。口径5.6、腹径9.4、底径3.8、高4.6厘米（图一〇〇，6；图版六三，2）。

标本M40：21，泥质灰黄陶，器表似有薄层黑衣。内斜方唇，直口微敛，圆肩，浅鼓腹，平底较宽。下腹有刀削棱痕，余素面。口径5.6、腹径10.7、底径6.0、高6.8厘米（图一〇〇，7；图版六三，3）。

标本M40：48，泥质黑褐陶。内斜方唇，直口微敛，圆肩，扁腹，宽平底。肩饰衔环假耳饰，环紧贴器壁，一侧耳饰脱落，下腹有刀削棱痕，余素面。口径7.2、腹径（不含纽）12.2、底径6.4、高6.5厘米（图一〇〇，8；图版六三，4）。

标本M40：57，泥质浅灰陶。体形宽矮。圆唇，敛口，圆肩，扁腹，宽平底。口外起凸棱，下腹近底部有刀削棱痕，余素面。口径6.5、腹径11.7、底径8.7、高6.0厘米（图一〇〇，9；图版六三，5）。

标本M40：64，泥质灰陶。方唇，直口微敛，圆肩微折，扁腹，平底。肩部亦有针刻右读“川女”二篆字，下腹有刀削棱痕，余素面。口径7.0、腹径10.6、底径4.8、高5.5厘米（图一〇〇，10；图版六三，6）。

标本M40：87，泥质灰黄陶。体形瘦高。方唇，唇面微凹，直口微敛，圆肩微折，斜腹较深，腹微曲，下腹斜收较甚，平底。器内壁凹凸不平，口外起凸棱，器身素面。口径6.0、腹径10.2、底径4.6、高7.0厘米（图一〇〇，11；图版六四，1）。

标本M40：88，泥质灰黄陶。体形较瘦高。外斜方唇，圆肩微折，斜腹微曲，小平底。口外起凸棱，器身素面。口径5.5、腹径10.5、底径3.9、高6.7厘米（图一〇〇，12；图版六四，2）。

标本M40：94，泥质灰黄陶。方唇，口微敛，圆肩，浅鼓腹，平底。器内壁凹凸不平。肩部饰一周细指甲纹，下腹有刀削棱痕，余素面。口径5.1、腹径10.1、底径4.7、高6.0厘米（图一〇〇，13；图版六四，3）。

标本M40：97，泥质灰陶，微偏黄。方唇，直口，折肩，斜弧腹，小平底。器内不平。口外起凸棱，肩部针刻右读“川女”篆体铭文，下腹近底部有刀削棱痕，余素面。口径6.8、腹径10.5、底径3.4、高6.1厘米（图一〇〇，14；图版六四，4）。

　　标本M40：13，泥质灰陶。体形瘦高。圆唇，敞口，耸肩，斜腹较直，下腹内凹并斜收较急，小平底。下腹近底部有刀削棱痕，余素面。口径4.0、腹径7.0、底径2.2、高5.7厘米（图一〇一，1；图版六四，5）。

　　标本M40：67，泥质红陶，微偏黄。体形较瘦高。方唇，敞口，圆肩微折，斜腹较直，下腹内收较急，小平底。下腹有刀削棱痕，余素面。口径4.5、腹径7.2、底径1.9、高5.3厘米（图

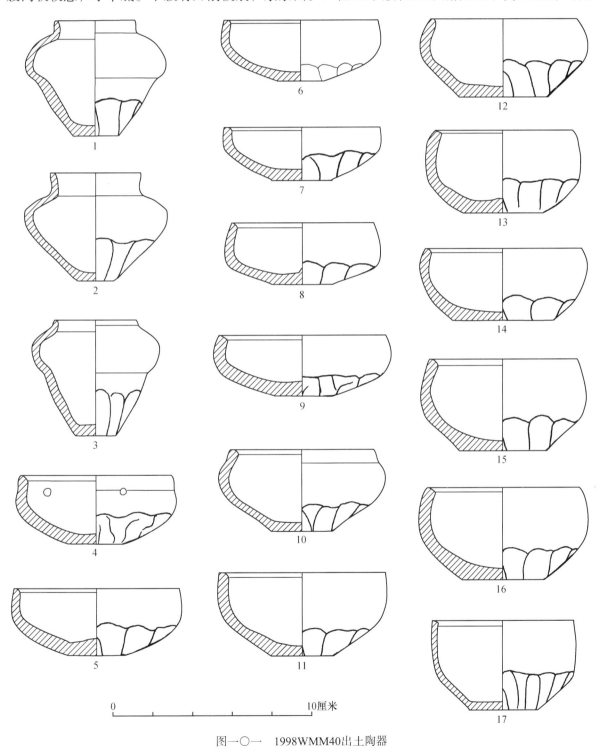

图一〇一　1998WMM40出土陶器

1~3.盂（M40：13、M40：67、M40：68）　4~9.碟（M40：44、M40：55、M40：75、M40：110、M40：52、M40：53）

10~17.钵（M40：25、M40：36、M40：37、M40：38、M40：39、M40：46、M40：66、M40：111）

一〇一，2；图版六四，6）。

标本 M40：68，泥质灰黄陶。体形瘦高。圆唇，敛口，圆肩微耸，斜曲腹，下腹内凹并斜收较急，小平底。下腹有刀削棱痕，余素面。口径4.1、肩径6.4、底径2.1、高5.7厘米（图一〇一，3；图版六五，1）。

陶碟　6件。标本 M40：44，泥质黑褐陶。圆唇内削，口微敛，浅腹，下腹急收，小平底。口外有三个等距小孔，下腹有刀削棱痕，余素面。口径7.6、底径2.7、高3.3厘米（图一〇一，4；图版六五，2）。

标本 M40：55，泥质灰陶。方唇，口微敛，浅腹，平底。下腹有刀削棱痕，余素面。口径8.3、底径2.9、高3.3厘米（图一〇一，5；图版六五，3）。

标本 M40：75，泥质灰陶。方唇，口微敛，浅腹，下腹内收较甚，小平底。下腹有刀削棱痕，余素面。口径7.7、底径2.2、高3.0厘米（图一〇一，6；图版六五，4）。

标本 M40：110，泥质深灰陶，器表有灰黄斑。方唇，近直口，浅腹，下腹内收较急，平底。下腹有刀削棱痕，余素面。口径7.8、底径3.0、高2.6厘米（图一〇一，7；图版六五，5）。

标本 M40：52，泥质暗红陶。内斜方唇，敛口，浅腹，上腹较直，平底。下腹近底部有刀削棱痕，余素面。口径7.1、底径3.0、高3.0厘米（图一〇一，8；图版六五，6）。

标本 M40：53，泥质灰黄陶。内斜方唇，敛口，浅腹，下腹内收较急，平底。下腹有刀削棱痕，余素面。口径8.4、底径2.9、高2.9厘米（图一〇一，9；图版六六，1）。

陶钵　17件。标本 M40：95-2，该器出土时置于陶灶（标本 M40：95-1）上。泥质灰黄陶。方唇，口微敛，浅腹微折，下腹斜收较甚，平底。下腹近底部有刀削棱痕，余素面。口径8.1、底径4.0、高3.6厘米（图九八，7；图版六〇，5）。

标本 M40：25，泥质浅灰陶。方唇，敛口，浅弧腹，下腹内收较甚，平底。下腹近底部有刀削棱痕，余素面。口径7.1、腹径8.4、底径3.0、高4.0厘米（图一〇一，10；图版六六，2）。

标本 M40：36，泥质浅灰陶。方唇，直口微敞，浅弧腹，下腹内收较甚，平底。下腹近底部有刀削棱痕，余素面。口径8.3、底径3.1、高4.1厘米（图一〇一，11；图版六六，3）。

标本 M40：37，泥质灰褐陶。圆唇，敛口较甚，浅弧腹，下腹斜收，平底。下腹有刀削棱痕，余素面。口径7.3、腹径8.5、底径4.5、高3.8厘米（图一〇一，12；图版六六，4）。

标本 M40：38，泥质红褐陶，器表有黑斑。内斜方唇，敛口，浅弧腹，平底。下腹有刀削棱痕，余素面。口径7.2、底径4.0、高4.0厘米（图一〇一，13；图版六六，5）。

标本 M40：39，泥质灰黄陶。方唇，敛口，浅弧腹，平底。下腹近底部有刀削棱痕，余素面。口径7.9、底径5.1、高3.5厘米（图一〇一，14；图版六六，6）。

标本 M40：46，泥质暗红陶。内斜方唇，敛口，浅弧腹，下腹微内弧，平底。下腹近底部有刀削棱痕，余素面。口径7.5、底径4.4、高4.5厘米（图一〇一，15；图版六七，1）。

标本 M40：66，泥质青灰陶。内斜方唇，敛口，浅弧腹，平底。下腹近底部有刀削棱痕，余素面。口径7.7、底径4.2、高4.5厘米（图一〇一，16；图版六七，2）。

标本 M40：111，泥质青灰陶。方唇，直口，深腹，上腹较直，下腹斜收，平底。下腹有刀削棱痕，余素面。口径7.2、底径3.8、高4.4厘米（图一〇一，17；图版六七，3）。

标本M40：6，泥质灰黄陶。三角形唇沿，敞口，浅曲腹，下腹内收较甚，平底。下腹有刀削棱痕，余素面。口径10.0、底径4.5、高4.4厘米（图一〇二，1；图版六七，4）。

标本M40：8，泥质灰褐陶。三角形唇沿，唇面微凹，敞口，浅曲腹，下腹内收较甚，平底。下腹有刀削棱痕，余素面。口径10.2、底径4.4、高4.8厘米（图一〇二，2；图版六七，5）。

标本M40：32，泥质灰黑陶。三角形唇沿，唇外侈较甚，敞口，折腹，上腹微内弧，下腹内收较甚，平底。下腹有刀削棱痕，余素面。口径9.6、底径4.3、高4.7厘米（图一〇二，3；图版六七，6）。

标本M40：50，泥质深灰陶。三角形唇沿，敞口，曲腹，上腹斜直，下腹斜长，且内收较

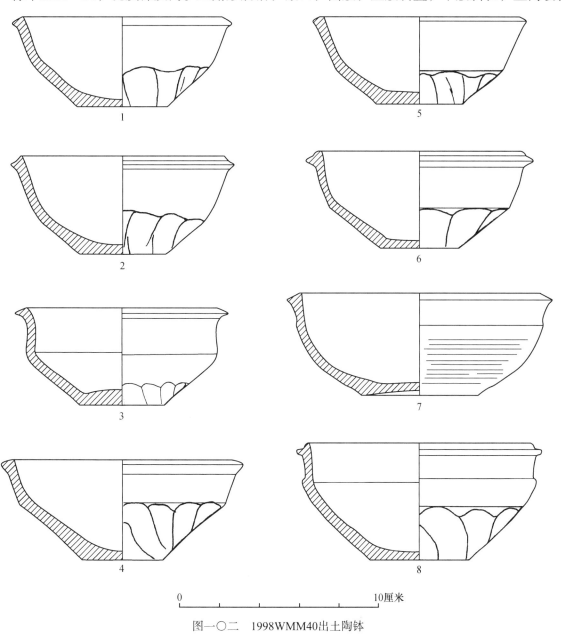

图一〇二 1998WMM40出土陶钵

1. M40：6 2. M40：8 3. M40：32 4. M40：50 5. M40：58 6. M40：90 7. M40：112 8. M40：113

甚，小平底。下腹有刀削棱痕，余素面。口径11.0、底径4.1、高5.0厘米（图一〇二，4；图版六八，1）。

标本M40∶58，泥质灰陶，器表有灰黄斑。外斜方沿，敞口，曲腹微折，下腹内收较甚，平底。下腹有刀削棱痕，余素面。口径10.1、底径4.4、高4.3厘米（图一〇二，5；图版六八，2）。

标本M40∶90，泥质黑褐陶，器表有较多黑斑。三角形唇沿，唇面内凹，口微敞，曲腹微折，下腹内收较甚，平底。下腹有刀削棱痕，余素面。口径10.3、底径4.0、高4.8厘米（图一〇二，6；图版六八，3）。

标本M40∶112，泥质灰陶，器表有黄斑。三角形唇沿，直口微敞，浅弧腹，上腹较短且微内弧，平底微凹。器表似有极浅的暗弦纹。口径12.2、底径6.0、高5.0厘米（图一〇二，7；图版六八，4）。

标本M40∶113，泥质青灰陶。圆唇，直口微敞，口外出檐呈子母口状，折腹，上腹较短直，下腹斜收，平底。下腹有刀削棱痕，余素面。口径11.4、底径5.1、高5.8厘米（图一〇二，8；图版六八，5）。

陶甑　5件。标本M40∶31，泥质黑褐陶，局部呈黑色。外斜方唇，大敞口，深折腹，上腹微内弧，下腹斜收较甚，小平底。下腹有刀削棱痕，底部有4个粗大箅孔，余素面。口径10.3、底径2.4、高5.7厘米（图一〇三，1；图版六九，1）。

标本M40∶49，泥质灰黄陶。方唇微外翻，敞口，曲腹微折，上腹微内弧，下腹弧收较急，小平底。下腹有刀削棱痕，底有4个粗大箅孔，余素面。口径10.5、底径2.2、高5.6厘米（图一〇三，2；图版六九，2）。

标本M40∶95-3，该器出土时置于陶灶（M40∶95-1）上。泥质黑褐陶。三角形唇沿，敞口，深弧腹，上腹内凹，下腹斜收较甚，小平底。下腹有刀削棱痕，底有9个箅孔，余素面。口径10.7、底径3.1、高5.4厘米（图一〇三，3；图版六〇，5）。

标本M40∶99-5，该器出土时置于陶灶（M40∶99-1）上。泥质灰陶。三角形唇沿，敞口，深弧腹，上腹较直，下腹内收较甚，小平底。上腹饰一周三角状指甲纹，下腹有刀削棱痕，底有7个箅孔，余素面。口径10.3、底径3.0、高6.0厘米（图一〇三，4；图版六〇，4）。

标本M40∶63，泥质灰陶，微偏黄。外斜方唇，敞口，斜腹，平底。下腹有刀削棱痕，底有6个小箅孔，余素面。口径9.8、底径3.1、高5.2厘米（图一〇三，5；图版六九，3）。

陶支垫　1件。标本M40∶72，泥质黑褐陶。亚腰形，中空，口略大于底。素面。口径7.1、底径6.5、高3.0厘米（图一〇三，6；图版六九，4）。

陶人物俑　6件。动感极强，姿势各异，可能是一套动作俑。标本M40∶33，泥质青灰陶。坐式。头挽髻，簪孔对穿，簪失。短衣短裤，衣为交衽。正襟危坐，双手交握于膝前。高15.5厘米（图一〇四，1；图版六九，5）。

标本M40∶34，泥质黑褐陶。双臂残。立式。头挽高髻，簪孔对穿，簪失。穿长衣短裤，衣为右衽。头前伸，叉脚站立。高19.4厘米（图一〇四，2；图版六九，6）。

标本M40∶35，泥质黑褐陶。坐式。头盘大髻，簪孔对穿，簪失。短袖长衫，右衽，衣下摆开衩。尖腮，头向右偏，若有所思，双臂弯曲，屈膝端坐，握拳交于膝前。高15.2厘米（图

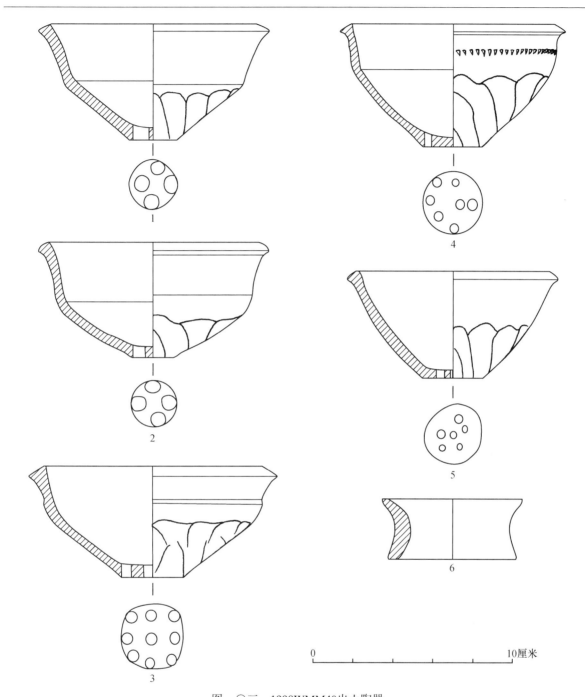

图一〇三　1998WMM40出土陶器

1～5.甑（M40：31、M40：49、M40：95-3、M40：99-5、M40：63）　6.支垫（M40：72）

一〇四，3；图版七〇，1）。

标本M40：102，泥质灰褐陶。体形较小，似为女性。坐式。头挽髻，簪孔对穿，簪失。长衣，衣下摆开衩。头微仰，右手抬至眼前，手心向前，做招手状，右手压于右膝上，屈膝端坐。高11.3厘米（图一〇四，4；图版七〇，2）。

标本M40：60，泥质红褐陶。立式。头挽髻，簪孔对穿，簪失。短袖衣，短裤，衣后摆开衩，右衽。尖腮，一臂残，一手抄于胸前，两腿叉开，一足前跨，腿略弯曲。高17.5厘米（图

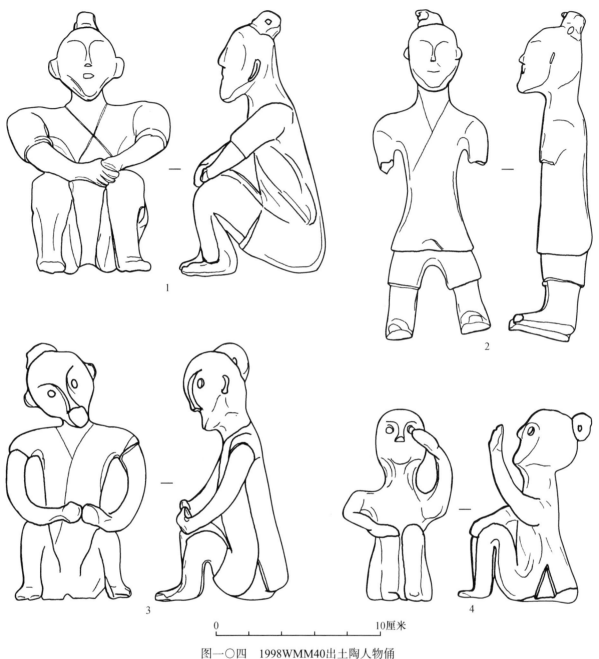

图一〇四　1998WMM40出土陶人物俑
1. M40：33　2. M40：34　3. M40：35　4. M40：102

一〇五，1；图版七〇，3）。

标本M40：61，泥质灰褐陶。立式。头呈椭圆形。头挽髻，假簪孔。弓身弓步，一臂残，一手前伸，手心向上，双腿略弯曲。高15.2厘米（图一〇五，2；图版七〇，4）。

**2.铜器**

共8件（铜钱3件）。分别为铜镜1件、铜泡钉4件、五铢铜钱3件。

铜镜　1件。标本M40：11，仅剩大半边。桥形纽，宽素缘，内区饰八段连弧纹。外区残存镜铭似为"光象夫日月而不泄"（连弧纹昭明镜一般略晚于十二连珠纹昭明镜，其外区铭文一

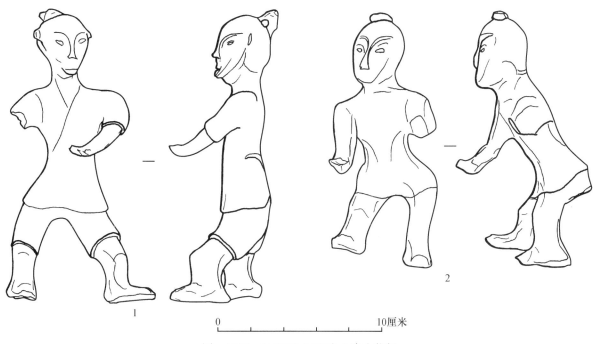

图一〇五　1998WMM40出土陶人物俑

1. M40∶60　2. M40∶61

般为"内清质以昭明，光辉象夫日月……"）。直径7.6、缘厚0.2、内厚0.1厘米（图一〇六，1）。

铜泡钉　4件。标本M40∶14，鎏金。体小，伞形。伞形钉帽，粗锥形钉柱。直径1.0、高0.4厘米（图一〇六，2）。

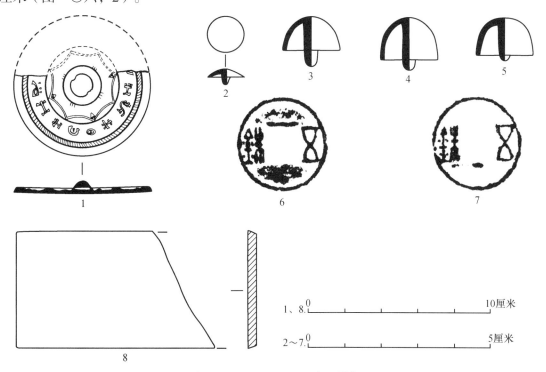

图一〇六　1998WMM40出土器物

1. 铜镜（M40∶11）　　2～5. 铜泡钉（M40∶14、M40∶83、M40∶84、M40∶85）　　6、7. 五铢铜钱拓片（M40∶10-1、M40∶86-1）　8. 石板（M40∶12）

标本M40：83，蘑菇状。盔形钉帽，粗锥形钉柱。直径1.6、高1.3厘米（图一〇六，3）。

标本M40：84，形制与M40：83相若。直径1.6、高1.1厘米（图一〇六，4）。

标本M40：85，形制与M40：83相若。直径1.6、高1.4厘米（图一〇六，5）。

铜钱　3件，共17枚。均为五铢铜钱。其中，编号为M40：10者有9枚，编号为M40：86者有7枚，编号为M40：106者只有1枚。这些钱币均有郭，篆体阳文。直径一般在2.4~2.5厘米（图一〇六，6、7）。

### 3. 石器

仅1件。

石板　1件。标本M40：12，残。通体磨光。长方形薄板状，四边为斜边。残长10.9、宽6.2、厚0.4厘米（图一〇六，8；图版七〇，5）。

# 一八、1998WMM41

## （一）墓葬概述

M41位于墓地西部中段，坐落在巫山淀粉厂厂区北侧。该墓东距M8约10米，东南距M7约50米。墓葬坐北朝南，墓道朝向东南。墓葬方向160°。

该墓是一座带斜坡墓道的竖穴土坑墓。墓葬开口于距地表深约50厘米厚的表土及晚期扰土层之下，打破生土。墓葬平面呈刀形，由墓道和墓室两部分组成。墓道朝南，偏向西侧，并与墓室西壁呈一直线。墓室四壁陡直而光滑，墓底平整。墓内填土为灰褐色土，较松软，夯筑不甚严实。墓室底部铺石块，人骨腐朽殆尽，葬具及葬式不明。墓室口长380、宽177厘米，墓室底长365、宽165厘米。墓底距墓口最深260、距地表最深315厘米。墓道长190、宽100厘米，坡度33°（图一〇七）。

该墓盗毁严重。经清理，我们只在墓室东南角发现1件残破的折肩平底陶罐（可修复），形制与M22同类罐接近。此外，还发现一枚新莽时期的货泉钱币（已残）。由此，初步推断该墓时代当在新莽时期。

## （二）随葬器物

由于该墓在发掘期间被严重盗毁，仅发现1件陶罐和1枚铜钱。

陶罐　1件。标本M41：1，泥质灰陶。方唇，唇面内凹，窄折沿，斜折肩，斜腹微外弧，平底。下腹有刀削痕迹，余素面。口径7.0、肩径12.0、底径6.8、高9.9厘米（图一〇八，1；图版七〇，6）。

铜钱　1件。1枚。编号为M41：2，残甚。货泉钱币，特征与M29所出同类钱币接近。

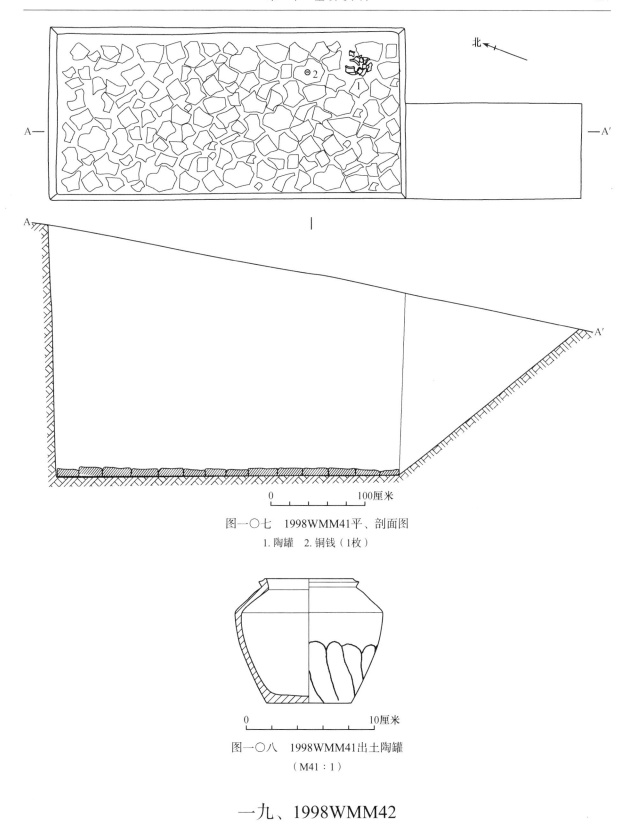

图一〇七　1998WMM41平、剖面图

1.陶罐　2.铜钱（1枚）

图一〇八　1998WMM41出土陶罐

（M41：1）

# 一九、1998WMM42

M42位于墓地西部中段，坐落在巫山淀粉厂厂区北侧。该墓东距M41不足3米，距M8约15米，西北距M11约25米。墓葬坐北朝南，甬道朝南。墓葬方向155°。

该墓为竖穴砖室墓。墓葬平面呈凸字形，墓室尚存，甬道已毁，甬墓外可见砖砌排水沟残痕。墓葬开口于距地表深约50厘米厚的表土及晚期扰土层之下，打破生土。墓葬修筑方法与M8近似。墓壁及券顶用砖砌成，墓底亦铺砖。墓壁为单砖错缝横砌，铺地砖为错缝斜铺。墓室底部靠后端有厚约10厘米的板灰，有的成团堆积，估计是棺椁位置。人骨不存。墓壁砖墙距外侧土坑墓壁有约5厘米的空隙。墓室内空长455、宽170、高190厘米，甬道残长35、宽90厘米。墓底距墓口最深250厘米，墓底距地表最深300厘米。

墓砖有两种：一种为常规宽形砖；另一种为双坡边宽形砖。墓砖纹饰除平面有粗绳纹外，余皆素面。我们分别就墓壁、券顶及墓底采集了三块墓砖。墓壁砖为常规宽形砖，长36.1、宽19.9、厚6.0厘米；券顶砖为双坡边宽形砖，略薄，长35.0、宽18.5、厚3.2~4.5厘米；铺地砖为常规宽形砖，长35.8、宽约19.8、厚约5.8厘米。

该墓早年被盗，随葬器物几无保留。仅在墓室东南部发现1件青瓷盘口壶残片，另外还在墓室中部发现3颗铁棺钉。初步推断，该墓时代可能晚至南朝。

# 第三节　1999年发掘墓葬

1999年共发掘墓葬13座，全部分布于墓地东部。共出土各类器物240件（套）（6件有盖）、铜钱1161枚。13座墓葬当中，有西汉墓7座、东汉墓2座、南朝墓2座、宋墓2座。东汉及南朝墓为砖室墓，余均为土坑墓。南朝墓及宋墓为南北向，余均为东西向（附表三）。

本次发掘的13座墓葬当中，有三组墓葬有叠压或打破关系，分别是M46和M47叠压M48，M53叠压M49和M50，M49打破M50。这些墓葬间的叠压或打破关系将在下文随同墓葬一起介绍。下面依墓葬编号顺序，将13座墓葬资料介绍如下。

## 一、1999WMM43

### （一）墓葬概述

M43位于墓地东部东端。南距M22和M32约6米，西南距M33约12米。该墓西与M45、M48、M55呈东西向排列，间距5~6米。墓葬方向265°。

墓葬为长方形竖穴土坑墓。墓葬开口于距地表深95厘米的表土及扰乱土层之下，打破生土。墓坑较宽，长宽之比接近3：2。墓口长434、宽310厘米，墓底长358、宽258厘米，墓底距墓口最深405、距地表最深500厘米。墓内填土为本坑掘出的土回填，上部较紧，略经夯实，近底部较松软。墓壁不光滑，修建较粗糙，两长侧墓壁较陡直，两端墓壁较斜。墓底平整，人骨架腰部至大腿骨下有一腰坑，坑平面略呈椭圆形，弧壁圜底。腰坑直径75~90、深约15厘米。人骨架位于墓底中部略偏南侧，头向265°。头部压扁变形，偏向西南，脸朝西北，仰身直肢。墓主为男性，身高175厘米左右。棺椁不存，但残有板灰。根据板灰残痕、随葬品及骨架判断，该墓应为一椁一棺墓葬，而且椁室边箱是设在北侧的。

该墓保存完整，未发现盗扰迹象。随葬器物齐肩摆放在人骨北侧边箱，人骨足部左侧有一堆小骨头，为禽骨及小兽骨。墓葬随葬器物编号4件，计有铜壶（有盖）1件、铁鼎（有盖）1件、铜带钩1件、动物骨骼1件（图一○九）。

　　根据墓中出土器物判断，该墓明显具有楚墓因素。鼎、壶都是楚式器物，器物组合也具有楚墓特征。由此，我们初步推断，该墓时代当为西汉早期。

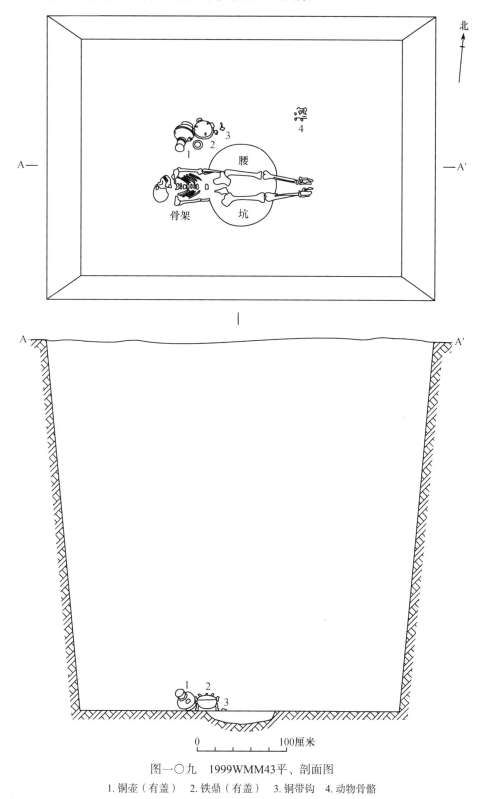

图一○九　1999WMM43平、剖面图

1. 铜壶（有盖）　2. 铁鼎（有盖）　3. 铜带钩　4. 动物骨骼

## （二）随葬器物

M43随葬器物不见陶器，仅随葬铁鼎、铜壶、铜带钩各1件，另有少量动物骨骼（编号1件）。

铁鼎　1件。标本M43：2，有盖。鼎身与盖因锈蚀胶结一起，大小、形制与M45：2铜鼎相若。鼎口为子母口，尖唇内勾，口内折呈敛口状，弧腹较深，圜底，蹄形足。方形附耳，耳内空，顶端外折。鼎腹饰一箍凸棱，余素面。弓形盖，盖沿呈子母口状，盖上有3个环状纽饰。参照M45：2复原后，口径16.0、腹径18.4、通宽22.0、通高17.4厘米（图一一〇，1；图版七一，1）。

铜壶　1件。标本M43：1，圈足略残。有盖。壶为小口，口沿向内平折，细高弧领，溜腹，深鼓腹，平底，圈足略外撇。肩上有一对衔环兽面铺首，领、腹各饰两组弦纹。浅碟形盖，盖沿为子母口，盖顶有3个简化鸟形纽饰，鸟头向外。盖略小，与壶口不合，应非原配。口径9.8、腹径20.8、足径12.4、壶高29.0、通高32.4厘米（图一一〇，2；图版七一，2）。

铜带钩　1件。标本M43：3，蛇首形钩，圆扣。尾部呈扇形。长4.2厘米（图一一〇，3）。

动物骨骼　1件。标本M43：4，保存较差，呈粉状碎块。灰白色。种属不明。

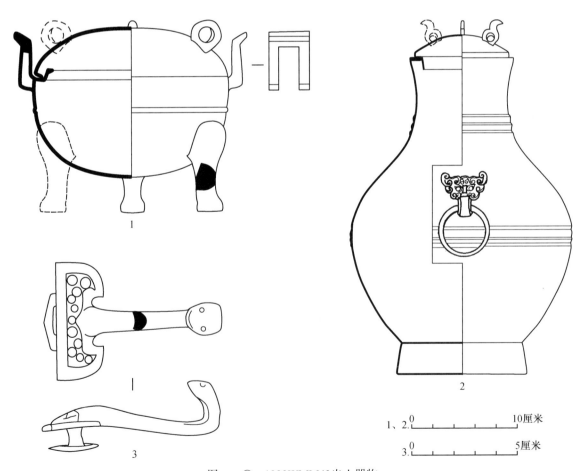

1、2. ⊢────────────┤ 10厘米

3. ⊢────────────┤ 5厘米

图一一〇　1999WMM43出土器物

1. 铁鼎（M43：2）　2. 铜壶（M43：1）　3. 铜带钩（M43：3）

## 二、1999WMM44

### （一）墓葬概述

M44位于墓地东部东端。东距M55约6米，西距M53约5米，东南角紧贴M38西北角。墓葬坐北朝南，甬道朝南。墓葬方向175°。

M44为竖穴砖室墓。墓葬开口于距地表深约70厘米厚的表土及扰土层之下，打破生土。墓葬平面呈凸字形，不见墓道。其修筑方法：先在一斜坡地面挖一竖穴土坑，并在下坡一面（南侧）挖一小沟，再用砖修建墓室、甬道、券顶以及墓门、排水沟等设施，最后用砖铺底。该墓结构较为特殊。墓室前、后端内部均加砌一圈券顶，后端为单砖平砌，前端为单块与两个半砖交替垒砌成错缝效果。墓室、甬道、券顶及甬道口封门均为单砖错缝横砌。甬道券顶外围也加砌一圈券顶，为单砖直砌，并在该圈券顶上部错缝平砌三层砖高的额面。墓壁砖墙距外侧土坑墓壁隔有约5厘米的空隙。墓室及甬道底部均铺有墓砖，墓砖交错斜铺呈人字形。甬道底部向南砌有排水沟，排水沟向南一直延伸至M38西侧，长约480厘米。排水沟后段砌成三角形沟，中段为八字形（无垫砖），前段仅有一平砖相接。甬道内空长152、宽86、高150厘米；墓室内空长360、宽150、高170厘米。墓葬通长（不含排水沟）543厘米，墙厚16厘米，即墓砖宽度。墓底距墓口最深280、距地表最深350厘米（图一一一）。

该墓墓砖形制有两种：一种是双坡边宽形砖；一种是常规宽形砖。前者为券顶砖，后者为墓壁砖及铺地砖。前者平面饰粗绳纹，端边及长侧边均饰由短竖线及交叉线组成的几何纹。砖长36.0、宽16.8、厚4.1~5.0厘（图一一二，1）；后者平面饰粗绳纹，长侧边饰叶脉纹，端边素面。砖长30.8、宽15.0、厚4.4厘米（图一一二，2）。铺地砖形制与墓壁砖接近，稍薄，且规格略小，一般为素面。砖长28.0、宽14.0、厚4.0厘米。

该墓甬道后端券顶上有一明显盗洞，而且墓室后部已被破坏，盗墓时间可能较早。葬具、人骨不存。墓内器物几无保留，仅在墓室与甬道相交处发现35件石珠（编号1件）。

该墓形制、墓砖规格及花纹与东汉墓略有不同，却与并排分布且相距较近的M53有许多相似之处，如两墓墓砖规格大体一致，形制相近，且均有排水设施，因而时代接近。M53发现有南朝时期的青瓷片，由此，我们初步推断该墓应属南朝墓葬。只是出土物太少，断代依据尚不充分。

### （二）随葬器物

石珠　35件。朱红色。质地未鉴定，肉眼观察似玛瑙。算珠形，中有穿孔，大小、厚薄不一。器表多有浅黑色竖条纹。标本M44：1-1，径0.7、厚0.5厘米（图一一三，1）；标本M44：1-2，径0.55、厚0.3厘米（图一一三，2）。

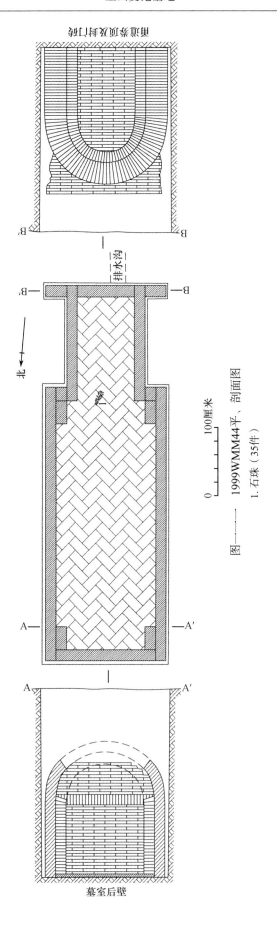

图——　1999WMM44平、剖面图

1. 石珠（35件）

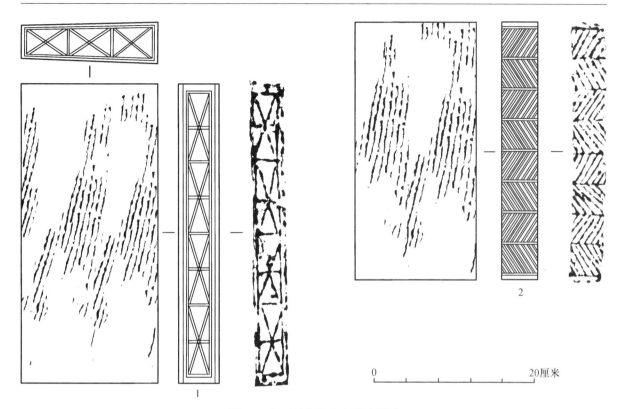

图一一二　1999WMM44出土墓砖

1.双坡边宽形砖及拓片　2.常规宽形砖及拓片

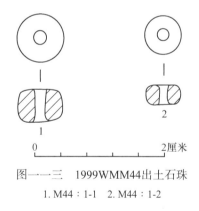

图一一三　1999WMM44出土石珠

1.M44：1-1　2.M44：1-2

## 三、1999WMM45

### （一）墓葬概述

M45位于墓地东部东端。该墓东距M43约5.5米，西距M48约5米，三者呈东西向一字排列，间距5～6米。墓葬呈正东西向。墓葬方向270°。

墓葬为长方形竖穴土坑墓。墓葬开口于距地表深约110厘米的表土及扰乱土层之下，打破生土。扰土中含有少量东周陶片，说明该地原有早期人类活动，尔后才作为墓地使用。墓葬北壁上部为高坎，坎高约160厘米。墓口长420、宽320厘米，墓底长380、宽260厘米，墓底距墓口最深431、距地表最深540厘米。墓内填土为本坑掘出的土回填，略经夯实，近底部较松软。

墓坑较宽，长宽之比接近3：2。墓壁较陡直，但不光滑，比较粗糙，似未经加工。墓底平整，葬具已朽，可见少量板灰。骨架位于墓底中部稍偏南侧，据痕迹判断应为仰身直肢。根据板灰残痕、随葬品及骨架痕迹判断，应为一椁一棺墓葬，椁室边箱设在北侧，结构与M43相若。

该墓保存完整，未发现盗扰迹象。墓葬随葬器物编号3件（套），计有铜鼎（有盖）1件、铜钫（有盖）1件、铜带钩1件。鼎、钫位于北侧靠西端，带钩在骨架中部位置。铜鼎内还残有鸡骨。器物与骨架痕迹之间可大约看出边箱与棺室的分界（图一一四）。

该墓出土的铜鼎、铜钫都是典型的楚式铜器，二者组合也具有楚墓特征。根据墓葬形制、墓内结构以及随葬器物综合判断，该墓时代应与M43接近，当属西汉早期。

## （二）随葬器物

共3件（套）。M45随葬器物同M43一样，不见陶器，仅随葬铜钫、铜鼎、铜带钩等铜器。

铜钫　1件（套）。标本M45：1，有盖。钫为直口微敞，唇沿略向内折，高弧领，溜肩，深鼓腹略呈橄榄形，平底，高圈足略外撇。上腹饰一对较大的衔环兽面铺首，器表素面。盏顶盖。盖沿呈子母口状，盖面斜直，小平顶。盖面四边各饰1个简化鸟头形纽饰。口径9.2、腹径16.6、足径9.9、通高32.7厘米（图一一五，1；图版七一，3）。

铜鼎　1件（套）。标本M45：2，有盖。鼎内盛有鸡骨，底、足有厚烟炱。鼎为子母口，口内折呈敛口状，深弧腹，圜底，矮蹄形足。方形附耳，微内收，中空。腹中饰一道凸棱，余素面。盖为圆弧形，盖沿内折，盖顶圆弧较缓。盖顶饰3个简化鸟形纽饰，鸟头向外。口径16.2、腹径18.4、通宽21.2、通高17.6厘米（图一一五，2；图版七一，4）。

铜带钩　1件。标本M45：3，平面略呈琵琶形。蛇首形钩，圆扣。长3.8厘米（图一一五，3；图版七一，5）。

## 四、1999WMM46

## （一）墓葬概述

M46位于墓地东部东端。东北距M45约4米，南距M35约4米，西南距M55不足3米。墓葬略呈东西向，甬道朝向西北。墓葬方向283°。

该墓北侧为M47，二者并排略呈八字形分布，最窄处近1米，最宽处也只有2.5米。二者墓坑开口均在距地表95厘米厚的表土及扰土层下，打破生土，并同时打破时代较早的土坑墓M48。M46墓底高于M47约20厘米。虽然两墓方向略有不同，但墓葬形制却存在一定相似因素，如两墓南北并排，均为刀形砖室墓，甬道均向西，与山势走向平行，刀把形甬道均偏向北侧等，这些相似性足以说明二者之间有着密切联系（图一一六）。

M46为竖穴砖室墓。该墓打破M48，墓底高于M48约280厘米。墓葬平面呈刀形，甬道朝西，并偏向北侧。修筑方法：先在地面挖一竖穴土坑，再用砖修建墓室、券顶，最后用砖铺好

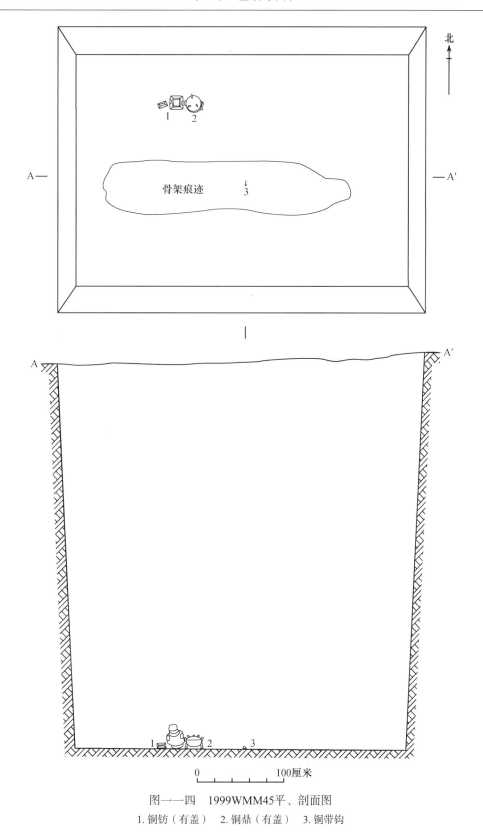

图一一四　1999WMM45平、剖面图

1. 铜钫（有盖）　2. 铜鼎（有盖）　3. 铜带钩

墓室及甬道底部。该墓结构较为复杂，包括墓室（券顶已残）、角墙、隔墙、过道、甬道等。墓室西南转角处用砖和瓦砌成厚约90厘米的方形角墙，西部还砌有40厘米厚的隔墙，角墙与隔墙东侧呈一直线，似有把墓室和甬道分隔之意。隔墙往西有一段过道，过道底部并未铺砖。甬

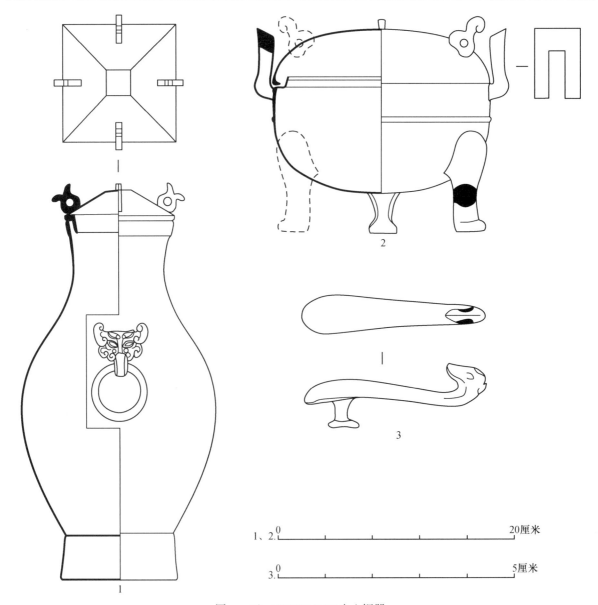

图一一五　1999WMM45出土铜器

1. 钫（M45：1）　2. 鼎（M45：2）　3. 带钩（M45：3）

道无墙，但底部铺砖。墓道不明。墓室与过道底部齐平，甬道底部距过道前部30厘米处低于过道及墓室19厘米。墓室墙壁为单砖错缝横砌，墙厚12厘米。券顶塌陷，壁砖因泥土挤压扭曲变形，墓室后端（东侧）墓壁顶部向内收缩20厘米。墓壁砖墙距外侧土坑墓壁隔有约5厘米的空隙。墓室及甬道底部铺成席纹形砖。甬道内空长210、宽110。墓室内空长460、宽200、残高96厘米。墓葬通长682厘米。墓葬底部距坑口最深172、距地表最深267厘米（图一一七）。

该墓墓砖形制有两种：一种为常规长形砖；另一种为双坡边长形砖。前者用以砌墓壁和铺底，后者则主要用于砌券顶，少数用于铺底。所有墓砖均在一长侧边上饰各种几何形花纹，包括斜线纹、竖线纹、勾连纹、车轮纹、菱形纹等，多数砖平面饰有粗绳纹，少数素面。常规长形砖长31～36、宽9～11、厚4.0～4.2厘米，长、宽之比超过3：1（图一一八）。双坡边长形砖尺寸与前者接近。

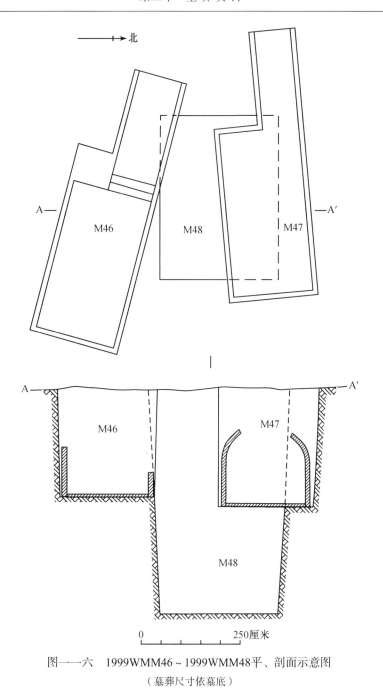

图一一六　1999WMM46～1999WMM48平、剖面示意图
（墓葬尺寸依墓底）

　　该墓被盗严重，而且盗毁时间较早。墓室前端有一盗洞，墓内器物绝大多数已被盗走。墓内不见葬具、人骨，仅有少量残破器物，散落在甬道及墓室各处，毫无规律。经清理，我们收集并编号了23件器物，计有陶罐1件、釉陶簋（瓯）1件、釉陶锺1件、釉陶鉴1件、陶人物俑2件、陶鸡1件、陶兽首1件、铍形铜牌饰1件、各类铜泡钉13件、五铢铜钱15枚（编号1件）。

　　根据墓葬形制、出土器物以及五铢钱币综合分析，该墓时代应为东汉晚期。

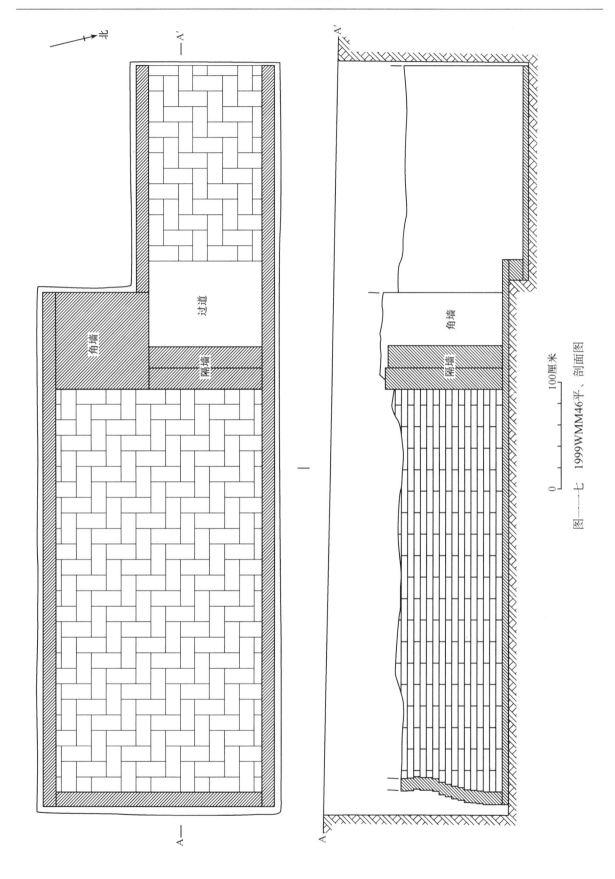

北

A'

过道

角墙

隔墙

A'

角墙

隔墙

A'

0　　　　　　　　100厘米

图一一七　1999WMM46平、剖面图

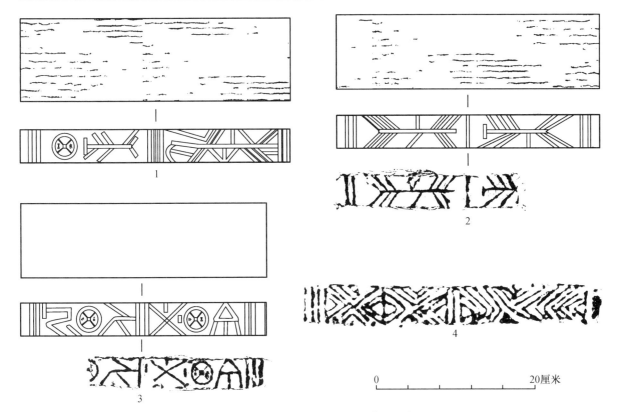

图一一八　1999WMM46出土墓砖及拓片
（均为常规长形砖）

## （二）随葬器物

共23件。其中，陶器8件、铜器14件、铜钱15枚（编号1件）。

### 1.陶器

共8件。均残破较甚。包括陶罐、釉陶锺、釉陶簋（瓯）、釉陶鉴以及陶人物俑、陶鸡、陶兽首等。

陶罐　1件。标本M46：7，泥质灰陶。残甚，未修复。形制与M47：10近似。

釉陶簋（瓯）　1件。标本M46：5，茶绿色釉，泥质橙红胎。圆唇，侈口，深弧腹，上腹较直，圜底及圈足残。形制及大小均与M47：51近似。上腹有两周宽弦纹，余素面。口径21.7、残高7.0厘米（图一一九，1）。

釉陶锺　1件。标本M46：6，茶绿色釉，泥质酱红胎。仅存圈足。形制与M47：38之圈足接近（图版七二，1）。

釉陶鉴　1件。标本M46：3，仅存单耳。茶绿色釉，泥质酱红胎。半环状立耳，耳上两侧各有一个兽首状装饰，中部有一个角状装饰。宽12.8厘米（图一一九，2；图版七二，2）。

陶人物俑　2件。标本M46：4，侍俑。泥质红陶。个体较小。头部残，俑身简化。直立，双手合抱，束腰，摆裙。下肢不见，底缘呈圆形。残高13.3、底径7.3厘米（图一一九，3）。

标本M46：1，侍俑。泥质灰陶。个体略大。头及上身均残。残高16厘米。

陶鸡 1件。标本M46：2，泥质红陶。腹内空。立式，双足呈鞋形。形态较瘦高，昂头翘尾，细冠，形似母鸡造型。仅冠、尾有刻划装饰，余素面。长18.5、高19.6厘米（图版七二，3）。

陶兽首 1件。标本M46：23，橙红陶。残甚，形似龙首。形制与M47：65接近，可能系陶俑底座之饰件。

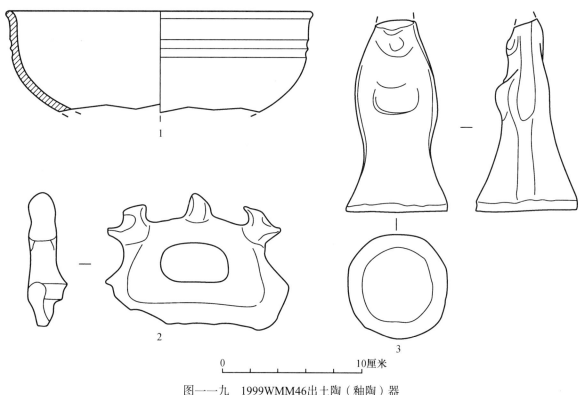

图一一九 1999WMM46出土陶（釉陶）器

1. 釉陶簋（瓯）（M46：5） 2. 釉陶鉴（M46：3） 3. 陶人物俑（M46：4）

**2.铜器**

共15件。包括钹形牌饰1件、伞形泡钉10件、蝉形泡钉2件、盔形泡钉1件、钱币1件（15枚）。

钹形铜牌饰 1件。标本M46：8，片状，中有盔形泡钉（M46：9），正面镀金。直径23.0厘米（图一二〇，1；图版七二，4）。

盔形铜泡钉 1件。标本M46：9，表面镀金。盔形钉帽，锥形钉柱。直径4.4、高3.0厘米（图一二〇，2；图版七二，5）。

伞形铜泡钉 10件。标本M46：10，表面镀金。伞形钉帽，粗锥形钉柱。直径4.6、高1.6厘米（图一二〇，3；图版七二，6）。

标本M46：11，表面镀金。形制与标本M46：10相近。径4.7、高1.6厘米（图版七三，1）。

标本M46：12～M46：18，大小、形制与标本M46：10相近（图版七三，2、3）。

标本M46：19，表面镀金。体小如扣。伞形钉帽，钉柱残断。径1.9、高1.2厘米（图一二〇，4）。

蝉形铜泡钉　2件。标本M46：20，蝉形钉帽，锥形钉柱。长7.3、宽3.0、高2.0厘米（图一二○，5；图版七三，4）。

标本M46：21，形制与M46：20同。长7.3、宽3.0、高2.0厘米（图版七三，5）。

铜钱币　1件。共15枚。编号为M46：22，均为五铢钱币。有郭，篆体阳文。残破太甚，无一完整，钱径不详（图版七三，6）。

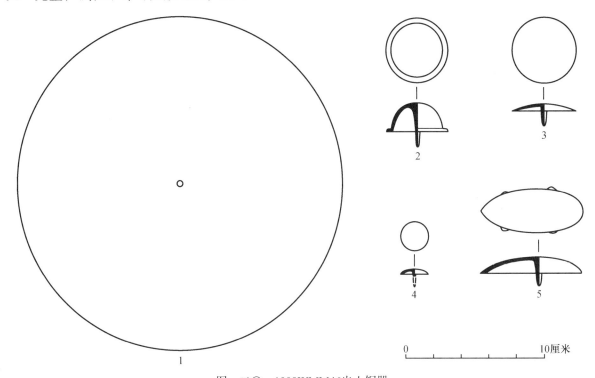

图一二○　1999WMM46出土铜器

1. 钹形牌饰（M46：8）　2. 盔形泡钉（M46：9）　3、4. 伞形泡钉（M46：10、M46：19）　5. 蝉形泡钉（M46：20）

## 五、1999WMM47

### （一）墓葬概述

M47位于墓地东部东端。东距M45约5米，西南距M44约13米。墓葬略呈东西向，甬道朝西。墓葬方向265°。

该墓跨两级阶地，南侧为M46。二者由于方向略有不同而呈八字形分布。两墓墓室后端相距约2.5米，墓室前端最窄处相距近1米。墓葬开口于距地表深95厘米厚的表土及扰土层下，打破M48及生土。该墓形制略同于M46，为带甬道竖穴砖室墓。墓葬平面呈刀形，甬道偏向北侧，并与墓室呈一直线。修筑方法与M46一样，也是先在地面挖一竖穴土坑，再用墓砖修建墓室，最后用砖铺底。

该墓结构较M46要简单。现存墓室和甬道两部分，墓道不明。墓葬大部分叠压于M48土坑墓之上，因土层松软，使该墓墓底下沉较甚，且连带券顶塌陷，墓壁因泥土挤压扭曲变形，墓室后端（东侧）墓壁顶部向内收缩约19厘米。墓室墙壁为单砖错缝横砌，墙厚12厘米。甬道无墙，但底部铺有地砖。墓室前部70厘米处及整个甬道较墓室中后部（应为棺床）低19厘米，与M46同。墓壁砖墙距外侧土坑墓壁有约5厘米的空隙。墓室及甬道底部铺砖，地砖横、竖交错呈席纹状。甬道内空长240、宽90厘米；墓室内空长400、宽200、残高192厘米。复原甬道券顶高度（内空）约170、墓室券顶高度（内空）约200厘米。墓葬通长652厘米。墓底距墓口最深约192、距地表最深287厘米；甬道底部距下阶地地表最深280、距上阶地地表最深600厘米。

该墓未被盗扰，但葬具、人骨均未发现。随葬器物极为丰富，随葬品多放于甬道后半部及墓室前半部（彩版五，1）。该墓共随葬各类器物编号121件，包括陶器、釉陶器、铜器、金银器、夹纻胎漆耳杯及漆器铜构件等。其中，陶器有28件，计有陶罐5件、陶碟2件、陶屋5件、陶人物俑9件、陶镇墓俑1件、陶马1件、陶鸡2件、陶狗1件、陶猪1件、陶兽首1件。釉陶器有30件，计有釉陶罐4件、釉陶锤5件、釉陶器盖5件、釉陶灯1件、釉陶篮（瓯）1件、釉陶盘（魁）1件、釉陶勺1件、釉陶圈1件、釉陶人物俑7件、釉陶镇墓兽1件、釉陶猪1件、釉陶鸡1件、釉陶狗1件。铜器有38件，计有铜鍪1件、铜釜2件、铜锤2件、铜篮2件、铜盘1件、铜牌饰13件、铜泡钉16件、铜钱1件（1145枚）。金银器有5件，计有金手镯1件、金指环1件（5只）、银手镯1件、银指环1件（3只）、银戒指1件。另外，还有夹纻胎漆耳杯1件、铜构件19件（图一二一；彩版五，2；图版四，2）[①]。

M47墓砖与M46相似，均为长条形砖，长、宽之比同样超过3∶1还多。形制有常规长形砖和双坡边长形砖两种。前者用以砌墓壁和铺地，后者则用于砌券顶。所有墓砖平面均饰有粗绳纹，侧边装饰各种花纹。花纹主要有弧形勾连纹（与M15墓砖上的摇钱树纹近似）和菱形几何纹两种。弧形勾连纹砖多数为常规长形砖，且基本为墓壁砖，砖长38.1、宽11.0、厚4.4厘米（图一二二，1、3），少数为双坡边长形砖，规格、纹饰与前者接近，砖长37.6、宽11.2、厚4.5～5.0厘米。菱形几何纹砖均为常规长形砖，较厚，既有墓壁砖也有铺地砖，砖长37.5、宽11.0、厚5.0厘米（图一二二，2、4）。

M47与M46近距离并排而葬，两墓似有许多共同点和相似之处。除了两墓均为刀形券顶砖室墓，甬道朝西且均低于墓室，刀把形甬道均偏向北侧等形制上的相似之外，在墓葬修建、墓砖及随葬器物特征上也有许多共同之处。譬如，二者墓壁均为单砖平砌，墓底用砖铺成席纹形，两墓墓砖规格、花纹也多处雷同；随葬品方面，M46虽被盗，但残存的器物大都与M47中同类器形态一致，有的几如同范所出。由此说明，两墓时代也应相当接近，应当都是东汉晚期墓葬。

## （二）随葬器物

该墓随葬器物丰富，应是一座规格较高的墓葬。共随葬各类器物126件、铜钱145枚。前者包括陶（釉陶）器、铜器、金银器、夹纻胎漆器及漆器铜构件等。其中，陶（釉陶）器有58件、铜器有37件、金银器有11件、夹纻胎漆耳杯1件、漆器铜构件19件。

---

① 年度报告图注中有如下错误：68铜鍪应为釉陶俑，76、77、81陶屋构件应为铜牌饰，104伞形泡钉应为铜牌饰，缺69铜钟、71铜钟、71铜鍪、92铜牌饰。

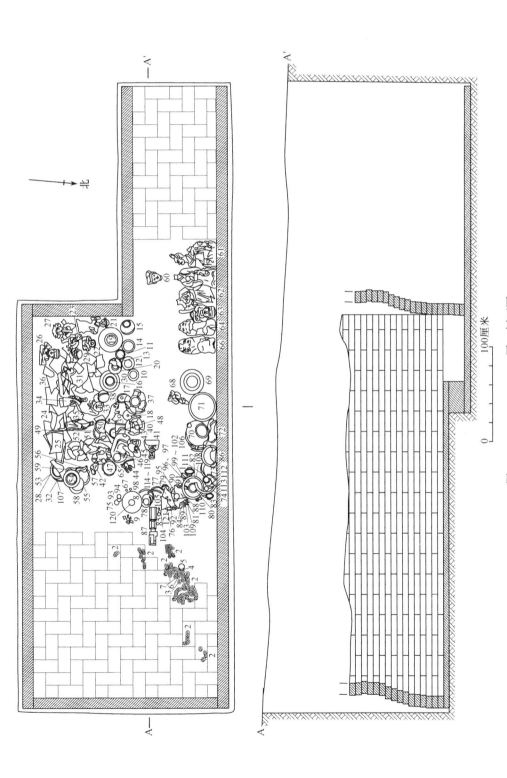

图一二一　1999WMM47平、剖面图

1、28、32、53、79、82、102、107～109、111～119.铜构件　2.铜钱　6.银指环（3件）　7.金指环（5件）　8、9、76、77、81、84、88～92、
104、110.铜牌饰　10、14、49、50、54.陶罐　11、80.陶碟　12、15、19、20.釉陶罐　13.陶猪　16～18、55、58.釉陶器盖　21～23、29、34、41、68.釉陶人物俑　24、25、31、36、87.陶
屋　26、33、35、42、43、60～63.陶人物俑　27.釉陶猪　30、37、38、40、57.釉陶马　45.陶马　46、56.釉陶鸡　47.陶鸡　48.釉陶灯　51.釉陶圈　73、74.铜釜　78.釉陶
52.釉陶盘（魁）　59.釉陶勺　64.陶狗　65.陶兽首（残）　66.釉陶狗　67、75、85、93～101、103、105、120、121.铜泡钉　69、70.铜锺　71.铜鍪　72、86.铜盫　83.漆耳杯　106.铜盘
镇墓兽　83.漆耳杯　106.铜盘

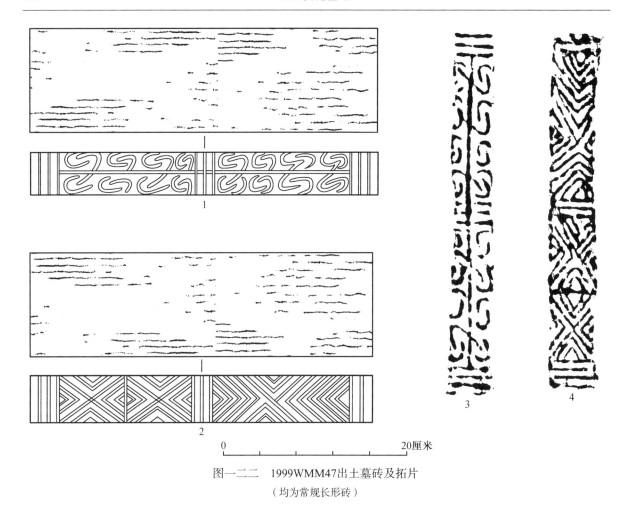

图一二二　1999WMM47出土墓砖及拓片

（均为常规长形砖）

### 1. 陶（釉陶）器

共58件。器类有陶罐、陶碟、釉陶罐、釉陶锺、釉陶盘（魁）、釉陶簋（瓯）、釉陶器盖、釉陶圈、釉陶灯、釉陶勺、陶人物俑、陶镇墓俑、釉陶人物俑、釉陶镇墓兽、釉陶狗、陶马、陶狗、陶猪、陶鸡、釉陶鸡、釉陶猪、陶兽首、陶屋。

陶罐　5件。标本M47：10，泥质灰陶，质地较硬。尖唇，窄折沿，大口，平折肩，深曲腹，中腹内凹，平底微内凹，底边外凸呈假圈足状。内壁凹凸不平，上腹靠肩部饰一道弦纹，余素面。口径10.0、肩径13.1、底径6.5、高8.3厘米（图一二三，1；图版七四，1）。

标本M47：14，泥质灰陶，质地较硬。整器较瘦高。尖唇，大口，窄卷沿，平折肩，深曲腹，平底。内壁凹凸不平，上腹饰数周弦纹，余素面。口径9.1、肩径12.4、底径6.5、高8.8厘米（图一二三，2；图版七四，2）。

标本M47：49，泥质灰陶，质地较硬。尖唇，窄卷沿，大口，平折肩，深曲腹，下腹近底部内收较急，平底。中腹外凸起折棱，器身素面。口径9.6、肩径12.8、底径6.9、高8.4厘米（图一二三，3）。

标本M47：54，泥质灰陶，质地较硬。器形较瘦高。尖唇，窄沿微卷，平折肩，深曲腹，平底外凸呈假圈足状。内壁凹凸不平。中腹外凸起棱，下腹饰数道凸棱，余素面。口径9.6、肩径12.4、底径6.5、高8.4厘米（图一二三，4；图版七四，3）。

标本M47：50，泥质灰陶，器表有灰褐斑，质地较硬。整器较宽扁。圆唇外凸，大口微敛，斜折肩，浅折腹，上腹较直，下腹急收，小平底。上腹饰两周浅弦纹，下腹有刀削痕迹，余素面。口径11.8、肩径14.7、底径5.6、高9.0厘米（图一二三，5；图版七四，4）。

陶碟　2件。标本M47：11，泥质灰褐陶，器表有黑褐斑。厚胎。方唇，敞口，浅斜腹，圜底。素面。口径8.8、高2.9厘米（图一二三，6；图版七四，5）。

标本M47：80，泥质红陶，器表有薄层灰黑衣。胎较厚。方唇，直口微敞，浅弧腹，圜底。素面。口径8.3、高2.7厘米（图一二三，7；图版七四，6）。

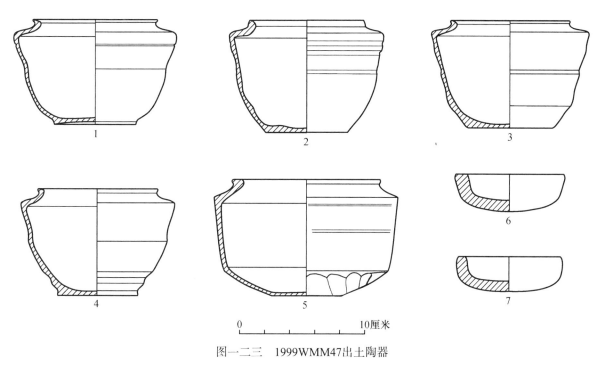

图一二三　1999WMM47出土陶器

1~5.罐（M47：10、M47：14、M47：49、M47：54、M47：50）　6、7.碟（M47：11、M47：80）

釉陶罐　4件。标本M47：12，个体较小。泥质酱红胎。上腹施灰白釉，下腹及器内上部施深绿釉。厚圆唇，敛口，圆肩，球形腹，下腹内收较甚，小平底。素面。口径7.7、腹径16.6、底径7.2、高11.6厘米（图一二四，1；图版七五，1）。

标本M47：15，个体较小。胎、釉与M47：12相同。厚圆唇，敛口，圆肩微耸，球形腹，平底内收呈假圈足状。素面。口径8.4、腹径17.0、底径6.5、高12.2厘米（图一二四，2；图版七五，2）。

标本M47：19，泥质灰白色硬胎。外施豆绿色薄釉，近底部露胎。方唇外侈，直口微敞，沿面内凹，圆肩，深弧腹，平底微凹。口外饰数周弦纹，腹部拍印网状麻布纹，余素面。口径13.6、腹径26.4、底径13.5、高30.0厘米（图一二四，3；图版七五，3）。

标本M47：20，泥质灰色硬胎。肩、上腹及口内施翠绿色薄釉，口及近底部未施釉，器表有多处泡钉状凸起。方唇外侈，仰折沿，沿面内凹呈盘状口，圆肩微耸，深弧腹，平底微凹。

口部素面。肩、腹部拍印麻布纹，肩下饰一道弦纹。口径13.1、腹径21.8、底径13.1、高24.0厘米（图一二四，4；图版七五，4）。

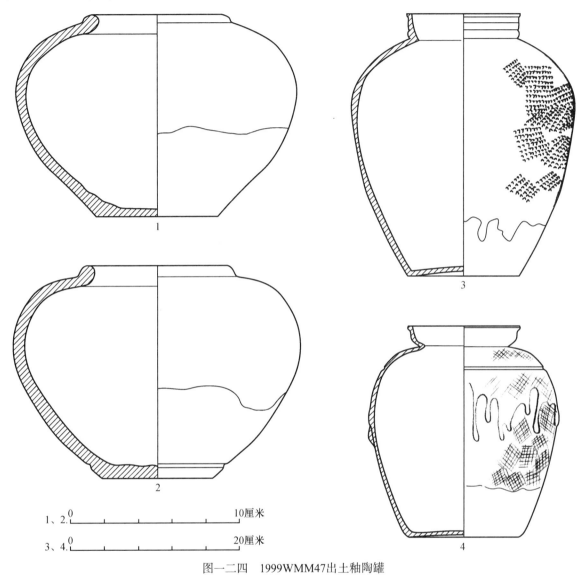

图一二四　1999WMM47出土釉陶罐
1. M47：12　2. M47：15　3. M47：19　4. M47：20

釉陶锺　5件。标本M47：38，泥质红胎。酱红色釉脱落殆尽。三角形唇，唇沿外侈较甚，敞口，沿面内凹较甚，高直领，溜肩，扁鼓腹，圜底，高圈足外撇。肩及上腹部饰数周弦纹及一对衔环兽面铺首，足有一周弦纹，余素面。口径17.0、腹径20.8、足径16.0、高25.6厘米（图一二五，1；图版七六，1）。

标本M47：40，泥质灰红胎。深绿色釉，口及足露胎。三角形唇，唇沿向外平伸较甚，口部歪斜不平，敞口，沿面内凹较甚，高弧领，斜肩，扁鼓腹，圜底，高圈足外撇，足沿微外折。肩及上腹部饰数周弦纹及一对衔环兽面铺首，足有一周弦纹，余素面。口径16.0、腹径21.7、足径15.4、高26.0厘米（图一二五，2；图版七六，2）。

标本M47：57，仅存圈足。泥质红胎。酱红色釉。喇叭形足。足中部有一周弦纹，余素面。足径15.1、残高7.0厘米（图一二五，3）。

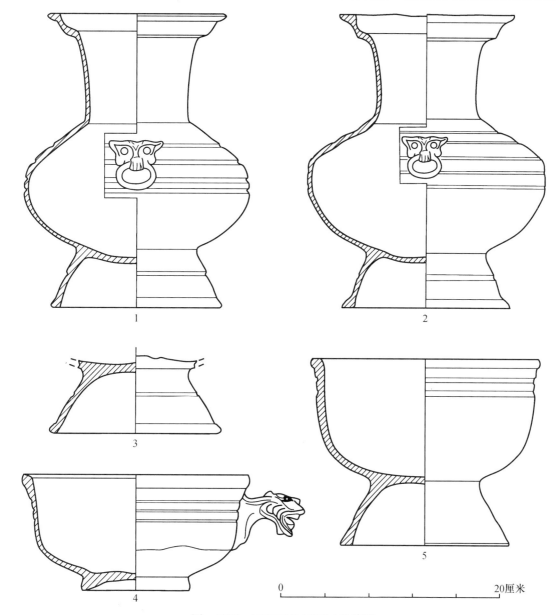

图一二五 1999WMM47出土釉陶器

1~3.锺（M47：38、M47：40、M47：57） 4.盘（魁）（M47：52） 5.篹（瓯）（M47：51）

标本M47：30，泥质酱红胎。双釉，外施浅绿釉，微泛白，口内及圈足内外局部施翠绿釉，釉面滋润光亮。圆唇，敞口微内凹，高弧领，溜肩，扁垂腹，圜底较平坦，高圈足外撇较甚。器表饰数组凸棱及数周纵向鳞片状纹，腹部有一对衔环兽面铺首，足根部有两道凸棱，余素面。口径17.2、腹径24.7、足径19.3、高40.2厘米（图一二六，1；图版七六，3）。

标本M47：37，泥质酱红胎。双釉，器表施浅绿釉，微泛白，脱落较甚，口内及圈足内外局部施翠绿釉，釉面滋润光亮。圆唇，敞口微内凹，高弧领，溜肩，扁垂腹，圜底，高圈足外撇，足沿微内敛。领至圈足饰数组凸棱及数周纵向鳞片状纹，腹部有一对衔环兽面形铺首，足根部有两道凸棱，余素面。口径17.6、腹径25.6、足径20.5、高40.8厘米（图一二六，2；图版七六，4）。

釉陶盘（魁） 1件。标本M47：52，泥质深红胎。双釉，上腹施灰白色釉，表面泛银

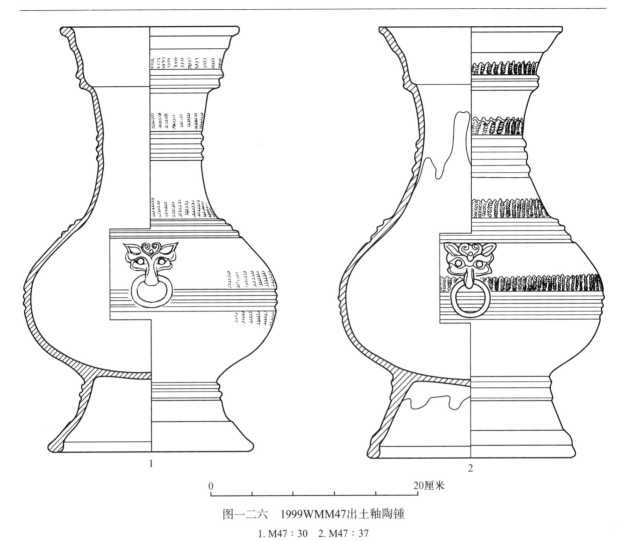

图一二六　1999WMM47出土釉陶锺
1. M47：30　2. M47：37

光，应属铅釉，下腹及器内施深绿色釉，近足部露胎。厚圆唇，直口微敞，深弧腹，圜底不平，矮圈足。腹部有一粗大兽首形鋬。上腹饰三周弦纹，余素面。口径20.6、足径9.8、高10.4厘米（图一二五，4；图版七七，1）。

　　釉陶簋（瓯）　1件。标本M47：51，泥质酱红胎。双釉，器外施灰白色釉，表面泛银光，应属铅釉，器内施深绿色釉，口外还有两条墨绿色涂釉。厚圆唇，直口微侈，深弧腹，圜底，喇叭形高圈足，足面微外弧。口下饰数周浅弦纹，余素面。口径20.7、足径15.4、高16.5厘米（图一二五，5；图版七七，2）。

　　釉陶圈　1件。标本M47：48，泥质紫红胎。墨绿釉，底露胎。该器由两部分组成。前为圆形食槽，后为长方形圈，中有弧形门相通。食槽前端有喂溮的流和孔，槽和圈周围有长方形窗孔，器底有四个螺蛳状足。该器有研究者称之为"灶"。通长36.0、宽18.0、通高（含足）10.8厘米（图一二七，1；图版七七，3）。

　　釉陶灯　1件。标本M47：47，泥质红胎。双釉，器外施灰白色釉，表面泛银光，应属铅釉，灯盏内施翠绿釉。方唇，浅腹平底盏，盏中心凸起一钉状芯。细圆形托柱，蟾蜍形灯座。方形底座。中空，空心直达盏底。蟾蜍尾后有一孔与腹相通，应为蟾蜍肛门。口径13.2、座长

12.1、座宽11.2、通高22.0厘米（图一二七，2；图版七七，4）。

釉陶勺　1件。标本M47：59，泥质橙红胎。深绿色釉，底露胎。勺腹较深，圜底。长12.8、宽8.0、通高6.2厘米（图一二七，3；图版七八，1）。

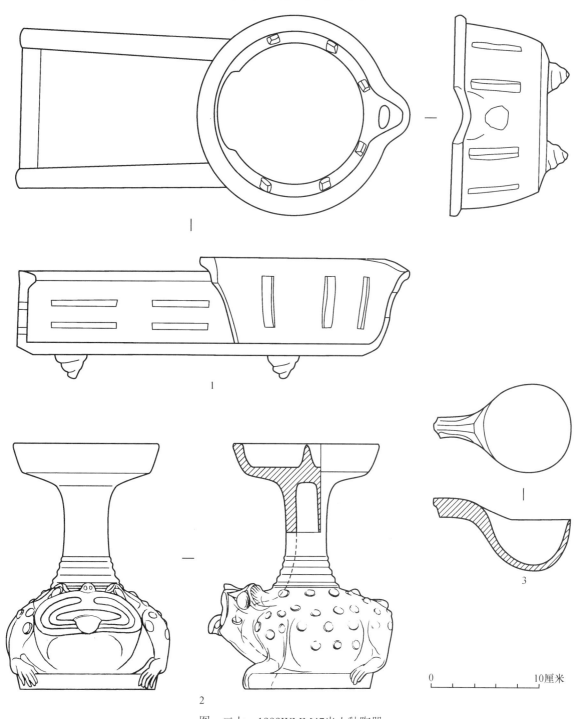

图一二七　1999WMM47出土釉陶器

1.圈（M47：48）　2.灯（M47：47）　3.勺（M47：59）

釉陶器盖　5件。标本M47：17，泥质酱红胎。灰白色釉，表面泛银光，应属铅釉。浅盘状盖，顶较平，盖沿内敛。葫芦形实心纽，纽顶呈圆弧形。素面。盖口径13.3、通高（含纽）5.0厘米（图一二八，1；图版七八，2）。

标本M47：18，胎、釉与M47：17相同。盘状盖，顶微弧，盖沿微内敛。葫芦形实心纽，纽顶呈圆锥形。素面。盖口径13.6、通高（含纽）5.2厘米（图一二八，2；图版七八，3）。

标本M47：55，泥质红胎。酱红色釉。盖沿呈三角形折沿状，深弧腹盖，壁微折，平顶微凹。顶上有一环形纽。素面。盖口径15.3、通高（含纽）6.5厘米（图一二八，3；图版七八，4）。

标本M47：58，泥质红褐胎。深绿色釉。盖沿呈子母口状，折腹盖，顶较平。顶上有一穿环假鼻形纽。素面。盖口径14.4、通高（含纽）5.8厘米（图一二八，4；图版七八，5）。

标本M47：16，泥质酱红胎。灰白色釉，脱落较甚，多处露胎。盖沿较厚，微外折，浅盘状盖，圆弧形顶较平缓。盖顶有一立鸟形提手，鸟尾残。盖面饰3个等距离乳钉状纽饰。盖口径17.2、通高（含纽）10.4厘米（图一二八，5；图版七八，6）。

陶镇墓俑　1件。标本M47：27，泥质灰陶。身、腿分制，墓中出土时双腿置于身前。双

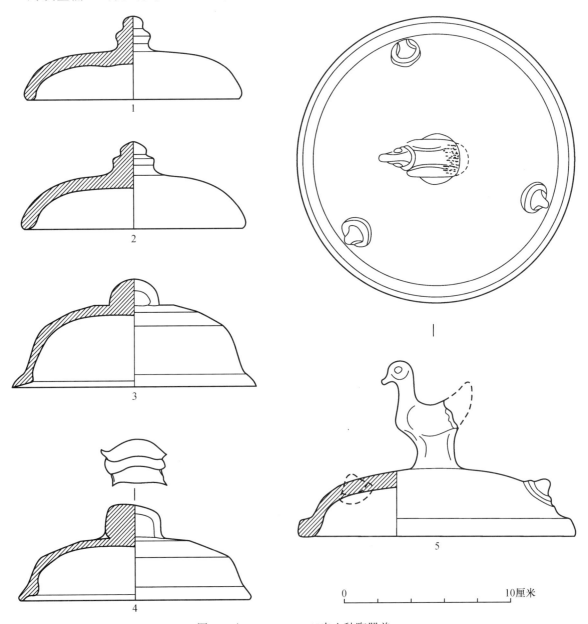

图一二八　1999WMM47出土釉陶器盖
1. M47：17　2. M47：18　3. M47：55　4. M47：58　5. M47：16

腿为同范所制，因而两脚同边。内空。立式。头戴冠，人面人身，牛耳牛角。獠牙外伸，长舌垂胸。右手执三角头长兵器，左手握蛇。腰带上有带扣。脚穿麻草鞋。衽、袖、嘴等处涂朱。座宽22.8、身与腿相合通高81.2厘米（图一二九，1；图版七九，1、2）。

陶人物俑 9件。标本M47：33，武士俑，男性。泥质青灰陶。身、腿分制，头分制后捏合。除头部外，身、腿与镇墓俑的身、腿为同范所制，形制相同，仅左手所握盾牌为附加。两脚同边，也为同范所制。内空。立式。头戴冠，面带微笑。右手执三角头长兵器，左手握盾。腰带上有带扣。脚穿麻草鞋。衽、袖、嘴等处涂朱。座宽22.5、通高80.5厘米（图一二九，2；图版七九，3、4）。

标本M47：26，击筑俑，似男性。泥质青灰陶。内空。跪式。头戴矮冠。双膝跪地。琴（筑）置于双膝上，双手做弹琴状。座宽33.8、高43.0厘米（图一三〇，1；图版八〇，1）。

标本M47：35，听歌俑，似女性。泥质灰陶。内空。跪式。头戴冠，形制与西王母俑头部接近，当为同范所制。双膝跪地。左手放于左耳根部，右手抚在右膝上，面带微笑，做恭听状。座宽28.3、高57.0厘米（图一三〇，2；图版八〇，2）。

标本M47：42，提罐俑，似女性。泥质灰陶。内空。立式。头与西王母俑（M47：61）相同，应系同范所制。双手各抓一罐，双膝略屈，做吃力状，应为提水俑。身后裙下有一弧形空洞，应为减轻重量和平衡身体所设。座宽22.8、高68.4厘米（图一三一，1；图版八〇，3）。

标本M47：43，出恭俑，似女性。泥质红陶。内空。蹲式。头戴矮冠，面带微笑。左手提裙，右手抚住左肩，臀部后翘，两脚间似有一圆形马桶。座宽19.0、高51.4厘米（图一三一，2；图版八〇，4）。

标本M47：62，舞俑，女性。泥质灰陶。内空。立式。头与西王母俑（M47：61）相同，当为同范所制。右手抬起，长袖包住右手后扬。左手提裙，右脚向右前方跨出半步做舞蹈状。裙袖及下摆有花边，自然飘动，舞姿婀娜，动势极符解剖学原理。造型生动传神，将女性的阴柔之美表现得淋漓尽致。舞姿、服饰与M47：21釉陶舞俑同，但更逼真。座宽31.7、高74.4厘米（图一三二，1；图版八一，1）。

标本M47：60，执镜持囊俑，似女性。泥质青灰陶。内空。立式。头戴粗冠，右手执镜，左手持囊状物。表情文静、自然。座宽21.0、高57.7厘米（图一三二，2；图版八一，2）。

标本M47：61，西王母俑。泥质红陶。内空。坐式。俑为半身造型。头戴冠，笑容可掬。卷云状衽边，双袖手交于胸前，袖下及两侧有人物画像及圆雕龙虎座。龙首残。画像图案有九尾狐、四足鸟、供奉仆俑及灵芝、瑞草、拂尘、仙葩等。在龙虎座上似还有其他画像，但残甚难辨。座宽33.3、高49.0厘米（图一三三；图版八一，3）。

标本M47：63，庖厨俑，男性。泥质灰陶。内空。跪式。庖丁跪于俎前，案下一圆桶（缸），双手将一条鱼按于俎上，膝上放一削刀，做欲剖鱼状。头戴圆形厨帽，双目前视，形态自然逼真。座宽31.8、高57.7厘米（图一三四，1；图版八一，4）。

釉陶人物俑 7件。标本M47：68，吹箫男俑。泥质酱红胎。通体施灰白色釉，表面泛银光，应属铅釉。内空。坐式。头戴高冠，鼓腮，盘坐，双手握箫。似胡人。座宽9.8、高20.8厘米（图一三四，2；图版八二，1）。

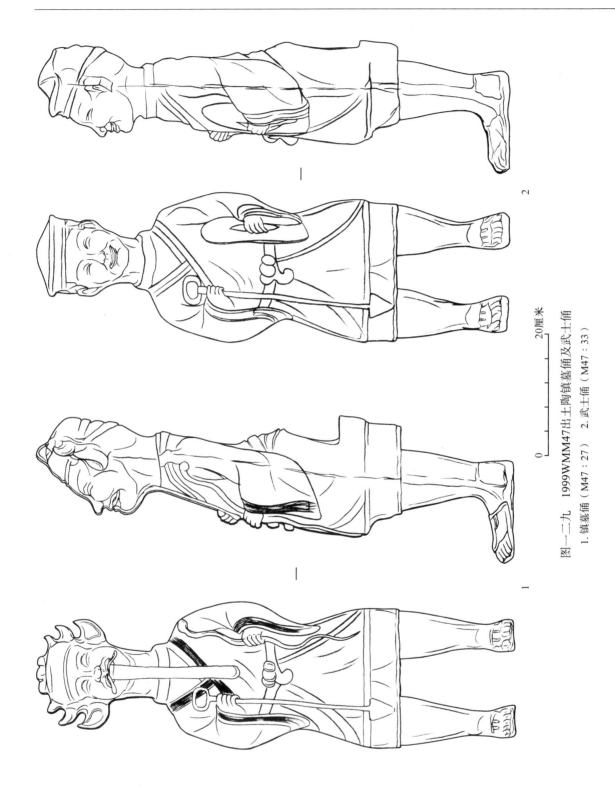

图一二九　1999WMM47出土陶镇墓俑及武士俑

1. 镇墓俑（M47：27）　2. 武士俑（M47：33）

0　　　　　　　　　20厘米

图一三〇 1999WMM47出土陶人物俑

1. 击筑俑（M47∶26） 2. 听歌俑（M47∶35）

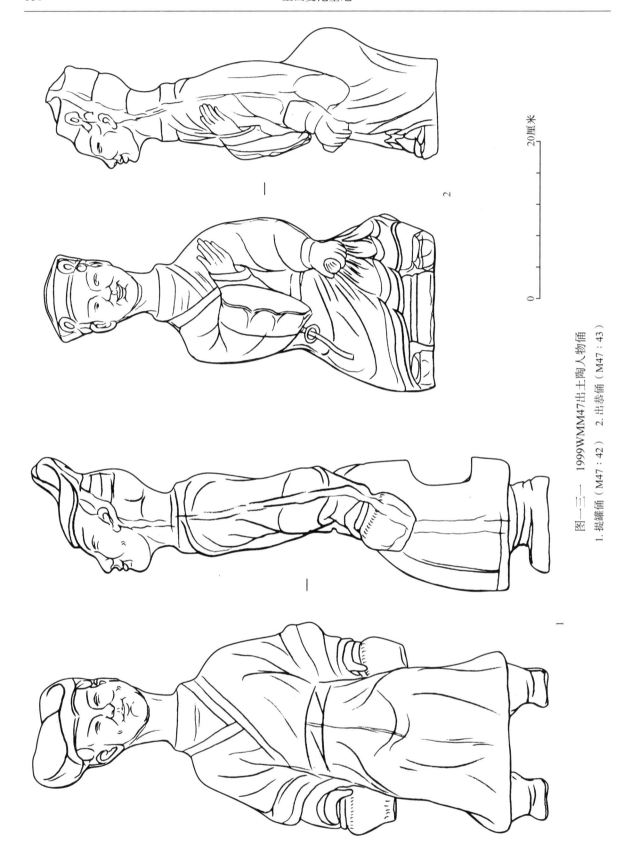

图一三一　1999WMM47出土陶人物俑

1. 提罐俑（M47：42）　2. 出恭俑（M47：43）

20厘米

0

图一三三　1999WMM47出土陶人物俑

1. 舞俑（M47：62）　2. 执镜持囊俑（M47：60）

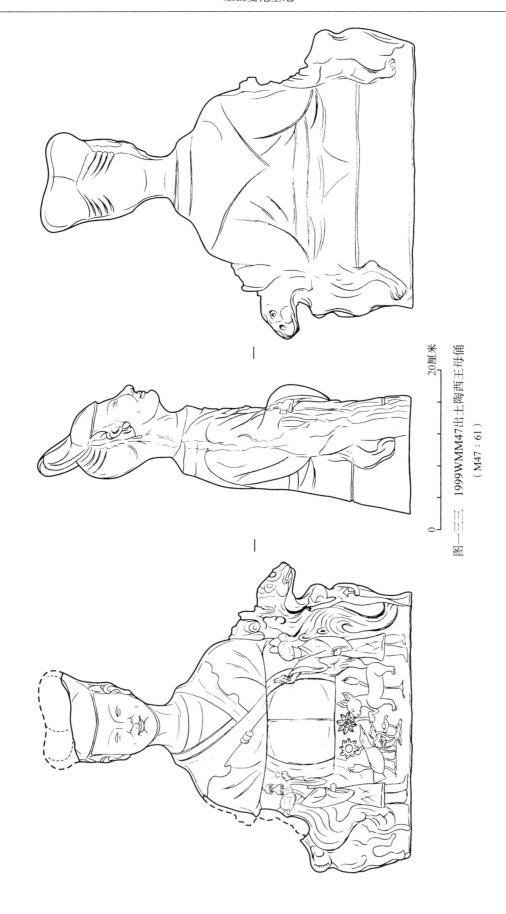

图一三三　1999WMM47出土陶西王母俑
（M47：61）

20厘米

0

图一三四　1999WMM47出土陶（釉陶）人物俑

1. 陶庖厨俑（M47：63）　　2. 釉陶吹箫男俑（M47：68）

标本M47：22，说唱俑，似男性。泥质酱红胎。通体施灰白色釉，表面泛银光，应属铅釉。内空。跪式。头戴高冠，左手击鼓，鼓置于左膝上。右手抬起，伸出拇指，做说书状。座宽13.4、高19.8厘米（图一三五，1；图版八二，2）。

标本M47：23，执扇持囊俑，女性。泥质酱红胎。器表施墨绿釉。内空。立式。右手执扇，左手持囊状物。座宽9.8、高27.8厘米（图一三五，2；图版八二，3）。

标本M47：29，听歌俑，似男性。泥质酱红胎。通体施灰白色釉，表面泛银光，应属铅釉。内空。跪式。右手放于右耳根部，左手抚在左膝上。面带微笑，做恭听状。造型与M47：35陶听歌俑同，但手势相反。座宽14.1、高20.2厘米（图一三六，1；图版八二，4）。

标本M47：34，抱囊俑。泥质酱红胎。器表施墨绿釉。内空。立式。头部残。面部表情较凝重。左手抱囊状物，右手有一圆孔，似持有物。据服饰判断，应为女俑。座宽9.0、残高30.5厘米（图一三六，2；图版八三，1）。

标本M47：41，击筑俑，似男俑。泥质酱红胎。通体施灰白色釉，表面泛银光，应属铅釉。内空。跪式。筑置于双膝上，双手弹击。座宽15.8、高19.3厘米（图一三七，1；图版八三，2）。

标本M47：21，女舞俑。泥质酱红胎。器表施灰白色釉，釉泛银光，应为铅釉。内空。立式。长袖包住右手后扬，左手提裙。右脚向右前跨半步，做舞蹈状。裙、袖及下摆有百折花边。舞姿与M47：62陶舞俑同，但冠有别。座宽31.8、高30.0厘米（图一三七，2；图版八三，3）。

釉陶镇墓兽　1件。标本M47：78，泥质酱红胎。器表施灰白色釉，釉泛银光，当为铅釉。坐式。状如狗。后腿坐地，前腿直立，张嘴鼓目，垂首前弓，长舌垂地。座宽13.6、高19.6厘米（图一三八，1；图版八三，4）。

釉陶狗　1件。标本M47：66，泥质酱红胎。通体施灰白色釉，腹、尾釉层较薄，且脱落较甚，釉泛银光，应为铅釉。狗尾上翘贴背，后腿绷紧，身体前倾，竖耳鼓目，脖、腹有栓带，形象生动传神。长42.6、高36.5厘米（图一三八，2；图版八四，1）。

釉陶猪　1件。标本M47：39，泥质酱红胎。通体施墨绿釉。内空。造型逼真，腹下有孔。长24.5、高11.3厘米（图一三九，1；图版八四，2）。

釉陶鸡　1件。标本M47：45，泥质酱红胎。通体施墨绿釉。内空。形似公鸡造型。昂首翘尾，圆座。羽有刻划装饰，座两侧雕有双足。长17.6、座径9.3、高19.7厘米（图一三九，2；图版八四，3）。

陶鸡　2件。标本M47：46，泥质橙红陶。腹内空。站立，圆座分为两足。形态较肥硕，粗冠，形似公鸡造型。羽有鳞片状纹，冠、尾也有刻划装饰。长21.8、高18.7厘米（图一三九，3；图版八四，4）。

标本M47：56，橙红陶。头、尾均残。大小、形制与M47：46接近（图版八五，1）。

陶猪　1件。标本M47：13，泥质橙红陶。尾及后脚残。体形略小。内空。造型不如釉陶猪生动。长22.1、高10.2厘米（图版八五，2）。

陶狗　1件。标本M47：64，泥质灰陶。状如狼。龇牙咧嘴，竖耳瞪目，窥视前方。面目狰狞，凶相毕露，形象生动逼真。长48.5、高54.0厘米（图一四〇，1；图版八五，3）。

陶马　1件。标本M47：44，泥质红陶。身、首、尾及四足皆分开制作，而且未予捏合，墓中分开放置。张嘴露牙，竖耳鼓目，背部带鞍，四足并立，圆尾前翘，形态健壮有力。拼合

1

2

0　　　　　　　　　10厘米

图一三五　1999WMM47出土釉陶人物俑

1. 说唱俑（M47：22）　2. 执扇持囊俑（M47：23）

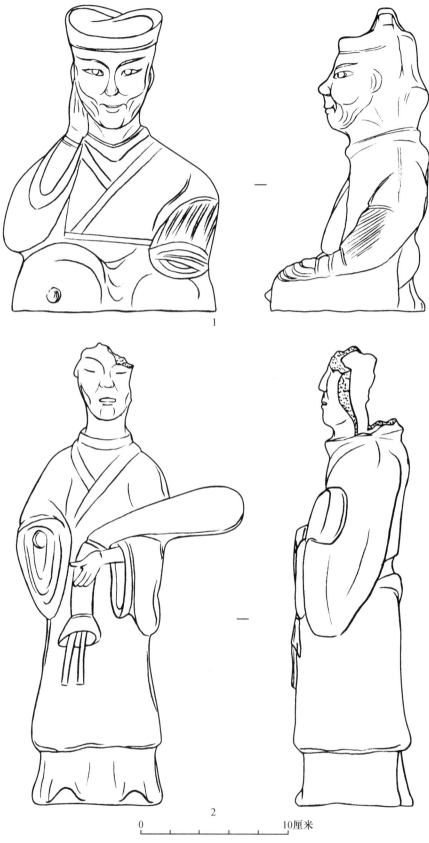

图一三六　1999WMM47出土釉陶人物俑

1. 听歌俑（M47：29）　　2. 抱囊俑（M47：34）

1

2

0　　　　　　　　　　　　10厘米

图一三七　1999WMM47出土釉陶人物俑

1. 击筑俑（M47：41）　2. 女舞俑（M47：21）

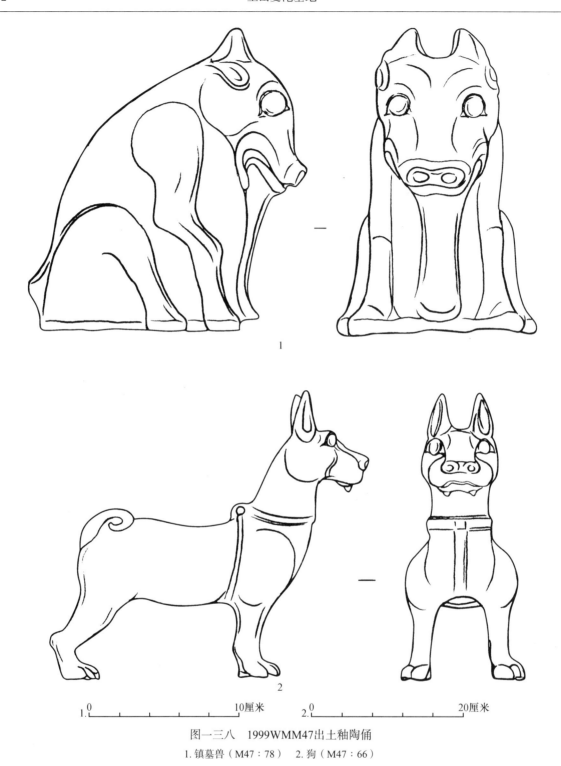

图一三八　1999WMM47出土釉陶俑

1. 镇墓兽（M47：78）　2. 狗（M47：66）

后长42.4、高52.4厘米（图一四〇，2；图版八五，4）。

　　陶兽首　1件。标本M47：65，泥质红陶。残甚。该器可能是西王母俑（M47：61）龙虎座上的兽首残件。

　　陶屋　5件。标本M47：31，泥质灰陶。该屋为上、下两层分开制作。底层似城堡，有两门；上层为谯楼，有栏杆、窗棂等，顶部设有三个瞭望亭。在栏杆两侧及三个瞭望亭窗口各立一

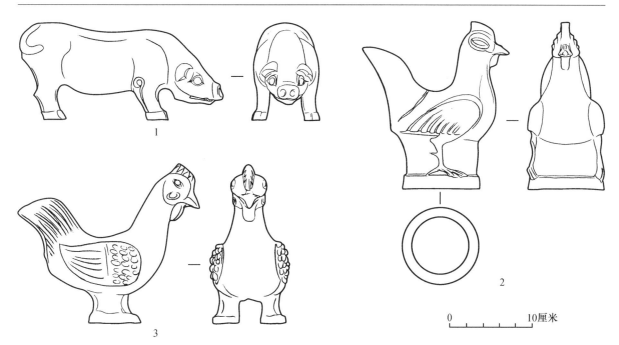

图一三九 1999WMM47出土陶（釉陶）动物俑

1. 釉陶猪（M47：39） 2. 釉陶鸡（M47：45） 3. 陶鸡（M47：46）

哨兵。该楼可能是一座谯楼。底宽38.8、底厚10.8、通高70.4厘米（图一四一；图版八六，1）。

标本M47：25，陶屋顶层。泥质灰陶。结构较简单，有双斗拱、瓦顶、栏杆等。该屋与M47：24可套叠在一起，应为一座完整的陶楼或戏楼。底宽43.6、顶宽53.2、底厚9.2、通高48.9厘米（图一四二，1；图版八六，2）。

标本M47：24，陶屋底层。泥质灰陶。结构较复杂，有耳房、斗拱、雀替、窗棂等，房内台上坐一吹箫俑。若把M47：25叠加在该屋之上，则像一座戏楼。底宽67.4、顶宽70.9、底厚16.0、通高50.4厘米（图一四二，2；图版八六，3）。

标本M47：36，泥质灰陶。形状、结构均比较奇特。瓦顶前檐下有照壁，下有斗拱，两侧有斜山墙，顶有长方形天井，天井两侧还有斜壁。该屋不完整，可能还有其他构件。底宽35.8、顶宽49.5、底厚9.2、顶厚14.6、通高48.3厘米（图一四三，1；图版八六，4）。

标本M47：87，陶屋构件。泥质灰陶。长方形框状。有顶板、底板，两边各三块侧板，侧板间有隔板，下有三根横枕木。底宽39.8、底厚9.6、通高22.5厘米（图一四三，2）。

### 2.铜器

共38件（铜钱1件）。器类有锺、盘、釜、鉴、簋、牌饰、泡钉、铜钱等。

铜锺 2件。标本M47：69，尖唇内勾，内折沿，高弧领，溜肩，浅鼓腹，平底。八棱形折壁高圈足，足微外撇。肩、腹部饰三组凸棱，近似瓦楞状纹，肩部有一对衔环兽面铺首，外底有十字形铸棱，余素面。口径15.0、腹径28.6、足径20.6、高36.4厘米（图一四四，1；图版八七，1）。

标本M47：70，尖唇内勾，喇叭形口，沿面微凹，高弧领，溜肩，深鼓腹，折壁高圈足，

1

2

0 ├─────────────────┤ 20厘米

图一四〇　1999WMM47出土陶动物俑
1.狗（M47：64）　2.马（M47：44）

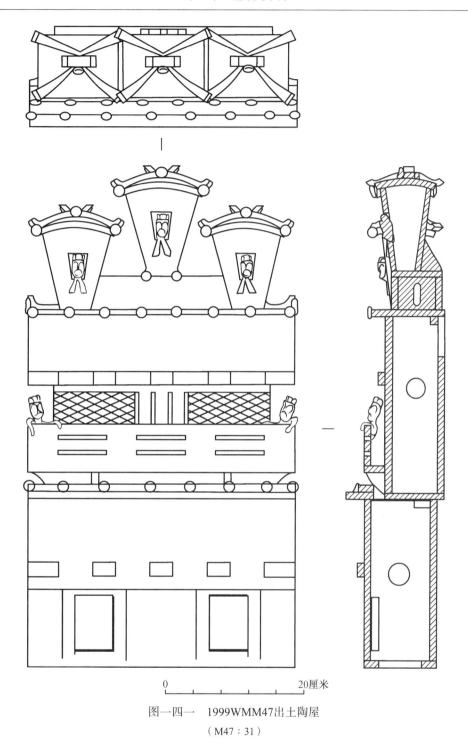

图一四一　1999WMM47出土陶屋

（M47：31）

足微内收。肩及下腹饰两组凸棱，近似瓦楞状纹，肩部有一对兽面铺首，无环，外底铸有一组几何形铸棱，余素面。口径12.1、腹径23.6、足径13.6、高30.4厘米（图一四四，2）。

铜盘　1件。标本M47：106，已残。圆唇，折沿，浅盘，斜折壁，小平底。素面。口径22.4、底径9.3、高3.5厘米（图一四四，3；图版八七，2）。

铜釜　2件。标本M47：74，已残。尖唇，折沿，浅弧腹，圜底近平。素面。口径18.3、高7.9厘米（图一四四，4；图版八七，3）。

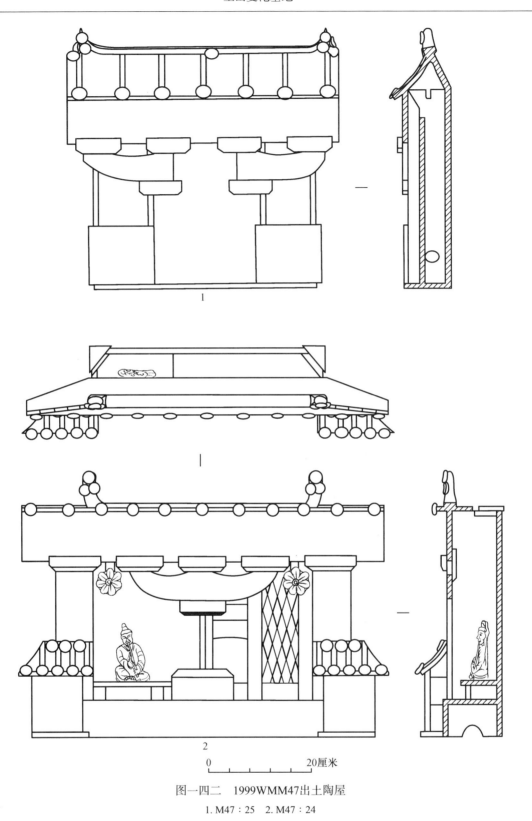

图一四二　1999WMM47出土陶屋

1. M47：25　2. M47：24

标本M47：73，已残。形制同M47：74。口径22.0、高9.5厘米（图版八七，4）。

铜鍪　1件。标本M47：71，薄胎，口部加厚。宽方唇，喇叭形口，沿面微内凹，矮弧领，领内束较甚，斜折肩，盆形腹较深，圜底近平。肩部有一对扁环耳，上腹饰三道凸棱，余

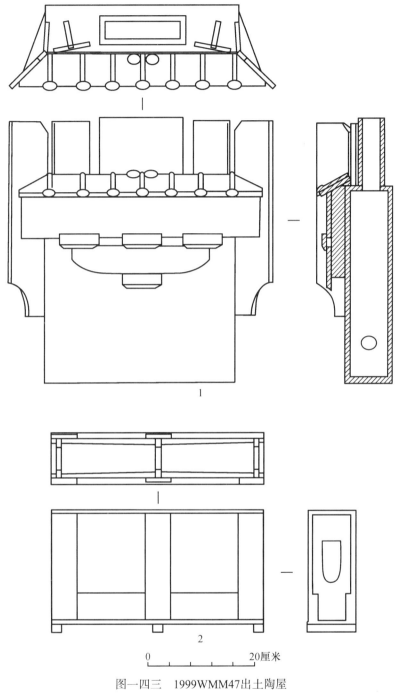

图一四三　1999WMM47出土陶屋
1. M47：36　2. M47：87

素面。口径27.8、肩径29.7、高25.3厘米（图一四五，1；图版八七，5）。

　　铜簋　2件。标本M47：72，唇部胎稍厚。尖唇，宽折沿，沿面内凹，颈部微内弧，似矮领，腹微鼓，上腹较直，下腹内收较急，平底，圈足略外撇。上腹饰一组凸棱，近似瓦楞状纹，并有一对兽面无环铺首，余素面。口径25.7、足径15.6、高15.5厘米（图一四五，2；图版八七，6）。

　　标本M47：86，残。据残片分析，其大小、形制与M47：72接近。

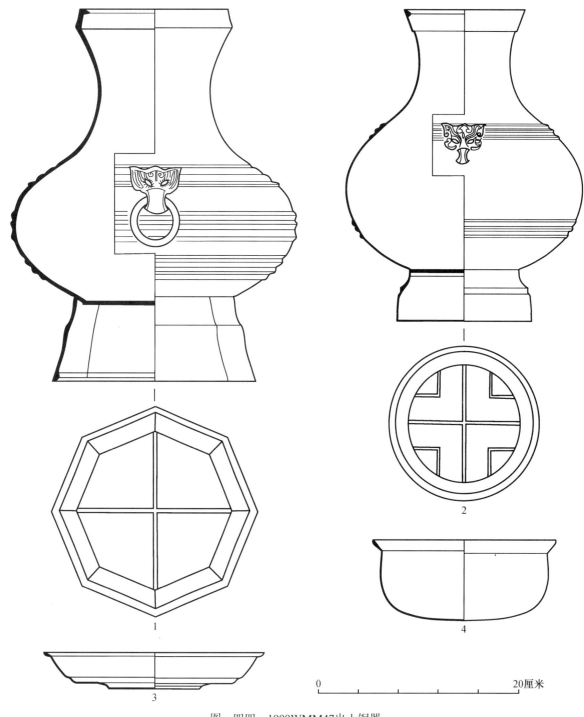

图一四四　1999WMM47出土铜器

1、2.锺（M47：69、M47：70）　3.盘（M47：106）　4.釜（M47：74）

　　铜牌饰　13件。均为薄片状，有的还附带有泡钉，应该是一种棺饰。有阙形、钺形、动物形（包括朱雀、玄武）等多种形态。

　　标本M47：88，阙形牌饰。体型较大。正面镀金。上端泡钉脱落。上部为重檐式，并有双层勾刺，顶部尖刺残断。下部一侧靠上有双勾刺，另一侧靠下有一反向勾刺。正面有线刻图案，因镀金层表面锈结一层坚固的铜锈，不易剔除，图样不辨。底宽14.1、高49.2厘米

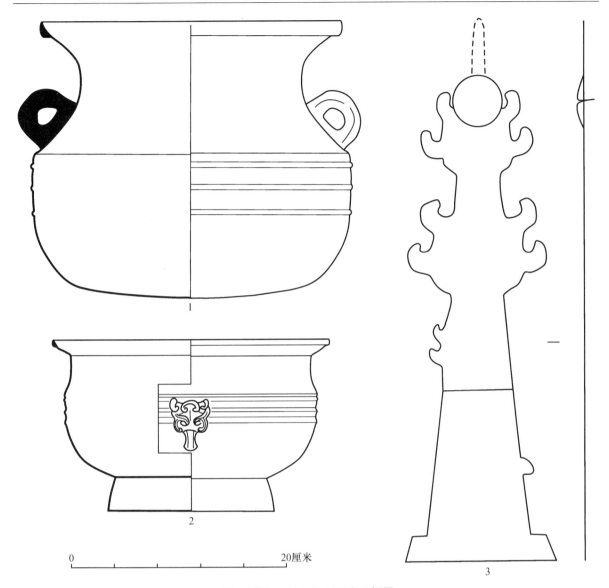

图一四五　1999WMM47出土铜器

1.铜鍪（M47：71）　2.铜簋（M47：72）　3.阙形铜牌饰（M47：88）

（图一四五，3；图版八八，1）。

标本M47：81，阙形牌饰。正面镀金。大小与M47：88同，但下部勾刺形态正好相反。正面线刻花纹因同样原因而不能辨认。底宽14.2、高49.1厘米。

标本M47：77，阙形牌饰。体型较小。正面镀金。上部为重檐式，并有尖刺，但不见泡钉，下部双侧也有不对称勾棘，底部有一小孔。正面有一层坚固的铜锈，铜锈下镀金，并有残刻花纹，因铜锈不易剔除，纹饰不辨。底宽12.6、高31.4厘米（图一四六，1；图版八八，2）。

标本M47：76，阙形牌饰。正面镀金。大小与M47：77相同，下部勾刺形态相反。正面线刻花纹因同样原因而不能辨认。底宽12.5、高31.2厘米。

标本M47：90，动物形牌饰。正面镀金。该牌饰状如剪纸，因有残损，图形不明。长12.8、通宽7.0厘米（图一四六，2）。

标本M47：91，动物形牌饰。正面镀金。形似鸟，昂首亮翅，长尾后翘，双足立地。长11.6、通宽7.8厘米（图一四六，3）。

标本M47：9，动物形牌饰。残甚，尺寸不明。该牌饰被巫山县博物馆修复后为一件展翅凤鸟形状（彩版四三，3）。

标本M47：110，动物形牌饰。残。正面镀金。上有伞形泡钉。残长12.8、高2.7厘米（图一四六，4）。

标本M47：92，钹形牌饰。正面镀金。圆形，中间蝉形泡钉（M47：96）脱落。上有线刻图案，因镀金层表面铜锈难以处理，图样不辨。径27.1厘米（图一四六，5；图版八八，3）。

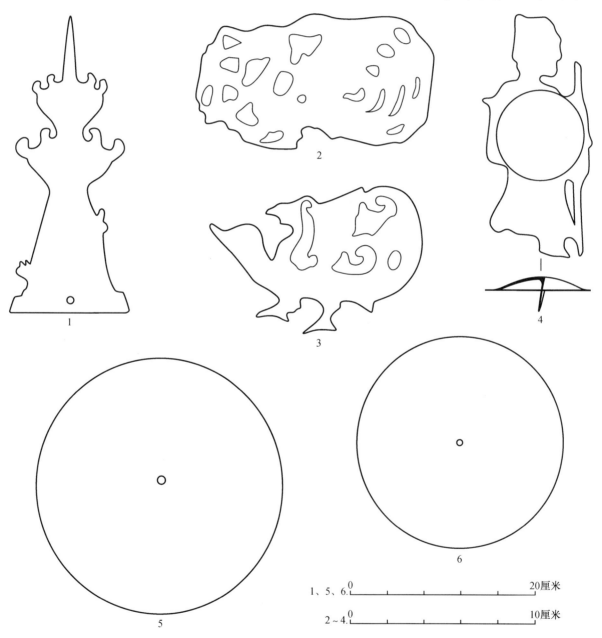

图一四六　1999WMM47出土铜牌饰

1. 阙形牌饰（M47：77）　2、3.动物形牌饰（M47：90、M47：91）　4. 残牌饰（M47：110）　5、6.钹形牌饰（M47：92、M47：8）

标本M47：8，钹形牌饰。体形略小。正面镀金。圆形，中间盔形泡钉（M47：95）脱落。上有线刻图案，因镀金层表面有一层坚固的铜锈难以处理，图样不明。径22.5厘米（图一四六，6；图版八八，4）。

标本M47：84，动物形牌饰。残甚。正面镀金。上有蝉形铜泡钉。残长9.8、残宽7.4厘米（图一四七，1）。

标本M47：104，动物形牌饰。残甚。正面镀金。上有伞形铜泡钉。残长11.0、残宽6.6厘米；泡钉径4.4、高1.1厘米（图一四七，2；图版八八，5）。

标本M47：89，动物形牌饰。残甚。上有伞形铜泡钉。残长8.0、残宽7.5厘米（图版八八，6）。

铜泡钉　16件。属片状棺饰之附件，大多已分离。有蝉形、盔形、伞形等三种形态。

标本M47：95，盔形泡钉。表面镀金。盔形钉帽，帽缘向外平折，锥形钉柱。径5.6、高3.7厘米（图一四七，3）。

标本M47：120，盔形泡钉。表面镀金。形同M47：95。径5.5、高3.7厘米。

标本M47：75，伞形泡钉。表面镀金。伞形钉帽，锥形钉柱。径4.5、高1.2厘米（图一四七，4；图版八九，1）。

标本M47：85，伞形泡钉。表面镀金。形同M47：75。径4.4、高1.1厘米（图版八九，2）。

标本M47：93，伞形泡钉。形同M47：75。径4.0、高1.0厘米。

标本M47：94，伞形泡钉。形同M47：75。径4.4、高1.1厘米。

标本M47：99，伞形泡钉。形同M47：75。径4.4、高1.1厘米（图版八九，3）。

标本M47：100，伞形泡钉。形同M47：75。径4.4、高1.1厘米（图版八九，4）。

标本M47：105，伞形泡钉。表面镀金。体小如扣，钉柱较长。径1.9、高1.6厘米（图一四七，5；图版八九，5）。

标本M47：67，伞形泡钉。形同M47：105。径1.8、高1.5厘米。

标本M47：98，伞形泡钉。形同M47：105。径1.8、高1.5厘米。

标本M47：96，蝉形泡钉。表面镀金。前尖，后圆，边缘有四个乳凸状足。上有弧形及直线刻纹。长8.2、宽3.8、高3.3厘米（图一四七，6）。

标本M47：97，蝉形泡钉。形同M47：96。长8.4、宽4.0厘米。

标本M47：101，蝉形泡钉。上附牌饰残片。形同M47：96。长7.0、宽3.2厘米（图版八九，6）。

标本M47：103，蝉形泡钉。形同M47：96。长8.0、宽3.5厘米（图版八九，7）。

标本M47：121，蝉形泡钉。形同M47：96。长7.5、宽3.3厘米（图版八九，8）。

铜钱　1件。共1145枚。钱币保存不好，字迹不清，能选出拓片的标本不多。有五铢和货泉两种。货泉仅2枚，余均为五铢。五铢中有普通五铢、磨郭五铢等（图版九〇，1）。普通五铢有郭，直径约2.5厘米（图一四八，1~3）。磨郭五铢略小，直径约2.4厘米（图一四八，4、5）。货泉更小，直径约2.2厘米（图一四八，6）。

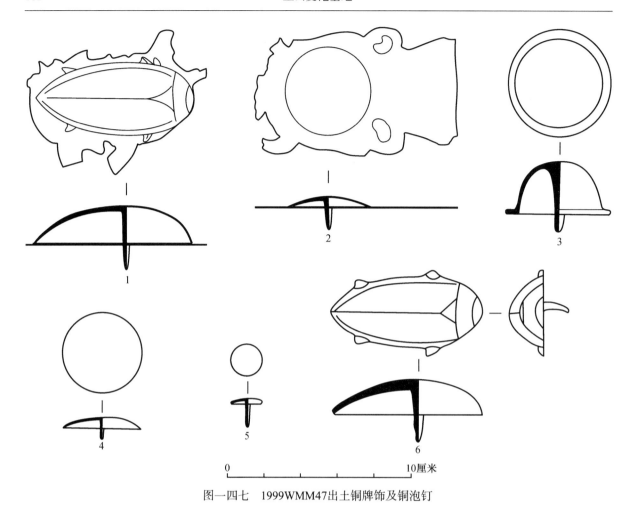

图一四七　1999WMM47出土铜牌饰及铜泡钉

1、2.动物形牌饰（M47：84、M47：104）　3.盔形泡钉（M47：95）　4、5.伞形泡钉（M47：75、M47：105）　6.蝉形泡钉
（M47：96）

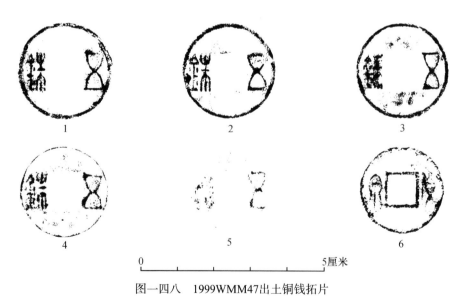

图一四八　1999WMM47出土铜钱拓片

1~3.普通五铢（M47：2-1、M47：2-2、M47：2-3）　4、5.磨郭五铢（M47：2-4、M47：2-5）
6.货泉（M47：2-6）

### 3. 漆耳杯及铜构件

漆耳杯　1件。标本M47：83，夹纻胎已朽尽。圆唇，椭圆形口，浅弧腹，平底，圈足微外撇，弧形双耳。腹、底为夹纻胎，外髹黑漆，下腹有一周带状红彩。耳、圈足为铜胎，口、腹各包一周铜箍。复原口径7.2～14.4、足径10.2、高6.4厘米（图一四九，1）。该器只有2件铜耳杯扣能完整地提取出来（图版九〇，2）。

铜构件　共19件。包括漆耳杯的耳部铜扣件及其他漆器不同部位的铜构件。

铜耳杯扣　3件。标本M47：1，月牙形，横截面呈"U"形。长6.8、宽1.2厘米（图版九〇，3）。

标本M47：109，形制、大小与M47：1相同（图一四九，10；图版九〇，4）。

标本M47：102，形制、大小与M47：1完全相同。

漆器铜构件　16件。因漆器已朽，仅剩铜构件。有的构件内部还带有夹纻胎残片，有的构件外表光滑，且多数镀金。这些铜构件均无法分辨出器类。可大致分为包足、包口、包底、中箍等。

铜包足　7件。该类铜构件应为漆器足部构件。标M47：108，内凹，断面近"U"形。直径22.4厘米（图一四九，2）。

标本M47：107，表面镀金。形制与M47：108相同。直径24.6厘米（图一四九，3；图版九〇，5）。

标本M47：53，表面镀金。形制与M47：108相同。直径20.8厘米（图一四九，4；图版九〇，6）。

标本M47：28，体形较大。表面镀金。形制与M47：108相同。直径28.1厘米（图版九一，1）。

标本M47：82，形制与M47：108相同。直径24.3厘米（图版九一，2）。

标本M47：112，体形较小。外表光滑，表面镀金。形制与M47：108相同。直径14.1厘米（图一四九，5）。

标本M47：111。体形较小。大小、形制与M47：112同。直径13.0厘米。

铜包口　5件。该类铜构件应为漆器口部构件。标本M47：115，口部有窄折边，剖面呈倒"L"形。内径11.6厘米（图一四九，6；图版九一，3）。

标本M47：32，口径略小。形制与M47：115相同。内径9.1厘米（图一四九，7；图版九一，4）。

标本M47：119，表面镀金。形制同M47：32。内径10.8厘米。

标本M47：118，形制同M47：32。内径11.0厘米。

标本M47：79，口径较小。形制与M47：32同。内径8.8厘米。

铜包底　2件。该类铜构件应为漆器底部构件。标本M47：114，表面镀金。圆片状，边缘呈角状斜折。底径7.8厘米（图一四九，8；图版九一，5）。

标本M47：113。表面镀金。体形略大，形制与M47：114同。底径9.6厘米（图版九一，6）。

铜中箍　2件。该类铜构件应为漆器腹部构件。标本M47：116，表面镀金。直边。直径10.2厘米（图一四九，9）。

标本M47：117，大小、形制与M47：116接近。直径9.7厘米。

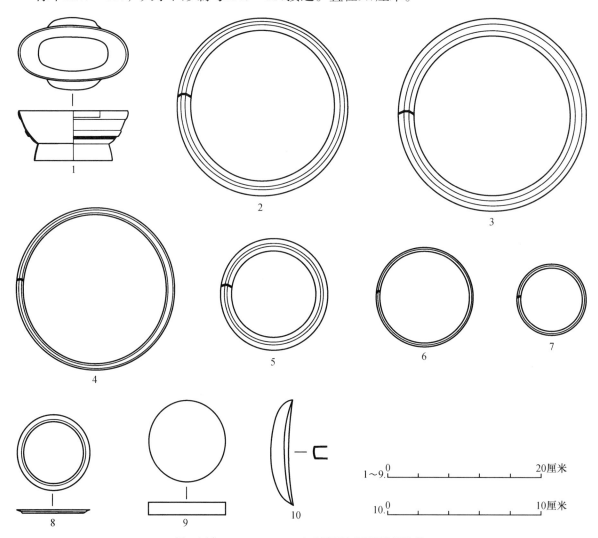

图一四九　1999WMM47出土漆耳杯及漆器铜构件

1. 漆耳杯（M47：83）　2～5. 铜包足（M47：108、M47：107、M47：53、M47：112）　6、7. 铜包口（M47：115、M47：32）　8. 铜包底（M47：114）　9. 铜中箍（M47：116）　10. 铜耳杯扣（M47：109）　（1号黑带为红漆）

### 4. 金银器

共11件。包括金手镯、金指环、银手镯、银指环、银戒指等。

金手镯　1件。标本M47：4，环形，椭圆茎。直径5.7、茎0.3～0.4厘米（图一五〇，1；图版九二，1）。

银手镯　1件。标本M47：5，环形，圆茎。直径5.9、茎0.45～0.5厘米（图一五〇，2；图版九二，2）。

金指环　5件。标本M47：7，环形，茎略呈椭圆形。直径从大至小依次为2.0、1.8、1.8、1.8、1.6厘米，茎约为0.1厘米。似分别套入5根手指（图一五〇，3~7；图版九二，3~7）。

银指环　3件。标本M47：6-1，环形，长椭圆形茎。直径2.0、茎0.15~0.3厘米（图一五〇，8；图版九二，8右侧）。标本M47：6-2，大小与前者同（图一五〇，9）。标本M47：6-3，个体略小，直径1.75厘米（图一五〇，10）。

银戒指　1件。标本M47：3，椭圆形环和茎。茎粗细不一，较粗一侧包戒面，戒面已失。直径1.8~2.1、茎厚0.1~0.15、宽0.2~0.35厘米（图一五〇，11；图版九二，8左侧）。

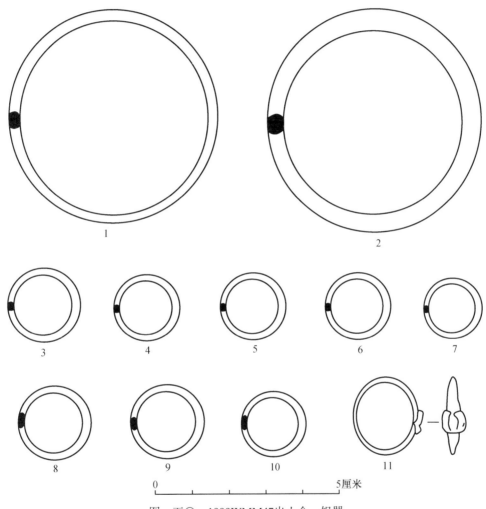

图一五〇　1999WMM47出土金、银器

1. 金手镯（M47：4）　2. 银手镯（M47：5）　3~7. 金指环（M47：7-1、M47：7-2、M47：7-3、M47：7-4、M47：7-5）　8~10. 银指环（M47：6-1、M47：6-2、M47：6-3）　11. 银戒指（M47：3）

# 六、1999WMM48

## （一）墓葬概述

M48位于墓地东部东端，北侧紧靠高坎。东距M45约5米，西南距M55约3米。墓葬呈东西向。墓葬方向270°。

M48为长方形竖穴土坑墓。墓葬开口于距地表深95厘米的表土及扰乱土层之下，打破生土。该墓北半部被M47叠压，西南角被M46叠压。墓内填土为本坑掘出的土回填，上部较紧，经夯筑，近底部较松软，为棺椁腐朽后的充塞土。墓壁陡直，不光滑，修建较为粗糙。墓底平整。葬具不存，但局部可见板灰痕迹。人骨不存。根据墓葬规模、板灰残痕、随葬品判断，该墓应为一椁一棺墓葬，椁室的边箱设在北侧，结构应与M43、M45类似。墓坑较宽，长宽之比接近3：2。墓口长422、宽320厘米，墓底长400、宽300厘米。墓底距墓口最深455、距地表最深550厘米。M48墓底低于M47墓底263厘米，低于M46墓底283厘米。

该墓保存完整，未发现盗扰迹象。随葬品大多位于北侧边箱。石璧位于头部，铜带钩位于身体中腰部，其他器物均位于椁室北侧。墓内随葬器物编号7件（套），计有陶矮领罐1件、铜鼎（有盖）1件、铜壶（有盖）1件、铜鐎壶1件、铜勺1件、铜带钩1件、石璧1件（图一五一；彩版六，1）。

该墓出土铜器具有战国晚期楚墓风格，鼎、壶都是楚式器物，器物组合也具楚墓特征，与M43、M45两墓类似，时代应该在西汉早期。

## （二）随葬器物

共7件（套）。以铜器为主，陶器只有1件，另有1件石璧。

### 1. 陶器

矮领罐　1件。标本M48：7，泥质灰陶。三角形唇，唇沿外翻，小口微敞，细领，耸肩，肩、腹圆转，鼓腹较浅，下腹斜收，平底。中腹饰粗绳纹，并间以弦纹，下腹有数周浅细弦纹，余素面。口径14.4、腹径34.4、底径16.4、高27.8厘米（图一五二，1；图版九三，1）。

### 2. 铜器

共5件（套）。分别为鼎、壶、鐎壶、勺、带钩各1件。

铜鼎　1件（套）。标本M48：4，有盖。残，未修复。胎较轻薄，底、足有厚烟炱。盖为弓弧形，盖腹较浅，盖沿内折，盖顶有3个简化鸟形纽饰，鸟头向内。鼎为子母口，口微敛，弧腹较深，圜底，蹄形足。双耳外张，内空。中腹有一道凸棱，余素面。复原口径12.0、腹径13.6、通宽16.8、高9.8、通高12.8厘米（图一五二，2；图版九三，2）。

铜鐎壶　1件。标本M48：5，盖已失。器底积有厚烟炱。矮直口，球形腹，圜底。鸟首形流，八棱方形柄。柄上扬，前段弧翘，后段直翘。与流相对的肩部，可见连接盖的轴辖。口径8.2、腹径12.6、高9.6、带柄通宽24.7厘米（图一五二，3；图版九三，3）。

铜壶　1件（套）。标本M48：3，有盖，盖、身扣合严实。整器保存尚好。深弧腹盖，盖沿内折呈子母口形，盖面有3个简化鸟形纽饰，鸟头向内。壶口向内折，高弧领，溜肩，深鼓腹，平底，圈足外撇。肩下饰一对衔环兽面铺首，肩及中腹各饰一组凸棱，每组三周，余素面。口径8.4、腹径16.3、足径11.4、高24.4、通高28.2厘米（图一五二，4；图版九三，4）。

铜勺　1件。标本M48：6，六棱方形柄，箕形勺。高9.2、宽7.2厘米（图一五二，5；图版

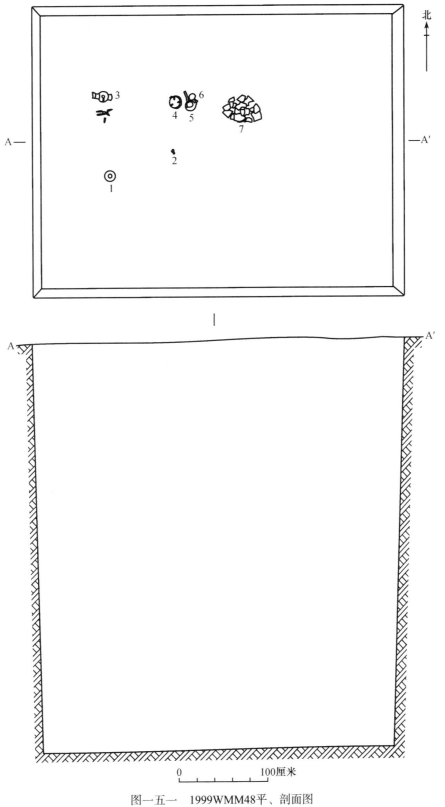

图一五一　1999WMM48平、剖面图

1.石璧　2.铜带钩　3.铜壶（有盖）　4.铜鼎（有盖）　5.铜鐎壶　6.铜勺　7.陶矮领罐

九三，5）。

铜带钩 1件。标本M48：2，蛇首形钩，圆扣较大。尾部呈翼形，并有鳞状纹。长4.3厘米（图一五二，6；图版九三，6）。

### 3. 其他

石璧 1件。标本M48：1，材质未做鉴定，初步推测为琉璃。圆形，中心有一孔，孔径较大。双面饰涡形纹。直径11.8、孔径4.0、厚0.25厘米（图一五二，7）。

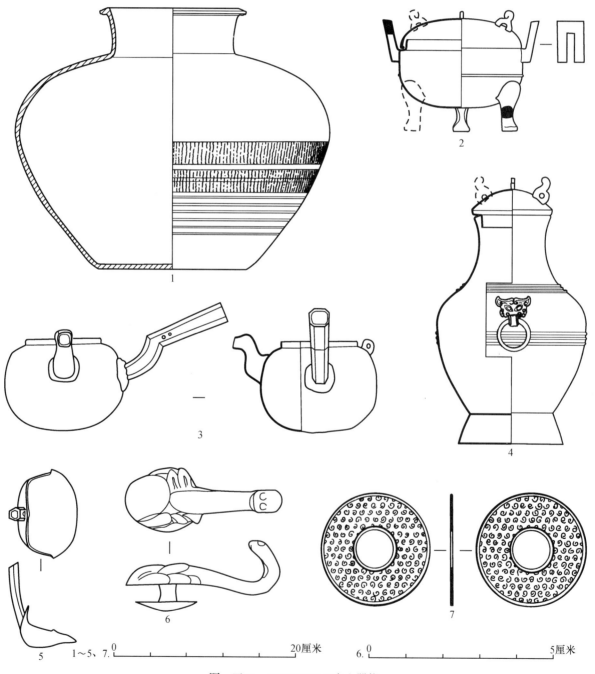

图一五二 1999WMM48出土器物

1. 陶矮领罐（M48：7） 2. 铜鼎（M48：4） 3. 铜鐎壶（M48：5） 4. 铜壶（M48：3） 5. 铜勺（M48：6） 6. 铜带钩（M48：2） 7. 石璧（M48：1）

# 七、1999WMM49

## （一）墓葬概述

M49位于墓地东部东端。东距M38最近距离约6米，东南与M40西北角相距不足1米，西距M54约10米。墓葬略呈东西向。墓葬方向101°。

该墓南北跨两级阶地，并与M50和M53有打破和叠压关系。北部延伸至上一级阶地，其西北角被M53甬道叠压。南部处于下一级阶地，其西南部打破M50，并超过M50底部约120厘米（图一五三）。

该墓为近方形竖穴土坑墓。墓葬开口于距地表深80厘米的表土及扰乱土层之下，打破生土。墓内填土为本坑掘出的土回填，上部较紧，经夯筑，近底部较松软，当为棺椁腐朽后的充填土。该墓形制大抵与M43、M45、M48三墓接近。墓壁较陡直，相对比较光滑，墓底平整，其上有薄层石灰。墓坑长、宽接近，二者之比接近1：1。葬具不存，但可见两具骨架痕迹，据痕迹判断应为仰身直肢。骨架分别位于墓底南、北两侧，呈东西向摆放，应为夫妻同穴合葬墓，结构应与M40相似。墓口长372、宽382厘米，墓底长320、宽330厘米。墓底距墓口最深460厘米，墓底距下阶地地表最深540、距上阶地地表最深780厘米。

该墓保存完整，未发现盗扰迹象。墓中随葬品分两组分开放置，当分属两个墓主。北侧墓主随葬品主要位于骨架北侧，随葬品中有铁剑一柄，墓主可能为男性。参照M39铁剑摆放方向，若以剑首朝向为墓葬方向，墓主头部应在墓室东端。南侧墓主的随葬品主要置于头、足两端。足端为铜镜、石板、石饼、铜五铢钱等小件器物，头端置陶罐4件，墓主可能为女性。若依头向定，该合葬墓排列应为男右女左格局，与M40正好相反。另外，从随葬品数量看，M49男性墓主随葬器物要多于女性墓主，这一情形与M40也是相反的。

该墓随葬器物编号共计36件，包括陶、铜、石等不同材质。其中，陶器有27件，计有陶罐11件、陶鼎1件、陶壶1件、陶盂3件、陶钵10件、陶灶1件；铜器有6件，计有铜镜2件、铜构件3件、铜钱1件（1枚）。另有铁剑1件、石饼1件、石板1件（图一五四；图版五，1）。

该墓形制以及随葬器物特征都与M39相似，时代应属西汉晚期偏早阶段。

## （二）随葬器物

### 1. 陶器

共27件。器类包括罐、鼎、壶、盂、钵、灶等。

陶罐 11件。标本M49：8，泥质红胎黑褐陶，器表有较多烟黑。圆唇，敛口，口外起凸棱，圆肩，筒形腹微鼓，宽平底。腹有两周堆塑花边状附加堆纹，并间以两周粗绳纹，下腹近底部有刀削棱痕，余素面。口径8.6、腹径14.8、底径10.2、高12.0厘米（图一五五，1；图版九四，1）。

标本M49：9，泥质灰陶，微偏黄，器表凹凸不平。方唇，口微敛，口外起凸棱，圆肩微

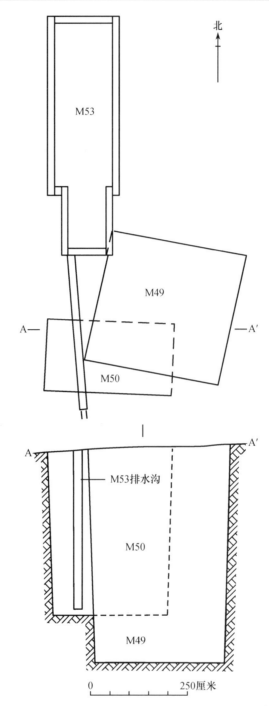

图一五三　1999WMM49、1999WMM50、1999WMM53平、剖面示意图
（墓葬尺寸依墓底）

折，筒形腹微曲，平底。肩、腹各饰一周指甲纹，腹部经过刮抹，指甲纹不明显，下腹近底部有刀削棱痕，余素面。口径8.0、肩径14.8、底径8.8、高11.9厘米（图一五五，2；图版九四，2）。

　　标本M49：12，泥质灰黄陶。圆唇，敛口，口外起凸棱，圆肩，扁鼓腹，宽平底。肩部压印一周锯齿状短条纹，中腹饰粗绳纹似被抹平，下腹有刀削棱痕，余素面。口径8.4、腹径16.0、底径9.9、高11.2厘米（图一五五，3；图版九四，3）。

　　标本M49：20，泥质灰褐陶，局部有黑斑。三角形唇，唇沿外凸较甚，敛口，圆肩微耸，

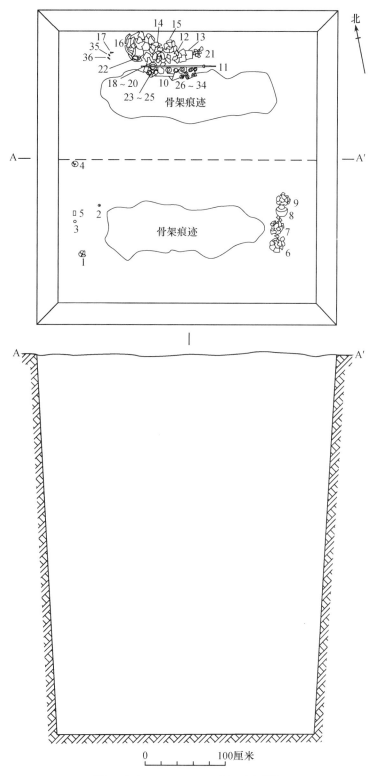

图一五四　1999WMM49平、剖面图

1、4.铜镜　2.铜钱（1枚）　3.石饼　5.石板　6～9、12～15、18～20.陶罐　10.陶灶　11.铁剑　16.陶壶　17、35、36.铜构件　21.陶鼎　22、26～34.陶钵　23～25.陶盂

筒形腹，宽平底。腹有两周堆塑花边状附加堆纹，其间饰粗绳纹，下腹近底部有刀削棱痕，余素面。口径8.7、腹径14.4、底径10.8、高12.0厘米（图一五五，4；图版九四，4）。

标本M49：6，泥质红胎黑褐陶，器表呈炭黑。形制及纹饰与M49：8同。口径9.7、高11.5厘米（图版九四，5）。

标本M49：7，泥质红胎黑褐陶，器表有较多烟黑。形制及纹饰与M49：20接近，腹微垂。口径8.9、高12.6厘米（图版九四，6）。

标本M49：13，泥质灰黄陶。形制及纹饰与M49：20略同，腹微鼓。口径9.4、高10.5厘米（图版九五，1）。

标本M49：15，泥质红胎黑褐陶。形制及纹饰与M49：12同。口径10.5、高11.5厘米。

标本M49：18，泥质红胎黑褐陶。形制及纹饰与M49：20同。口径9.8、高11.3厘米（图版九五，2）。

标本M49：14，残，仅存底部。泥质红胎灰褐陶。形制及纹饰与M49：20同。残高6.5厘米

标本M49：19，泥质灰褐陶。形制及纹饰与M49：20同。口径9.4、高10.6厘米（图版九五，3）。

陶鼎 1件。标本M49：21，泥质红褐陶。仅存带耳残片。方唇，子母口，弧腹，底、足残。方形附耳外张，内空，上端正视呈倒梯形。带耳残高9.2厘米（图一五五，5）。

陶壶 1件。标本M49：16，泥质青灰陶。方唇，盘状直口，粗弧领，溜肩，深鼓腹，圜底，圈足较高，足沿微内收。肩下有一对兽面铺首，铺首无环。肩、腹部各饰一组宽弦纹，下腹饰两周细弦纹，余素面。口径15.0、腹径30.2、足径16.1、高36.7厘米（图一五六，1；图版九五，4）。

陶盂 3件。标本M49：23，泥质灰陶。方唇外凸起棱，敛口，圆肩，扁腹，平底。下腹近底部有刀削棱痕，余素面。口径4.2、腹径10.2、高5.3厘米（图一五六，2；图版九六，1）。

标本M49：25，泥质灰陶，微偏黄。内斜方唇，唇面微凹，直口微敛，圆肩，扁腹，宽平底。腹部有一对乳钉状实心泥凸，下腹近底部有刀削棱痕，余素面。口径6.7、腹径9.7、底径6.8、高4.9厘米（图一五六，3；图版九六，2）。

标本M49：24，泥质灰陶。形制及纹饰与M49：25近似，略显瘦高。口径5.8、高5.6厘米（图版九六，3）。

陶钵 10件。大小、形制接近，应为九釜眼陶灶之配套器物。标本M49：26，泥质灰陶。内斜方唇，唇微外侈，口微敛，浅弧腹，小平底。素面。口径8.8、底径2.2、高4.8厘米（图一五六，4；图版九六，4）。

标本M49：27，泥质灰陶，局部有灰黑斑。方唇，近底部凹凸不平，余同M49：26。素面。口径8.0、高4.4厘米（图版九六，5）。

标本M49：28，泥质灰黄陶。形制同M49：26。素面。口径8.5、高4.0厘米（图版九六，6）。

标本M49：29，泥质灰陶，局部有灰黑斑。形制与M49：26同。素面。口径9.0、高4.0厘米（图版九七，1）。

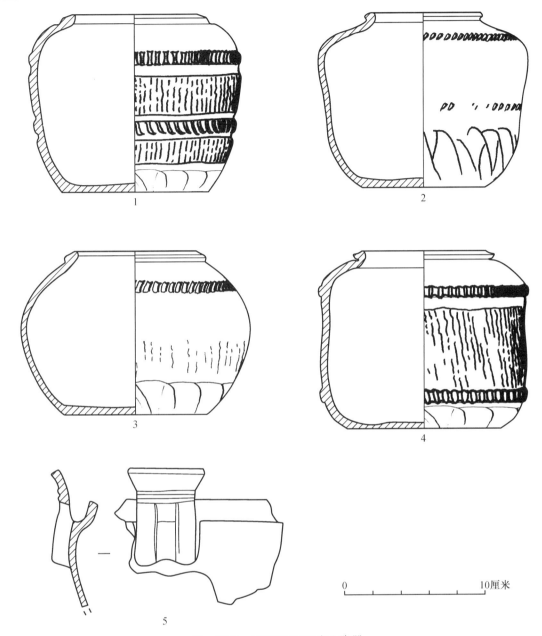

图一五五 1999WMM49出土陶器

1～4.罐（M49：8、M49：9、M49：12、M49：20） 5.鼎（M49：21）

标本M49：30，泥质灰陶。方唇，形制与M49：26同，近底部有刀削痕迹，余素面。口径8.5、高4.0厘米（图版九七，2）。

标本M49：31，泥质灰褐陶。口部歪斜不平。形制与M49：26同，近底部有刀削痕迹，余素面。口径9.0、高4.4厘米（图版九七，3）。

标本M49：32，泥质灰黄陶。口部歪斜不平。形制与M49：26同。口径9.3、高4.5厘米（图版九七，4）。

标本M49：33，泥质灰陶，局部有灰黑斑。形制与M49：26同。近底部有刀削痕迹，余素面。口径8.8、高4.5厘米。

标本M49：34，泥质灰黄陶。方唇，形制与M49：26同。素面。口径8.2、高4.3厘米（图版九七，5）。

标本M49：22，泥质深灰陶，局部有黑斑。内斜方唇，唇外侈起凸棱，口微敛，折腹较深，小平底。素面。口径11.5、底径3.0、高5.5厘米（图一五六，5；图版九七，6）。

陶灶　1件。标本M49：10，泥质灰陶。残甚，未修复。根据残片及同出的9个小杯判断，应为九孔陶灶，形制当与M40：78同。

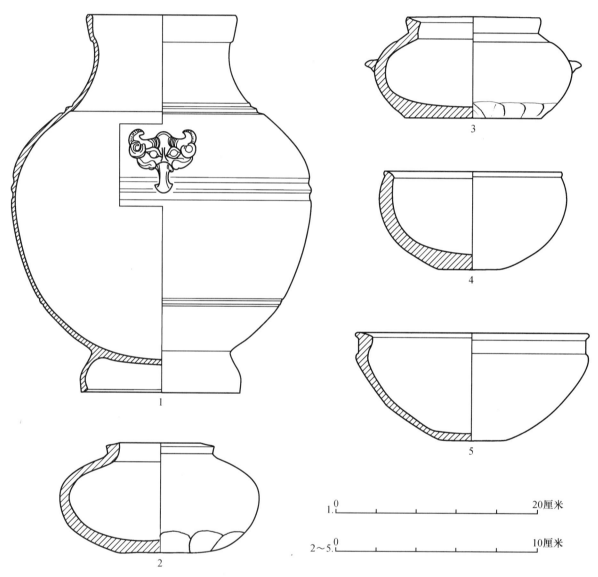

图一五六　1999WMM49出土陶器

1.壶（M49：16）　　2、3.盂（M49：23、M49：25）　　4、5.钵（M49：26、M49：22）

## 2. 铜器

共6件（铜钱1件）。器类有铜镜、铜构件、铜钱等。

铜镜　2件。标本M49：1，通体银白色。圆形镜面。连峰状纽，圆纽座。纽周围饰仰俯交错的指甲纹，内区及镜缘饰连弧纹，外区等距离分布4个高凸的大乳钉纹及两组以变形虺纹相连的小乳钉纹和两个单体小乳钉纹。直径11.6、缘厚0.6厘米（图一五七，2）。

标本M49：4，通体镀水银，呈银白色。圆形镜面。三弦纽，圆纽座，宽素缘。外区饰连弧纹，内区主体纹饰为四分平行垂直的席纹为地纹，其上环绕4个单体魑纹。直径8.0、缘厚0.2厘米（图一五七，3）。

铜构件　3件。残损较甚，可能系盖弓帽类器物。标本M49：17，锥形。圆口，尾端呈乳凸状，尾部有一小孔。长4.5厘米（图一五七，4）。

标本M49：35，体略小。保存较差，尺寸不详。

标本M49：36，体略小，残甚，尺寸不详。

五铢钱　1件。保存不好，但"五铢"两字仍可分辨。

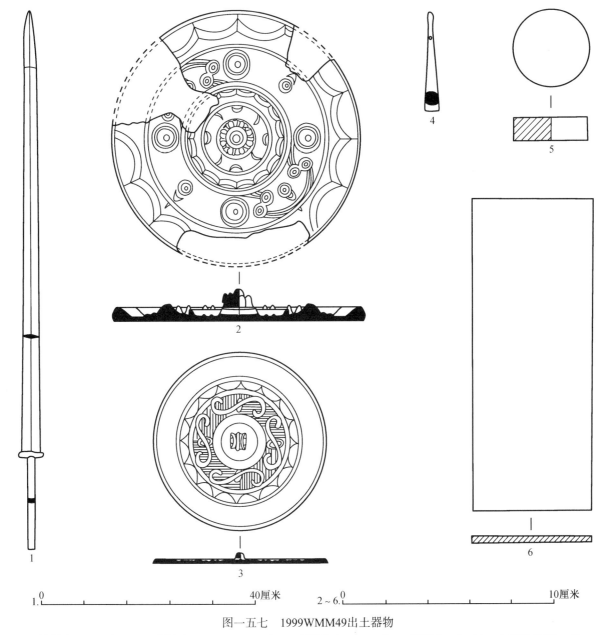

图一五七　1999WMM49出土器物

1.铁剑（M49：11）　2、3.铜镜（M49：1、M49：4）　4.铜构件（M49：17）　5.石饼（M49：3）　6.石板（M49：5）

**3. 铁器**

铁剑　1件。标本M49：11，扁茎，凹字铜格，菱形剑身，尖端有裂缝。长98.5厘米（图一五七，1）。

**4. 石器**

石饼　1件。标本M49：3，灰色石质。通体磨光。平面为圆形，断面为矩形。较薄。直径3.6、厚1.1厘米（图一五七，5）。

石板　1件。标本M49：5，青色石质。长方形薄片状。一面磨光，一面较粗糙。长14.3、宽5.8、厚0.3厘米（图一五七，6）。

# 八、1999WMM50

M50位于墓地东部东端。东南紧靠1998年发掘的M40，北距M53甬道不足2米，西距M54约8米。该墓东北部被M49打破，M53排水沟呈南北向从墓葬西部横穿而过。

M50为长方形竖穴土坑墓。墓葬开口于距地表深80厘米的表土及扰乱土层之下，打破生土。墓内填土为本坑掘出的土回填，上部较紧，经夯筑，近底部较松软。墓壁较陡直，但不光滑。墓底平整，不见随葬品。葬具及人骨不存，葬式不明。墓葬方向不明。墓口长336、宽225厘米，墓底长323、宽181厘米。墓底距墓口最深390、距地表最深420厘米。墓底高于M49底部120厘米（图一五八）。

该墓虽未发现盗扰迹象，但却没发现任何随葬品，我们推测，可能是因M49的修建而挖毁所致。由于该墓既无人骨，又无随葬器物，墓葬方向及时代难以确定。不过，该墓墓坑较西汉晚期墓（如M49）要显窄长，时代可能要早于西汉晚期。同时，该墓与M54成排分布，而且形制很接近，推测其墓葬方向及年代可能与M54更为接近。由此，推测该墓时代可能为西汉中期。

# 九、1999WMM51

## （一）墓葬概述

M51位于墓地东部东端。南距M53约5米，西距M52最窄处仅有3米。墓葬略呈南北向，头向北。墓葬方向345°。

该墓为长方形竖穴土坑墓。墓葬开口于距地表深60厘米厚的表土层下，打破生土。墓内填土松软，土质较杂。墓葬狭长，墓坑很浅。墓壁长边较直，两端倾斜。墓底平坦，并铺有石灰。骨架已朽，葬式不明，但头骨位置可辨。葬具不明。随葬器物均位于头端。墓口长232、宽85厘米，墓底长220、宽80厘米。墓底距墓口最深98、距地表最深155厘米。墓内随葬釉陶多角坛1件、釉陶魂瓶（有盖）1套，分别置于头端两侧（图一五九）。

从墓葬形制及随葬器物特征综合分析，该墓应为宋墓。

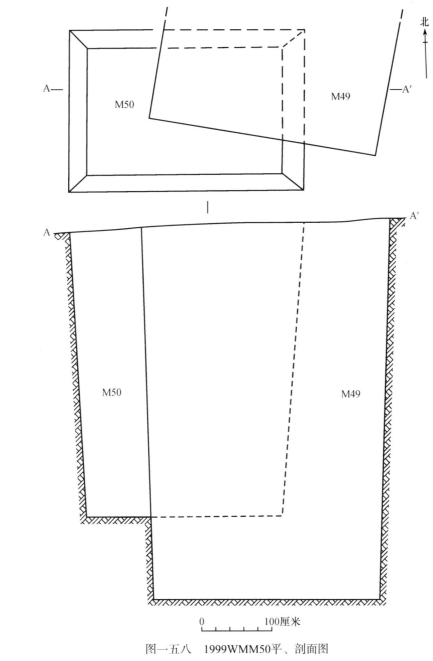

图一五八 1999WMM50平、剖面图

## （二）随葬器物

共2件（套）。分别为釉陶多角坛和釉陶魂瓶。

釉陶多角坛 1件。标本M51：1，粗泥红灰色胎，器表施酱黑色釉，下腹及底露胎。圆唇，敛口，折肩，上腹弧曲，下腹微鼓，矮圈足较厚，并微内折。上腹缠绕一堆塑奔龙，并饰竖向三列牛角形堆纹，龙身一列4个，龙首及龙尾每列5个，下腹素面。口径5.8、腹径14.6、足径7.3、高23.2厘米（图一六〇，1；图版九八，1）。

釉陶魂瓶 1件（套）。标本M51：2，有盖。瓶（M51：2-1）为粗泥红灰色胎，器表施黑色釉，下腹及底露胎。小口微敞，圆肩，深鼓腹，饼状矮圈足，并微内折。上腹堆塑一

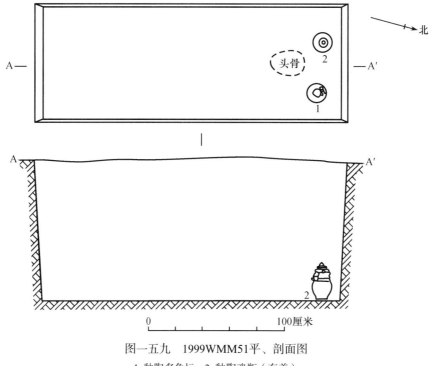

图一五九　1999WMM51平、剖面图

1. 釉陶多角坛　2. 釉陶魂瓶（有盖）

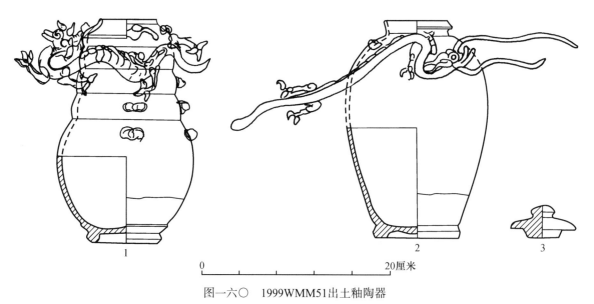

图一六〇　1999WMM51出土釉陶器

1. 多角坛（M51：1）　2. 魂瓶（M51：2-1）　3. 魂瓶器盖（M51：2-2）

龙，余素面。口径6.4、腹径15.2、足径9.0、高22.7厘米（图一六〇，2；图版九八，2）。盖（M51：2-2）为泥质红胎，器表施酱色釉。盖为实心，略呈蘑菇形，顶有小提手。径6.9、高3.1厘米（图一六〇，3）。

# 一○、1999WMM52

## （一）墓葬概述

M52位于墓地东部东端。东距M51约3米，二者方向接近，并排而葬。墓葬略呈南北向，头向北。墓葬方向335°。

该墓为长方形竖穴土坑墓。墓葬开口于距地表深45厘米厚的表土层下，打破生土。相比M51而言，墓葬更为狭长，墓坑略深。墓内填土松软，土质较杂。墓壁较陡直，墓底平坦，并铺有较厚石灰。骨架已朽，葬式不明，但头骨位置可辨。葬具不明。随葬品均位于头骨左后侧。墓口长258、宽90厘米，墓底长250、宽80厘米。墓底距墓口最深145、距地表最深190厘米。墓内随葬釉陶罐2件、铜钗1件（图一六一）。

从墓葬形制及随葬器物特征综合分析，该墓时代应与M51接近，同为宋墓。

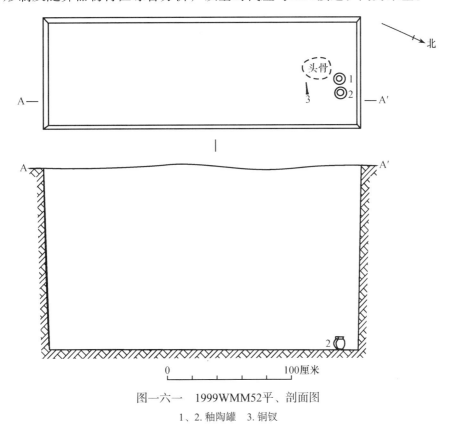

图一六一　1999WMM52平、剖面图
1、2.釉陶罐　3.铜钗

## （二）随葬器物

共3件。分别为2件釉陶罐和1件铜钗。

釉陶罐　2件。标本M52：1，泥质酱色胎，上腹施姜黄釉，下腹及底露胎。圆唇，窄卷沿，斜领，深腹微鼓，平底。下腹饰瓦楞状纹，余素面。口径6.5、腹径10.1、底径6.0、高11.2厘米（图一六二，1；图版九八，3）。

标本M52：2，泥质酱色胎，上腹施酱黑色釉，下腹近底部露胎。形制与M52：1接近。中腹饰两道凸棱，下腹饰瓦楞状纹，余素面。形制及纹饰与M52：1同。口径7.1、底径6.0、高12.1厘米（图一六二，2；图版九八，4）。

铜钗　1件。标本M52：3，顶部呈钉帽状，钗身细长。钗顶有3个圆珠状纹。长11.5厘米（图一六二，3）。

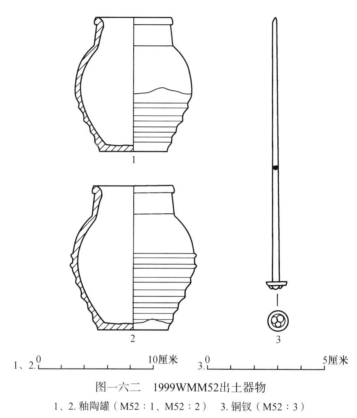

1、2.0　　　　　　　　10厘米　　　3.0　　　　　　5厘米

图一六二　1999WMM52出土器物

1、2.釉陶罐（M52：1、M52：2）　3.铜钗（M52：3）

## 一一、1999WMM53

### （一）墓葬概述

M53位于墓地东部东端。西距M54约8米，北距M51约5米，东距M44最近距离约5米，南侧紧邻M49和M50。该墓与M44并排，方向接近，均为南北向，南侧甬道及排水沟分别叠压于M49和M50之上。墓葬坐北朝南，为正南北向，甬道及排水沟朝南。墓葬方向180°。

M53为竖穴砖室墓。墓葬开口于距地表深约70厘米厚的表土及扰土层之下，墓葬上部被数座近现代墓葬打破，墓葬下部打破生土。墓葬平面为非对称凸字形，由墓室、甬道及排水沟组成，不见墓道。墓室狭长，甬道略偏向东侧。墓壁均为单砖错缝横砌而成，墙厚18厘米。墓壁砖墙距外侧土坑墓壁隔有约5厘米的空隙。墓底铺砖，纵、横交替略呈席纹形。券顶已破坏。墓室内空长410、宽150、残高162厘米，甬道内空长170、宽96厘米。墓葬通长（不含排水沟）598厘米。墓底距墓口最深390、距地表最深460厘米。甬道口封门，封门砖为单砖横铺，砖厚17厘米（图一六三）。

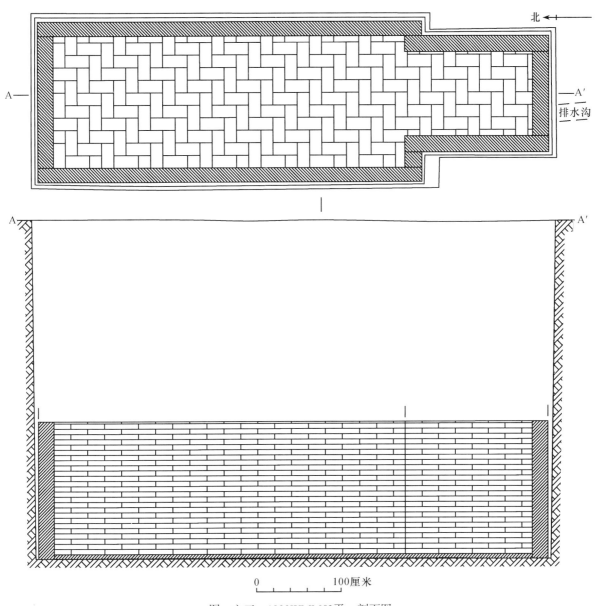

图一六三　1999WMM53平、剖面图

　　甬道底向南砌有排水沟，排水沟略向东南倾斜，并从M50墓内靠西部位置横穿而过。排水沟长550厘米，砌法与M44相同。即后段砌成三角形沟，中段为八字形（无垫砖），前段仅有一块平砖相连。

　　墓砖均为常规宽形砖。有两种形制：一种墓砖平面饰斜向粗绳纹或交错粗绳纹，长侧边多见成组双线交叉几何纹，有的端边也有类似纹样。该类墓砖数量多，应为墓壁砖。墓砖长38.5、宽约17.0、厚5.9厘米（图一六四，1）。还有一类墓砖稍短厚，平面及端边均为素面，长侧边饰对称分布的组合几何纹。这类砖数量少，而且多发现于甬道口位置，可能是封门砖。墓砖长35.5、宽17.0、厚6.4厘米（图一六四，2）。

　　该墓盗扰严重，葬具、人骨均无。随葬器物被洗劫一空。仅在墓底发现极少量的青瓷残片，能辨出器形的只有1件青瓷盘口壶，特征与M42接近。另外，该墓形制与M44相若，时代也应大致相当，当与M42、M44同属南朝墓葬。

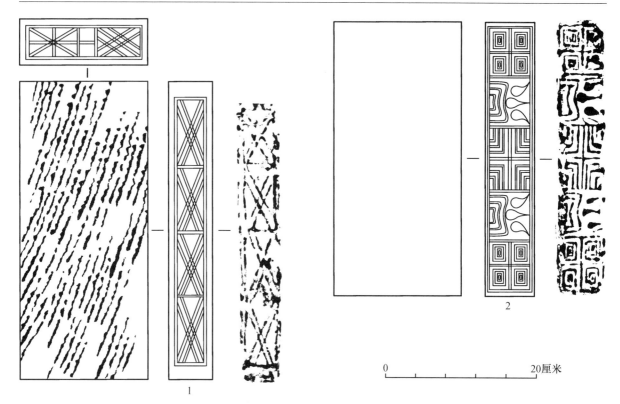

图一六四　1999WMM53出土墓砖

（均为常规宽形砖）

## （二）随葬器物

仅1件青瓷壶残片。

青瓷壶　1件。标本M53：1，上有一方桥形系纽，应为四系盘口壶残片。青白瓷胎，豆绿釉，晶莹光洁，釉层坚固。弧领，圆肩微耸，深斜腹。素面。残高21.2厘米（图一六五，1）。

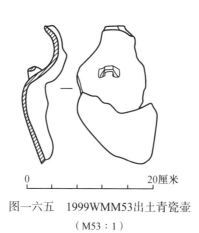

图一六五　1999WMM53出土青瓷壶

（M53：1）

# 一二、1999WMM54

## （一）墓葬概述

M54位于墓地东部东端，与M49、M50处于同一级台地。东距M50约8米，东北距M52约10米。墓葬方向274°。

该墓为长方形竖穴土坑墓。墓葬开口于距地表深75厘米的表土及扰乱土层之下，打破生土。墓内填土为本坑掘出的土回填，填土较杂，有较多石块夹杂其内，并经夯实，土质坚硬，发掘极为困难。墓壁较斜，而且不光滑。墓底平整。骨架已朽，葬式不明。葬具不存。墓口长396、宽280厘米，墓底长390、宽240厘米。墓底距墓口最深375、距地表最深450厘米。

墓葬未发现盗扰迹象。墓内随葬两件器物，陶矮领罐和铁鍪各1件。两器均摆放在墓底西北部（图一六六）。

该墓形制与M43、M45、M48等时代较早的墓葬大抵相似，而且随葬铁鍪形制与M31、M32所出相似。据此，我们推断该墓年代也应与M31和M32接近，时代当在西汉中期。

## （二）随葬器物

共2件。陶矮领罐和铁鍪各1件。

陶矮领罐 1件。标本M54：2，泥质灰黄陶。内斜方唇微外凸，直口似矮领，沿内有凸棱，圆肩，深鼓腹，上腹外鼓较甚，下腹斜收，并微内弧，小平底。内壁不平，颈部饰一周弦纹，肩部饰一道凸棱，余素面。口径12.6、腹径22.6、底径8.8、高19.2厘米（图一六七，1；图版九九，1）。

铁鍪 1件。标本M54：1，残。方唇，窄折沿，沿面微内凹，高弧领，斜折肩，浅腹，圜底近平。双耳残。复原口径13.4、肩径19.2、高16.4厘米（图一六七，2）。

# 一三、1999WMM55

M55位于墓地东部东端。东北和东南分别距M48和M35约3米，南距M38约2米，西距M44约6米。

该墓为长方形竖穴土坑墓。墓葬开口于距地表深95厘米的表土及扰乱土层之下，打破生土。扰土中含有少量东周陶片，说明该处原有东周遗存，后被晚期墓葬打破。墓内填土砂性较重，结构紧密，近底部土质较松软。墓坑较宽，长、宽之比接近3：2。墓壁较斜，且不光滑，似未经加工。墓底平整。葬具及人骨不存，葬式不明。墓口长445、宽310厘米，墓底长410、宽257厘米。墓底距墓口最深403厘米，墓底距地表最深500厘米。该墓未发现盗扰迹象，但未见随葬器物（图一六八）。

由于该墓既无人骨，又无随葬器物，墓葬方向难以确定。不过，考虑到该墓与M48、M54

等墓成排分布的规律，可推测其墓葬方向应与后者相近。

　　根据墓葬形制及其走向推测，推测该墓应与本墓地东部年代最早的一批土坑墓（M48、M45、M43等）接近，推测其年代当在西汉早期。

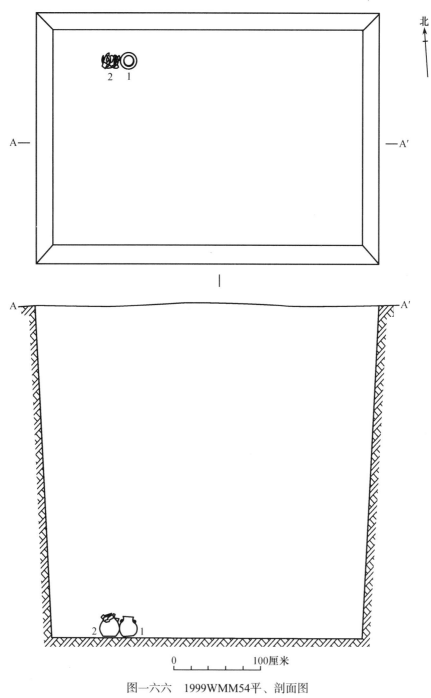

图一六六　1999WMM54平、剖面图
1. 铁釜　2. 陶矮领罐

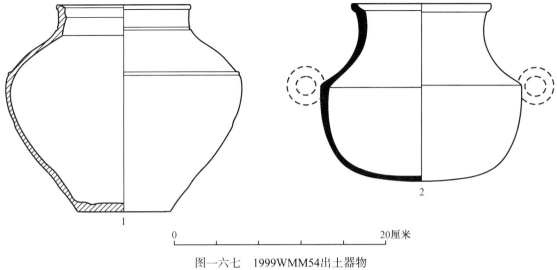

图一六七　1999WMM54出土器物

1.陶矮领罐（M54：2）　2.铁鍪（M54：1）

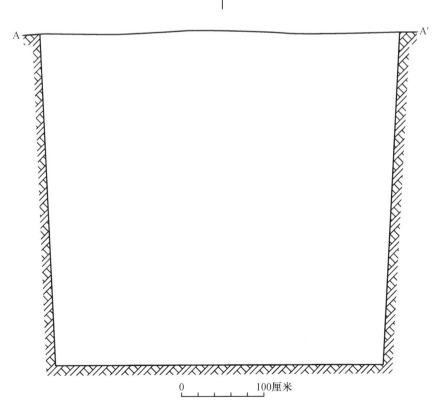

图一六八　1999WMM55平、剖面图

# 第四节　2001年发掘墓葬

2001年共发掘墓葬21座，墓葬编号为M56～M76[①]。其中，有10座墓葬（M56～M65）位于墓地西部、6座墓葬（M66～M71）位于墓地东部偏西段、5座墓葬（M72～M76）位于墓地东部北侧，海拔位置较高。共出土各类器物154件（套）（5件有盖）、铜钱156枚（附表四）。

本次发掘的21座墓葬当中，发现有四组打破关系：第一组为M59和M61，第二组为M60、M62和M65，第三组为M67、M70和M71，第四组为M72和M73。它们之间的叠压打破关系将在下文随同墓葬一起介绍。下面依墓葬编号顺序，将21座墓葬介绍如下。

## 一、2001WMM56

M56位于墓地西部东北段，坐落在一处很陡的斜坡上。该墓东距M57约20米，南距1997年发掘的M29约7米。墓葬呈东西向。

该墓为长方形竖穴土坑墓。墓葬开口于距地表深15～25厘米的表土层之下，打破生土。墓内填土为黄褐色黏土，结构疏松。墓坑较宽，长、宽之比接近3∶2。墓壁较陡直，不光滑，未经加工。墓底平整。葬具及人骨不存，葬式不明。墓口长386、宽253厘米，墓底长365、宽230厘米。墓底距墓口最深270、距地表最深295厘米。该墓严重被盗，未发现随葬器物（图一六九）。

该墓朝向为正东西向。由于该墓既无人骨，又无随葬器物，墓葬方向难以确定，推测其方向与M57相若。

该墓形制与M57相若，方向也接近，二者年代当相差不远。后者为西汉晚期偏早阶段，由此，我们推测该墓时代当在西汉晚期。

## 二、2001WMM57

### （一）墓葬概述

M57位于墓地西部东北段一处陡坡上。墓葬正好处于2001AT2中部，西距M56约20米。墓葬略呈西南—东北走向。墓葬方向245°。

该墓为近方形竖穴土坑墓。墓葬开口于距地表深50厘米的表土及扰乱土层之下，打破生土。墓内填土为褐色黏土，内含少量陶片及残铁块，结构致密，并经过夯实。墓壁陡直，四壁光滑。墓底平整，四周有熟土二层台，台宽及台高不一致。东部宽33、高87厘米，北部宽37～45、高80厘米，西部宽22、高50厘米，南部宽46、高90厘米。葬具及人骨不存，葬式不

---

[①] 注：年度报告称有22座，但查原始资料及图纸只有21座。

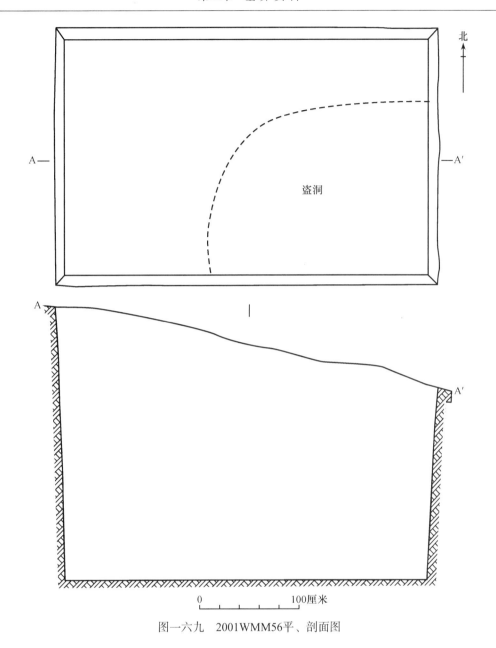

图一六九　2001WMM56平、剖面图

明。墓口长298～308、宽291～300厘米，墓底长235、宽187厘米。墓底距墓口最深420、墓底距地表最深480厘米。

该墓早期被盗，但未盗尽，在墓底西北侧清理出8件随葬器物。计有陶罐5件、陶器盖1件、陶马1件、铜泡钉1件（图一七〇）。

根据墓葬形制及随葬器物特征综合分析，该墓应与墓地东部M40年代接近或略早，时代当在西汉晚期偏早阶段。

## （二）随葬器物

### 1. 陶器

共7件。器类只有陶罐、陶器盖以及陶马三类。

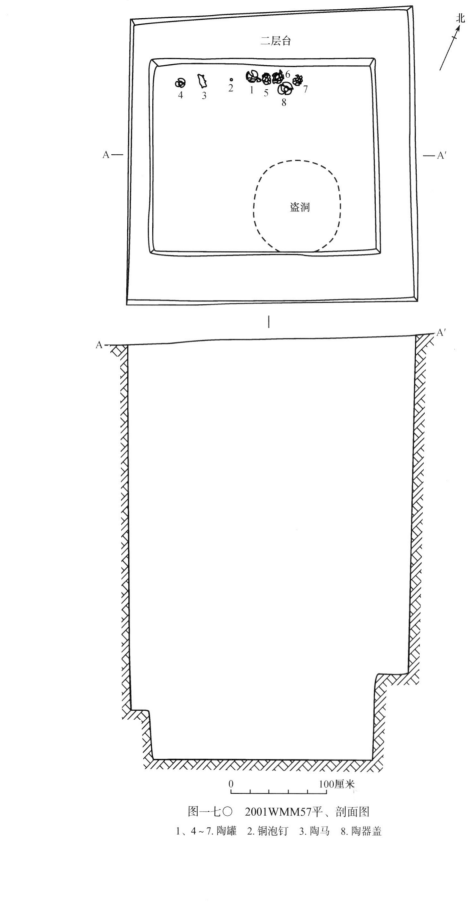

图一七〇　2001WMM57平、剖面图

1、4~7.陶罐　2.铜泡钉　3.陶马　8.陶器盖

陶罐　5件。标本M57：1，泥质深灰陶，局部有烟黑斑。圆唇外凸起棱，敛口，耸肩微折，深筒形腹，上腹近直，下腹斜收，最大径在肩部，平底。肩下及下腹各饰一周花边状附加堆纹，余素面。口径9.0、肩径14.0、底径8.3、高11.4厘米（图一七一，1；图版九九，2）。

标本M57：5，泥质灰黄陶。圆唇外凸起棱，敛口，折肩，肩微外弧，筒形腹较深，上腹近直，下腹内收，平底。腹部饰两周花边状附加堆纹，余素面。口径7.9、腹径14.8、底径9.1、高11.8厘米（图一七一，2；图版九九，3）。

标本M57：6，泥质深灰陶，局部呈灰褐色。圆唇外凸起棱，敛口，斜折肩，筒形腹较浅，上腹近直，下腹内收并微内弧，宽平底。腹部饰两周花边状附加堆纹，余素面。口径8.7、腹径15.3、底径10.2、高11.4厘米（图一七一，3；图版九九，4）。

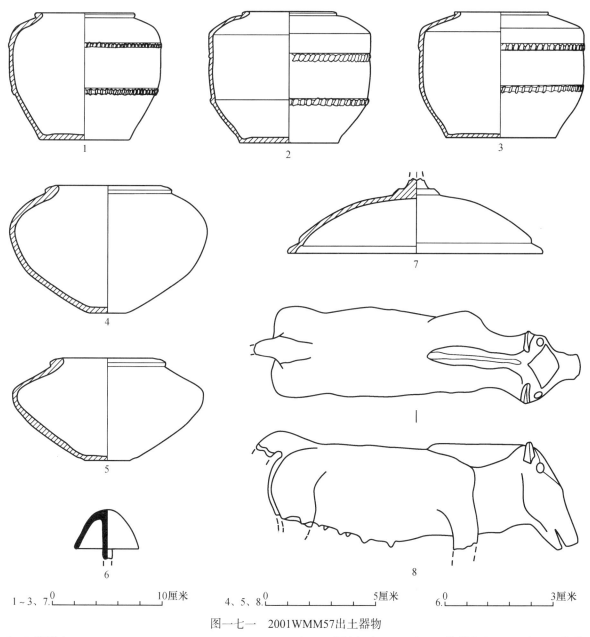

图一七一　2001WMM57出土器物

1~5.陶罐（M57：1、M57：5、M57：6、M57：7、M57：4）　6.铜泡钉（M57：2）　7.陶器盖（M57：8）　8.陶马（M57：3）

标本M57：7，泥质灰陶。体形略小。厚三角形唇，敛口，圆肩，鼓腹，下腹内收较急，小平底。素面。口径4.9、腹径9.2、底径1.8、高5.8厘米（图一七一，4；图版一○○，1）。

标本M57：4，泥质灰陶。体形较小。厚三角形唇，敛口，斜肩，肩、腹圆转，斜腹内收较急，小平底。素面。口径4.5、腹径8.8、底径2.0、高4.6厘米（图一七一，5，图版一○○，2）。

陶器盖　1件。标本M57：8，泥质灰陶。浅弧形盖，盖沿微外折，盖顶有一实心锥形纽，顶端已残。素面。口径23.8、残高6.8厘米（图一七一，7，图版一○○，3）。

陶马　1件。标本M57：3，泥质灰褐陶。俯首呈自然垂首状，口微张，竖耳，颈脊上鬃鬣刚劲有力，体形修长瘦劲，尾残，腹下多乳，立足，腿以下残。残长15.2、残高4.8厘米（图一七一，8，图版一○○，4）。

### 2. 铜器

仅1件。

铜泡钉　1件。标本M57：2，盔形钉帽，粗锥形钉柱，尖端已残。直径1.5、残高1.1厘米（图一七一，6）。

# 三、2001WMM58

M58位于墓地西部东段一处坡地上，跨2001DT1和2001DT6两个探方。东北距M64不足1米，西距M59约5米。墓葬略呈西南—东北走向。

该墓为竖穴土坑墓。墓葬开口于距地表深40～50厘米的表土及扰土层之下，打破生土。墓内填土为浅灰褐色土，结构紧密，并包含有少量绳纹灰陶。该墓修造较好，不仅墓坑较深，而且墓壁光滑。墓底平整。南侧距墓口深330厘米处设有10厘米宽的生土二层台，二层台高约130厘米。葬具及人骨已朽，葬式不明。该墓平面呈不规则长方形，东端稍宽，西端略窄。墓口长420、宽268～280厘米，墓底长310～320、宽200～210厘米。墓底距墓口最深530、距地表最深580厘米。

该墓严重被盗，仅在墓底东北部发现少量残器，包括陶灶残片、铁剑残块以及残漆器（仅存痕迹）各1件。这些残器位置似有移动迹象，墓葬随葬器物原来位置应在墓室北侧，南侧置棺，墓葬方向当与M57相若，即235°（图一七二）。

该墓平面形状与M57相若，墓底设单边二层台与M66相似，铁剑在麦沱墓地只见于M39、M49等西汉晚期墓葬。据此推测该墓时代当在西汉晚期。

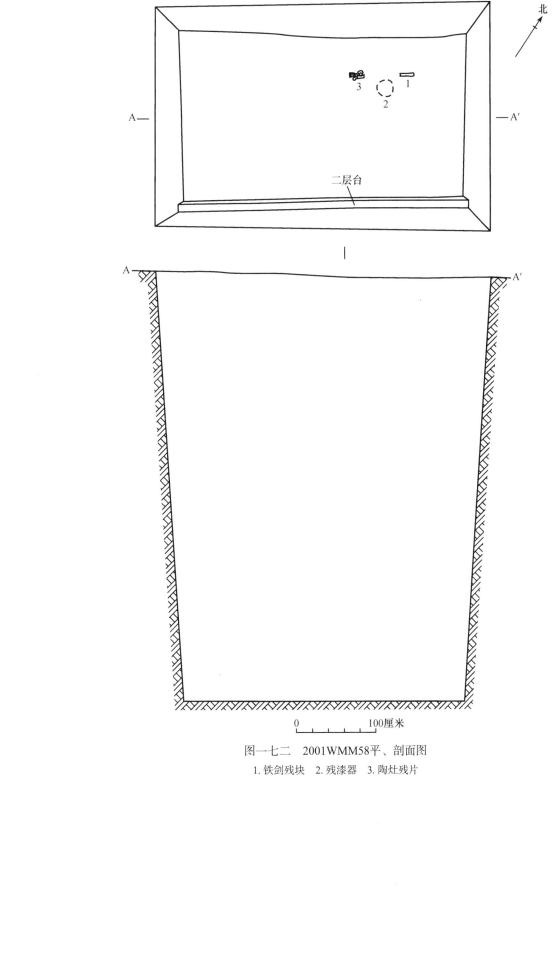

图一七二　2001WMM58平、剖面图

1.铁剑残块　2.残漆器　3.陶灶残片

# 四、2001WMM59

## （一）墓葬概述

M59位于墓地西部东段一处坡地上，分布于2001DT8东部。东距M58约5米，南距M63约3米。墓葬坐北朝南，墓道朝向东南。墓葬方向145°。

该墓为一带斜坡墓道的竖穴土坑墓。墓葬开口于距地表深30厘米的表土层之下，打破生土，墓道被M61打破。墓葬埋葬较浅，上部墓口已被破坏。墓内填土为浅灰褐色土，较杂，结构较紧密，并有少量灰陶片包含其内。该墓平面呈规整的凸字形。墓道居于南侧中部，墓道坡底距墓底高约10厘米。现存墓壁陡直，四壁光滑。墓底平整。葬具及人骨已朽。葬式不明。墓道残长60、宽80厘米。墓道坡度15°。墓口长280、宽200厘米。墓底距墓口最深140、距地表最深170厘米。

该墓虽然埋葬较浅，但未发现盗扰现象。随葬器物主要摆放在墓室中部及东南部，略显零乱。随葬器物编号共有19件，计有陶罐4件、陶器盖1件、釉陶平底壶1件、陶盂4件、陶甑1件、陶瓶1件、陶灶1件、铜带钩1件、铜钱2件（共21枚）、铁削1件、石板1件，以及少量动物骨骼（编号为1件）（图一七三；图版五，2）。

该墓随葬西汉五铢，陶器特征具有西汉末期遗风，同时伴出釉陶器，斜坡墓道朝南，截然不同于M38、M66等西汉晚期墓。综合这些特征分析，初步推测该墓时代大致在新莽至东汉初期。

## （二）随葬器物

共19件（铜钱2件）。包括陶、铜、铁、石等不同质地。其中，陶（釉陶）器有13件、铜器1件、铜钱2件、铁器和石器各1件，另有1件动物骨骼。

### 1. 陶（釉陶）器

共13件。器类有罐、器盖、釉陶平底壶、灶、甑、瓶、盂等。

陶罐　4件。标本M59：2，泥质灰陶。圆唇外凸起棱，敛口，斜折肩，斜腹较深，下腹微内弧，平底。肩下饰一周锯齿状指甲纹，腹部绳纹多被抹平。口径9.6、肩径16.2、底径10.6、高13.5厘米（图一七四，1；图版一〇〇，5）。

标本M59：7，泥质灰陶。圆唇外凸起棱，敛口，斜折肩，斜腹略浅，宽平底。纹同M59：2。口径9.6、肩径16.8、底径12.0、高13.6厘米（图一七四，2；图版一〇〇，6）。

标本M59：3，泥质浅灰陶，微偏黄。体瘦高，器身修长，似仓储器。圆唇，直口微敞，斜折肩，深筒形腹，平底。肩下及中腹各饰两组凹弦纹，余素面。口径8.8、肩径16.8、底径12.3、高29.1厘米（图一七四，3；图版一〇一，1）。

标本M59：18，泥质灰陶。残甚，未修复。形制同M59：2。

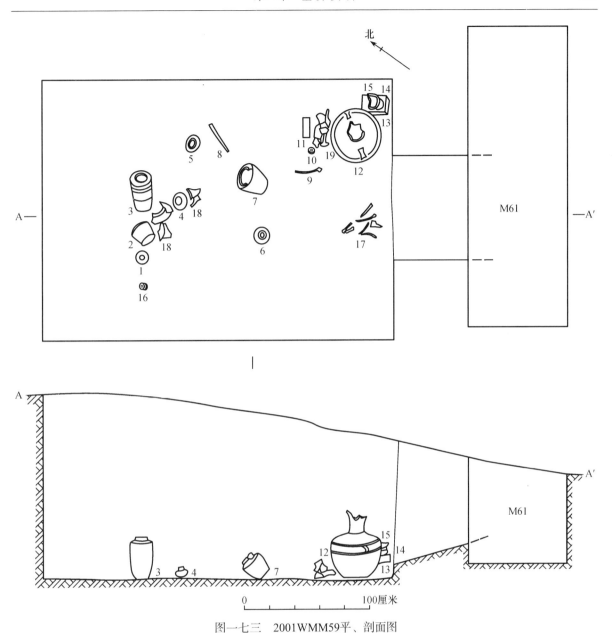

图一七三　2001WMM59平、剖面图

1. 陶瓶　2、3、7、18. 陶罐　4～6、14. 陶盂　8. 铁削　9. 铜带钩　10、16. 铜钱（共21枚）　11. 石板
12. 釉陶平底壶　13. 陶灶　15. 陶甑　17. 动物骨骼　19. 陶器盖

　　陶器盖　1件。标本M59：19，泥质灰陶，盖沿内折如子母口，盖面有3个长方形饰件，盖顶有一立鸟形纽，长颈高腿，形似鹤，回首翘尾，并以口衔尾，形成封闭状捉手。盖口径12.6、通高15.3厘米（图一七四，4；图版一〇一，3）。

　　釉陶平底壶　1件。标本M59：12，灰色硬胎，器表施酱色釉，下腹露胎。方唇外侈，喇叭形口，沿面内凹，细长领，圆肩微耸，深鼓腹，最大腹径偏上，平底。上腹有一对桥形耳，耳面饰叶脉状细刻划纹。领下部饰数周细密水波纹，腹饰菱形小方格纹，肩及上腹各饰一道凸棱，中腹饰两周弦纹，余素面。口径16.7、腹径29.0、底径14.0、高38.4厘米（图一七五，1；图版一〇一，2）。

　　陶灶　1件。标本M59：13，泥质灰陶。长方形。单釜眼，单拱桥形火门悬置于一长侧

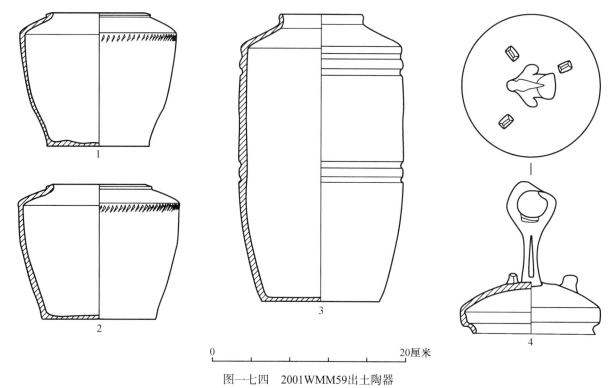

图一七四　2001WMM59出土陶器

1～3.罐（M59：2、M59：7、M59：3）　4.器盖（M59：19）

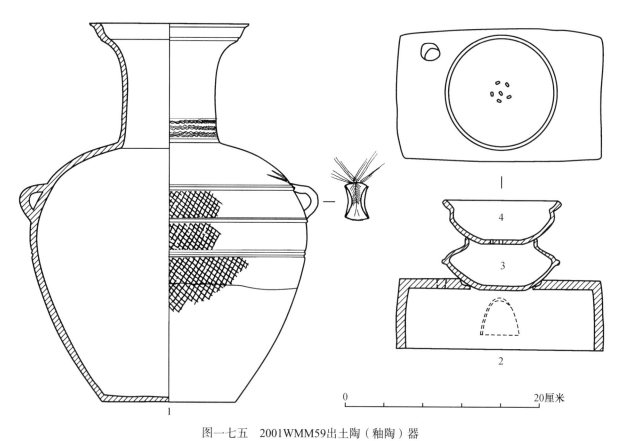

图一七五　2001WMM59出土陶（釉陶）器

1.釉陶平底壶（M59：12）　2.陶灶（M59：13）　3.陶盂（M59：14）　4.陶甑（M59：15）

边，并与釜眼相对，釜眼后部左侧有一斜烟道孔。灶身素面。灶上置1盂1甑。灶底长21.5、宽13.7、高7.2厘米（图一七五，2；图版一〇一，4）。

陶甑　1件。标本M59：15，该器出土时置于灶上。泥质深灰陶。方唇，敞口，折沿，浅弧腹，平底。下腹有刀削棱痕，底部有6个箅孔，余素面。口径11.7、高4.5厘米（图一七五，4；图版一〇一，4）。

陶瓶　1件。标本M59：1，泥质青灰陶。方唇，口微敞，粗领微内束，圆肩，扁鼓腹，平底。下腹有刀削棱痕，余素面。口径7.1、腹径10.8、底径4.4、高7.6厘米（图一七六，1；图版一〇二，1）。

陶盂　4件。标本M59：14，该器出土时置于灶上。泥质青灰陶。圆唇，口微敞，斜折肩，扁腹，平底。肩部有一对实心泥凸，下腹有刀削棱痕，余素面。口径7.0、腹径11.6、高5.3厘米（图一七五，3；图版一〇一，4）。

标本M59：4，泥质青灰陶。圆唇，小口微敛，宽斜肩，扁腹略深，平底。下腹有刀削棱痕，余素面。口径3.6、肩径8.5、底径5.1、高5.0厘米（图一七六，2；图版一〇二，2）。

标本M59：5，泥质青灰陶。圆唇，敛口，宽圆肩，扁腹较浅，平底。内底凹凸不平，下腹有刀削棱痕，余素面。口径4.6、腹径9.3、底径4.4、高4.1厘米（图一七六，3；图版一〇二，3）。

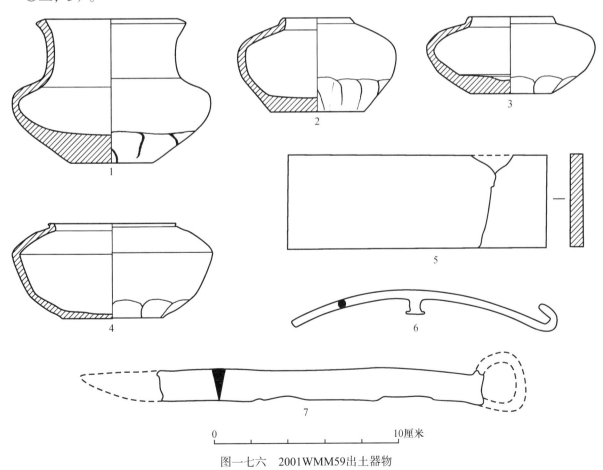

图一七六　2001WMM59出土器物

1. 陶瓶（M59：1）　2~4. 陶盂（M59：4、M59：5、M59：6）　5. 石板（M59：11）　6. 铜带钩（M59：9）

7. 铁削（M59：8）

标本M59：6，泥质青灰陶。方唇，敞口，斜折肩，肩微外弧，扁腹，平底。下腹有刀削棱痕，余素面。口径6.8、腹径10.9、底径5.4、高5.0厘米（图一七六，4；图版一〇二，4）。

**2. 其他器物**

共6件。分别为铜带钩1件、铜钱2件、铁削1件、石板1件、动物骨骼1件。

铜带钩　1件。标本M59：9，弓形，断面近圆形。中有伞形圆扣，一端向弓背方向弯曲成蛇首形钩，尾端无翼。长14.5、径0.4厘米（图一七六，6；图版一〇二，5）。

铜钱　2件，共21枚。均为五铢铜钱。有郭，篆体铭文。直径约2.5厘米。

铁削　1件。标本M59：8，刃及首残。扁茎，曲削，削身一侧为平脊，另一侧为刃，断面呈三角形。残长17.7、叶宽1.6厘米（图一七六，7）。

石板　1件。标本M59：11，略残。窄长方形。较厚。通体磨光。长14.2、宽4.8、厚0.7厘米（图一七六，5；图版一〇二，6）。

动物骨骼　1件。标本M59：17，共7节（块），多为肢骨，种属不明。

# 五、2001WMM60

## （一）墓葬概述

M60位于墓地西部东段一处稍缓的坡地上，跨2001DT4、2001DT5、2001DT9、2001DT10四个探方。东距M59约6米，西距M78约5米。墓葬呈西南—东北走向。墓葬方向235°。

该墓为竖穴土坑墓。墓葬开口于距地表深30～40厘米的表土层之下，打破生土，墓坑上部被M62、M65打破。M60墓底距M62墓底深285厘米，距M65墓底深400厘米（图一七七）。

该墓埋葬较深。墓内填土为浅灰褐色土，较杂，结构较紧密，并伴有陶鬲残片及其他绳纹陶片。墓葬平面呈长方形，墓坑较宽，长、宽比超过4：3。墓壁较斜，四壁光滑。墓底平整。葬具及人骨已朽。葬式不明。墓底靠北侧设有较高的生土二层台，还在西北角留有较低的方形生土墩。二层台宽20～30、高230厘米，生土墩长50、宽25、高110～130厘米。墓口长500、宽440厘米，墓底长430、宽350厘米。墓底距墓口最深550、距地表最深590厘米。

该墓被盗，盗洞穿过M65直至墓底。随葬器物主要摆放在墓室西南部，较为零乱，而且不见陶罐、陶灶等常规器物。除陶器外，也不见其他质地的器物。随葬器物编号共11件（套）。计有陶盂2件（1件有盖）、陶钵1件、陶瓶1件、陶杯6件、陶器座1件（图一七八；图版六，1）。

根据墓葬形制及随葬器物特征综合分析，该墓时代当属西汉晚期。

## （二）随葬器物

共11件（套）。均为泥质灰陶，而且器形较小。器类有陶盂、陶钵、陶瓶、陶杯、陶器座等。

陶盂　2件（套）。标本M60：1，泥质灰陶。内斜方唇，敛口，圆肩，浅鼓腹，圈底。

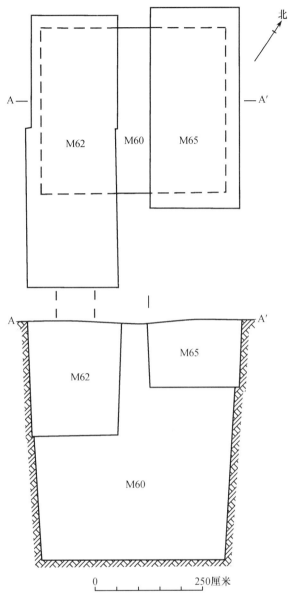

图一七七 2001WMM60、2001WMM62、2001WMM65平、剖面示意图
（墓葬尺寸依墓底）

上腹饰一对实心泥凸状附耳及两周凹弦纹，耳面有三道竖向略呈中字形的凹槽。素面。口径6.3、腹径9.8、高5.7厘米（图一七九，1；图版一〇三，1）。

标本M60：10，泥质青灰陶。有盖。内斜方唇，敛口，耸肩微折，浅鼓腹，圜底。纹同M60：1。盖为浅弧形，盖沿为子母口，盖顶有假圈足式纽。盖身素面。口径6.4、腹径10.1、通高7.8厘米（图一七九，2；图版一〇三，2）。

陶钵 1件。标本M60：11，泥质灰陶。方唇，口部附加一周泥条，直口微敞，斜腹向内急收，小平底。素面。口径10.5、底径4.3、高5.8厘米（图一七九，3；图版一〇三，3）。

陶杯 6件。标本M60：2，泥质青灰陶。方唇，直口，浅直腹，圜底近平。近底部似有极浅的刀削痕迹，余素面。口径6.7、高3.8厘米（图一七九，4；图版一〇三，4）。

标本M60：3，泥质青灰陶。形制与M60：2接近。上腹饰一周弦纹，内底有一周凹槽，近

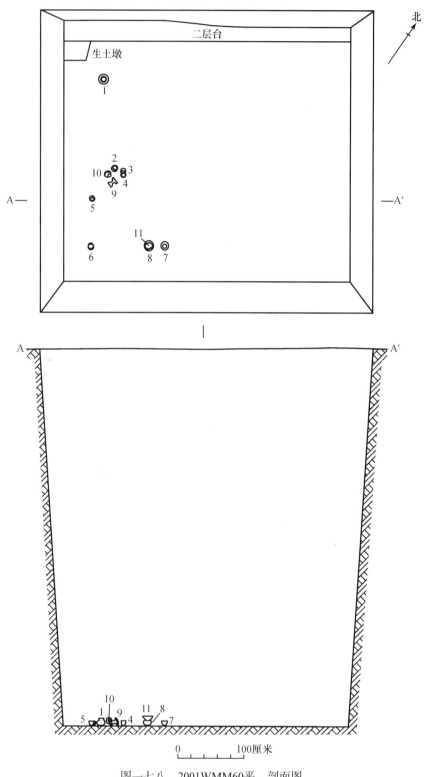

图一七八　2001WMM60平、剖面图

1、10.陶盉（10有盖）　2～7.陶杯　8.陶瓶　9.陶器座　11.陶钵

底部似有极浅的刀削棱痕，余素面。口径6.8、高3.8厘米（图一七九，5；图版一〇三，5）。

标本M60：4，泥质青灰陶。下腹斜收较急，余与M60：2接近。内底有一道凸棱，近底部似有极浅的刀削棱痕，余素面。口径6.7、底径3.2、高3.9厘米（图一七九，6；图版一〇三，6）。

标本M60∶5，泥质青灰陶。内斜方唇，直口微敞，浅直腹，下腹斜收较急，小平底。近底部似有极浅的刀削棱痕，余素面。口径6.3、底径3.2、高3.4厘米（图一七九，7；图版一〇四，1）。

标本M60∶6，泥质灰陶，器表有较多灰褐斑。形制与M60∶2接近。素面。口径6.4、底径3.2、高3.4厘米（图一七九，8；图版一〇四，2）。

标本M60∶7，泥质青灰陶，局部有褐斑。内斜方唇，余与M60∶2接近。素面。口径6.3、高3.5厘米（图一七九，9；图版一〇四，3）。

陶瓶　1件。标本M60∶8，泥质青灰陶。外斜方唇，敞口，高弧领，圆肩，鼓腹，最大腹径偏上，平底。上腹饰一周宽凹弦纹，余素面。口径3.6、腹径8.3、底径3.5、高7.5厘米（图一七九，10；图版一〇四，4）。

陶器座　1件。标本M60∶9，泥质青灰陶。中空。三角形唇，盘口，口部倾斜较甚，粗柄，台式足微外撇。座面有一道凸棱，余素面。口径9.7、底径7.9、高9.0～9.5厘米（图一七九，11；图版一〇四，5）。

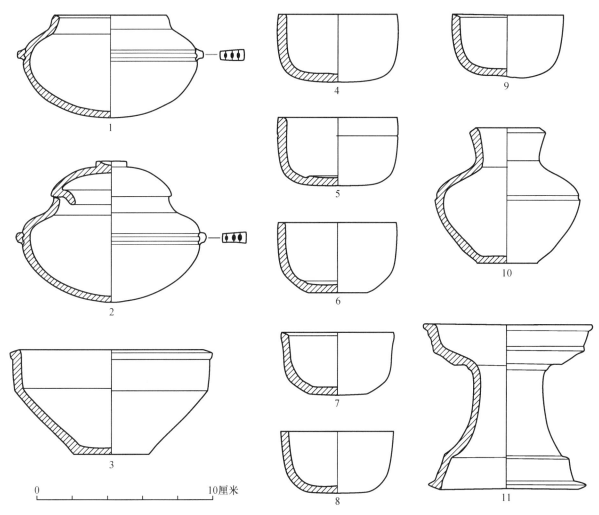

0　　　　　　　　　　10厘米

图一七九　2001WMM60出土陶器

1、2. 盂（M60∶1、M60∶10）　3. 钵（M60∶11）　4～9. 杯（M60∶2、M60∶3、M60∶4、M60∶5、M60∶6、M60∶7）
10. 瓶（M60∶8）　11. 器座（M60∶9）

## 六、2001WMM61

M61位于墓地西部东段一处坡地上，跨2001DT3、2001DT8两个探方。东距M58约5米，西南距M63约2米。墓葬略呈西南—东北走向，头向西南。墓葬方向235°。

该墓为竖穴土坑墓。墓葬开口于距地表深30厘米的表土层之下，打破M59墓道及生土。墓葬埋葬较浅，墓口大部分被耕种破坏。墓内填土为浅灰褐色土，结构较松散。墓葬平面呈窄长方形。墓壁陡直，墓底平整。葬具不存。骨架已朽，只见头骨。葬具及葬式不明。墓口长230、宽80厘米。墓底距墓口最深75、墓底距地表最深105厘米（图一八〇）。

该墓被盗，只在墓底靠东北侧发现2件瓷盏碎片。根据墓葬形制及随葬瓷器分析，该墓时代当与墓地东部M51、M52等宋墓接近。

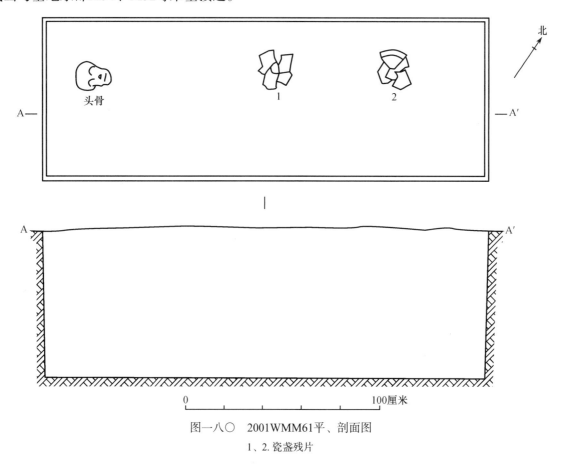

图一八〇　2001WMM61平、剖面图
1、2.瓷盏残片

## 七、2001WMM62

### （一）墓葬概述

M62位于墓地西部东段一处稍缓的坡地上。跨2001DT5、2001DT10两个探方，南端及墓道延伸至探方以南。该墓与M65并列，方向一致，二者相距仅约80厘米，并同时打破M60及生土（图一七七）。

M62为竖穴砖、石混筑墓。其修筑方法：先在地表垂直挖一个与墓室及墓道形状、大小相当的土坑竖穴，然后在其内用条石及墓砖砌成墓壁，并用墓砖做好券顶，最后再用稍薄点的石块铺好墓底。墓葬坐北朝南，墓道朝向东南。墓葬方向145°。

墓葬开口于距地表深40～50厘米厚的表土层下，打破生土。墓内填土为浅灰褐色黏土，结构较紧密，并有绳纹陶片包含其内。墓葬平面呈凸字形，由墓室、墓道两部分组成。墓室呈不规则长方形，两端墓壁并非同宽，而且两长侧墓壁也不在同一直线上，类似于前、后室。前室略偏西，长条形砂岩砌墓壁下部墙基部分，墓砖砌墓壁上部及券顶。条石长约34、宽约12、厚约4厘米。墓壁砖、石墙距外侧土坑墓壁隔有约5厘米的空隙。后室无墙，底部用不规则石块铺底，而且底部略低于前室。墓道宽80厘米，因被一条小路所压，村民不同意挖断，故墓道长度和坡度不详。葬具为木棺，墓室前、后部均并列放置两具，共四棺。棺木已朽。从残留的红、黑漆片可知，每两具并排一红一黑。骨架有4具，头向均朝南，面向北。由于保存极差，葬式不明。前室内空长369、宽180、高190厘米，后室长252、宽202厘米。墓室通长（含墙）634厘米，墙厚约13厘米。墓底距墓口最深265、距地表最深320厘米。

该墓严重被盗，保存下来的少量随葬器物主要分布在前室前段及前、后室交接部位，可能是分别放置。清理出来的随葬器物编号共13件，计有陶罐3件、陶钵1件、釉陶锺1件、陶灶2件、陶鸡1件、铜构件1件（共4件）、铜牌饰1件、铜泡钉1件（共6件）、铜钱2件（共38枚）（图一八一；图版六，2）。

该墓墓砖有两种：一种为常规长形砖，一般用作砌墓壁。墓砖平面饰绳纹，端边素面，长侧边饰各类几何纹饰，包括三角、菱形、弧线等，此外还有叶脉纹、鱼形纹等。砖长约33、宽约11、厚约5厘米（图一八二）。另一种为双坡边长形砖，只见于券顶，规格、纹饰与墓壁砖接近。

该墓出土五铢铜钱特征偏晚，所出陶罐、陶灶形态与M33较为接近，年代当与M33相当。M33属东汉中期墓，据此判断，该墓时代也应为东汉中期。

## （二）随葬器物

共21件，包括陶器8件、铜器11件、铜钱2件。

### 1. 陶器

共8件。器类有罐、釉陶锺、钵、灶、鸡等。

陶罐　3件。标本M62：7，泥质灰陶。圆唇，直口微敛，平折肩，筒形腹，下腹略内收，平底。上腹饰一道弦纹，余素面。口径7.3、肩径9.8、底径5.9、高8.7厘米（图一八三，1；图版一〇五，1）。

标本M62：8，泥质灰陶。形制与M62：7接近，下腹近底部内收较急，平底。上腹饰一道弦纹，余素面。口径7.8、肩径10.3、底径6.2、高9.2厘米（图一八三，3；图版一〇五，2）。

标本M62：4，残，仅存器底。泥质灰陶。大小、形制与M62：7接近。

釉陶锺　1件。标本M62：3，仅见残片。大小、形制不明。

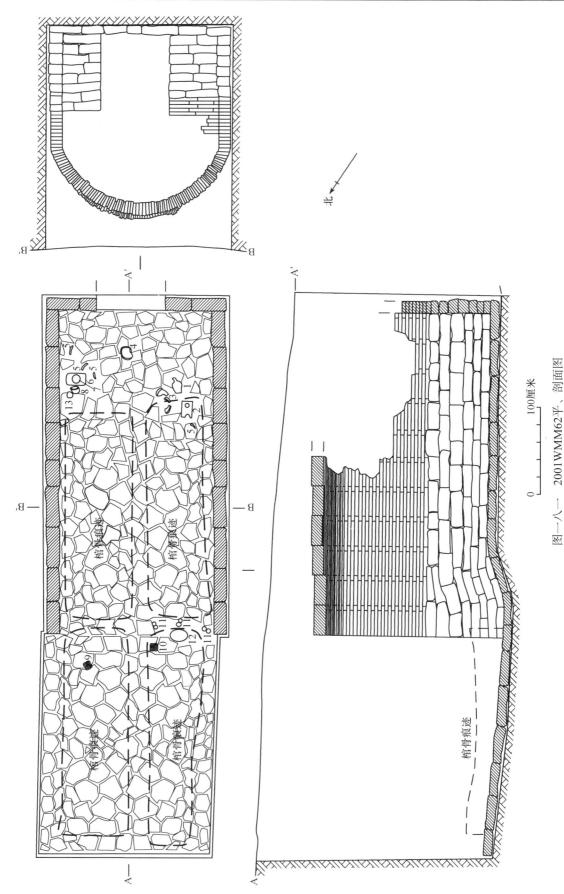

图一八一　2001WMM62平、剖面图

1. 陶鸡　2、6. 陶灶　3. 釉陶罐　4、7、8. 陶罐　5. 铜构件（4件，分散出土）　9、10. 铜钱（共38枚）　11. 铜泡钉（6件）　12. 铜牌饰　13. 陶钵

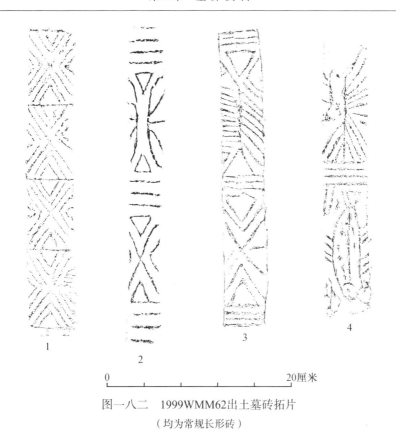

图一八二 1999WMM62出土墓砖拓片

（均为常规长形砖）

陶灶 2件。标本M62：2，一端残，已修复。泥质青灰陶。长方体。双釜眼位于灶面两端，两个长方形火门悬置于一长侧边，并与釜眼相对，两端防风挡板高出灶面。挡板饰圈点纹及几何形刻划纹，灶身素面。底长23.8、宽12.8、灶台高7.6、通高13.8厘米（图一八三，2；图版一〇五，3）。

标本M62：6，泥质灰褐陶，器表有较多黑褐斑。圆角长方形。一大型釜眼位于灶中央，圆弧形火门悬置于一长侧边，并与釜眼相对，灶面左后侧有一圆形烟孔，且有3个支垫点。灶身四周饰粗绳纹。底长22.5、宽11.2～12.6、高7.6厘米（图一八三，5；图版一〇五，4）。

陶钵 1件。标本M62：13，泥质红陶。内斜方唇，敞口，浅斜腹，平底。素面。口径10.8、底径5.4、高4.0厘米（图一八三，4；图版一〇六，1）。

陶鸡 1件。标本M62：1，子母鸡。泥质红褐陶，头、身呈褐色，尾为红色。母鸡昂首翘尾，双翅下垂，呈蹲伏状。背负小鸡。尾部有羽状刻划。造型逼真，朴拙浑然。长15.0、宽9.2、高10.8厘米（图一八三，6；图版一〇六，2）。

**2. 铜器**

共13件（铜钱2件）。器类有铜构件、钹形牌饰、泡钉、铜钱等。

铜构件 4件。大小、形制相近，合编为标本M62：5。其中，1件残甚，其余3件保存较好。均为月牙形，断面呈"L"形，应是漆耳杯之耳部铜扣件。长6.8、宽1.2厘米（图版一〇六，3）。

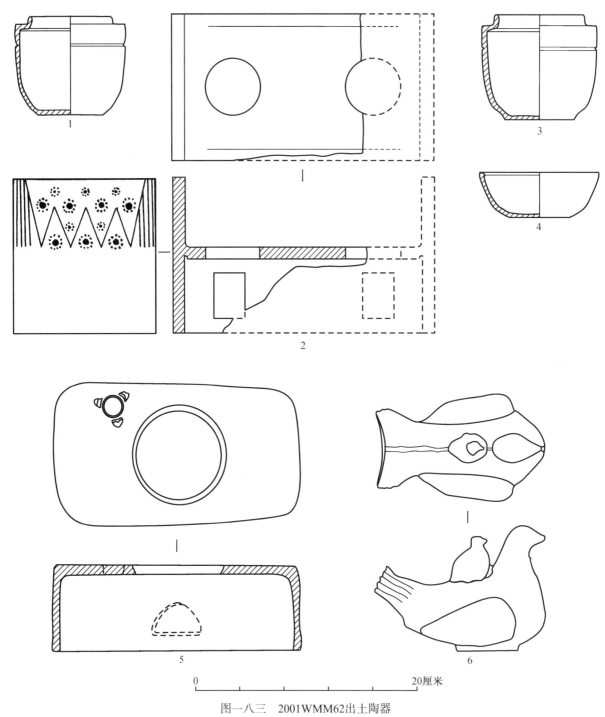

图一八三　2001WMM62出土陶器

1、3.罐（M62：7、M62：8）　2、5.灶（M62：2、M62：6）　4.钵（M62：13）　6.鸡（M62：1）

　　钹形铜牌饰　1件。标本M62：12，正面镀金，表面残存朱漆。圆形薄片，中有一泡钉孔。直径22.5厘米（图版一〇六，4）。

　　铜泡钉　6件。形制相近，合编为标本M62：11。均为伞形泡钉。表面镀金。浅弧形钉帽，锥形钉柱。大小不一，4件大者直径4.8厘米，2件小者直径3.8厘米（图版一〇六，5）。

　　铜钱　2件。共38枚。分别编号为标本M62：9（图版一〇六，6）和标本M62：10。均为东汉五铢钱，形制与M47所出普通五铢一样。直径约2.5厘米。

## 八、2001WMM63

M63位于墓地西部东段一处稍缓的坡地上。跨2001DT3、2001DT4两个探方，南端暴露在一断坎上。该墓西距M65约4米，北距M61约2米。墓葬呈西北—东南走向。

该墓为竖穴砖室墓。墓葬南部已毁，甬道及墓道不详，现存平面近方形。墓坑开口于距地表深20~30厘米的表土层之下，打破生土。墓内填土为浅灰褐色土，含较多碎石，结构松散。墓室两侧墙壁为平缝横砌成墙，墓室后端墙壁为竖砌成墙，墙壁上部及券顶已破坏。墓壁砖墙距外侧土坑墓壁隔有约5厘米的空隙。墓底铺砖，部分为残砖，铺地砖形制及铺设方式可见两种：墓室前部用窄长方形砖错缝横铺，墓室后端所用地砖宽、窄不同，采用横、竖相间的方式铺设而成。墓底平整，未见葬具和骨架，葬式不明。墓室内空残长252、宽185、残高81厘米。墓底距墓口最深170厘米、距地表最深200厘米（图一八四）。

墓砖有两种：一种为常规长形砖，包括墓壁砖和铺地砖。墓壁砖长侧边一般饰有菱形几何纹，砖长37、宽13、厚7厘米。铺地砖为素面砖，较薄，砖长36、宽12、厚3厘米。另一种为常规宽形砖，均为铺地砖，素面，砖长34、宽22、厚3厘米。

该墓被盗，随葬器物被洗劫一空，墓葬方向不明。根据墓葬形制及墓砖特征分析，我们推测该墓时代当在南朝时期。

## 九、2001WMM64

M64位于墓地西部东段一处较陡的坡地上。正好跨及2001DT6东北角，大部分延伸至探方以外。该墓西南角距M58不足1米，西距M59约7米。墓葬略呈西北—东南走向。墓葬方向150°。

该墓为竖穴砖室墓。墓葬开口于距地表深30厘米的表土层之下，打破生土。墓葬上部已毁，未发现甬道及墓道，平面呈长方形。墓内填土为浅灰褐色杂土，结构较松散。现存墓壁为错缝横砌，墓壁砖墙距外侧土坑墓壁有约5厘米的空隙。墓底铺砖，砖为错缝斜铺。墓底较平。葬具及骨架已朽。葬式不明。墓室内空长390、宽135厘米，墓壁残高130厘米。墓底距墓口最深230、距地表最深260厘米（图一八五）。

墓砖均为常规宽形砖。墓壁砖长侧边一般饰有菱形几何纹。砖长37、宽17、厚5厘米。铺地砖较短，且比墓壁砖略宽，均为素面。砖长34、宽18、厚5厘米。

该墓严重被盗，不见随葬器物，墓葬方向不明。根据墓葬形制及墓砖特征分析，我们推测该墓时代当在南朝时期。

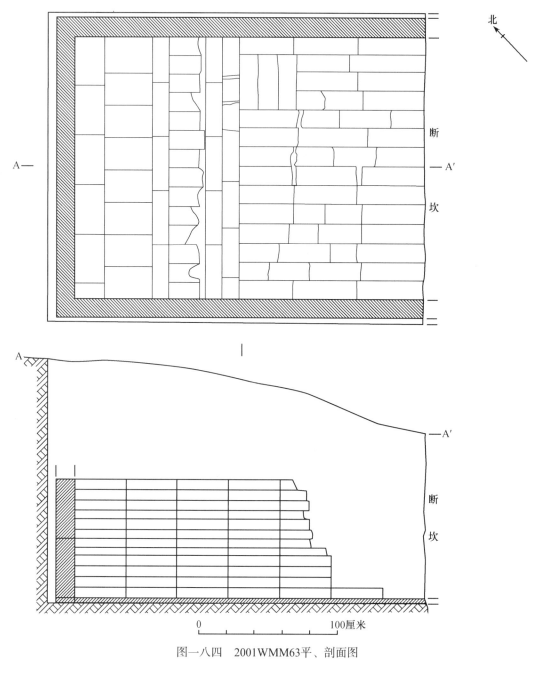

图一八四　2001WMM63平、剖面图

## 一〇、2001WMM65

### （一）墓葬概述

　　M65位于墓地西部东段一处稍缓的坡地上，跨2001DT4、2001DT5、2001DT9、2001DT10四个探方。该墓东距M63约4米，西侧为M62，二者并列，方向一致，相距仅约0.8厘米，并同时打破M60及生土（图一七七）。墓葬略呈西北—东南走向。墓葬方向145°。

　　该墓为竖穴土坑墓，墓底铺有不规则石块。墓坑开口于距地表深40～80厘米的表土层之下。墓内填土为浅灰褐色黏土，结构紧密，并伴有绳纹陶片出土。墓葬平面呈长方形。葬具

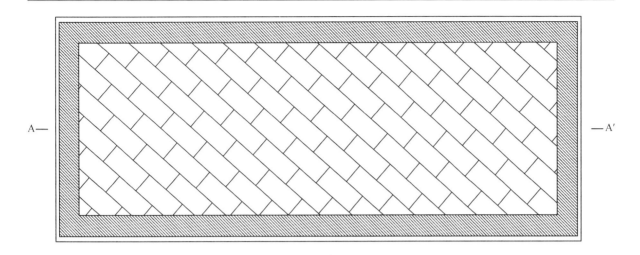

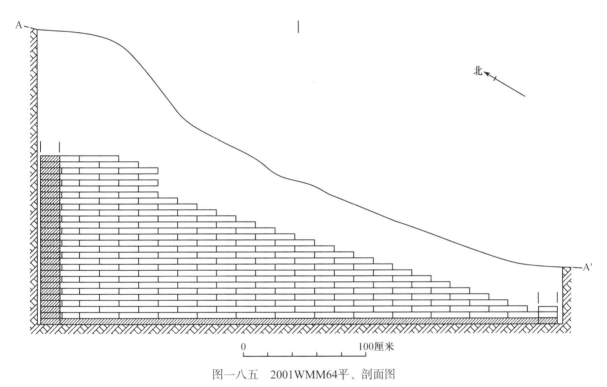

图一八五 2001WMM64平、剖面图

及骨架不存。葬式不明。墓口长469、宽220厘米，墓底长458、宽210厘米。墓底距墓口最深167、距地表最深210厘米。

该墓西北部因M60盗洞而遭到破坏，墓底已不见石块，估计该区域随葬器物也被盗走。现存随葬器物集中摆放在墓底东南部，铜钱分散在陶器外围。随葬器物编号共11件，计有釉陶鼎1件、陶罐4件、陶高领罐2件、陶壶1件、陶瓶1件、陶灶1件、铜钱1件（70枚）（图一八六；图版七，1）。

该墓平面狭长，墓底开始采用石块铺底，墓葬特征与M35相仿，但墓葬方向朝南，同时随葬大泉五十钱币及釉陶器。根据这些特征综合分析，该墓年代应当略晚于M35，大致处于新莽时期。

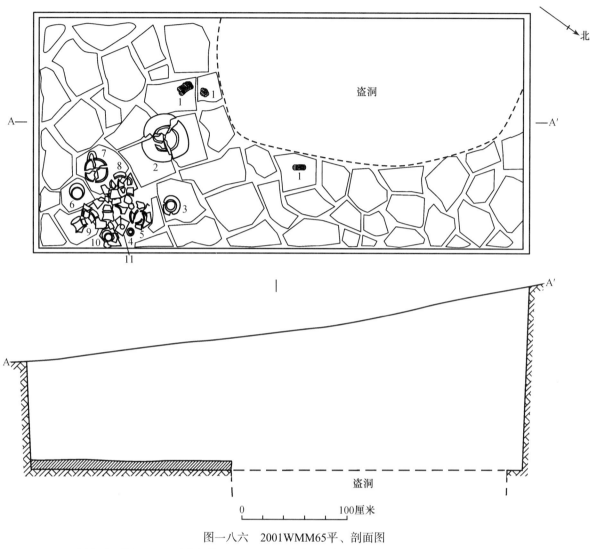

图一八六　2001WMM65平、剖面图

1.铜钱（70枚）　2、8.陶高领罐　3、5、6、10.陶罐　4.陶瓶　7.釉陶鼎（残）　9.陶壶　11.陶灶

## （二）随葬器物

共11件。随葬器物以陶（釉陶）器为主，铜器只见铜钱一类。

### 1.陶（釉陶）器

共10件。器类有釉陶鼎、罐、高领罐、壶、瓶、灶等。

釉陶鼎　1件。标本M65：7，残甚，未能修复。泥质红褐胎，器表施浅绿色釉，釉脱落殆尽。残片可见弧形耳，形制与M81：5接近。

陶高领罐　2件。标本M65：2，泥质灰褐陶。三角形唇，唇沿微凹并向外翻，喇叭形口，高直领、宽斜折肩，深弧腹，腹内收较甚，圜底内凹。肩上饰一周斜向条纹，腹部饰交错粗绳纹，余素面。口径16.3、肩径30.1、底径8.3、高28.8厘米（图一八七，1；图版一〇七，1）。该器肩上有竖刻文字两行：第一行为"大功三斗"，第二行为"平"。我们以极薄的塑料袋衬在陶罐内表，将水注入至与口沿平，陶罐刚好可盛20市斤（衡器为杆秤）。这样，每斗容积

3.333升，较汉制多出许多。而第二行之"平"字提示盛水或酒时与口沿齐平，盛谷物类则未必。然而，古代以斗斛衡量谷物，并非指其重量，而是彰示体积。如此，该器应具有量器功能，"大功"或是人名（图一八七，2、3）。

标本M65：8，残甚，不能修复。泥质灰褐陶。形制与M65：2接近。

陶罐　4件。标本M65：6，泥质灰陶。方唇，直口，宽折肩，斜腹较浅，下腹内收，

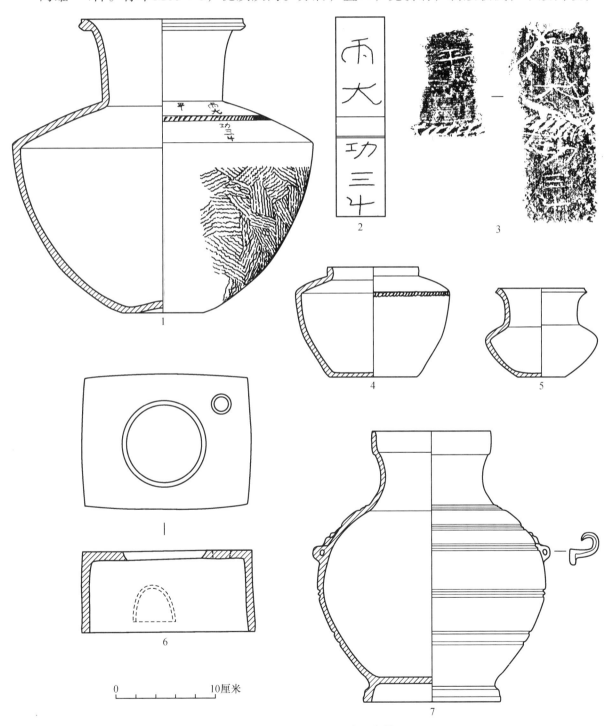

图一八七　2001WMM65出土陶器

1. 高领罐（M65：2）　2. M65：2肩部文字临摹（放大）　3. M65：2肩部文字拓片　4. 罐（M65：6）　5. 瓶（M65：4）
6. 灶（M65：11）　7. 壶（M65：9）

平底。肩部压印一周锯齿状指甲纹，余素面。口径9.2、肩径15.6、底径9、高10.8厘米（图一八七，4；图版一〇七，2）。

　　标本M65：3，残甚，不能修复。泥质灰陶。大小、形制及纹饰与M65：2接近。

　　标本M65：5，残甚，不能修复。泥质灰陶。大小、形制及纹饰与M65：2接近。

　　标本M65：10，残甚，不能修复。泥质灰陶。大小、形制及纹饰与M65：2接近。

　　陶瓶　1件。标本M65：4，泥质灰陶。外斜方唇，唇面微凹，喇叭形口，高弧领，圆肩，扁鼓腹，平底。下腹有极浅的刀削痕迹，余素面。口径8.7、腹径11.4、底径4.8、高8.8厘米。该器出在陶灶旁，可能系灶上器具（图一八七，5；图版一〇七，3）。

　　陶灶　1件。标本M65：11，泥质灰陶，微偏黄。宽长方形。单釜眼位于灶面中央，灶面右后方有一圆形烟道孔。半圆形单火门悬置于一长侧边，并与釜眼相对，火门底边残。灶身素面。底长17.4、宽13.2、高7.9厘米（图一八七，6；图版一〇七，3）。

　　陶壶　1件。标本M65：9，泥质深灰陶，器表有较多褐斑。方唇，盘状口，粗弧领，圆肩，深鼓腹，平底，矮圈足微内收。肩下设桥形纽一对，内衔简化鸟首形纽饰，鸟首向上贴附在器表上。肩及上腹部饰4组弦纹，下腹再饰两周弦纹，余素面。口径12.1、腹径23.2、足径14.0、高26.5厘米（图一八七，7；图版一〇七，4）。

### 2. 铜器

仅铜钱一类。

　　铜钱　1件。共70枚，合编为标本M65：1。有五铢和大泉五十两种钱币，以前者为多。均有郭，篆体阳文。其中，大泉五十钱币有23枚，钱径2.5～2.7厘米（图一八八，1～3）；五铢钱币有47枚，钱径约2.5厘米（图一八八，4～8）。

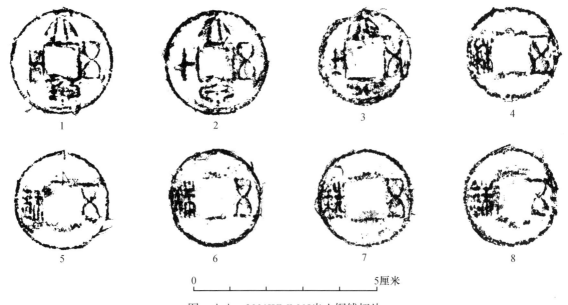

图一八八　2001WMM65出土铜钱拓片

1～3. 大泉五十铜钱（M65：1-1、M65：1-2、M65：1-3）　4～8. 五铢铜钱（M65：1-4、M65：1-5、M65：1-6、M65：1-7、M65：1-8）

# 一一、2001WMM66

## （一）墓葬概述

M66位于墓地东部西段一处台地上，正好处在2001CT1内。该墓东侧与M67、M69、M70、M71等墓邻近，相距1～4米。墓葬略呈东西向，墓道朝西。墓葬方向265°。

该墓为一带斜坡墓道的竖穴土坑墓。墓葬开口于距地表深70～80厘米的表土和扰土层之下，打破生土。墓内填土为黄褐色黏土，不甚紧密，稍松。墓葬平面近似于短柄刀形墓，由方形墓室和不规则墓道组成。斜坡式墓道较短，平面为不规则梯形。墓道偏向北侧，其直边与墓室北壁呈一直线，斜边往墓道前端逐步收窄。墓道未及墓底，坡底距墓底高56厘米。墓道长160、宽56～130厘米，坡度33°。墓壁规整，陡直，四壁光滑。南、北两侧及东侧北段有熟土二层台，南侧不甚整齐，西端弧收较窄。二层台是由灰褐色黏土夹石块筑成。台面宽约35、高约50厘米。墓底较平坦，底部铺有一层厚5～6厘米灰褐色混合土，其内掺有少量灰白色钙化粉末。葬具、骨架已朽，葬式不明。墓室口长280、宽280厘米，墓室底长245、宽210厘米。墓底距墓口最深160、距地表最深240厘米。

该墓埋藏较浅。随葬器物主要摆放在墓室南侧，东北角及西侧也分布有少量器物，而且大多保存完好。共清理各类随葬器物编号共26件，计有陶罐8件、陶盂3件、陶瓿2件、陶瓶2件、陶钵1件、陶器盖1件、陶仓1件、陶灶1件、铜鍪1件、铜壶1件、铜盆1件、铜镜1件、铁削1件、石饼1件、石板1件（图一八九；彩版六，2）。

该墓形制与M84接近，随葬器物特征与M39、M49接近，陶仓形态略早于M40。前三墓均属西汉晚期偏早，后者属西汉晚期，据此推断，该墓时代当在西汉晚期偏早阶段。

## （二）随葬器物

共26件，包括陶、铜、铁、石等不同质地。其中，陶器有19件、铜器有4件、铁器有1件、石器有2件。

### 1. 陶器

共19件。器类有罐、盂、瓿、瓶、钵、器盖、仓、灶等。

陶罐　8件。标本M66：11，泥质黑陶，器表有较多烟黑。整器较矮胖。圆唇，唇沿外凸起棱，敛口，圆肩，近筒形腹，宽平底。肩下及中腹饰两周锯齿状指甲纹及一道弦纹，余素面。口径10.4、肩径15.6、底径13.0、高10.8厘米（图一九〇，1；图版一〇八，1）。

标本M66：12，泥质黑陶，器表有较多烟黑。整器较矮胖。圆唇，唇沿外凸起棱，敛口较甚，圆肩，近筒形腹，上腹略内弧，下腹凹凸不平，宽平底微凹。肩下饰一周锯齿状指甲纹，其上加压一道弦纹，中腹饰一周锯齿状指甲纹及一道弦纹，余素面。口径9.6、肩径14.8、底径12.3、高10.8厘米（图一九〇，2；图版一〇八，2）。

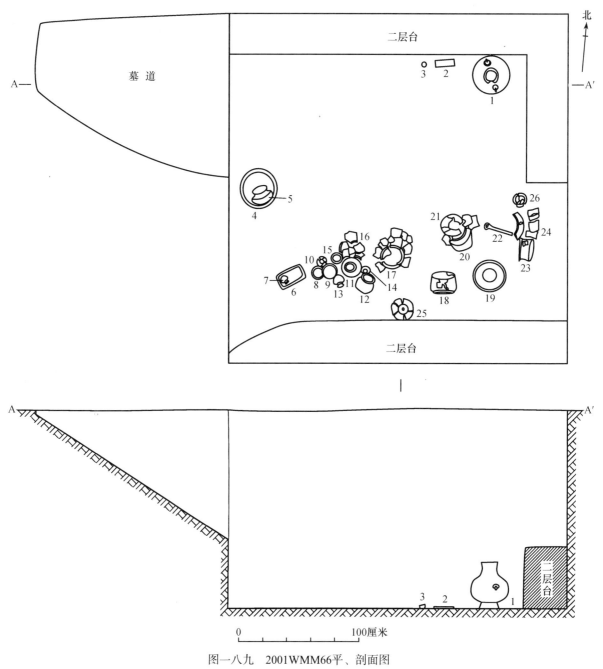

图一八九　2001WMM66平、剖面图

1. 铜壶　2. 石板　3. 石饼　4. 铜盆　5. 铜鍪　6. 陶灶　7、13、15. 陶盂　8、9. 陶甑　10、14. 陶瓶
11、12、16~18、20、21、24. 陶罐　19. 陶器盖　22. 铁削　23. 陶仓　25. 铜镜　26. 陶钵

标本M66：16，泥质黑陶，器表有较多烟黑。整器较矮胖，歪斜不端正，而且器表凹凸不平。三角形唇，敛口，圆肩，近筒形腹，下腹微内弧，宽平底。肩下饰一周锯齿状指甲纹，其上加压一道弦纹，中腹饰一周锯齿状长指甲纹，余素面。口径9.5、腹径16.4、底径13.9、高10.7厘米（图一九〇，3；图版一〇八，3）。

标本M66：17，泥质黑陶，器表有较多烟黑。整器矮胖。圆唇，唇沿微外侈，敛口较甚，圆肩，近筒形腹较浅，宽平底。肩及中腹饰两周锯齿状指甲纹及弦纹，余素面。口径10.4、肩径15.8、底径12.4、高10.4厘米（图一九〇，4；图版一〇八，4）。

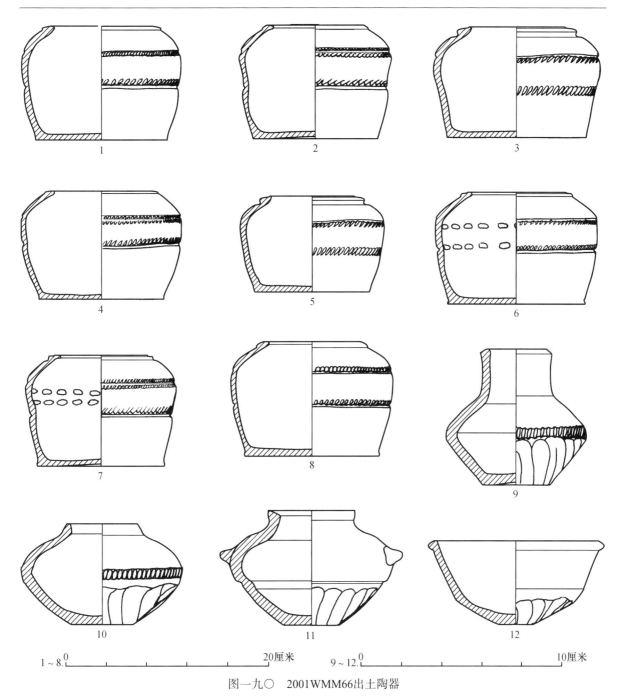

图一九〇 2001WMM66出土陶器

1~8.罐（M66：11、M66：12、M66：16、M66：17、M66：18、M66：20、M66：21、M66：24） 9.瓶（M66：14）

10、11.盂（M66：15、M66：13） 12.钵（M66：26）

标本M66：18，泥质黑陶，器表有较多烟黑。体形略小，整器矮胖。圆唇，三角形唇，敛口，圆肩，近筒形腹较浅，平底。肩下及中腹各饰一周锯齿状指甲纹，余素面。口径8.1、腹径14.2、底径11.3、高9.2厘米（图一九〇，5；图版一〇八，5）。

标本M66：20，泥质灰褐陶，器表有黑褐斑。整器较矮胖。圆唇，唇沿外凸起棱，敛口较甚，斜肩微折，近筒形腹，宽平底。肩及中腹共饰两周浅锯齿状指甲纹及一道弦纹，余素面。内壁有深指窝痕。口径9.7、肩径16.2、底径13.8、高10.8厘米（图一九〇，6；图版一〇八，6）。

标本M66：21，泥质灰褐陶，器表局部有黑褐斑。整器较矮胖。三角形唇，敛口，圆肩，近筒形腹，宽平底微凹。肩及中腹各饰一周锯齿状指甲纹及弦纹，余素面。内壁有指窝痕。口径9.2、肩径14.8、底径12.6、高10.6厘米（图一九〇，7；图版一〇九，1）。

标本M66：24，泥质灰褐陶，器表有黑褐斑。整器较矮胖。圆唇，唇沿外凸起棱，敛口，圆肩，近筒形腹，宽平底。肩及中腹各饰一周浅锯齿状指甲纹及弦纹，余素面。口径9.5、腹径16、底径13.4、高11.0厘米（图一九〇，8；图版一〇九，2）。

陶瓶　2件。标本M66：14，泥质黑陶，器表似有黑陶衣。外斜方唇，直口，高直领，宽斜折肩，斜直腹，平底微凹。肩部饰一周锯齿状短条纹，下腹有刀削棱痕，余素面。口径3.0、腹径7.1、底径3.4、高6.6厘米（图一九〇，9；图版一一〇，1）。

标本M66：10，该器出土时位于陶灶旁，可能系灶上配套器物。泥质灰黑陶。外斜方唇，直口微敞，弧领，宽斜折肩，斜直腹内收，平底。肩部饰一周宽锯状指甲纹，下腹有刀削棱痕，余素面。口径3.0、腹径6.6、底径2.4、高5.6厘米（图一九一，2；图版一〇九，3）。

陶盂　3件。标本M66：15，泥质灰黑陶，器表局部有烟黑。圆唇近尖，敛口，圆肩，扁鼓腹，平底。肩饰一周锯齿状短条纹，下腹有刀削棱痕，余素面。口径3.6、腹径8.0、底径3.1、高4.8厘米（图一九〇，10；图版一一〇，2）。

标本M66：13，泥质黑陶，器表有较多烟黑。内斜方唇，直口，圆肩微耸，斜弧腹，小平底。肩部有一对实心乳钉状纽饰，下腹有刀削棱痕，余素面。口径4.4、腹径8.0、底径2.6、高5.6厘米（图一九〇，11；图版一一〇，3）。

标本M66：7，该器出土时置于灶上。泥质灰陶，微偏黄。圆唇，直口，圆肩，扁鼓腹，下腹内收较急，小平底。肩部有一对实心乳钉状纽饰，下腹有刀削棱痕，余素面。口径4.2、腹径8.0、底径2.4、高4.6厘米（图一九一，3；图版一〇九，3）。

陶钵　1件。标本M66：26，泥质浅灰陶。三角形唇，敞口，曲腹微折，小平底。下腹近底部有刀削棱痕，余素面。口径8.2、底径1.7、高4.0厘米（图一九〇，12；图版一一〇，4）。

陶甑　2件。标本M66：9，该器出土时位于陶灶旁，可能系灶上配套器物。泥质青灰陶。三角形唇，口微敛，斜腹较深，小平底。下腹有刀削棱痕，余素面。口径8.0、底径2.0、高4.6厘米（图一九一，4；图版一〇九，3）。

标本M66：8，该器出土时位于陶灶旁，可能系灶上配套器物。泥质灰陶，微偏黄。三角形唇，唇面微凹，敞口，斜腹略浅，小平底。近底部有较浅的刀削棱痕，余素面。口径9.6、底径2.0、高4.5厘米（图一九一，5；图版一〇九，3）。

陶灶　1件。标本M66：6，泥质灰黑陶，器表有较多烟黑。长方形。双釜眼位于灶面两端，两釜眼中后侧有一椭圆形烟道孔。双拱桥形火门置于一长侧边与釜眼相对，并直通至底边。灶身素面。灶上置2甑1盂1瓶。灶底长23.9、底宽15.4、高4.8厘米（图一九一，1；图版一〇九，3）。

陶仓　1件。标本M66：23，泥质黑陶，器表涂有薄层黑衣。圆囷形仓，方形底座。座下有四个方形高足。仓壁略弧，外壁刻画一假仓门、门闩及泥条状阶梯，后者共有七级阶梯直通仓门。仓身上部饰一道凹弦纹，中部饰一周叶脉状的指甲纹及弦纹，余素面。口径17.6、底径14.4、仓体高9.1、通高14.7厘米（图一九一，6；图版一〇九，4）。

陶器盖 1件。标本M66：19，该器可能系M66：23之仓盖。泥质灰黑陶，器表涂有薄层黑衣。倒置圜底钵形。深弧腹，盖沿略内敛，盖顶呈圆弧形，顶上无纽。素面。盖口径22.4、盖顶径5.2、高6.9厘米（图一九一，7；图版一一〇，5）。

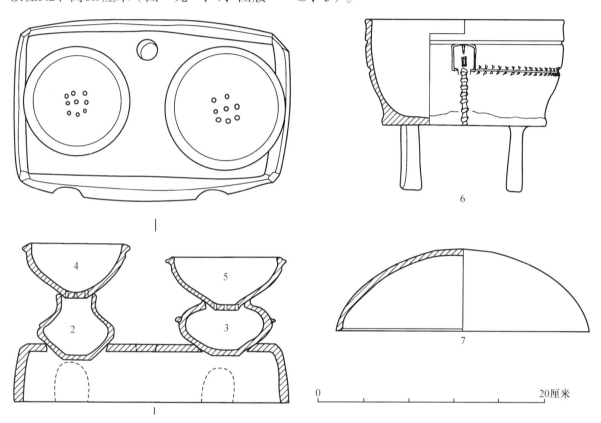

图一九一 2001WMM66出土陶器

1. 灶（M66：6） 2. 瓶（M66：10） 3. 盂（M66：7） 4、5. 甑（M66：9、M66：8） 6. 仓（M66：23） 7. 器盖
（M66：19）

#### 2. 铜器

共4件。壶、鍪、盆、镜各1件。

铜壶 1件。标本M66：1，胎较厚，合范铸造。方唇，唇沿内勾，高弧领，圆肩，球形鼓腹，平底，折壁圈足，足沿内勾。肩设一对衔环兽面铺首，环较大。肩、腹共饰三组凸棱，近似瓦楞状纹，余素面。口径13.3、腹径26.2、足径16.0、高34.5厘米（图一九二，1）。

铜盆 1件。标本M66：4，器壁厚薄匀称。方唇，宽平折沿，敞口，浅弧腹，平底。素面。口径35.8、底径17.2、高10.0厘米（图一九二，2；图版一一一，1）。

铜鍪 1件。标本M66：5，唇沿胎略厚。圆唇，窄卷沿，敞口，弧领，斜折肩，浅鼓腹，大圜底。肩有大小不一的环耳，耳面饰绳索状纹。齐耳处饰一道凸棱，余素面。口径13.0、腹径18.5、高14.4厘米（图一九二，3；图版一一一，2）。

铜镜 1件。标本M66：25，正面平整，但锈蚀严重。背面周缘及内区为连弧纹，外区有

4个粗大乳钉，乳钉之间饰满各种抽象的草叶纹。山峰状纽，纽上有4个小乳钉。直径12.1、缘厚0.4厘米（图一九三，图版一一一，3）。

### 3. 铁器

铁削 1件。标本M66：22，椭圆形环首，扁茎。削身呈长条形，刃尖残，断面呈三角形。残长26.0、宽2.1、脊厚0.7厘米（图一九二，6；图版一一一，4）。

### 4. 石器

石板 1件。标本M66：2，青灰色石料制成，厚薄匀称，通体磨光。长方形，四面规整。长14.2、宽6.0、厚0.3厘米（图一九二，4；图版一一一，5）。

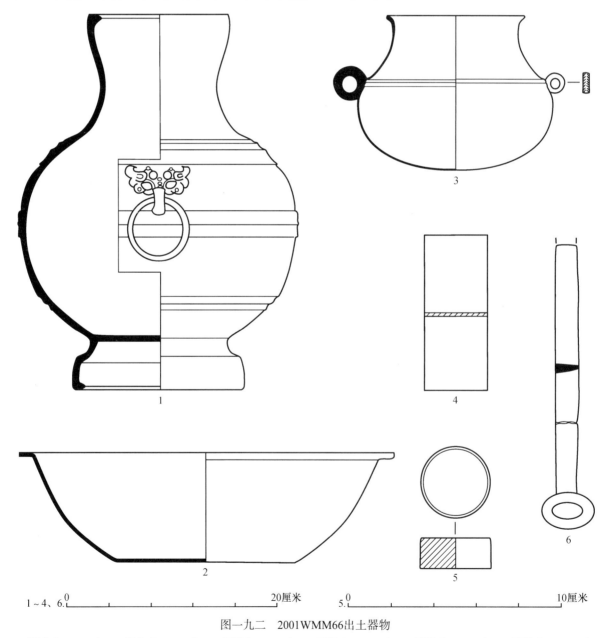

图一九二 2001WMM66出土器物

1.铜壶（M66：1） 2.铜盆（M66：4） 3.铜鍪（M66：5） 4.石板（M66：2） 5.石饼（M66：3） 6.铁削（M66：22）

石饼  1件。标本M66：3，青灰色石料制成，磨制精细，形态规整。形如圆柱，较厚，截面略呈梯形，底径略大。直径3.3、厚1.4厘米（图一九二，5；图版一一一，6）。

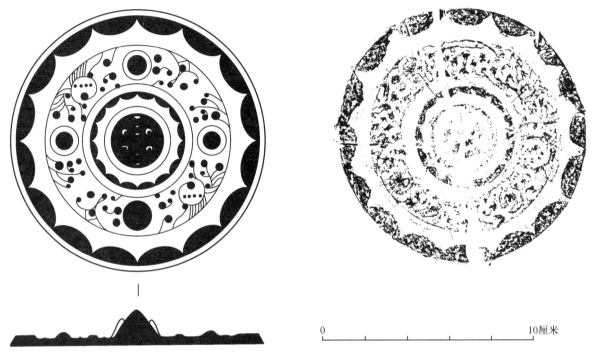

图一九三  2001WMM66出土铜镜及拓片
（M66：25）

# 一二、2001WMM67

M67位于墓地东部西段一处阶地上。墓葬大部分处于2001CT2内，甬道有一部分延伸至探方以外。该墓西距M66约4米，距M70不足1米，西南距M69不足2米，东距M68约7米。墓葬坐北朝南，墓道朝南略偏东。墓葬方向165°。

该墓为竖穴砖室墓。其修筑方法与1999年发掘的M46、M47完全相同。墓葬开口于距地表深80厘米的表土和扰土层之下，打破生土，并同时把M71拦腰打破。该墓墓底距M71底部尚有40余厘米的距离（图一九四）。

墓葬平面呈刀形，现存墓室和甬道两部分，墓道不明。甬道偏向东侧，与墓室东壁呈一直线，底与墓室持平。墓室狭长，甬道短促。墓壁均为错缝平铺垒砌而成，墓室券顶为单砖单券，甬道券顶残。墓室墙高93厘米处始筑券顶，甬道墙高90厘米处始筑券顶。墙厚11厘米，与墓砖同宽。砖墙距外侧土坑墓壁隔有约5厘米宽的空隙。墓底铺砖，其中，甬道地砖及墓室前端两行地砖为横向错缝平铺，墓室地砖则是纵向错缝平铺。甬道前未发现封门砖痕迹，不知是否已遭破坏，还是本身就没有封门砖。墓室底部可见三具木棺痕迹，前端（南侧）并排二棺，后端（北侧）摆一棺。棺内各有一具骨架，三具骨架均保存极差，头向均朝南，面向不详，葬式为仰身直肢，性别为二男一女。墓室内空长560、宽168、高162厘米，甬道内空长160、宽110、残高110厘米，墓葬通长（含墙）742、宽190厘米。墓底距墓口最深275、距地表最深355

厘米（图一九五）。

　　该墓墓砖与M46、M47出土墓砖比较接近，均为长形砖。墓砖形制有两种：一种为用以砌墓壁和铺地的常规长形砖，砖长33.0、宽11.0、厚4.5厘米；另一种为用以砌券顶的双坡边长形砖，长、宽同前者，厚3.5～4.5厘米。两种墓砖平面均饰绳纹，长侧边一般饰车轮纹以及弧线、菱形等几何纹，端边素面。遗憾的是，该墓已被盗劫一空，随葬器物已不见踪影。

　　该墓与东汉中期M62较为相似，均为多人合葬墓。但墓葬形制出现甬道，年代当稍晚于M62。而且，墓砖特征也比较接近M46、M47等东汉晚期墓，但该墓甬道较比后者更为短促，年代应早于后者。由此，我们推断其时代大致在东汉中期偏晚阶段。

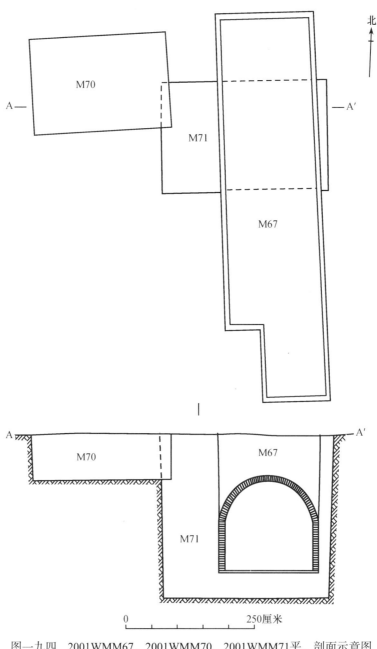

图一九四　2001WMM67、2001WMM70、2001WMM71平、剖面示意图

（墓葬尺寸依墓底）

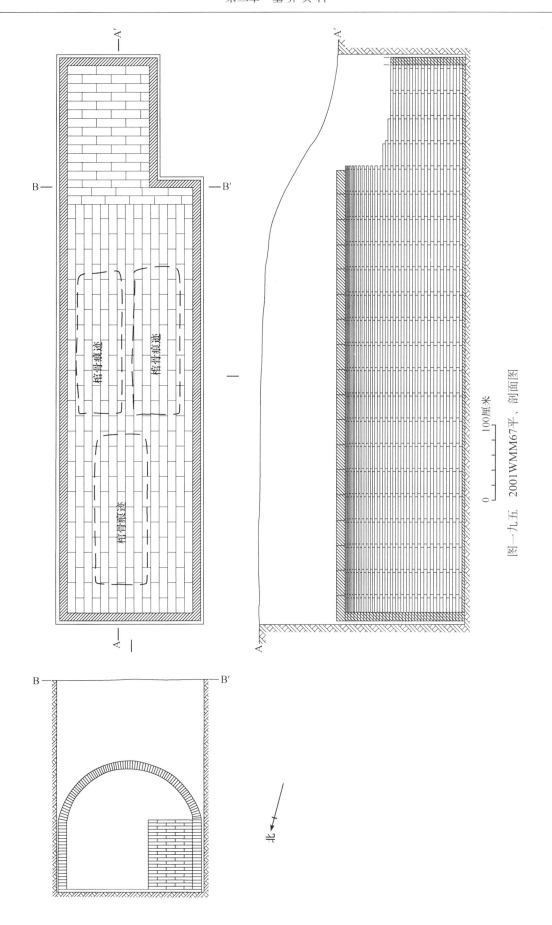

图一九五 2001WMM67平、剖面图

## 一三、2001WMM68

### （一）墓葬概述

M68位于墓地东部西段一处台地上，正好处在2001CT3内。该墓西距M67约7米，东距墓地东部东段最西侧墓M54近70米。墓葬略呈东西向。墓葬方向250°。

该墓为长方形竖穴土坑墓。墓葬开口于距地表深80～95厘米厚的表土和扰土层之下，打破生土。墓葬做工讲究，四壁较陡，而且十分光滑，似经特别修整。墓底平坦，东、西两端宽窄不一，且各有一条横向枕木沟。墓内填土为黄褐色黏土，结构略显紧密。葬具已朽。骨架不存，葬式不明。墓口长380、宽270厘米，墓底长360、宽230～245厘米。墓底距墓口最深400、距地表最深495厘米。

该墓保存较好，未发现盗扰迹象。随葬器物全部集中分布于墓底西北侧，而且大部保存尚好，但未见钱币。随葬器物编号共17件（套），计有陶罐5件、陶瓶2件（1件有盖）、陶钵1件、陶器座1件、陶盂3件、陶甑2件、陶灶1件、铜鍪1件、铜壶1件（图一九六；图版七，2）。

根据墓葬形制及随葬器物特征判断，该墓时代应该在西汉中期。

### （二）随葬器物

共17件（套）。其中，陶器有15件（套）、铜器只有2件。

**1. 陶器**

共15件（套）。均为泥质灰陶或青灰陶。器类有罐、瓶、钵、盂、甑、器座、灶等。

陶罐　5件。标本M68：2，泥质灰陶。方唇，唇沿外凸起棱，敛口，斜折肩，筒形腹微垂，近底部腹壁急收，最大腹径偏下，平底略凹。肩及下腹各饰一周花边状附加堆纹，下腹近底部有较浅的刀削棱痕，余素面。口径8.6、腹径16.8、底径11.4、高12.8厘米（图一九七，1；图版一一二，1）。

标本M68：5，泥质深灰陶。方唇，唇沿外凸起棱，敛口，斜折肩，筒形垂腹，近底部腹壁急收，最大腹径偏下，平底。肩部饰一周锯齿状纹及一周花边状附加堆纹，中腹饰两周极浅的锯齿状纹，紧贴其下再饰一周花边状附加堆纹，下腹有刀削棱痕，余素面。口径8.8、腹径16.5、底径11.2、高13.2厘米（图一九七，2；图版一一二，2）。

标本M68：8，泥质青灰陶。方唇，唇沿外凸起棱，敛口，斜折肩，筒形腹微外弧，近底部腹壁急收，最大腹径偏下，平底略凹。肩饰一周弦纹及一周花边状附加堆纹，下腹饰一周花边状附加堆纹，下腹近底部有刀削棱痕，余素面。口径9.4、腹径16.3、底径9.8、高12.6厘米（图一九七，3；图版一一二，3）。

标本M68：3，残甚，不能修复。泥质灰陶。仅存口沿。形制、纹饰与M68：2近似。

标本M68：4，残甚，不能修复。泥质灰陶。形制、纹饰与M68：8近似。

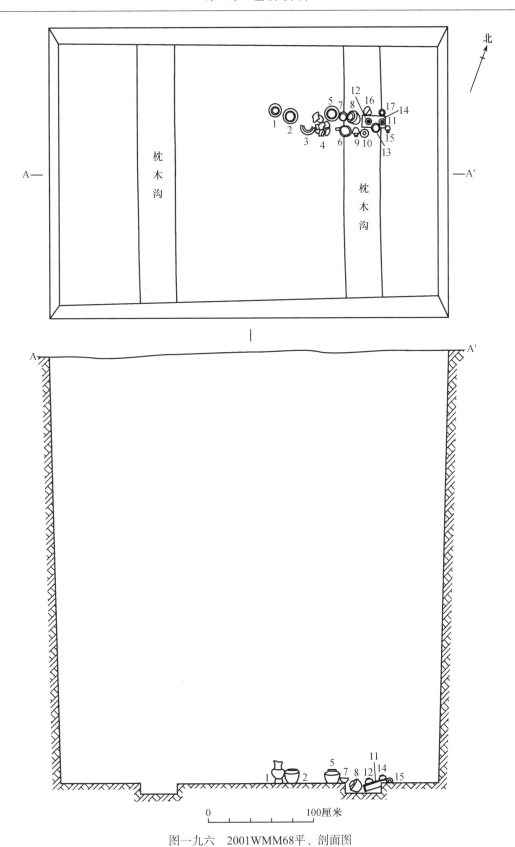

图一九六 2001WMM68平、剖面图

1. 铜壶 2～5、8. 陶罐 6. 铜鉴 7. 陶钵 9、10. 陶瓶（10有盖） 11. 陶灶 12、14、15. 陶盂 13、16. 陶甑
17. 陶器座

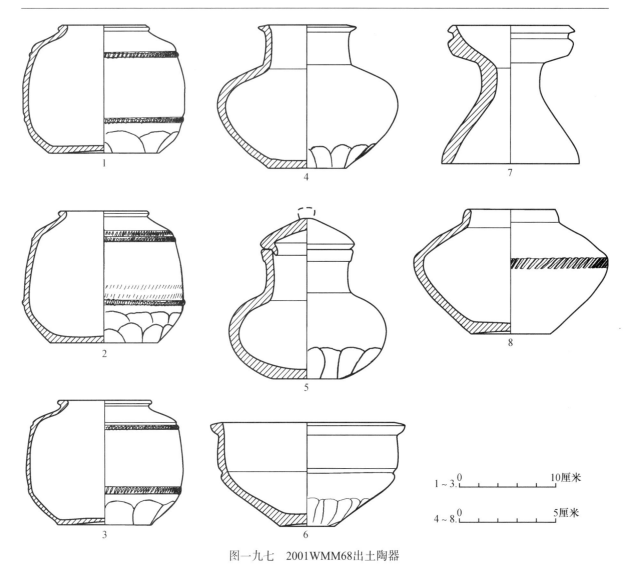

图一九七　2001WMM68出土陶器

1～3.罐（M68：2、M68：5、M68：8）　4、5.瓶（M68：9、M68：10）　6.钵（M68：7）　7.器座（M68：17）

8.盂（M68：15）

陶瓶　2件（套）。标本M68：9，泥质青灰陶。三角形唇，直口微敞，高弧领，宽圆肩，鼓腹，平底。下腹近底部有较浅的刀削棱痕，余素面。口径4.1、腹径9.4、底径4.1、高7.2厘米（图一九七，4；图版一一三，1）。

标本M68：10，有盖。泥质青灰陶。方唇，直口，口外贴附一周泥片，高弧领，圆肩，扁腹，平底。近底部有刀削棱痕，余素面。盖为浅斜腹盖，盖沿内折呈子母口状，小捉手钮残。盖身素面。口径4.6、腹径8.2、底径3.5、通高（残）8.2厘米（图一九七，5；图版一一三，2）。

陶钵　1件。标本M68：7，泥质青灰陶。三角形唇，深腹，上腹近直，下腹急收，小平底微凹。中腹饰一周弦纹，下腹近底部似有刀削棱痕及细划纹，余素面。口径9.0、底径2.9、高5.2厘米（图一九七，6；图版一一三，3）。

陶器座　1件。标本M68：17，泥质青灰陶。厚胎，中空。三角形唇，口沿不甚规整，敞口，口下有一周凹槽，浅盘，盘腹外凸较甚，盘内壁微凹，短束柄，足外撇。素面。口径

6.2、底径7.2、高7.0厘米（图一九七，7；图版一一三，4）。

陶盂　3件。标本M68：15，泥质青灰陶。圆唇，直口微敛，宽斜肩，鼓腹较深，平底微内凹。肩下饰一周长锯齿状纹，余素面。口径4.7、腹径10.1、底径4.1、高6.3厘米（图一九七，8；图版一一三，5）。

标本M68：12，该器出土时置于陶灶上。泥质青灰陶。圆唇，近直口，斜折肩，扁鼓腹，平底。肩下有一对实心乳钉状附耳及三周弦纹，余素面。口径4.4、腹径9.0、底径2.6、高6.1厘米（图一九八，2；图版一一二，4）。

标本M68：14，该器出土时置于陶灶上。泥质青灰陶。圆唇，直口，宽折肩，扁腹，宽平底。肩下有一对实心乳钉状附耳及两周弦纹，余素面。口径5.0、腹径9.3、底径5.0、高6.1厘米（图一九八，3；图版一一二，4）。

陶甑　2件。标本M68：13，该器出土时置于陶灶旁。泥质青灰陶。三角形唇，敞口，口下内凹，弧腹，平底。腹饰一周弦纹，底部有6个箅孔，余素面。口径8.2、底径2.7、高4.7厘米（图一九八，4；图版一一二，4）。

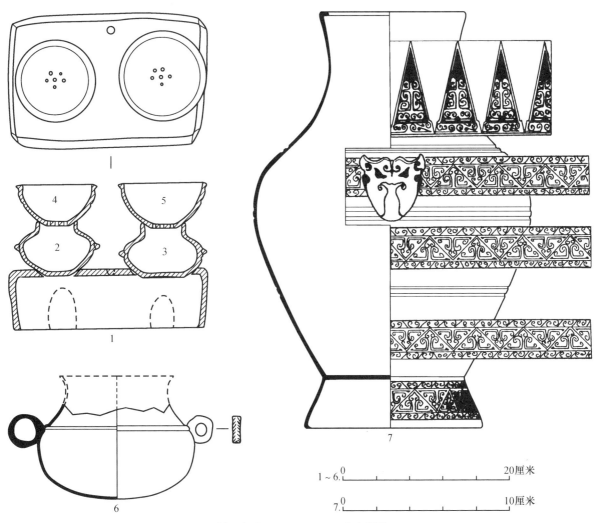

图一九八　2001WMM68出土器物

1. 陶灶（M68：11）　2、3. 陶盂（M68：12、M68：14）　4、5. 陶甑（M68：13、M68：16）　6. 铜鍪（M68：6）　7. 铜壶（M68：1）

标本M68：16，该器出土时置于陶灶旁。泥质青灰陶。形制、纹饰与M68：13同。口径9.6、底径3.0、高5.2厘米（图一九八，5；图版一一二，4）。

陶灶　1件。标本M68：11，泥质浅灰陶。长方形，灶壁略向内收，灶面大于灶底。双釜眼位灶面两端，两釜眼正中后部有一圆形烟道孔。拱门形双火门略有大小，置于一长侧边与釜眼相对，并直通底边。灶身素面。灶上原有2盂2甑。灶底长22.3、底宽15.7、高6.8厘米（图一九八，1；图版一一二，4）。

### 2. 铜器

共2件。分别为鍪、壶各1件。

铜鍪　1件。标本M68：6，口、领残。斜折肩，浅鼓腹，圜底。肩、腹交接部饰一对大小不一的环形耳，耳面饰叶脉纹。腹部齐耳处饰一道凸弦纹，余素面。复原口径约13.4、腹径18.7、残高10.5、复原高约14.3厘米（图一九八，6；图版一一三，6）。

铜壶　1件。标本M68：1，胎薄且较匀称，合范铸造。圆唇，口向内勾，高弧领，溜肩，深鼓腹，最大腹径偏上，平底，高圈足外撇，足沿微内勾。肩下有一对兽面铺首，无环。领饰蕉叶纹，以云雷纹衬地，腹及足部纹饰均为条带状横向分布，共四组云雷纹，肩、腹部还有三组弦纹。口径8.5、腹径16.6、足径10.5、高24.0厘米（图一九八，7）。

# 一四、2001WMM69

## （一）墓葬概述

M69位于墓地东部西段一处台地上，正好处在2001CT2西南部。该墓东北侧分布有M66、M67、M70、M71共四座墓葬，它们与M69相距都很近，在2～3米，再往东即为M68，而且该墓距M69也只有10米左右的距离。墓葬略呈西北—东南走向。墓葬方向140°。

该墓为长方形竖穴土坑墓，平面略显宽短。墓葬上部已毁，直接开口于距地表深10～70厘米的表土和扰土层之下，打破生土。墓内填土为灰褐色黏土，结构较紧密。墓葬虽残，但四壁均存，壁陡直，较光滑。墓底平整。葬具、骨架不存，葬式不明。墓口长305、宽150厘米。墓底距墓口保存最深70、距地表最深140厘米。随葬器物集中堆放在墓底东南部，均为陶器，且破碎较甚。随葬器物经修复，为两件形制及大小不一的盆形器（图一九九）。

该墓未见钱币，可资断代依据显少。根据墓葬形制、方向及随葬器物特征，初步推断该墓时代可能到了东汉初期。

## （二）随葬器物

仅2件陶盆。

陶盆　2件。标本M69：1，泥质褐陶，局部有黑褐斑。圆唇，卷沿外翻，大口，弧领，窄折肩，盆形腹，圜底微凹。腹部饰斜向粗绳纹，余素面。口径19.6、腹径21.2、底径7.3、高

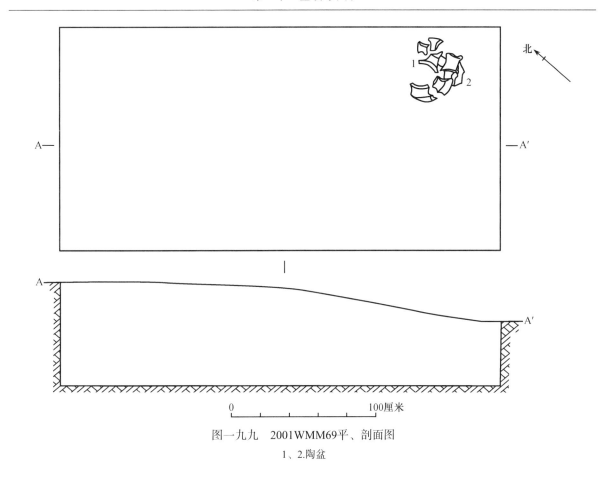

图一九九　2001WMM69平、剖面图

1、2.陶盆

12.5厘米（图二〇〇，1；图版一一四，1）。

　　标本M69：2，体形略小。泥质红褐陶，腹部有较多烟黑斑。圆唇，卷沿外翻，大口，矮领，折肩，浅盆形腹，下腹急收，圜底内凹较甚。肩部饰一周弦纹，下腹饰横向粗绳纹，余素面。口径15.2、腹径15.4、底径7.1、高6.6厘米（图二〇〇，2；图版一一四，2）。

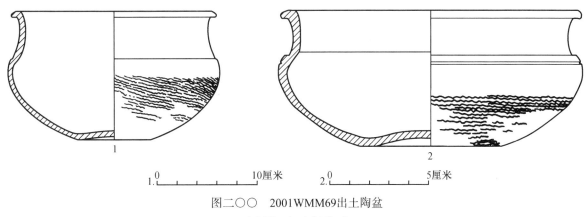

图二〇〇　2001WMM69出土陶盆

1. M69：1　2. M69：2

# 一五、2001WMM70

## （一）墓葬概述

M70位于墓地东部西段一处台地上，正好处在2001CT2西北部。东与M67相距不足1米，南距M69约2米，西南距M66不足2米。墓葬略呈东西向。墓葬方向260°。

该墓为长方形竖穴土坑墓。墓坑上部已毁，墓葬直接开口于距地表深80厘米厚的表土和扰土层之下，打破生土，东端打破M71。墓内填土为灰褐色黏土，结构不甚紧密。墓葬四壁整齐，上下较陡直，墓壁光滑。墓底平整。葬具、骨架不存，葬式不明。墓口长270、宽180厘米，长、宽比正好为3：2。墓底距墓口最深100、距地表最深180厘米。

随葬器物保存较好，集中摆放在墓室北侧。随葬器物编号共19件（套）。计有陶罐5件（2件有盖）、陶盂4件、陶甑3件、陶瓶2件（1件有盖）、陶器座1件、陶钵1件、陶灶1件、铜镜1件、铜泡钉1件（共2件）（图二〇一；图版八，1）。

根据墓葬形制及随葬器物特征推断，该墓时代大致在西汉中期。

## （二）随葬器物

共20件（套）。其中，陶器17件（套）、铜器3件。

### 1. 陶器

共17件（套）。器类有罐、盂、甑、瓶、器座、灶、钵等。

陶罐　5件（套）。标本M70：1，泥质灰黑陶，局部有黄褐斑。方唇，唇沿外凸起棱，敛口，圆肩微折，近筒形腹，下腹急收，平底。肩下及中腹饰花边状附加堆纹，下腹有刀削棱痕，余素面。口径7.5、腹径14.0、底径7.1、高11.3厘米（图二〇二，1；图版一一四，3）。

标本M70：2，有盖。器身为泥质灰陶。方唇，唇沿外凸起棱，敛口较甚，斜折肩，肩微凹，近筒形腹，下腹斜收，平底。肩及中腹饰花边状附加堆纹，下腹有刀削棱痕，余素面。盖为泥质灰褐陶。浅腹，略呈弓形。盖身素面。口径7.2、腹径14.0、底径8.7、通高12.1厘米（图二〇二，2；图版一一四，4）。

标本M70：8，有盖。器身为泥质灰黑陶。方唇，唇沿外凸起棱，敛口，斜折肩，近筒形腹，下腹斜收较甚，平底。肩下饰一周花边状附加堆纹，中腹饰一道凸棱及一周花边状附加堆纹，下腹有刀削棱痕，余素面。盖为泥质灰褐陶。浅腹，略呈弓形。盖身素面。口径7.2、腹径14.2、底径8.0、通高12.2厘米（图二〇二，3；图版一一四，5）。

标本M70：12，泥质黑陶，器表有较多烟黑，局部有黄褐斑。方唇，唇沿外凸起棱，敛口较甚，圆肩微折，近筒形腹，下腹内收，平底。肩下及中腹饰花边状附加堆纹，下腹有刀削棱痕，余素面。口径7.6、腹径14.1、底径7.9、高11.5厘米（图二〇二，4；图版一一四，6）。

标本M70：15，泥质黑陶，器表光滑。方唇，唇沿外凸起棱，敛口较甚，圆肩微折，近筒

图二〇一　2001WMM70平、剖面图

1、2、8、12、15.陶罐（2、8有盖）　3、5、10、14.陶盂　4、7、17.陶甑　6.陶灶　9、18.陶瓶（18有盖）

11.陶器座　13.陶钵　16.铜镜　19.铜泡钉（2件）

形腹，下腹斜收较急，平底。肩下及中腹各饰一周花边状附加堆纹，下腹有刀削棱痕，余素面。口径8.2、腹径14.5、底径8.8、高11.2厘米（图二〇二，5；图版一一五，1）。

陶灶　1件。标本M70：6，泥质灰陶。长方形，灶面四边棱及四角均加工圆钝，形态较规整。双釜眼，两釜眼之间偏后侧有一近三角形小烟道孔。双火门悬置于一长侧边，并与釜眼相对。灶身素面。灶上置2盂2甑。灶底长20.3、宽11.6、高4.8厘米（图二〇二，6；图版一一五，2）。

陶盂　4件。标本M70：5，该器出土时置于陶灶上。泥质灰陶。方唇，直口微敞，斜折肩，扁鼓腹，小平底。肩下有一对实心乳钉状附耳。上腹饰一周弦纹，下腹近底部有刀削棱痕，余素面。口径4.4、腹径8.5、底径1.6、高4.8厘米（图二〇二，7；图版一一五，2）。

标本M70：3，该器出土时置于陶灶旁。泥质灰陶。大小、形制及装饰均同M70：5（图二〇二，8；图版一一五，2）。

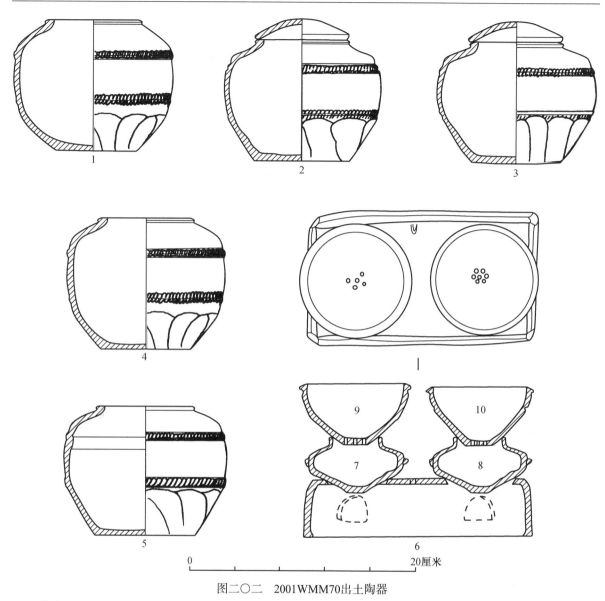

图二〇二　2001WMM70出土陶器

1～5. 罐（M70：1、M70：2、M70：8、M70：12、M70：15）　6. 灶（M70：6）　7、8. 盂（M70：5、M70：3）　9、10. 甑
（M70：4、M70：7）

　　标本M70：10，泥质灰陶。胎较厚。方唇，直口微敞，圆肩，扁鼓腹，下腹及底残。素面。
口径4.0、腹径8.5、底径1.8、残高4.0、复原高5.4厘米（图二〇三，1；图版一一五，3）。

　　标本M70：14，泥质灰陶。圆唇，唇沿外凸起棱，敛口，斜折肩，肩微内凹，扁鼓腹，上
腹较直，下腹斜收甚急，小平底。下腹有刀削棱痕，余素面。口径4.0、腹径9.3、底径2.4、高
5.6厘米（图二〇三，2；图版一一五，4）。

　　陶甑　3件。标本M70：4，该器出土时置于陶灶上。泥质灰陶。三角形唇，口微敛，口外
内凹，弧腹较深，下腹内收，小平底。下腹有刀削棱痕，底有5个箅孔，余素面。口径8.6、底
径2.2、高5.2厘米（图二〇二，9；图版一一五，2）。

　　标本M70：7，该器出土时置于陶灶旁。泥质灰陶。三角形唇，口微敛，口外内凹，深弧
腹，下腹斜收较甚，小平底。上腹饰一周弦纹，下腹有刀削棱痕，底有7个箅孔，余素面。口

径8.7、底径2.2、高5.2厘米（图二〇二，10；图版一一五，2）。

标本M70∶17，泥质灰陶。三角形唇，口微敛，深弧腹，下腹急收，小平底。上腹饰瓦楞状纹，下腹有刀削棱痕，底有5个箅孔，余素面。口径8.7、底径2.1、高6.2厘米（图二〇三，7；图版一一五，5）。

陶器座　1件。标本M70∶11，泥质灰陶。厚胎。整器如豆，中空。方唇，敞口，浅盘，束腰，喇叭形足。素面。口径5.6、底径6.4、高5.6厘米（图二〇三，3；图版一一五，6）。

陶瓶　2件（套）。标本M70∶9，泥质灰陶。外斜方唇，唇沿外凸起尖棱，口微敞，粗弧领，圆肩，扁鼓腹，下腹向内急收，并微内弧，小平底。下腹有刀削棱痕，余素面。口径4.1、腹径8.0、底径2.0、高7.1厘米（图二〇三，4；图版一一六，1）。

标本M70∶18，有盖。泥质灰陶。外斜方唇，敞口，弧领，圆肩，扁鼓腹，下腹急收，小平底。下腹有刀削棱痕，余素面。盖为浅斜腹，盖沿微内敛，盖纽残。盖身素面。口径4.0、腹径8.0、底径2.0、高7.3、通高（残）8.4厘米（图二〇三，5；图版一一六，2）。

陶钵　1件。标本M70∶13，泥质灰陶。三角形唇，近直口，深弧腹，上腹短直，下腹急收，小平底。下腹有刀削棱痕，余素面。口径9.7、底径2.4、高6.2厘米（图二〇三，6；图版一一六，3）。

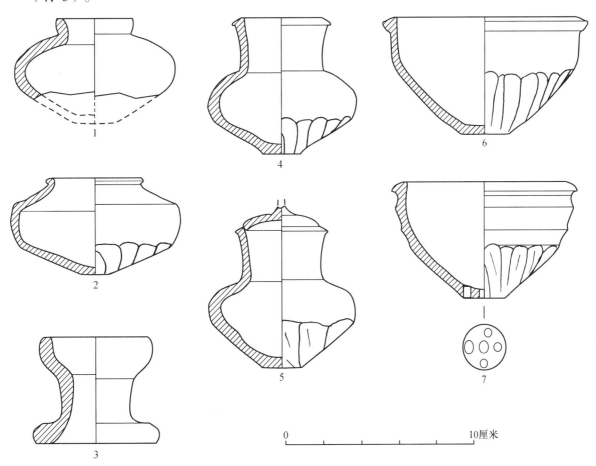

0　　　　　　　　　　　　　　　10厘米

图二〇三　2001WMM70出土陶器

1、2. 盂（M70∶10、M70∶14）　3. 器座（M70∶11）　4、5. 瓶（M70∶9、M70∶18）　6. 钵（M70∶13）　7. 甑（M70∶17）

**2. 铜器**

仅1件铜镜和2件泡钉。

铜镜　1件。标本M70：16，镜面平整。背面正中为鼻状桥形纽，周缘饰连弧纹。内区为矩形，分为四四一十六个小格，正中四格被鼻状桥形纽占据，角上四小格饰斜线，剩下的八格以顺时针方向铸有"见日之光天下大（太）平"。矩形内区与镜缘外区之间辅以乳钉纹和几何形图案。整器构图精美，错落有致而不失简洁匀称。直径11.4、缘厚0.4厘米（图二○四；图版一一六，4）。

铜泡钉　2件。合编为标本M70：19。均为盔形泡钉（图版一一六，5）。

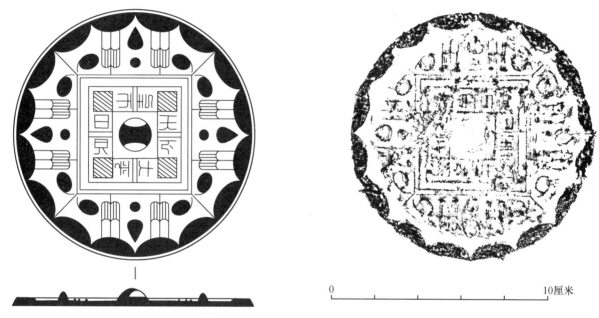

图二○四　2001WMM70出土铜镜及拓片

（M70：16）

# 一六、2001WMM71

## （一）墓葬概述

M71位于墓地东部西段一处台地上，正好处在2001CT2东北部。西距M66约4米，西南距M69不足2米，东距M68约6米。该墓同时被M70和M67打破，尤其是M67对其破坏极大，不仅横穿了M71东部，而且其墓底距M71底部仅有40厘米的距离（图一九四）。墓葬略呈东西向。墓葬方向265°。

该墓为长方形竖穴土坑墓。墓葬上部已毁，直接开口于距地表深80厘米厚的表土和扰土层之下，打破生土。墓内填土为灰褐色黏土，结构较紧密。墓葬四壁陡直，墓壁光滑。墓底平整，两端设有枕木沟，并都直通至南、北两壁底部。枕木沟较规整，深10、宽25厘米。葬具、骨架不存，葬式不明。墓口长330、宽220厘米，墓底长320、宽210厘米。墓底距墓口最深

290、距地表最深370厘米（图二〇五）。

　　该墓未见盗扰现象，但只在墓底北侧发现1件铜刀，并不见其他随葬器物，原因不明。

　　该墓被M70打破，年代应不会晚于M70。另外，根据该墓形制及铜刀特征判断，推测该墓时代当不会晚于西汉中期。

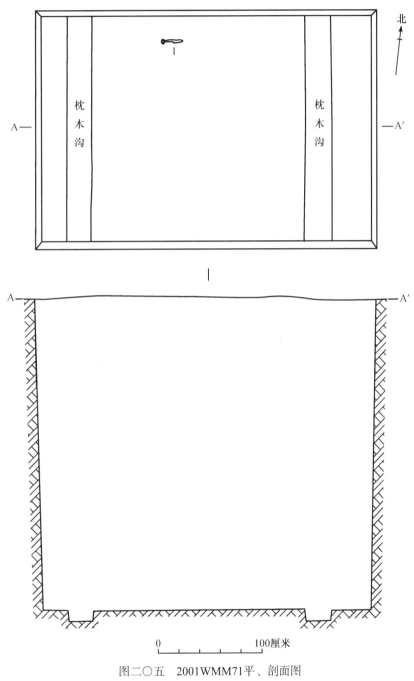

图二〇五　2001WMM71平、剖面图

1. 铜刀

## （二）随葬器物

仅1件。

铜刀（或称削） 1件。标本M71：1，扁圆形首，扁茎较长，无格，刀尖端为弧形，刀较短。通长9.3、环首外直径2.0、茎宽0.7、刃宽1.2厘米（图二〇六，1；图版一一六，6）。

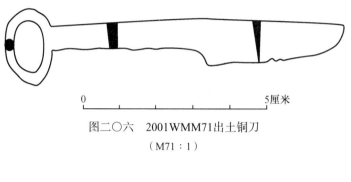

0　　　　　　　　　　　　5厘米

图二〇六　2001WMM71出土铜刀

（M71：1）

# 一七、2001WMM72

## （一）墓葬概述

M72位于墓地东北部一处斜坡上，海拔位置较高，山坡较陡，坡度接近45°。墓葬跨2001BT31和2001BT41两个探方。该墓西距M74约4米，但与墓地东部其他墓葬相距较远，距南部最近的墓葬M47也有40余米。墓葬呈西北—东南走向，墓道朝向东南。墓葬方向145°。

该墓为竖穴石室墓。墓葬开口于距地表深25～60厘米厚的表土和扰土层之下，墓室后部被M73打破。其修建方法与同类型的M22、M33比较接近，但不见类似M33那样的封土堆遗迹。具体来说，该墓筑造方法是先挖好竖穴墓室及墓道，然后在墓室内用石块砌好墓壁及券顶，再以大小悬殊且不规则的石板铺好墓底。

该墓平面近似刀形，由墓室和墓道两部分组成，墓道偏向西侧，并与墓室西壁呈一直线。墓葬开口于距地表深100～140厘米的表土及扰土层之下，打破生土，墓室北段被M73打破。墓内填土为褐色黏土，并夹杂石块，经过夯筑，结构十分紧密坚硬，但找不出明显夯窝痕迹，填土内偶见炭末及绳纹瓦片。

墓室保存较好，四壁及券顶均未坍塌。墓壁石墙距外侧土坑墓壁有3～5厘米的空隙。墓壁用石块错缝垒砌而成，所用石块均经粗略敲打，大小不甚规整。最小者长10、宽15、厚8厘米，最大者长90、宽50、厚20厘米。石块均为青灰色页岩，不见加工痕迹。墓底用不规则石板铺垫，石板厚10厘米左右。葬具不存。残见骨架1具，保存极差。墓室北端可见部分下肢骨，肢骨南侧不远有一件石瑱，故可推断头向南。葬式不明。斜坡墓道直通墓室底部。墓室内空长480、宽150、高150厘米。墓道长390、宽125厘米，坡度31°。墓葬通长（含墓道及墙体）945厘米。墓底距墓口最深526、距地表最深660厘米。

该墓未见盗扰痕迹。随葬器物多位于墓室前部（南段），紧靠墓道，铜钱分两处摆放于墓室中、后部。随葬器物编号共9件，计有陶瓮、陶灶、陶瓶、陶盂、陶钵、陶甑、石瑱、铜盆各1件，另外还有1件铜钱（共27枚）（图二〇七；图版八，2）。

该墓不见甬道，墓葬形制与M81比较接近。随葬器物不够完整，不见陶罐，可能与盗扰有关，陶瓮形态略晚于M29同类器。根据墓葬形制及随葬器物特征综合推断，该墓时代应与M29、M81相若或略晚，大致在东汉初期。

## （二）随葬器物

共9件（含铜钱1件）。包括陶器6件以及铜盆、铜钱、石填各1件。

### 1. 陶器

共6件。器类包括瓶、盂、钵、甑、瓮、灶等。

陶瓶 1件。标本M72：9，泥质青灰陶。三角形唇，喇叭形口，粗束领，圆肩微折，扁鼓腹，宽平底。肩部饰一道弦纹，下腹有刀削棱痕，余素面。口径7.0、腹径9.2、底径5.7、高8.3厘米（图二〇八，1；图版一一七，1）。

陶盂 1件。标本M72：3，泥质灰黄陶。方唇，直口微敛，斜折肩，鼓腹，平底。器表凹凸不平，下腹近底部有刀削棱痕，余素面。口径5.5、腹径8.4、底径4.1、高4.5厘米（图二〇八，2；图版一一七，2）。

陶钵 1件。标本M72：4，泥质青灰陶。圆唇外凸，唇沿内斜，敞口，浅斜腹，宽平底。下腹有刀削棱痕，余素面。口径10.3、底径5.7、高4.0厘米（图二〇八，3；图版一一七，3）。

陶甑 1件。标本M72：5，泥质灰陶。外斜方唇，敞口微外卷，口下内凹，浅斜腹，平底。内壁有一周凹槽，底部有10个大小不一的箅孔，余素面。口径10.7、底径4.5、高4.2厘米（图二〇八，4；图版一一七，4）。

陶瓮 1件。标本M72：1，泥质青灰陶。圆唇，卷沿外翻，小口微敛，口部歪斜较甚，束颈似矮领，宽斜肩，扁鼓腹，圜底凹凸不平。肩及上腹饰三道不规则凹槽及间断绳纹，下腹及底饰规整的竖向绳纹，余素面。口径10.8、腹径27.8、高16.5厘米（图二〇九，1；图版一一七，5）。

陶灶 1件。标本M72：2，泥质灰褐陶，局部有黑褐斑。长方形，灶面较宽。单釜眼位于灶中央，釜眼左后方有一小烟孔。拱桥形单火门悬置于一长侧边，并与釜眼相对，火门底边已残。灶身周边有刀削痕迹，四个转角部位饰有竖向粗绳纹，余素面。灶底长20.3、宽14.2、高6.3厘米（图二〇九，2；图版一一七，6）。

### 2. 其他

铜盆（或称鉴） 1件。标本M72：8，保存较好，胎厚薄均匀。圆唇，宽平折沿，深弧腹，宽平底。上腹饰三道凸棱，余素面。口径29.8、底径15.0、高13.2厘米（图二〇九，3；图版一一八，1）。

铜钱 1件。共27枚，合编为标本M72：6。保存较差。均为五铢钱。有郭，篆体阳文。钱

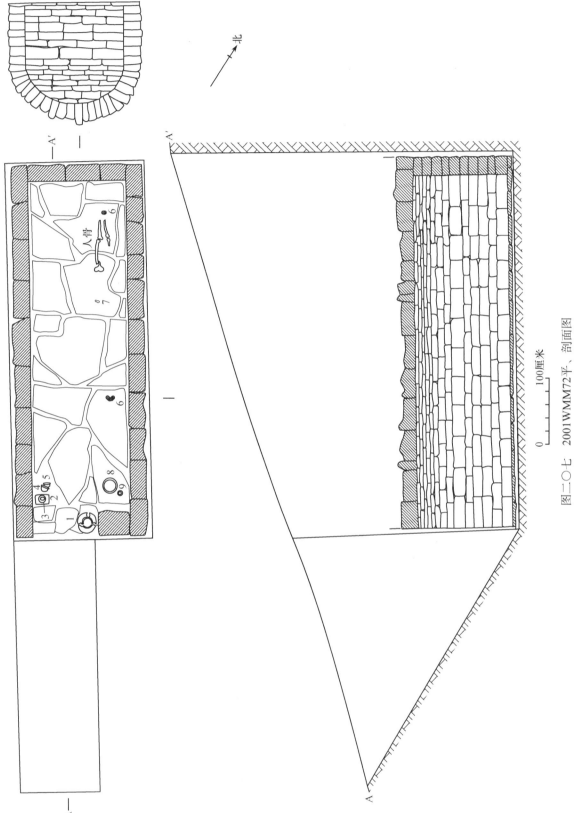

图二〇七　2001WMM72平、剖面图

1. 陶瓮　2. 陶灶　3. 陶盂　4. 陶钵　5. 陶甑　6. 铜钱（27枚）　7. 石真　8. 铜盆　9. 陶瓶

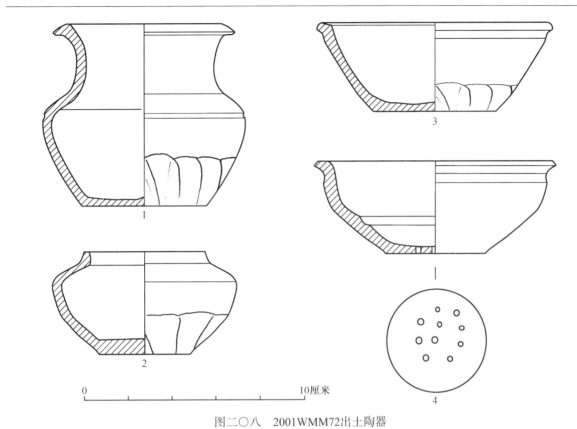

图二〇八 2001WMM72出土陶器

1.瓶（M72：9） 2.盂（M72：3） 3.钵（M72：4） 4.甑（M72：5）

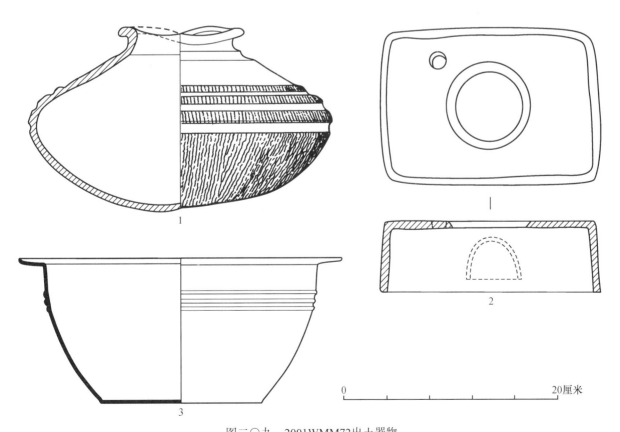

图二〇九 2001WMM72出土器物

1.陶瓮（M72：1） 2.陶灶（M72：2） 3.铜盆（M72：8）

径2.5厘米左右（图版一一八，2）。

石瑱　1件。标本M72：7，体小，应为鼻塞或耳珰类器物。石料不明。两端粗，中间细，呈束腰形，中空，内有直壁孔，一端微内凹。长约2.0厘米。

# 一八、2001WMM73

## （一）墓葬概述

M73位于墓地东北部一处斜坡上。该墓打破M72，墓葬周边环境与M72同。墓葬正好处于2001BT41中部，西南距M74约4米。墓葬略呈东西向。墓葬方向255°。

该墓为长方形竖穴土坑墓。墓葬开口于距地表深25～60厘米厚的表土和扰土层之下，打破M72和生土。墓内填土为褐色黏土，含较多大块石头，结构较疏松。由于该墓位于较陡的山坡上，墓坑受地势所限，故北壁较高，南壁较低。墓坑较为狭长，墓壁规整陡直、光滑，墓底平整。葬具不明。骨架已朽，葬式不详。墓口长200、宽80厘米。墓底距墓口最深83、距地表最深140厘米。

该墓未见盗扰现象，但墓内随葬器物残破较甚，可能与填土中含有较多大块石头挤压有关。随葬器物大多摆放于墓底西部，编号共6件，均为瓷器或釉陶器。计有瓷盏2件、釉陶碗2件、釉陶双耳罐1件、釉陶灯1件（图二一〇）。

根据墓葬形制及随葬器物特征推断，该墓应为宋墓。

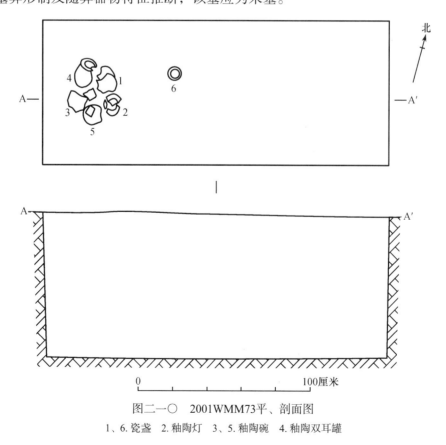

图二一〇　2001WMM73平、剖面图

1、6. 瓷盏　2. 釉陶灯　3、5. 釉陶碗　4. 釉陶双耳罐

## （二）随葬器物

共6件。其中，瓷器有2件、釉陶器有4件。

### 1. 瓷器

瓷盏　2件。标本M73：1，残。泥质白胎，胎较薄。通体施牙白色釉，并掺有浅绿釉，器表有碎开片。尖唇，大敞口，斜腹微内弧，圈足矮小。素面。复原口径11.8、足径3.1、高4.0厘米（图二一一，1）。

标本M73：6，胎、釉同M73：1，器表有碎开片。尖唇，大敞口，浅斜腹，平底内凹呈假圈足状。素面。口径14.3、底径4.3、高3.6厘米（图二一一，2；图版一一八，3）。

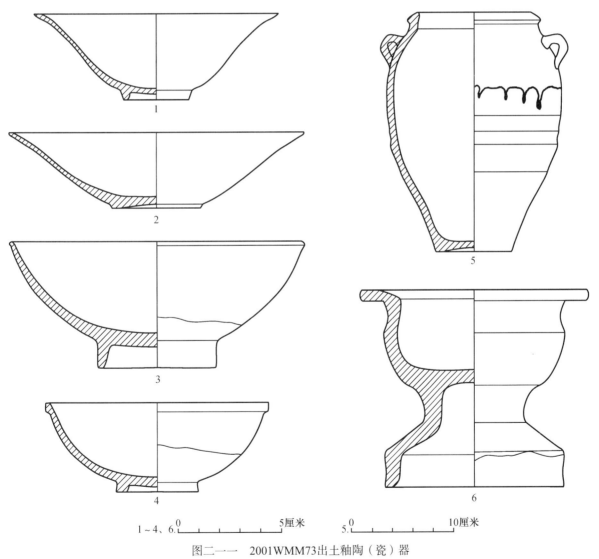

图二一一　2001WMM73出土釉陶（瓷）器

1、2.瓷盏（M73：1、M73：6）　3、4.釉陶碗（M73：3、M73：5）　5.釉陶双耳罐（M73：4）　6.釉陶灯（M73：2）

**2. 釉陶器**

釉陶碗　2件。标本M73：3，泥质灰白胎，灰褐色釉，近底部及足部露胎，器表有碎开片。圆唇外侈，敞口，弧腹较浅，圈足略外撇。素面。口径14.2、足径5.7、高6.0厘米（图二一一，3；图版一一八，4）。

标本M73：5，泥质红胎，器表施酱绿色釉，下腹及足部露胎。圆唇，唇外贴附一圈泥条，敞口，弧腹较深，矮圈足较直。素面。口径10.8、足径4.0、高4.2厘米（图二一一，4；图版一一八，5）。

釉陶双耳罐　1件。标本M73：4，泥质红褐色胎，器表施浅黄色釉，下腹及足部露胎。圆唇，唇沿外凸起棱，直口微敛，肩不显，深腹微鼓，下腹内弧，小平底微内凹。肩部饰一对桥形耳，中腹可见拉坯形成的瓦楞状纹。口径11.2、腹径17.2、底径7.6、高22.7厘米（图二一一，5；图版一一八，6）。

釉陶灯　1件。标本M73：2，泥质红胎，器表施酱红色釉。厚胎。圆唇，宽平折沿微外翻，弧腹盘，盘腹微鼓，短柄，折壁台式圈足，足沿较直。素面。口径11.1、底径8.8、高9.3厘米（图二一一，6；图版一一九，1）。

# 一九、2001WMM74

## （一）墓葬概述

M74位于墓地东北部一处斜坡上。墓葬大部处在2001BT32北部，少部跨及2001BT42。该墓东距M72约4米，西距M75约3米。墓葬呈西南—东北走向。墓葬方向245°。

该墓为长方形竖穴土坑墓。墓葬开口于距地表深90厘米厚的表土和扰土层之下，打破生土。填土为褐色黏土，结构较疏松。该墓上部可能被毁，墓坑较浅。墓坑受地势所限，北高南低。墓坑较为狭长，墓壁比较规整光滑，墓底平整。葬具不明。骨架已朽，葬式不详。墓口长200、宽80厘米。墓底距墓口最深52、距地表深140厘米。

该墓未见盗扰现象，随葬器物摆放于墓底西段。随葬器物编号2件，均为釉陶器，不见瓷器，釉陶双耳罐和釉陶碗各1件（图二一二）。

该墓东北距M73不足4米，二者方向接近，而且所出釉陶双耳罐形制也非常近似。据此推断，该墓时代当与M73相当，当为宋墓。

## （二）随葬器物

共2件。釉陶双耳罐和釉陶碗各1件。

釉陶双耳罐　1件。标本M74：1，泥质灰褐色胎，局部呈灰黑色，器表原有薄层姜黄色釉，但已脱落殆尽。三角形唇，敛口，肩不显，深腹微鼓，平底微内凹。肩部饰一对桥形耳，齐耳处饰一周凸棱，腹部有呈瓦楞状的削整痕迹，并可见较多拉坯形成的细旋痕。口径12.6、

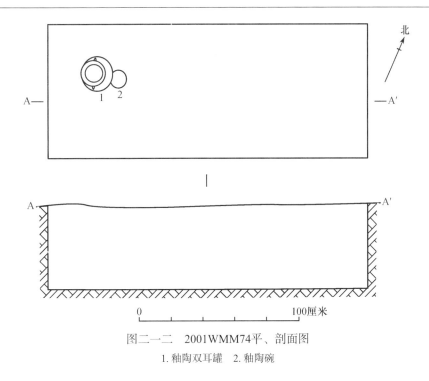

图二一二　2001WMM74平、剖面图

1. 釉陶双耳罐　2. 釉陶碗

腹径19.1、底径9.3、高23.0厘米（图二一三，1；图版一一九，2）。

釉陶碗　1件。标本M74：2，灰褐色厚胎，口沿及腹部局部饰浅黄色釉，略显干涩。圆唇，敛口，口部歪斜较甚，浅斜腹，平底微凹。素面。口径8.8、底径3.9、高3.0厘米（图二一三，2；图版一一九，3）。

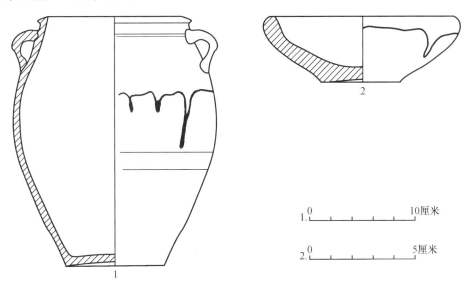

图二一三　2001WMM74出土釉陶器

1. 双耳罐（M74：1）　2. 碗（M74：2）

## 二〇、2001WMM75

M75位于墓地东北部一处斜坡上。该墓与M72、M73、M74近邻，墓葬周边环境也与之近似。墓葬处在2001BT43内，东距M74约3米。墓葬坐北朝南，损毁严重，墓葬方向不明。

该墓为竖穴砖、石混筑墓。其修筑方法应与M72类似，即先挖好竖穴土坑，然后在土坑内用砖或条石砌好墓室及券顶，再用稍薄点的大小悬殊、形状不规则的石板铺好墓底。

墓葬被严重盗毁，仅存西北角一部分，大部分已被盗墓者毁掉。墓葬长、宽不明。墓葬上部也已毁，并有50～118厘米的表土和扰土层覆盖其上。现存墓坑打破生土。墓内填土为灰褐色黏土，结构较疏松。墓葬残壁大部分为墓砖所砌，其间夹有少量接近长方形的石条。墓壁内侧平整，外侧极不规整，砖、石混墙距外侧土坑墓壁的空隙宽窄不一。墓底铺有石板，底板嵌入墙下。葬具、骨架及随葬器物均无。墓底内空残长298、残宽118、残高140厘米，墓坑残长330、残宽156厘米。墓底距地表最深258厘米（图二一四）。

该墓与M72并列，墓葬修筑方法及墓葬形制接近，二者年代应当相仿。据此推测，该墓方向应与M72相若，时代大致在东汉初期。

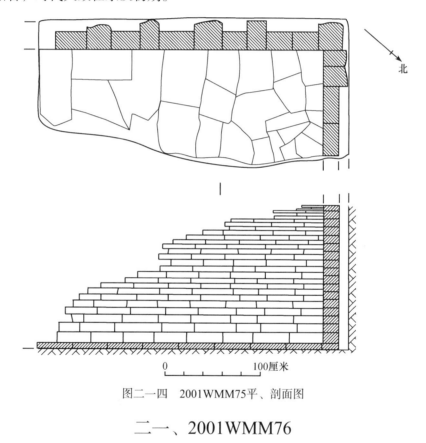

图二一四　2001WMM75平、剖面图

## 二一、2001WMM76

### （一）墓葬概述

M76位于墓地东部靠北端一处极陡的斜坡上，海拔200米以上。墓葬处在2001ET3东南部，与其他墓葬相隔较远，西南距最近的M73也有60余米。墓葬呈正东西向。墓葬方向270°。

该墓为长方形竖穴土坑墓。墓坑较浅，墓葬开口于距地表深20厘米厚的表土层之下，打破生土。墓内填土为灰褐色土，较杂，结构疏松。墓坑规整，墓壁光滑，墓底平坦。葬具不明。骨架已朽，葬式不详。该墓未见盗扰迹象。随葬器物2件，摆放于墓底西南侧，釉陶罐和釉陶碗各1件。墓口长190、宽100厘米。墓底距墓口最深52、距地表最深75厘米（图二一五）。

根据墓葬形制及随葬器物特征推断，该墓时代与M73、M74相当，当属宋墓。

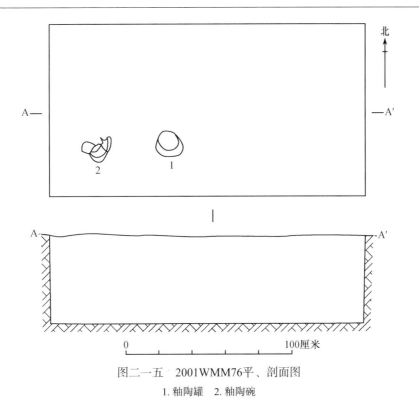

图二一五 2001WMM76平、剖面图
1. 釉陶罐 2. 釉陶碗

## （二）随葬器物

共2件。釉陶罐和釉陶碗各1件。

釉陶罐 1件。标本M76：1，泥质灰褐色胎，口及上腹部施灰白色釉，下腹露胎。三角形唇，唇沿微凹，直口微敞，矮束领，圆肩微折，深鼓腹，平底微内凹。下腹露胎部分可见较多拉坯形成的细旋痕。口径7.6、腹径13.9、底径7.2、高13.6厘米（图二一六；图版一一九，4）。

釉陶碗 1件。标本M76：2，残甚，未修复。胎、釉及形制与M74：2相若。

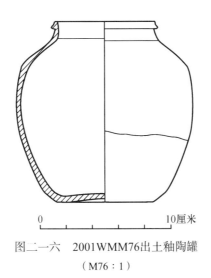

图二一六 2001WMM76出土釉陶罐
（M76：1）

# 第五节　2002年发掘墓葬

本次发掘是麦沱墓地继1997年以来第四个协议年度发掘项目，共发掘墓葬19座，出土各种不同质地的随葬器物147件（套）（10件有盖）、铜钱293枚（附表五）。

本次发掘的19座墓葬当中，发现有三组叠压或打破关系：一组为M77、M78、M79和M80，另一组为M81、M83和M84，还有一组为M90和M91。它们之间的叠压打破关系将在下文随同墓葬一起介绍。现将本次发掘的19座墓葬依序介绍如下。

## 一、2002WMM77

### （一）墓葬概述

M77位于墓地西部东段一处稍缓的阶地上，跨2002AT7、2002AT8两个探方。墓葬西距M82约3米，东距2001年发掘的M62约5米。墓葬坐北朝南，墓道朝向东南。墓葬方向145°。

该墓开口于距地表深60～80厘米厚的表土及扰土层之下，打破东周文化层（第3层）及生土，同时打破M78、M79和M80。M77墓底高于最浅的M78底部28厘米，高于M80底部67厘米，高于最深的M79底部84厘米（图二一七）。

该墓为竖穴砖室墓。墓葬平面呈刀形，由墓道及墓室组成。墓葬现存较浅，墓坑上部以及墓道、墓室券顶均在早年垦荒时即已被毁。墓内填土为灰褐色土，结构较松散。墓葬修建方法应与墓地其他砖室墓接近。墓室四壁残缺，现存断壁是用墓砖错缝垒砌而成。墓壁砖墙距外侧土坑墓壁有3～5厘米的空隙。墓底完整，并铺满墓砖，绝大多数为横向错缝平铺，靠近后墙一排为直铺，并间有横铺。葬具无。骨架已朽，头向和葬式不详。墓道偏向东侧，已完全被毁。墓道宽80厘米，长度及坡度不详。墓室内空长256、宽140、残高90厘米。墓底距墓口最深190、距地表最深270厘米。

该墓被严重盗毁，墓室底部仅存少量随葬器物及铁棺钉，摆放极为零乱，而且残存一块人骨也被移动过位置。出土器物编号共10件，计有银手镯1件、铜手镯2件、铜钱3件（共5枚）、铁削1件、石珠1件（5颗）、石饰1件、骨饰1件（图二一八）。

该墓出土墓砖均为常规宽形砖，但墓壁砖和铺地砖存在一定差异。墓壁砖略厚，平面饰斜向绳纹，长侧边常见叶脉纹及菱形几何纹。砖长34.0～35.0、宽17.0、厚5.0～5.5厘米（图二一九）。铺地砖，稍薄，一般为素面。砖长约33.0、宽17.0、厚4.5～5.0厘米。

根据墓葬形制及随葬器物特征，推测该墓时代可能晚至南朝。

### （二）随葬器物

共14件（铜钱3件）。包括铜、银、铁、石、骨等不同材质。

铜手镯　2件。标本M77：3，圆圈状，单环。镯身缠绕密集的绳索状纹样，每个凸出部分

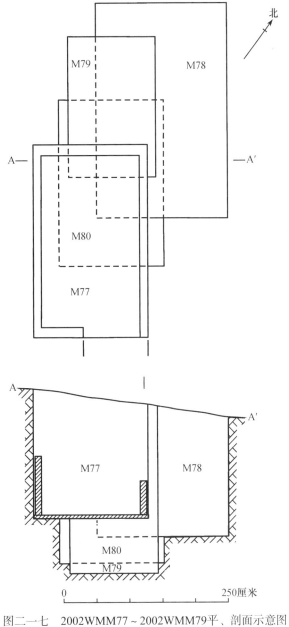

图二一七　2002WMM77～2002WMM79平、剖面示意图
（墓葬尺寸依墓底）

中心有一个小圆珠纹点缀。直径6.8、茎粗约0.5厘米（图二二〇，1；图版一二〇，1）。

标本M77：4，大小及纹饰与M77：3完全雷同（图版一二〇，2）。

银手镯　1件。标本M77：2，鎏金银质，银白色。圆圈状，双环。两细端缠绕于镯身，若把之伸展，实为一根银柱，只是中间粗，两端细而已。直径7.5厘米（图二二〇，2；图版一二〇，3）。

铁削　1件。标本M77：10，仅存环首及残柄。近方形环首，宽扁茎削柄，削身已无。残长11.1、环外径5.0、内径3.0、柄厚0.6厘米。

骨饰　1件。标本M77：9，圆柱体。上部穿一圆孔，表面抛光。长2.3、直径0.5厘米（图二二〇，3；图版一二〇，4）。

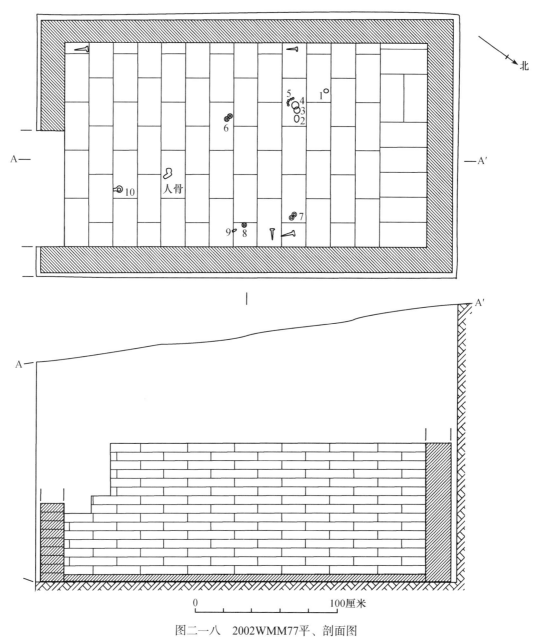

图二一八　2002WMM77平、剖面图

1.石饰　2.银手镯　3、4.铜手镯　5.石珠（5颗）　6～8.铜钱（5枚）　9.骨饰　10.铁削（余为铁棺钉）

石饰　1件。标本M77：1，墨绿色。质地未鉴定，石质不明。略呈饼状，平面为不规则圆形。周边对称各钻一孔，孔未穿透。长径1.8、短径1.7、厚0.5厘米（图二二〇，4；图版一二〇，5）。

石珠　5件。质地未鉴定，初步推断为玛瑙。算珠形，中心穿孔。标本M77：5-1，浅红色。截面近圆形，圆孔。径约0.9厘米（图二二〇，5）。

标本M77：5-2，酱红色。截面近圆形，圆孔。径约0.9厘米（图二二〇，6）。

标本M77：5-3，棕红色。截面近圆形，圆孔较大。径约0.9厘米（图二二〇，7）。

标本M77：5-4，体略小，浅绿色。截面呈圆柱形，圆孔。径约0.6厘米（图二二〇，8）。

标本M77：5-5，深红色。截面呈六边菱形，圆孔。最大径约0.7厘（图二二〇，9）。

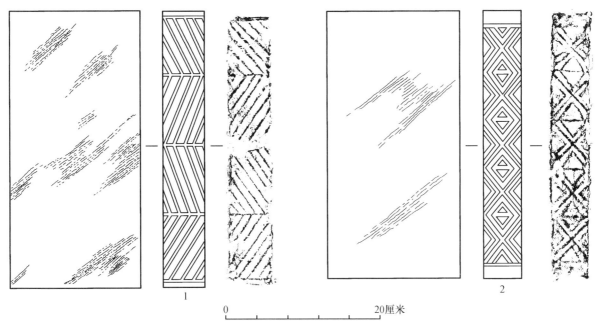

图二一九 2001WMM77出土墓砖及拓片
（均为常规宽形砖）

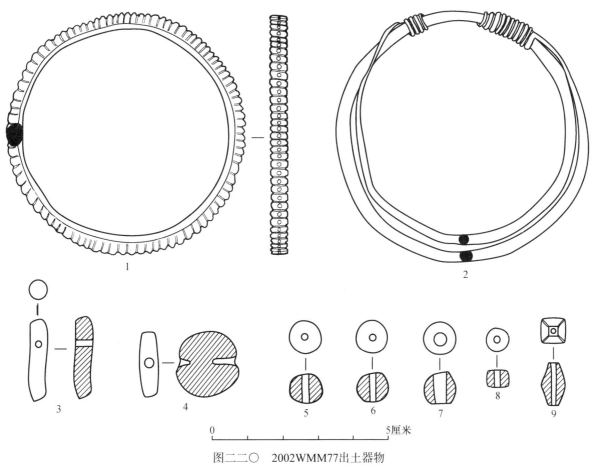

图二二〇 2002WMM77出土器物

1. 铜手镯（M77：3） 2. 银手镯（M77：2） 3. 骨饰（M77：9） 4. 石饰（M77：1） 5～9. 石珠（M77：5-1、M77：5-2、M77：5-3、M77：5-4、M77：5-5）

铜钱　3件，共5枚。标本M77：6有2枚，标本M77：7有2枚，标本M77：8仅1枚。均为五铢钱币。残甚。有郭，篆体阳文。直径2.5厘米左右。

另外，该墓还发现4颗铁棺钉。长10～15厘米。

## 二、2002WMM78

### （一）墓葬概述

M78位于墓地西部东段一处稍缓的阶地上，跨2002AT7、2002AT8两个探方。该墓西距M82约3米，东距2001年发掘的M62约5米。墓葬略呈西北—东南走向。墓葬方向145°。

该墓西南部被M77和M79打破，同时又打破M80。M78墓底低于M77底部28厘米，分别高于M79和M80底部56厘米和39厘米（图二一七）。

M78为长方形竖穴土坑墓。墓葬开口于距地表60～80厘米厚的表土及扰土层之下，打破东周文化层（第3层）及生土。墓内填土为黄褐色土，结构较紧，含少量沙。墓葬四壁较陡直，底部平坦。葬具不存。骨架已朽，头向和葬式不详。墓口长334、宽207厘米，墓底长322、宽200厘米。墓底距墓口最深215、距地表最深295厘米。该墓早期被盗，仅在墓底中部偏南位置发现1件残陶壶（图二二一）。

该墓平面形状较为狭长，出土陶壶形态接近M29、M65同类器。根据墓葬形制及随葬器物特征分析，推测该墓时代应为新莽时期。

### （二）随葬器物

仅1件。

陶壶　1件。标本M78：1，泥质灰陶。方唇，盘状口，弧领，圆肩，球形鼓腹，矮圈足微外撇。肩上贴附一对桥形耳。器表除饰三组弦纹外，余素面。口径12.0、腹径24.6、足径14.1、高24.0厘米（图二二二；图版一二〇，6）。

## 三、2002WMM79

M79位于墓地西部东段一处稍缓的阶地上，大部分在2002AT11西南部，少部分跨及2002AT8西北部。该墓西距M82约3米，东距2001年发掘的M62约5米。墓葬略呈西北—东南走向。

该墓南部被M77打破，同时又打破M78和M80。该墓墓坑较深，墓底低于M77底部约84厘米，低于M78底部56厘米，低于M80底部17厘米（图二一七）。

该墓在发掘M78时才被发现，随即编号M79。当时分辨不出二者早晚关系，直到M78发掘完毕，我们才知道M78实际上是被M79打破。而当M79发掘至底时，又发现其南壁距底部17厘米以上的土质土色不像生土，而似墓土，说明该墓南侧还有一墓，随即编号M80。实际上，

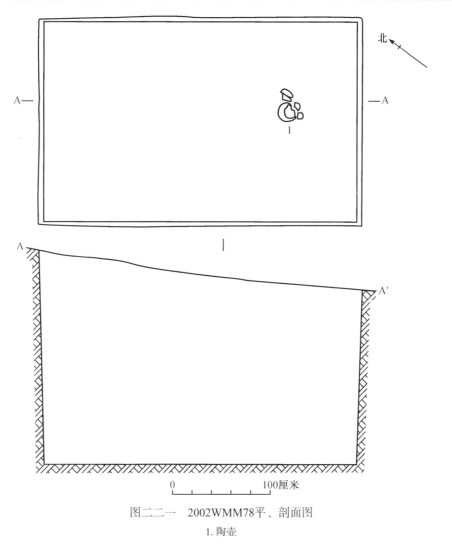

图二二一　　2002WMM78平、剖面图

1. 陶壶

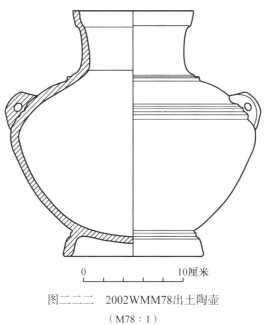

图二二二　　2002WMM78出土陶壶

（M78∶1）

M80也被M79打破了。也就是说，在这三座墓葬当中，M79才是最晚埋葬的，而我们正好把它们的早晚关系弄反了，正确的发掘顺序应是先发掘M79，然后是M78，最后才是M80。

M79为长方形竖穴土坑墓。墓葬开口于距地表60～80厘米厚的表土及扰土层之下，打破东周文化层（第3层）及生土。墓内填土为浅黄白色土，并夹有大量石块，土质极为坚硬。墓葬四壁不甚规整，底部平坦。葬具不存。骨架已朽，头向和葬式不详。墓口长223、宽143厘米，墓底长210、宽133厘米。墓底距墓口最深270、距地表最深350厘米。该墓早期被盗，未发现任何随葬器物，墓葬方向不明（图二二三）。

该墓形制与M78相近，推测其墓向及年代应都与之接近，时代当在新莽时期。

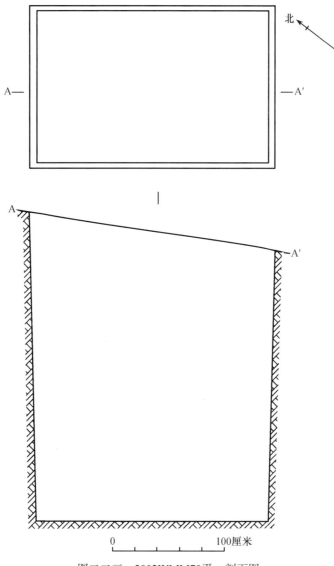

图二二三　2002WMM79平、剖面图

# 四、2002WMM80

## （一）墓葬概述

M80位于墓地西部东段一处稍缓的阶地上，跨2002AT8、2002AT11两个探方。西距M82约3米，东距2001年发掘的M62约5米。墓葬略呈西北—东南走向。墓葬方向145°。

该墓被M77、M78、M79三墓打破，墓底高于M79底部17厘米，低于M77底部67厘米，低于M78底部39厘米（图二一七）。

M80为长方形竖穴土坑墓。墓葬开口于距地表60~80厘米厚的表土及扰土层之下，打破东周文化层（第3层）及生土。墓内填土为黄褐色黏土，结构紧密。墓葬四壁陡直，底部平坦。葬具不存。骨架已朽，头向和葬式不详。墓口长275、宽174厘米，墓底长263、宽160厘米。墓底距墓口最深255、距地表最深335厘米。该墓早期被盗，仅在墓底西南部发现1件残陶壶，另在中部偏西位置还发现1件动物骨骼（图二二四）。

该墓被M78打破，年代当不会晚于M78。另外，随葬陶壶特征也与M78出土陶壶近似，说明该墓年代可能在新莽偏早阶段。

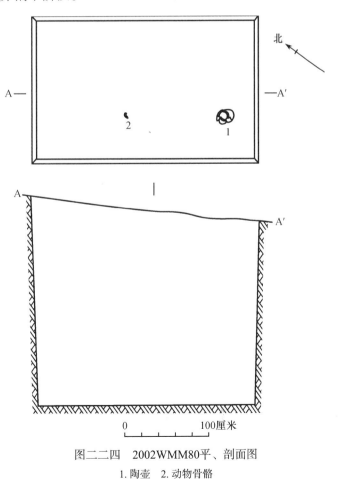

图二二四　2002WMM80平、剖面图
1.陶壶　2.动物骨骼

（二）随葬器物

共2件。1件陶壶和1件动物骨骼。

陶壶　1件。标本M80∶1，残甚。泥质灰陶。口、领已残，圆肩，球形鼓腹，下腹及圈足残。肩上贴附一对桥形耳。领、肩部残见两组弦纹，余素面。该器形制与M78∶1相若，可据其复原。复原口径12.0、腹径24.0、复原足径13.5、残高12.0、复原高24.0厘米（图二二五）。

动物骨骼　1件。标本M80∶2，保存较差。灰白色。上有两颗臼齿，可能系猪下颌骨部位。残长5.2、宽3.1厘米。

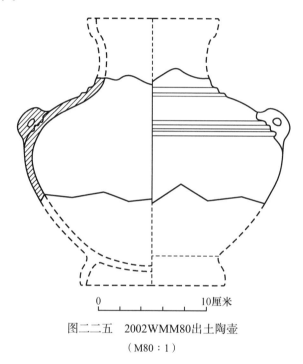

0　　　　　　　10厘米

图二二五　2002WMM80出土陶壶
（M80∶1）

# 五、2002WMM81

## （一）墓葬概述

M81位于墓地西部东段一处稍缓的阶地上，跨2002AT5、2002AT14两个探方。墓葬东距M82约5米，西距1997年发掘的M7约40米。墓葬坐北朝南，墓道朝向东南。墓葬方向155°。

该墓与M83和M84构成一组打破关系，即M81打破M83和M84两墓，而M83又打破M84。三者墓坑深度不一，M81最浅，M84最深。具体情况是M81墓底高于M83底部100厘米，高于M84底部380厘米（图二二六）。

该墓为竖穴砖、石混筑墓。墓葬开口于距地表95～190厘米厚的表土层及扰土层之下，打破M83、M84和生土。墓葬平面呈刀形，由墓室和墓道两部分组成。墓道偏向西侧，已毁。墓道宽87厘米，长度及坡度不详。墓内填土为灰色土，结构较松散。墓室似有前、后室之分。前室砌有砖墙，券顶已遭破坏。后室无墙，亦无券顶，而且墓底向后端斜倾较甚。墓底铺满灰白

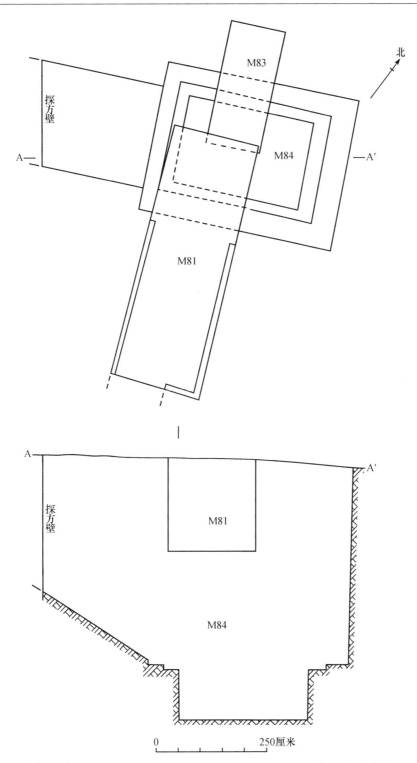

图二二六 2002WMM81、2002WMM83、2002WMM84平、剖面示意图

（墓葬尺寸依墓底）

色石块，并掺杂少量墓砖。葬具不存。骨架已朽，但痕迹可辨，可见三具，分别位于墓室前部两侧及后部西侧。头向155°，均朝南，仰身直肢，性别不详。墓室前半部内空长348、宽178、残高105厘米，墓室后半部长220、宽210厘米。墓底距墓口最深211、距地表最深400厘米。

该墓未被盗，随葬器物保存较好。器物分三处集中摆放，分别位于墓室东南角、墓室中部两具骨架之间以及墓室后部骨架右侧。其中，尤以墓室东南部器物分布最为密集。该墓共有随葬器物编号共42件。计有陶罐11件、陶瓶3件、陶盂5件、陶钵1件、陶瓿2件、陶高领罐1件、陶灶1件、陶灯1件、釉陶锺1件、釉陶釜1件、釉陶鼎1件、釉陶盘（魁）1件、釉陶钵1件、釉陶杯1件、釉陶勺1件、釉陶器盖2件、铜鍪1件、铜洗1件、铜钱5件（共108枚）、铁削1件（图二二七；图版九，1）。

该墓砌墙砖均为比较规整的常规宽形砖。长31.5～33.5、宽15.5～16.5、厚4.0～5.5厘米。墓砖平面常饰斜向或横向粗绳纹，长侧边多饰组合几何纹，常见竖线、交叉线、圆弧线、梯形、叶脉形等几何纹，端边一般为素面（图二二八）。

该墓虽不见甬道，但随葬有9枚大泉五十新莽钱币。根据墓葬形制及随葬器物特征综合分析，该墓时代应在新莽时期。

## （二）随葬器物

该墓随葬器物较丰富，出土各类器物共计42件，包括陶器25件、釉陶器9件、铜器2件、铜钱5件（共108枚）、铁器1件。

### 1. 陶器

陶器共25件。器类有罐、瓶、盂、钵、瓿、高领罐、灯、灶等。

陶罐　11件。标本M81∶20，泥质灰陶，器表布满褐斑。方唇，唇沿外凸起棱，敛口，斜折肩，斜直腹，平底。肩下饰一周锯齿状长指甲纹，腹部有刀削棱痕，并有稀疏划纹，余素面。口径9.5、肩径13.6、底径7.9、高10.2厘米（图二二九，1；图版一二一，1）。

标本M81∶23，泥质灰陶。方唇，唇面微内凹，敛口，斜折肩，肩微内弧，斜弧腹，平底。肩下饰两周锯齿状短条纹，靠下一周不连续，似被抹平，下腹有刀削棱痕，余素面。口径8.6、肩径13.2、底径6.5、高9.9厘米（图二二九，2；图版一二一，2）。

标本M81∶24，泥质青灰陶。方唇，唇沿略外侈，矮直口微敞，折肩，斜直腹略浅，平底微内凹。肩部饰不规则指甲纹，腹部有刀削棱痕，余素面。口径9.4、肩径14.0、底径9.8、高10.8厘米（图二二九，3；图版一二一，3）。

标本M81∶28，泥质青灰陶。外斜方唇，唇面微内凹，敛口，窄折肩，筒形腹微内弧，宽平底。肩部饰一周网格状纹，腹部有刀削棱痕及浅划纹，余素面。口径8.5、肩径14.0、底径10.8、高11.6厘米（图二二九，4；图版一二一，4）。

标本M81∶10，体形较大。泥质灰陶，器表布满褐斑。方唇，直口微敞，斜折肩，斜腹较深，平底。肩下饰一周锯齿状长指甲纹，上腹饰浅绳纹，下腹有刀削棱痕，余素面。口径11.4、肩径18.8、底径11.8、高18.4厘米（图二二九，5；图版一二一，5）。

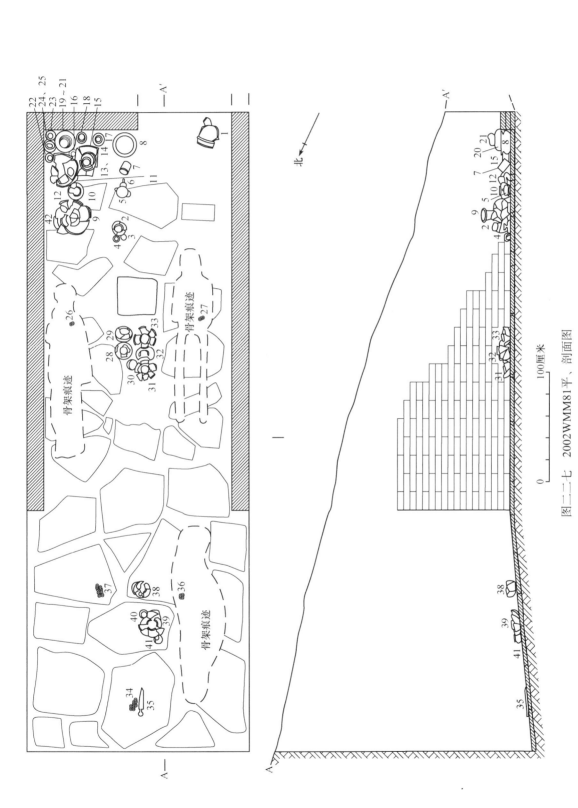

图二二七 2002WMM81平、剖面图

1. 釉陶钵 2、10、20、23、24、28～30、32、33、39. 陶罐 3、42. 釉陶器盖 4. 陶灯 5. 釉陶鼎 6. 釉陶勺 7. 釉陶杯 8. 铜洗 9. 釉陶鐎 11. 釉陶盘（魁） 12. 陶高领罐 13、31. 陶瓿 14. 釉陶釜 15. 陶壮 16、21、25、40、41. 陶盂 17、18、22. 陶瓶 19. 陶瓶 26、27、34、36、37. 铜钱（共108枚） 35. 铁削 38. 铜鍪

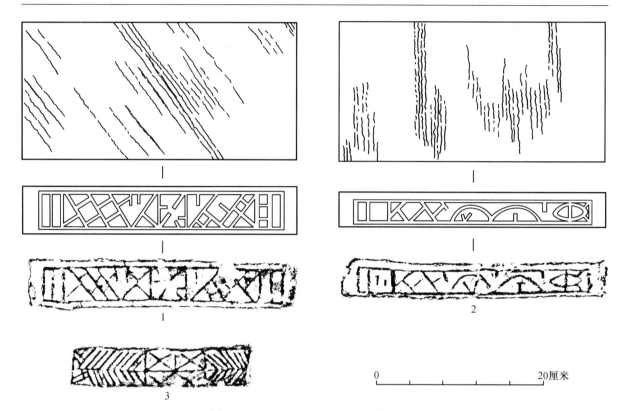

图二二八　2002WMM81出土墓砖及拓片

（均为常规宽形砖）

标本M81：39，泥质灰陶，器表有褐斑。内斜方唇，唇面微内凹，敛口，斜折肩，斜直腹，平底。肩下饰一周斜向刻划纹，下腹有刀削棱痕，余素面。口径10.9、肩径16.4、底径9.8、高12.8厘米（图二二九，6；图版一二一，6）。

标本M81：29，泥质青灰陶。方唇，直口微敞，斜折肩，筒形腹微内收，宽平底。肩上饰一周网格状纹，腹部有刀削棱痕，余素面。口径8.6、肩径14.0、底径10.8、高13.6厘米（图二二九，7；图版一二二，1）。

标本M81：2，体形较小。泥质灰褐陶，器表有较多烟黑斑。方唇，唇沿外凸起棱，口微敛，斜折肩，斜弧腹，平底。肩上饰两周弦纹，肩下饰一周锯齿状深指甲纹及数周宽窄不一的弦纹，腹部有刀削棱痕，并在其上加饰斜划纹，余素面。口径6.0、肩径9.6、底径4.6、高7.3厘米（图二二九，8；图版一二二，2）。

标本M81：30，体形较小。泥质灰褐陶，器表有较多烟黑斑。内斜方唇，敛口，斜折肩，斜弧腹，平底。肩上饰两道弦纹，肩下饰一周规整的锯齿状指甲纹及数周弦纹，腹部有刀削棱痕及细密划纹，余素面。口径6.2、肩径10.2、底径5.7、高7.2厘米（图二二九，9；图版一二二，3）。

标本M81：32，体形较小。泥质灰褐陶，器表有较多烟黑。内斜方唇，敛口，圆肩微折，斜弧腹略浅，平底。肩上饰两道凸棱，肩下饰一周规整的锯齿状指甲纹及数周弦纹，腹部有刀削棱痕及浅细划纹，余素面。口径6.5、肩径11.2、底径6.7、高7.4厘米（图二二九，10；图版一二二，4）。

　　标本M81:33，体形较小。泥质灰褐陶，器表有烟黑。方唇，唇面内凹，敛口较大，斜折肩，浅斜腹，下腹内收较急，小平底。肩部似有不规则细弦纹，下腹饰细密浅划纹，余素面。口径9.3、肩径13.1、底径5.8、高8.7厘米（图二二九，11；图版一二二，5）。

图二二九　2002WMM81出土陶罐

1. M81:20　2. M81:23　3. M81:24　4. M81:28　5. M81:10　6. M81:39　7. M81:29　8. M81:2　9. M81:30
10. M81:32　11. M81:33

　　陶瓶　3件。标本M81:18，泥质灰陶。外斜方唇，沿面微内凹，敞口微外折，束领，折肩，扁鼓腹，平底。腹部可见两层较浅的刀削棱痕，余素面。口径6.0、肩径9.0、底径3.9、高7.3厘米（图二三○，1；图版一二二，6）。

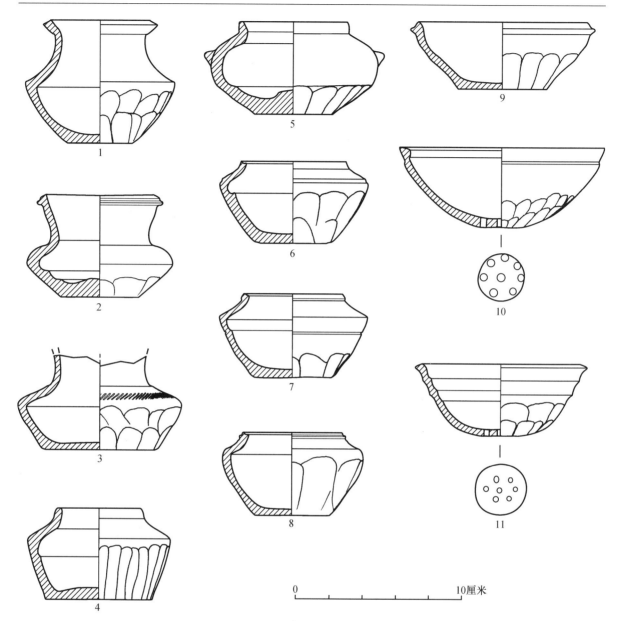

图二三〇　2002WMM81出土陶器

1～3. 瓶（M81∶18、M81∶22、M81∶17）　4～8. 盂（M81∶21、M81∶16、M81∶25、M81∶40、M81∶41）　9. 钵
（M81∶19）　10、11. 甑（M81∶13、M81∶31）

标本M81∶22，泥质黑褐陶，器表有较多黑烟炱。三角形唇，喇叭形口，粗斜领，扁鼓腹，平底。腹及底内壁凹凸不平。唇面饰一道凸棱，下腹有刀削棱痕，余素面。口径6.5、腹径8.8、底径4.7、高6.0厘米（图二三〇，2；图版一二三，1）。

标本M81∶17，泥质灰褐陶，器表有少量黑斑。口、领残。斜折肩，扁鼓腹，宽平底。肩部压印一周长锯齿状纹，腹部可见两层刀削棱痕，余素面。肩径10.0、底径6.8、残高5.6厘米（图二三〇，3；图版一二三，2）。

陶盂　5件。标本M81∶21，泥质青灰陶。方唇，小直口微敛，斜折肩，浅斜腹，宽平底。腹部有刀削棱痕，余素面。口径5.1、肩径8.6、底径6.4、高5.4厘米（图二三〇，4；图版一二三，3）。

标本M81：16，泥质深灰陶。圆唇，短直口，圆肩，浅鼓腹，平底。器内壁及内底凹凸不平。肩下有一对实心乳钉状附耳。下腹近底部有刀削棱痕，余素面。口径6.4、腹径10.3、底径4.7、高5.4厘米（图二三〇，5；图版一二三，4）。

标本M81：25，泥质灰陶，器表有褐斑。方唇，唇面内凹，敛口较甚，斜肩微折，浅斜腹，平底。内壁有一周凸棱，外表粗糙且凹凸不平。肩上饰一道弦纹，腹部有两层极浅的刀削棱痕，余素面。口径6.3、肩径9.0、底径4.0、高4.8厘米（图二三〇，6；图版一二三，5）。

标本M81：40，泥质灰褐陶，局部有烟黑。内斜方唇，敛口较甚，斜折肩，浅斜腹，平底。内壁有一周凸棱，外表粗糙且凹凸不平。上腹饰一道浅细弦纹，下腹有刀削棱痕，余素面。口径6.0、肩径9.0、底径4.7、高5.0厘米（图二三〇，7；图版一二三，6）。

标本M81：41，泥质灰褐陶，局部有烟黑。形制同M81：40。口外饰一道凸棱，腹部有刀削棱痕，余素面。口径6.0、肩径8.6、底径4.5、高4.9厘米（图二三〇，8；图版一二四，1）。

陶钵　1件。标本M81：19，泥质灰陶。三角形唇，唇面内凹呈子母口状，敞口，浅曲腹，平底。下腹有刀削棱痕，余素面。口径10.2、底径5.4、高4.0厘米（图二三〇，9；图版一二四，2）。

陶甑　2件。标本M81：13，泥质灰褐陶，外底有黑斑。内斜方唇微内勾，大敞口，口、腹转折处有折棱，浅弧腹，小平底。下腹有两层刀削棱痕，底有8个箅孔，余素面。口径12.3、底径2.4、高4.7厘米（图二三〇，10；图版一二四，3）。

标本M81：31，泥质灰陶。外斜方唇，大敞口，斜腹略深，平底。上腹内壁凹凸不平，外壁饰两道凸棱，下腹有两层刀削棱痕，底有7个小箅孔，余素面。口径9.5、底径2.7、高4.2厘米（图二三〇，11；图版一二四，4）。

陶高领罐　1件。标本M81：12，泥质灰陶，器表有红褐斑。三角形唇，喇叭形口，高斜领微内弧，宽折肩，弧腹较浅，圜底略内凹。肩部戳印三周浅锥点状几何纹，腹及底饰错乱粗绳纹，余素面。口径16.7、肩径28.8、底径8.8、高25.2厘米（图二三一，1；图版一二四，5）。

陶灶　1件。标本M81：15，泥质灰黄陶，器表有一层褐斑。长方形，灶面较宽，灶身较矮，四边较直。单釜眼，圆形烟孔位于灶面左后方。梯形单火门悬置于一长侧边，火门位置较高，并与釜眼相对。火门上方及左侧各有一道不规则凹槽，余素面。灶上未见炊器。灶底长22.4、宽15.6、高8.0厘米（图二三一，2；图版一二四，6）。

陶灯　1件。标本M81：4，泥质红陶。盖已失。内斜方唇，口内敛呈子母口状，浅盘，柄部不显，盆形高圈足，足微内收。半球形灯座，座底微内收。素面。口径6.5、足径11.2、高9.6厘米（图二三一，3；图版一二五，1）。

## 2. 釉陶器

共9件。器类有杯、锺、器盖、釜、勺、鼎、盘（魁）、钵等。

釉陶杯　1件。标本M81：7，近似卮形器。泥质红胎，器表施薄层红绿色釉，釉脱落较甚。内斜方唇，深筒形腹，平底。上腹附贴一实心单把耳。腹部饰两周弦纹，近底部饰一道凸箍，余素面。口径9.9、底径7.0、高8.6厘米（图二三一，4；图版一二五，2）。

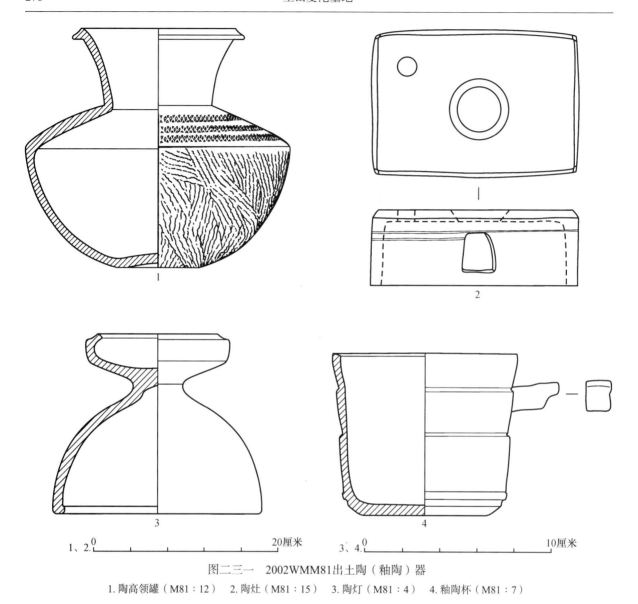

图二三一　2002WMM81出土陶（釉陶）器

1. 陶高领罐（M81∶12）　2. 陶灶（M81∶15）　3. 陶灯（M81∶4）　4. 釉陶杯（M81∶7）

　　釉陶器盖　2件。标本M81∶42，该器应是釉陶锺（M81∶9）之器盖。泥质红胎，施酱红色釉，微泛绿。浅碟形，盖沿呈子母口状，盖面较平，上有一桥形环纽。盖面饰数周弦纹，其内饰十字形凸四叶纹及四弯勾纹。盖口径12.2、盖高5.2厘米（图二三二，1）。

　　标本M81∶3，该器应为博山炉盖。泥质红胎，器表施酱绿色釉。盔形盖。盖面饰三重凸泥片，似莲花瓣，其下饰一周共7个长方形镂孔。盖径7.8、高5.0厘米（图二三二，5；图版一二五，3）。

　　釉陶锺　1件。标本M81∶9，泥质红胎，施酱红色釉，微泛绿。口上原有盖，出土时盖与壶分离。方唇，敞口，高弧领，扁鼓腹，矮圈足微外弧，足沿略内收。肩下施一对兽面衔环铺首。口外饰一道弦纹，领、肩及上腹部饰数组弦纹，余素面。口径14.5、腹径27.8、足径18.7、高34.0厘米（图二三二，2；图版一二五，4）。

　　釉陶釜　1件。标本M81∶14，泥质红胎，器表施绿色釉，底无釉。形态近似铜鍪。圆唇，折沿，沿面微凹，束领，斜折肩，浅盆形腹，上腹较直，圜底近平。肩上附贴一对实心片状耳，上腹饰两周宽凹弦纹，余素面。口径13.0、肩径13.9、高10.2厘米（图二三二，3；图版一二五，5）。

釉陶勺 1件。标本M81：6，泥质红胎，器表施浅绿色釉。整器呈瓢形。柄端饰龙首状凸雕。通长12.8、宽8.0厘米（图二三二，4；图版一二五，6）。

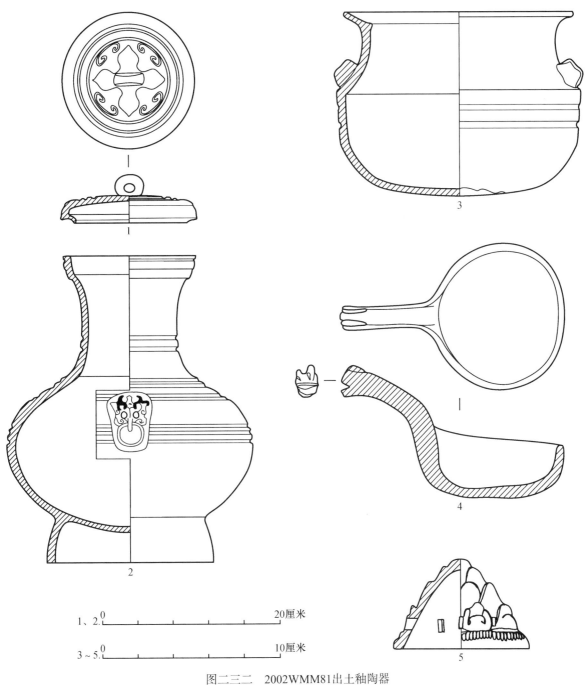

图二三二 2002WMM81出土釉陶器

1、5.器盖（M81：42、M81：3） 2.锤（M81：9） 3.釜（M81：14） 4.勺（M81：6）

釉陶鼎 1件。标本M81：5，残一足。泥质红胎，器表施浅绿色釉，釉层脱落殆尽，唯足、耳局部尚存。方唇，仰折沿，沿面微凹，窄折肩，浅直腹，圜底，腹、底转折较急，弓背状蹄形足。口外有一对宽桥形耳，微向外张，耳内有对向三角形泥凸。腹饰两周弦纹，耳面饰叶脉纹，余素面。口径14.6、肩径14.8、鼎高11.2、通宽（含耳）17.2、通高（含耳）13.5厘米（图二三三，1；图版一二六，1）。

釉陶盘（魁） 1件。标本M81：11，泥质红胎，器表施浅绿色釉。方唇微内勾，浅直腹盘，坦底，矮圈足微外撇。腹饰两道弦纹，余素面。口径18.5、足径8.6、高6.6厘米（图二三三，2；图版一二六，2）。

釉陶钵 1件。标本M81：1，泥质红胎，器表施浅绿色釉。圆唇，平折沿，深腹，上腹较直，下腹内收较甚，平底。上腹饰数道凸棱，形似瓦楞纹，余素面。口径18.0、底径6.5、高6.8厘米（图二三三，5；图版一二六，3）。

### 3. 铜器

共7件（铜钱5件）。分别为铜鍪1件、铜洗1件、铜钱5件。

铜鍪 1件。标本M81：38，残破太甚。腹部形制与M22：7接近。

铜洗 1件。标本M81：8，整器较矮胖。方唇，折沿，矮弧领，斜折肩，浅斜腹，平底出边似假圈足。肩下有一对兽面衔环铺首，铺首图案简洁明了。肩及上腹部饰数道凸棱，形似瓦楞纹，余素面。口径21.6、肩径20.8、底径14.2、高9.7厘米（图二三三，3；图版一二六，4）。

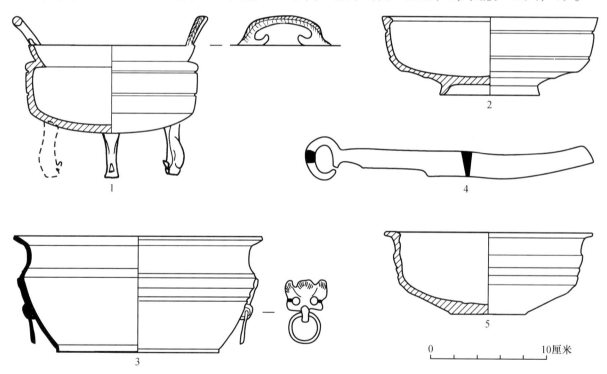

图二三三 2002WMM81出土器物

1. 釉陶鼎（M81：5） 2. 釉陶盘（魁）（M81：11） 3. 铜洗（M81：8） 4. 铁削（M81：35） 5. 釉陶钵（M81：1）

铜钱 5件。共108枚。其中，大泉五十铜钱9枚、五铢铜钱99枚。后者有普通五铢和磨郭五铢两种。钱文均为篆体阳文。大泉五十钱径2.5～2.6厘米，五铢钱径2.3～2.4厘米（图二三四）。

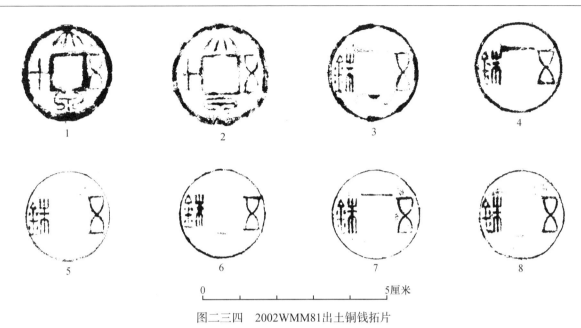

图二三四　2002WMM81出土铜钱拓片

1、2. 大泉五十铜钱（M81：34-1、M81：34-2）　　3、4. 普通五铢铜钱（M81：36-1、M81：36-2）　　5~8. 磨郭五铢铜钱
（M81：37-1、M81：37-2、M81：37-3、M81：37-4）

**4. 铁器**

仅1件。

铁削　1件。标本M81：35，勾首，扁茎，曲削，削尖端微上扬。削断面略呈三角形。长24.8、宽2.0厘米（图二三三，4；图版一二六，5）。

## 六、2002WMM82

### （一）墓葬概述

M82位于墓地西部东段一处稍缓的阶地上，跨2002AT6、2002AT7、2002AT9、2002AT10四个探方。东距M77约3米，西距M81约5米。墓葬坐北朝南，墓道朝向东南。墓葬方向155°。

该墓为竖穴石室墓。墓葬开口于距地表50~190厘米厚的表土及扰土层之下，打破东周文化层（第3层）及生土。该墓筑造方式：先挖一竖穴土坑，再在其内用石块垒墙，并砌好券顶，顶上再填粉砂岩掺少量黏土。墓葬平面呈刀形，由墓道、甬道、墓室三部分组成。墓道已破坏，墓道残长95、宽90厘米，坡度22°。墓室与甬道墙壁及券顶均用较为规整的长条形石块砌成，券顶除一处盗洞破坏外，保存尚好。墓底平铺不规则石块，石块较薄，体形较大。该墓修筑较为严实，墙、顶均未垮塌，而且墓内不见填土。葬具不存。骨架已朽，头向及葬式不明。墓室内空长605、宽190、高200厘米，甬道内空长190、宽90、高150厘米，甬道顶距墓室顶落差45厘米。墓底距墓口最深305、距地表最深495厘米。

该墓曾两次被盗。一次是由墓室顶部打洞向下盗，另一次是由墓道进去的。现存随葬器物主要分布于墓室西南侧以及甬道与墓室连接部，部分器物有移位现象。随葬器物编号共24件

（套），计有陶罐7件、陶灶2件、陶盂2件、陶釜2、陶钵4件、釉陶灯1件（有盖）、釉陶锺1件（有盖）、釉陶器盖2件、铜耳杯扣1件、铜泡钉1件、铜钱1件（共64枚）（图二三五；图版九，2）。

该墓出土1枚新莽末期货泉钱币，而且有甬道，已具备东汉墓葬形制基本特征。根据墓葬形制及随葬器物特征综合分析，该墓年代应与M81相若或略晚，时代当在新莽偏晚阶段。

## （二）随葬器物

共24件（套）。包括陶器17件、釉陶器4件（套）、铜器2件、铜钱1件（64枚）。

### 1. 陶器

共17件。器类有罐、灶、盂、釜、钵等。

陶罐 7件。标本M82：1，泥质灰黄陶。内斜方唇，直口微敞，斜折肩，斜腹较深，平底。肩下饰两周弦纹，腹饰浅细绳纹，下腹因有极深的刀削棱痕而不见，余素面。口径8.9、肩径15.2、底径10.2、高14.9厘米（图二三六，1；图版一二七，1）。

标本M82：2，泥质灰褐陶，局部有烟黑斑。方唇，近直口，沿面内凹较甚，斜折肩，斜腹较深，平底。肩下饰一周锯齿状指甲纹及两道弦纹，腹部有极深的刀削棱痕，余素面。口径8.6、肩径14.9、底径11.0、高15.5厘米（图二三六，2；图版一二七，2）。

标本M82：5，泥质灰褐陶，器表有较多烟黑斑。方唇，直口微敞，斜折肩，斜腹较深，宽平底。肩下饰一周锯齿状指甲纹及两道弦纹，腹部有极深的刀削棱痕及浅划纹，余素面。口径8.5、肩径14.8、底径11.2、高14.8厘米（图二三六，3；图版一二七，3）。

标本M82：9，体形略小。泥质深灰陶，局部有灰黑斑。方唇，直口微敞，斜折肩，斜腹较浅，宽平底。肩部饰一周网状刻划纹，腹部有较浅的刀削棱痕及划纹，余素面。口径8.3、肩径13.6、底径9.2、高10.8厘米（图二三六，4；图版一二七，4）。

标本M82：16，泥质灰黄陶。圆唇，敞口，斜折肩，斜腹较深，平底微凹。肩下饰两周不规则弦纹，腹部有极深的刀削棱痕，余素面。口径8.4、肩径14.9、底径10.8、高15.2厘米（图二三六，5；图版一二八，1）。

标本M82：17，泥质深灰陶，局部有烟黑斑。外斜方唇，唇面微凹，敞口微外卷，斜折肩，斜腹较深，平底。肩下饰两周弦纹，腹部有多层不规则刀削棱痕及划纹，余素面。口径8.8、肩径16.0、底径10.2、高15.1厘米（图二三六，6；图版一二八，2）。

标本M82：24，体形略小。泥质灰陶。圆唇，直口微敞，宽折肩，弧腹较浅，平底。器内壁近底部凹凸不平。肩部饰一周网状刻划纹，腹部有刀削棱痕及划纹，余素面。口径7.5、肩径13.4、底径7.5、高10.0厘米（图二三六，7；图版一二八，3）。

陶灶 2件。标本M82：12，泥质青灰陶。圆角长方形，四边微弧，灶面较窄，灶身较矮。双釜眼位于灶面两端，两釜眼之间偏后方有一圆形烟道孔。双拱桥形火门悬置于一长侧边，并与釜眼相对。灶身素面，周边有刀削痕迹。灶上炊器已失。灶底长22.8、宽12.2、高6.8厘米（图二三七，1；图版一二八，4）。

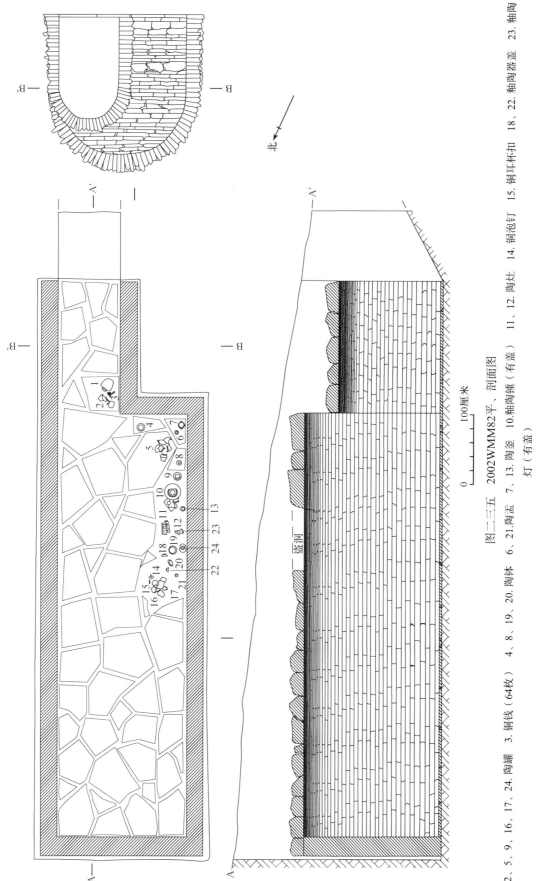

图二三五　2002WMM82平、剖面图

1、2、5、9、16、17、24.陶罐　3.铜钱（64枚）　4、8、19、20.陶钵　6、21.陶盂　7、13.陶釜　10.釉陶锺（有盖）　11、12.陶灶　14.铜泡钉　15.铜耳杯扣　18、22.釉陶器盖　23.釉陶灯（有盖）

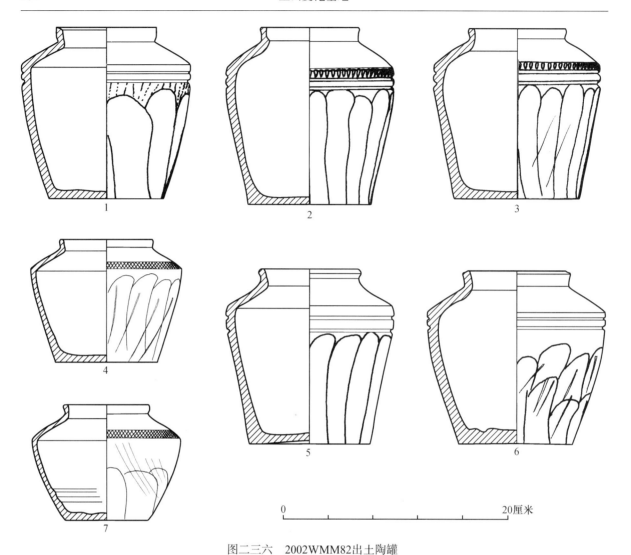

图二三六　2002WMM82出土陶罐

1. M82：1　2. M82：2　3. M82：5　4. M82：9　5. M82：16　6. M82：17　7. M82：24

标本M82：11，泥质灰黄陶。近长方形，四边微弧，灶面较宽，灶身较高。灶面有一不规则形釜眼，灶面左后角有一近方形烟道孔，孔周围有三个小支垫。近长方形单火门，火门悬置于一长侧边，并与釜眼相对。灶身素面，周边有刀削痕迹。灶上炊器已失。灶底长19.6、宽13.4、高8.4厘米（图二三七，2；图版一二八，5）。

陶盂　2件。标本M82：21，泥质深红陶，器表有黑褐斑。圆唇，窄卷沿，口微敛，斜肩微折，扁鼓腹，平底外凸。素面。口径7.6、肩径10.4、底径5.2、高5.0厘米（图二三七，3；图版一二九，1）。

标本M82：6，泥质灰黑陶，胎中夹有少量白云母。方唇，直口微敛，圆肩微折，浅斜腹，腹微内收，平底，底面粗糙。下腹有刀削棱痕，余素面。口径6.5、肩径8.7、底径5.1、高4.4厘米（图二三七，4；图版一二九，2）。

陶釜　2件。标本M82：13，泥质鲜红陶，器表光滑。内斜方唇，直口微敞，斜折肩，浅鼓腹，平底。近底部似有刀削棱痕，余素面。口径7.7、肩径9.8、底径5.1、高5.4厘米（图二三七，5；图版一二九，3）。

标本M82：7，泥质深红陶。方唇，宽仰折沿，沿面内凹呈盘状口，斜折肩，扁腹，下腹斜收较急，平底微内凹。桥形立耳微向外张，耳内两侧贴附两片不规则形泥片。素面。口径9.8、肩径9.0、底径5.5、通宽（含耳）11.6、通高（含耳）6.5厘米（图二三七，6；图版一二九，4）。

陶钵　4件。标本M82：8，泥质灰陶。内斜方唇，敛口较甚，圆肩，扁鼓腹，下腹内收较甚，小平底。内壁有凸棱。肩下饰一道弦纹，下腹有刀削棱痕，余素面。口径6.7、肩径9.3、

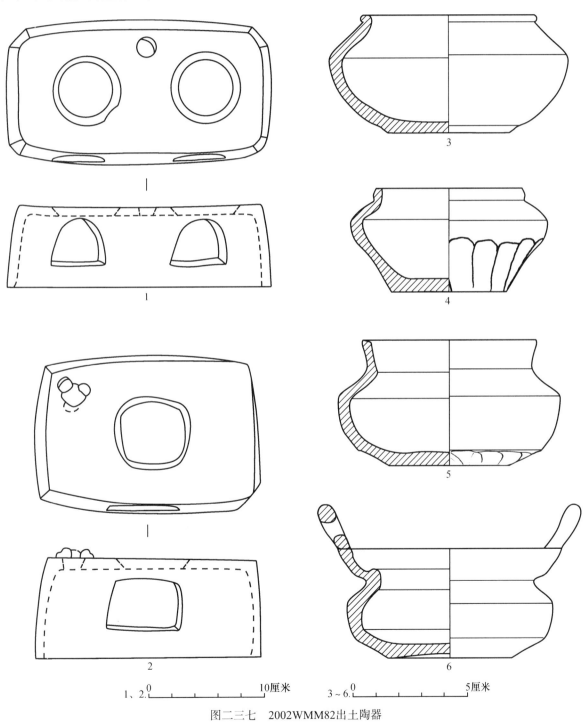

图二三七　2002WMM82出土陶器

1、2.灶（M82：12、M82：11）　3、4.盂（M82：21、M82：6）　5、6.釜（M82：13、M82：7）

底径3.3、高5.0厘米（图二三八，1；图版一二九，5）。

标本M82：19，泥质深红陶，器表有少量黑斑。圆唇，折沿，沿面微凹，浅斜折腹，小平底。内壁有凸棱，器表素面。口径14.2、底径5.0、高4.2厘米（图二三八，2；图版一二九，6）。

标本M82：20，泥质红陶。圆唇，敞口微外卷，弧腹较深，平底。上腹内壁及外表均有两道凸棱，余素面。口径13.3、底径6.2、高5.2厘米（图二三八，3；图版一三〇，1）。

标本M82：4，泥质深红陶，下腹及底胎较厚。圆唇，折沿，浅斜折腹，平底微凹。素面。口径14.3、底径6.1、高4.3厘米（图二三八，4；图版一三〇，2）。

### 2. 釉陶器

共4件（套）。包括釉陶灯、釉陶锺、釉陶器盖等。

釉陶灯　1件（套）。标本M82：23，有盖。均为泥质红胎，器表施酱红色釉。方唇，浅盘状盘，短粗柄，台式喇叭形足。灯柄似有刀削痕迹，灯足饰一道弦纹，余素面。口径8.8、

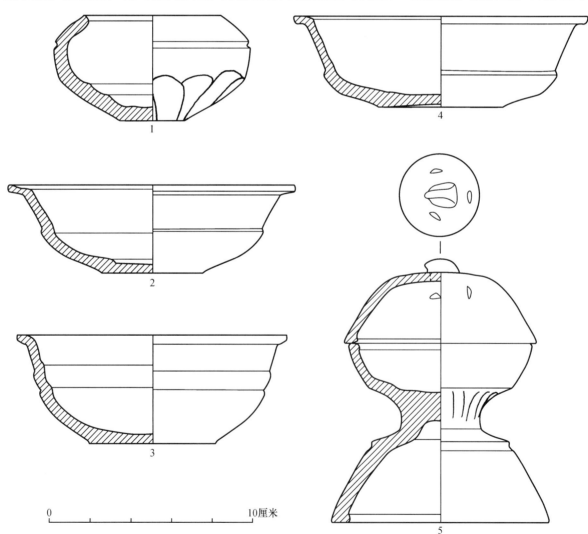

0　　　　　　　　　　　　　10厘米

图二三八　2002WMM82出土陶（釉陶）器

1～4. 陶钵（M82：8、M82：19、M82：20、M82：4）　5. 釉陶灯（M82：23）

足径10.6、高8.5厘米。灯盖为深斜腹，盖沿微内勾，盖顶较平坦，上有一小捉手纽。盖上饰3个月牙形镂孔，余素面。盖口径9.3、高（含纽）4.0厘米。整器通高12.5厘米（图二三八，5；图版一三一，1）。

釉陶锺 1件（套）。标本M82∶10，有盖。泥质红胎，器表施酱红色釉。内斜方唇，盘状口，口外起凸棱，高直领，圆肩，浅鼓腹，高圈足外撇，略呈喇叭形。肩部有一对衔环兽面铺首，图案简洁明了。肩及上腹部饰三周弦纹，足沿部有一道浅弦纹，余素面。口径16.3、腹径23.0、足径17.5、高34.0厘米。盖为倒扣钵形，形制与M82∶18同。盖沿内勾，浅斜腹，平顶，盖顶局部及盖纽已残。盖面均分3个实心乳钉及四周凸棱。口径16.0、顶径5.6、高4.2厘米（图二三九，1；图版一三一，2）。

釉陶器盖 2件。标本M82∶18，该器应为釉陶锺之器盖。泥质红陶，器表施酱红色釉。深弧腹盖，盖沿微外折，唇部微内勾，盖顶平坦，上贴一衔环桥形纽，环已残。盖上饰两道凸棱及等距离分布的3个小乳钉。盖口径15.8、顶径5.4、高6.0厘米（图二三九，2；图版一三○，3）。

标本M82∶22，该器应为釉陶灯之器盖。泥质红胎，器表施酱褐色釉。深斜腹，盖沿微外侈，弧形顶，顶上有一粗大实心捉手纽。盖上饰3个月牙形镂孔。盖口径9.4、高4.7厘米（图二三九，3；图版一三○，4）。

**3. 铜器**

共3件。包括铜耳环扣1件、铜泡钉1件、铜钱1件。

铜耳环扣 1件。标本M82∶15，鎏金。新月形或豆荚形。弧边尖角，断面呈"L"形。长6.8、最宽1.1、厚0.1厘米（图二四○，1；图版一三○，5）。

铜泡钉 1件。标本M82∶14，鎏金。伞形钉帽，锥形钉柱。径5.6、高2.4厘米（图二四○，2；图版一三○，6）。

铜钱 1件，共64枚。其中，五铢铜钱有63枚、货泉铜钱有1枚。均有郭，篆体阳文。五铢钱直径约2.5厘米，货泉钱直径约2.2厘米（图二四○，3～6）。

# 七、2002WMM83

## （一）墓葬概述

M83位于墓地西部东端一处稍缓的阶地上，跨2002AT9、2002AT14两个探方。墓葬东距M82约4米，西距1997年发掘的M7约42米。墓葬略呈南北向，头向东南。墓葬方向159°。该墓被M81打破，同时打破M84及生土。墓底低于M81底部100厘米，高于M84底部280厘米（图二二六）。

M83为长方形竖穴土坑墓。墓葬开口于距地表191～206厘米厚的表土及扰土层之下。墓内填土为浅灰黄色土，结构较紧密。墓葬四壁较陡，墓底平坦。葬具不存。骨架尚存，位于墓室

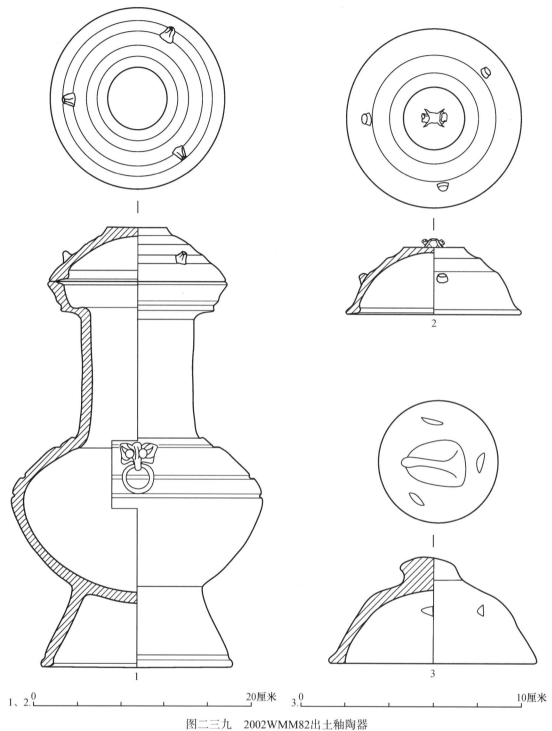

图二三九　2002WMM82出土釉陶器

1. 锺（M82：10）　　2、3. 器盖（M82：18、M82：22）

偏东一侧。头骨只见痕迹，头向南。葬式为仰身直肢，股骨交叉。性别不详。墓口长280、宽125厘米，墓底长270、宽115厘米。墓底距墓口最深204、距地表最深410厘米。

　　该墓早期被盗。出土陶器分别摆放在上身左侧及头部右后侧，铜钱置于骨架中部。随葬器物编号共4件。计有陶高领罐2件、铜钱2件（共6枚）（图二四一）。

　　该墓被M81打破，表明其年代应略早于M81。同时，该墓又出土了大泉五十钱币，说明其年代当不会早于新莽。由此推断，该墓时代应与M81相当或略早，当属新莽偏早阶段墓葬。

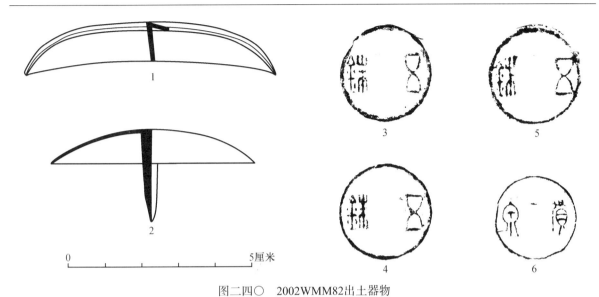

图二四○　2002WMM82出土器物

1. 铜耳环扣（M82：15）　2. 铜泡钉（M82：14）　3～5. 五铢铜钱拓片（M82：3-1、M82：3-2、M82：3-3）　6. 货泉铜
钱拓片（M82：3-4）

## （二）随葬器物

该墓随葬器物共计4件，包括陶器2件、铜钱2件。

### 1. 陶器

陶高领罐　2件。标本M83：1，泥质灰陶。三角形唇，唇面内凹，喇叭形口，高弧领，宽折肩，深弧腹，圜底微内凹。肩部压印一周斜向水波状纹，腹及底饰错乱粗绳纹，余素面。口径13.4、肩径25.8、底径8.3、高22.4厘米（图二四二，1；图版一三一，3）。

标本M83：2，个体较小。泥质深灰陶。三角形唇，敞口较甚，粗弧领，圆肩，球形腹，圜底微内凹。口内饰一道凹槽，上腹饰密集弦纹，下腹及底饰错乱绳纹，余素面。口径10.4、腹径15.2、底径6.0、高12.4厘米（图二四二，2；图版一三一，4）。

### 2. 铜器

铜钱　2件，共6枚。均为大泉五十铜钱。有郭，篆体阳文。钱币直径2.6～2.7厘米（图二四三）。

## 八、2002WMM84

M84位于墓地西部东段一处稍缓的阶地上，跨2002AT9、2002AT14两个探方。墓葬东距M82约3米，西距1997年发掘的M7约35米。墓葬略呈东西向，墓道朝西略偏南。墓葬方向241°。该墓被M81、M83打破，打破生土。墓底低于M81底部380厘米，低于M83底部280厘米（图二二六）。

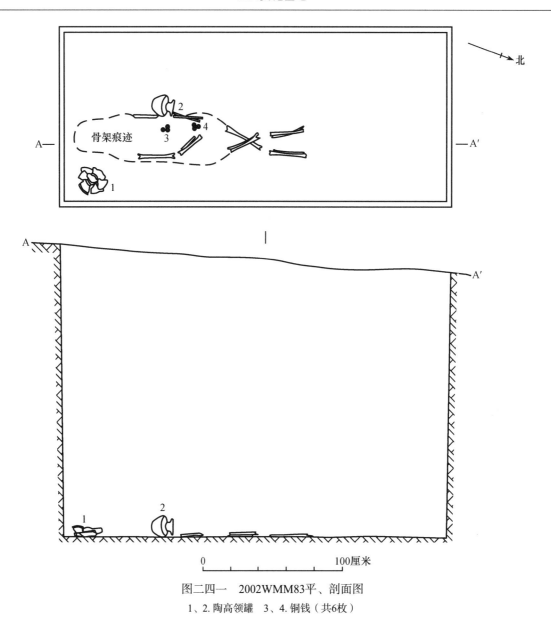

图二四一　2002WMM83平、剖面图
1、2.陶高领罐　3、4.铜钱（共6枚）

　　该墓墓口上部有明显的封土设施。封土堆可分五层，厚65～130厘米。封土堆以上还有45～120厘米厚的表土及扰乱层。墓口距地表深110～250厘米（图二四四）。

　　该墓为带斜坡墓道的竖穴土坑墓。平面形状呈凸字形，长方形墓室，斜坡墓道位于西壁中段。墓内填土为深灰色黏土，较紧密，稍带砂性，填土内有少量东周陶片及动物骨骼。墓道只清理完位于探方内的一段，再往西已贴近淀粉厂围墙，无法再扩方发掘。墓道较陡，坡度达30°。墓室四壁较陡直，而且十分光滑、规整。墓室近底部有两级生土二层台。第一级台阶距墓底深122厘米，第二级台阶距墓底深110厘米。在第一级台阶上面发现一层草木灰，并可见狗、羊等动物骨骼。这一迹象表明墓主下葬掩埋至第一级台阶面之后，可能举行过简单的祭祀活动。墓底有棺椁痕迹，说明第二级台阶以下部分应为专设的棺椁位置。棺椁四角外凸，平面呈"Ⅱ"形。墓底平整，有两条明显的枕木沟，枕木沟两端直抵两侧墓壁。枕木沟宽15、深10厘米。葬具已朽，人骨痕迹不清，头向及葬式不明。该墓规模较大，级别较高。墓室坑口长

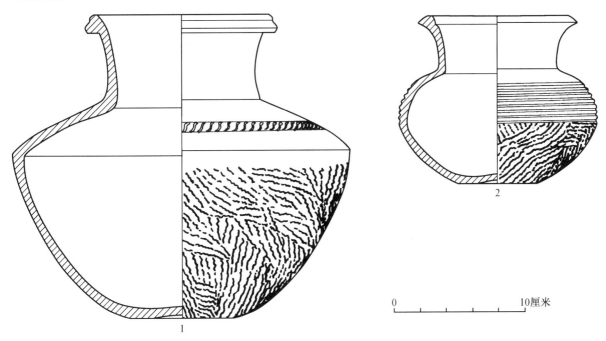

图二四二　2002WMM83出土陶高领罐

1. M83：1　2. M83：2

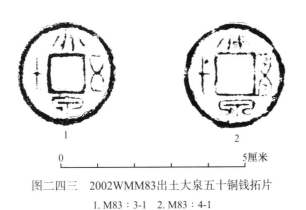

图二四三　2002WMM83出土大泉五十铜钱拓片

1. M83：3-1　2. M83：4-1

410、宽340厘米，墓室底部（即椁室）长290、宽164厘米。墓道口宽209、底宽168厘米，已清理长度265厘米。墓室底距墓口最深590厘米，距地表最深840厘米（图二四五；彩版一）。

该墓早期被盗，墓室后壁有一明显盗洞，随葬品悉数盗尽。该墓被M83打破，年代应不晚于新莽。因不见随葬品，故而其确切时代很难断定。不过，该墓形制与M66较为接近，而且，墓内结构以及墓上封土均表现出较为明显的西汉墓特征。据此推断，该墓年代应与M66相当，时代可能在西汉晚期偏早阶段。

# 九、2002WMM85

## （一）墓葬概述

M85位于墓地东部西段一处台地上，正好处在2002CT3内。该墓西南距M87不足2米，西距

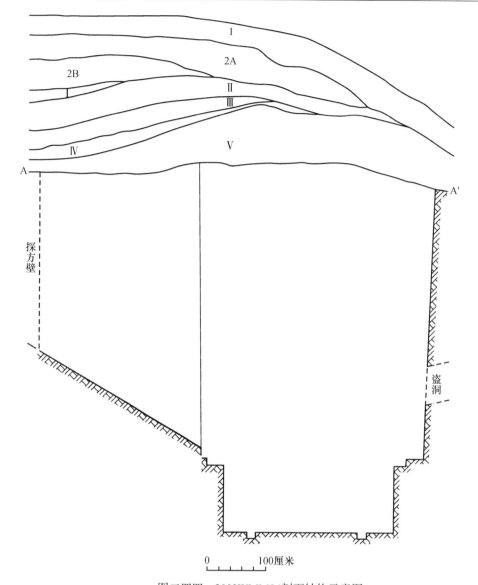

图二四四　2002WMM84剖面结构示意图

1. 表土层　2A.黄褐色土（扰乱层）　2B.褐色土（扰乱层）

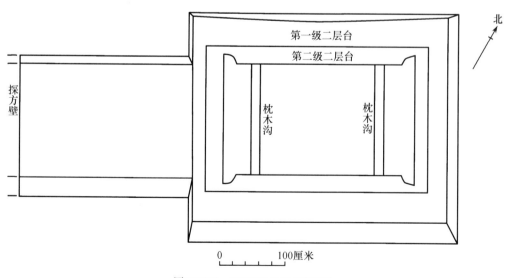

图二四五　2002WMM84平面图

M68约18米，东距M54约50米。墓葬略呈东西向。墓葬方向290°。

该墓为竖穴砖室墓。墓葬上部已毁，墓葬开口于距地表深40～65厘米厚的表土层下，打破生土。墓室为长方形，无墓道，顶坍塌。墓内填土为灰褐色黏土，夹碎石块，结构较紧密。墓室两侧墙已毁，两端墙也只有数十厘米高。两侧墙及后墙为单砖错缝平铺叠砌，墙厚（即砖宽）约14厘米；前墙为单砖侧立对缝垒砌，墙厚（即砖长）约28厘米。四墙外侧与土坑墓壁间距约6厘米。墓底纵向错缝平铺一层墓砖，前端有两排近方形砖，后端有一排近方形砖，铺地砖卡在四墙之内。葬具不明。骨架已朽，头向及葬式不详。墓室内空长275、宽140厘米，墙残高70厘米。墓坑长326、宽180厘米。墓底距墓口最深125、距地表最深190厘米。该墓严重被盗。随葬器物编号共6件，均摆放在南侧。计有釉陶双耳罐2件、釉陶碗4件（图二四六）。

该墓墓砖有两种：一种为常规宽形砖，包括墓壁砖和部分铺地砖。墓壁砖长28.0、宽14.0、厚4.5厘米，铺地砖长26.0、宽14.0、厚4.5厘米；另一种为近方形砖，均为铺地砖，体形

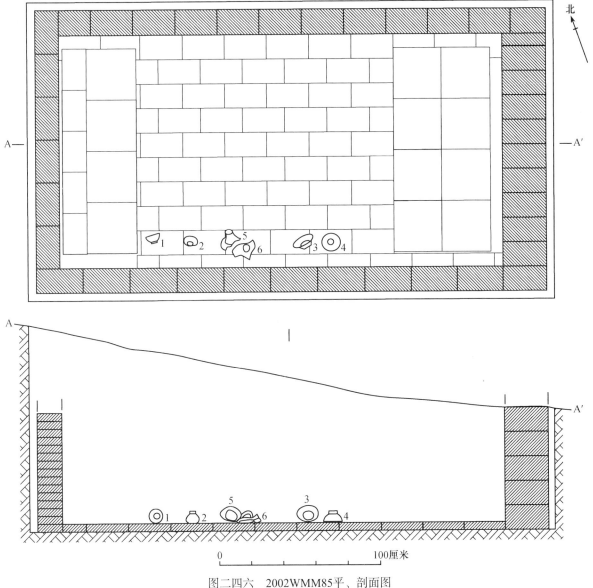

图二四六　2002WMM85平、剖面图

1～4.釉陶碗　5、6.釉陶双耳罐

稍大，略薄。砖长31.0、宽30.0、厚4.0厘米。墙砖及两种铺底砖均无纹饰。

该墓随葬器物与M89类似，年代应与之相近，当属宋墓。

## （二）随葬器物

共6件。包括釉陶双耳罐和釉陶碗两类。

釉陶双耳罐　2件。标本M85：6，残甚。泥质灰胎，器表饰薄层酱黄色釉。方唇，口微敞，束颈，溜肩，深腹微鼓。肩部残见一耳。素面。复原口径13.2、腹径18.0、残高18.0厘米（图二四七，1）。

标本M85：5，下腹及底残。泥质灰胎，器表施黄色釉。方唇，小喇叭形口，束颈，圆肩，鼓腹。肩部贴附一对桥形耳。素面。口径5.6、残高9.6厘米（图二四七，2）。

釉陶碗　4件。标本M85：1，泥质灰白胎，器表施黑釉，底部露胎。圆唇，敞口，口外微凹，弧腹较深，圜底，饼形平底似假圈足。素面。口径10.8、底径4.0、高5.6厘米（图二四七，3；图版一三二，1）。

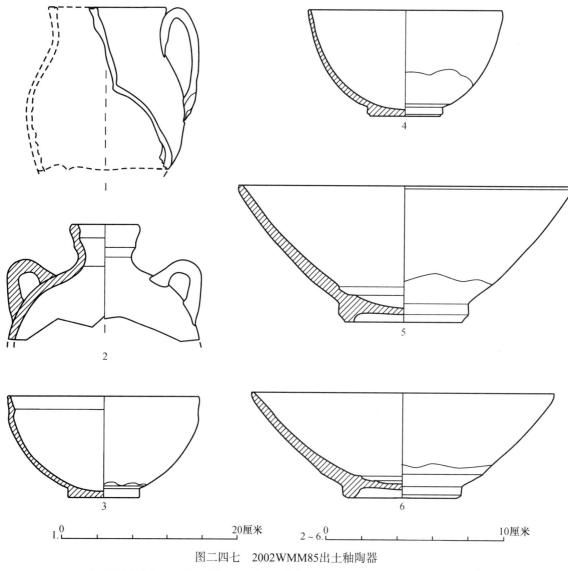

图二四七　2002WMM85出土釉陶器

1、2. 双耳罐（M85：6、M85：5）　3～6. 碗（M85：1、M85：2、M85：3、M85：4）

标本M85：2，泥质灰白胎，器表施黑釉，下腹及足露胎。圆唇，口微敛，深弧腹，圜底，饼形平底似假圈足。素面。口径10.8、底径4.0、高5.8厘米（图二四七，4；图版一三二，2）。

标本M85：3，泥质白胎，器表施褐色釉，下腹及足露胎。圆唇，大敞口，斜腹较深，坦底，矮圈足向内折。素面。口径18.7、足径6.6、高7.5厘米（图二四七，5；图版一三二，3）。

标本M85：4，泥质白胎，器表施灰黑色釉，下腹及足露胎。圆唇近尖，大敞口，浅斜腹，坦底，矮圈足。素面。口径17.0、足径6.2、高5.8厘米（图二四七，6；图版一三二，4）。

# 一〇、2002WMM86

## （一）墓葬概述

M86位于墓地东部北侧一处极陡的山坡上，正好处在2002ET9内。该墓是麦沱墓地现已发掘墓葬位置最北的一座，海拔在250米以上。M86与其他墓葬相隔较远，即便与坡下距离最近的M76也有110余米。墓葬略呈南北向。墓葬方向349°。

该墓为长方形竖穴土坑墓。墓葬开口于距地表深55厘米的表土层下，打破生土。墓内填土为灰褐色土，结构较紧密。墓壁陡直，而且较为规整、光滑，墓底平坦。葬具不明。骨架已朽，头向及葬式不明。该墓未见盗扰迹象。随葬器物编号共3件，均摆放于墓底北端。计有釉陶双耳罐、釉陶碗、瓷盏各1件。墓口底长236、宽90厘米。墓底距墓口最深165、距地表最深220厘米（图二四八）。

根据墓葬形制及随葬器物特征分析，该墓当为宋墓。

## （二）随葬器物

共3件。器类有釉陶双耳罐、釉陶碗、瓷盏等。

釉陶双耳罐 1件。标本M86：1，器形较矮胖。泥质灰红色胎，器表施酱黑色釉，施釉不均，下腹露胎。方唇微内勾，口微敛，沿内凹，溜肩，深鼓腹，平底微内凹。肩部贴附一对桥形耳。颈部饰一道凸棱，耳部饰一周弦纹，余素面。口径12.7、腹径17.3、底径8.8、高14.9厘米（图二四九，1；图版一三二，5）。

釉陶碗 1件。标本M86：2，泥质灰白胎，器表施黑釉，下腹露胎，圈足胎较厚。圆唇，敞口，口部歪斜，弧腹内收较甚，圜底，矮圈足。素面。口径12.8、足径4.4、高5.8厘米（图二四九，2；图版一三二，6）。

瓷盏 1件。标本M86：3，泥质白胎，胎较薄。影青瓷，外底未施釉。尖唇，大敞口，斜腹微内弧，小平底微凹，似假圈足。器内釉下模印缠枝花草暗纹，器表素面。口径12.9、底径3.2、高5.4厘米（图二四九，3；图版一三三，1）。

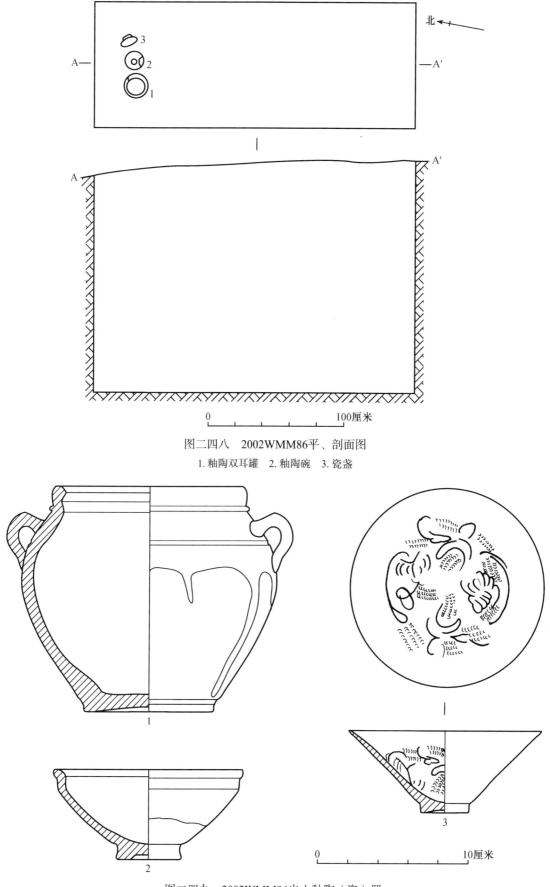

图二四八　2002WMM86平、剖面图

1.釉陶双耳罐　2.釉陶碗　3.瓷盏

图二四九　2002WMM86出土釉陶（瓷）器

1.釉陶双耳罐（M86：1）　2.釉陶碗（M86：2）　3.瓷盏（M86：3）

# 一一、2002WMM87

## （一）墓葬概述

M87位于墓地东部西段一处台地上，地势北高南低，且倾斜较甚。墓葬正好处在2002CT2内，东北距M85不足2米，西北距M68约15米。墓葬呈西北—东南走向。墓葬方向320°。

该墓为窄长方形竖穴土坑墓。墓坑较浅，南部已毁，墓葬开口于距地表20厘米厚的表土层下，打破生土。墓内填土为灰褐色黏土，结构较紧密。墓壁规整，四壁陡直且光滑，墓底平坦。葬具不明。骨架已朽，头向及葬式不明。随葬2件铜簪，均摆放于墓底北端。墓口长210、宽70厘米。墓底距墓口最深120、距地表最深140厘米（图二五〇）。

该墓被盗过，缺少可资断代的随葬器物，推测该墓年代有可能晚至明代。

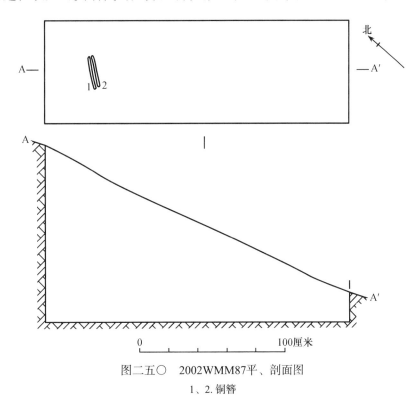

图二五〇　2002WMM87平、剖面图
1、2. 铜簪

## （二）随葬器物

铜簪　2件。标本M87:1，完整。青绿色。两端较粗，中段较细，两尖端呈圆锥形。横截面近椭圆形。长22.0厘米（图二五一，1；图版一三三，2）。

标本M87:2，残断，但可拼接。质地、大小、形状与M87:1同（图二五一，2）。

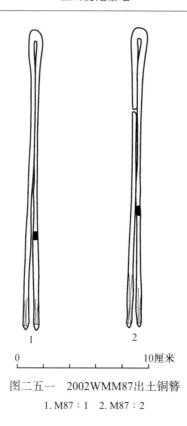

图二五一　2002WMM87出土铜簪
1. M87：1　2. M87：2

# 一二、2002WMM88

## （一）墓葬概述

M88位于墓地东部环山公路以南一处阶地上，海拔位置略低。该墓正好处在2002HT5内，东距M91约25米，北距M87约26米，西距M89约2米。墓葬略呈南北向。墓葬方向350°。

该墓为长方形竖穴土坑墓。墓坑较浅，墓葬开口于距地表50厘米厚的表土层下，打破生土。墓内填土为灰褐色土，土质细腻，较松软。墓壁陡直，墓底平坦。葬具不明。骨架已朽，头向及葬式不明。该墓未见盗扰迹象。随葬器物分布于墓底中北侧，摆放比较零乱。编号共4件（含铜钱），计有铜镜1件、琉璃簪2件、铜钱1件（共10枚）。墓口长240、宽110厘米。墓底距墓口最深90、距地表最深140厘米（图二五二）。

该墓出土10枚铜钱，币铭都是北宋年号，有"咸平""圣宋""熙宁""元丰"等。该墓属宋墓无疑。

## （二）随葬器物

共4件（铜钱1件）。包括铜镜1件、琉璃簪2件、铜钱1件（共10枚）。

铜镜　1件。标本M88：1，完好无损。镜面光亮，微弧。背面为宽素缘，外区饰数周弦纹以及三角纹、蟋螭纹各一圈，内区饰四龙及四兽头纹，其间杂以勾连状几何纹，中心再饰一圈乳钉纹。圆形纽，无纹。直径14.8、缘厚0.5、面厚0.2厘米（图二五三；图版一三三，3）。

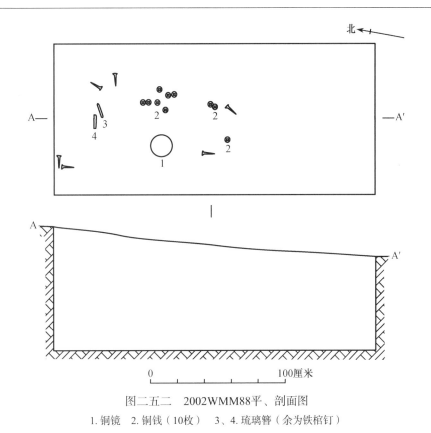

图二五二　2002WMM88平、剖面图
1.铜镜　2.铜钱（10枚）　3、4.琉璃簪（余为铁棺钉）

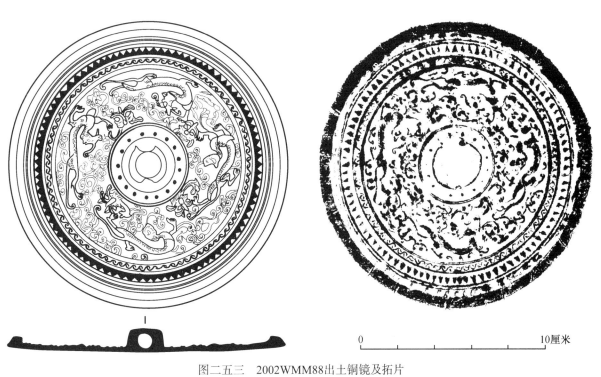

图二五三　2002WMM88出土铜镜及拓片
（M88：1）

琉璃簪　2件。标本M88：4，体形较长，两尖端残。浅蓝色。略呈"U"形。弯曲部位茎较粗，并外凸起棱，横截面略呈椭圆形。残长11.2、茎长径0.4厘米（图二五四，1；图版一三三，4）。

标本M88：3，完整。海蓝色。略呈"U"形。两尖端为圆锥形，横截面呈扁椭圆形。长9.3、茎长径0.5厘米（图二五四，2；图版一三三，5）。

铜钱　1件。标本M88：2，共10枚。保存较好，币铭可辨，均为北宋时期铸造。有咸平元宝、圣宋元宝、熙宁元宝、元丰通宝等。钱径2.4～2.5厘米（图二五四，3～6；图版一三三，6）。

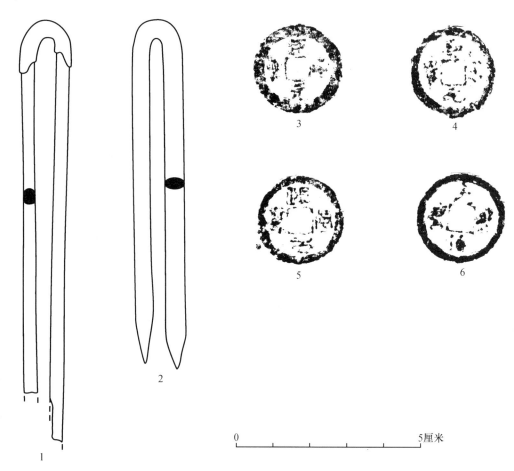

图二五四　2002WMM88出土器物

1、2.琉璃簪（M88：4、M88：3）　3.咸平元宝铜钱拓片（M88：2-1）　4.圣宋元宝铜钱拓片（M88：2-2）　5.熙宁元宝铜钱拓片（M88：2-3）　6.元丰通宝铜钱拓片（M88：2-4）

# 一三、2002WMM89

## （一）墓葬概述

M89位于墓地东部环山公路以南一处台地上，跨2002HT4、2002HT5两个探方。该墓与M88、M92并列，东距M88不足2米，西距M92约6米，北距M87约28米。墓葬略呈南北向，头向北。墓葬方向352°。

M89为长方形竖穴土坑墓。墓葬开口于距地表50厘米厚的表土层下，打破生土。墓内填土为灰褐色黏土，土质细腻，较松软。墓壁陡直，墓底平坦。葬具不明。骨架保存尚好，头向北，面朝西，仰身直肢，身高接近170厘米。该墓虽未见盗扰迹象，但随葬器物摆放较为零乱。瓷（釉陶）器摆放在脚部及其右侧，铜钱分置三处，分别位于右脚部、盆骨部及头部左侧。该墓随葬器物编号共7件，计有釉陶双耳罐1件、釉陶碗1件、瓷盏1件、瓷杯1件、铜钱3件（共12枚）。墓口长240、宽110厘米。墓底距墓口最深180、距地表最深230厘米（图二五五）。

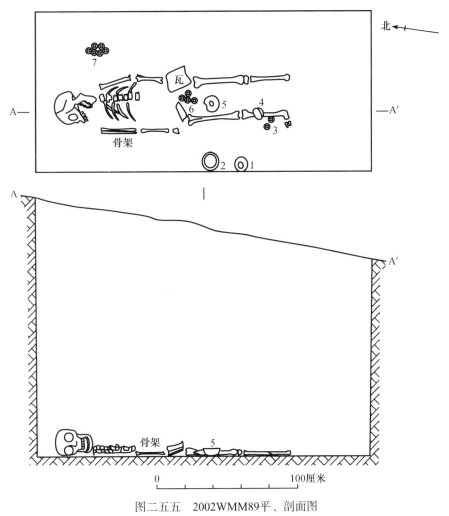

图二五五 2002WMM89平、剖面图

1. 瓷盏 2. 釉陶双耳罐 3、6、7. 铜钱（共12枚） 4. 瓷杯 5. 釉陶碗

该墓随葬的12枚铜钱，大多为北宋时期铸造，钱文有"淳化""元丰""元祐（佑）""政和""圣宋""皇宋""乾元"等。其中，"淳化"为宋太宗赵匡义时期（990～994年），"咸平"为宋真宗赵恒时期（999～1003年），"熙宁"和"元丰"为宋神宗赵顼时期（1068～1085年），"元祐（佑）"为宋哲宗赵煦时期（1086～1094年），最后一个年号"政和"为宋徽宗赵佶之时（1111～1118年）。该墓属宋墓无疑。

## （二）随葬器物

共7件（铜钱3件）。包括瓷盏、瓷杯、釉陶碗、釉陶双耳罐及铜钱等。

瓷盏 1件。标本M89：1，泥质白胎，影青瓷，外底未施釉。圆唇，葵形大敞口，斜腹微曲，小饼形平底似假圈足。器表有冰裂状纹。口径12.5、底径3.3、高4.4厘米（图二五六，1；图版一三四，1）。

瓷杯　1件。标本M89：4，泥质白胎，底及足部胎较厚。器表及内口施黄白色釉，底、足无釉。圆唇，直口，浅直腹，平底，腹、底转折明显，底接粗矮圈足。下腹内壁有一周凸棱，内底有一圈凹槽。器表有冰裂状纹。口径10.0、足径5.6、高5.0厘米（图二五六，2；图版一三四，2）。

釉陶碗　1件。标本M89：5，泥质灰白胎，器表施黑色釉，下腹及底露胎。圆唇近尖，口微敛，内沿外凸起棱，弧腹较深，饼状平底似假圈足。素面。口径10.9、底径3.7、高5.5厘米（图二五六，3；图版一三四，3）。

釉陶双耳罐　1件。标本M89：2，泥质灰胎，器表施黄色釉，下腹及底露胎。器形较瘦高。三角形唇，唇沿内勾，口略内收，粗颈，肩不显，深腹微鼓，平底，腹、底交接处及底边似经削整，致使底边起凸棱似假圈足。颈、肩部贴附一对桥形耳。上腹绘有两片褐色草叶纹，余素面。口径8.8、腹径11.6、底径6.5、高14.0厘米（图二五六，4；图版一三四，4）。

铜钱　3件，共12枚。其中，标本M89：3有2枚、标本M89：6有4枚、标本M89：7有6枚（图版一三四，5）。均保存较好，字迹多数清晰。大多为北宋时期铸造，有淳化元宝、元丰通宝、元祐（佑）通宝、政和通宝、圣宋元宝、皇宋通宝等。钱径2.4～2.5厘米（图二五七）。

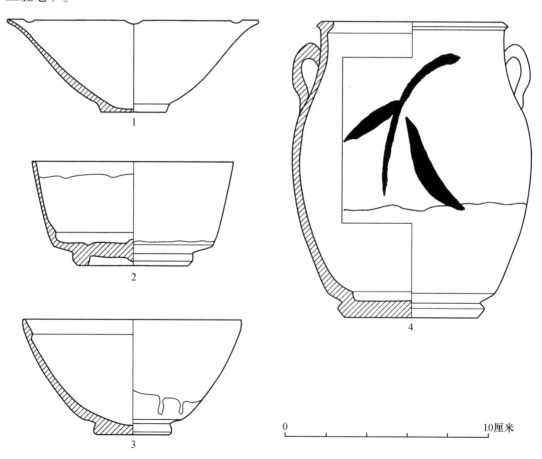

图二五六　2002WMM89出土釉陶（瓷）器

1.瓷盏（M89：1）　2.瓷杯（M89：4）　3.釉陶碗（M89：5）　4.釉陶双耳罐（M89：2）

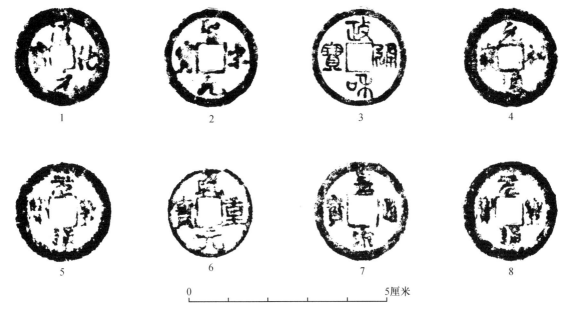

图二五七 2002WMM89出土铜钱拓片

1. 淳化元宝铜钱（M89：6-1） 2. 圣宋元宝铜钱（M89：6-2） 3. 政和通宝铜钱（M89：7-1） 4. 元祐（佑）通宝铜钱（M89：7-2） 5、8. 元丰通宝铜钱（M89：7-3、M89：7-6） 6. 乾元重宝铜钱（M89：7-4） 7. 皇宋通宝铜钱（M89：7-5）

# 一四、2002WMM90

## （一）墓葬概述

M90位于墓地东部环山公路以南一处台地上，正好处在2002HT24内。该墓西距M88约27米，北距M87约30米。墓葬略呈东西向。墓葬方向255°。

该墓为竖穴土坑墓。墓葬开口于距地表25～35厘米厚的表土层下，打破M91及生土。墓内填土为灰褐色细砂土，经过夯筑，较紧密。墓葬平面略呈长方形，墓坑两端宽窄不一。墓壁陡直，但不甚整齐，亦不光滑。墓底平整。葬具不存。骨架朽尽，头向及葬式不明。墓口长318、宽194厘米，墓底尺寸与墓口接近。墓底距墓口最深240、距地表最深275厘米。

该墓早期被盗过，随葬器物不完整。器物全部摆放在墓底西南侧，并成纵向一字形排列，铜镜摆放位置与M66一致。随葬器物编号共6件。计有陶高领罐2件、铜镜2件（均为半面）、铜环1件、铜钱1件（1枚）（图二五八）。

根据墓葬形制及随葬器物特征综合分析，该墓时代应在西汉晚期。

## （二）随葬器物

共6件（铜钱1件）。包括陶高领罐、铜镜、铜环、铜钱等。

**1. 陶器**

陶高领罐 2件。标本M90：2，泥质灰陶，口、领部残有朱砂。三角形唇，小敞口，高直领，圆肩，弧腹较深，圜底内凹。腹及底饰交错粗绳纹，余素面。口径10.4、肩径20.1、底径

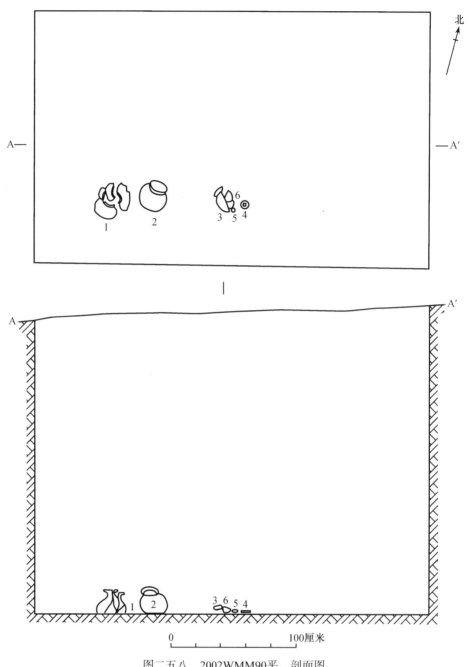

图二五八　2002WMM90平、剖面图
1、2.陶高领罐　3、6.铜镜　4.铜钱（1枚）　5.铜环

7.6、高18.8厘米（图二五九，1；图版一三五，1）。

标本M90：1，泥质灰黄陶。方唇外侈，平折沿，大口微敛，矮斜领，圆肩，深鼓腹，下腹内收较甚，小圈底微内凹。肩及上腹部各饰一周弦纹，下腹及底饰规整绳纹，余素面。口径14.3、肩径21.9、底径5.3、高16.4厘米（图二五九，2；图版一三五，2）。

**2. 铜器**

铜镜　2件。均残存不足半面。标本M90：3，镜较薄。正面平滑。背面素缘，外区图案复原应为4个乳钉纹间以4组蟠螭纹。内区及纽不明。径残长12.0、缘厚0.2厘米（图二六○，1、2）。

标本M90：6，镜较薄。正面微弧，较光滑。背面素缘，外区图案基本同前者，但乳钉纹较大，蟠螭纹图案也稍有差别。内区及纽不明。径残长12.5、缘厚0.2厘米（图二六〇，3、4）。

铜环　1件。标本M90：5，鎏金。圆环形，一侧扁薄。横截面略呈圆形。外径1.95、内径1.4厘米（图二六〇，5）。

铜钱　1件。仅1枚，编号为M90：4，残甚。五铢铜钱。有郭，篆体阳文。复原直径2.5厘米。

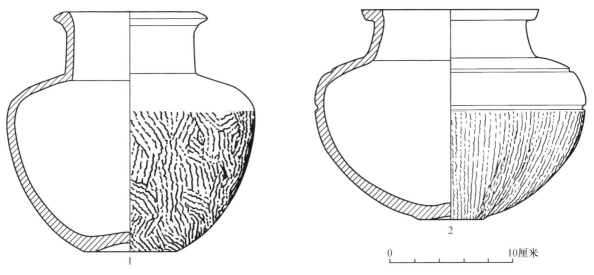

图二五九　2002WMM90出土陶高领罐

1. M90：2　2. M90：1

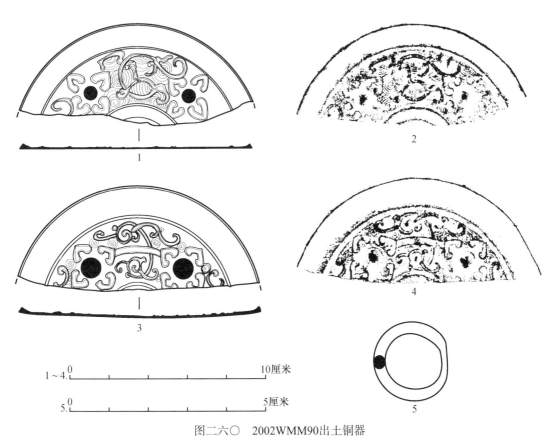

图二六〇　2002WMM90出土铜器

1、2. 铜镜及拓片（M90：3）　3、4. 铜镜及拓片（M90：6）　5. 铜环（M90：5）

# 一五、2002WMM91

## （一）墓葬概述

M91位于墓地东部环山公路以南一处台地上，正好处在2002HT24内。该墓西距M88约26米，北距M87约29米。墓葬略呈东西向。墓葬方向255°。

该墓为竖穴土坑墓，形状与M90类似，为不规则长方形，两端宽窄不一。墓葬开口于距地表25~35厘米厚的表土层下，打破生土。该墓与其南侧M90方向一致，墓口上部被M90打破。墓内填土为灰褐色细砂土，夹有少量碎石块，夯筑较紧密。墓壁较斜，虽经修整，但不光滑。墓底不甚平整，东南角有一块大石头，两端各有一条枕木沟直抵墓壁。枕木沟宽窄不一，宽15~17、深8厘米。葬具不存。骨架朽尽，头向及葬式不明。墓口长315、宽202~220厘米，墓底长280、宽146~156厘米。墓底距墓口最深422、距地表最深455厘米。

该墓被盗过，盗洞位于墓坑西南部，但未及墓底。随葬器物保存完好，全部摆放在墓底西北部。随葬器物编号共18件（套），计有陶罐4件、陶瓶2件、陶盂4件（1件有盖）、陶甑2件、陶钵2件、陶器座1件、陶灶1件、铁鍪1件、铜钱1件（1枚）（图二六一；彩版七，1）。

根据墓葬形制以及器物组合、陶器特征等因素综合分析，该墓表现出来的时代特征与M31、M32极为接近，时代应为西汉中期。

## （二）随葬器物

共18件（套）。其中，陶器有16件（套）、铜器1件、铜钱1件（1枚）。

### 1. 陶器

共16件（套）。器类有罐、瓶、盂、甑、钵、器座、灶等。

陶罐 4件。形制较为接近。标本M91：7，泥质青灰陶。圆唇，唇沿外凸起棱，敛口较甚，圆肩微折，筒形腹较深，近底部内收，平底。腹饰两组花边状附加堆纹，堆纹中间还饰有一道弦纹，余素面。口径6.9、腹径13.2、底径8.1、高11.9厘米（图二六二，1；图版一三五，3）。

标本M91：8，泥质灰陶。形制、纹饰同M91：7。口径7.1、腹径12.9、底径8.0、高11.3厘米（图二六二，2；图版一三五，4）。

标本M91：9，泥质灰黑陶。方唇，唇沿外凸起棱，敛口较甚，圆肩微折，筒形腹较深，近底部内收较急，平底。纹同M91：8。口径7.3、腹径12.9、底径8.0、高11.4厘米（图二六二，3；图版一三六，1）。

标本M91：12，泥质灰陶。圆唇，唇沿外凸起棱，敛口较甚，圆肩微折，筒形腹略深，近底部内收，平底。腹饰两组宽窄不一的花边状附加堆纹及弦纹，余素面。口径7.6、腹径12.8、底径7.9、高11.5厘米（图二六二，4；图版一三六，2）。

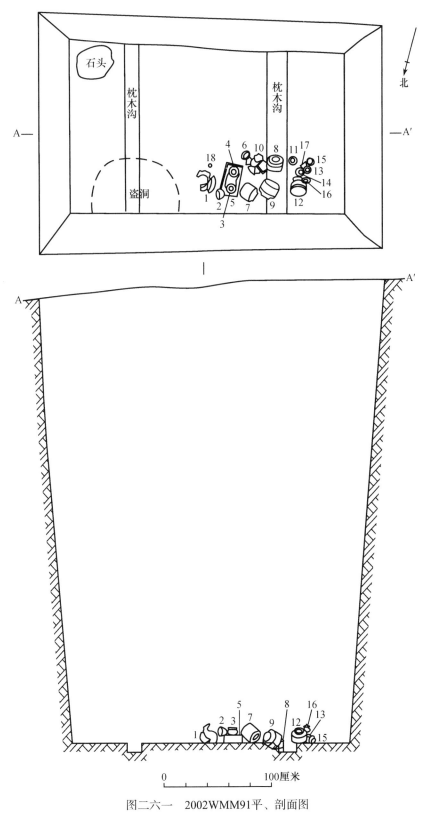

图二六一 2002WMM91平、剖面图

1. 铁鍪 2、10. 陶甑 3、4、13、16. 陶盂（16有盖） 5. 陶灶 6、15. 陶钵 7~9、12. 陶罐 11、14. 陶瓶 17. 陶器座 18. 铜钱（1枚）

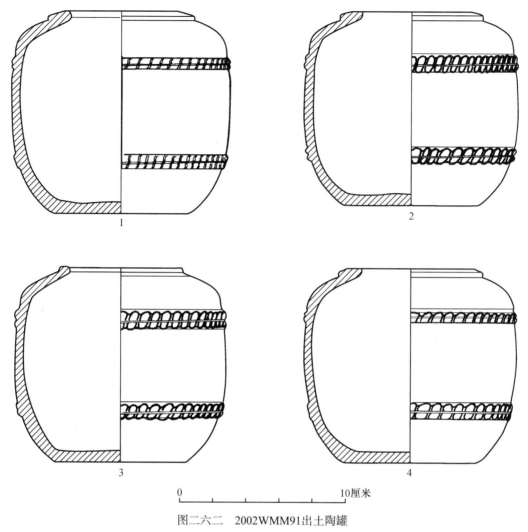

图二六二　2002WMM91出土陶罐
1. M91∶7　2. M91∶8　3. M91∶9　4. M91∶12

陶瓶　2件。标本M91∶11，泥质青灰陶。外斜方唇，小口，高直领，圆肩，鼓腹，平底。下腹近底部有刀削棱痕，余素面。口径3.7、腹径7.8、底径3.0、高6.6厘米（图二六三，1；图版一三六，3）。

标本M91∶14，泥质灰陶。外斜方唇，小口微敞，高领，圆肩，扁腹，平底。下腹近底部有极浅的刀削棱痕，余素面。口径3.9、腹径7.5、底径3.0、高6.2厘米（图二六三，2；图版一三六，4）。

陶盂　4件（套）。标本M91∶3，泥质青灰陶。口部胎较薄，尖唇，直口，圆肩，鼓腹较甚，小平底。肩部贴附一对实心乳钉状耳饰。耳下饰两道弦纹，下腹有刀削棱痕，余素面。口径4.1、腹径7.7、底径2.7、高5.0厘米（图二六三，3；图版一三六，5）。

标本M91∶4，泥质青灰陶。方唇，直口，圆肩，鼓腹较甚，小平底。肩部贴附一对实心乳钉状耳饰。齐耳处饰一周宽弦纹，下腹有较浅的刀削棱痕，余素面。口径4.6、腹径8.0、底径3.1、高5.2厘米（图二六三，4；图版一三六，6）。

标本M91∶13，泥质灰褐陶。内斜方唇，唇面微凹，敛口，圆肩，鼓腹，下腹内收较急，小平底。下腹有极深的刀削棱痕，余素面。口径6.0、腹径9.7、底径3.5、高6.2厘米（图二六三，5；图版一三七，1）。

标本M91∶16，有盖。盖为泥质灰陶，器身为泥质青灰陶。盖沿内收，盖腹较浅，盖顶平缓，顶中有一实心小捉手式纽。器身为方唇，短直口，宽肩微耸，肩、腹圆转，弧腹，下腹内收较急，小平底。肩部饰一周花边状纹，下腹有极浅的刀削棱痕，余素面。该器出土时正好叠置于器座之上。口径3.7、腹径8.1、底径2.8、通高（含盖）6.4厘米（图二六三，6；图版一三七，2）。

陶甑　2件。标本M91∶10，泥质灰陶。三角形唇，近直口，口外内凹，弧腹较浅，下腹

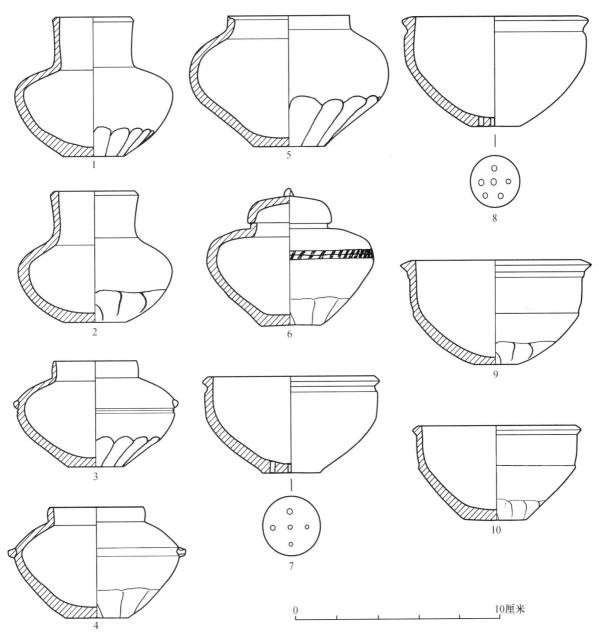

图二六三　2002WMM91出土陶器

1、2.瓶（M91∶11、M91∶14）　3～6.盂（M91∶3、M91∶4、M91∶13、M91∶16）　7、8.甑（M91∶10、M91∶2）
9、10.钵（M91∶6、M91∶15）

内收较急，小平底。底有5个小箅孔，余素面。口径8.1、底径2.8、高4.6厘米（图二六三，7；图版一三七，3）。

标本M91：2，泥质青灰陶。三角形唇，口微敛，口外内凹，深弧腹，上腹短直，下腹内收，小平底。底有6个小箅孔，余素面。口径8.2、底径2.4、高5.2厘米（图二六三，8；图版一三七，4）。

陶钵　2件。标本M91：6，泥质青灰陶。三角形唇，口微敞，深弧腹，上腹较直，下腹内收较甚，小平底。下腹近底部有刀削棱痕，余素面。口径8.4、底径2.2、高5.0厘米（图二六三，9；图版一三七，5）。

标本M91：15，泥质灰陶。三角形唇，口微敞，弧腹较浅，上腹较直，下腹斜收，小平底。下腹近底部有极浅的刀削棱痕，余素面。口径7.8、底径3.0、高4.4厘米（图二六三，10；图版一三七，6）。

陶器座　1件。标本M91：17，泥质灰陶。形态似豆，中空。浅碟形盘，高束柄，喇叭形足，足沿起台棱。器身素面。该器出土时座上有一带盖盂（M91：16）。口径6.0、足径7.6、高6.9厘米（图二六四，1；图版一三八，1）。

陶灶　1件。标本M91：5，泥质灰陶。长方形，边略外弧，灶面较宽，灶身较矮。灶面有两个较大釜眼，椭圆形小烟孔位于双釜眼后侧。双拱桥形火门悬置于一长侧边，并与釜眼相对。灶身素面。未发现灶上用具。灶底长20.8、宽12.8、高5.6厘米（图二六四，2；图版一三八，2）。

**2. 其他**

铁鍪　1件。标本M91：1，厚胎。方唇，敞口，高束领，斜折肩，浅弧腹，圜底。肩有一对环形耳，断面略呈圆形。器身素面。口径14.4、肩径19.0、通宽（含耳）25.6、高16.7厘米（图二六四，3）。

铜钱　1件。仅1枚。标本M91：18，半两铜钱。个体较大。有郭，篆体阳文。钱径3.5厘米（图二六四，4）。

# 一六、2002WMM92

M92位于2002HT3内，坐落在墓地东部环山公路以南一处阶地上。该墓东距M89约6米，东北距M87约35米。墓葬略呈南北向。

该墓因现代开垦原因，墓坑大部已被毁坏，随葬器物也已被盗。现存墓坑打破生土，口部距地表深30～50厘米。该墓与M88、M89并列，方向接近，推测其形制也应为长方形竖穴土坑墓。墓内填土为灰褐色土。墓壁陡直，墓底平坦。葬具、骨架、葬式均不详。未发现随葬器物，墓葬方向不明。墓口残长120、宽100厘米。墓底距墓口残深20～60、距地表最深110厘米（图二六五）。

该墓大小、形制均与M88、M89等宋墓接近，而且三者并列分布，推测其墓葬方向及时代都应与M88、M89相当。

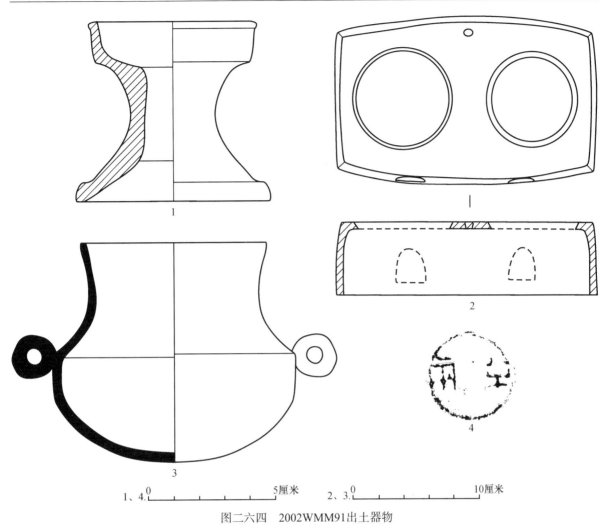

图二六四 2002WMM91出土器物

1. 陶器座（M91∶17） 2. 陶灶（M91∶5） 3. 铁鍪（M91∶1） 4. 半两铜钱拓片（M91∶18）

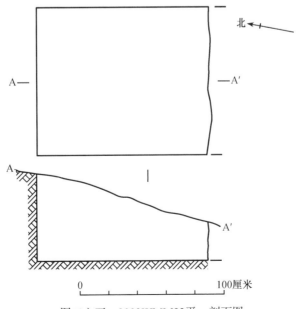

图二六五 2002WMM92平、剖面图

# 一七、2002WMM101

## （一）墓葬概述

M101位于墓地西南部环山公路以南一处缓坡上，海拔位置较低。墓葬处于2002年发掘G区内，与墓地其他墓葬相距甚远。该墓北距墓地西部最南端M7直线距离约75米，东北距墓地东部最近的M92直线距离约130米。墓葬呈西南—东北走向。墓葬方向48°。

该墓为基建动土时发现的。发现之时，墓口已被破坏，开口层位不明，墓坑打破生土。墓葬为竖穴土坑墓。规模较大，平面形状呈凸字形，由墓道、甬道（近似前室）、墓室三部分组成。该墓填土近似M84，为深灰色黏土，较紧密，略带沙性。墓壁陡直，而且平整光滑，墓室及甬道底部平坦。墓道坡底直抵甬道底部，墓道坡度23°。甬道底部高于墓室底部32厘米。墓室两端各有一条宽33、深13厘米的枕木沟，枕木沟两端直抵墓室两长侧壁。葬具不祥。骨架已朽，只在墓室西南部发现一节残骨，估计是右侧下肢，并由此推测墓主头向应该是朝向东北方向，与墓葬方向一致。葬式不明。墓道残长140、宽115厘米，甬道长190、宽175、残深290厘米，墓室长384、宽210、残深320厘米。墓葬残长714厘米。

该墓被盗过，盗洞未及墓底。从盗洞填土分析，盗洞系近期形成。随葬器物全部放置在墓室，而且摆放较为分散。墓室前端东北部是器物比较集中的分布区域，其次则是西南部。随葬器物编号共29件（套）。计有陶罐11件（7件有盖）、陶甄3件、陶灶1件、陶盂4件、陶瓶3件、陶钵4件、铜构件1件、铜钱2件（共86枚）（图二六六；彩版七，2）。

该墓是由墓道、甬道及墓室三部分组成的土坑墓，这种形制应是后期砖（石）室墓的过渡形态，而且出土陶器形态也都表现出较多早期特征，并同时伴出大量半两钱币。因此，从墓葬形制及出土器物特征综合分析，该墓年代至少也应在西汉晚期偏早阶段。

## （二）随葬器物

共29件（套）。其中，陶器26件（套）、铜器1件、铜钱2件（86枚）。

### 1. 陶器

共26件（套）。器类有罐、甄、灶、盂、瓶、钵等。

陶罐　11件（套）。多数形制接近，大小相若。标本M101：1，有盖。泥质青灰陶。方唇，唇沿外凸起棱，敛口，圆肩微折，筒形腹微鼓，下腹斜收，平底。腹饰两组花边状附加堆纹及弦纹，下腹可见轮制旋痕，余素面。口上有倒扣碟形器盖，无纽。盖身素面。口径9.8、腹径18.4、底径10.4、高14.0、通高（含盖）16.4厘米（图二六七，1；图版一三八，3）。

标本M101：4，有盖。泥质青灰陶。圆唇，敛口，圆肩微折，筒形腹，下腹斜收较急，平底。腹饰两组花边状附加堆纹及弦纹，下腹可见密集的轮制旋痕，余素面。口上有倒扣碟形器盖，灰黄色，无纽。盖身素面。口径10.5、腹径18.0、底径11.1、高13.6、通高（含盖）15.8厘

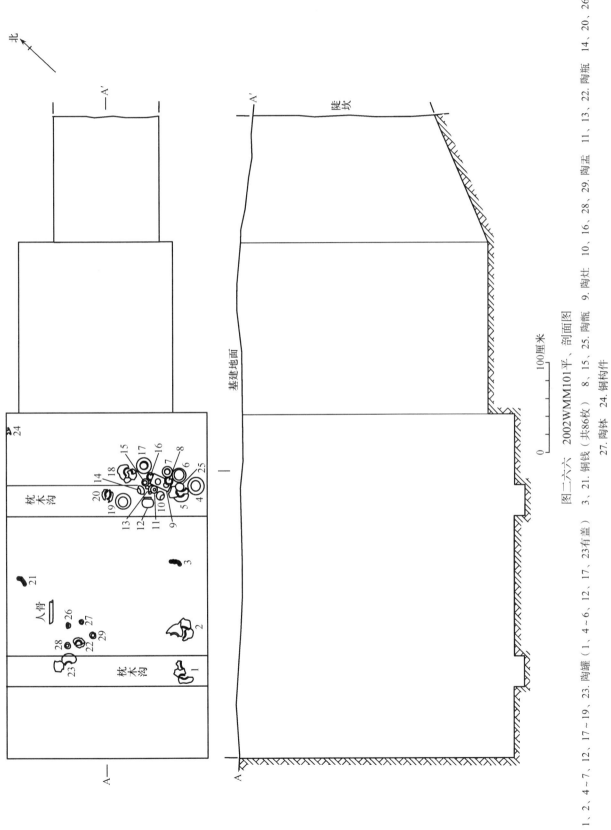

图二六六　2002WMM101平、剖面图

1、2、4～7、12、17～19、23．陶罐（1、4～6、12、17、23有盖）　3、21．铜钱（共86枚）　8、15、25．陶甑　9．陶灶　10、16、28、29．陶盂　11、13、22．陶瓶　14、20、26、27．陶钵　24．铜构件

米（图二六七，2；图版一三八，4）。

标本M101：5，有盖。泥质青灰陶。方唇，唇沿外凸起棱，敛口，圆肩微折，筒形腹微鼓，下腹斜收，平底微凹。下腹内壁凹凸不平。腹饰两组花边状附加堆纹及弦纹，下腹可见密集的轮制旋痕，余素面。口上有倒扣浅碟形器盖，盖顶圆弧，无纽。盖上原有彩绘，已脱落。口径8.8、腹径16.3、底径11.2、高12.4、通高（含盖）14.0厘米（图二六七，3；图版一三九，1）。

标本M101：6，有盖。泥质灰陶。方唇，唇沿外凸起棱，敛口，圆肩微折，筒形腹微鼓，下腹斜收，平底。腹饰两组花边状附加堆纹及弦纹，下腹可见明显的轮制旋痕，余素面。口上有倒扣碟形器盖，灰黄色，盖上无纽。盖身素面。口径8.5、腹径16.0、底径10.2、高12.4、通高（含盖）14.6厘米（图二六七，4；图版一三九，2）。

标本M101：12，有盖。泥质青灰陶，局部有灰黑斑。方唇，唇沿外凸起棱，敛口，圆肩微折，筒形腹微鼓，下腹斜收，平底。腹饰两组花边状附加堆纹及弦纹，下腹可见密集轮制旋痕，余素面。口上有倒扣浅碟形器盖，盖顶圆弧，无纽。盖身素面。口径8.4、腹径15.2、底径9.4、高12.4、通高（含盖）14.4厘米（图二六七，5；图版一三九，3）。

标本M101：17，有盖。泥质灰陶。方唇，唇沿外凸起棱，敛口，圆肩微折，筒形腹微鼓，下腹斜收，平底。腹饰两组花边状附加堆纹及弦纹，下腹可见密集轮制旋痕，余素面。口上有倒扣浅碟形器盖，盖顶圆弧，无纽。盖身素面。口径8.2、腹径16.4、底径9.5、高12.8、通高（含盖）15.1厘米（图二六七，6；图版一三九，4）。

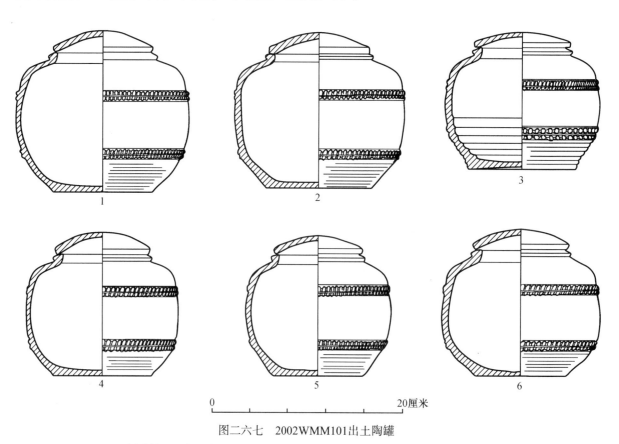

图二六七　2002WMM101出土陶罐

1. M101：1　2. M101：4　3. M101：5　4. M101：6　5. M101：12　6. M101：17

标本M101：23，有盖。泥质灰陶，局部灰黄色。方唇，唇沿外凸起棱，敛口，圆肩微折，筒形腹微鼓，下腹斜收较急，平底。腹饰两组花边状附加堆纹及弦纹，下腹可见密集轮制旋痕，余素面。口上有倒扣浅碟形器盖，灰黄色，盖顶平坦，无纽。盖身素面。口径8.8、腹径16.6、底径10.0、高12.6、通高（含盖）15.1厘米（图二六八，1；图版一四〇，1）。

标本M101：2，泥质灰陶，微偏黄。圆唇，口微敛，圆肩微折，近筒形腹，下腹斜收较急，平底。腹饰两组花边状附加堆纹及弦纹，下腹可见密集的轮制旋痕，余素面。口径8.9、腹径16.1、底径10.0、高12.4厘米（图二六八，2；图版一四〇，2）。

标本M101：18，泥质灰陶，局部灰褐色。方唇，唇沿外凸起棱，敛口，圆肩微折，筒形腹微鼓，下腹斜收较急，平底。腹饰两组花边状附加堆纹及弦纹，下腹可见密集轮制旋痕，余素面。口径9.6、腹径18.3、底径11.4、高14.0厘米（图二六八，3；图版一四〇，3）。

标本M101：7，个体稍小。泥质灰陶。外斜方唇，口微敛，折肩，筒形腹，下腹斜收较急，小平底。下腹内壁凹凸不平。腹饰两周花边状附加堆纹，近底部似有极浅的刀削痕迹，余素面。口径6.2、腹径12.2、底径5.0、高9.6厘米（图二六八，4；图版一四一，1）。

标本M101：19，泥质青灰陶。方唇，唇沿外凸起棱，敛口，圆肩微折，筒形腹微鼓，下腹斜收较急，平底。腹饰两组花边状附加堆纹及弦纹，下腹可见密集轮制旋痕，余素面。口径8.9、腹径18.2、底径9.8、通高（含盖）15.0厘米（图二六八，5；图版一四〇，4）。

陶瓶　3件。标本M101：11，泥质灰褐陶，器表局部有烟黑斑。三角形唇，口微敞，高直领，圆肩微折，鼓腹，下腹内收，小平底。中腹饰一组锯齿状附加堆纹，近底部有刀削棱痕，余素面。口径4.6、肩径9.3、底径3.6、高7.8厘米（图二六九，1；图版一四一，2）。

标本M101：13，泥质灰黑陶。三角形唇，口微敞，高斜领，圆肩，鼓腹，下腹内收较急，平底。下腹有两层刀削棱痕，余素面。口径3.5、腹径8.0、底径3.6、高6.5厘米（图

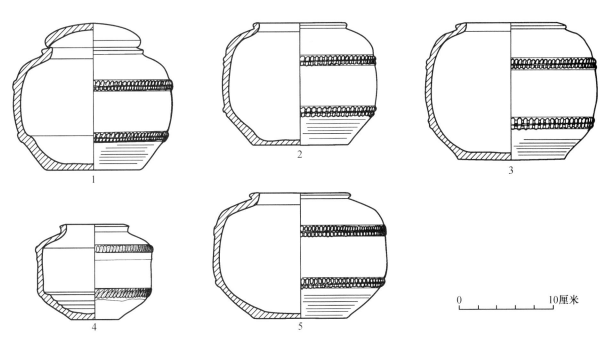

图二六八　2002WMM101出土陶罐
1. M101：23　2. M101：2　3. M101：18　4. M101：7　5. M101：19

二六九，2；图版一四一，3）。

标本M101：22，泥质灰褐陶，器表局部有烟黑斑。三角形唇，敞口，弧领，宽肩微折，浅弧腹，小平底。腹内壁凹凸不平。肩部饰一周浅弦纹，近底部有刀削棱痕，余素面。口径4.4、肩径8.8、底径3.5、高6.2厘米（图二六九，3；图版一四一，4）。

陶钵　4件。标本M101：20，泥质灰陶。三角形唇，唇面微内凹，敞口，浅折腹，上腹较直，下腹内收较急，平底微内凹。中腹有一道凸棱，余素面。口径8.9、底径4.3、高4.4厘米（图二六九，4；图版一四二，1）。

标本M101：14，泥质灰陶。三角形唇，口微敞，深弧腹，上腹较直，下腹内收，平底微内凹。中腹饰一道凸棱，下腹近底部有刀削棱痕，余素面。口径9.2、底径3.9、高6.0厘米（图二六九，5；图版一四二，2）。

标本M101：27，泥质灰陶。三角形唇，唇面微内凹，敞口，浅折腹，平底微内凹。中腹饰一道凸棱，余素面。口径9.1、底径3.8、高4.6厘米（图二六九，6；图版一四二，3）。

标本M101：26，泥质灰陶，局部灰黑色。三角形唇，口微敛，深弧腹，平底。中腹饰一周凸棱，下腹有两层刀削棱痕，削痕规整有序，余素面。口径9.5、底径3.9、高5.6厘米（图二六九，7；图版一四二，4）。

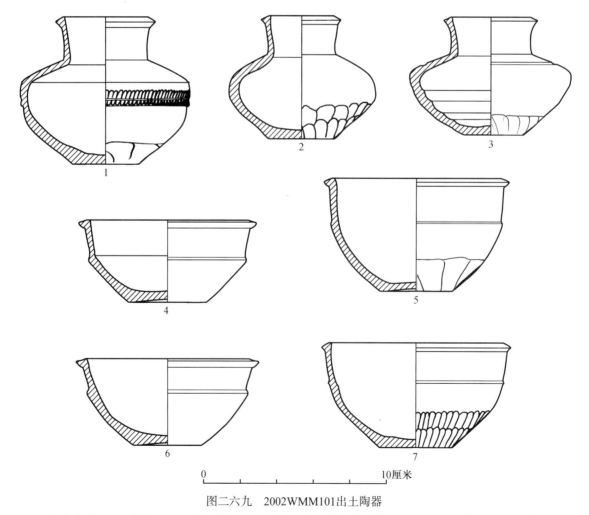

图二六九　2002WMM101出土陶器

1~3.瓶（M101：11、M101：13、M101：22）　4~7.钵（M101：20、M101：14、M101：27、M101：26）

陶盂 4件。标本M101∶28，泥质灰黄陶。方唇，唇面微凹，敛口，圆肩，鼓腹较甚，平底。腹内壁凹凸不平。下腹有较浅的刀削棱痕，器身素面。口径5.7、腹径11.5、底径4.4、高6.8厘米（图二七〇，1；图版一四三，1）。

标本M101∶29，泥质灰黑陶，局部有烟黑斑。圆唇，直口微敞，圆肩，鼓腹，下腹内收较急，小平底。腹内壁凹凸不平。肩部贴附一对实心乳钉状耳饰及两周弦纹，下腹有刀削棱痕，余素面。口径5.7、腹径10.4、底径2.9、高6.2厘米（图二七〇，2；图版一四三，2）。

标本M101∶10，该器出土时置于灶旁。泥质深灰陶，器表有灰褐色斑。圆唇，直口，折肩，扁腹，下腹内弧，小平底。肩部饰两周弦纹，并贴附一对带有凹槽的实心耳饰，余素面。口径5.0、腹径8.3、底径3.8、高4.8厘米（图二七〇，5；图版一四四，1）。

标本M101∶16，该器出土时置于灶旁。泥质青灰陶。圆唇，直口微敞，宽折肩，扁腹，平底微内凹。肩部饰两周弦纹，并贴附一对带有凹槽的实心耳饰，余素面。口径4.8、腹径

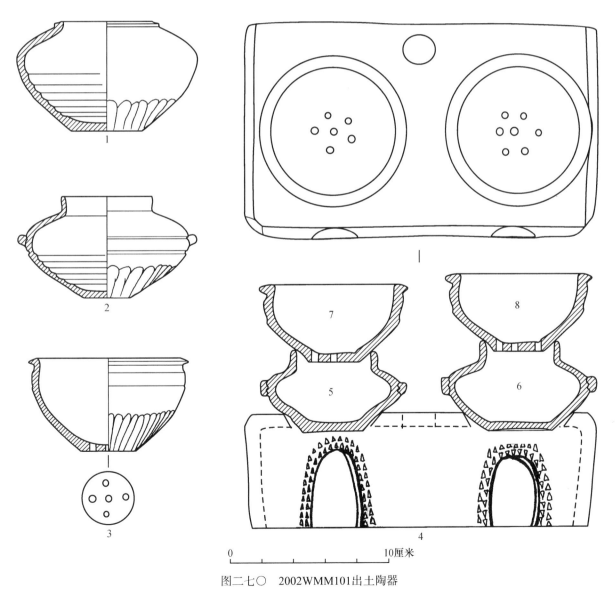

图二七〇 2002WMM101出土陶器

1、2、5、6.盂（M101∶28、M101∶29、M101∶10、M101∶16） 3、7、8.甑（M101∶25、M101∶8、M101∶15）
4.灶（M101∶9）

8.9、底径4.1、高5.5厘米（图二七〇，6；图版一四四，1）。

陶甑　3件。标本M101：25，泥质灰陶，局部有朱绘痕迹。三角形唇，直口微敞，口外内凹呈束颈状，深弧腹，平底。上腹饰二道折棱，下腹有较为规整的刀削棱痕，底有5个箅孔，余素面。口径9.0、底径3.5、高5.7厘米（图二七〇，3；图版一四三，3）。

标本M101：8，该器出土时置于陶灶之上。泥质深灰陶。三角形唇，口微敛，口外内凹，弧腹，上腹短直，下腹斜收较甚，上、下腹之间有一道凸棱，小平底。底有6个箅孔，余素面。口径8.7、底径3.1、高4.8厘米（图二七〇，7；图版一四四，1）。

标本M101：15，该器出土时置于灶旁。泥质青灰陶。形制与M101：8相近。底有7个箅孔，余素面。口径8.6、底径3.1、高4.9厘米（图二七〇，8；图版一四四，1）。

陶灶　1件。标本M101：9，泥质深灰陶，器表有灰褐色斑块。长方形，边微弧，底微内收，灶面较窄，灶身较高。双釜眼位于灶面两端，两釜眼之间偏后侧有一较大圆形烟囱孔。双拱桥形火门位于一长侧边与釜眼相对，并直通至底。火门周围戳印两圈小三角状纹，余素面。灶上置2甑2盂。灶底长21.4、宽13.0、高7.2厘米（图二七〇，4；图版一四四，1）。

### 2. 铜器

铜构件　1件。标本M101：24，台式圈足状，中空。顶端可能未到头，器形不明，推测为某类器物构件。口径3.8、底径7.7、高3.1厘米（图二七一，1；图版一四三，4）。

铜钱　2件，共86枚。个体较小，均为半两钱币。有郭，篆体阳文。钱文有两类，分左读和右读两种，前者一般钱径2.2厘米（图二七一，2），后者钱径要稍大些，径约2.6厘米（图二七一，3）。

## 一八、2002WMM102

### （一）墓葬概述

M102位于墓地西南部环山公路以南一处缓坡上，海拔位置较低。墓葬处于2002年发掘G区内，其北部、西部距M101和M103均不足4米。墓葬坐北朝南，墓道朝向东南。墓葬方向168°。

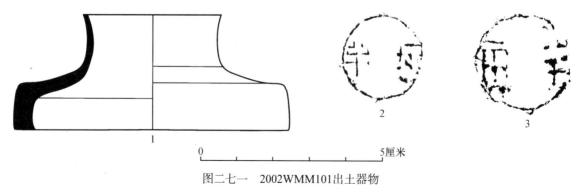

图二七一　2002WMM101出土器物

1. 铜构件（M101：24）　2、3. 半两铜钱拓片（M101：21-2、M101：21-3）

　　该墓为基建动土发现的。墓坑上部及券顶已被毁坏，墓葬开口层位不明，墓坑打破生土。墓葬为竖穴石室墓。筑造方式：先挖一竖穴土坑，再在其内用石块修筑墓室。墓葬平面形状呈刀形，由墓道和墓室两部分组成。墓道偏向西侧，已全部挖毁。墓内填土为黄褐色黏土，较紧密。墓坑四壁陡直，紧贴石墙，间隙极小。墓室墙壁均用较为规整的长条形石块错缝砌成，墙厚10厘米。墙壁上部及券顶已毁。墓底平整，并铺满不规则石板。葬具不存。骨架已朽，头向及葬式不明。墓室内空长360、宽200厘米，石墙残高65厘米。墓道宽112厘米，长度及坡度不详。墓坑残深180～260厘米。该墓早期被盗，保存下来的2件随葬器物分别为陶灶和铜鍪，二者均放置在墓室北侧，而盗洞正好位于该部位，估计大部分器物已被盗走（图二七二）。

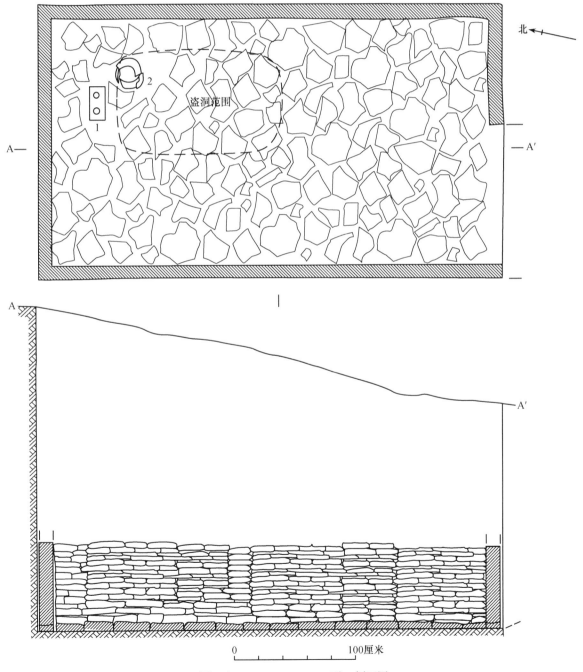

图二七二　2002WMM102平、剖面图

1. 陶灶　2. 铜鍪

该墓不见甬道，形制与M62接近，铜鍪形态介于M22和M47之间，陶灶形态与M33接近。因此，从墓葬形制及出土器物综合分析，推测该墓时代大致在东汉中期。

## （二）随葬器物

共2件。分别为陶灶、铜鍪各1件。

陶灶　1件。标本M102：1，泥质深灰陶，局部残存朱绘。长方形，灶边斜直，且较规整。灶面较窄，两端有长方形挡板，灶面未见烟囱孔。双釜眼位于灶面两端，长方形双火门悬置于一长侧边，并与釜眼相对。两端挡板均向内斜，一侧挡板内侧有一纵向半圆形凸棱，另一侧挡板外侧饰三角划纹及乳钉纹。灶身素面。灶底长25.0、宽12.1、高8.0、通高（含挡板）13.2厘米（图二七三，1；图版一四四，2）。

铜鍪　1件。标本M102：2，窄方唇，喇叭形口，束领，斜折肩，盆形腹，圜底近平。肩部饰一对桥形耳。上腹饰三道凸棱，近似瓦楞状纹，余素面。复原口径20.0、肩径19.8、高17.0厘米（图二七三，2）。

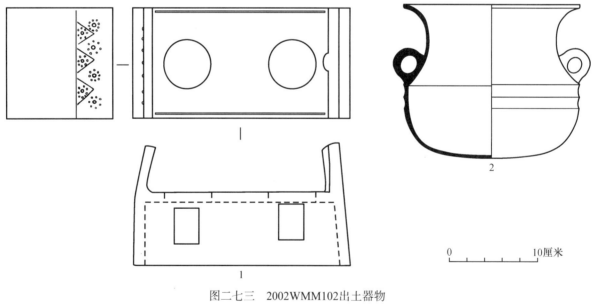

图二七三　2002WMM102出土器物

1. 陶灶（M102：1）　2. 铜鍪（M102：2）

# 一九、2002WMM103

## （一）墓葬概述

M103位于墓地西南部环山公路以南一处缓坡上，海拔位置较低。墓葬处于2002年发掘G区内，其东部距M102不足4米。墓葬略呈西北—东南走向。墓葬方向155°。

该墓为基建区因机械动土而暴露出来的一座墓，墓口已被破坏。墓葬开口层位不明，打破生土。墓葬为长方形竖穴土坑墓。墓内填土为深灰褐色，较紧密。墓坑四壁陡直，而且比较规整、光滑。墓底原来铺有石块，现存局部，未见枕木沟。葬具不存。骨架已朽，头向及葬式不明。该墓被盗，近圆形盗洞深入墓底。保存下来的2件陶人物俑均放置在墓室南侧，盗洞也正好位于该部位，与M102一样，估计大部分器物已被盗走。墓口长340、宽180厘米，墓坑残深100~160厘米（图二七四）。

该墓虽不见新莽钱币，但从墓葬形制及出土陶俑特征综合分析，该墓年代可能要略早于相距不远的M102，推测其时代当在西汉末期到新莽时期。

（二）随葬器物

仅2件。

陶人物俑 2件。标本M103：1，侍俑。底座略残。泥质灰黑陶，局部黑色，颈部有朱绘，已脱落。方冠，头微昂，右衽，长袖，双手对握，呈跪坐式。形似男性。座宽10.2、高19.5厘米（图二七五，1；图版一四四，3）。

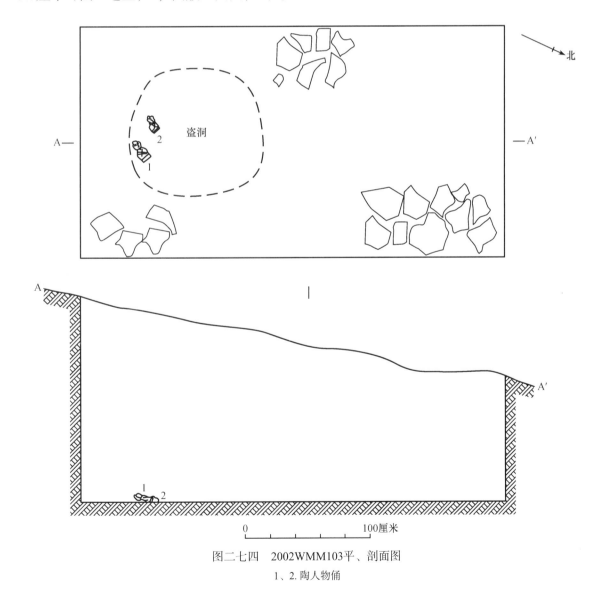

图二七四 2002WMM103平、剖面图
1、2.陶人物俑

标本M103：2，侍俑。泥质灰陶，器表有较多灰白斑，颈部朱绘已脱落。披冠，头部平视，圆领口，长袖，双手对握，呈跪坐式。形似女性。座宽6.6、高13.2厘米（图二七五，2；图版一四四，4）。

图二七五　2002WMM103出土陶人物俑
1. M103：1　2. M103：2

# 第三章 墓葬形制

麦沱共发掘墓葬72座。包括汉墓54座、南朝墓6座、宋墓11座。另外，1座明墓（M87）形制与宋墓接近。下面分别就上述不同时期的墓葬形制分析如下。

## 第一节 汉墓形制

共54座。若依传统划分标准，可分土坑墓和砖（石）室墓两大类。考虑到前者既有封闭型墓葬（无墓道或甬道）又有开放型墓葬（有墓道或甬道）的复杂性，还可将其细分为封闭型土坑墓、开放型土坑墓和开放型砖（石）室墓三类。其中，封闭型土坑墓有29座、开放型土坑墓有6座、开放型砖（石）室墓有19座。除M75（砖、石混筑墓）被严重破坏外，其余53座墓葬保存尚好，墓葬形制基本清楚。下面依土坑墓和砖（石）室墓两类分析如下。

### 一、土 坑 墓

共35座。均为竖穴土坑墓。墓葬摆放以东西向居多，南北向较少。墓葬形制方面，分封闭型和开放型两类，分别为29座和6座。封闭型墓室平面多呈长方形，少数近方形。开放型墓室平面可分凸字形和刀形两种，前者墓道居中，后者墓道偏向一侧。墓室结构方面，绝大多数墓壁较斜，墓壁陡直者较少，有的还有生土或熟土二层台，环绕四壁或其中几壁。墓底多为平底，部分有枕木沟，少数墓底铺垫石块，个别还有腰坑。棺椁结构方面，由于难以保存，我们推测，部分墓葬可能用木料构筑有墓椁，椁内再放墓棺，部分墓葬可能只有墓棺或棺、椁均无。因此，我们只能依据有无墓（甬）道将该类墓葬划分二型。

A型　29座。无墓（甬）道。这类墓最常见。根据墓室平面形状可分二亚型。

Aa型　16座。墓室呈长方形，少数近方形或梯形，墓口长、宽比一般小于1.5∶1。部分墓葬有枕木沟、二层台、腰坑等特殊结构。该类墓葬均为东西向垂坡埋葬，即垂直于南北向山坡走势。根据墓口长、宽比可分二式。

Ⅰ式：12座。包括M31、M32、M43、M45、M48、M50、M54、M55、M68、M70、M71、M91。墓室较长，墓口长、宽比一般在1.3∶1～1.5∶1。其中，以M45为代表的6座墓葬墓底无枕木沟、二层台、腰坑等特殊结构（图二七六，1），以M31为代表的5座墓葬墓底有枕木沟（图二七六，2），个别墓葬（M43）底部还有腰坑（图二七六，3）。

Ⅱ式：4座。包括M40、M49、M57、M60。墓室较短，平面形状接近方形，墓口长、宽比一般小于1.3∶1。其中，M40和M49可见两具人骨骸（图二七六，4），M57四周均有二层台（图二七六，5），M60只有单边二层台，而且二层台一端还有生土墩（图二七六，6）。

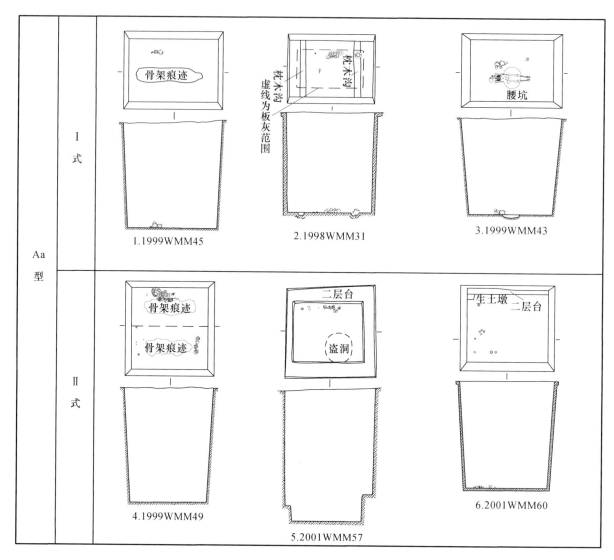

图二七六 麦沱汉墓土坑墓形制图（一）

　　**Ab型**　13座。墓室呈长方形，墓口长、宽比一般大于1.5：1。除个别墓葬（M58）墓底有单边二层台外，其他均无枕木沟、二层台、腰坑等特殊结构，少数墓底铺有石块。该类墓葬除少数仍为东西向垂坡埋葬外，多数为南北向顺坡埋葬，即平行于南北向山坡走势。根据墓葬平面形状、墓葬摆放方向以及墓底结构的不同可分二式。

　　Ⅰ式：4座。包括M39、M56、M58、M90。墓室均为长方形，墓葬为东西向垂坡埋葬，个别墓葬有单边二层台（图二七七，1）。

　　Ⅱ式：9座。包括M34、M35、M65、M69、M78、M79、M80、M83、M103。墓室呈狭长形。多数墓葬为南北向顺坡埋葬，少数墓葬为东西向垂坡埋葬，个别墓葬墓底铺有石块（图二七七，2、3）。

　　**B型**　6座。有墓（甬）道。墓（甬）道位于墓室一侧，平面呈刀形；也有墓（甬）道位于墓室一端中间或稍偏，平面呈凸字形。该型墓葬既有东西向垂坡埋葬，也有南北向顺坡埋葬。根据墓室形状可分三亚型。

　　**Ba型**　3座。墓室呈长方形或近方形。根据墓道底部与墓底高差以及墓葬摆放方向的不同可分二式。

　　Ⅰ式：2座。M66和M84。墓道底部距墓室底部较高，墓葬为东西向垂坡埋葬（图二七七，4、5）。

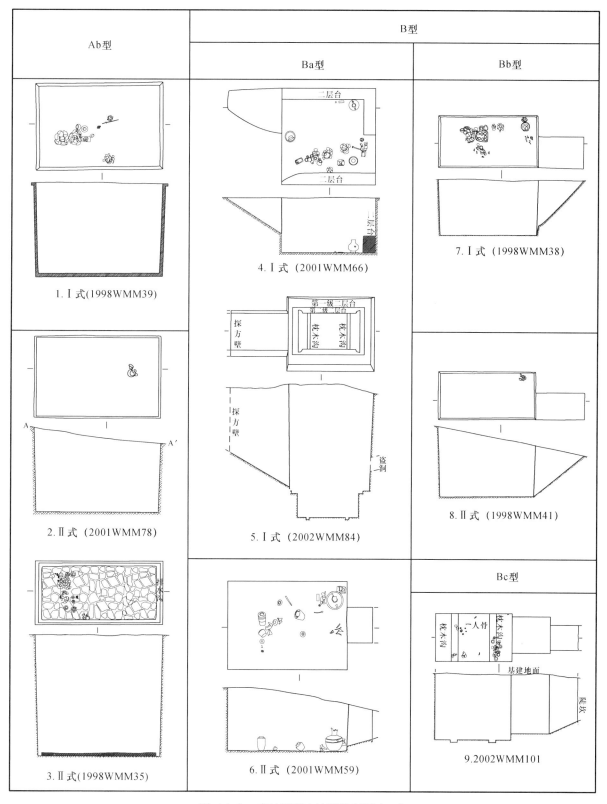

图二七七　麦沱汉墓土坑墓形制图（二）

Ⅱ式：1座。M59。墓道底部距墓室底较矮，墓葬为南北向顺坡埋葬（图二七七，6）。

Bb型　2座。墓室呈长方形。根据墓道底部与墓底高差以及墓葬摆放方向的不同可分二式。

Ⅰ式：1座。M38。墓道底部距墓室底部较矮，墓葬为东西向垂坡埋葬（图二七七，7）。

Ⅱ式：1座。M41。墓道底部距墓室底部持平，墓葬为南北向顺坡埋葬（图二七七，8）。

Bc型　1座。M101。墓室呈凸字形，墓室和墓道之间还有较为短促的甬道。墓葬为东西向垂坡埋葬（图二七七，9）。

# 二、砖（石）室墓

共19座。砖（石）室墓一般是先挖好竖向或横向墓穴，然后在墓穴底部铺砖或石，接着再用砖或石砌好墓壁和墓顶。这类墓葬一般都有墓道或甬道，因而都属开放型墓葬。早期有些墓顶还是土顶（如M22），后来才逐渐采用砖或石砌筑券顶。该类墓葬以竖穴墓为多，也有少数洞穴墓。若从建墓材料上观察，实际上还可细分成砖室墓、石室墓以及砖、石混筑墓三类。不过，根据麦沱墓地发掘情况分析，它们之间的差别只是建墓材料上的不同，对于墓葬年代、性质并无本质区别，因而我们把这些墓葬合为一类。该类墓葬均为南北向顺坡埋葬。除 M75因破坏较甚，形制不明外，其他18座墓葬据其有无甬道分为二型。

A型　14座。有甬道。据其平面形状分二亚型。

Aa型　11座。甬道偏向一侧，并与墓室构成刀形。根据甬道长短变化可分三式。

Ⅰ式：3座。包括M10、M29、M82。甬道短促（图二七八，1、2）。

Ⅱ式：6座。包括M7、M11、M15、M16、M33、M67。甬道变长（图二七八，3、4）。

Ⅲ式：2座。包括M46、M47。甬道狭长（图二七八，5）。

Ab型　3座。甬道居中或略偏，并与墓室构成凸字形。根据甬道长短变化可分三式。

Ⅰ式：1座。M22。甬道极短。M22无券顶，应该是土坑墓向砖（石）室墓转变的过渡形态（图二七九，1）。

Ⅱ式：1座。M8。甬道变长（图二七九，2）。

Ⅲ式：1座。M4。甬道更长（图二七九，3）。

B型　4座。无甬道，但均有墓道。据其墓室与墓道组成的平面形状可分二亚型。

Ba型　3座。包括M72、M81、M102。墓道偏向一侧，连同墓室平面呈刀形（图二七九，4）。M81墓室似有前后室之分，后室倾斜较甚（图二七九，5）。

Bb型　1座。M62。墓道偏向一侧，连同墓室平面呈凸字形。墓室似有前后室之分，后室略低于前室（图二七九，6）。

根据上述分析，结合随葬器物特征综合分析，我们可把麦沱墓地53座形制清楚的墓葬划分为六组（表八）。

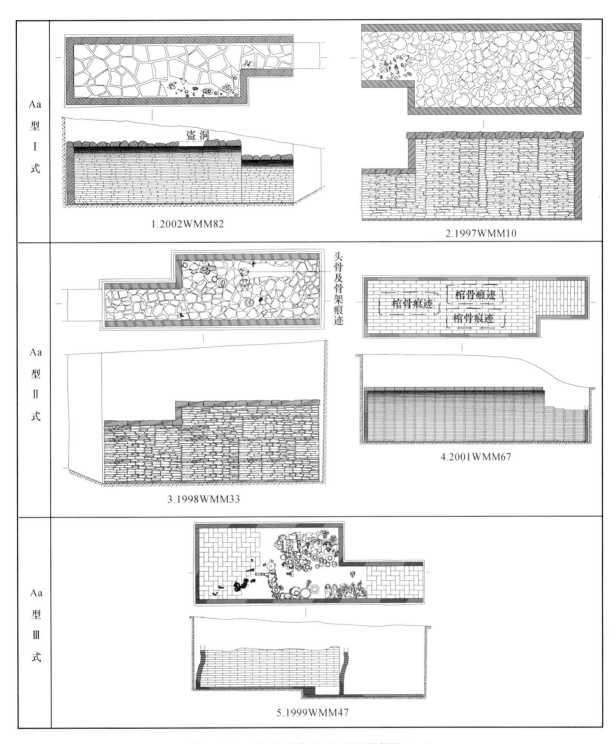

图二七八 麦沱汉墓砖（石）室墓形制图（一）

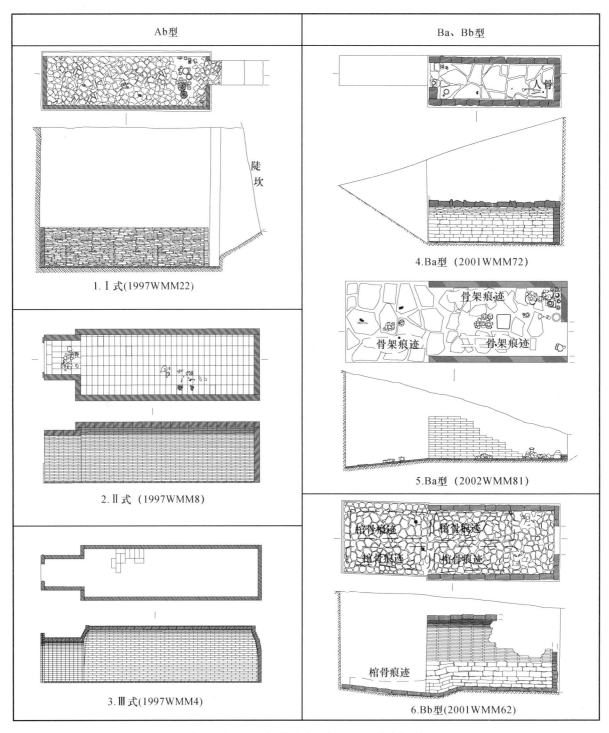

图二七九　麦沱汉墓砖（石）室墓形制图（二）

表八　汉墓墓葬形制统计表

| 分类 | 分组 | 墓葬形制 | 墓葬编号 | 小计/座 | 合计/座 |
|---|---|---|---|---|---|
| 土坑墓 | 第1组 | Aa型Ⅰ式 | M31、M32、M43、M45、M48、M50、M54、M55、M68、M70、M71、M91 | 12 | 35 |
| | 第2组 | Aa型Ⅱ式、Ab型Ⅰ式、Ba型Ⅰ式、Bb型Ⅰ式、Bc型 | M38、M39、M40、M49、M56、M57、M58、M60、M66、M84、M90、M101 | 12 | |
| | 第3组 | Ab型Ⅱ式、Ba型Ⅱ式、Bb型Ⅱ式 | M34、M35、M41、M59、M65、M69、M78、M79、M80、M83、M103 | 11 | |
| 砖（石）室墓 | 第4组 | Aa型Ⅰ式、Ab型Ⅰ式、Ba型 | M10、M22、M29、M72、M81、M82、M102 | 7 | 18 |
| | 第5组 | Aa型Ⅱ式、Ab型Ⅱ式、Bb型 | M8、M11、M15、M16、M33、M62、M67 | 7 | |
| | 第6组 | Aa型Ⅱ式、Aa型Ⅲ式、Ab型Ⅲ式 | M4、M7、M46、M47 | 4 | |

说明：M75（砖、石混筑墓）残破太甚，形制不明，故未列入

# 第二节　南朝墓形制

共6座。均为竖穴单室砖室墓。除M63残甚外，其余5座墓葬据其形状可分三型。

A型　3座。包括M42、M44、M53。墓葬由墓室、甬道及排水沟三部分组成。甬道居中，并与墓室构成凸字形（图二八〇，1）。

B型　1座。M77。墓葬由墓室和墓道两部分组成。墓室较宽，墓道偏向一侧，并与墓室构成刀形（图二八〇，2）。

C型　1座。M64。墓葬结构简单，不见甬道、墓道等结构（图二八〇，3）。

A、B两型墓葬形制应该是由本地汉墓沿袭而来的，C型墓葬在麦沱汉墓中不见。

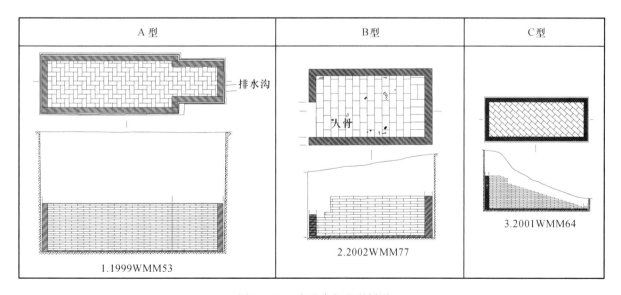

图二八〇　麦沱南朝墓形制图

# 第三节　宋墓形制

　　共11座。这批墓葬形制比较简单，以竖穴土坑墓为主，竖穴砖室仅发现1座。土坑墓均为长方形。

## 一、土　坑　墓

　　共10座。包括M51、M52、M61、M73、M74、M76、M86、M88、M89、M92。除M92破坏严重外，其余9座墓葬保存尚好，形制亦较清楚。据其墓口长、宽比可分三式。

　　Ⅰ式：1座。M76。长方形，墓口长、宽比一般在2.0：1左右（图二八一，1）。

　　Ⅱ式：2座。包括M88、M89。长方形，墓口长、宽比一般在2.0：1～2.5：1（图二八一，2）。

　　Ⅲ式：6座。包括M51、M52、M61、M73、M74、M86。墓室狭长，墓口长、宽比一般在2.5：1以上（图二八一，3、4）。

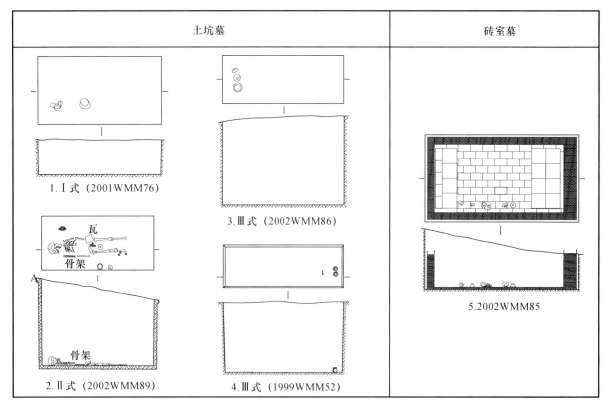

图二八一　麦沱宋墓形制图

## 二、砖　室　墓

　　仅1座。即M85。长方形竖穴单室墓。无墓道、甬道结构。墓底铺设两种不同形制的墓砖（图二八一，5）。

# 第四章　随葬器物

## 第一节　汉墓随葬器物

麦沱汉墓随葬器物共计863件（不包括筒瓦及动物骨骼），包括陶器、釉陶器、铜器、铁器、石器以及少量金银器、漆器等。其中，陶器611件、釉陶器67件、铜器143件（套）、铁器15件（套）、石器14件、其他13件。另还，还有24座墓葬出土各种铜钱2361枚等（附表六）。

## 一、陶　　器

共611件。分别出自40座墓葬。陶器以灰色为主，约占95%，红陶只有33件，而且只见于M10、M15、M16、M33、M46、M47、M62、M81、M82等9座墓葬。器类有罐、矮领罐、高领罐、瓮、盆、壶、盉、釜、瓶、甑、钵、碟、杯、灯、器座、支垫、鼎、仓、灶、陶屋以及器盖、陶俑等22种。这批陶器不仅器类丰富，而且器形多样。下面依器类分析如下。

### 1. 陶罐

共177件。陶罐是麦沱墓地随葬器物最多的陶器，共有27座墓葬随葬此类器物。除M8出土3件残罐形态不明确外，其余174件据其形制特征的不同，可分十一型。

A型　19件。大口，无领，筒形腹，平底。肩及腹部各饰一周锯齿状指甲纹或附加堆纹。可见该型器物的有M32、M40、M49、M57、M91、M101等6座墓葬。据其肩、腹部特征可分三式。

Ⅰ式：5件。包括M32：8、M91：7、M91：8、M91：9、M91：12。圆肩，筒形腹较深。如标本M91：7（图二八二，1；彩版八，1）。

Ⅱ式：11件。包括M40：96、M49：6、M49：7、M49：8、M49：9、M49：13、M49：14、M49：18、M49：19、M49：20、M101：7。圆肩微耸，筒形腹变浅。如标本M49：8（图二八二，2）、标本M40：96（彩版八，2）。

Ⅲ式：3件。均出自M57，包括M57：1、M57：5、M57：6。耸肩，下腹内收较甚。如标本M57：1（图二八二，3）。

B型　29件。少数有盖。口略小，无领，近筒形腹，近底部内收较甚，平底。肩及腹部各饰一周锯齿状附加堆纹，有的近底部可见刀削痕迹或密集浅细旋痕。可见该型器物的有M31、M66、M68、M70、M101等5座墓葬。据其形制特征可分二亚型。

Ba型　21件。斜肩或圆肩，腹较深，平底较窄。据其肩、腹部特征可分二式。

Ⅰ式：5件。均出自M68，包括M68：2、M68：3、M68：4、M68：5、M68：8。斜肩，腹微垂。如标本M68：5（图二八二，4；彩版八，3）。

Ⅱ式：16件。包括M31：5、M70：1、M70：2、M70：8、M70：12、M70：15、M101：1、M101：2、M101：4、M101：5、M101：6、M101：12、M101：17、M101：18、M101：19、M101：23。圆肩，腹微鼓。如标本M70：12（图二八二，5）、标本M101：17（图二八二，6；彩版八，4）。

Bb型　8件。圆肩，腹较浅，宽平底。均出自M66，包括M66：11、M66：12、M66：16、M66：17、M66：18、M66：20、M66：21、M66：24。如标本M66：12（图二八二，7；彩版九，1）。

C型　18件。该型罐个体较小，一般为素面。无领，扁鼓腹或鼓腹较甚，平底。可见该型器物的有M31、M32、M38、M39、M40、M49、M57等7座墓葬。据其肩、腹部特征可分三式。

Ⅰ式：2件。包括M31：11、M32：5。耸肩，扁鼓腹小平底。如标本M31：11（图

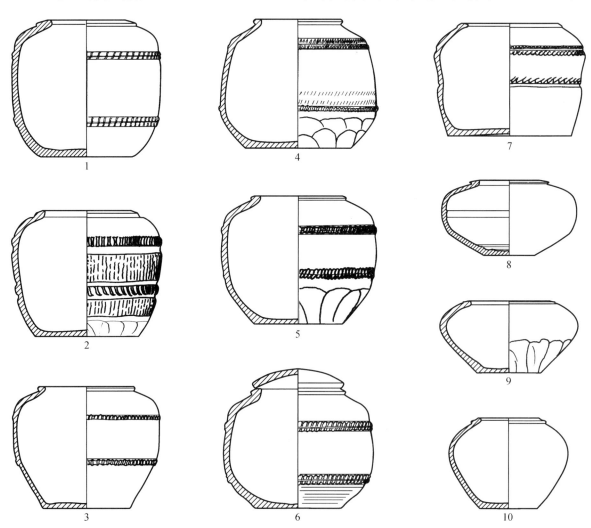

图二八二　麦沱汉墓出土陶罐（一）

1. A型Ⅰ式（M91：7）　2. A型Ⅱ式（M49：8）　3. A型Ⅲ式（M57：1）　4. Ba型Ⅰ式（M68：5）　5、6. Ba型Ⅱ式（M70：12、M101：17）　7. Bb型（M66：12）　8. C型Ⅰ式（M31：11）　9. C型Ⅱ式（M40：104）　10. C型Ⅲ式（M40：16）

二八二，8）。

Ⅱ式：8件。包括M40∶23、M40∶100、M40∶104、M40∶108、M49∶12、M49∶15、M57∶4、M57∶7。圆肩微耸，浅腹，下腹内收较甚。如标本M40∶104（图二八二，9）。

Ⅲ式：8件。包括M38∶20、M39∶5、M40∶2、M40∶16、M40∶20、M40∶59、M40∶62、M40∶91。圆肩，深鼓腹。如标本M40∶16（图二八二，10；彩版九，2）。

D型 35件。无领，圆肩或折肩，斜腹，肩部为最大径，平底较宽。可见该型器物的有M38、M40、M59、M81等4座墓葬。据其肩、腹特征可分三式。

Ⅰ式：14件。包括M38∶19、M40∶3、M40∶7、M40∶17、M40∶22、M40∶26、M40∶30、M40∶40、M40∶77、M40∶79、M40∶98、M40∶103、M40∶105、M40∶109。圆肩，斜腹较浅，平底较宽。如标本M40∶7（图二八三，1；彩版九，3）。

Ⅱ式：15件。包括M38∶12、M38∶21、M39∶6、M39∶9、M39∶10、M40∶1、M40∶19、M40∶29、M40∶69、M40∶70、M40∶73、M40∶74、M40∶89、M40∶92、M40∶93。折肩，斜腹较浅，近底微收。如标本M40∶93（图二八三，2；彩版九，4）。

Ⅲ式：6件。包括M59∶2、M59∶7、M59∶18、M81∶20、M81∶23、M81∶33。斜折肩，斜腹较深，近底内收较甚。如标本M59∶2（图二八三，3；彩版一○，1）。

E型 7件。无领，折肩，深斜腹，肩部为最大径，腹内收较甚，平底较窄。均出自M29，包括M29∶8、M29∶9、M29∶10、M29∶11、M29∶13、M29∶15、M29∶59。如标本M29∶8（图二八三，4；彩版一○，2）。

F型 41件。直口微敞，斜折肩，斜腹，肩部为最大径，平底较宽。可见该型器物的有M10、M22、M29、M35、M41、M65、M81、M82等8座墓葬。据其腹部深浅可分二式。

Ⅰ式：25件。包括M22∶13、M22∶14、M22∶15、M22∶16、M22∶17、M22∶27、M22∶29、M29∶41、M35∶2、M35∶13、M35∶15、M41∶1、M65∶3、M65∶5、

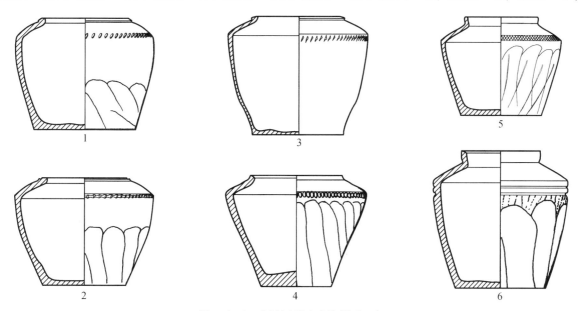

图二八三 麦沱汉墓出土陶罐（二）

1. D型Ⅰ式（M40∶7） 2. D型Ⅱ式（M40∶93） 3. D型Ⅲ式（M59∶2） 4. E型（M29∶8） 5. F型Ⅰ式（M82∶9） 6. F型Ⅱ式（M82∶1）

M65：6、M65：10、M81：2、M81：24、M81：28、M81：29、M81：30、M81：32、M81：39、M82：9、M82：24。斜腹较浅。如标本M82：9（图二八三，5）、标本M22：15（彩版一〇，3）。

Ⅱ式：16件。包括M10：3、M29：30、M29：33、M29：47、M29：53、M29：57、M29：58、M29：62、M29：64、M29：82、M81：10、M82：1、M82：2、M82：5、M82：16、M82：17。斜腹变深。如标本M82：1（图二八三，6；彩版一〇，4）。

G型　12件。深筒形腹，平底。可见该型器物的有M35、M38、M40、M59等4座墓葬。据其形制特征可分三式。

Ⅰ式：2件。均出自M40，包括M40：4、M40：56。无领，圆肩，筒形腹略浅。如标本M40：4（图二八四，1）。

Ⅱ式：9件。包括M29：52、M29：60、M29：61、M29：63、M29：65、M35：3、M35：17、M38：13、M38：14。直口，折肩，筒形腹变深。如标本M35：3（图二八四，2；彩版一一，1）。

Ⅲ式：1件。标本M59：3，小直口，折肩，深筒形腹（图二八四，3；彩版一一，2）。

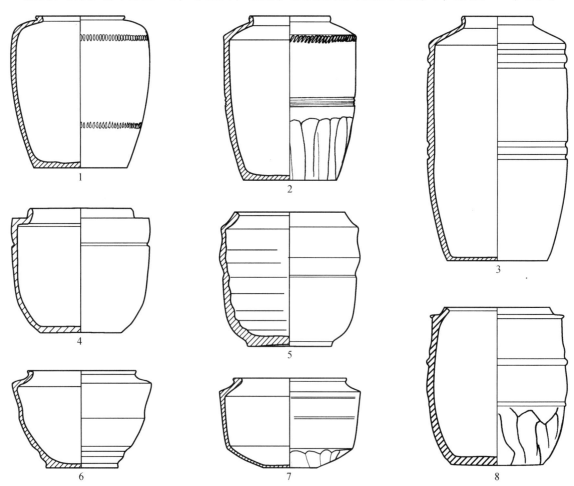

图二八四　麦沱汉墓出土陶罐（三）

1. G型Ⅰ式（M40：4）　2. G型Ⅱ式（M35：3）　3. G型Ⅲ式（M59：3）　4. H型Ⅰ式（M62：7）　5. H型Ⅱ式（M15：13）　6. I型（M47：54）　7. K型（M47：50）　8. J型（M33：1）

H型 6件。直口或内折口，折肩，筒形腹，平底。可见该型器物的只有M15、M62等2座墓葬。据其形制特征可分二式。

Ⅰ式：3件。均出自M62，包括M62：4、M62：7、M62：8。直口，筒形腹略浅，平底。如标本M62：7（图二八四，4；彩版一一，3）。

Ⅱ式：3件。均出自M15，包括M15：4、M15：13、M15：14。内折口，筒形腹略深，平底微凹呈假圈足状。如标本M15：13（图二八四，5）。

I型 5件。敛口，折肩，斜曲腹，平底出边呈假圈足状。可见该型器物的只有M46、M47等2座墓葬，包括M46：7、M47：10、M47：14、M47：49、M47：54。斜腹微曲，腹变浅。如标本M47：54（图二八四，6；彩版一一，4）。

J型 1件。标本M33：1，子母口，深筒形腹，平底（图二八四，8）。

K型 1件。标本M47：50，大口微敛，浅折腹，小平底（图二八四，7）。

**2. 陶矮领罐**

共2件。分别出自M48和M54。以平底为造型特征。据其形制可分二型。

A型 1件。标本M48：7，小口，细领，耸肩，鼓腹稍浅，平底（图二八五，1；彩版一二，1）。

B型 1件。标本M54：2，大口，粗领较矮，圆肩，鼓腹较深，小平底（图二八五，2）。

**3. 陶高领罐**

共24件。陶高领罐是麦沱墓地常见随葬器物之一，共有11座墓葬随葬此类器物。该类器物一般为圜底内凹，而且绝大多数为细领，少数粗领。据其形制可划分五型。

A型 3件。小口，领较矮，圆肩，鼓腹，圜底内凹。可见该型器物的有M35、M83、M90等3座墓葬。据其领部特征可分二式。

Ⅰ式：1件。标本M90：2，直领，最大腹径在肩部（图二八五，3；彩版一二，2）。

Ⅱ式：2件。包括M35：8、M83：2。束领，最大腹径在腹部。如标本M35：8（图二八五，4）、标本M83：2（彩版一二，3）。

B型 7件。小口，细高领，宽折肩，弧腹略浅，圜底内凹。可见该型器物的有M29、M35、M38、M81、M83等5座墓葬。据其肩部特征可分二式。

Ⅰ式：2件。包括M38：22、M38：23。宽折肩微外弧。如标本M38：23（图二八五，5）。

Ⅱ式：5件。包括M29：32、M35：10、M35：16、M81：12、M83：1。宽折肩。如标本M35：16（图二八五，6）。

C型 12件。喇叭形口，深弧腹，余同B型。可见该型器物的有M10、M22、M29、M33、M35、M39、M65等7座墓葬。据肩、腹部特征可分三式。

Ⅰ式：1件。标本M39：8，宽折肩微外弧，弧腹（图二八五，7；彩版一二，4）。

Ⅱ式：9件。包括M10：2、M10：5、M22：11、M22：25、M29：3、M29：6、M35：9、

M65：2、M65：8。宽斜折肩，弧腹内收。如标本M35：9（图二八五，8；彩版一三，1）。

　　Ⅲ式：2件。均出自M33，包括M33：2和M33：10。宽斜折肩，弧腹微鼓。如标本M33：2（图二八五，9；彩版一三，2）。

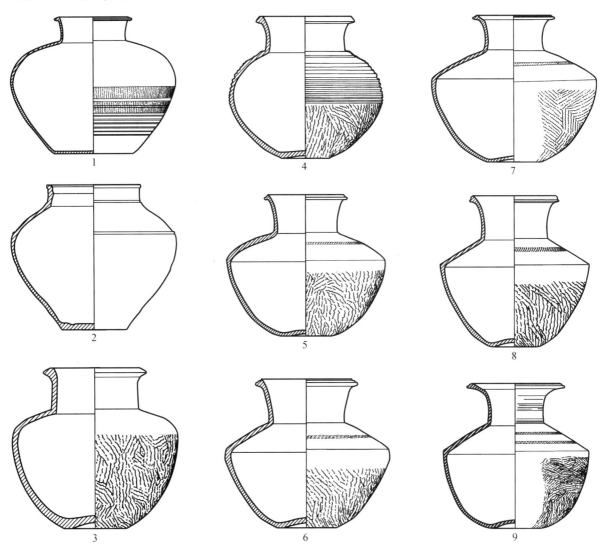

图二八五　麦沱汉墓出土陶矮领罐、陶高领罐

1. A型矮领罐（M48：7）　2. B型矮领罐（M54：2）　3. A型Ⅰ式高领罐（M90：2）　4. A型Ⅱ式高领罐（M35：8）　5. B型Ⅰ
式高领罐（M38：23）　6. B型Ⅱ式高领罐（M35：16）　7. C型Ⅰ式高领罐（M39：8）　8. C型Ⅱ式高领罐（M35：9）
9. C型Ⅲ式高领罐（M33：2）

　　D型　1件。标本M90：1，中口，粗领较矮，圆肩，鼓腹较浅，圈底微内凹（图二八六，1）。

　　E型　1件。标本M33：4，喇叭口，短弧领，斜折肩，盆形浅弧腹，小圈底微内凹（图二八六，2；彩版一三，3）。

**4. 陶瓮**

　　共3件。该类器物以小口、矮领、鼓腹、圈底为造型特征，器表一般饰弦纹及竖向绳纹。

该类器物只见于M29、M39、M72等3座墓葬。据其口、腹部特征可分二式。

Ⅰ式：1件。标本M39：7，平折沿，鼓腹较深（图二八六，3）。

Ⅱ式：2件。分别为M29：28和M72：1。翻沿或卷沿，鼓腹较浅。如标本M29：28（图二八六，4；彩版一三，4）、标本M72：1（图二八六，5）。

**5. 陶盆**

共2件。均出自M69，分别为M69：1和M69：2。大口，弧领，浅腹，圜底微凹。腹部饰斜向绳纹。如标本M69：1（图二八六，6）。

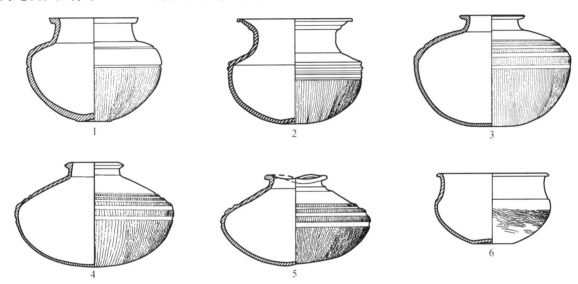

图二八六　麦沱汉墓出土陶高领罐、陶瓮、陶盆

1. D型高领罐（M90：1）　2. E型高领罐（M33：4）　3. Ⅰ式瓮（M39：7）　4、5. Ⅱ式瓮（M29：28、M72：1）　6. 盆（M69：1）

**6. 陶壶**

共11件。少数有盖。该类器物以高领、圆肩、双耳、鼓腹、圜底、圈足为造型特征，肩、腹部一般饰有成组弦纹。有8座墓葬随葬此类器物。据其口部特征及个体大小可分三型。

A型　8件。个体较大。盘状口，深鼓腹。可见该型器物的有M29、M38、M40、M49、M65、M78、M80等7座墓葬。据其形制特征可分二式。

Ⅰ式：3件。包括M38：10、M40：81、M49：16。口微敞，沿面微凹，深鼓腹，圈足较高。如标本M40：81（图二八七，1）、标本M49：16（图二八七，2；彩版一四，1）。

Ⅱ式：5件。包括M29：43、M29：48、M65：9、M78：1、M80：1。敞口，沿面内凹呈盘口状，鼓腹变浅，圈足变矮。如标本M29：48（图二八七，3；彩版一四，2）、标本M65：9（图二八七，4；彩版一四，3）。

B型　2件。个体较小。盘状口。可见该型器物的只有M29、M38等2座墓葬。据其腹部特征可分二式。

Ⅰ式：1件。标本M38：11，鼓腹较深（图二八七，5；彩版一四，4）。

Ⅱ式：1件。标本M29：21，鼓腹较浅（图二八七，6）。

C型　1件。标本M22：10，个体较大。敞口较甚，沿微外卷，鼓腹较浅，矮圈足（图二八七，7）。

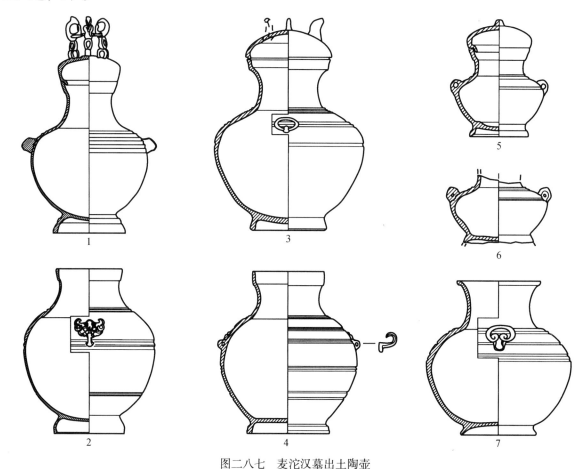

图二八七　麦沱汉墓出土陶壶

1、2.A型Ⅰ式（M40：81、M49：16）　3、4.A型Ⅱ式（M29：48、M65：9）　5.B型Ⅰ式（M38：11）　6.B型Ⅱ式（M29：21）　7.C型（M22：10）

### 7. 陶盉

共93件。陶盉是麦沱墓地除陶罐以外最为常见的随葬器物，共有20座墓葬随葬此类器物。其中，M29随葬21件、M40随葬18件，其他墓葬每墓随葬1～5件。该类器物形体较小，形制多样，以鼓腹或扁腹、平底为主要造型特征。根据该类器物形制特征的不同，可划分八型。

A型　15件。小口微敞，圆肩，深鼓腹，小平底。可见该型器物的有M31、M32、M66、M68、M70、M91、M101等8座墓葬。据其腹部深浅可分二式。

Ⅰ式：12件。包括M31：4-2、M31：4-3、M31：10、M32：3-2、M68：12、M68：14、M70：3、M70：5、M70：10、M91：3、M91：4、M91：16。深鼓腹。如标本M91：3（图二八八，1）、标本M91：4（彩版一五，1）。

Ⅱ式：3件。包括M66：13、M101：16、M101：29。鼓腹变浅。如标本M101：29（图二八八，2）。

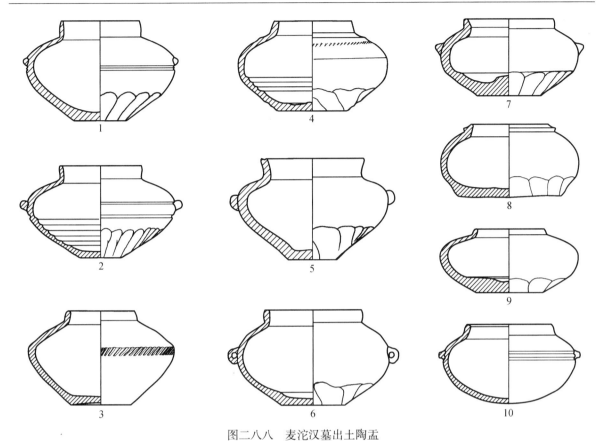

图二八八 麦沱汉墓出土陶盂

1. A型Ⅰ式（M91：3） 2. A型Ⅱ式（M101：29） 3. B型Ⅰ式（M68：15） 4. B型Ⅱ式（M40：94） 5. C型Ⅰ式
（M32：12） 6. C型Ⅱ式（M40：95-4） 7. C型Ⅲ式（M81：16） 8. D型Ⅰ式（M40：57） 9. D型Ⅱ式（M59：5）
10. E型（M60：1）

B型 10件。小口内敛，余同A型。可见该型器物的有M40、M49、M66、M68、M70、M91、M101等7座墓葬。据其腹、底部特征可分二式。

Ⅰ式：3件。包括M68：15、M70：14、M91：13。鼓腹较深，小平底。如标本M68：15（图二八八，3；彩版一五，2）。

Ⅱ式：7件。包括M40：21、M40：48、M40：94、M49：24、M66：7、M66：15、M101：28。鼓腹变浅，平底变宽。如标本M40：94（图二八八，4）。

C型 15件。大口微敞，圆肩，深鼓腹，平底。可见该型器物的有M29、M32、M35、M39、M40、M81、M101等7座墓葬。据其腹部特征可分三式。

Ⅰ式：2件。均出自M32，包括M32：3-4、M32：12。鼓腹较深。如标本M32：12（图二八八，5）。

Ⅱ式：10件。包括M39：4-2、M40：5、M40：9、M40：45、M40：64、M40：95-4、M40：97、M40：99-2、M40：99-4、M101：10。鼓腹略浅。如标本M40：95-4（图二八八，6）、标本M40：97（彩版一五，3）。

Ⅲ式：3件。包括M29：80、M35：5、M81：16。浅鼓腹。如标本M81：16（图二八八，7）。

D型 7件。口微敛,圆肩,扁鼓腹,平底。可见该型器物的有M35、M40、M49、M59等4座墓葬。据其口,底部特征可分二式。

Ⅰ式:4件。包括M40:43、M40:57、M49:23、M49:25。大口,平底较宽。如标本M40:57(图二八八,8)。

Ⅱ式:3件。包括M35:4、M59:4、M59:5。小口,平底较窄。如标本M59:5(图二八八,9)。

E型 3件。大口内敛,圆肩,鼓腹,圜底。可见该型器物只有M38、M60等2座墓葬,包括M38:27、M60:1、M60:10。如标本M60:1(图二八八,10;彩版一五,4)。

F型 16件。大口,圆肩或折肩,深斜腹,平底。可见该型器物的只有M29、M40等2座墓葬。据其口、肩、腹部特征可分二式。

Ⅰ式:5件。均出自M40,包括M40:13、M40:67、M40:68、M40:87、M40:88。口微敛,圆肩,斜腹微曲。如标本M40:87(图二八九,1)。

Ⅱ式:11件。均出自M29,包括M29:20、M29:34-4、M29:35、M29:40、M29:44、M29:45、M29:46、M29:49、M29:50、M29:51、M29:85。敞口,折肩,斜腹较直。如标本M29:20(图二八九,2)、标本M29:44(图二八九,3)。

G型 10件。大口微敞,折肩,浅斜腹,宽平底。可见该型器物的有M22、M29、M35、M59、M82等5座墓葬。据其腹部深浅可分二式。

Ⅰ式:2件。包括M22:22、M29:84。斜腹略深。如标本M22:22(图二八九,4)。

Ⅱ式:8件。包括M16:2、M22:12、M22:23、M22:24、M22:26、M35:1-2、M59:14、M82:6。斜腹较浅。如标本M22:26(图二八九,5)。

H型 17件。大口内敛,折肩,浅斜腹或扁腹,宽平底。可见该型器物的有M16、M22、M29、M35、M59、M72、M81、M82等8座墓葬。据其腹部深浅可分二式。

Ⅰ式:7件。包括M29:12、M35:1-4、M72:3、M81:21、M81:25、M81:40、M81:41。浅斜腹。如标本M81:40(图二八九,6)。

Ⅱ式:10件。包括M22:20、M29:19、M29:29、M29:42、M29:54、M29:72、M29:73、M29:75、M59:6、M82:21。扁腹。如标本M29:29(图二八九,7)、标本M29:73(图二八九,8)。

### 8. 陶釜

共6件。共有3座墓葬随葬此类器物。根据该类器物形制特征的不同,可划分三型。

A型 2件。大口,仰折沿,折肩,鼓腹,平底或平底微内凹。可见该型器物的只有M15、M82等2座墓葬。据其腹、底部特征可分二式。

Ⅰ式:1件。标本M82:13,浅鼓腹,平底(图二八九,9)。

Ⅱ式:1件。标本M15:6,深鼓腹,平底微内凹(图二八九,10)。

B型 2件。大敞口,宽折沿,折肩,浅弧腹,平底。可见该型器物的只有M15、M33两座墓葬。据其腹、底部特征可分二式。

Ⅰ式：1件。标本M33：7，浅弧腹，平底（图二八九，11；彩版一五，5）。

Ⅱ式：1件。标本M15：15，腹略深，平底外凸（图二八九，12）。

C型　2件。大口，折沿内凹呈盘口状，折肩，扁鼓腹，平底微内凹呈假圈足状。可见该型器物的只有M15、M82两座墓葬。据其腹、底部深浅可分二式。

Ⅰ式：1件。标本M82：7，腹较浅，底较宽。口外附双耳（图二八九，13；彩版一五，6）。

Ⅱ式：1件。标本M15：11，腹略深，底较窄（图二八九，14）。

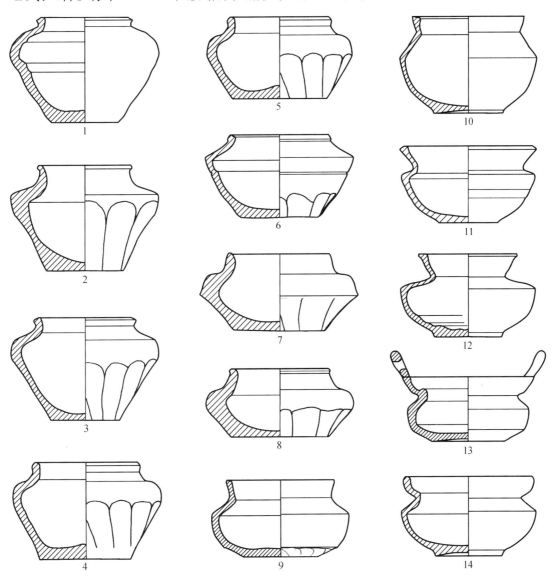

图二八九　麦沱汉墓出土陶盉、陶釜

1. F型Ⅰ式盉（M40：87）　　2、3. F型Ⅱ式盉（M29：20、M29：44）　　4. G型Ⅰ式盉（M22：22）　　5. G型Ⅱ式盉（M22：26）　　6. H型Ⅰ式盉（M81：40）　　7、8. H型Ⅱ式盉（M29：29、M29：73）　　9. A型Ⅰ式釜（M82：13）　10. A型Ⅱ式釜（M15：6）　　11. B型Ⅰ式釜（M33：7）　　12. B型Ⅱ式釜（M15：15）　　13. C型Ⅰ式釜（M82：7）　14. C型Ⅱ式釜（M15：11）

### 9. 陶瓶

共43件。陶瓶是麦沱墓地常见随葬器物之一，共有18座墓葬随葬此类器物。其中，M40随葬11件、M29随葬6件，其他墓葬每墓随葬1～3件。该类器物以高领、扁鼓腹、平底为主要造型特征。根据该类器物形制特征的不同，可划分五型。

　　A型　18件。小口，细领，圆肩，鼓腹，平底。可见该型器物的有M31、M32、M39、M40、M60、M68、M70、M91、M101等9座墓葬。据其腹部深浅可分三式。

　　Ⅰ式：6件。包括M31：7、M31：12、M32：6、M32：10、M70：9、M70：18。鼓腹较深。如标本M31：7（图二九○，1）。

　　Ⅱ式：8件。包括M39：11、M40：18、M60：8、M68：9、M68：10、M91：11、M91：14、M101：13。鼓腹变浅。如标本M68：9（图二九○，2；彩版一六，1）。

　　Ⅲ式：4件。均出自M40，包括M40：28、M40：65、M40：71、M40：107。浅鼓腹。如标本M40：71（图二九○，3；彩版一六，2）。

　　B型　10件。折肩，余同A型。可见该型器物的有M38、M40、M66、M101等4座墓葬。据其腹部特征可分二式。

　　Ⅰ式：4件。包括M66：10、M66：14、M101：11、M101：22。鼓腹较深。如标本M101：11（图二九○，4；彩版一六，3）。

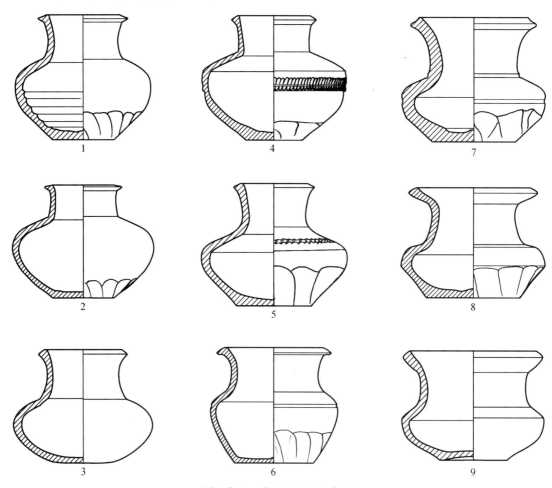

图二九○　麦沱汉墓出土陶瓶

1. A型Ⅰ式（M31：7）　2. A型Ⅱ式（M68：9）　3. A型Ⅲ式（M40：71）　4. B型Ⅰ式（M101：11）　5. B型Ⅱ式（M40：54）　6. C型Ⅰ式（M72：9）　7. C型Ⅱ式（M29：37）　8. D型Ⅰ式（M22：19）　9. D型Ⅱ式（M15：7）

Ⅱ式：6件。包括M38：25、M40：27、M40：47、M40：54、M40：80、M40：99-3。鼓腹较浅。如标本M40：54（图二九〇，5）。

C型　11件。喇叭形口，粗领，折肩，扁鼓腹，平底。可见该型器物的有M29、M59、M65、M72、M81等5座墓葬。据其腹部特征可分二式。

Ⅰ式：2件。包括M72：9、M81：18。腹略深。如标本M72：9（图二九〇，6）。

Ⅱ式：9件。包括M29：14、M29：31、M29：36、M29：37、M29：70、M59：1、M65：4、M81：17、M81：22。腹较浅。如标本M29：37（图二九〇，7）、标本M29：31（彩版一六，4）。

D型　3件。喇叭形口，沿微内凹，高弧领，扁腹，余同C型。可见该型器物的有M15、M22、M29等3座墓葬。据领、底部特征可分二式。

Ⅰ式：2件。包括M22：19、M29：69。领略细，平底。如标本M22：19（图二九〇，8）。

Ⅱ式：1件。标本M15：7，粗领，平底内凹（图二九〇，9）。

E型　1件。标本M40：51，体形小巧，形制特殊。尖唇，喇叭形口，弧领，球形腹，圜底。肩有一对桥形耳（图九九，11）。

**10. 陶甑**

共37件。陶甑是麦沱墓地常见随葬器物之一，共有18座墓葬随葬此类器物。其中，M29随葬6件、M40随葬5件，其他墓葬每墓随葬1～3件。该类器物以大敞口、小平底为主要造型特征，箅孔一般分布于底部。根据该类器物形制特征的不同，可划分五型。

A型　13件。口微敛，弧腹，小平底。可见该型器物有M31、M66、M68、M70、M91、M101等6座墓葬。据其腹部特征可分二式。

Ⅰ式：3件。均出自M70，包括M70：4、M70：7、M70：17。弧腹较深。个别上腹部饰瓦楞状纹。如标本M70：17（图二九一，1；彩版一六，5）。

Ⅱ式：10件。包括M31：9、M66：8、M66：9、M68：13、M68：16、M91：2、M91：10、M101：8、M101：15、M101：25。弧腹略浅。如标本M31：9（图二九一，2；彩版一六，6）。

B型　7件。直口或敞口，折腹，小平底。可见该型器物的有M31、M32、M40等3座墓葬。据其口、腹特征可分二式。

Ⅰ式：3件。包括M31：6、M32：3-3、M32：11。直口，折腹位置较高。如标本M31：6（图二九一，3）。

Ⅱ式：4件。均出自M40，包括M40：31、M40：49、M40：95-3、M40：99-5。敞口，折腹位置较低。如标本M40：49（图二九一，4）。

C型　3件。分别出自3座墓葬，包括M38：26、M39：4-3、M40：63。敞口，深斜腹，小平底。如标本M40：63（图二九一，5）。

D型　9件。侈口，浅腹，小平底。可见该型器物的有M22、M29、M35、M81等4座墓葬。据其腹部特征可分二式。

Ⅰ式：2件。均出自M81，包括M81：13、M81：31。浅弧腹。如标本M81：13（图二九一，6）。

Ⅱ式：7件。包括M22：21、M29：17-3、M29：34-2、M29：34-3、M29：77、M29：81、M35：1-3。浅腹微折。如标本M22：21（图二九一，7）。

E型　5件。整器似盆。侈口，浅腹，宽平底。可见该型器物的有M15、M16、M29、M59、M72等5座墓葬。据其腹、底部特征可分二式。

Ⅰ式：3件。包括M29：26、M59：15、M72：5。浅曲腹，宽平底。如标本M29：26（图二九一，8）。

Ⅱ式：2件。包括M15：17、M16：3。均为红陶。浅弧腹，平底较窄。如标本M15：17（图二九一，9）。

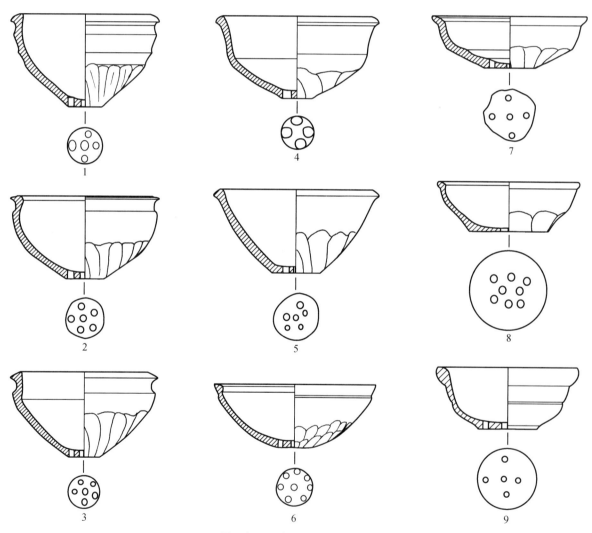

图二九一　麦沱汉墓出土陶甑

1. A型Ⅰ式（M70：17）　2. A型Ⅱ式（M31：9）　3. B型Ⅰ式（M31：6）　4. B型Ⅱ式（M40：49）　5. C型（M40：63）
6. D型Ⅰ式（M81：13）　7. D型Ⅱ式（M22：21）　8. E型Ⅰ式（M29：26）　9. E型Ⅱ式（M15：17）

### 11. 陶钵

共70件。陶钵是麦沱墓地常见随葬器物之一，共有20座墓葬随葬此类器物。其中，M29随葬13件、M40随葬17件、M49随葬10件，其他墓葬随葬1～4件。该类器物形制多样，深腹者与陶瓿造型非常接近，浅腹者多数接近盆形器，敛口者接近盂形器。根据该类器物形制特征的不同，可划分九型。

A型　10件。口微敞，深腹，小平底。可见该型器物的有M31、M32、M68、M70、M91、M101等6座墓葬。据其腹部特征可分二式。

Ⅰ式：5件。包括M31∶8、M31∶13、M32∶2、M32∶7、M68∶7。深折腹。如标本M32∶2（图二九二，1；彩版一七，1）。

Ⅱ式：5件。包括M70∶13、M91∶6、M91∶15、M101∶14、M101∶26。深弧腹。如标本M70∶13（图二九二，2）、标本M91∶6（彩版一七，2）。

B型　10件。敞口，折腹或曲腹，腹较浅，平底。可见该型器物的有M40、M60、M66、M101等4座墓葬。据其腹部特征可分二式。

Ⅰ式：4件。包括M40∶113、M60∶11、M101∶20、M101∶27。折腹。如标本M101∶20（图二九二，3）。

Ⅱ式：6件。包括M40∶6、M40∶8、M40∶50、M40∶58、M40∶90、M66∶26。曲腹。如标本M40∶6（图二九二，4）。

C型　4件。侈口，折腹，上腹内凹较甚，平底。可见该型器物的有M29、M35、M40、M49等4座墓葬。据其腹部特征可分二式。

Ⅰ式：2件。包括M40∶32、M49∶22。折腹较深。如标本M40∶32（图二九二，5）。

Ⅱ式：2件。包括M29∶25、M35∶12。折腹略浅。如标本M35∶12（图二九二，6）。

D型　8件。口微敛，弧腹，宽平底。可见该型器物的有M29、M38、M40、M62等4座墓葬。据其腹、底部特征可分三式。

Ⅰ式：2件。包括M38∶16-2、M40∶112。腹较深。如标本M40∶112（图二九二，7）。

Ⅱ式：4件。均出自M29，包括M29∶38、M29∶39、M29∶55、M29∶56。腹变浅。如标本M29∶39（图二九二，8）。

Ⅲ式：2件。包括M29∶27、M62∶13，腹更浅，平底更宽。如标本M29∶27（图二九二，9）。

E型　4件。敞口，浅斜腹或弧腹，宽平底。可见该型器物的有M29、M39、M72、M81等4座墓葬。据其腹部特征可分二式。

Ⅰ式：1件。标本M39∶12，弧腹（图二九二，10）。

Ⅱ式：3件。包括M29∶68、M72∶4、M81∶19。浅斜腹。如标本M72∶4（图二九二，11）。

F型　7件。窄折沿，大敞口，浅弧腹，平底外凸呈假圈足状。腹部一般饰有一道或数道凸

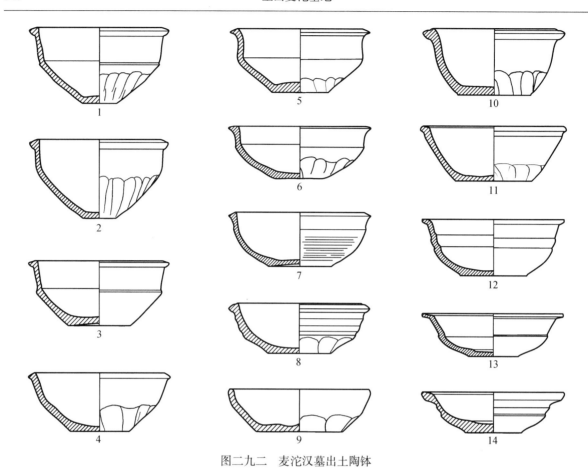

图二九二　麦沱汉墓出土陶钵

1. A型Ⅰ式（M32：2）　2. A型Ⅱ式（M70：13）　3. B型Ⅰ式（M101：20）　4. B型Ⅱ式（M40：6）　5. C型
Ⅰ式（M40：32）　6. C型Ⅱ式（M35：12）　7. D型Ⅰ式（M40：112）　8. D型Ⅱ式（M29：39）　9. D型Ⅲ
式（M29：27）　10. E型Ⅰ式（M39：12）　11. E型Ⅱ式（M72：4）　12. F型Ⅰ式（M82：20）　13. F型Ⅱ式
（M82：19）　14. F型Ⅲ式（M15：21）

棱。可见该型器物的有M15、M22、M82等3座墓葬。据其腹部特征可分三式。

　　Ⅰ式：1件。标本M82：20，腹较深（图二九二，12）。

　　Ⅱ式：3件。包括M22：18、M82：4、M82：19。腹变浅。如标本M82：19（图二
九二，13）。

　　Ⅲ式：3件。均出自M15，包括M15：18、M15：21、M15：22。腹更浅。如标本M15：21
（图二九二，14）。

　　G型　22件。敛口，腹较深，平底。可见该型器物的有M22、M29、M40、M49、M82等5
座墓葬。据其口、腹部特征可分二式。

　　Ⅰ式：17件。包括M40：25、M40：36、M40：37、M40：38、M40：46、M40：66、
M40：95-2、M40：111、M49：26、M49：27、M49：28、M49：29、M49：30、M49：31、
M49：32、M49：33、M49：34。口微敛，弧腹。如标本M40：46（图二九三，1）、标本
M40：66（图二九三，2）、标本M40：37（彩版一七，3）。

　　Ⅱ式：5件。包括M29：17-2、M29：23、M29：76、M29：79、M82：8。敛口或口内折，
扁折腹。如标本M29：23（图二九三，3）。

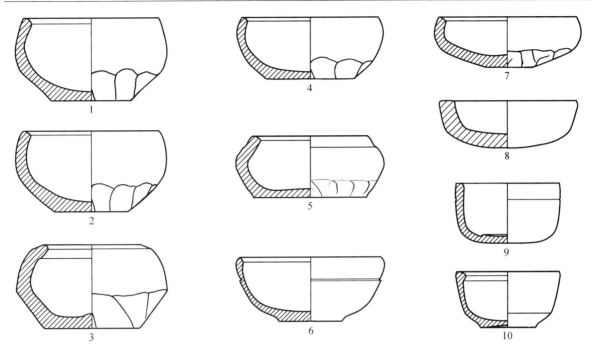

图二九三　麦沱汉墓出土陶钵、陶碟、陶杯

1、2. G型Ⅰ式钵（M40：46、M40：66）　3. G型Ⅱ式钵（M29：23）　4. H型Ⅰ式钵（M40：39）　5. H型Ⅱ式钵（M29：7）
6. I型钵（M15：16）　7. A型碟（M40：53）　8. B型碟（M47：11）　9. A型杯（M60：3）　10. B型杯（M15：5）

H型　3件。敛口，腹较浅，平底较宽。可见该型器物的只有M29、M40等2座墓葬。据其口部特征可分二式。

Ⅰ式：1件。标本M40：39，口微敛（图二九三，4）。

Ⅱ式：2件。包括M29：7、M29：24。敛口较甚。如标本M29：7（图二九三，5）。

I型：2件。均出自M15，包括M15：16、M15：23。整体似碗。口微敛，弧腹，平底外凸似假圈足。如标本M15：16（图二九三，6）。

**12. 陶碟**

共17件。有3座墓葬随葬此类器物。绝大多数是与陶灶配套使用的。该类器物造型以浅腹为主要特征。据其口、底部特征，可划分二型。

A型　15件。口微敛，小平底。可见该型器物的只有M38、M40等2座墓葬。包括M38：15-2、M38：15-3、M38：15-4、M38：15-5、M38：15-6、M38：15-7、M38：15-8、M38：15-9、M38：15-10、M40：44、M40：52、M40：53、M40：55、M40：75、M40：110。如标本M40：53（图二九三，7）。

B型　2件。均出自M47，包括M47：11、M47：80。口微敞，圜底。如标本M47：11（图二九三，8）。

**13. 陶杯**

共8件。只有3座墓葬随葬此类器物。据其形制特征的不同，可划分三型。

A型　6件。均出自M60，包括M60：2、M60：3、M60：4、M60：5、M60：6、M60：7。直腹，圜底近平。如标本M60：3（图二九三，9；彩版一七，4）。

B型　1件。标本M15：5，整器似碗。口微敞，斜腹，平底微凹（图二九三，10）。

C型　1件。标本M29：22，该器为手捏小杯。敛口，浅折腹，平底（图五二，13）。

### 14. 陶灯

共5件。分别出自于M15和M81。据盘部特征可划分二型。

A型　2件。敛口，浅盘。据其柄、足部特征可分二式。

Ⅰ式：1件。标本M81：4，敛口较甚，柄部不显，盉形高圈足（图二九四，1；彩版一七，5）。

Ⅱ式：1件。标本M15：8，口微敛，短柄，台式圈足较矮（图二九四，2）。

B型　3件。均出自M15，包括M15：1、M15：19、M15：20。直口，口外出檐呈子母口状，短柄，台式圈足。如标本M15：20（图二九四，3）。

### 15. 陶器座

共6件。分别出自6座墓葬。根据该类器物形制特征的不同，可划分二型。

A型　3件。体略矮，喇叭形足，口径略小于足径。可见该型器物的有M31、M70、M91等3座墓葬。据其口、足部特征可分二式。

Ⅰ式：2件。包括M31：14、M70：11。敞口，喇叭形足较高。如标本M31：14（图二九四，4）。

Ⅱ式：1件。标本M91：17，盘口，喇叭形足较矮（图二九四，5；彩版一七，6）。

B型　3件。体略高，台式足，口径等于或略大于足径。可见该型器物的有M32、M60、M68等3座墓葬。据口、足部特征可分二式。

Ⅰ式：2件。包括M32：1、M68：17。敞口，足外撇。如标本M32：1（图二九四，6）。

Ⅱ式：1件。标本M60：9，盘口，足微外撇（图二九四，7）。

### 16. 陶支垫

仅1件。标本M40：72，圈足形。中空（图二九四，8）。

### 17. 陶鼎

仅1件。标本M49：21，仅存带耳残片。方唇，子母口，弧腹，方形附耳外张，内空（图一五五，5）。

### 18. 陶仓

共4件。只见于M40和M66。根据其整体形制特征的不同，可划分二型。

A型　3件。可见该型器物的只有M40、M62等2座墓葬。仓身矮胖。仓口微敞或微敛，斜弧腹，方形底座，座下有四足。高足者如标本M66：23（图二九四，9；彩版一八，1），矮足者如标本M40：82（图二九四，10；彩版一八，2）、标本M40：101（彩版一八，3）。

B型　1件。标本M40：24，仓身瘦高。敛口较甚，深斜腹，方形底座，座下有四足（图二九四，11；彩版一八，4）。

图二九四　麦坨汉墓出土陶灯、陶器座、陶支垫、陶仓

1. A型Ⅰ式灯（M81：4）　　2. A型Ⅱ式灯（M15：8）　　3. B型灯（M15：20）　　4. A型Ⅰ式器座（M31：14）　　5. A型Ⅱ式器座（M91：17）　　6. B型Ⅰ式器座（M32：1）　　7. B型Ⅱ式器座（M60：9）　　8. 支垫（M40：72）　　9、10. A型仓（M66：23、M40：82）　　11. B型仓（M40：24）

**19. 陶灶**

共36件。陶灶是麦沱汉墓常见随葬器物之一，共有25座墓葬发现此类器物。其中，M29随葬4件，M40随葬6件，M38、M62、M82各随葬2件，余均随葬1件。除M8：4、M49：10、M58：3等3件陶灶残破太甚外，实际参与型式划分的只有33件。据其形制特征的不同，可划分七型。

A型　4件。长方形，双釜眼，火门位于一长侧边底部。可见该型器物的有M40、M66、M68、M101等4座墓葬。据其灶身特征可分二式。

Ⅰ式：3件。包括M40：95-1、M68：11、M101：9。灶身较高，周边内收，灶面大于灶底。如标本M68：11（图二九五，1；彩版一九，1）、标本M101：9（图二九五，2；彩版一九，2）。

Ⅱ式：1件。标本M66：6，灶身较矮，周边外斜，灶面小于灶底（图二九五，3）。

B型　8件。长方形，双釜眼，火门悬置于一长侧边中部。可见该型器物的有M29、M31、M32、M40、M70、M82、M91等7座墓葬。据其灶身特征可分三式。

Ⅰ式：1件。标本M32：3-1，灶身较高，周边较直，灶面与灶底大小近似（图二九五，4；彩版一九，3）。

Ⅱ式：5件。包括M31：4-1、M40：41、M40：99-1、M70：6、M91：5。灶身较矮，周边略斜，灶面略小于灶底。如标本M31：4-1（图二九五，5；彩版一九，4）、标本M40：99-1（图二九五，6）。

Ⅲ式：2件。包括M29：34-1、M82：12。灶身较矮，周边更斜，灶面小于灶底。如标本M29：34-1（图二九五，7）。

C型　4件。宽长方形，灶身较高，余同B型。分别出自M29和M35两座墓葬，包括M29：17-1、M29：71、M29：78、M35：1-1。如标M29：71（图二九五，8）、标本M29：78（图二九五，9）。

D型　2件。长方形，单釜眼。可见该型器物的只有M39、M62等2座墓葬。据其火门位置可分二式。

Ⅰ式：1件。标本M39：4-1，单火门位于一长侧边底部（图二九六，1；彩版二〇，1）。

Ⅱ式：1件。标本M62：6，单火门悬置于一长侧边中部（图二九六，2；彩版二〇，2）。

E型　7件。宽长方形，单釜眼。可见该型器物的有M22、M38、M59、M65、M72、M81、M82等7座墓葬。据其火门位置及灶身特征可分三式。

Ⅰ式：1件。标本M38：16-1，单火门位于一长侧边底部，灶边较直，灶面与灶底大小近似（图二九六，3；彩版二〇，3）。

Ⅱ式：4件。包括M59：13、M72：2、M81：15、M82：11。单火门悬置于一长侧边中部，余同Ⅰ式。如标本M81：15（图二九六，4）、标本M59：13（图二九六，5；彩版二〇，4）、标本M82：11（彩版二一，1）。

图二九五 麦沱汉墓出土陶灶（一）

1、2. A型Ⅰ式（M68：11、M101：9） 3. A型Ⅱ式（M66：6） 4. B型Ⅰ式（M32：3-1） 5、6. B型Ⅱ式（M31：4-1、M40：99-1） 7. B型Ⅲ式（M29：34-1） 8、9. C型（M29：71、M29：78）

Ⅲ式：2件。包括M22：30、M65：11。单火门悬置于一长侧边中部，灶边较斜，灶面小于灶底。如标本M22：30（图二九六，6）。

F型 4件。窄长方形，双釜眼，方形火门置于一长侧边，灶面两端有挡板。可见该型器物的有M15、M33、M62、M102等4座墓葬。据灶身、挡板特征及火门位置可分三式。

Ⅰ式：2件。包括M62：2、M102：1。灶身略短，双火门悬置中部，方形挡板较高，上端

图二九六　麦沱汉墓出土陶灶（二）

1. D型Ⅰ式（M39：4-1）　2. D型Ⅱ式（M62：6）　3. E型Ⅰ式（M38：16-1）　4、5. E型Ⅱ式（M81：15、M59：13）
6. E型Ⅲ式（M22：30）

内斜。如标本M102：1（图二九七，1；彩版二一，2）。

Ⅱ式：1件。标本M33：9，灶身略短，双火门悬置于中部，梯形挡板较高，上端外斜（图二九七，2）。

Ⅲ式：1件。标本M15：12，灶身狭长，双火门置于底部，梯形挡板较矮（图二九七，3）。

G型　4件。平面近梯形，九釜眼，火门置于一端侧。可见该型器物的只有M38、M40等2座墓葬。据灶面特征可分二式。

Ⅰ式：3件。均出自M40，包括M40：15、M40：76、M40：78。灶面呈窄梯形，单火门悬置于窄端中部。如标本M40：78（图二九七，4；彩版二一，3）。

Ⅱ式：1件。标本M38：15-1，灶面呈宽梯形，单火门位于一宽端底部（图二九七，5）。

**20. 陶屋**

共5件。均出自M47，包括M47：24、M47：25、M47：31、M47：36、M47：87。除1件（M47：87）为房屋构件外，另外4件较为完整。这批陶屋结构复杂，有的似戏楼，有的似谯楼（图二九八；彩版二一，4；彩版二二）。

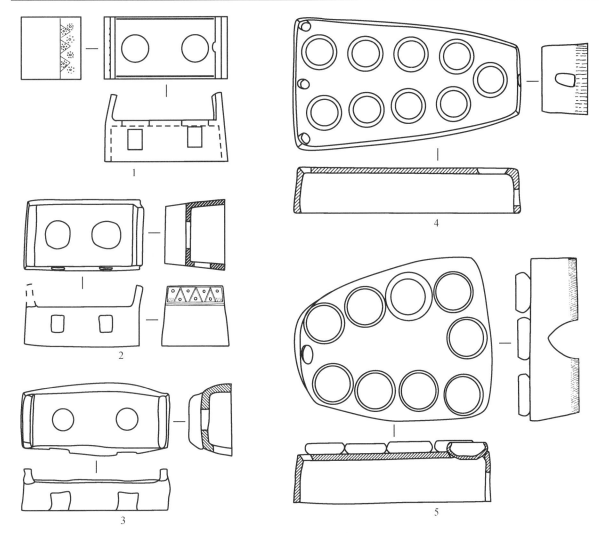

图二九七　麦沱汉墓出土陶灶（三）

1. F型Ⅰ式（M102：1）　2. F型Ⅱ式（M33：9）　3. F型Ⅲ式（M15：12）　4. G型Ⅰ式（M40：78）　5. G型Ⅱ式（M38：15-1）

### 21. 陶器盖

共29件。共有17座墓葬发现此类器物。其中，M8：8残甚，形态不明确。其他28件主要为罐、盂、瓶、壶、仓等器物之盖。其中，罐类器盖有9件、壶类器盖有7件、盂类器盖有5件、瓶类器盖有2件、仓类器盖有5件（表九）。据其形制特征的不同，可划分六型。其中，A型为罐盖，B型为仓盖，C型为壶盖，D、E、F型为盂或瓶类器盖。

表九　汉墓出土陶器盖统计表

| 器名 | 标本编号 | 小计／件 | 合计／件 |
|---|---|---|---|
| 罐盖 | M70：2-2、M70：8-2、M101：1-2、M101：4-2、M101：5-2、M101：6-2、M101：12-2、M101：17-2、M101：23-2 | 9 | 28 |
| 仓盖 | M35：14、M40：42、M40：82-2、M57：8、M66：19 | 5 | |
| 壶盖 | M8：6、M10：6、M29：48-2、M38：10-2、M38：11-2、M40：81-2、M59：19 | 7 | |
| 盂盖 | M15：10、M31：10-2、M32：3-4-2、M60：10-2、M91：16-2 | 5 | |
| 瓶盖 | M68：10-2、M70：18-2 | 2 | |

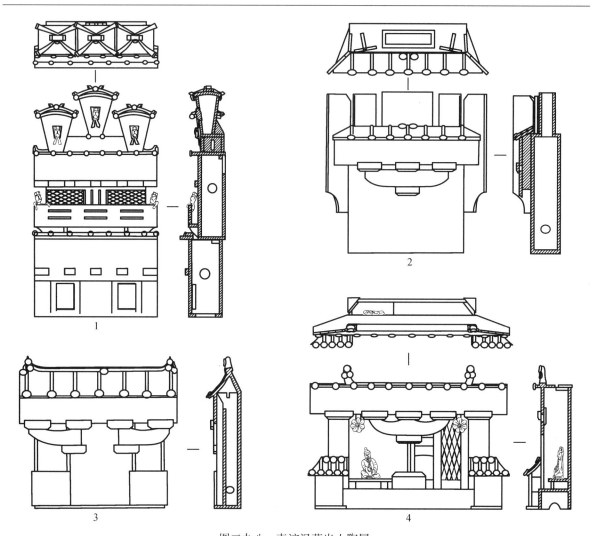

图二九八 麦沱汉墓出土陶屋

1. M47：31　2. M47：36　3. M47：25　4. M47：24

A型　9件。盖沿外撇，浅斜腹，盖上无纽。全部出自于M70和M101两座墓葬。包括M70：2-2、M70：8-2、M101：1-2、M101：4-2、M101：5-2、M101：6-2、M101：12-2、M101：17-2、M101：23-2。如标本M70：2-2（图二九九，1）。

B型　5件。盖沿微内敛或内勾，深弧腹。可见该型器物的有M35、M40、M57、M66等4座墓葬。据盖沿特征可分二式。

Ⅰ式：4件。包括M40：42、M40：82-2、M57：8、M66：19。盖沿微内敛，盖上无纽或有圆锥状实心纽。如标本M66：19（图二九九，2）、标本M40：42（图二九九，3）。

Ⅱ式：1件。标本M35：14，盖沿内勾，盖顶饰乳突状装饰（图二九九，4）。

C型　7件。盖沿内折或内敛，盖上有鸟形或乳钉状纽饰。可见该型器物的有M8、M10、M29、M38、M40、M59等6座墓葬。据其盖沿及盖腹特征可分二式。

Ⅰ式：3件。包括M38：10-2、M38：11-2、M40：81-2。盖沿内折，盖腹较深。如标本M38：10-2（图二九九，5）。

Ⅱ式：4件。包括M8：6、M10：6、M29：48-2、M59：19。盖沿内折，盖腹略浅。如标

本M59：19（图二九九，6）。

D型 3件。器形较小。浅腹盖，盖沿内折呈子母口状。可见该型器物的有M31、M60、M68等3座墓葬。据其纽部特征可分二式。

Ⅰ式：2件。包括M31：10-2、M68：10-2。实心小捉手状纽。如标本M31：10-2（图二九九，7）。

Ⅱ式：1件，标本M60：10-2，浅圈足式纽（图二九九，8）。

E型 3件。包括M32：3-4-2、M70：18-2、M91：16-2。器形较小。冠形浅腹盖，盖沿微内敛。盖上一般为实心小捉手状纽。如标本M91：16-2（图二九九，9）。

F型 1件。标本M15：10，器形较小。盉形浅腹盖，盖沿内勾，余同E型（图二九九，10）。

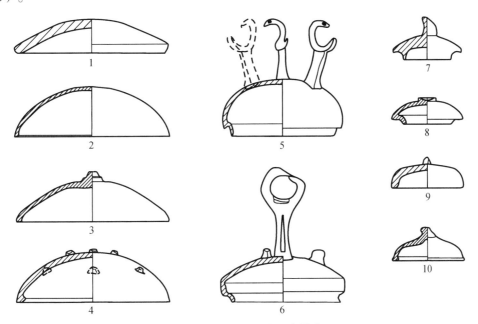

图二九九 麦沱汉墓出土陶器盖

1. A型（M70：2-2） 2、3. B型Ⅰ式（M66：19、M40：42） 4. B型Ⅱ式（M35：14） 5. C型Ⅰ式（M38：10-2） 6. C型Ⅱ式（M59：19） 7. D型Ⅰ式（M31：10-2） 8. D型Ⅱ式（M60：10-2） 9. E型（M91：16-2） 10. F型（M15：10）

### 22. 陶俑

共31件。分别出自M29、M40、M46、M47、M57、M62、M103等7座墓葬。其中，M47出土16件、M40出土6件，其他墓葬出土1～4件。陶俑种类主要为人物俑和动物俑，另有2件镇墓俑等（表一〇）。

表一〇 汉墓出土陶俑统计表

| 墓号 | 人物俑 | 动物俑 | 镇墓俑 | 件数 |
|---|---|---|---|---|
| M29 | | | M29：1 | 1 |
| M40 | M40：33、M40：34、M40：35、M40：60、M40：61、M40：102 | | | 6 |
| M46 | M46：1、M46：4 | M46：2、M46：23 | | 4 |

续表

| 墓号 | 人物俑 | 动物俑 | 镇墓俑 | 件数 |
|------|--------|--------|--------|------|
| M47 | M47：26、M47：33、M47：35、M47：42、M47：43、<br>M47：60、M47：61、M47：62、M47：63 | M47：13、M47：44、M47：46、<br>M47：56、M47：64、M47：65 | M47：27 | 16 |
| M57 | | M57：3 | | 1 |
| M62 | | M62：1 | | 1 |
| M103 | M103：1、M103：2 | | | 2 |
| 合计／件 | 19 | 10 | 2 | 31 |

人物俑　19件。分别出自M40、M46、M47、M103等4座墓葬。据其大小可分二型。

A型　10件。人物俑。体形较小，俑高在10～20厘米。可见该型俑的有M40、M46、M103等3座墓葬。包括M40：33、M40：34、M40：35、M40：60、M40：61、M40：102等6件动作俑（彩版二三），以及M46：1、M46：4、M103：1、M103：2等4件侍俑。

B型　9件。人物俑。体形较大，俑高在40～80厘米。全部出自M47，包括M47：26、M47：33、M47：35、M47：42、M47：43、M47：60、M47：61、M47：62、M47：63。有击筑俑、听歌俑、武士俑、提罐俑（彩版二四）、出恭俑、执镜持囊俑、舞俑、庖厨俑（彩版二五）、西王母俑（彩版二六，1、2）等。

动物俑　10件。分别出自4座墓葬，包括M46：2、M46：23、M47：13、M47：44、M47：46、M47：56、M47：64、M47：65、M57：3、M62：1。其中，8件为常见动物造型，包括马、狗、鸡、猪等（彩版二六，3、4；彩版二七，1～3）；另外2件（M46：23和M47：65）为残兽首，可能是类似于西王母俑底座两端的龙首。

镇墓俑　2件。分别为M29：1和M47：27。前者残存兽面，鼓目高鼻，长舌垂胸。后者人面人身，长舌垂胸（彩版二七，4）。

## 二、釉　陶　器

共67件。分别出自M8、M10、M15、M16、M33、M46、M47、M59、M62、M65、M81、M82等12座墓葬，而且常与红陶共存。釉色以红或酱红为多，次为灰白色铅釉，有少量墨绿色釉。器类有平底壶、锺、罐、釜、鼎、钵、杯、灯、盘、簋、勺、圈、器盖、俑等。下面依器类分析如下。

### 1. 釉陶平底壶

仅1件。标本M59：12，喇叭形口，细长领，深鼓腹，平底，肩部有双桥形耳（图三〇〇，1）。

### 2. 釉陶锺

共17件。分别出自9座墓葬。该类器物与陶壶十分接近，以长领、圆肩、鼓腹、圜底、圈足为主要造型特征，肩、腹部一般有一对衔环铺首，并饰成组弦纹，有的领部也饰弦纹。除5件残器（M8：10、M15：2、M46：6、M47：57、M62：3）未参与型式分析外，其余12件据其形制特征可划分二型。

A型 9件。领部稍短，圈足略矮。可见该型器物的有M8、M10、M33、M47、M81等5座墓葬。据其口、足部特征可分三式。

Ⅰ式：3件。包括M10：1、M10：4、M81：9。敞口，沿面微凹，内收圈足略矮。如标本M81：9（图三〇〇，2；彩版二八，1）。

Ⅱ式：3件。包括M8：7、M33：3、M33：13。内收圈足变高，余同Ⅰ式。如标本

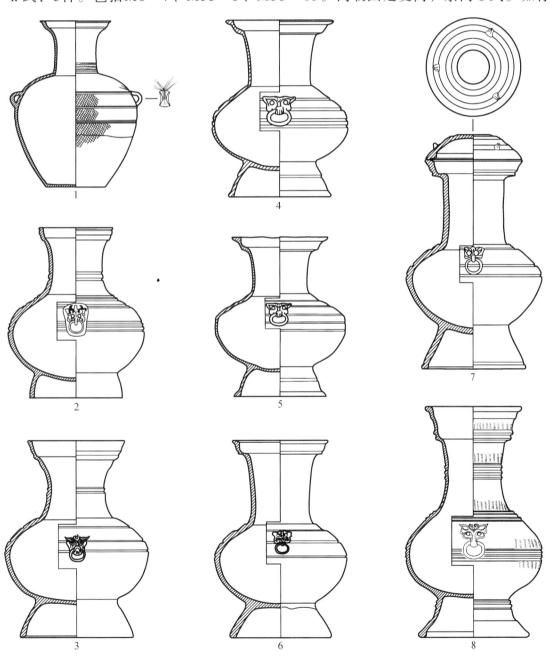

图三〇〇 麦沱汉墓出土釉陶器（一）

1. 平底壶（M59：12） 2. A型Ⅰ式锺（M81：9） 3. A型Ⅱ式锺（M33：13） 4～6. A型Ⅲ式锺（M47：38、M47：40、M33：12） 7. B型Ⅰ式锺（M82：10） 8. B型Ⅱ式锺（M47：30）

M33：13（图三〇〇，3；彩版二八，2）。

Ⅲ式：3件。包括M33：12、M47：38、M47：40。敞口较甚，唇沿外侈，沿面内凹呈盘口状，浅鼓腹，外撇圈足较高。如标本M47：38（图三〇〇，4；彩版二八，3）、标本M47：40（图三〇〇，5；彩版二八，4）、标本M33：12（图三〇〇，6；彩版二九，1）。

B型　3件。长领，圈足较高。仅见于M33、M47、M82等3座墓葬。据其形制特征可分二式。

Ⅰ式：1件，标本M82：10，盘口，鼓腹，外撇圈足（图三〇〇，7；彩版二九，2）。

Ⅱ式：2件。包括杯本M47：30、M47：37。敞口，曲沿，垂腹，圈足外撇较甚。如标本M47：30（图三〇〇，8；彩版二九，3）、标本M47：37（彩版二九，4）。

### 3. 釉陶罐

共4件。均出自M47。据其形制特征可分二型。

A型　2件。包括M47：12、M47：15。无领，圆肩，球形腹，小平底。如标本M47：12（图三〇一，1；彩版三〇，1）。

B型　2件。均出自M47，包括M47：19、M47：20。敞口，矮领，溜肩，深橄榄形腹，平底。如M47：20（图三〇一，2；彩版三〇，2）、标本M47：19（彩版三〇，3）。

### 4. 釉陶釜

仅1件。标本M81：14，大口，折沿、束领，斜折肩、浅盆形腹，圜底近平（图三〇一，3；彩版三〇，4）。

### 5. 釉陶鼎

共2件。包括M65：7和M81：5。前者残甚，形态不明。

标本M81：5，仰折沿，窄折肩，浅直腹，圜底，弓背状蹄形足，口外饰一对宽桥形耳（图三〇一，4；彩版三一，1）。

### 6. 釉陶钵

共5件。只见于M33和M81两座墓葬。据其口部特征分二型。

A型　4件。平折沿，敞口。可见该型器物的有M33、M81等2座墓葬。据其腹部深浅可分二式。

Ⅰ式：2件。包括M33：6、M81：1。深腹，平底。如标本M81：1（图三〇一，5）。

Ⅱ式：2件。均出自M33，包括M33：5、M33：8。浅腹微折，余同Ⅰ式。如标本M33：5（图三〇一，6；彩版三一，2）。

B型　1件。标本M33：11，敛口，弧腹，小平底，底边出凸棱，腹部有一鸟喙形小錾（图三〇一，7；彩版三一，3）。

### 7. 釉陶杯

共2件。直口微敞，深直腹，平底。可见该型器物的只有M16、M81等2座墓葬。据其形制特征可分二型。

A型 1件。标本M81：7，深筒形腹，平底。上腹有一实心单把耳（图三〇一，8；彩版三一，4）。

B型 1件。标本M16：1，直腹略浅，平底外凸似假圈足（图三〇一，9）。

### 8. 釉陶灯

共2件。可见该型器物的只有M47、M82等2座墓葬。据其形制特征可分二型。

A型 1件。标本M82：23，灯上有盖。敞口，盘较深，短柄，台式圈足较高（图三〇一，10；彩版三一，5）。

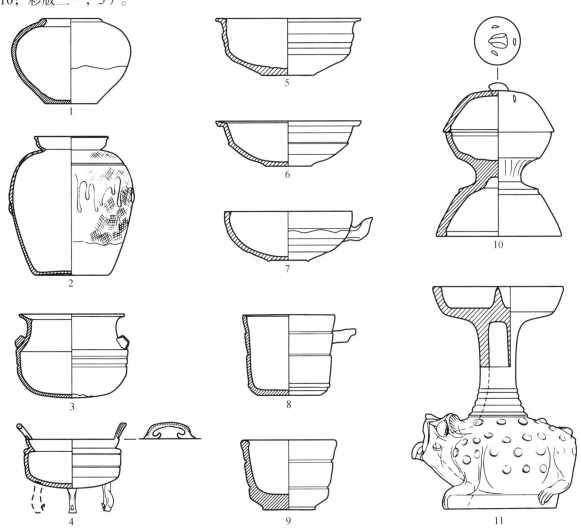

图三〇一 麦沱汉墓出土釉陶器（二）

1. A型罐（M47：12） 2. B型罐（M47：20） 3. 釜（M81：14） 4. 鼎（M81：5） 5. A型Ⅰ式钵（M81：1） 6. A型Ⅱ式钵（M33：5） 7. B型钵（M33：11） 8. A型杯（M81：7） 9. B型杯（M16：1） 10. A型灯（M82：23） 11. B型灯（M47：47）

B型　1件。标本M47：47，敞口，盘极浅，盘中有锥形灯芯，细高柄，蟾蜍形底座（图三〇一，11；彩版三一，6）。

### 9. 釉陶盘（魁）

共2件。敞口，弧腹，矮圈足。可见该型器物的只有M47、M81等2座墓葬。据其腹部深浅可分二式。

Ⅰ式：1件。标本M81：11，弧腹较浅（图三〇二，1）。

Ⅱ式：1件。标本M47：52，深弧腹（图三〇二，2；彩版三二，1）。

### 10. 釉陶簋（瓯）

共2件。包括M46：5和M47：51。二者形制接近。直口微侈，深弧腹，喇叭形高圈足。如标本M47：51（图三〇二，3；彩版三二，2）。

### 11. 釉陶勺

共2件。包括M47：59和M81：6。据其柄、腹部特征可分二式。

Ⅰ式：1件。标本M81：6，长柄，浅腹（图三〇二，4；彩版三二，3）。

Ⅱ式：1件。标本M47：59，短柄，深腹（图三〇二，5；彩版三二，4）。

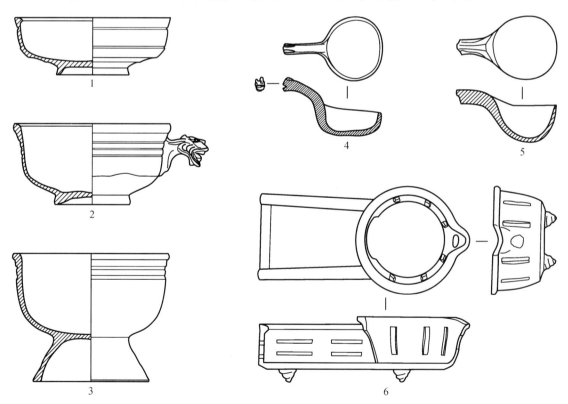

图三〇二　麦沱汉墓出土釉陶器（三）

1. Ⅰ式盘（魁）（M81：11）　2. Ⅱ式盘（魁）（M47：52）　3. 簋（瓯）（M47：51）　4. Ⅰ式勺（M81：6）　5. Ⅱ式勺（M47：59）　6. 圈（M47：48）

**12. 釉陶圈**

仅1件。标本M47：48，结构与猪圈相近，前有圆形食槽，后为长方形圈，中有弧形门相通，食槽前端有喂湔的流和孔，槽和圈周围有长方形窗孔，底有四个螺蛳状足。也有报告称该类器物为"灶"（图三〇二，6；彩版三二，5）。

**13. 釉陶器盖**

共14件。目前所见主要为釉陶锺、釉陶灯（炉）等器类之配器。其中，釉陶锺类器盖有11件、釉陶灯（炉）类器盖有3件（表一一）。共有5座墓葬出土此类器物。据其形制特征可划分四型。其中，A、B型为釉陶锺类器盖，C、D型为釉陶灯（炉）类器盖。

表一一　汉墓出土釉陶器盖统计表

| 器名 | 标本编号 | 小计/件 | 合计/件 |
|---|---|---|---|
| 锺盖 | M8：3、M8：5、M15：3、M47：55、M47：58、M81：42、M82：10-2、M82：18、M47：16、M47：17、M47：18 | 11 | 14 |
| 灯（炉）盖 | M81：3、M82：22、M82：23-2 | 3 | |

A型　4件。浅腹盖。盖上有桥形环纽，葫芦形实心纽或鸟形纽饰。可见该型器物的有M8、M47、M81等3座墓葬。据其盖沿及纽饰特征可分三式。

Ⅰ式：1件。标本M81：42，盖沿内折呈子母口状，盖上有桥形环纽（图三〇三，1）。

Ⅱ式：2件。包括M47：17、M47：18。盖沿微内敛，盖上有葫芦形实心纽。如标本M47：17（图三〇三，2；彩版三三，1）。

Ⅲ式：1件。标本M47：16，盖沿微外翻，盖上有鸟形纽饰（图三〇三，3；彩版三三，2）。

B型　7件。深腹盖。盖上有衔环纽或假鼻形纽饰，部分盖面有乳钉状装饰。可见该型器物的有M8、M15、M47、M82等3座墓葬。据其纽、腹部特征可分三式。

Ⅰ式：2件。均出自M82，包括M82：10-2、M82：18。衔环桥形纽，盖顶平坦，盖腹较深。如标本M82：18（图三〇三，4；彩版三三，3）。

Ⅱ式：3件。包括M8：3、M8：5、M15：3。衔环宽桥形纽，盖腹变浅。如标本M8：3（图三〇三，5；彩版三三，4）、标本M15：3（图三〇三，6）。

Ⅲ式：2件。均出自M47，包括M47：55、M47：58。穿环假鼻形纽，盖腹较浅。标本M47：58（图三〇三，7；彩版三三，5）。

C型　2件。灯盖。均出自M82，包括M82：22、M82：23-2。盖上有偏向一侧的实心矮捉手，盖腹较深，并有镂孔。如标本M82：22（图三〇三，8）。

D型　1件。博山炉盖。标本M81：3，深斜腹，整器呈盔形。盖面饰三重莲花瓣形泥片及一周长方形镂孔（图三〇三，9；彩版三三，6）。

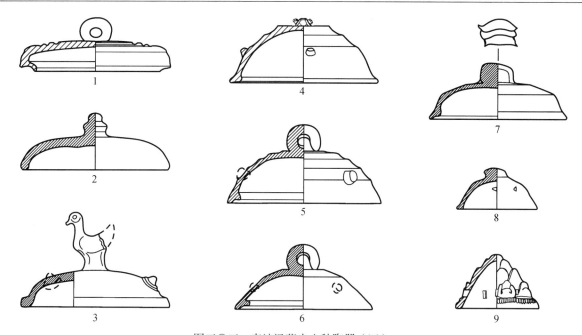

图三〇三　麦沱汉墓出土釉陶器（四）

1. A型Ⅰ式盖（M81：42）　2. A型Ⅱ式盖（M47：17）　3. A型Ⅲ式盖（M47：16）　4. B型Ⅰ式盖（M82：18）
5、6. B型Ⅱ式盖（M8：3、M15：3）　7. B型Ⅲ式盖（M47：58）　8. C型盖（M82：22）　9. D型盖（M81：3）

**14. 釉陶俑**

共11件。全部出自M47。包括人物俑、动物俑、镇墓兽等。

人物俑　7件。包括M47：21、M47：22、M47：23、M47：29、M47：34、M47：41、M47：68。体形中等，俑高20～30厘米。有舞俑、说唱俑、执扇持囊俑、听歌俑（彩版三四）、抱囊俑、击筑俑、吹箫俑等（彩版三五，1～3）。

动物俑　3件。包括M47：39、M47：45、M47：66。均为常见动物造型，包括猪、鸡、狗等（彩版三五，4；彩版三六，1、2）。

镇墓兽　1件。标本M47：78，坐式，状如狗。后腿坐地，前腿直立，张嘴鼓目，垂首前弓，长舌垂地（彩版三六，3）。

此外，还有1件釉陶鉴（标本M46：3），仅存半环状立耳，耳上两侧各有一个兽首状装饰。

# 三、铜　　器

共143件（套）。分别出自28座墓葬。器类有鼎、钫、壶、锺、鐎壶、鍪、釜、洗、盆、盘、碗、簋、勺、刀、带钩、环、镜、牌饰、泡钉及各类构件（含盖弓帽、漆耳杯扣以及各种漆器铜包件）等20种（表一二）。

表一二 汉墓出土铜器统计表 （单位：件）

| 墓号 | 鍪 | 壶 | 锺 | 钫 | 鼎 | 盆 | 洗 | 釜 | 簋 | 盘 | 碗 | 鐎壶 | 勺 | 刀 | 带钩 | 镜 | 环 | 泡钉 | 牌饰 | 构件 | 小计 |
|---|---|---|---|---|---|---|---|---|---|---|---|---|---|---|---|---|---|---|---|---|---|
| M15 | | | | | | | | | | | | | | | | | | 1 | | | 1 |
| M16 | | | | | | | 1 | | | | | | | | | | | | | | 1 |
| M22 | 1 | | | | | | 1 | 1 | | | | | | | | | | | | 2 | 5 |
| M29 | 1 | | | | | | 1 | 1 | | | | | | | | | | | | | 3 |
| M31 | | | | | | | | | | | | | | | 1 | | 2 | | | | 3 |
| M33 | | | | | | | | | | | | | | | | 2 | | | | | 2 |
| M38 | 1 | | | | | | | 1 | 1 | | | | | | | 1 | | | | | 4 |
| M39 | 1 | | | | | | | | | | | | | | | | | | | | 1 |
| M40 | | | | | | | | | | | | | | | | 1 | | 4 | | | 5 |
| M43 | | 1 | | | | | | | | | | | | | 1 | | | | | | 2 |
| M45 | | | | 1 | 1 | | | | | | | | | | 1 | | | | | | 3 |
| M46 | | | | | | | | | | | | | | | | | | 13 | 1 | | 14 |
| M47 | 1 | | 2 | | | | | 2 | 2 | 1 | | | | | | | | 16 | 13 | 19 | 56 |
| M48 | | 1 | | | 1 | | | | | | | 1 | 1 | | 1 | | | | | | 5 |
| M49 | | | | | | | | | | | | | | | | 2 | | | | 3 | 5 |
| M57 | | | | | | | | | | | | | | | | | | 1 | | | 1 |
| M59 | | | | | | | | | | | | | | | 1 | | | | | | 1 |
| M62 | | | | | | | | | | | | | | | | | | 6 | 1 | 4 | 11 |
| M66 | 1 | 1 | | | | 1 | | | | | | | | | | 1 | | | | | 4 |
| M68 | 1 | 1 | | | | | | | | | | | | | | | | | | | 2 |
| M70 | | | | | | | | | | | | | | | 1 | | | 2 | | | 3 |
| M71 | | | | | | | | | | | | | | 1 | | | | | | | 1 |
| M72 | | | | | | 1 | | | | | | | | | | | | | | | 1 |
| M81 | 1 | | | | | | 1 | | | | | | | | | | | | | | 2 |
| M82 | | | | | | | | | | | | | | | | | | 1 | | 1 | 2 |
| M90 | | | | | | | | | | | | | | | | 2 | 1 | | | | 3 |
| M101 | | | | | | | | | | | | | | | | | | | | 1 | 1 |
| M102 | 1 | | | | | | | | | | | | | | | | | | | | 1 |
| 合计 | 9 | 4 | 2 | 1 | 2 | 2 | 4 | 3 | 2 | 2 | 2 | 1 | 1 | 1 | 5 | 8 | 5 | 44 | 15 | 30 | 143 |

## 1. 铜鍪

共9件。该类器物以敞口、束领、折肩、双耳、鼓腹、圜底为造型特征。有9座墓葬随葬此类器物。据其形制特征可分二型。

A型 6件。圆唇，敞口，鼓腹，圜底。可见该型器物的有M29、M38、M39、M66、M68、M81等6座墓葬。据其口、腹部特征可分三式。

I式：2件。包括M66：5、M68：6。口略小，浅鼓腹。如标本M66：5（图三〇四，1；彩版三七，1）。

Ⅱ式：2件。包括M38：1、M39：2。大口，鼓腹。如标本M38：1（图三〇四，2）。

Ⅲ式：2件。包括M29：4、M81：38。大口，鼓腹较深。如标本M29：4（图三〇四，3；彩版三七，2）。

B型　3件。方唇，喇叭形口，盆形腹，圜底近平，双耳扁平。可见该型器物的有M22、M47、M102等3座墓葬。据唇、口、腹部特征可分三式。

Ⅰ式：1件。标本M22：7，窄方唇，敞口微外卷，浅盆形腹（图三〇四，4；彩版三七，3）。

Ⅱ式：1件。标本M102：2，口部近Ⅰ式，盆形腹（图三〇四，5）。

Ⅲ式：1件。标本M47：71，宽方唇，敞口微内凹，盆形腹略深（图三〇四，6；彩版三七，4）。

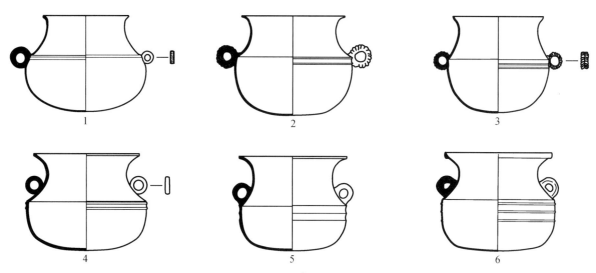

图三〇四　麦沱汉墓出土铜器（一）

1. A型Ⅰ式鍪（M66：5）　2. A型Ⅱ式鍪（M38：1）　3. A型Ⅲ式鍪（M29：4）　4. B型Ⅰ式鍪（M22：7）　5. B型Ⅱ式鍪（M102：2）　6. B型Ⅲ式鍪（M47：71）

### 2. 铜壶

共4件（套）。分别出自4座墓葬。该类器物以高领、深鼓腹为造型特征。据其形制可分二型。

A型　3件（套）。橄榄形腹，外撇式圈足。可见该型器物的有M43、M48、M68等3座墓葬。据其腹、足部特征可分二式。

Ⅰ式：1件。如标本M43：1，腹略浅，足较矮且微外撇（图三〇五，1；彩版三八，1）。

Ⅱ式：2件。包括M48：3、M68：1。腹变深，足变高且外撇。如标本M48：3（图三〇五，2；彩版三八，2）、标本M68：1（图三〇五，3；彩版三八，3）。

B型　1件。标本M66：1，球形鼓腹，折壁圈足，足沿内勾（图三〇五，4；彩版三八，4）。

### 3. 铜锺

共2件。均出自M47。该类器物以高领、鼓腹为造型特征。据其形制特征可分二型。

A型　1件。标本M47：70，喇叭形口，深鼓腹，圈足微内收（图三○五，5）。

B型　1件。标本M47：69，内折口，浅鼓腹，八棱形外撇圈足较高（图三○五，6；彩版三九，1）。

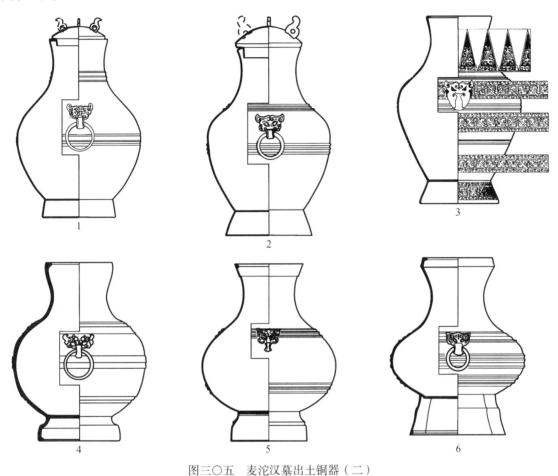

图三○五　麦沱汉墓出土铜器（二）

1. A型Ⅰ式壶（M43：1）　2、3. A型Ⅱ式壶（M48：3、M68：1）　4. B型壶（M66：1）　5. A型锺
（M47：70）　6. B型锺（M47：69）

### 4. 铜钫

仅1件（套）。

标本M45：1，口微敞，深橄榄形腹，平底，圈足微外撇。盝顶盖及一对简化鸟头形纽饰（图三○六，1；彩版三九，2）。

### 5. 铜鼎

共2件（套）。包括M45：2、M48：4。二者均有盖，而且形制接近。

标本M45：2，子母口，深弧腹，圜底，矮蹄形足，口外饰一对立耳。弓形盖，盖面均有三简化鸟形纽饰（图三○六，2；彩版三九，3）。

标本M48：4，形制与前者接近（图三○六，3）。

**6. 铜盆**

共2件。分别出自于M66和M72。该类器物以折沿，弧腹，平底为造型特征。据其腹部深浅可分二式。

Ⅰ式：1件。标本M66：4，浅弧腹（图三〇六，4）。

Ⅱ式：1件。标本M72：8，深弧腹（图三〇六，5；彩版三九，4）。

**7. 铜洗**

共4件。分别出自于M16、M22、M29和M81。因M16只见铺首残片，故实际只有3件可分型。据其形制特征可分二型。

A型　1件。标本M29：5，折沿，浅弧腹，平底微内凹，底边等列三个乳钉状小足（图三〇六，6）。

B型　2件。分别为M22：8和M81：8。折沿，矮领，弧腹较深，平底。如标本M22：8（图三〇六，7；彩版四〇，1）、标本M81：8（图三〇六，8；彩版四〇，2）。

**8. 铜釜**

共3件。分别出自于M38和M47。该类器物以折沿、圜底为造型特点。据其腹部特征可分二型。

A型　1件。标本M38：18，鼓腹（图三〇六，9）。

B型　2件。包括M47：73、M47：74。浅弧腹。如标本M47：74（图三〇六，10）。

**9. 铜簋**

共2件。均出自M47，分别为M47：72和M47：86。该类器物上部形制与B型铜洗较为接近，不同的是底部有圈足。

标本M47：72，折沿，矮领，弧腹较深，圈足微外撇（图三〇六，11；彩版四〇，3）。

**10. 铜盘**

共2件。分别出自M38和M47。该类器物以折沿、浅折腹、平底为造型特点。据其底部特征可分二型。

A型　1件。标本M38：2，平底微内凹（图三〇六，12）。

B型　1件。标本M47：106，平底下垂似圈足（图三〇六，13）。

**11. 铜碗**

共2件。包括M22：9、M29：2。均为敞口，浅腹，圜底。如标本M22：9（图三〇六，14；彩版四〇，4）。

**12. 铜鐎壶**

仅1件。

标本M48：5，矮直口，球形腹，圜底。鸟首形流，八棱方形柄（图三〇六，15；彩版四一，1）。

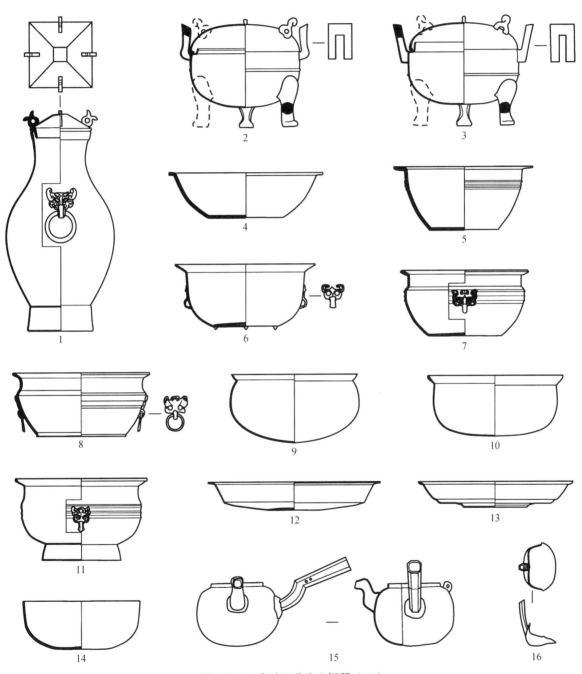

图三〇六 麦沱汉墓出土铜器（三）

1. 钫（M45：1） 2、3. 鼎（M45：2、M48：4） 4. Ⅰ式盆（M66：4） 5. Ⅱ式盆（M72：8） 6. A型洗（M29：5） 7、8. B型洗（M22：8、M81：8） 9. A型釜（M38：18） 10. B型釜（M47：74） 11. 簋（M47：72） 12. A型盘（M38：2） 13. B型盘（M47：106） 14. 碗（M22：9） 15. 鐎壶（M48：5） 16. 勺（M48：6）

### 13. 铜勺

仅1件。

标本M48：6，箕形勺，六棱方形柄（图三〇六，16）。

### 14. 铜刀

仅1件。

标本M71：1，扁圆形首，扁茎较长，无格，刃较短（图三〇七，1；彩版四一，2）。

### 15. 铜带钩

共5件。蛇首形钩，圆扣。共有5座墓葬随葬此类器物。据其形制特征可分三型。

A型 3件。钩身较短，长度在4厘米左右。圆扣位于尾部。可见该型器物的有M43、M45、M48等3座墓葬。据其尾部特征可分三式。

Ⅰ式：1件。标本M43：3，尾部呈扇形（图三〇七，2）。

Ⅱ式：1件。标本M48：2，尾部呈翼形（图三〇七，3；彩版四一，3）。

Ⅲ式：1件。标本M45：3，尾部无翼，平面似琵琶（图三〇七，4；彩版四一，4）。

B型 1件。标本M31：3，钩身较长，长度在8厘米左右。圆扣靠近中部，整器似鸟形（图三〇七，5；彩版四一，5）。

C型 1件。标本M59：9，钩身细长，长度在15厘米左右。尾端无翼，圆扣居中，整器呈弓形（图三〇七，6；彩版四一，6）。

### 16. 铜镜

共8件。共有6座墓葬随葬此类器物。据其纽部特征可分二型。

A型 3件。鼻状桥形纽，背面有铭文。可见该型器物的有M38、M40、M70等3座墓葬。据其缘部特征可分二式。

Ⅰ式：1件。标本M70：16，连弧纹缘（图三〇七，7；彩版四二，1）。

Ⅱ式：2件。包括M38：3、M40：11。素缘。如标本M38：3（图三〇七，8）、标本M40：11（图三〇七，9；彩版四二，2）。

B型 5件。峰形纽，背面饰乳钉纹。可见该型器物的有M49、M66、M90等3座墓葬。据其缘部特征可分二式。

Ⅰ式：2件。包括M49：1、M66：25。连弧纹缘。如标本M49：1（图三〇七，10）、标本M66：25（图三〇七，11）。

Ⅱ式：3件。包括M49：4、M90：3、M90：6。素缘。如标本M49：4（图三〇七，12）、标本M90：3（图三〇七，13）、标本M90：6（图三〇七，14）。

## 17. 铜环

共5件。共有3座墓葬随葬此类器物。包括M31：15、M31：16、M33：16-1、M33：16-2、M90：5。椭圆形或圆形茎，有的还附有铁钉。如标本M31：15（图三〇七，15）、标本M90：5（图三〇七，16；彩版四二，3）。

图三〇七　麦沱汉墓出土铜器（四）

1. 刀（M71：1）　2. A型Ⅰ式带钩（M43：3）　3. A型Ⅱ式带钩（M48：2）　4. A型Ⅲ式带钩（M45：3）　5. B型带钩（M31：3）　6. C型带钩（M59：9）　7. A型Ⅰ式镜（M70：16）　8、9. A型Ⅱ式镜（M38：3、M40：11）　10、11. B型Ⅰ式镜（M49：1、M66：25）　12~14. B型Ⅱ式镜（M49：4、M90：3、M90：6）　15、16. 环（M31：15、M90：5）

**18. 铜泡钉**

共44件。有8座墓葬发现此类器物。其中，M46发现13件、M47发现16件，其他墓葬1～6件。大致可分三型。

A型　28件。可见该型器物的有M15、M40、M46、M47、M62、M82等6座墓葬，包括M15：9、M40：14、M46：10、M46：11、M46：12、M46：13、M46：14、M46：15、M46：16、M46：17、M46：18、M46：19、M47：67、M47：75、M47：85、M47：93、M47：94、M47：98、M47：99、M47：100、M47：105、M62：11-1、M62：11-2、M62：11-3、M62：11-4、M62：11-5、M62：11-6、M82：14。伞形。如标本M15：9（图三〇八，1；彩版四二，4）、标本M46：10（图三〇八，2）、标本M46：14（彩版四二，5）。

B型　9件。可见该型器物的有M40、M46、M47、M57、M70等5座墓葬，包括M40：83、M40：84、M40：85、M46：9、M47：95、M47：120、M57：2、M70：19-1、M70：19-2。盏形。如标本M46：9（图三〇八，3；彩版四二，6）、标本M47：95（图三〇八，4）。

C型　7件。仅见于M46和M47两座墓葬，包括M46：20、M46：21、M47：96、M47：97、M47：101、M47：103、M47：121。蝉形。如标本M47：96（图三〇八，5）、标本M47：103（彩版四二，7）、标本M47：121（彩版四二，8）。

**19. 铜牌饰**

共15件。均为薄片状，少数还保留有泡钉。只有M46、M47、M62等3座墓葬发现此类器物。其中，出自M47者有13件。大致可分三型。

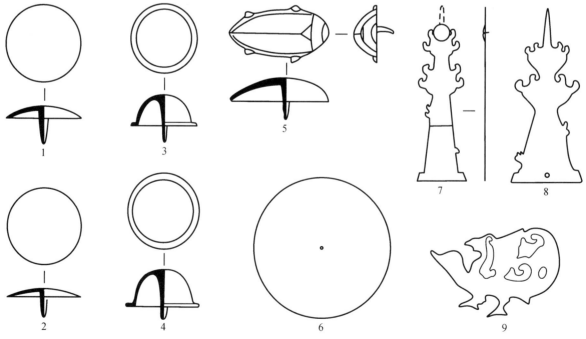

图三〇八　麦沱汉墓出土铜棺饰

1、2. A型泡钉（M15：9、M46：10）　3、4. B型泡钉（M46：9、M47：95）　5. C型泡钉（M47：96）　6. A型牌饰（M46：8）　7、8. B型牌饰（M47：88、M47：77）　9. C型牌饰（M47：91）

A型　4件。分别出自M46、M47、M62等3座墓葬，包括M46∶8、M47∶8、M47∶92、M62∶12。钺形。如标本M46∶8（图三〇八，6）、标本M47∶92（彩版四三，1）。

B型　4件。全部出自M47，包括M47∶76、M47∶77、M47∶81、M47∶88。阙形。如标本M47∶88（图三〇八，7；彩版四三，2）、标本M47∶77（图三〇八，8）。

C型　7件。全部出自M47，包括M47∶9、M47∶84、M47∶89、M47∶90、M47∶91、M47∶104、M47∶110。动物形。包括朱雀、玄武等造型。如标本M47∶91（图三〇八，9）、标本M47∶9（彩版四三，3）。

### 20. 铜构件

共30件。有6座墓葬随葬此类器物。其中，出自M47者有19件，其他墓葬1～4件。该类器物应是漆器或木质器物之构件。可分七型。其中，B型为盖弓帽，C型为耳杯扣，D～G型可能是漆器类（器形难以判断）铜构件，A型器形不明。

A型　1件。标本M101∶24，台式圈足形，中空。器形不明（图三〇九，1；彩版四三，4）。

B型　3件。全部出自M49，包括M49∶17、M49∶35、M49∶36。有1件呈圆锥形，似盖弓帽，另外2件已完全残朽殆尽。如标本M49∶17（图三〇九，2）。

C型　10件。分别出自M22、M47、M62、M82等4墓。平面呈月牙形。该类器物未见复原器，形制与M47∶83漆耳杯之耳杯扣形状近似，推测为耳杯扣。据其横截面可分二式。

Ⅰ式：7件。包括M22∶31、M22∶33、M62∶5-1、M62∶5-2、M62∶5-3、M62∶5-4、M82∶15。横截面呈"L"形。如标本M22∶31（图三〇九，3）、标本M22∶33（图三〇九，4）。

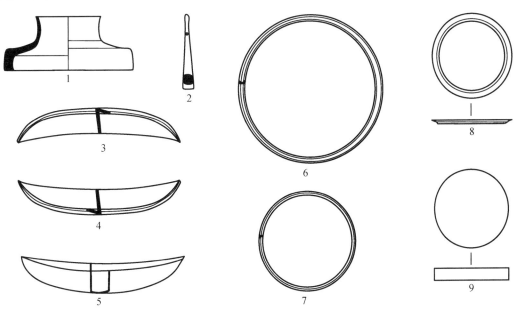

图三〇九　麦沱汉墓出土铜构件

1. A型（M101∶24）　2. B型（M49∶17）　3、4. C型Ⅰ式（M22∶31、M22∶33）　5. C型Ⅱ式（M47∶109）　6. D型（M47∶53）　7. E型（M47∶115）　8. F型（M47∶114）　9. G型（M47∶116）

Ⅱ式：3件。全部出自M47，包括M47：1、M47：102、M47：109。横截面近"U"形。如标本M47：109（图三〇九，5）。

D型　6件。全部出自M47，包括M47：28、M47：53、M47：82、M47：107、M47：108、M47：111。漆器铜包足。如标本M47：53（图三〇九，6）、标本M47：82（彩版四三，5）。

E型　6件。全部出自M47，包括M47：32、M47：79、M47：112、M47：115、M47：118、M47：119。漆器铜包口。如标本M47：115（图三〇九，7）。

F型　2件。全部出自M47，包括M47：113、M47：114。漆器铜包底。如标本M47：114（图三〇九，8）、标本M47：113（彩版四三，6）。

G型　2件。全部出自M47，包括M47：116、M47：117。漆器铜中箍。如标本M47：116（图三〇九，9）。

# 四、铁　　器

共15件（套）。分别出自12座墓葬。其中，M38发现4件，余均为1件。器类有鼎、鍪、削、锯、剑及残铁器等6种。

### 1. 铁鍪

共4件。分别出自M31、M32、M54、M91等4座墓葬。以束领、折肩、浅弧腹、圜底为造型特点。据其口、底部特征可分三式。

Ⅰ式：1件。标本M54：1，口略小，窄折沿，圜底近平（图三一〇，1）。

Ⅱ式：2件。包括M31：1、M32：4。口略小，敞口微外卷，圜底近平。如标本M32：4（图三一〇，2）。

Ⅲ式：1件。标本M91：1，口略大，直口微敞，圜底（图三一〇，3）。

### 2. 铁鼎

仅1件（套）。

标本M43：2，有盖。子母口，弧腹较深，圜底，蹄形足。方形附耳，顶端外折。弓形盖，其上有3个环状纽饰（图三一〇，4）。

### 3. 铁削

共4件。分别出自M38、M59、M66、M81等4座墓葬。据其首部及削身特征可分三式。

Ⅰ式：1件。标本M66：22，环首，直削（图三一〇，5）。

Ⅱ式：1件。标本M38：8，勾首，直削（图三一〇，6）。

Ⅲ式：2件。包括M59：8、M81：35。勾首，曲削。如标本M81：35（图三一〇，7）。

## 4. 铁锯

仅1件。

标本M38:5，锯柄弯曲，扁茎，锯身呈片状（图三一〇，8）。

## 5. 铁剑

共3件。包括M39:1、M49:11、M58:1。其中，M58:1残甚。

标本M49:11，扁茎，凹字铜格，剑身狭长，断面呈菱形（图三一〇，9）。

标本M39:1，形制与M49:11接近（图八八，8；彩版四四，1）。

## 6. 残铁器

共2件。全部出自M38。1件为三齿叉形，1件为三角形。均为残器（图八五，3、4）。

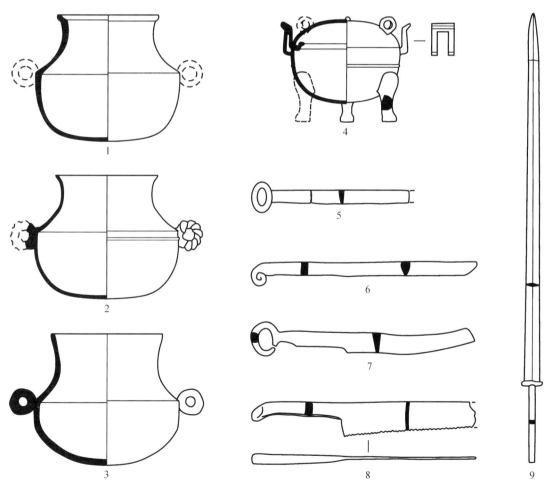

图三一〇　麦沱汉墓出土铁器

1. Ⅰ式錾（M54:1）　2. Ⅱ式錾（M32:4）　3. Ⅲ式錾（M91:1）　4. 鼎（M43:2）　5. Ⅰ式削（M66:22）
6. Ⅱ式削（M38:8）　7. Ⅲ式削（M81:35）　8. 锯（M38:5）　9. 剑（M49:11）

# 五、石　　器

共14件。分别出自10座墓葬。器类有石璧、石板、石饼、石瑱、石珠、穿孔石器等6种。

## 1. 石璧

仅1件。

标本M48：1，圆形，中心有一孔，孔径较大，双面饰涡形纹（图三一一，1）。

## 2. 石板

共4件。分别出自4座墓葬。用途不详，如系黛板，当与砚台同出为宜。据其形状及厚度可分二式。

Ⅰ式：3件。包括M40：12、M49：5、M66：2。长方形，较薄。如标本M66：2（图三一一，2）、M49：5（图三一一，3；彩版四四，2）。

Ⅱ式：1件。标本M59：11，窄长方形，较厚（图三一一，4）。

## 3. 石饼

共2件。分别出自2座墓葬。功用不详，或称磨石，或拟刻印章。据其厚度可分二式。

Ⅰ式：1件。标本M49：3，较薄（图三一一，5；彩版四四，3）。

Ⅱ式：1件。标本M66：3，较厚（图三一一，6）。

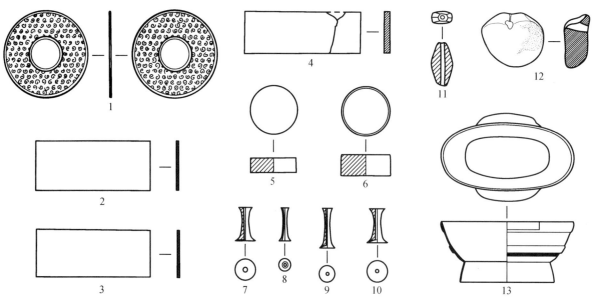

图三一一　麦沱汉墓出土器物

1. 石璧（M48：1）　2、3. Ⅰ式石板（M66：2、M49：5）　4. Ⅱ式石板（M59：11）　5. Ⅰ式石饼（M49：3）　6. Ⅱ式石饼（M66：3）　7～10. 石瑱（M33：15-2、M33：15-1、M33：15-3、M33：15-4）　11. 石珠（M8：1）　12. 穿孔石器（M38：4）　13. 漆耳杯（M47：83）

**4. 石瑱**

共5件。分别出自2座墓葬，包括M33∶15-1、M33∶15-2、M33∶15-3、M33∶15-4、M72∶7。束腰，中空（图三一一，7~10；彩版四四，4）。

**5. 石珠**

仅1件。

标本M8∶1，扁菱形，纵向穿孔（图三一一，11）。

**6. 穿孔石器**

仅1件。

标本M38∶4，略呈圆形，上端略凹，其上有一处对穿小孔（图三一一，12）。

# 六、漆器及金银器

**1. 漆器**

共2件。包括M47∶83、M58∶2。前者为漆耳杯，后者因残破太甚，器形不明。标本M47∶83，椭圆形口，浅弧腹，平底，圈足微外撇，弧形双耳（图三一一，13）。

**2. 金银器**

共11件。全部出自M47。包括金手镯1件、金指环5件、银手镯1件、银指环3件、银戒指1件（图一五〇；彩版四四，5、6）。

# 七、钱 币

共计2361枚。出自24座墓葬。包括半两、五铢、大泉五十、货泉、布泉等五类钱币。其中，半两钱币94枚，均为西汉半两；五铢钱币最多，共有1827枚，绝大多数为普通五铢，也有部分磨郭五铢；大泉五十、货泉、布泉分别为134、304、2枚，三者均为新莽钱币（图三一二；表一三）。

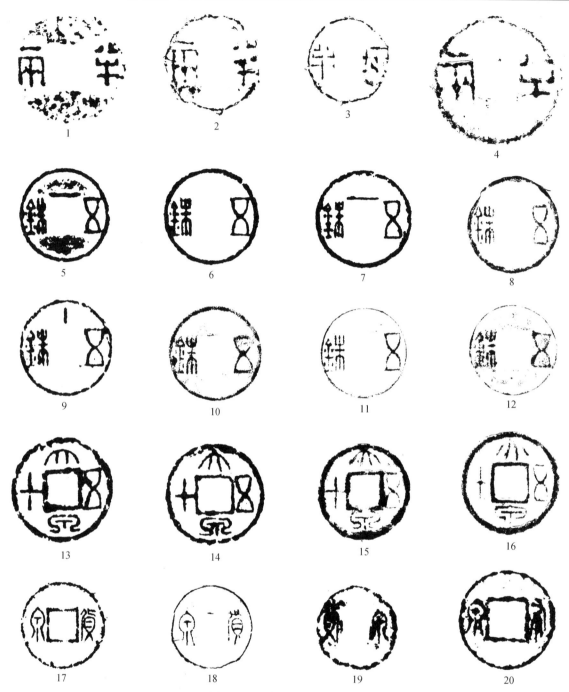

图三一二　麦沱汉墓出土钱币

1~4.半两（M31：2-1、M101：21-3、M101：21-2、M90：4）　5~10.普通五铢（M40：10-1、M38：9-1、M35：11-1、M82：3-1、M33：18-1、M47：2-2）　11、12.磨郭五铢（M81：37-1、M47：2-4）　13~16.大泉五十（M29：83-1、M35：6-1、M81：34-1、M83：3-1）　17~19.货泉（M29：67-1、M82：3-4、M29：16-1）　20.布泉（M22：32-2）

表一三　汉墓出土钱币统计表　　　　　　　　　　　　　　　（单位：枚）

| 墓号 | 器物编号 | 半两 | 五铢 | 大泉五十 | 货泉 | 布泉 | 小计 |
|---|---|---|---|---|---|---|---|
| M8 | M8：2 | | 33 | 12 | 5 | | 50 |
| M22 | M22：28、M22：32 | | 103 | | | 2 | 105 |
| M29 | M29：16、M29：66、M29：67、M29：74、M29：83 | | | 69 | 295 | | 364 |

| 墓号 | 器物编号 | 半两 | 五铢 | 大泉五十 | 货泉 | 布泉 | 小计 |
|---|---|---|---|---|---|---|---|
| M31 | M31：2 | 2 | | | | | 2 |
| M32 | M32：9 | 5 | | | | | 5 |
| M33 | M33：14、M33：17、M33：18 | | 48 | | | | 48 |
| M35 | M35：6、M35：7、M35：11 | | 53 | 15 | | | 68 |
| M38 | M38：9、M38：17、M38：24 | | 108 | | | | 108 |
| M39 | M39：3 | | 10 | | | | 10 |
| M40 | M40：10、M40：86、M40：106 | | 17 | | | | 17 |
| M41 | M41：2 | | | | 1 | | 1 |
| M46 | M46：22 | | 15 | | | | 15 |
| M47 | M47：2 | | 1143 | | 2 | | 1145 |
| M49 | M49：2 | | 1 | | | | 1 |
| M59 | M59：10、M59：16 | | 21 | | | | 21 |
| M62 | M62：9、M62：10 | | 38 | | | | 38 |
| M65 | M65：1 | | 47 | 23 | | | 70 |
| M72 | M72：6 | | 27 | | | | 27 |
| M81 | M81：26、M81：27、M81：34、M81：36、M81：37 | | 99 | 9 | | | 108 |
| M82 | M82：3 | | 63 | | 1 | | 64 |
| M83 | M83：3、M83：4 | | | 6 | | | 6 |
| M90 | M90：4 | | 1 | | | | 1 |
| M91 | M91：18 | 1 | | | | | 1 |
| M101 | M101：3、M101：21 | 86 | | | | | 86 |
| 合计 | | 94 | 1827 | 134 | 304 | 2 | 2361 |

# 第二节 南朝及宋墓随葬器物

## 一、南朝墓随葬器物

麦沱共发掘6座南朝墓葬。该批墓葬均已被盗，只在M42、M44、M53、M77等4座墓葬当中发现少量随葬器物。器类有青瓷壶、铜手镯、银手镯、石珠、石饰、骨饰等（图三一三；彩版四五）。

## 二、宋墓随葬器物

宋墓共11座，除M92全部被盗外，剩下10座墓葬共出土各类随葬器物34件。随葬器物以釉陶器为主，瓷器居其次，有少量铜镜、铜钗、琉璃簪等，另有2座墓葬发现22枚铜钱（表一四）。

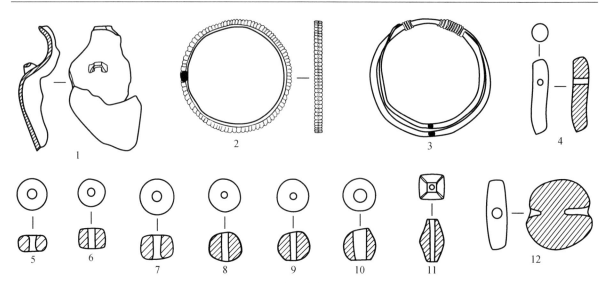

图三一三　麦沱南朝墓出土器物

1. 青瓷壶残片（M53：1）　2. 铜手镯（M77：3）　3. 银手镯（M77：2）　4. 骨饰（M77：9）　5～11. 石珠（M44：1-2、M77：5-4、M44：1-1、M77：5-1、M77：5-2、M77：5-3、M77：5-5）　12. 石饰（M77：1）

表一四　宋墓出土器物统计表

| 编号 | 釉陶器 | 瓷器 | 铜器及其他 | 小计/件 | 铜钱/枚 |
|---|---|---|---|---|---|
| M51 | 多角坛（1）、魂瓶（2-1）、器盖（2-2） | | | 3 | |
| M52 | B型罐2（1、2） | | 铜钗（3） | 3 | |
| M61 | | 残盏2（1、2） | | 2 | |
| M73 | BⅡ式双耳罐（4）、AⅡ式碗2（3、5）、灯（2） | AⅠ式盏（1）、B型盏（6）、 | | 6 | |
| M74 | BⅡ式双耳罐（1）、C型碗（2） | | | 2 | |
| M76 | A型罐（1）、残碗（2） | | | 2 | |
| M85 | BⅠ式双耳罐（6）、C型双耳罐（5）、AⅠ式碗2（1、2）、BⅡ式碗2（3、4） | | | 6 | |
| M86 | A型双耳罐（1）、AⅡ式碗（2） | AⅡ式盏（3） | | 3 | |
| M88 | | | 铜镜（1）、琉璃簪2（3、4） | 3 | 10 |
| M89 | BⅠ式双耳罐（2）、BⅠ式碗（5） | AⅠ式盏（1）、杯（4） | | 4 | 12 |
| 合计/件 | 23 | 7 | 4 | 34 | 22 |

说明：未注明型式者只标注"器名"或"残器名"。器物型式或器名后阿拉伯数字为件数，未注明者为1件。括号内阿拉伯数字为器物编号，铜钱未注明器物编号

## 1. 釉陶器

共23件。包括罐、双耳罐、多角罐、魂瓶、灯、器盖等。

罐　3件。该类器物以有领、深腹、平底为主要造型特征。据其领部特征可分二型。

A型　1件。标本M76：1，矮束领（图三一四，1；彩版四六，1）。

　　B型　2件。均出自M52，包括M52：1、M52：2。斜领。如标本M52：1（图三一四，2）。

　　双耳罐　6件。该类器物以双耳、鼓腹、平底为造型特点。据其口部特征可分三型。

　　A型　1件。标本M86：1，器形矮胖。大口，鼓腹较浅，平底微内凹（图三一四，3）。

　　B型　4件。中口，深鼓腹，平底。据其腹、底部特征可分二式。

　　Ⅰ式：2件。包括M85：6、M89：2。深鼓腹，饼形平底。如标本M89：2（图三一四，4；彩版四六，2）。

　　Ⅱ式：2件。包括M73：4、M74：1。橄榄形腹，小平底微内凹。如标本M73：4（图三一四，5）。

　　C型　1件。标本M85：5，小喇叭形口（图三一四，6）。

　　多角坛　1件。标本M51：1，圆唇，敛口，折肩，上腹弧曲，下腹微鼓，矮圈足微内折。上腹缠绕一堆塑奔龙，并饰竖向三列牛角形堆纹（图三一四，7；彩版四六，3）。

　　魂瓶　1件。标本M51：2-1，小口，圆肩，深鼓腹，饼状矮圈足。上腹堆塑一龙（图三一四，8）。

　　器盖　1件。标本M51：2-2，实心蘑菇形盖，盖顶有小捉手（图三一四，9）。

图三一四　麦沱宋墓出土釉陶器

1. A型罐（M76：1）　2. B型罐（M52：1）　3. A型双耳罐（M86：1）　4. B型Ⅰ式双耳罐（M89：2）　5. B型Ⅱ式双耳罐（M73：4）　6. C型双耳罐（M85：5）　7. 多角坛（M51：1）　8. 魂瓶（M51：2-1）　9. 器盖（M51：2-2）　10. 灯（M73：2）

灯　1件。标本M73：2，宽平沿，深弧腹盘，短粗柄，折壁圈足（图三一四，10；彩版四六，4）。

碗　10件。除M76：2残甚外，余据腹部特征可分三型。

A型　5件。弧腹。据其腹、足部特征可分二式。

Ⅰ式：2件。包括M85：1、M85：2。深弧腹，饼形足。如标本M85：2（图三一五，1）、标本M85：1（图三一五，2）。

Ⅱ式：3件。包括M73：3、M73：5、M86：2。弧腹较浅，矮圈足。如标本M73：5（图三一五，3）、标本M73：3（图三一五，4；彩版四七，1）。

B型　3件。斜腹。据其腹、足部特征可分二式。

Ⅰ式：1件。标本M89：5，深斜腹，饼形足（图三一五，5；彩版四七，2）。

Ⅱ式：2件。均出自M85，包括M85：3、M85：4。斜腹较浅，矮圈足。如标本M85：3（图三一五，6）、标本M85：4（图三一五，7）。

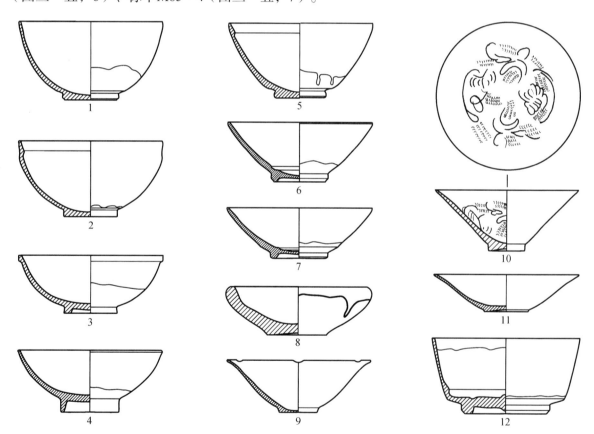

图三一五　麦沱宋墓出土釉陶（瓷）器

1、2. A型Ⅰ式釉陶碗（M85：2、M85：1）　3、4. A型Ⅱ式釉陶碗（M73：5、M73：3）　5. B型Ⅰ式釉陶碗（M89：5）
6、7. B型Ⅱ式釉陶碗（M85：3、M85：4）　8. C型釉陶碗（M74：2）　9. A型Ⅰ式瓷盏（M89：1）　10. A型Ⅱ式瓷盏
（M86：3）　11. B型瓷盏（M73：6）　12. 瓷杯（M89：4）

C型　1件。标本M74：2，敛口，浅弧腹，平底微凹（图三一五，8）。

**2. 瓷器**

共7件。只见盏、杯两类。

盏　6件。该类器以大敞口、斜腹、平底为造型特征。除M61：1和M61：2两件残甚外，另外4件据腹部特征可分二型。

A型　3件。深斜腹。据期腹、底部特征可分二式。

Ⅰ式：2件。包括M73：1、M89：1。斜腹略浅，饼形平底。如标本M89：1（图三一五，9；彩版四七，3）。

Ⅱ式：1件。标本M86：3，深斜腹，平底微内凹（图三一五，10；彩版四七，4）。

B型　1件。标本M73：6，浅斜腹，平底内凹（图三一五，11；彩版四七，5）。

杯　1件。标本M89：4，直口，浅直腹，平底，腹、底转折明显，粗矮圈足（图三一五，12；彩版四七，6）。

**3. 其他**

共4件。包括铜镜、铜钗、琉璃簪等。

铜镜　1件。标本M88：1，圆形纽，宽素缘。外区饰数周弦纹以及三角纹、蟠螭纹各一

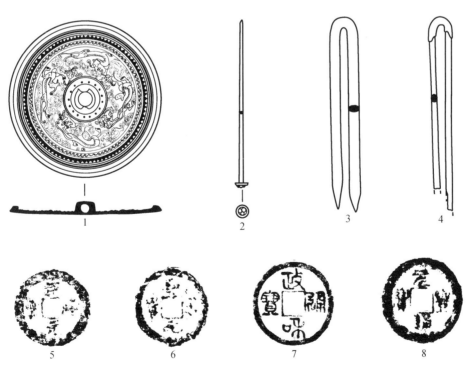

图三一六　麦沱宋墓出土器物

1. 铜镜（M88：1）　2. 铜钗（M52：3）　3、4. 琉璃簪（M88：3、M88：4）　5. 咸平元宝铜钱（M88：2-1）　6. 圣宋元宝铜钱（M88：2-2）　7. 政和通宝铜钱（M89：7-1）　8. 元丰通宝铜钱（M89：7-6）

圈，内区饰四龙及四兽头纹，其间杂以勾连状几何纹，中心再饰一圈乳钉纹（图三一六，1；彩版四八，1）。

铜钗　1件。标本M52：3，上端做钉帽状，顶有三个圆珠状纹（图三一六，2；彩版四八，2）。

琉璃簪　2件。均出自M88，包括M88：3、M88：4。略呈"U"形。两尖端为圆锥形。如标本M88：3（图三一六，3）、标本M88：4双尖残（图三一六，4）。

### 4. 钱币

共22枚。分别出自M88和M89两墓。均为北宋铭文币。有咸平元宝、圣宋元宝、政和通宝、皇宋通宝、元丰通宝等（图三一六，5~8；彩版四八，3~6）。

# 第五章 汉墓综述

麦沱墓地共发掘墓葬72座，包括两汉、南朝、宋、明等不同时期。除54座两汉墓葬外，其他时期墓葬资料不多，难以开展综合研究。因此，本章主要是针对两汉墓葬展开论述。

## 第一节 器物组合

根据第三章墓葬形制分析，麦沱两汉墓葬可分为6组。其中，第3组器物无论是组合关系，还是器物形态特征都与第4组同类器接近，而且该组新出现的釉陶器也是第4组常见器物。综合这些特征分析，我们认为第3组和第4组在时代上应该是比较接近的。据此，可把第3组和第4组合为一组。这样，我们可把6组不同形制的墓葬归纳为5组。

下面先依器类将5组墓葬出土器物件数以及各种器类出土的墓葬数量统计如下（表一五）。

表一五 汉墓器类统计表

| 器类 | | 墓葬/座 | 第一组/件 | 第二组/件 | 第三组/件 | 第四组/件 | 第五组/件 | 小计/件 | 合计/件 | 百分比/% |
|---|---|---|---|---|---|---|---|---|---|---|
| 陶器 | 罐 | 27 | 18 | 81 | 62 | 10 | 6 | 177 | 611 | 70.80 |
| | 盂 | 20 | 17 | 32 | 43 | 1 | | 93 | | |
| | 瓶 | 18 | 10 | 19 | 13 | 1 | | 43 | | |
| | 甑 | 18 | 11 | 12 | 12 | 2 | | 37 | | |
| | 钵 | 20 | 8 | 35 | 21 | 6 | | 70 | | |
| | 灶 | 25 | 5 | 13 | 11 | 7 | | 36 | | |
| | 高领罐 | 11 | | 5 | 16 | 3 | | 24 | | |
| | 壶 | 8 | | 4 | 7 | | | 11 | | |
| | 器座 | 6 | 5 | 1 | | | | 6 | | |
| | 器盖 | 17 | 7 | 13 | 8 | 1 | | 29 | | |
| | 俑 | 7 | | 7 | 3 | 1 | 20 | 31 | | |
| | 碟 | 3 | | 15 | | | 2 | 17 | | |
| | 杯 | 3 | | 6 | 1 | 1 | | 8 | | |
| | 釜 | 3 | | | 2 | 4 | | 6 | | |
| | 灯 | 2 | | | 1 | 4 | | 5 | | |
| | 矮领罐 | 2 | 2 | | | | | 2 | | |
| | 仓 | 2 | | 4 | | | | 4 | | |
| | 瓮 | 3 | | 1 | 2 | | | 3 | | |
| | 残鼎 | 1 | | 1 | | | | 1 | | |
| | 支垫 | 1 | | 1 | | | | 1 | | |
| | 盆 | 1 | | | 2 | | | 2 | | |
| | 屋 | 1 | | | | | 5 | 5 | | |

续表

| 器类 | | 墓葬/座 | 第一组/件 | 第二组/件 | 第三组/件 | 第四组/件 | 第五组/件 | 小计/件 | 合计/件 | 百分比/% |
|---|---|---|---|---|---|---|---|---|---|---|
| 釉陶器 | 锺 | 9 | | | 4 | 7 | 6 | 17 | 67 | 7.76 |
| | 器盖 | 5 | | | 7 | 4 | 3 | 14 | | |
| | 罐 | 1 | | | | | 4 | 4 | | |
| | 俑 | 1 | | | | | 11 | 11 | | |
| | 钵 | 2 | | | 1 | 4 | | 5 | | |
| | 杯 | 2 | | | 1 | 1 | | 2 | | |
| | 灯 | 2 | | | 1 | | 1 | 2 | | |
| | 盘 | 2 | | | 1 | | 1 | 2 | | |
| | 勺 | 2 | | | 1 | | 1 | 2 | | |
| | 鼎 | 2 | | | 2 | | | 2 | | |
| | 平底壶 | 1 | | | 1 | | | 1 | | |
| | 釜 | 1 | | | 1 | | | 1 | | |
| | 簋 | 2 | | | | | 2 | 2 | | |
| | 圈 | 1 | | | | | 1 | 1 | | |
| | 残鉴 | 1 | | | | | 1 | 1 | | |
| 铜器 | 鍪 | 9 | 1 | 3 | 4 | | 1 | 9 | 143 | 16.57 |
| | 壶 | 4 | 3 | 1 | | | | 4 | | |
| | 带钩 | 5 | 4 | | 1 | | | 5 | | |
| | 镜 | 6 | 1 | 7 | | | | 8 | | |
| | 洗 | 4 | | | 3 | 1 | | 4 | | |
| | 釜 | 2 | | 1 | | | 2 | 3 | | |
| | 盘 | 2 | | 1 | | | 1 | 2 | | |
| | 盆 | 2 | | 1 | 1 | | | 2 | | |
| | 鼎 | 2 | 2 | | | | | 2 | | |
| | 碗 | 2 | | | 2 | | | 2 | | |
| | 锺 | 1 | | | | | 2 | 2 | | |
| | 钫 | 1 | 1 | | | | | 1 | | |
| | 鐎壶 | 1 | 1 | | | | | 1 | | |
| | 勺 | 1 | 1 | | | | | 1 | | |
| | 刀 | 1 | 1 | | | | | 1 | | |
| | 簋 | 1 | | | | | 2 | 2 | | |
| | 环 | 3 | 2 | 1 | | 2 | | 5 | | |
| | 泡钉 | 8 | 2 | 5 | 1 | 7 | 29 | 44 | | |
| | 牌饰 | 3 | | | | 1 | 14 | 15 | | |
| | 构件 | 6 | | 4 | 3 | 4 | 19 | 30 | | |
| 铁器 | 鍪 | 4 | 4 | | | | | 4 | 15 | 1.74 |
| | 削 | 4 | | 2 | 2 | | | 4 | | |
| | 剑 | 3 | | 3 | | | | 3 | | |
| | 鼎 | 1 | 1 | | | | | 1 | | |
| | 锯 | 1 | | 1 | | | | 1 | | |
| | 残铁器 | 1 | | 2 | | | | 2 | | |

续表

| 器类 | | 墓葬/座 | 第一组/件 | 第二组/件 | 第三组/件 | 第四组/件 | 第五组/件 | 小计/件 | 合计/件 | 百分比/% |
|---|---|---|---|---|---|---|---|---|---|---|
| 石器 | 板 | 4 | | 3 | 1 | | | 4 | 14 | 1.62 |
| | 饼 | 2 | | 2 | | | | 2 | | |
| | 填 | 2 | | | 1 | 4 | | 5 | | |
| | 璧 | 1 | 1 | | | | | 1 | | |
| | 穿孔器 | 1 | | 1 | | | | 1 | | |
| | 珠 | 1 | | | | 1 | | 1 | | |
| 其他 | 残漆器 | 2 | | 1 | | | 1 | 2 | 13 | 1.51 |
| | 金银器 | 1 | | | | | 11 | 11 | | |
| 合计 | | | 108 | 289 | 243 | 77 | 146 | 863 | 863 | 100.00 |

据表一五统计显示，麦沱汉墓出土各类器物共计863件。其中，第一组墓葬有108件，第二、三组墓葬最多，分别有289件和243件，第四组墓葬最少，只有77件，第五组墓葬有146件。随葬器物有陶器、釉陶器、铜器、铁器、石器及其他等类，共有各种器类71种。其中，陶器有22种、釉陶器有15种、铜器有20种、铁器有6种、石器有6种、其他器类2种。不过，在这71种器类当中，只有陶罐、陶盂、陶瓶、陶瓿、陶钵、陶灶、陶器盖、铜鍪、铜泡钉等9种器类在上述四组墓葬中均有发现，说明它们是麦沱汉墓最基本的器物组合。

从数量上观察，陶器最多，共611件，占70.80%；其次为铜器，共143件，占16.57%；再次为釉陶器，共67件，占7.76%；铁器、石器及其他类数量极少，累计42件，各自所占比例均不足2%。

从出土墓葬数量上分析，出自4座（含）墓葬以上的陶器有罐、盂、钵、瓶、瓿、灶、俑、器盖、高领罐、壶、器座等11种，釉陶器只有锺、器盖2种，铜器有鍪、镜、带钩、壶、洗、泡钉、构件等7种，铁器只有鍪、削2种，石器只有石板1种，其他器类未见出自4座（含）墓葬以上的器类。也就是说，71种器类当中，出自4座（含）墓葬以上的器类只有23种。而且，在这23种器类当中，陶俑、陶器盖、釉陶器盖、铜洗、铜泡钉、铜构件等6种器物演变特征不太明显，对于分期断代意义不大；而铜壶、铜带钩、铁鍪、铁削、石板等5种器物数量太少，都只有4或5件。因此，具有代表性的器物实际上只有12种，即陶罐、陶盂、陶瓶、陶瓿、陶钵、陶灶、陶器座、陶壶、陶高领罐、釉陶锺、铜鍪、铜镜等。

另外，由于麦沱墓地墓葬盗毁极为严重，在54座汉墓当中，虽然有43座墓葬出土了随葬器物，但是未遭盗扰或随葬器物基本完整的墓葬只有24座，还不足半数。其中，随葬上述12种代表性器物的墓葬更少，只有20座。

下面再把这20座典型汉墓中主要器物型式分组列表如下（表一六）。

表一六 典型汉墓主要器物型式登记表

| 组别 | 墓葬 | 陶器 | | | | | | | | | 釉陶器 | 铜器 | |
|---|---|---|---|---|---|---|---|---|---|---|---|---|---|
| | | 罐 | 盂 | 瓶 | 甑 | 钵 | 灶 | 器座 | 壶 | 高领罐 | 锺 | 鍪 | 镜 |
| 一组 | M32 | A I<br>C I | A I<br>C I | A I | B I | A I | B I | B I | | | | | |
| | M91 | A I | A I<br>B I | A II | A II | A II | B II | A II | | | | | |
| | M68 | Ba I | A I<br>B I | A I | A II | A I | A I | B I | | | | A I | |
| | M31 | Ba II<br>C I | A I | A I | A II<br>B I | A I | B II | A I | | | | | |
| | M70 | Ba II | A I<br>B I | A I | A I | A II | B II | A I | | | | | A I |
| 二组 | M101 | A II<br>Ba II | A II<br>B II<br>C II | A II<br>B I | A II | A II<br>B I | A I | | | | | | |
| | M66 | Bb | A II<br>B II | B I | A II | B II | A II | | | | | A I | B I |
| | M40 | A II<br>C II<br>C III<br>D I<br>D II<br>G I | B II<br>C II<br>D I<br>F I | A II<br>A III<br>B II<br>E | B II<br>C | B I<br>B II<br>C I<br>D I<br>G I<br>H I | A I<br>B II<br>G I | | A I | | | | A II |
| | M38 | C III<br>D I<br>D II<br>G II | E | B II | C | D I | E I<br>G II | | A I<br>B I | | B I | A II | A II |
| | M39 | C III<br>D II | C II | A II | C | E I | D I | | | C I | | A II | |
| | M49 | A II<br>C II | B II<br>D I | | | C I<br>G I | √ | | A I | | | | B I<br>B II |
| 三组 | M35 | F I<br>G II | C III<br>D II<br>G II<br>H I | | | D II | C II | C | | A II<br>B II<br>C II | | | |
| | M59 | D III<br>G III | D II<br>G II<br>H II | C II | E I | | E II | | | | | | |
| | M22 | F I | G I<br>G II<br>H II | D I | D II | F II | E III | | C | C II | | B I | |

续表

| 组别 | 墓葬 | 陶器 | | | | | | | | | 釉陶器 | 铜器 | |
|---|---|---|---|---|---|---|---|---|---|---|---|---|---|
| | | 罐 | 盂 | 瓶 | 甑 | 钵 | 灶 | 器座 | 壶 | 高领罐 | 锺 | 鉴 | 镜 |
| 三组 | M29 | E<br>FⅠ<br>FⅡ<br>GⅡ | CⅢ<br>FⅡ<br>GⅠ<br>HⅠ<br>HⅡ | CⅡ<br>DⅠ | DⅡ<br>EⅠ | CⅡ<br>DⅡ<br>DⅢ<br>EⅡ<br>GⅡ<br>HⅡ | BⅢ<br>C | | AⅡ<br>BⅡ | BⅡ<br>CⅡ | | AⅢ | |
| | M81 | DⅢ<br>FⅠ<br>FⅡ | CⅢ<br>HⅠ | CⅠ<br>CⅡ | DⅠ | EⅡ | EⅡ | | | BⅡ | AⅠ | AⅢ | |
| | M82 | FⅠ<br>FⅡ | GⅡ<br>HⅡ | | | FⅠ<br>FⅡ<br>GⅡ | BⅢ<br>EⅡ | | | | | BⅠ | |
| 四组 | M15 | HⅡ | | DⅡ | EⅡ | FⅢ<br>I | FⅢ | | | | √ | | |
| | M33 | J | | | | | FⅡ | | | CⅢ<br>E | AⅡ<br>AⅢ | | |
| 五组 | M47 | I<br>K | | | | | | | | | AⅢ<br>BⅡ | BⅢ | |

说明：形态不明确的残器用"√"标注

表一六所列20座典型墓葬，从器类组合上分析，共有17种。

第一组墓葬：共5座。器类组合有3种。

（1）陶罐、陶盂、陶瓶、陶甑、陶钵、陶灶、陶器座（M31、M32、M91）。

（2）陶罐、陶盂、陶瓶、陶甑、陶钵、陶灶、陶器座+铜鉴（M68）。

（3）陶罐、陶盂、陶瓶、陶甑、陶钵、陶灶、陶器座+铜镜（M70）。

第二组墓葬：共6座。器类组合有6种。

（4）陶罐、陶盂、陶瓶、陶甑、陶钵、陶灶（M101）。

（5）陶罐、陶盂、陶瓶、陶甑、陶钵、陶灶+铜鉴、铜镜（M66）。

（6）陶罐、陶盂、陶瓶、陶甑、陶钵、陶灶、陶高领罐+铜鉴（M39）。

（7）陶罐、陶盂、陶瓶、陶甑、陶钵、陶灶、陶壶+铜镜（M40）。

（8）陶罐、陶盂、陶瓶、陶甑、陶钵、陶灶、陶壶、陶高领罐+铜鉴、铜镜（M38）。

（9）陶罐、陶盂、陶钵、陶灶、陶壶+铜镜（M49）。

第三组墓葬：共6座。器类组合有5种。

（10）陶罐、陶盂、陶瓶、陶甑、陶钵、陶灶、陶壶、陶高领罐+铜鉴（M22、M29）。

（11）陶罐、陶盂、陶甑、陶钵、陶灶、陶高领罐（M35）。

（12）陶罐、陶盂、陶瓶、陶甑、陶灶（M59）。

（13）陶罐、陶盂、陶瓶、陶甑、陶钵、陶灶、陶高领罐+釉陶锺+铜鉴（M81）。

（14）陶罐、陶盂、陶钵、陶灶+釉陶锺（M82）。

第四组墓葬：共2座。器类组合有2种。

（15）陶罐、陶灶、陶高领罐+釉陶锺（M33）。

（16）陶罐、陶瓶、陶甑、陶钵、陶灶+釉陶锺（M15）。

第五组墓葬：仅1座。器类组合有1种。

（17）陶罐、陶灶+釉陶锺+铜鍪（M47）。

以上17种组合中，若从陶器上分析，只有第一组墓葬有比较稳定的器物组合，即陶罐、陶盂、陶瓶、陶甑、陶钵、陶灶、陶器座组合。第二组墓葬器物组合开始分化，至少有两种组合：一种是陶罐、陶盂、陶瓶、陶甑、陶钵、陶灶组合，这种组合缺少陶器座，其他与第一组墓葬完全相同，说明该种组合具有承上启下的过渡性质；第二种是陶罐、陶盂、陶瓶、陶甑、陶钵、陶灶+陶壶或陶高领罐组合，该种组合应是第二组墓葬典型组合。第三组墓葬器物组合呈现多样化，而且多数不同于第一、二组墓葬。除了承袭第二组墓葬第二种组合外，还有多种其他组合。第四、五组墓葬器物组合趋于简单，常见陶罐、陶灶及釉陶锺等器物组合，与前三期相比，差异巨大。因此，从陶器组合上可以看出，这五组墓葬经历了由比较稳定的单一组合到较为复杂的多元组合，再到比较简单的器物组合的演变过程。而且，这一演变过程与前文分析的墓葬形制分组结果基本吻合。也就是说，这五组墓葬实际上代表了麦沱汉墓五个不同的发展阶段。

# 第二节　分期与年代

## 一、汉墓分期

由于麦沱汉墓打破关系不多，而且具有分期标志意义的铜钱、铜镜以及有明确纪年的材料不太典型或者很少，本节分期仍以墓葬形制及随葬器物为主要依据。

墓葬形制方面，在第三章中，我们已把麦沱54座汉墓划分为6组，而且六组之间有着较为清晰的早晚演变关系。本章第一节通过对20座典型墓葬随葬器物组合关系的分析，我们又把这6组不同形制的墓葬归纳为5组器物群。不过，从随葬器物分析，我们发现，同属第一组的12座墓葬当中，有3座墓葬（M43、M45、M48）主要随葬铜礼器，它们不仅与上文分析的20座典型墓葬的代表性器物组合明显不同，而且不见同组其他墓葬常见的陶罐、陶盂、陶瓶、陶甑、陶钵、陶灶、陶器座组合。这组墓葬位于麦沱墓地东部一处较缓的台地上，三者成排分布，由东往西依次为M43、M45和M48，再往西即为M55。M55与这组墓葬基本也是成排分布，墓葬形制完全一样，虽未见随葬器物，但它们之间关系密切，推测其年代应与这组墓葬相当。这组墓葬虽然只有13件器物，但表现出来的文化特征明显早于同组其他墓葬，故我们把它应单列一组。

由此可见，这23座汉墓实际上可划分为六组。若同时对照其他墓葬形制及器物型式（附表七），基本都能归入上述六组墓葬。这样，麦沱54座汉墓就可归纳为六期（表一七）。

表一七　汉墓分期表

| 分期 | 典型墓葬 | 其他墓葬 | 合计 / 座 |
|---|---|---|---|
| 一期 | M43、M45、M48 | M55 | 4 |
| 二期 | M31、M32、M54、M68、M70、M91 | M50、M71 | 8 |
| 三期 | M38、M39、M40、M49、M60、M66、M90、M101 | M56、M57、M58、M84 | 12 |
| 四期 | M10、M22、M29、M35、M59、M65、M72、M81、M82 | M34、M41、M69、M75、M78、M79、M80、M83、M103 | 18 |
| 五期 | M15、M16、M33、M62、M102 | M8、M11、M67 | 8 |
| 六期 | M46、M47 | M4、M7 | 4 |
| 小计 / 座 | 33 | 21 | 54 |

　　需说明的是，表一七所列54座汉墓当中，除了33座典型墓葬年代比较明确外，其他21座墓葬因盗毁严重，随葬器物所剩无几，有的根本不见随葬器物。因此，这些墓葬年代判断不是十分准确，有的可能还有疑问。

　　下面梳理一下各期墓葬形制及器物型式。

　　第一期：共4座墓葬。典型墓葬有M43、M45、M48等。均为土坑墓。墓葬形制只有Aa型Ⅰ式土坑墓一种。本期器物只有A型矮领陶罐，A型Ⅰ式、A型Ⅱ式铜壶，A型Ⅰ式、A型Ⅱ式、A型Ⅲ式铜带钩，铜鼎，铜钫，铜鐎壶，铜勺，铁鼎以及石璧等（图三一七）。

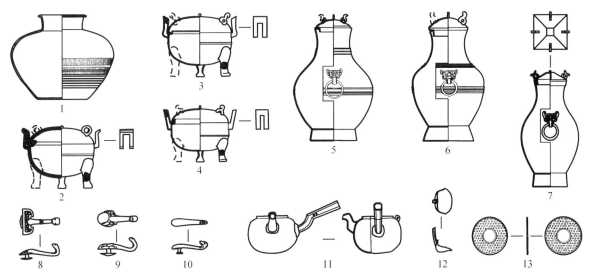

图三一七　麦沱第一期汉墓典型器物

1. A型陶矮领罐（M48∶7）　2. 铁鼎（M43∶2）　3、4. 铜鼎（M45∶2、M48∶4）　5. A型Ⅰ式铜壶（M43∶1）　6. A型Ⅱ式铜壶（M48∶3）　7. 铜钫（M45∶1）　8. A型Ⅰ式铜带钩（M43∶3）　9. A型Ⅱ式铜带钩（M48∶2）　10. A型Ⅲ式铜带钩（M45∶3）　11. 铜鐎壶（M48∶5）　12. 铜勺（M48∶6）　13. 石璧（M48∶1）

　　第二期：共8座墓葬。典型墓葬有M31、M32、M54、M68、M70、M91等。均为土坑墓。墓葬形制仍然只有Aa型Ⅰ式土坑墓一种。本期器物型式不多。其中，陶器有B型矮领罐，A型Ⅰ式、Ba型Ⅰ式、Ba型Ⅱ式、C型Ⅰ式罐，A型Ⅰ式、B型Ⅰ式、C型Ⅰ式盂，A型Ⅰ式、A型

Ⅱ式瓶，A型Ⅰ式、A型Ⅱ式、B型Ⅰ式甑，A型Ⅰ式、A型Ⅱ式钵，A型Ⅰ式、B型Ⅰ式、B型Ⅱ式灶，A型Ⅰ式、A型Ⅱ式、B型Ⅰ式器座，A型、D型Ⅰ式、E型器盖等。铜器有A型Ⅰ式鋞、A型Ⅱ式壶、B型带钩、A型Ⅰ式镜以及刀、环、泡钉等。铁器只有Ⅰ式、Ⅱ式、Ⅲ式鋞。钱币只有半两一种（图三一八）。

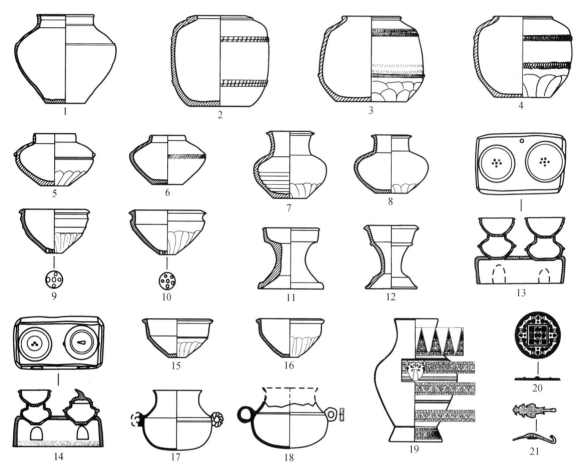

图三一八　麦沱第二期汉墓典型器物

1. B型陶矮领罐（M54：2）　　2. A型Ⅰ式陶罐（M91：7）　　3. Ba型Ⅰ式陶罐（M68：5）　　4. Ba型Ⅱ式陶罐（M70：12）
5. A型Ⅰ式陶盉（M91：3）　　6. B型陶盉（M68：15）　　7. A型Ⅰ式陶瓶（M31：7）　　8. A型Ⅱ式陶瓶（M68：9）
9. A型Ⅰ式陶甑（M70：17）　　10. B型Ⅰ式陶甑（M31：6）　　11. A型Ⅱ式陶器座（M91：17）　　12. B型Ⅰ式陶器座
（M32：1）　　13. A型Ⅰ式陶灶（M68：11）　　14. B型陶灶（M32：3-1）　　15. A型Ⅰ式陶钵（M32：2）　　16. A型Ⅱ式
陶钵（M70：13）　　17. Ⅱ式铁鋞（M32：4）　　18. A型Ⅰ式铜鋞（M68：6）　　19. A型Ⅱ式铜壶（M68：1）　　20. A型Ⅰ式铜
镜（M70：16）　　21. B型铜带钩（M31：3）

第三期：共12座墓葬。典型墓葬有M38、M39、M40、M49、M60、M66、M90、M101等。均为土坑墓。墓葬形制包括Aa型Ⅱ式、Ab型Ⅰ式、Ba型Ⅰ式、Bb型Ⅰ式、Bc型等五种土坑墓。本期器物型式较多。其中，陶器有A型Ⅱ式、A型Ⅲ式、Ba型Ⅱ式、Bb型、C型Ⅱ式、C型Ⅲ式、D型Ⅰ式、D型Ⅱ式、G型Ⅰ式、G型Ⅱ式罐，A型Ⅱ式、B型Ⅱ式、C型Ⅱ式、D型Ⅰ式、E型、F型Ⅰ式盉，A型Ⅱ式、A型Ⅲ式、B型Ⅰ式、B型Ⅱ式、E型瓶，A型Ⅱ式、B型Ⅱ式、C型甑，A型Ⅱ式、B型Ⅰ式、B型Ⅱ式、C型Ⅰ式、D型Ⅰ式、E型Ⅰ式、G型Ⅰ式、H型Ⅰ式钵，A型Ⅰ式、A型Ⅱ式、B型Ⅱ式、D型Ⅰ式、E型、G型Ⅰ式、G型Ⅱ式灶，B型Ⅱ式器座，A型Ⅰ式、B型Ⅰ式、C型Ⅰ式、D型高领罐，A型Ⅰ式、B型Ⅰ式壶，Ⅰ式瓮，A型、B型Ⅰ式、C型Ⅰ式、D型Ⅱ式器盖，A型、B型仓，A型碟，A型杯，以及鼎、支垫、陶俑等。铜器有A型Ⅰ式、A型Ⅱ式鍪，B型壶，A型Ⅱ式、B型Ⅰ式、B型Ⅱ式镜，Ⅰ式盆，A型盘，A型釜以及环、泡钉、构件等。铁器有Ⅰ式、Ⅱ式削以及剑、锯、叉等。石器有Ⅰ式板，Ⅰ式、Ⅱ式饼、穿孔器等。钱币有半两、五铢两种（图三一九、图三二〇）。

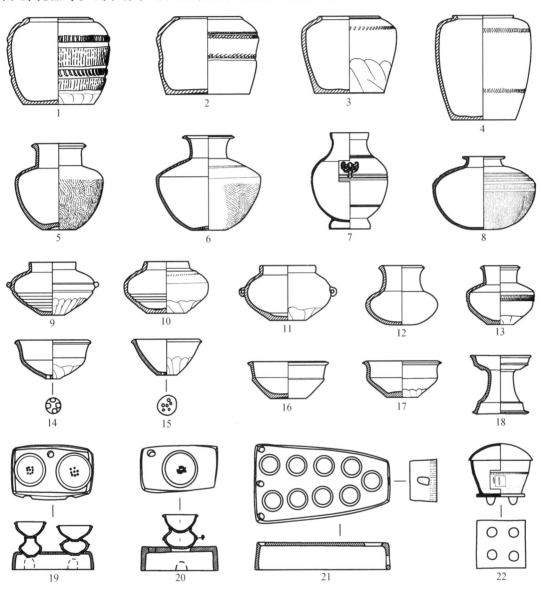

图三一九　麦沱第三期汉墓典型器物（一）

1. A型Ⅱ式陶罐（M49∶8）　2. Bb型陶罐（M66∶12）　3. D型Ⅰ式陶罐（M40∶7）　4. G型Ⅰ式陶罐（M40∶4）　5. A型Ⅰ式陶高领罐（M90∶2）　6. C型Ⅰ式陶高领罐（M39∶8）　7. A型Ⅰ式陶壶（M49∶16）　8. Ⅰ式陶瓮（M39∶7）　9. A型Ⅱ式陶盉（M101∶29）　10. B型Ⅱ式陶盉（M40∶94）　11. C型Ⅱ式陶盉（M40∶95-4）　12. A型Ⅲ式陶瓶（M40∶71）　13. B型Ⅰ式陶瓶（M101∶11）　14. B型Ⅱ式陶甑（M40∶49）　15. C型陶甑（M40∶63）　16. B型Ⅰ式陶钵（M101∶20）　17. C型Ⅰ式陶钵（M40∶32）　18. B型Ⅱ式陶器座（M60∶9）　19. A型Ⅱ式陶灶（M66∶6）　20. D型Ⅰ式陶灶（M39∶4-1）　21. G型Ⅰ式陶灶（M40∶78）　22. A型陶仓（M40∶82）

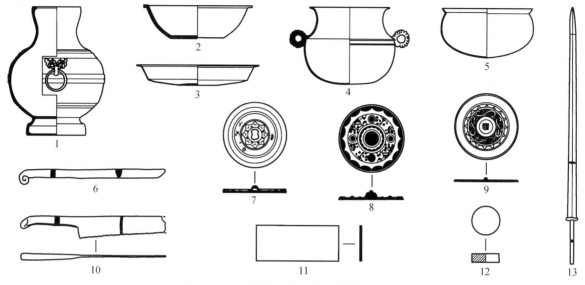

图三二〇 麦沱第三期汉墓典型器物（二）

1. B型铜壶（M66：1） 2. Ⅰ式铜盆（M66：4） 3. A型铜盘（M38：2） 4. A型Ⅱ式铜鋞（M38：1） 5. A型铜釜（M38：18） 6. Ⅱ式铁削（M38：8） 7. A型Ⅱ式铜镜（M38：3） 8. B型Ⅰ式铜镜（M66：25） 9. B型Ⅱ式铜镜（M49：4） 10. 铁锯（M38：5） 11. Ⅰ式石板（M66：2） 12. Ⅰ式石饼（M49：3） 13. 铁剑（M49：11）

第四期：共18座墓葬，包括11座土坑墓和7座砖（石）室墓。典型墓葬有M10、M22、M29、M35、M59、M65、M72、M81、M82等。土坑墓形制有Ab型Ⅱ式、Ba型Ⅱ式、Bb型Ⅱ式等三种，砖（石）室墓有Aa型Ⅰ式、Ab型Ⅰ式、Ba型等三种。本期开始出现较多釉陶器，器物型式更加丰富。其中，陶器有D型Ⅲ式、E型、F型Ⅰ式、F型Ⅱ式、G型Ⅱ式、G型Ⅲ式、H型Ⅰ式罐，C型Ⅲ式、D型Ⅱ式、F型Ⅱ式、G型Ⅰ式、G型Ⅱ式、H型Ⅰ式、H型Ⅱ式盂，C型Ⅰ式、C型Ⅱ式、D型Ⅰ式瓶，D型Ⅰ式、D型Ⅱ式、E型Ⅰ式甑，C型Ⅱ式、D型Ⅱ式、D型Ⅲ式、E型Ⅱ式、F型Ⅰ式、F型Ⅱ式、G型Ⅱ式、H型Ⅱ式钵，B型Ⅲ式、C型、E型Ⅱ式、E型Ⅲ式灶，A型Ⅱ式、B型Ⅱ式、C型Ⅱ式高领罐，A型Ⅱ式、B型Ⅱ式、C型壶，Ⅱ式瓮，B型Ⅱ式、C型Ⅱ式器盖，A型Ⅰ式灯，A型Ⅰ式、C型Ⅰ式釜，C型杯，盆，陶俑等。釉陶器有A型Ⅰ式、B型Ⅰ式锺，A型Ⅰ式钵，A型Ⅰ式、B型Ⅰ式、B型Ⅱ式、C型、D型器盖，Ⅰ式盘，Ⅰ式勺，A型灯，A型杯以及鼎、釜、平底壶等。铜器有A型Ⅲ式、B型Ⅰ式鋞，Ⅱ式盆，A型、B型洗，C型带钩以及碗、泡钉、牌饰、构件等。铁器只有Ⅲ式削一种。石器有Ⅱ式板。钱币有大泉五十、货泉、布泉、五铢四种（图三二一、图三二二）。

第五期：共8座墓葬。典型墓葬有M15、M16、M33等。均为砖（石）室墓。墓葬形制包括Aa型Ⅱ式、Ab型Ⅱ式、Bb型等三种。本期陶器开始减少，釉陶器开始增多，器物型式仍然较为丰富。其中，陶器有H型Ⅰ式、H型Ⅱ式、J型罐，G型Ⅱ式盂，D型Ⅱ式瓶，E型Ⅱ式甑，D型Ⅲ式、F型Ⅲ式、I型钵，D型Ⅱ式、F型Ⅰ式、F型Ⅱ式、F型Ⅲ式灶，C型Ⅲ式、E型高领罐，C型Ⅱ式、F型器盖，A型Ⅱ式、B型灯，A型Ⅱ式、B型Ⅰ式、B型Ⅱ式、C型Ⅱ式釜，B型杯以及陶鸡等。釉陶器有A型Ⅱ式、A型Ⅲ式锺，A型Ⅰ式、A型Ⅱ式、B型钵，B型Ⅱ式器盖，B型杯等。铜器有B型Ⅱ式鋞，洗，环，泡钉，牌饰，构件等。另外还有大泉五十、货泉、五铢等钱币及少量石瑱（图三二三）。

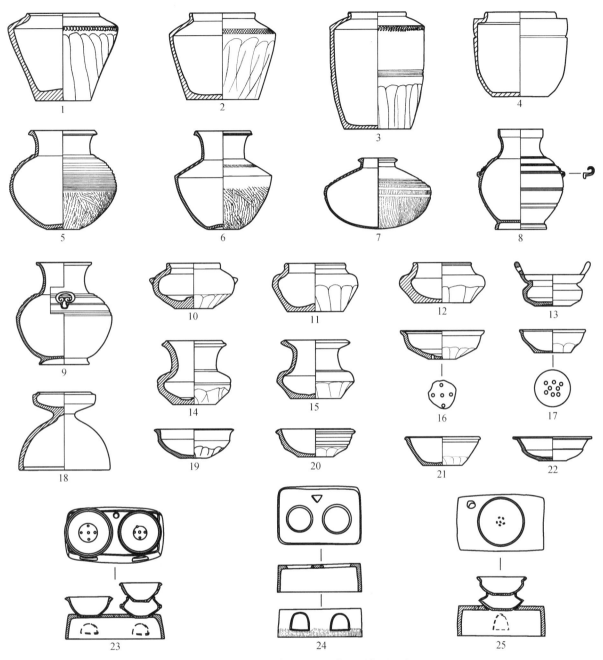

图三二一 麦沱第四期汉墓典型器物（一）

1. E型陶罐（M29：8） 2. F型Ⅰ式陶罐（M82：9） 3. G型Ⅱ式陶罐（M35：3） 4. H型Ⅰ式陶罐（M62：7） 5. A型Ⅱ式陶高领罐（M35：8） 6. C型Ⅱ式陶高领罐（M35：9） 7. Ⅱ式陶瓮（M29：28） 8. A型Ⅱ式陶壶（M65：9） 9. C型陶壶（M22：10） 10. C型Ⅲ式陶盂（M81：16） 11. G型Ⅱ式陶盂（M22：26） 12. H型Ⅱ式陶盂（M29：73） 13. C型Ⅰ式陶釜（M82：7） 14. C型Ⅱ式陶瓶（M29：37） 15. D型Ⅰ式陶瓶（M22：19） 16. D型Ⅱ式陶甑（M22：21） 17. E型Ⅰ式陶甑（M29：26） 18. A型Ⅰ式陶灯（M81：4） 19. C型Ⅱ式陶钵（M35：12） 20. D型Ⅱ式陶钵（M29：39） 21. E型Ⅱ式陶钵（M72：4） 22. F型Ⅱ式陶钵（M82：19） 23. B型Ⅲ式陶灶（M29：34-1） 24. C型陶灶（M29：78） 25.E型Ⅱ式陶灶（M59：13）

第六期：共4座墓葬。典型墓葬有M46、M47等。均为砖室墓。墓葬形制包括Aa型Ⅱ式、Aa型Ⅲ式、Ab型Ⅲ式等三种。本期陶器极少，釉陶器急速增多，器物组合趋于简单，器物型式开始减少。其中，陶器有I型、K型罐，B型碟，陶屋，陶俑等。釉陶器有A型Ⅲ式、B型Ⅱ式

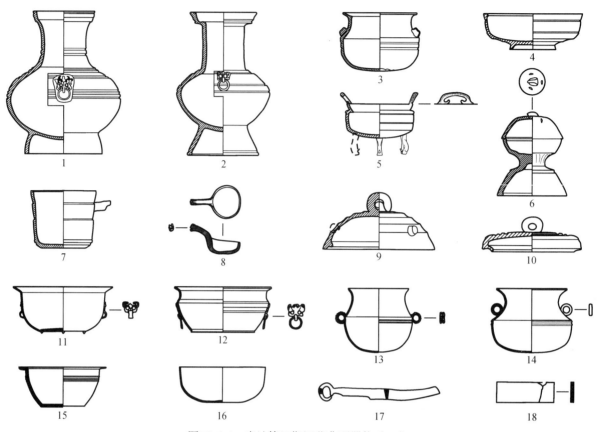

图三二二　麦沱第四期汉墓典型器物（二）

1. A型Ⅰ式釉陶锺（M81：9）　2. B型Ⅰ式釉陶锺（M82：10-1）　3. 釉陶釜（M81：14）　4. 釉陶鼎（M81：5）　5. Ⅰ式釉陶盘（M81：11）　6. A型釉陶灯（M82：23）　7. A型釉陶杯（M81：7）　8. Ⅰ式釉陶勺（M81：6）　9. B型Ⅱ式釉陶器盖（M8：3）　10. A型Ⅰ式釉陶器盖（M81：42）　11. A型铜洗（M29：5）　12. B型铜洗（M81：8）　13. A型Ⅲ式铜鍪（M29：4）　14. B型Ⅰ式铜鍪（M22：7）　15. Ⅱ式铜盆（M72：8）　16. 铜碗（M22：9）　17. Ⅲ式铁削（M81：35）　18. Ⅱ式石板（M59：11）

锺，A型Ⅱ式、A型Ⅲ式、B型Ⅲ式器盖，Ⅱ式盘，Ⅱ式勺，A型、B型罐，B型灯，篚、鉴、圈以及釉陶俑等。铜器有B型Ⅲ式鍪，A型、B型锺，B型盘，B型釜以及篚、泡钉、牌饰、构件等。另外还有少量金银器及漆耳杯等。钱币有五铢及少量货泉（图三二四）。

# 二、年代推断

各期年代推断如下。

第一期：4座。墓葬形制均为封闭型宽坑竖穴墓，为西汉早、中期墓葬常见形制。文化面貌以随葬铜礼器为主，包括鼎、壶、钫等，并同时随葬铜鐎壶、铜勺、石璧等，这些器物形态与大量晚期楚墓同类器相比如出一辙。这期墓葬不见灶、仓等模型陶器，而且出土的唯一一件陶罐是以矮领、宽平底为造型特征的，它与墓地其他四期发现的高领罐是有明显区别的。本期墓葬虽然随葬器物少，但表现出来的文化特征具有浓烈的战国晚期楚墓风格，因此，本期年代下限当不会晚于西汉早期，推测其时代大致相当于文、景及武帝前期。

第二期：共8座。本期墓葬仍然沿袭一期形制，均为西汉前期常见的封闭型宽坑竖穴墓。文化面貌上，以M31、M32、M68、M70、M91为代表，开始出现一套稳定的陶器组合，包括

图三二三　麦沱第五期汉墓典型器物

1. H型Ⅰ式陶罐（M62：8）　2. H型Ⅱ式陶罐（M15：13）　3. J型陶罐（M33：1）　4. C型Ⅲ式陶高领罐（M33：2）　5. B型Ⅰ式陶釜（M33：7）　6. C型Ⅱ式陶釜（M15：11）　7. D型Ⅱ式陶瓶（M15：7）　8. E型Ⅱ式陶瓿（M15：17）　9. F型Ⅲ式陶钵（M15：21）　10. I型陶钵（M15：16）　11. A型Ⅱ式陶灯（M15：8）　12. B型陶灯（M15：20）　13. F型Ⅱ式陶灶（M33：9）　14. F型Ⅲ式陶灶（M15：12）　15. A型Ⅱ式釉陶锺（M33：13）　16. A型Ⅲ式釉陶锺（M33：12）　17. 陶鸡（M62：1）　18. B型Ⅱ式釉陶盖（M8：3）　19. B型釉陶杯（M16：1）　20. A型Ⅰ式釉陶钵（M33：6）　21. A型Ⅱ式釉陶钵（M33：5）　22. B型釉陶钵（M33：11）　23. B型Ⅱ式铜鍪（M102：2）

罐、盂、瓶、瓿、钵、灶、器座等，它们与墓地后续四期墓葬陶器组合截然不同。而且，本期墓葬只出半两铜钱，不见五铢及新莽钱币，时间当早于武帝元狩五年（前118年）铸行五铢之时。以M31和M32为例，两墓出土的7枚半两铜钱均为四铢半两，铸于武帝建元五年（前136年）。据此，两墓年代当在建元五年至元狩五年之间，时值西汉早、中期之交。剩下3座墓葬当中，M54出土铁鍪与M31、M32所出同类器酷似，陶罐与墓地后续四期发现的大量陶罐明显不同，反而与一期墓M48出土的矮领罐更为接近，推测其年代可能要略早于M31和M32；M71只出土一件铜刀，但它被M70打破，年代当与M70相当或略早；M50未发现随葬器物，但它与M54成排分布，间距很近，而且墓葬方向、形制基本一样，推测其年代当与之相差不远。可见，本期8座墓葬年代下限都不会晚于西汉中期，推测其时代大致相当于武帝后期及昭、宣时期。

第三期：共12座。均为土坑墓，但墓葬形制出现多样化，共有五种土坑墓形制。尤其是宽坑型封闭型墓（Aa型Ⅱ式）以及有墓道的开放型墓（Ba型Ⅰ式）都是西汉后期最有代表性的墓葬形制。随葬器物方面，本期陶器种类明显增多，陶器组合更为丰富。部分器类，如罐、

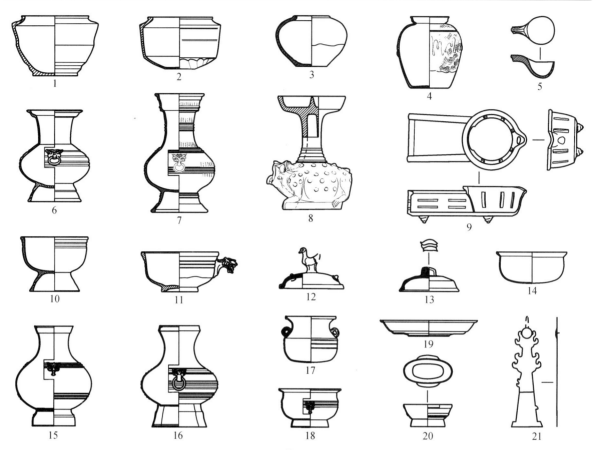

图三二四　麦沱第六期汉墓典型器物

1. I 型陶罐（M47：54）　2. K 型陶罐（M47：50）　3. A 型釉陶罐（M47：12）　4. B 型釉陶罐（M47：20）　5. Ⅱ式釉陶勺（M47：59）　6. A 型Ⅲ式釉陶锺（M47：38）　7. B 型Ⅱ式釉陶锺（M47：30）　8. B 型釉陶灯（M47：47）　9. 釉陶圈（M47：48）　10. 釉陶簋（M47：51）　11. Ⅱ式釉陶盘（M47：52）　12. A 型Ⅲ式釉陶器盖（M47：16）　13. B 型Ⅲ式釉陶器盖（M47：58）　14. B 型铜釜（M47：74）　15. A 型铜锺（M47：70）　16. B 型铜锺（M47：69）　17. B 型Ⅲ式铜鍪（M47：71）　18. 铜簋（M47：72）　19. B 型铜盘（M47：106）　20. 漆耳杯（M47：83）　21. 铜牌饰（M47：88）

盂、瓶、甑、钵、灶、器座等，仍是由第二期沿袭下来的，但形制及数量有一定变化，说明二、三期联系较为紧密，二者之间并无明显缺环。此外，还新出现了一些特征鲜明的圆肩高领罐、瓮、圈足壶、九眼灶、仓、俑等，这些陶器一般是在西汉中期以后才大量出现的。本期铜礼器已大幅减少，铜镜以连弧纹镜为多，铭文常见于西汉晚期的昭明镜或日光镜。连弧纹铭文镜流行时代是西汉中期至新莽时期，西汉后期尤其流行。本期铜钱除半两外，基本都是五铢，不见新莽钱币。五铢形态与《洛阳烧沟汉墓》Ⅱ型五铢较为接近，报告认为Ⅱ型五铢不仅包括了宣帝、元帝五铢，还有成帝、哀帝、平帝五铢[①]。据此，我们推测本期年代应在西汉晚期，大致相当于元、成、哀、平时期。另外，从墓葬整体特征综合分析，还可进一步看出，M39、M49、M57、M66、M84、M101等墓葬在本期应属时代略早的墓葬。

第四期：共18座。墓葬形制方面，除土坑墓外，新出现了较多砖（石）室墓；墓葬形制更为丰富。其中，土坑墓有三种形制，砖（石）室墓也有三种形制。此期墓葬形制发生了巨大变

---

① 洛阳区考古发掘队：《洛阳烧沟汉墓》，科学出版社，1959年。

化，主要表现在两方面：一是出现了与土坑墓数量相当的大批砖（石）室墓；二是开放型墓葬逐渐取代封闭型墓葬。随葬器物方面，本期最显著的特征是出现了不少釉陶器以及大泉五十、货泉、布泉等新莽钱币，而且器物组合开始出现分化，明显具有西汉末期向东汉过渡的时代特征。具体来说，本期有5座墓葬（M10、M59、M65、M81、M82）发现釉陶器，这些釉陶器在前三期是不见的，而在后续的第五、六期却大量流行，并与后者存在一定的早晚演变关系。本期还有8座墓葬（M22、M29、M35、M41、M65、M81、M82、M83）发现了新莽钱币，大泉五十铸于居摄二年（7年），货泉是典型的王莽末期之物，这些钱币完全可以作为本期断代依据。此外，本期首次出现土坑墓与砖（石）室墓共存现象，尤其是Ab型Ⅱ式土坑墓（如M35）和Ab型Ⅰ式砖（石）室墓（如M22）更是反映了西汉土坑墓向东汉砖（石）墓的过渡特征。据此，我们推测本期年代大致在西汉末期至东汉初期。本期墓葬较多，各墓之间衔接不是十分紧密，部分墓葬（如M34、M35等）年代可能早至西汉末期，还有部分墓葬（如M10、M69、M72、M75等）年代可能到了东汉初期或早期。不过，多数墓葬年代还是新莽时期或新莽前后。

第五期：共8座。墓葬形制方面，土坑墓已完全消失，盛行开放型砖（石）室墓。而且，墓葬形制趋于简单，只有三种。本期陶器开始减少，釉陶器逐步增多，器物组合开始趋于简化。本期墓葬虽然不多，但要判断各墓准确年代实属不易。具体来说，M11和M33为成熟形态的刀形砖（石）室券顶墓，年代应晚于处于过渡形态的M22和M29。M11有"永元十五年"（103年）纪年砖为证，当属东汉中期。M33所出五铢钱文宽放丰满，具有东汉中期五铢特征、肩部锐折、圜底近尖的陶高领罐形态明显晚于第四期同类器，而圆鼓腹釉陶锤又明显早于第六期M47所出同类器。由此，我们推断M33年代也应当在东汉中期。M15和M16两墓并排而葬，墓葬形制、结构及大小近似，年代应当接近。M15除罐、灶为灰陶外，余为红陶和釉陶，罐、灶及锤的形态都与M33相近，故其年代也应在东汉中期。M8出土的釉陶锤、釉陶器盖分别与M33、M15相同，年代应与后者相近。M62陶罐形态接近M15，陶灶形态接近M33和M102，M102铜鍪形态介于M22和M47之间，可见，M62和M102年代也应与M15和M33接近。M67随葬品被悉数盗尽，墓葬形制与M15、M16接近，甬道较为短促，墓内随葬多人与M62类似。综上所述，我们推测本期时代大致在东汉中期。

第六期：共4座。均为开放型砖（石）室墓，墓葬形制更为简单。本期陶器极少，主要为釉陶器，器物组合更加简化。具体来说，M46和M47两墓并列，均为刀形砖室墓，M46被盗严重，残存器物与M47接近，二者年代相仿。从M47随葬器物分析，磨郭五铢与洛阳烧沟汉墓Ⅳ型五铢（东汉晚期）比较接近[①]，而且该墓所出器物大多数不见于其他墓葬，仅有的几类器物型式也是排在最晚阶段。另外，从该墓发现的大量釉陶器、陶俑、陶屋以及铜器分析，也都是东汉晚期特征。由此可见，M46和M47应是麦沱汉墓中最晚一组墓葬，年代当在东汉晚期。 M4、M7两墓均被悉数盗空。M4为凸字形砖室墓，甬道狭长，墓砖带榫卯结构，明显具有东汉晚期特征；M7为刀形砖室墓，砖纹与M47接近，有车轮纹、弧纹及菱形几何纹等。从

---

① 洛阳区考古发掘队：《洛阳烧沟汉墓》，科学出版社，1959年。

墓葬形制及墓砖特征分析，两墓年代都应与M47相当。因此，本期时代确定在东汉晚期应无大碍。

# 第三节 墓地结构

麦沱墓地延续时间较长，自西汉开始，包含多个不同时期墓葬，但真正没有间断的连续使用阶段主要集中在两汉时期。毫无疑问，麦沱在汉代应为当地居住群体延续使用的一处重要墓地。那么，该墓地在选址、形成、结构等方面表现出来的特征是什么？下面简要概述如下。

## 一、墓地形成

墓地形成与墓地选址有密切关系。一个墓地从选址到形成可能会蕴含很多反映当时社会各个层面的内容，如文化背景、经济状况、等级制度、家庭结构、丧葬制度、人地关系等。由于特殊的地理环境，三峡地区墓地和居址大多是分开的，居址一般占据地势较为平缓的台地，而墓地则以河谷两侧的坡地为多。后者经过河流和雨水的长期冲刷，面朝长江的坡地多呈舌形，这些舌形坡地的前端和两侧往往分布有较多墓葬，进而呈现出放射状分布格局。麦沱墓地目前发现的墓葬，基本上都是分布在东、西两侧舌形坡地上，此种情形与三峡地区其他墓地选址特征是一致的。

从麦沱墓地保存下来的两汉墓葬来看，不同时期的墓葬呈现出一定的空间分布规律，即随着时间的推移，墓葬分布由东往西逐渐扩展，墓葬所处位置经历了由海拔位置较低的台地或地势较为平缓的坡地，向海拔位置较高、地势较为陡峭的坡地移动的过程。第一期4座排成一列，全部分布在墓地东部地势较为平缓的台地东侧。第二期8座墓葬仍然分布在墓地东部，但范围扩大了不少，并有成组分布趋势。其中，有4座所处位置与第一期墓葬相当，只是位置稍微偏低，有3座分布于墓地东部台地西侧，有1座分布在墓地东部台地西南侧。第三期12座墓葬中，有6座墓葬仍分布在与一、二期墓葬位置相当的东部台地，另外6座墓葬开始出现于墓地西部坡地，但这些墓葬的海拔位置与东部同期墓葬还是比较接近。到了第四期，麦沱墓地正式形成，墓地西部逐渐取代东部而成为墓地主体，而且，东、西两地墓葬位置均呈现出往坡上抬升的趋势。第四期共有18座墓葬，其中，西部有12座墓葬，除了M103位置较低外，大部分位于地势更为陡峭的山坡上；东部6座墓葬当中，M22、M34、M35、M69四墓位置与第三期墓葬相当，但M72和M75两墓位置却抬高了不少。发展至第五、第六期，麦沱墓地逐渐衰落，墓葬空间分布特征从此再未突破这一格局。

麦沱墓地的形成与自然环境及社会发展水平有着极大关系。我们知道，三峡地区平缓的台地或岗地并不多，陡坡是最主要的地貌类型。随着社会发展以及人口增多，人们活动的地域逐步扩大，平坦的台地或岗地大多辟为居址和耕地，墓地只能向位置更高的、土层更为贫瘠的坡地转移。另外，随着铁器的广泛使用，开凿墓穴较比以前也更为容易，因此，从技术上也能解决在贫瘠坡地上建造墓葬的难题。

# 二、墓地结构

墓地结构是墓葬制度研究中的一个重要内容，也是探讨古代社会组织的基础材料。墓地结构研究必须考虑共时性问题，但一个墓地的人不会同时死去，因此，这里的"共时"并非严格意义的"同时"，而是指墓葬下葬时间基本接近，一定的时间差异是允许存在的。具体到麦沱墓地，我们也只能分析几个不同时期的墓葬分布规律，同一时期内的墓葬下葬顺序还难以展开讨论。

从麦沱墓地现已发掘的54座汉墓分布来看，墓地是经过一定规划的，并有明显的分区迹象。该墓地可分东、西两区，二者大致以墓地中部南北向自然冲沟为界。各区由若干个墓群及单一墓葬构成，其中东区有Ⅰ、Ⅱ两个墓群，西区有Ⅲ、Ⅳ、Ⅴ三个墓群。另外，从这些单一墓葬分布的空间位置分析，各区可能还存在其他墓群（图三二五）。这些墓群由若干座不同时期的墓葬组成，而且同一时期的墓葬除少数单个墓葬外，多数墓葬都有密切联系，或可视为墓群内的墓组结构。整个墓地大概有17组墓葬具有此种关系，其中Ⅰ群有8组，Ⅲ群有6组，Ⅱ群、Ⅴ群各有1组，另外东区北部M72和M75似为1组（表一八）。

表一八　汉墓结构统计表

| 墓区 | 墓群 | 一期 | 二期 | 三期 | 四期 | 五期 | 六期 | 小计/座 | 合计/座 |
|---|---|---|---|---|---|---|---|---|---|
| 东区 | Ⅰ群 | M43+M45 M48+M55 | M31+M32 M50+M54 | M38+M39 M40+M49 | M34+M35 M22 | M33 | M46+M47 | 18 | 28 |
| | Ⅱ群 | | M68+M70+M71 | M66 | M69 | M67 | | 6 | |
| | 单墓 | | M91 | M90 | M72+M75 | | | 4 | |
| 西区 | Ⅲ群 | | | M56+M57 M58+M60 M84 | M59+M65+ M83 M79+M78+M80 M81+M82 M29 | M16+M15 M62 | | 17 | 26 |
| | Ⅳ群 | | | M101 | M103 | M102 | | 3 | |
| | Ⅴ群 | | | | M10+M41 | M8 | | 3 | |
| | 单墓 | | | | | M11 | M4、M7 | 3 | |
| 合计/座 | | 4 | 8 | 12 | 18 | 8 | 4 | | 54 |

虽然麦沱汉墓缺乏较多同时代墓葬聚集在一起，而且不同时代的墓葬也没有明显的排列规则，但从墓地规模及结构上还是能看出该墓地的一些基本特点。

（1）墓地规模经历了由小变大并再次变小的过程。这一点不仅在各期墓葬数量上一目了然，而且从各期墓葬分布区域也可看出这一变化。第一期全部分布在东区Ⅰ群，墓地规模极小；第二期墓地规模开始扩大，但还未超出墓地东区范围；第三期开始向西推进，东、西两区墓葬数量平分秋色，墓地规模进一步扩大；发展至第四期，墓地已有成熟的分层结构，墓地规模达到极致；第五期墓葬分布零散，墓葬数量和墓地规模开始缩小；第六期只有4座墓葬，墓地开始步入衰落轨道。

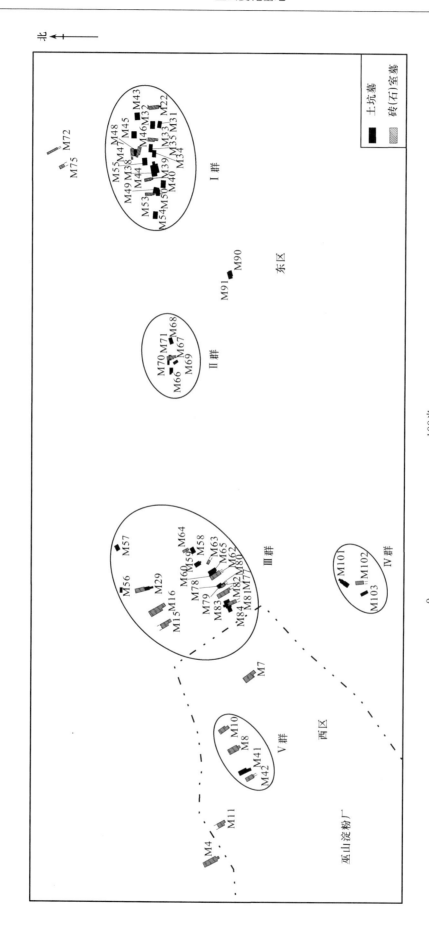

图三二五　麦沱汉墓分布结构示意图

（2）墓地安排由东往西逐步推移。东区是该墓地最早起用的墓区，而且沿用时间最长，自西汉早期一直延续至东汉晚期。西区自西汉晚期开始辟为墓区，发展至新莽至东汉时期，西区逐渐取代东区成为墓地主体。

（3）墓葬布局有相对独立的群、组分层结构。东、西两区均有一个墓葬相对集中的墓群（仅限已发掘墓葬），分别为Ⅰ群和Ⅲ群，而且二者似有墓列迹象。墓列内部可细分出更小单元的墓组，这些墓组往往在墓葬形制、方向及时代特征上都较为接近。

（4）时代较早的墓葬，墓葬分布更为集中，分层结构的整体规划也好些，并有规律性较强的墓群。时代越晚的墓葬，墓葬分布较为零散，很难见到成片且有规律性的墓群。这种情形可能与当时社会组织结构发生变化有密切关系。

# 第四节　丧葬制度

丧葬制度由来已久，涉及的内容相当繁杂。古人丧葬行为应该包括物质和精神两方面。前者若能保存下来，一般在考古现场是能见到的，包括埋葬方式、墓葬方向、棺椁使用、葬式及头向、墓主及随葬品摆放等，此外，有的墓葬有封土堆，有的还有墓上建筑。后者一般难以留下痕迹，譬如古人为丧葬行为举行的各种仪式，我们就很难想象究竟是一个什么样的场景。

## 一、埋葬方式

墓葬埋葬方式一般有两类：一类是单人墓；另一类是合葬墓。麦沱大部分墓葬属于单人墓，第二期开始出现合葬墓，而且随着时间的推移，合葬方式也有所不同。大致有三种合葬方式：一是夫妻异穴合葬；二是夫妻同穴合葬；三是多人同穴合葬。麦沱墓地合葬墓最早方式是夫妻异穴合葬，出现时间为西汉中期。以东区Ⅰ群的M31和M32为例。两墓并排而葬，相距仅170厘米，头端墓壁平齐，墓坑大小、形制相若，随葬器物组合、形态也异常接近，且均置于墓室北侧。器物组合方面两墓均有1件铁鍪、1套灶具，其他陶器也都惊人一致，且均有数枚半两钱。二者主要区别在于M31多1件铜带钩，而M32无。如果以出铜带钩的M31为男性墓，那么，M32则为女性墓。若依头向，正好是男左女右这种格局。到了第三期（西汉晚期），开始出现夫妻同穴合葬方式。材料最清楚的当属M40。该墓底部可见两具并排的骨架灰痕，夫妻均仰身直肢。北侧墓主骨架脚端有一面铜镜，应为女性。如此，若依头向同样为男左女右格局。随葬器物分别放置，数量上女性明显多于男性。M49也属此种合葬形式，但夫妻骨架排列、随葬器物多寡却与M40正好相反。发展至第四、五期，多人同穴合葬方式逐步取代前两种合葬墓。如第四期，M81墓室内可见3具骨架痕迹。第五期，M67墓室内也有3具骨架及木棺痕迹，M62墓室内放置有4具骨架，而且骨架周围还有比较清晰的木棺腐烂痕迹。这些多人合葬墓出现时间较晚，应是夫妻合葬墓的延续。由于骨架都保存不好，不便进一步鉴定，我们很难确定这些墓主之间的关系，但从一些迹象分析，很可能先是夫、妻或夫、妻、妾同代合葬，然后才演变成多代合葬。

由此可见，在西汉中晚期，麦沱墓地夫妻合葬墓同全国其他地方一样，也经历了"由前期的并穴合葬转变为夫妇同穴合葬，并逐渐成为一种流行葬式"[①]的过程，并在新莽至东汉时期逐步流行多人同穴合葬墓。

## 二、墓葬方向

墓葬方向通常指的是墓葬朝向，也可简称为"墓向"。一般而言，墓向应该是死者埋葬时的头向，但在考古实践中，往往会遵从一个约定俗成的原则，即有墓门（墓道或甬道方向）的墓葬以墓门方向为墓向，无墓门者以墓主头向为墓向，既无墓门又无头向者则以随葬器物来判断。虽然麦沱墓地有骨架或人骨残痕的墓葬（如M33、M40、M43、M83等）方向与头向都是一致的，但有些墓地也发现有头向与墓向不相符的现象，因此，这种做法值得商榷。

麦沱54座汉墓中，除了6座墓葬方向不确定外，我们把另外48座墓葬依时间顺序列表统计如表一九所示。

**表一九　汉墓方向统计表**

| 墓葬方向/° ＼ 分期与统计/座 | 一期 | 二期 | 三期 | 四期 | 五期 | 六期 | 合计 |
|---|---|---|---|---|---|---|---|
| 朝西（226～315） | 3 | 5 | 7 | 1 | | 2 | 18 |
| 朝东（46～135） | | 2 | 4 | | | | 6 |
| 朝南（136～225） | | | | 14 | 8 | 2 | 24 |
| 小计/座 | 3 | 7 | 11 | 15 | 8 | 4 | 48 |

根据表一九，我们可对不同时期墓葬方向基本情况进行简要分析。

第一期：3座。均为垂坡埋葬（即墓葬走向与山坡走势垂直，下同）。均系封闭型墓葬（无墓道或甬道。下同）。墓向均朝西（即朝向长江上游。下同）。

第二期：7座。均为垂坡埋葬。均系封闭型墓葬。5座墓向朝西，2座夫妻异穴合葬墓墓向朝东（即朝向长江下游。下同）。

第三期：11座。均为垂坡埋葬。7座为封闭型墓葬，4座为开放型墓葬（有墓道或甬道。下同）。前者5座墓向朝西，2座夫妻同穴合葬墓墓向朝东。后者墓向朝西和朝东各为2座。

第四期：15座。除1座为垂坡埋葬外，余均为顺坡埋葬（即墓葬走向与山坡走势平行。下同）。7座为封闭型墓葬，8座为开放型墓葬。前者6座墓向朝南（即墓向垂直于长江。下同），只有1座墓向朝西。后者墓向均朝南。

第五期：8座。均为顺坡埋葬。均为开放型墓葬。墓向均朝南。

第六期：4座。除2座为垂坡埋葬外，余均为顺坡埋葬。均为开放型墓葬。垂坡埋葬者墓向朝西，顺坡埋葬者墓向朝南。

由此可见，麦沱墓地在选择墓葬埋葬方向时是遵从了一定规则的。首先考虑的是墓地地形

---

① 　吴桂兵：《西汉中后期的夫妇同穴合葬墓》，《四川文物》1998年第1期。

方面的因素，在埋墓时既要选择平地或缓坡，还要特别注重坡地方向。具体而言，封闭型墓葬倾向于垂坡埋葬，开放型墓葬倾向于顺坡埋葬，而且墓道或甬道方向多朝向坡下。其次才考虑墓葬方向与河流的关系。封闭型墓葬墓向多朝西，即河流上游方向；少数朝东，即河流下游方向。开放型墓葬墓向多数朝南，即垂直于河流方向；少数墓葬朝东或朝西，即顺着河流方向。再从年代上分析，年代偏早的墓葬多为垂坡埋葬的封闭型墓葬，墓向以朝西为主，少数朝东；年代偏晚的墓葬多为顺坡埋葬的开放型墓葬，墓向以朝南为主，少数朝东或朝西。上述规则的形成，很大程度上与不同时期的墓葬选址及墓葬形制演变有关联。墓地形成初期，墓葬大多选在位置较低的台地或缓地，墓葬摆放一般是垂直于山坡走势，墓葬形制多为封闭型竖穴土坑墓，墓葬方向以朝西为主。随着时间推移，墓葬由平地向坡地移动，开放型墓葬逐渐取代封闭型墓葬，墓葬多为顺着山坡走势埋葬，墓葬形制多为开放型砖（石）室墓，墓葬方向多朝向南端坡下。另外，从技术角度考虑，在坡地上顺坡修建坡道（墓道或甬道），可以有效减少坡道的长度、坡度、降低修建难度及工程量。因此，修建开放型墓葬的意识一旦产生，在墓向选择上就会很自然地选择朝向坡下。

# 三、棺椁使用

棺椁不仅是放置墓主的一种葬具，同时还是墓葬等级的一种体现。可以说，棺椁的使用，既是古代丧葬制度的重要组成部分，在某种程度上也是社会政治及社会意识的一种反映。因此，我国古代对棺椁的使用还有专门的规定。譬如对于棺的使用，就明确规定不同等级使用不同重数。《礼记·檀弓上》："天子之棺四重。"郑玄注："诸公三重，诸侯再重，大夫一重，士不重。"从麦沱墓地目前发现的墓葬来看，这些墓葬都是中小型墓，它们使用的棺椁应该都是单层，因此，墓葬等级应是比较低的。

由于麦沱墓地土壤酸性太强，棺椁保存状况不甚理想，基本都已腐朽，有的仅存板灰痕迹，多数痕迹全无，因此，很难确定这批墓葬棺椁使用的具体情况。不过，根据残存的一些板灰痕迹以及随葬品摆放位置，我们可大致推测其棺椁使用情况。

麦沱发掘的54座汉墓中，只有9座墓葬可见板灰痕迹或漆皮残痕。其中，一期墓葬有3座，分别是M43、M45和M48，三墓随葬器物均摆放在板灰痕迹或骨架（M43）北侧，相当于椁室边箱位置。据此，我们推测它们应该都是一椁一棺。二期有M31和M32两座墓葬，板灰范围居于墓室中部，应是墓椁摆放位置，随葬器物置于板灰范围内靠北一侧，也是椁室边箱位置，可见它们的棺椁结构与一期相同，也是一椁一棺。三期有M40和M84两座墓葬，M40为夫妻同穴合葬墓，内有两具骨架，随葬器物环绕骨架摆放，而且紧贴墓壁，已没有摆放墓椁空间，据此推断该墓可能只有双棺。M84为开放型墓葬，墓葬规模较大，不见随葬器物，据墓葬形制及板灰残痕推断，该墓也是一椁一棺，而且是棺居于椁中央，这与一、二期封闭型墓葬有所不同。四期虽然未发现有棺椁痕迹的墓葬，但在一些开放型砖（石）室墓发现了多具骨架（如M81），显然，无椁多棺墓已经出现。五期有M62和M67两座墓葬，两墓均为开放型砖（石）室墓葬，均无椁，M62有4棺，前后并排摆放，M67有3棺，前排2棺、后排1棺。从这9座墓葬看，一、二期均为封闭型土坑墓，棺椁使用均为一椁一棺，随葬器物均摆放一侧，棺椁结构应为日字形；三期封闭型土坑墓（M40）为无椁双棺，开放型土坑墓（M84）为一椁一棺，后者棺椁结构为"Ⅱ"形；四期开始出现无椁多棺墓，五期均为开放型砖（石）室墓，无椁多棺墓更为流行。六期未发现有棺椁及人骨痕迹的墓葬，结构不清楚，我们推测应与五期接近。

根据三峡地区现有发掘资料，该地区汉墓棺椁使用情况大致有四种，即有棺有椁、有棺无椁、无棺有椁、无棺无椁。麦沱汉墓是否有第三种情况尚难定论。不过，大量迹象表明，第四种（无棺无椁）情形应该是麦沱汉墓最为常见的。

另外，根据前文分析可知，在麦沱汉墓中，椁的使用与消失不是偶然现象，它与墓葬由封闭型向开放型演变过程是一致的。也就是说，时代较早的封闭型墓葬，椁的使用可能比较常见，随着时间的推移，开放型墓葬逐渐取代封闭型墓葬，墓内空间扩大，砖（石）墓墓壁即为椁墙，墓椁随之消失，无椁多棺合葬墓也就开始流行起来。

# 四、葬式及头向

葬式及头向也是丧葬制度的重要内容。在麦沱54座汉墓当中，只有M43发现一具较为完整的人骨架，另有10座墓葬可见人骨残痕（个别可见头骨），多数墓葬人骨痕迹全无。M43为仰身直肢，头向西，脚向东，随葬器物摆放在墓主左侧。10座有人骨残痕的墓葬分别是M33、M40、M45、M49、M62、M67、M72、M81、M83、M101。其中，可分辨出葬式的墓葬有M33、M40、M45、M49、M67、M81、M83等7座墓葬，这些墓葬与M43一样，均为仰身直肢。可分辨出头向的墓葬有M33、M40、M43、M49、M62、M67、M72、M81、M83、M101等10座墓葬。其中，一期M43头向西，三期M40、M49、M101头向东，其他6座均为四、五期墓葬，头向均朝南。由此可见，麦沱汉墓在头向选择方面，由早到晚也是遵循一定规律的，而且经历了较长的演变过程。

# 五、墓主及随葬品摆放

墓主及随葬品摆放往往会体现生者对丧葬行为的某种特定意识，而且，二者在墓中的空间配置是相辅相成的。由于墓棺是直接装殓墓主的场所，因而墓主的陈放位置也就是墓棺位置，而墓棺的配置又与前文分析的墓葬形制及埋葬方式密切相关。麦沱汉墓埋葬方式可粗分为单人墓（含夫妻异穴合葬墓）和合葬墓两大类，二者分别以封闭型和开放型墓葬为主。

封闭型单人墓年代较早，沿用时间跨一至四期。一期M43、M45、M48三墓，墓主放置在墓室中部稍偏南，随葬品置于墓室北侧，即墓主左侧。二期M31和M32为夫妻异穴合葬墓，墓主陈放位置与一期相同，但随葬品摆放在墓主右侧；其他墓葬（如M54、M68、M70、M71、M91）无论是墓主陈放，还是随葬品摆放都与一期基本一致，显然是承袭了前期传统习俗。三期开始分化，有的仍沿袭一、二期传统，如M57、M58等；有的与前者正好相反，墓主置于墓室中部稍偏北，随葬器物放于南侧，即墓主右侧，如M39、M90等；有的墓主居于墓室中部，随葬器物摆放在墓主头端（如M60）。到了第四期，墓主陈放基本是在墓室中部位置，随葬品摆放除了个别墓葬（如M83）置于墓主两侧外，更多的是在墓主右侧或头端，如M35、M65、M69、M103等。开放型单人墓数量不多，年代集中在三、四期，墓主陈放一般在墓室中部，随葬器一般摆放在墓主右侧、头端或周边位置，如M38、M59、M66、M101等。

合葬墓年代较晚，沿用时间跨三至六期。其中，属于第三期的M40和M49为封闭型夫妻同穴合葬墓，墓主并排陈放于墓室中部，M40随葬品环绕墓主周围，M49随葬品分置于墓主头、足端或墓主右侧，后者保留部分封闭型单人墓传统。第四期开始出现开放型多人合葬墓，如M81内可见3具骨架，前排2具、后排1具，随葬品分别放置。第五、六期流行开放型多人合葬墓，墓主一般陈放于墓室中后部，人数多者一般是分排放置，如M62、M67等。随葬品摆放主要有两种方式：最为常见的是把随葬品集中摆放于墓室前端及甬道附近，即墓主头向或墓门方向，如M15、M16、M47等；另一种是随葬品分开放置在不同区域或不同墓主旁边，如M8、M33、M62等。

由此可见，墓主及随葬品摆放在不同时期、不同墓葬形制以及不同埋葬方式等方面表现出来的特征是不同的。西汉时期，大多数是封闭型单人墓，墓葬空间相对狭小，生者把死者安放之后，随葬品只能就近放在墓主旁边。较早时期，墓主一般置于墓室一侧，随葬品放在墓主一侧或两侧，后来逐渐演变为墓主居于墓室中部，随葬品放在墓主周边。到了新莽至东汉时期，开放型墓葬逐步取代封闭型墓葬，墓葬空间增大，无椁多人合葬墓成为主流，墓主和随葬品摆放空间开始出现分离现象。墓主一般放在墓室中后部，随葬品大多放在墓门附近（甬道及墓室前部），也有分置于墓主周围的。开放型多人合葬墓之所以流行随葬品放置墓门附近，我们认为主要是从方便和实用角度考虑的，人们由墓门进入墓室从事丧葬或祭祀活动，把随葬品放在墓门附近应该是最省事的。

# 第五节　相关问题

## 一、墓葬基本特征

从麦沱墓地54座汉墓综合来看，各期基本特征既是一脉相承的，同时又有明显区别。

西汉早期（一期）：以M43、M45、M48为代表。这些墓葬基本还是承周制、融楚俗而来的。墓葬形制均为封闭型土坑墓，墓葬呈东西向摆放。日字形棺椁居于墓室中央，随葬品放在棺外一侧。流行单人墓，仰身直肢葬，头向西。随葬品数量较少，3座代表性墓葬随葬品平均只有4.3件，尚无厚葬之风。随葬器物以鼎、壶、钫等铜礼器为主，实用陶器很少，不见明器及模型器。随葬器物表现出来的文化特征较为复杂，并保留有浓厚的战国晚期楚墓特征。

西汉中期（二期）：以M31、M32、M68、M70、M91为代表。这批墓葬虽然在形制及葬俗方面多数特征仍是承袭西汉早期，但也出现一些新的特征。除单人墓外，出现了少量夫妻异穴合葬墓。随葬品数量增多，厚葬习俗开始萌芽。5座代表性墓葬随葬品（不含铜钱、棺饰）共计90件，平均每墓为18件。铜礼器减少，明器替代礼器成为主要随葬品，并出现少量仿铜陶礼器。陶罐等生活用器增多，陶灶等模型器开始出现。陶器组合基本稳定，常见罐、盂、瓶、甑、钵、灶、器座等器类。

西汉晚期（三期）：以M38、M40、M49、M66、M101为代表。本期与前两期相比，文化特征发生了较大变化。墓葬形制除仍沿用封闭型土坑墓外，还出现了开放型土坑墓。仍流行单人墓，同时还有夫妻同穴合葬墓。棺椁居于墓室中央或偏向一侧，随葬品放在棺外一侧或周边。仰身直肢葬，多数墓向朝西，少数朝东。随葬品数量激增，厚葬之风开始盛行。5座代表性墓葬（其中有2座夫妻合葬墓）随葬品（不含铜钱、棺饰）共计246件，平均每墓高达49.2件。仿铜陶礼器仍不多，明器数量及种类进一步增多。灶、仓等模型器增多，并开始出现小型陶人俑。陶器组合出现分化，一部分墓葬以罐、盂、瓶、甑、钵、灶为基本组合，显然是继承了前期特征，具有承上启下的过渡作用；还有一部分墓葬是以罐、高领罐、盂、瓶、甑、钵、灶为组合的，后者应是本期墓葬具有代表性的器物组合。

西汉末期至东汉初期（四期）：以M22、M29、M81、M82为代表。墓葬形制以开放型砖（石）室墓为主，封闭型土坑墓开始退出历史舞台，这是本期最突出的变化。墓葬多以南北向摆放，墓葬方向以南向为主。墓椁趋于消失，墓棺居于墓室中后部，随葬品多放在墓门附近。流行多人合葬墓，仰身直肢，墓向多朝南。随葬品丰富，厚葬习俗进一步得到巩固。4座代表性墓葬随葬品（不含铜钱、棺饰）共计171件，平均每墓为42.8件。除了少量铜礼器、仿铜陶礼器外，小型明器仍是随葬品主体。实用器、模型器、人物俑逐渐增多，并出现少量釉陶器、动物俑。随葬器物种类更加丰富，陶器组合进一步分化，各墓之间很难找到一组比较稳定的陶器组合。M22和M29陶器组合包括罐、盂、瓶、甑、钵、灶、高领罐、壶等，M81陶器组合包括罐、盂、瓶、甑、钵、灶、陶高领罐、釉陶锺等，M82陶器组合包括罐、盂、钵、灶、釉陶锺等。

东汉中期（五期）：以M15、M33为代表。本期墓葬均为开放型砖（石）室墓，不见封闭型土坑墓。墓葬均为南北向摆放，墓葬方向朝南。墓葬埋葬方式、葬式以及墓棺、随葬品摆放等与前期基本相同。随葬品仍然较多，2座代表性墓葬（M15被盗过）随葬品（不含铜钱、棺饰）共计41件。随葬器物中，铜器数量及种类不如前期，仿铜陶礼器已完全消失。小型明器开始减少，实用器、模型器进一步增多。陶俑仍只有动物俑一种，釉陶器开始增多。陶器组合趋于简化，M15以罐、瓶、甑、钵、灶、釉陶锺为组合，M33则只有罐、高领罐、灶、釉陶锺等4类器物。

东汉晚期（六期）：以M47为代表。本期墓葬均为开放型砖（石）室墓。墓葬既有南北向摆放也有东西向摆放，墓葬方向既有南向也有西向。墓葬埋葬习俗大多与前期相若，但有的墓室前端可能设有专门的祭祀空间。随葬品更为丰富，厚葬习俗更甚，M47随葬品（不含铜钱）更是多达126件。随葬器物中，铜器数量及种类均超过前期。小型明器大幅减少，实用器、模型器快速增多，并出现了陶屋。陶俑大量出现，而且个体较大。釉陶器大量出现，耳杯、盘（魁）、簋（瓯）、勺等祭祀器物开始流行。随葬陶器呈现出以釉陶和俑居多的新特点。

## 二、与中原汉墓比较

我们选取关中、洛阳地区汉墓作为中原汉墓代表。主要从墓葬形制和随葬器物两方面进行比较。考虑到关中、洛阳地区汉墓等级较多，而麦沱汉墓均为中小型墓，从可比性角度出发，主要选择两地中小型墓作为比较对象。根据现有研究成果，关中、洛阳两地汉墓可归纳为八期，即秦代前后（下限可至高、惠时期）、西汉早期、西汉中期、西汉晚期、新莽前后、东汉早期、东汉中期、东汉晚期。麦沱汉墓只有六期，分别为西汉早期、西汉中期、西汉晚期、新莽至东汉初期、东汉中期和东汉晚期。下面依照麦沱汉墓分期序列，分别与中原两地汉墓粗略比较如下。

西汉早期：相当于中原地区第二期。墓葬形制方面，中原流行竖穴土坑墓和洞室墓，而且前者有长方形、凸字形、刀形三种，长方形墓室狭长，长宽比达3∶1；麦沱只有竖穴土坑墓一类，而且仅见长方形一种，墓室长宽比一般在2∶1以下。随葬器物方面，与中原地区差异更大，铜鼎、铜壶等铜礼器更为接近楚式器物，应是楚文化影响的结果。总体来说，在西汉早期，麦沱汉墓保留有较大的独立性，同中原地区相比，文化差异较大。

西汉中期：相当于中原地区第三期。墓葬形制方面，麦沱和中原地区一样，都是继续沿用前期墓葬形制，二者原有差异继续保持。而且，中原在昭、宣时期就已出现夫妻同穴合葬墓，而麦沱却是西汉晚期才有。随葬器物方面，二者开始出现一些趋同性特征。譬如，铜礼器和仿铜陶礼器减少，实用陶器开始增多，小型明器逐渐流行，陶灶等模型明器以及日光铜镜的出现等。由此可见，中原地区此时已开始对三峡地区施加影响了。

西汉晚期：相当于中原地区第四期。墓葬形制方面，中原地区流行洞室砖室墓和弧顶洞室墓，部分墓葬还用带子母口的楔形砖砌筑起高大的券顶；麦沱墓地此时仍然流行封闭型竖穴土坑墓，但新出现的夫妻同穴合葬墓以及有斜坡墓道的开放型土坑墓，显然有来自中原地区的影响。可见，在墓葬形制方面，麦沱与中原虽有一定趋同性，但差异还是比较明显的。随葬器物方面，二者趋同性特征较为明朗。最为明显的特征是明器普遍出现，仓、灶、壶等数量大增，流行日光、昭明铜镜，并开始出现陶俑。可见，到了西汉晚期，麦沱汉墓开始接受中原地区汉文化影响已是确切的事实。

新莽至东汉初期：大致相当于中原地区第五期和第六期。墓葬形制方面，中原地区除原有的竖井洞室墓外，流行带斜坡墓道的土圹砖室墓或洞室砖室墓，常见前室穹隆顶、后室券顶的双室墓；麦沱墓地除了少量封闭型土坑墓外，绝大多数为开放型砖（石）室墓，这是本期与前期相比最显著的变化。虽然都是单室墓，但砖室墓的建造方式与中原地区还是比较接近。而且，此时已经出现与中原地区接近的多人合葬墓。随葬器物方面，二者趋同性特征较比前期更为清晰。譬如，流行明器、模型明器，陶俑、博山炉逐渐增多，釉陶器大量出现，壶、锺等实用器增多，开始出现少量盘（魁）、勺等祭奠用器，铜礼器及仿铜礼器完全被日用铜器取代，铜镜逐步减少，流行货泉、布泉、大泉五十等新莽钱币。由此可见，此时麦沱汉墓接受中原地区汉文化影响已是相当明显了。

东汉中、晚期：大致相当于中原地区第七期和第八期。墓葬形制方面，中原地区主要是结构复杂的砖室墓，如带有耳室的双室墓、甲字形墓、双穹隆顶墓、前堂横列墓等；麦沱墓地此时几乎都是开放型砖（石）室墓，平面以刀形和凸字形为主，个别墓葬出现类似前、后室墓的特征，但都是券顶，没有发现穹隆顶。另外，此时流行多人合葬墓的习俗，也是接近中原地区的。随葬器物方面，小型明器开始减少，模型明器更为流行，各种反映庄园生活的猪、狗、鸡、马等动物俑以及圈、屋等大量出现，气势恢宏的陶（釉陶）人俑成组出现，盛行釉陶器以及耳杯、盘（魁）、簋（瓯）、勺等祭奠用器。可以说，到了东汉中晚期，麦沱汉墓与中原地区在文化特征上是越来越近了。

综上所述，麦沱汉墓在文化面貌上是逐步向中原地区靠近的。西汉早期基本不见中原因素，西汉中期略有显示，从西汉晚期开始，逐渐向中原靠近的步伐愈加清晰，并一直延续至东汉晚期。不过，虽然二者差异在不断缩小，但有些差异是始终存在的。墓葬形制方面，中原地区流行的洞室墓、空心砖墓、竖穴和长斜坡墓道、多室墓、穹隆顶、壁龛、耳室等，这些在麦沱墓地乃至三峡地区基本是不见的。随葬器物方面，二者差异更多。譬如，中原地区盛行的彩绘陶器以及陶奁、镇墓瓶等许多器类在麦沱墓地是不见的，而麦沱墓地出土的鎏金棺饰、铜牌饰以及大量具有土著特色的陶器在中原地区也是没有的。另外，麦沱墓地流行的陶壶（锺）、陶灶、陶仓与中原地区相比，区别也是十分明显的：中原地区陶壶（锺）多为假足，而麦沱全是圈足；中原地区多见三火眼圆头灶及长方形仓，而麦沱多见单或双火眼长方形灶及圆筒形仓。由此可见，麦沱汉墓在逐渐摒弃传统向中原地区靠近的同时，并没有全盘吸收中原文化，而是始终保持了一些自身特点。

# 三、汉文化的形成

由于汉代考古发现多为墓葬，因此，有关汉代考古学文化的研究，多数学者是从墓葬材料总结出来的。譬如，俞伟超先生曾把汉文化特征总结为四个方面：①家族茔地的兴起；②多代合葬一墓的新葬俗；③模拟庄园经济的模型明器发达；④墓室壁画和画像石反映的"三纲五常"道德观和"天人感应"世界观[①]。黄晓芬先生认为横穴式室墓代替传统的竖穴式椁墓是汉墓成立的核心标志，并归纳出室墓制度的几个特征：①墓葬由竖穴式变为横穴式，即进出墓葬的方向由纵向变为横向；②墓室空间扩大，由椁内空间的开通到椁的消失，出现高大的拱、券顶，直至出现穹隆顶；③祭祀空间的确立；④方坟向圆坟的转化；⑤有意识地安排随葬品的摆放位置；⑥出现较多仓、灶、井、厕等模型明器组合[②]。两位先生从不同角度考虑问题，得出的结论虽各有侧重，但可相互补充，应该说都抓住了汉文化的普遍特征。

从前文分析的麦沱各期汉墓基本特征可以看出，它们之间是有一个逐渐演变的过程，而贯穿这一过程的主线，实际上就是汉文化或"汉制"在麦沱墓地的形成或确立的线索。就麦沱墓

---

① 俞伟超：《考古学中的汉文化问题》，《古史的考古学探索》，文物出版社，2002年。
② 黄晓芬：《汉墓的考古学研究》，岳麓书社，2003年。

地而言，主要体现在如下几方面。

（1）开放型墓的确立。西汉早、中期，不见开放型墓葬，均属封闭型墓葬；到了西汉晚期，虽然封闭型墓葬仍占主流，但已出现开放型墓葬（如M38、M66、M84、M101）；新莽至东汉初期，封闭型墓葬逐渐消失，开放型墓葬开始流行；东汉中、晚期，开放型墓葬完全取代封闭型墓葬，并出现了独立的祭祀空间。显然，麦沱墓地开放型墓葬的确立时间是在西汉晚期。开放型墓葬相对于封闭型墓葬而言，墓葬空间扩大不少，这样，就为后来的多人合葬墓（多具墓棺）、厚葬（众多随葬品）以及祭祀等独立空间的配置提供了条件，因此，它是丧葬史上一个划时代的变革。

（2）合葬墓的出现。西汉早期，未发现合葬墓，单人墓是其唯一埋葬方式；西汉中期，继续流行单人墓，但已出现夫妻异穴合葬墓；西汉晚期，除单人墓外，开始出现夫妻同穴合葬墓；新莽直至东汉，多代合葬一墓成为最主要的埋葬方式。可见，真正意义上的合葬墓在西汉晚期就已出现，多代合葬墓稍晚，东汉才是其盛行时期。合葬墓的流行，与当时人们相信"事死如事生，事亡如事存"的社会观念有关，即生前在一起生活的人，包括夫妻、家人甚至族人死后都应埋在一起。正是在这一观念驱使下，合葬墓在汉代才得以流行。

（3）厚葬习俗的形成。据前文分析，西汉早期，由于国力较弱，人们无力厚葬，随葬品数量只有数件不等；到了西汉中期，厚葬习俗开始萌芽，随葬品数量已有十余件；到了西汉晚期，随着社会经济的繁荣，厚葬逐渐成为主流，随葬品数量成倍增长，达到数十件，M40更是多达百件；新莽乃至整个东汉时期，厚葬之风更甚，其中不乏一些精美重器及金、银、漆器等（如M47）。因此，厚葬习俗的形成，确切地说也是在西汉晚期。厚葬目的无非两点：一是体现生者对死者的孝敬；二是帮助死者升仙到另一世界，并幻想在天界享受阳世未能享受的富贵生活。由于这些都是儒家提倡的重要内容，同时也符合汉代国家的统治理念，厚葬盛行也就不足为怪了。

（4）明器、模型器以及祭奠用器的流行。西汉早期，承袭旧制，随葬品以铜礼器为主；西汉中期，开始出现小型明器及少量模型明器（如陶灶）；西汉晚期，明器成为随葬品主流，灶、仓等模型明器增多，并出现陶人物俑、陶马等模型器；新莽至东汉初期，明器、模型器更为盛行；东汉中、晚期，虽然明器开始逐渐让位于实用器，但模型器却是有增无减，尤其是人物俑、家禽家畜俑、楼房等反映庄园经济生活的模型器十分盛行。另外，此时还流行一些专门的祭奠用器，如耳杯、盘（魁）、簋（瓯）、勺等。明器、模型器以及祭奠用器的使用和流行，同时也反映了汉代厚葬习俗的形成和盛行，二者实际上是相辅相成的。因此，这类器物的出现与厚葬习俗的确立应该是同步的，时间也是在西汉晚期。

（5）"汉式"随葬品的出现。蒋晓春先生通过对三峡地区大量汉墓材料的梳理，认为有四套器物组合是"汉式"随葬品的代表：一是釜、甑、盆、钵、罐等生活实用器；二是耳杯、案、盘、勺、魁、箸等祭奠用器；三是仓、灶、井、厕等模型明器；四是人物俑、家禽家畜俑、楼房、陂池等反映庄园生活的模型器[①]。上述四套器物组合在麦沱汉墓各期中均有不同程

---

① 蒋晓春：《三峡地区秦汉墓研究》，巴蜀书社，2010年。

度的体现，而且大多数器物也是在第三期才开始出现的。因此，我们认为，西汉晚期应该是麦沱墓地汉文化形成过程中的一个重要转型期。

由此可见，通过对开放型墓、合葬墓、厚葬习俗、明器、模型器、"汉式"随葬品以及专门的祭奠用器和独立的祭祀空间等方面综合分析，我们认为，麦沱墓地汉文化的形成或"汉制"的确立应该在西汉晚期。

麦沱墓地汉文化的形成与汉代社会背景有关。汉代是中国历史上第一个经济文化高度繁荣的朝代。政治方面，中央集权制度在秦代的基础上继续发展完善，国家统治范围空前扩大，许多边远地区都纳入汉政权的统治范围，表明中央政府的控制力和影响力都达到了极致；经济方面，农业、手工业、商贸以及社会生产力水平等都有长足进步，可以说超出之前任何时期。文化方面，从汉武帝开始，通过"罢黜百家，独尊儒术"，逐步把纯粹的儒家学说发展成为国家统治伦理思想，进而达到文化的统一，并为汉文化的形成和发展扫清了障碍。汉文化一旦得到认可，在汉帝国的辽阔疆域上便呈现出势不可挡之势，并得到迅速传播，许多原本属于六国文化或少数民族文化的地区，都先后纳入汉文化这个大家庭。地处三峡地区的麦沱墓地也不例外。

# 四、M47的发掘意义

M47是麦沱墓地保存较完好且规格较高的一座东汉晚期墓葬。该墓不仅出土了一批反映墓主财富的金、银、铜、漆器以及精美的釉陶器，还出土了一批反映墓主地位的人物俑，以及各种反映庄园生活的猪、狗、鸡、马等动物俑和圈、屋等模型器。因此，具有重要的学术研究价值。

该墓属开放型砖室墓，平面呈刀形。墓室前端及甬道略低于墓室中后端，类似于"前堂后室"，随葬器物大多放在"前堂"。考虑到该墓出土的耳杯、盘（魁）、簋（瓯）、勺等祭奠用器，推测该墓已有独立的祭祀空间。

M47是麦沱墓地东汉晚期具有厚葬习俗的典型代表。随葬器物丰富，种类多样，共出土各类器物达126件之多（不含铜钱）。其中，尤以一批精美的釉陶俑、楼房等最为醒目。

釉陶器是M47随葬器物中的一大特色。从这批釉陶器观察，它们的烧制工艺达到了极高水准。铅釉是其主要产品，部分器物采用双色釉烧制，颜色丰富而有层次。银釉主要集中在一套人物俑上。据研究，银釉实际上是铅绿釉的一层半透明衣，是一层沉淀物。当铅绿釉处于潮湿环境下，由于水和大气的作用，釉面受到轻微溶蚀，溶蚀下来的物质连同水中原有的可溶性盐类，在一定条件下从釉面表层和裂缝中析出。当沉积物达到一定厚度时，由于光线的干涉作用，就会产生银白色光泽[1]。

釉陶精品除人物俑外，还有猪、鸡、狗、圈等动物俑和模型器，通体施釉，保存完好。此外，造型奇特的蟾蜍座灯、盘（魁）、簋（瓯）也是该批釉陶器中难得的珍品。其中，灯以蟾

---

① 冯先铭主编：《中国古陶瓷图典》，文物出版社，1998年。

蜍为座当有一定寓意。古代传说月中有蟾蜍，且常作为月亮代名词，如"蟾宫""蟾魄""蟾阙"等，古代还称科举考试金榜题名为"蟾宫折桂"。蟾蜍在月中可照亮黑夜，步蟾攀桂则是读书人的终身愿望。因此，以蟾蜍为灯座伴随古代学子寒窗苦读，当取功名在即的吉兆，能起到激励勤学的作用。

墓中最引人注目的还是一组造型各异、形体高大的陶俑。有部分陶俑的俑头或身体部位是以同范制成的，却与造型不同的其他部位捏合。一般为头、身分制，有的腿也分制，以女俑为主。多数女俑头部为同范制成，但却自然天成，并无雷同感。造型生动传神，动感极强，动势极富解剖学原理，将女性的阴柔之美刻画得淋漓尽致，如西王母、舞俑、听歌俑等。

西王母在汉代是人们顶礼膜拜、最受尊崇的神祇，这在巴蜀地区表现得更加突出，是画像石、画像砖、铜牌饰线刻图案等汉代遗物的永恒主题[1]。但像M47直接将西王母塑成实物还是少见，应含有保护、引领死者灵魂升天，归于极乐的意愿。另外，同墓出土的镇墓俑、众多的舞乐俑、服侍俑，都是服务于死者的，应是死者生前地位及身份的真实写照。

墓中出土陶屋，结构复杂，形体高大，可谓气势恢宏。既有普通楼房，同时还有戏楼、谯楼等。后者从一侧面反映了当时的社会背景，一方面是歌舞升平，一方面是刀光剑影。此外，这批陶屋对研究汉代建筑风格及结构亦有重要参考价值。

由此可见，M47成批出土的各类器物，可以说反映了死者生前的方方面面，极大地丰富了三峡地区东汉晚期社会的研究资料，有些还填补了空白。M47的发掘意义就在这里。

---

① 丛德新等：《重庆巫山县东汉鎏金铜牌饰的发现与研究》，《考古》1998年第12期。

# 附　表

## 附表一　采集墓砖标本登记表

| 序号 | 墓砖编号 | 采集位置 | 尺寸（长×宽-厚）/厘米 | 墓砖形制 | 墓砖纹饰 |
|---|---|---|---|---|---|
| 1 | M1砖：1 | 墓壁 | 36.1×12.4-6.4 | 常规长形砖 | 侧边饰菱形几何纹及短竖线，端边素面，平面饰绳纹 |
| 2 | M2砖：1 | 墓壁 | 38.4×12.3-6.1 | 常规长形砖 | 侧边饰"摇钱树"纹及短竖线，端边素面，平面饰绳纹 |
| 3 | M3砖：1 | 墓壁 | 36.0×12.0-5.6 | 常规长形砖 | 侧边饰叶脉纹及短竖线，端边素面，平面饰绳纹 |
| 4 | M4砖：1 | 墓壁 | 40.4×16.8-8.6 | 常规榫卯砖 | 侧边饰菱形几何纹，余素面 |
| 5 | M4砖：2 | 墓壁 | 40.3×16.8-9.7 | 常规榫卯砖 | 侧边饰菱形几何纹，余素面 |
| 6 | M4砖：3 | 券顶 | 40.2×17.0-8.6～9.4 | 单坡边榫卯砖 | 侧边饰菱形几何纹，端边饰两条短竖线，平面素面 |
| 7 | M4砖：4 | 券顶 | 39.0×16.5-5.7～7.4 | 双坡边榫卯砖 | 端边饰两条短竖线，余素面 |
| 8 | M5砖：1 | 墓壁 | 37.0×12.5-5.8 | 常规长形砖 | 侧饰竖线、斜线、交叉线等几何纹及楼梯形纹，端边素面，平面饰绳纹 |
| 9 | M6砖：1 | 墓壁 | 37.0×12.3-5.3 | 常规长形砖 | 侧边饰菱形几何纹及短竖线，端边素面，平面饰绳纹 |
| 10 | M7砖：1 | 墓壁 | 36.0×12.0-4.5 | 常规长形砖 | 侧边饰交叉线纹、楼梯形纹及成组短竖线，端边素面，平面饰绳纹 |
| 11 | M7砖：2 | 券顶 | 36.1×12.2-4.0～4.5 | 单坡边长形砖 | 侧边饰交叉线纹、楼梯形纹及成组短竖线，端边素面，平面饰绳纹 |
| 12 | M8砖：1 | 墓壁 | 32.7×18.8-5.0 | 常规宽形砖 | 侧边饰由各种短线组成的几何纹，端边素面，平面饰绳纹 |
| 13 | M8砖：2 | 墓壁 | 33.1×19.2-5.0 | 常规宽形砖 | 侧边饰组合几何纹，端边素面，平面饰绳纹 |
| 14 | M8砖：3 | 墓壁 | 36.3×12.0-5.4 | 常规长形砖 | 侧边饰两组由三角或圆弧组成的几何纹及三组横杠，端边素面，平面饰绳纹 |
| 15 | M8砖：4 | 券顶 | 33.0×18.6-4.6～5.3 | 双坡边宽形砖 | 侧边饰由斜线、半圆组成的几何纹，端边素面，平面饰绳纹 |
| 16 | M11砖：1 | 券顶 | 33.8×14.2-5.2～5.7 | 单坡边长形砖 | 侧边饰花草纹及短竖线，端边有"十"字记号，平面饰绳纹 |

| 序号 | 墓砖编号 | 采集位置 | 尺寸<br>（长×宽-厚）/厘米 | 墓砖形制 | 墓砖纹饰 |
|---|---|---|---|---|---|
| 17 | M11砖：2 | 券顶 | 34.7×13.8-4.8～5.8 | 双坡边长形砖 | 侧边饰菱形几何纹、短竖线及"永元十三年"铭文，端边有"十"字记号，平面饰绳纹 |
| 18 | M11砖：3 | 券顶 | 34.7×12.6-5.2～5.9 | 双坡边长形砖 | 侧边饰短竖线、弧线纹及"日永元十五年作治"铭文，端边素面，平面绳纹 |
| 19 | M11砖：4 | 墓壁 | 33.7×14.2-5.7 | 常规长形砖 | 侧边饰短竖线及"永元十五年作治"铭文，端边素面，平面饰绳纹 |
| 20 | M13砖：1 | 墓壁 | 31.7×17.8-11.7 | 镂空凹面砖 | 侧边饰网状、交叉、折线等组成的几何纹，端边素面，双面内凹并有不规则镂孔及深窝 |
| 21 | M14砖：1 | 墓壁 | 36.0×12.0-5.5 | 常规长形砖 | 侧边饰多种几何纹，端边素面，平面饰绳纹 |
| 22 | M14砖：2 | 墓壁 | 36.3×12.1-5.7 | 常规长形砖 | 侧边饰叶脉纹及竖线纹，端边素面，平面饰绳纹 |
| 23 | M15砖：1 | 券顶 | 38.0×12.0-4.6～5.6 | 双坡边长形砖 | 侧边饰摇钱树纹，端边为菱形几何纹，平面饰绳纹 |
| 24 | M15砖：2 | 墓壁 | 36.6×12.0-5.6 | 常规长形砖 | 侧边饰摇钱树纹，端边为虺蛇纹，平面饰绳纹 |
| 25 | M16砖：1 | 券顶 | 37.8×11.9-4.4～5.4 | 双坡边长形砖 | 侧边饰摇钱树纹，端边为菱形几何纹，平面饰绳纹 |
| 26 | M16砖：2 | 墓壁 | 36.4×12.0-5.6 | 常规长形砖 | 侧边饰摇钱树纹，端边为虺蛇纹，平面饰绳纹 |
| 27 | M16砖：3 | 墓底 | 30.5×15.2-2.1 | 常规宽形砖 | 侧边及端边素面，双面饰绳纹及深网状纹 |
| 28 | M17砖：1 | 墓底 | 残15.8×15.0-2.5 | 常规宽形砖 | 侧边及端边素面，平面一面饰深网状纹及竖线纹，另一面饰绳纹 |
| 29 | M18砖：1 | 墓底 | 36.0×12.0-5.6 | 常规长形砖 | 侧边饰短竖线、弧线、斜线几何纹及车轮纹，余素面 |
| 30 | M19砖：1 | 墓底 | 43.0×19.1-11.1 | 常规榫卯砖 | 侧边饰菱形几何纹，余素面 |
| 31 | M27砖：1 | 券顶 | 33.3×16.5-5.2～6.1 | 单坡边宽形砖 | 侧边有"富贵昌乐未央"铭文，端边及平面素面 |
| 32 | M27砖：2 | 券顶 | 33.5×16.5-5.2～6.0 | 双坡边宽形砖 | 侧边有"阳？富贵"铭文，余素面 |
| 33 | M29砖：1 | 墓底 | 32.0×17.0-5.6 | 常规宽形砖 | 侧边饰网格纹、楼梯形纹及短竖线，端边素面，平面饰绳纹 |
| 34 | M29砖：2 | 墓底 | 31.2×16.4-6.0 | 常规宽形砖 | 侧边饰网格纹及短竖线，端边素面，平面饰绳纹 |
| 35 | M29砖：3 | 墓壁 | 30.2×16.9-5.8 | 常规宽形砖 | 侧边饰扇形、方形及横三角形几何纹，余素面 |
| 36 | M42砖：1 | 墓壁 | 36.1×19.9-6.0 | 常规宽形砖 | 平面饰绳纹，余素面 |

续表

| 序号 | 墓砖编号 | 采集位置 | 尺寸（长×宽-厚）/厘米 | 墓砖形制 | 墓砖纹饰 |
|---|---|---|---|---|---|
| 37 | M42砖：2 | 券顶 | 35.0×18.5-3.2～4.5 | 双坡边宽形砖 | 平面饰绳纹，余素面 |
| 38 | M42砖：3 | 墓底 | 35.8×19.8-5.8 | 常规宽形砖 | 平面饰绳纹，余素面 |
| 39 | M44砖：1 | 券顶 | 36.0×16.8-4.1～5.0 | 双坡边宽形砖 | 侧边及端边饰由短竖线及交叉线组成的几何纹，平面饰绳纹 |
| 40 | M44砖：2 | 墓壁 | 30.8×15.0-4.4 | 常规宽形砖 | 侧边饰叶脉纹，端边素面，平面饰绳纹 |
| 41 | M44砖：3 | 墓底 | 28.0×14.0-4.0 | 常规宽形砖 | 素面 |
| 42 | M46砖：1 | 墓壁 | 34.0×10.0-4.1 | 常规长形砖 | 侧边饰组合几何纹及车轮纹，端边素面，平面饰绳纹 |
| 43 | M46砖：2 | 墓壁 | 32.9×9.1-4.0 | 常规长形砖 | 侧边饰组合几何纹，端边素面，平面饰绳纹 |
| 44 | M46砖：3 | 墓底 | 30.9×9.0-4.1 | 常规长形砖 | 侧边饰各式几何纹及车轮纹，余素面 |
| 45 | M46砖：4 | 墓底 | 36.4×11.3-4.2 | 常规长形砖 | 侧边饰菱形几何纹，余素面 |
| 46 | M47砖：1 | 墓壁 | 38.1×11.0-4.4 | 常规长形砖 | 侧边饰弧形勾连纹及短竖线，端边素面，平面饰绳纹 |
| 47 | M47砖：2 | 墓底 | 37.5×11.0-5.0 | 常规长形砖 | 侧边饰菱形几何纹及三组竖杠，端边素面，平面饰绳纹 |
| 48 | M47砖：3 | 券顶 | 37.6×11.2-4.5～5.0 | 双坡边长形砖 | 侧边饰弧形勾连纹及短竖线，端边素面，平面饰绳纹 |
| 49 | M53砖：1 | 墓壁 | 38.5×17.0-5.9 | 常规宽形砖 | 侧边及端边饰成组双线交叉几何纹，平面饰绳纹 |
| 50 | M53砖：2 | 墓门 | 35.5×17.0-6.4 | 常规宽形砖 | 侧边饰组合几何纹，余素面 |
| 51 | M62砖：1 | 墓壁 | 残32.8×11.0-5.0 | 常规长形砖 | 侧边饰菱形几何纹，端边素面，平面饰绳纹 |
| 52 | M62砖：2 | 墓壁 | 34.8×11.0-4.5 | 常规长形砖 | 侧边饰三角纹、弧线纹，端边素面，平面饰绳纹 |
| 53 | M62砖：3 | 墓壁 | 32.6×10.6-4.8 | 常规长形砖 | 侧边饰叶脉纹、菱形几何纹，端边素面，平面饰绳纹 |
| 54 | M62砖：4 | 墓壁 | 残28.8×10.8-4.6 | 常规长形砖 | 侧边饰叶脉纹、鱼形纹，端边素面，平面饰绳纹 |
| 55 | M63砖：1 | 墓壁 | 37.0×13.0-7.0 | 常规长形砖 | 侧边饰菱形几何纹，余素面 |
| 56 | M63砖：2 | 墓底 | 36.0×12.0-3.0 | 常规长形砖 | 素面 |

| 序号 | 墓砖编号 | 采集位置 | 尺寸（长×宽-厚）/厘米 | 墓砖形制 | 墓砖纹饰 |
|---|---|---|---|---|---|
| 57 | M63砖：3 | 墓底 | 34.0×22.0-3.0 | 常规宽形砖 | 素面 |
| 58 | M64砖：1 | 墓壁 | 37.0×17.0-5.0 | 常规宽形砖 | 侧边饰菱形几何纹，余素面 |
| 59 | M64砖：2 | 墓底 | 34.0×18.0-5.0 | 常规宽形砖 | 素面 |
| 60 | M67砖：1 | 墓壁 | 33.0×11.0-4.5 | 常规长形砖 | 侧边饰车轮纹及弧线、菱形几何纹，端边素面，平面饰绳纹 |
| 61 | M67砖：2 | 券顶 | 33.0×11.0-3.5～4.5 | 双坡边长形砖 | 侧边饰车轮纹及弧线、菱形几何纹，端边素面，平面饰绳纹 |
| 62 | M77砖：1 | 墓壁 | 35.2×17.0-5.4 | 常规宽形砖 | 侧边饰叶脉纹，端边素面，平面饰绳纹 |
| 63 | M77砖：2 | 墓壁 | 34.0×17.3-5.1 | 常规宽形砖 | 侧边饰菱形几何纹，端边素面，平面饰绳纹 |
| 64 | M77砖：3 | 墓底 | 33.0×17.0-4.5 | 常规宽形砖 | 素面 |
| 65 | M81砖：1 | 墓壁 | 33.0×15.9-5.6 | 常规宽形砖 | 侧边饰短竖线、楼梯形等几何纹，端边素面，平面饰绳纹 |
| 66 | M81砖：2 | 墓壁 | 31.8×16.2-4.0 | 常规宽形砖 | 侧边饰短竖线、圆弧线等几何纹，端边素面，平面饰绳纹 |
| 67 | M81砖：3 | 墓壁 | 残22.0×16.0-4.5 | 常规宽形砖 | 侧边饰短竖线、交叉线、叶脉形等几何纹，端边素面，平面饰绳纹 |
| 68 | M85砖：1 | 墓壁 | 28.0×14.0-4.5 | 常规宽形砖 | 素面 |
| 69 | M85砖：2 | 墓底 | 26.0×14.0-4.5 | 常规宽形砖 | 素面 |
| 70 | M85砖：3 | 墓底 | 31.0×30.0-4.0 | 常规宽形砖，接近方形砖 | 素面 |

# 附表二　1997～1998年发掘墓葬登记表

| 墓号 | 墓向/° | 尺寸（长×宽-深）/厘米 | | | 类型 | 形制 | 随葬器物 | 年代 | 备注 |
|---|---|---|---|---|---|---|---|---|---|
| | | 墓室 | 甬道 | 墓道 | | | | | |
| M4 | 160 | 830×220-236 | 186×126-182 | | 洞穴砖室墓 | 凸字形 | 全部被盗 | 东汉晚期 | 墓砖有榫卯结构 |
| M7 | 144 | 556×202-200 | 180×105-168 | | 洞穴砖室墓 | 刀形 | 全部被盗 | 东汉晚期 | |
| M8 | 164 | 607×204-180 | 126×114-153 | | 洞穴砖室墓 | 凸字形 | 陶罐3、陶器盖2、陶灶、釉陶锺2、釉陶器盖2、石珠、铜钱50 | 东汉中期 | 被盗。甬道稍偏西，平面呈非对称凸字形 |
| M10 | 148 | 368×170-177 | 120×110-残110 | | 洞穴石室墓 | 刀形 | 陶罐、陶高领罐2、陶器盖、釉陶锺2 | 东汉初期 | 盗毁严重 |
| M11 | 158 | ?×192-216 | 185×95-172 | | 洞穴砖室墓 | 刀形 | 全部被盗 | 东汉中期 | 墓葬长度不详。有东汉和帝"永元"纪年墓砖 |
| M15 | 142 | ?×192-216 | 272×112-172 | | 洞穴砖室墓 | 刀形 | 陶罐3、陶釜3、陶瓶、陶甑、陶钵5、陶杯、陶灯4、陶器盖、陶灶、釉陶锺、釉陶器盖、鎏金铜泡钉 | 东汉中期 | 被盗。墓室远端因塌方未发掘完毕，墓葬长度不明 |
| M16 | 140 | ?×195-210 | 260×115-185 | | 洞穴砖室墓 | 刀形 | 陶盂、陶甑、釉陶杯、铜洗 | 东汉中期 | 盗毁严重 |
| M22 | 175 | 570×170-480 | 54×84 | 残150×84 | 竖穴石室墓 | 凸字形 | 陶罐7、陶高领罐2、陶壶、陶盂6、陶瓶、陶甑、陶钵、陶灶、铜錾、铜洗、铜碗、铜构件2、铜钱105 | 新莽至东汉初期 | 墓道坡度30°，甬道无墙，偏向西侧，平面呈非规则凸字形。墓室无券顶。填土有6件器物 |
| M29 | 159 | 590×170-234 | 277×150 | 290×100 | 洞穴砖室墓 | 凸字形 | 陶罐22、陶高领罐3、陶瓮、陶壶3（1件有盖）、陶盂21、陶瓶6、陶甑6、陶钵13、陶杯、陶灶4、陶镇墓俑、陶筒瓦、铜錾、铜洗、铜碗、铜钱364 | 新莽至东汉初期 | 墓道坡度15°。甬道为竖穴土坑。墓室无券顶 |
| M31 | 100 | 290×200-320 | | | 竖穴土坑墓 | 长方形 | 陶罐2、陶盂3（1件有盖）、陶瓶2、陶甑2、陶钵2、陶器座、陶灶、铜带钩、铜环2、铜钱2、铁鍪 | 西汉中期 | 墓底有板灰及枕木沟 |
| M32 | 95 | 340×230-470 | | | 竖穴土坑墓 | 长方形 | 陶罐2、陶盂3、陶瓶2、陶甑2、陶钵2、陶器座、陶灶、铜钱5、铁鍪 | 西汉中期 | 墓底有板灰及枕木沟 |

续表

| 墓号 | 墓向/° | 尺寸（长×宽-深）/厘米 | | | 类型 | 形制 | 随葬器物 | 年代 | 备注 |
|---|---|---|---|---|---|---|---|---|---|
| | | 墓室 | 甬道 | 墓道 | | | | | |
| M33 | 185 | 384×162-198 | 216×85-150 | ?×87 | 竖穴石室墓 | 刀形 | 陶罐、陶高领罐3、陶釜、陶灶、釉陶锺3、釉陶钵4、铜环2、铜钱48、琉璃琐4 | 东汉中期 | 墓上有封土。墓道坡度21°。头骨及骨架痕迹尚存 |
| M34 | 不明 | 397×240-300 | | | 竖穴土坑墓 | 长方形 | 无 | 西汉末年至新莽 | 被M35打破 |
| M35 | 278 | 400×194-370 | | | 竖穴土坑墓 | 长方形 | 陶罐5、陶高领罐4、陶盂4、陶瓿、陶钵、陶器盖、陶灶、铜钱68 | 西汉末年至新莽 | 打破M34。墓底铺垫厚约8厘米的不规则石块，周边有排水沟 |
| M38 | 85 | 385×190-205 | | 170×108 | 竖穴土坑墓 | 刀形 | 陶罐6、陶高领罐2、陶壶2（均有盖）、陶盂、陶瓶、陶瓿、陶钵、陶碟9、陶灶2、铜鍪、铜釜、铜盘、铜镜、铜钱108、铁削、铁锯、铁叉（残）、残铁器、穿孔石器 | 西汉晚期 | 打破M39。墓上疑有封土。墓道坡度35° |
| M39 | 260 | 360×244-250 | | | 竖穴土坑墓 | 长方形 | 陶罐4、陶高领罐、陶瓮、陶盂、陶瓶、陶瓿、陶钵、陶灶、铜鍪、铜钱10、铁剑 | 西汉晚期偏早 | 被M38打破。墓上疑有封土 |
| M40 | 95 | 360×310-330 | | | 竖穴土坑墓 | 长方形 | 陶罐36、陶壶（有盖）、陶盂18、陶瓶11、陶瓿5、陶钵17、陶碟6、陶支垫、陶器盖、陶仓3（1件有盖）、陶灶6、陶人物俑6、铜镜、铜泡钉4、铜钱17、石板 | 西汉晚期 | 墓上有封土。墓底有少量板灰，内有两具骨架痕迹 |
| M41 | 160 | 380×177-260 | | 190×100 | 竖穴土坑墓 | 刀形 | 陶罐、铜钱 | 新莽 | 盗毁严重。墓道坡度33°。墓底铺有少量碎石块 |
| M42 | 155 | 455×170-190 | 残35×90 | | 竖穴砖室墓 | 凸字形 | 青瓷盘口壶（残） | 南朝 | 盗毁严重。甬道残。有砖砌排水沟痕迹。墓底有板灰 |

说明：1. "墓向"栏内，有甬道或墓道者，墓向以甬道或墓道朝向为准；无甬道或墓道者，若有头向则以头向为墓向，无头向者则以随葬器物为准，二者均无者标注"不明"

2. 土坑墓墓室及墓道长、宽均指口部尺寸，深是指墓底至墓口深度；砖（石）室墓墓室及甬道均指内空尺寸

3. "形制"指的是墓室与甬道或墓室与墓道组成的平面形状

4. "随葬器物"栏内阿拉伯数字为件（枚）数（铜钱以枚计），未注明者为1件（枚）

# 附表三 1999年发掘墓葬登记表

| 墓号 | 墓向/° | 尺寸(长×宽-深)/厘米 | | | 类型 | 形制 | 随葬器物 | 年代 | 备注 |
|---|---|---|---|---|---|---|---|---|---|
| | | 墓室 | 甬道 | 墓道 | | | | | |
| M43 | 265 | 434×310-405 | | | 竖穴土坑墓 | 长方形 | 铜壶、铜带钩、铁鼎、动物骨骼 | 西汉早期 | 墓底有腰坑,并有板灰残痕。人骨尚存 |
| M44 | 175 | 360×150-170 | 152×86-150 | | 竖穴砖室墓 | 凸字形 | 石珠35 | 南朝 | 被盗。甬道南端有排水沟 |
| M45 | 270 | 420×320-431 | | | 竖穴土坑墓 | 长方形 | 铜鼎(有盖)、铜钫(有盖)、铜带钩 | 西汉早期 | 墓底可见骨架痕迹及少量板灰 |
| M46 | 283 | 460×200-残96 | 210×110 | | 竖穴砖室墓 | 刀形 | 陶罐、陶人物俑2、陶鸡、陶兽首、釉陶锺、釉陶簋(瓯)、釉陶鉴(残)、铜牌饰、铜泡钉13、铜钱15 | 东汉晚期 | 被盗。打破M48。墓室前端有方形角墙、隔墙及过道。甬道低于过道及墓室 |
| M47 | 265 | 400×200-残192 | 240×90 | | 竖穴砖室墓 | 刀形 | 陶罐5、陶碟2、陶屋5、陶人物俑9、陶镇墓俑、陶马、陶狗、陶猪、陶鸡2、陶兽首、釉陶罐4、釉陶锺5、釉陶簋(瓯)、釉陶盘(魁)、釉陶灯、釉陶勺、釉陶器盖5、釉陶圈、釉陶人物俑7、釉陶镇墓兽、釉陶狗、釉陶猪、釉陶鸡、铜鍪、铜釜2、铜锺2、铜簋2、铜盘、铜牌饰13、铜泡钉16、铜构件19、铜钱1145、漆耳杯1、金手镯、金指环5、银手镯、银指环3、银戒指 | 东汉晚期 | 打破M48。甬道及墓室前部低于墓室 |
| M48 | 270 | 422×320-455 | | | 竖穴土坑墓 | 长方形 | 陶矮领罐、铜鼎(有盖)、铜壶(有盖)、铜鐎壶、铜勺、铜带钩、石璧 | 西汉早期 | 被M46、M47打破。墓底局部可见板灰痕迹 |
| M49 | 101 | 372×382-460 | | | 竖穴土坑墓 | 近方形 | 陶罐11、陶鼎、陶壶、陶盂3、陶钵10、陶灶、铜镜2、铜构件3、铜钱、铁剑、石板、石饼 | 西汉晚期偏早 | 被M53叠压,打破M50。墓内有2具骨架痕迹 |
| M50 | 不明 | 336×225-390 | | | 竖穴土坑墓 | 长方形 | 无 | 西汉中期 | 被M49打破,同时被M53排水沟打破。随葬器物疑被M49毁 |
| M51 | 345 | 232×85-98 | | | 竖穴土坑墓 | 长方形 | 釉陶多角坛、釉陶魂瓶(有盖) | 宋代 | 头骨尚存 |

| 墓号 | 墓向 /° | 尺寸（长×宽-深）/厘米 | | | 类型 | 形制 | 随葬器物 | 年代 | 备注 |
|---|---|---|---|---|---|---|---|---|---|
| | | 墓室 | 甬道 | 墓道 | | | | | |
| M52 | 335 | 258×90-145 | | | 竖穴土坑墓 | 长方形 | 釉陶罐2、铜钗 | 宋代 | 头骨尚存 |
| M53 | 180 | 410×150-残162 | 170×96 | | 竖穴砖室墓 | 凸字形 | 青瓷盘口壶（残） | 南朝 | 被盗。甬道打破M49，排水沟打破M50。甬道口有封门砖，口外有排水沟 |
| M54 | 274 | 396×280-375 | | | 竖穴土坑墓 | 长方形 | 陶矮领罐、铁鍪 | 西汉中期 | |
| M55 | 不明 | 445×310-403 | | | 竖穴土坑墓 | 长方形 | 无 | 西汉早期 | |

说明：1.“墓向”栏内，有甬道或墓道者，墓向以甬道或墓道朝向为准；无甬道或墓道者，若有头向则以头向为墓向，无头向者则以随葬器物为准，二者均无者标注“不明”

2.土坑墓墓室及墓道长、宽均指口部尺寸，深是指墓底至墓口深度；砖（石）室墓墓室及甬道均指内空尺寸

3.“形制”指的是墓室与甬道或墓室与墓道组成的平面形状

4.“随葬器物”栏内阿拉伯数字为件（枚）数（铜钱以枚计），未注明者为1件（枚）

# 附表四　2001年发掘墓葬登记表

| 墓号 | 墓向/° | 尺寸（长×宽-深）/厘米 | | | 类型 | 形制 | 随葬器物 | 年代 | 备注 |
|---|---|---|---|---|---|---|---|---|---|
| | | 墓室 | 甬道 | 墓道 | | | | | |
| M56 | 不明 | 386×253-270 | | | 竖穴土坑墓 | 长方形 | 全部被盗 | 西汉晚期 | 被盗 |
| M57 | 245 | （298~308）×（291~300）-420 | | | 竖穴土坑墓 | 近方形 | 陶罐5、陶器盖、陶马、铜泡钉 | 西汉晚期偏早 | 被盗。四周有熟土二层台 |
| M58 | 235 | 420×（268~280）-530 | | | 竖穴土坑墓 | 不规则长方形 | 陶灶（残）、铁剑（残）、漆器（残） | 西汉晚期 | 被盗。南侧有生土二层台 |
| M59 | 145 | 280×200-140 | | 残60×80 | 竖穴土坑墓 | 凸字形 | 陶罐4、陶盂4、陶瓶、陶甑、陶器盖、陶灶、釉陶平底壶、铜带钩、铜钱21、铁削、石板、动物骨骼 | 新莽至东汉初期 | 墓道被M61打破。墓道坡度15° |
| M60 | 235 | 500×440-550 | | | 竖穴土坑墓 | 长方形 | 陶盂2（1件有盖）、陶瓶、陶钵、陶杯6、陶器座 | 西汉晚期 | 被盗。被M62、M65打破。北侧有生土二层台，西北角有方形生土墩 |
| M61 | 235 | 230×80-75 | | | 竖穴土坑墓 | 长方形 | 瓷盏（残）2 | 宋代 | 被盗。打破M59墓道及生土。头骨尚存 |
| M62 | 145 | 前端369×180-190，后端252×202-265 | | ?×80 | 竖穴砖、石混筑墓 | 凸字形 | 陶罐3、陶钵、陶灶2、陶鸡、釉陶锺（残）、铜构件4、铜牌饰、铜泡钉6、铜钱38 | 东汉中期 | 被盗。打破M60及生土。墓道长度及坡度不详。后室无墙无顶，底部略低于前室。墓底有4具棺、骨痕迹 |
| M63 | 不明 | 残252×185-残81 | | | 竖穴砖室墓 | 不明 | 全部被盗 | 南朝 | 被盗 |
| M64 | 150 | 390×135-残130 | | | 竖穴砖室墓 | 长方形 | 全部被盗 | 南朝 | 被盗 |
| M65 | 145 | 469×220-167 | | | 竖穴土坑墓 | 长方形 | 陶罐4、陶高领罐2、陶壶、陶瓶、陶灶、釉陶鼎（残）、铜钱70 | 新莽 | 被盗。西北部因M60盗洞遭到破坏。墓底铺石块 |
| M66 | 265 | 280×280-160 | | 160×（56~130） | 竖穴土坑墓 | 刀形 | 陶罐8、陶盂3、陶瓶2、陶甑2、陶钵、陶器盖、陶仓、陶灶、铜鍪、铜壶、铜盆、铜镜、铁削、石饼、石板 | 西汉晚期偏早 | 墓道不规则，坡度33°。墓室三侧有熟土二层台 |

| 墓号 | 墓向/° | 尺寸（长×宽-深）/厘米 | | | 类型 | 形制 | 随葬器物 | 年代 | 备注 |
|---|---|---|---|---|---|---|---|---|---|
| | | 墓室 | 甬道 | 墓道 | | | | | |
| M67 | 165 | 560×168-162 | 160×110-残110 | | 竖穴砖室墓 | 刀形 | 全部被盗 | 东汉中期偏晚 | 被盗。打破M71。墓底有3具棺、骨痕迹 |
| M68 | 250 | 380×270-400 | | | 竖穴土坑墓 | 长方形 | 陶罐5、陶盂3、陶瓶2（1件有盖）、陶甑2、陶钵、陶器座、陶灶、铜鍪、铜壶 | 西汉中期 | 墓底有枕木沟 |
| M69 | 140 | 305×150-残70 | | | 竖穴土坑墓 | 长方形 | 陶盆2 | 东汉初期 | 墓葬上部已毁 |
| M70 | 260 | 270×180-100 | | | 竖穴土坑墓 | 长方形 | 陶罐5（2件有盖）、陶盂4、陶瓶2（1件有盖）、陶甑3、陶钵、陶器座、陶灶、铜镜、铜泡钉2 | 西汉中期 | 打破M71 |
| M71 | 265 | 330×220-290 | | | 竖穴土坑墓 | 长方形 | 铜刀 | 西汉中期 | 被M67、M70打破。墓底有枕木沟 |
| M72 | 145 | 480×150-150 | | 390×125 | 竖穴石室墓 | 刀形 | 陶瓮、陶盂、陶瓶、陶甑、陶钵、陶灶、铜盆、铜钱27、石填 | 东汉初期 | 被盗。被M73打破。墓道坡度31°。墓内有骨架1具 |
| M73 | 255 | 200×80-83 | | | 竖穴土坑墓 | 长方形 | 釉陶双耳罐、釉陶碗2、釉陶灯、瓷盏2 | 宋代 | 打破M72 |
| M74 | 245 | 200×80-52 | | | 竖穴土坑墓 | 长方形 | 釉陶双耳罐、釉陶碗 | 宋代 | |
| M75 | 不明 | 残298×残118-残140 | | | 竖穴砖、石混筑墓 | 不明 | 全部被盗 | 东汉初期 | 盗毁严重，仅存部分墓室 |
| M76 | 270 | 190×100-52 | | | 竖穴土坑墓 | 长方形 | 釉陶罐、釉陶碗（残） | 宋代 | |

说明：1."墓向"栏内，有甬道或墓道者，墓向以甬道或墓道朝向为准；无甬道或墓道者，若有头向则以头向为墓向，无头向者则以随葬器物为准，二者均无者标注"不明"

2.土坑墓墓室及墓道长、宽均指口部尺寸，深是指墓底至墓口深度；砖（石）室墓墓室及甬道均指内空尺寸

3."形制"指的是墓室与甬道或墓室与墓道组成的平面形状

4."随葬器物"栏内阿拉伯数字为件（枚）数（铜钱以枚计），未注明者为1件（枚）

# 附表五 2002年发掘墓葬登记表

| 墓号 | 墓向/° | 尺寸(长×宽-深)/厘米 | | | 类型 | 形制 | 随葬器物 | 年代 | 备注 |
|---|---|---|---|---|---|---|---|---|---|
| | | 墓室 | 甬道 | 墓道 | | | | | |
| M77 | 145 | 256×140-残90 | | ?×80 | 竖穴砖室墓 | 刀形 | 铜手镯2、铜钱5、银手镯1、铁削、石珠5、石饰、骨饰 | 南朝 | 盗毁严重。墓道及墓室上部已毁,墓道长度、坡度不详。残存一块人骨 |
| M78 | 145 | 334×207-215 | | | 竖穴土坑墓 | 长方形 | 陶壶(残) | 新莽 | 被盗。被M77、M79打破 |
| M79 | 不明 | 223×143-270 | | | 竖穴土坑墓 | 长方形 | 全部被盗 | 新莽 | 盗毁严重。被M77打破,同时打被M78、M80 |
| M80 | 145 | 275×174-255 | | | 竖穴土坑墓 | 长方形 | 陶壶(残)、动物骨骼 | 新莽偏早 | 被盗。同时被M77、M78、M79打破 |
| M81 | 155 | 前端348×178-残105,后端220×210 | | ?×87 | 竖穴砖、石混筑墓 | 刀形 | 陶罐11、陶高领罐、陶盂5、陶瓶3、陶甑2、陶钵、陶灯、陶灶、釉陶鼎、釉陶釜、釉陶锺、釉陶钵、釉陶杯、釉陶盘(魁)、釉陶勺、釉陶器盖2、铜鍪、铜洗、铜钱108、铁削 | 新莽 | 打破M83、M84。墓道已毁,长度及坡度不详。后室无墙无顶,而且墓底倾斜较甚。墓内可见3具骨架痕迹 |
| M82 | 155 | 605×190-200 | 190×90-150 | 残95×90 | 竖穴石室墓 | 刀形 | 陶罐7、陶盂2、陶釜2、陶钵4、陶灶2、釉陶锺、釉陶灯(有盖)、釉陶器盖2、铜耳环扣、铜泡钉、铜钱64 | 新莽偏晚 | 被盗。墓道坡度22° |
| M83 | 159 | 280×125-204 | | | 竖穴土坑墓 | 长方形 | 陶高领罐2、铜钱6 | 新莽偏早 | 被盗。被M81打破,同时打破M84。尚存部分骨架 |
| M84 | 241 | 410×340-590 | | 265×209 | 竖穴土坑墓 | 凸字形 | 全部被盗 | 西汉晚期偏早 | 盗毁严重。同时被M81、M83打破。墓道未发掘完毕,长度不详,坡度30°。墓底有"Ⅱ"形棺椁痕迹 |

| 墓号 | 墓向/° | 尺寸(长×宽-深)/厘米 | | | 类型 | 形制 | 随葬器物 | 年代 | 备注 |
|---|---|---|---|---|---|---|---|---|---|
| | | 墓室 | 甬道 | 墓道 | | | | | |
| M85 | 290 | 275×140-残70 | | | 竖穴砖室墓 | 长方形 | 釉陶双耳罐2、釉陶碗4 | 宋代 | 被盗。墓葬上部已毁 |
| M86 | 349 | 236×90-165 | | | 竖穴土坑墓 | 长方形 | 釉陶双耳罐、釉陶碗、瓷盏 | 宋代 | |
| M87 | 320 | 210×70-120 | | | 竖穴土坑墓 | 窄长方形 | 铜簪2 | 明代 | 被盗 |
| M88 | 350 | 240×110-90 | | | 竖穴土坑墓 | 长方形 | 铜镜、铜钱10、琉璃簪2 | 宋代 | |
| M89 | 352 | 240×110-180 | | | 竖穴土坑墓 | 长方形 | 釉陶双耳罐、釉陶碗、瓷盏、瓷杯、铜钱12 | 宋代 | 骨架尚存 |
| M90 | 255 | 318×194-240 | | | 竖穴土坑墓 | 长方形 | 陶高领罐2、铜镜2、铜环、铜钱1 | 西汉晚期 | 被盗。打破M91 |
| M91 | 255 | 315×（202～220）-422 | | | 竖穴土坑墓 | 不规则长方形 | 陶罐4、陶盂4（1件有盖）、陶瓶2、陶甑2、陶钵2、陶器座、陶灶、铁鍪、铜钱 | 西汉中期 | 被盗过，但未损及随葬器物。被M90打破。墓底有枕木沟 |
| M92 | 不明 | 残120×100-残60 | | | 竖穴土坑墓 | 长方形 | 全部被盗 | 宋代 | 盗毁严重 |
| M101 | 48 | 384×210-残320 | 190×175-残290 | 残140×115 | 竖穴土坑墓 | 凸字形 | 陶罐11（7件有器盖）、陶盂4、陶瓶3、陶甑3、陶钵4、陶灶、铜构件、铜钱86 | 西汉晚期偏早 | 被盗过，但未及墓底。墓坑上部已毁。有甬道，墓道坡度23°。骨架残存右下肢 |
| M102 | 168 | 360×200-残65 | | ?×112 | 竖穴石室墓 | 刀形 | 陶灶、铜鍪 | 东汉中期 | 被盗。墓葬上部及墓道已毁 |
| M103 | 155 | 340×180-残160 | | | 竖穴土坑墓 | 长方形 | 陶人物俑2 | 新莽 | 被盗。墓坑上部已毁 |

说明：1. "墓向"栏内，有甬道或墓道者，墓向以甬道或墓道朝向为准；无甬道或墓道者，若有头向则以头向为墓向，无头向者则以随葬器物为准，二者均无者标注"不明"

2. 土坑墓墓室及墓道长、宽均指口部尺寸，深是指墓底至墓口深度；砖（石）室墓墓室及甬道均指内空尺寸

3. "形制"指的是墓室与甬道或墓室与墓道组成的平面形状

4. "随葬器物"栏内阿拉伯数字为件（枚）数（铜钱以枚计），未注明者为1件（枚）

# 附表六　汉墓随葬器物统计表

| 墓葬编号 | 陶器 | 釉陶器 | 铜器 | 铁器 | 石器 | 其他 | 小计/件 | 铜钱/枚 |
|---|---|---|---|---|---|---|---|---|
| M8 | 残罐（9、11、12）、CⅡ式器盖（6）、残器盖（8）、残灶（4） | AⅡ式锤（7）、残锤（10）、BⅡ式器盖（3、5） | | | 珠（1） | | 11 | 50 |
| M10 | FⅡ式罐（3）、CⅡ式高领罐2（2、5）、CⅡ式器盖（6） | AⅠ式锤2（1、4） | | | | | 6 | |
| M15 | HⅡ式罐3（4、13、14）、AⅡ式釜（6）、BⅡ式釜（15）、CⅡ式釜（11）、DⅡ式瓶（7）、EⅡ式甑（17）、FⅢ式钵3（18、21、22）、I型钵2（16、23）、B型杯（5）、AⅡ式灯（8）、B型灯3（1、19、20）、F型器盖（10）、FⅢ式灶（12） | 残锤（2）、BⅡ式器盖（3） | A型泡钉（9） | | | | 23 | |
| M16 | GⅡ式盂（2）、EⅡ式甑（3） | B型杯（1） | 残洗（4） | | | | 4 | |
| M22 | FⅠ式罐7（13、14、15、16、17、27、29）、CⅡ式高领罐2（11、25）、C型壶（10）、GⅠ式盂（22）、GⅡ式盂4（12、23、24、26）、HⅡ式盂（20）、DⅠ式瓶（19）、DⅡ式甑（21）、FⅡ式钵（18）、EⅢ式灶（30） | | BⅠ式鍪（7）、B型洗（8）、碗（9）、C型Ⅰ式铜构件2（31、33） | | | | 25 | 105 |
| M29 | E型罐7（8、9、10、11、13、15、59）、FⅠ式罐（41）、FⅡ式罐9（30、33、47、53、57、58、62、64、82）、GⅡ式罐5（52、60、61、63、65）、BⅡ式高领罐（32）、CⅡ式高领罐2（3、6）、Ⅱ式瓮（28）、AⅡ式壶2（43、48）、BⅡ式壶（21）、CⅢ式盂（80）、FⅡ式盂11（20、34-4、35、40、44、45、46、49、50、51、85）、GⅠ式盂（84）、HⅠ式盂（12）、HⅡ式盂7（19、29、42、54、72、73、75）、CⅡ式瓶5（14、31、36、37、70）、DⅠ式瓶（69）、DⅡ式甑5（17-3、34-2、34-3、77、81）、EⅠ式甑（26）、CⅡ式钵（25）、DⅡ式钵4（38、39、55、56）、DⅢ式钵（27）、EⅡ式钵（68）、GⅡ式钵4（17-2、23、76、79）、HⅡ式钵（7、24）、C型杯（22）、CⅡ式器盖（48-2）、BⅢ式灶（34-1）、C型灶3（17-1、71、78）、镇墓俑（1） | | AⅢ式鍪（4）、A型洗（5）、碗（2） | | | 筒瓦（18） | 86 | 364 |

| 墓葬编号 | 陶器 | 釉陶器 | 铜器 | 铁器 | 石器 | 其他 | 小计/件 | 铜钱/枚 |
|---|---|---|---|---|---|---|---|---|
| M31 | BaⅡ式罐（5）、CⅠ式罐（11）、AⅠ式盂3（4-2、4-3、10）、AⅠ式瓶2（7、12）、AⅡ式甑（9）、BⅠ式甑（6）、AⅠ式钵2（8、13）、AⅠ式器座（14）、DⅠ式器盖（10-2）、BⅡ式灶（4-1） | | B型带钩（3）、环2（15、16） | Ⅱ式錾（1） | | | 18 | 2 |
| M32 | AⅠ式罐（8）、CⅠ式罐（5）、AⅠ式盂（3-2）、CⅠ式盂2（3-4、12）、AⅠ式瓶2（6、10）、BⅠ式甑2（3-3、11）、AⅠ式钵（2、7）、BⅠ器座（1）、E型器盖（3-4-2）、BⅠ式灶（3-1） | | | Ⅱ式錾（4） | | | 15 | 5 |
| M33 | J型罐（1）、CⅢ式高领罐2（2、10）、E型高领罐（4）、BⅠ式釜（7）、FⅡ式灶（9） | AⅡ式锤2（3、13）、AⅢ式锤（12）、AⅠ式钵（6）、AⅡ式钵2（5、8）、B型钵（11） | 环2（16-1、16-2） | | 填4（15-1、15-2、15-3、15-4） | | 19 | 48 |
| M35 | FⅠ式罐3（2、13、15）、GⅡ式罐2（3、17）、AⅡ式高领罐（8）、BⅡ式高领罐2（10、16）、CⅡ式高领罐（9）、CⅢ式盂（5）、DⅡ式盂（4）、GⅡ式盂（1-2）、HⅠ式盂（1-4）、DⅡ式甑（1-3）、CⅡ式钵（12）、BⅡ式器盖（14）、C型灶（1-1） | | | | | | 17 | 68 |
| M38 | CⅢ式罐（20）、DⅠ式罐（19）、DⅡ式罐2（12、21）、GⅡ式罐2（13、14）、BⅠ式高领罐2（22、23）、AⅠ式壶（10）、BⅠ式壶（11）、E型盂（27）、BⅡ式瓶（25）、C型甑（26）、DⅠ式钵（16-2）、A型碟9（15-2、15-3、15-4、15-5、15-6、15-7、15-8、15-9、15-10）、CⅠ式器盖2（10-2、11-2）、EⅠ式灶（16-1）、GⅡ式灶（15-1） | | AⅡ式錾（1）、A型盘（2）、A型釜（18）、AⅡ式镜（3） | Ⅱ式削（8）、锯（5）、残叉（7）、残铁器（6） | 穿孔器（4） | | 36 | 108 |
| M39 | CⅢ式罐（5）、DⅡ式罐3（6、9、10）、CⅠ式高领罐（8）、Ⅰ式瓮（7）、CⅡ式盂（4-2）、AⅡ式瓶（11）、C型甑（4-3）、EⅠ式钵（12）、DⅠ式灶（4-1） | | AⅡ式錾（2） | 剑（1） | | | 13 | 10 |

| 墓葬编号 | 陶器 | 釉陶器 | 铜器 | 铁器 | 石器 | 其他 | 小计/件 | 铜钱/枚 |
|---|---|---|---|---|---|---|---|---|
| M40 | AⅡ式罐（96）、CⅡ式罐4（23、100、104、108）、CⅢ式罐6（2、16、20、59、62、91）、DⅠ式罐13（3、7、17、22、26、30、40、77、79、98、103、105、109）、DⅡ式罐10（1、19、29、69、70、73、74、89、92、93）、GⅠ式罐2（4、56）、AⅠ式壶（81）、BⅡ式盂3（21、48、94）、CⅡ式盂6（5、9、45、64、95-4、97、99-2、99-4）、DⅠ式盂2（43、57）、FⅠ式盂5（13、67、68、87、88）、AⅡ式瓶（18）、AⅢ式瓶4（28、65、71、107）、BⅡ式瓶5（27、47、54、80、99-3）、E型瓶（51）、BⅡ式甑4（31、49、95-3、99-5）、C型甑（63）、BⅠ式钵（113）、BⅡ式钵5（6、8、50、58、90）、CⅠ式钵（32）、DⅠ式钵（112）、GⅠ式钵8（25、36、37、38、46、66、95-2、111）、HⅠ式钵（39）、A型碟6（44、52、53、55、75、110）、支垫（72）、BⅠ式器盖2（42、82-2）、CⅠ式器盖（81-2）、A型仓2（82、101）、B型仓（24）、AⅠ式灶（95-1）、BⅡ式灶2（41、99-1）、GⅠ式灶3（15、76、78）、A型人物俑6（33、34、35、60、61、102） |  | AⅡ式镜（11）、A型泡钉（14）、B型泡钉3（83、84、85） |  | Ⅰ式板（12） |  | 119 | 17 |
| M41 | FⅠ式罐（1） |  |  |  |  |  | 1 | 1 |
| M43 |  |  | AⅠ式壶（1）、AⅠ式带钩（3） | 鼎（2） | | 动物骨骸（4） | 4 |  |
| M45 |  |  | 鼎（2）、钫（1）、AⅢ式带钩（3） |  |  |  | 3 |  |
| M46 | Ⅰ型罐（7）、A型人物俑2（1、4）、动物俑2（2、23） | 残锺（6）、簋（瓯）（5）、残鉴（3） | A型泡钉10（10、11、12、13、14、15、16、17、18、19）、B型泡钉（9）、C型泡钉2（20、21）、A型牌饰（8） |  |  |  | 22 | 15 |

| 墓葬编号 | 陶器 | 釉陶器 | 铜器 | 铁器 | 石器 | 其他 | 小计/件 | 铜钱/枚 |
|---|---|---|---|---|---|---|---|---|
| M47 | I型罐4（10、14、49、54）、K型罐（50）、B型碟2（11、80）、B型人物俑9（26、33、35、42、43、60、61、62、63）、猪（13）、马（44）、鸡2（46、56）、狗（64）、残兽首（65）、镇墓俑（27）、陶屋5（24、25、31、36、87） | A型罐2（12、15）、B型罐2（19、20）、AⅢ式锺2（38、40）、BⅡ式锺2（30、37）、残锺（57）、Ⅱ式盘（魁）（52）、簋（瓯）（51）、Ⅱ式勺（59）、B型灯（47）、圈（48）、AⅡ式器盖2（17、18）、AⅢ式器盖（16）、BⅢ式器盖2（55、58）、人物俑7（21、22、23、29、34、41、68）、镇墓兽（78）、猪（39）、鸡（45）、狗（66） | BⅢ式鍪（71）、A型锺（70）、B型锺（69）、B型盘（106）、簋2（72、86）、B型釜2（73、74）、A型泡钉9（67、75、85、93、94、98、99、100、105）、B型泡钉2（95、120）、C型泡钉5（96、97、101、103、121）、A型牌饰2（8、92）、B型牌饰4（76、77、81、88）、C型牌饰7（9、84、89、90、91、104、110）、C型Ⅱ式铜构件3（1、102、109）、D型铜构件6（28、53、82、107、108、111）、E型铜构件6（32、79、112、115、118、119）、F型铜构件2（113、114）、G型铜构件2（116、117） |  |  | 漆耳杯（83）、金镯（4）、银镯（5）、金指环5（7-1、7-2、7-3、7-4、7-5）、银指环3（6-1、6-2、6-3）、银戒指（3） | 126 | 1145 |
| M48 | 矮领罐（7） |  | 鼎（4）、AⅡ式壶（3）、鐎壶（5）、勺（6）、AⅡ式带钩（2） | 璧（1） |  |  | 7 |  |
| M49 | AⅡ式罐9（6、7、8、9、13、14、18、19、20）、CⅡ式罐2（12、15）、AⅠ式壶（16）、BⅡ式盂（24）、DⅠ式盂（23、25）、CⅠ式钵（22）、GⅠ式钵9（26、27、28、29、30、31、32、33、34）、残鼎（21）、残灶（10） |  | BⅠ式镜（1）、BⅡ式镜（4）、B型铜构件3（17、35、36） | 剑（11） | Ⅰ式板（5）、Ⅰ式饼（3） |  | 35 | 1 |

续表

| 墓葬编号 | 陶器 | 釉陶器 | 铜器 | 铁器 | 石器 | 其他 | 小计/件 | 铜钱/枚 |
|---|---|---|---|---|---|---|---|---|
| M54 | 矮领罐（2） | | | Ⅰ式鍪（1） | | | 2 | |
| M57 | AⅢ式罐3（1、5、6）、CⅡ式罐2（4、7）、BⅠ式器盖（8）、马（3） | | B型泡钉（2） | | | | 8 | |
| M58 | 残灶（3） | | | 残剑（1） | | 残漆器（2） | 3 | |
| M59 | DⅢ式罐3（2、7、18）、GⅢ式罐（3）、DⅡ式盂2（4、5）、GⅡ式盂（14）、HⅡ式盂（6）、CⅡ式瓶（1）、EⅠ式甑（15）、CⅡ式器盖（19）、EⅡ式灶（13） | 平底壶（12） | C型带钩（9） | Ⅲ式削（8） | Ⅱ式板（11） | 动物骨骼（17） | 17 | 21 |
| M60 | E型盂2（1、10）、AⅡ式瓶（8）、BⅠ式钵（11）、A型杯6（2、3、4、5、6、7）、BⅡ式器座（9）、DⅡ式器盖（10-2） | | | | | | 12 | |
| M62 | HⅠ式罐3（4、7、8）、DⅢ式钵（13）、DⅡ式灶（6）、FⅠ式灶（2）、鸡（1） | 残锺（3） | A型泡钉6（11-1、11-2、11-3、11-4、11-5、11-6）、A型牌饰（12）、C型Ⅰ式铜构件4（5-1、5-2、5-3、5-4） | | | | 19 | 38 |
| M65 | FⅠ式罐4（3、5、6、10）、CⅡ式高领罐2（2、8）、AⅡ式壶（9）、CⅡ式瓶（4）、EⅢ式灶（11） | 残鼎（7） | | | | | 10 | 70 |
| M66 | Bb型罐8（11、12、16、17、18、20、21、24）、AⅡ式盂（13）、BⅡ式盂2（7、15）、BⅠ式瓶2（10、14）、AⅡ式甑2（8、9）、BⅡ式钵（26）、BⅠ式器盖（19）、A型仓（23）、AⅡ式灶（6） | | AⅠ式鍪（5）、B型壶（1）、Ⅰ式盆（4）、BⅠ式镜（25） | Ⅰ式削（22） | Ⅰ式板（2）、Ⅱ式饼（3） | | 26 | |
| M68 | BaⅠ式罐5（2、3、4、5、8）、AⅠ式盂2（12、14）、BⅠ式盂（15）、AⅠ式瓶2（9、10）、AⅡ式甑2（13、16）、AⅠ式钵（7）、BⅠ式器座（17）、DⅠ式器盖（10-2）、AⅠ式灶（11） | | AⅠ式鍪（6）、AⅡ式壶（1） | | | | 18 | |
| M69 | 盆2（1、2） | | | | | | 2 | |
| M70 | BaⅡ式罐5（1、2、8、12、15）、AⅠ式盂3（3、5、10）、BⅠ式盂（14）、AⅠ式瓶2（9、18）、AⅠ式甑3（4、7、17）、AⅡ式钵（13）、AⅠ式器座（11）、A型器盖2（2-2、8-2）、E型器盖（18-2）、BⅡ式灶（6） | | AⅠ式镜（16）、B型泡钉2（19-1、19-2） | | | | 23 | |
| M71 | | | 刀（1） | | | | 1 | |
| M72 | Ⅱ式瓮（1）、HⅠ式盂（3）、CⅠ式瓶（9）、EⅠ式甑（5）、EⅡ式钵（4）、EⅡ式灶（2） | | Ⅱ式盆（8） | | 填（7） | | 8 | 27 |

| 墓葬编号 | 陶器 | 釉陶器 | 铜器 | 铁器 | 石器 | 其他 | 小计/件 | 铜钱/枚 |
|---|---|---|---|---|---|---|---|---|
| M78 | A Ⅱ 式壶（1） | | | | | | 1 | |
| M80 | A Ⅱ 式壶（1） | | | | | 动物骨骼（2） | 2 | |
| M81 | D Ⅲ 式罐3（20、23、33）、F Ⅰ 式罐7（2、24、28、29、30、32、39）、F Ⅱ 式罐（10）、B Ⅱ 式高领罐（12）、C Ⅲ 式盂（16）、H Ⅰ 式盂4（21、25、40、41）、C Ⅰ 式瓶（18）、C Ⅱ 式瓶2（17、22）、D Ⅰ 式瓿2（13、31）、E Ⅱ 式钵（19）、A Ⅰ 式灯（4）、E Ⅱ 式灶（15） | 鼎（5）、釜（14）、AI 式锤（9）、A Ⅰ 式钵（1）、A型杯（7）、Ⅰ 式盘（魁）（11）、Ⅰ 式勺（6）、A Ⅰ 式器盖（42）、D型器盖（3） | A Ⅲ 式鍪（38）、B型洗（8） | Ⅲ 式削（35） | | | 37 | 108 |
| M82 | F Ⅰ 式罐2（9、24）、F Ⅱ 式罐5（1、2、5、16、17）、G Ⅱ 式盂（6）、H Ⅱ 式盂（21）、A Ⅰ 式釜（13）、C Ⅰ 式釜（7）、F Ⅰ 式钵（20）、F Ⅱ 式钵2（4、19）、G Ⅱ 式钵（8）、B Ⅲ 式灶（12）、E Ⅱ 式灶（11） | B Ⅰ 式锤（10）、A型灯（23）、BI 式器盖2（10-2、18）、C型器盖2（22、23-2） | A型泡钉（14）、C型 Ⅰ 式铜构件（15） | | | | 25 | 64 |
| M83 | A Ⅱ 式高领罐（2）、B Ⅱ 式高领罐（1） | | | | | | 2 | 6 |
| M90 | A Ⅰ 式高领罐（2）、D型高领罐（1） | | B Ⅱ 式镜2（3、6）、环（5） | | | | 5 | 1 |
| M91 | A Ⅰ 式罐4（7、8、9、12）、A Ⅰ 式盂3（3、4、16）、B Ⅰ 式盂（13）、A Ⅱ 式瓶2（11、14）、A Ⅱ 式瓿2（2、10）、A Ⅱ 式钵2（6、15）、A Ⅱ 式器座（17）、E型器盖（16-2）、B Ⅱ 式灶（5） | | | Ⅲ 式鍪（1） | | | 18 | 1 |
| M101 | A Ⅱ 式罐（7）、Ba Ⅱ 式罐10（1、2、4、5、6、12、17、18、19、23）、A Ⅱ 式盂2（16、29）、B Ⅱ 式盂（28）、C Ⅱ 式盂（10）、A Ⅱ 式瓶（13）、B Ⅰ 式瓶2（11、22）、A Ⅱ 式瓿3（8、15、25）、A Ⅱ 式钵2（14、26）、B Ⅰ 式钵2（20、27）、A型器盖7（1-2、4-2、5-2、6-2、12-2、17-2、23-2）、A Ⅰ 式灶（9） | | A型铜构件（24） | | | | 34 | 86 |
| M102 | F Ⅱ 式灶（1） | | B Ⅱ 式鍪（2） | | | | 2 | |
| M103 | A型人物俑2（1、2） | | | | | | 2 | |
| 合计/件 | 611 | 67 | 143 | 15 | 14 | 17 | 867 | 2361 |

说明：未注明型式者只标注器名或残器名。器物型式或器名后阿拉伯数字为件数，未注明者为1件。括号内阿拉伯数字为器物编号，铜钱未注明器物编号

## 附表七　典型汉墓随葬器物型式登记表（一）

| 分期 | 二期 | | | | | | 三期 | | | | | | 四期 | | | | | | | | 五期 | | | | | 六期 | |
| --- | --- | --- | --- | --- | --- | --- | --- | --- | --- | --- | --- | --- | --- | --- | --- | --- | --- | --- | --- | --- | --- | --- | --- | --- | --- | --- | --- |
| 墓葬 | M31 | M32 | M68 | M70 | M91 | M101 | M66 | M40 | M38 | M39 | M49 | M60 | M35 | M59 | M22 | M29 | M81 | M82 | M65 | M10 | M72 | M15 | M16 | M33 | M62 | M46 | M47 |
| 陶器　罐 | BaⅡ CⅠ | AⅠ CⅠ | BaⅠ | BaⅡ | AⅠ | AⅡ BaⅡ | Bb | AⅡ CⅡ CⅢ DⅠ DⅡ DⅢ GⅠ | CⅢ DⅠ DⅡ GⅡ | CⅢ DⅡ | AⅡ CⅡ | | FⅠ GⅡ | DⅢ GⅢ | FⅠ | E FⅠ FⅡ GⅡ | DⅢ FⅠ FⅡ | FⅠ FⅡ | FⅠ | FⅠ FⅡ | HⅠ | HⅡ | | J | HⅠ I | I | I K |
| 盂 | AⅠ | AⅠ CⅠ | AⅠ BⅠ | AⅠ BⅠ | AⅠ BⅠ | AⅡ BⅡ CⅡ | AⅡ BⅡ | BⅡ CⅡ DⅠ FⅠ | DⅠ DⅡ GⅡ | CⅢ DⅡ E | BⅡ DⅠ | E | CⅢ DⅡ GⅡ HⅠ | DⅡ GⅢ HⅡ | GⅠ GⅡ HⅡ | CⅢ FⅡ GⅠ HⅠ HⅡ | CⅢ HⅠ | GⅡ HⅡ | | | HⅠ | | GⅡ | | | | |
| 瓶 | | AⅠ | AⅠ | AⅠ | AⅡ | AⅡ BⅠ | BⅠ | AⅡ AⅢ BⅡ E | BⅡ | AⅡ | BⅡ DⅠ | AⅡ | AⅡ | CⅡ | CⅡ DⅠ | CⅡ DⅠ CⅡ | CⅠ CⅡ | | | | CⅠ DⅡ | CⅠ DⅡ | | | DⅡ FⅠ | | |
| 甑 | AⅡ BⅠ | BⅠ | AⅡ | AⅡ | AⅡ | AⅡ | AⅡ | BⅠ BⅡ | C | C | CⅠ GⅠ | AⅡ | DⅠ | EⅠ | DⅡ | CⅡ DⅠ EⅠ | DⅠ | | | | EⅠ EⅡ | EⅠ EⅡ | EⅡ | | | | |
| 钵 | AⅠ | AⅠ | AⅠ | AⅡ | AⅡ | AⅡ BⅠ | BⅡ | BⅠ BⅡ CⅠ DⅠ GⅠ HⅠ | DⅠ DⅠ GⅡ | EⅠ EⅡ | EⅠ GⅠ | BⅠ | CⅡ | FⅡ | FⅡ | CⅡ DⅡ DⅢ EⅡ GⅡ HⅡ | EⅡ | FⅠ FⅡ GⅡ | | | EⅡ | FⅢ I | | | | | |
| 灶 | BⅡ | BⅠ | AⅠ | BⅡ | BⅡ | AⅠ | AⅡ BⅡ GⅠ | AⅠ BⅡ GⅠ | EⅠ GⅡ | DⅠ | ∨ | DⅡ | C | EⅡ EⅢ | EⅢ | BⅢ C | EⅡ | BⅢ EⅡ | EⅢ | | EⅡ | FⅢ | FⅢ | FⅡ | DⅡ FⅠ | | |
| 器盖 | DⅠ | E | DⅠ | A | E | A | BⅠ | BⅠ CⅠ | CⅠ | DⅠ | | DⅡ | BⅡ | CⅡ | | CⅡ | EⅡ | EⅡ | | CⅡ | EⅡ | F | | | | | |

| 分期 | 一期 | | | | | 二期 | | | | | | | 三期 | | | | 四期 | | | | | 五期 | | | | 六期 | |
| 墓葬 | M31 | M32 | M68 | M70 | M91 | M101 | M66 | M40 | M38 | M39 | M49 | M60 | M35 | M59 | M22 | M29 | M81 | M82 | M65 | M10 | M72 | M15 | M16 | M33 | M62 | M46 | M47 |
|---|---|---|---|---|---|---|---|---|---|---|---|---|---|---|---|---|---|---|---|---|---|---|---|---|---|---|---|
| 器座 | AⅠ | BⅠ | BⅠ | AⅠ | AⅡ | | | | | | | BⅡ | | | | | | | | | | | | | | | |
| 壶 | | | | | | | | AⅠ | AⅠ/BⅠ | | AⅠ | | | | C | AⅡ/BⅡ | | | AⅡ | | | | | | | | |
| 高领罐 | | | | | | | | | BⅠ/CⅠ | CⅠ | | | AⅡ/BⅡ/CⅡ | | CⅡ | BⅡ/CⅡ | BⅡ | | CⅡ | CⅡ/CⅡ | | | | CⅢ/E | | | |
| 鼎 | | | | | | | | | | Ⅰ | ✓ | | | | | Ⅱ | | | | | Ⅱ | | | | | | |
| 瓮 | | | | | | | | | | | | | | | | | | | | | | | | | | | |
| 仓 | | | | | | | A | A/B | | | | | | | | | | | | | | | | | | | |
| 杯 | | | | | | | | A | A | | | A | | | | C | | | | | | B | | | | | |
| 碟 | | | | | | | | | A | | | | | | | | | | | | | | | | | | B |
| 釜 | | | | | | | | | | | | | | | | | AⅠ | AⅠ/CⅠ | | | | AⅡ/BⅡ/CⅡ | | BⅠ | | | |
| 灯 | | | | | | | | | | | | | | | | | | | | | | AⅡ/B | | | | | |
| 支垫 | | | | | | | | ✓ | | | | | | | | ✓ | | | | | | | | | ✓ | | |
| 陶屋 | | | | | | | | ✓ | | | | | | | | | | | | | | | | | | ✓ | ✓ |
| 陶俑 | | | | | | | | | | | | | | | | | | | | | | | | | | ✓ | ✓ |

续表

| 分期 器类 | 二期 | | 三期 | | | | | | | | | | | | | | 四期 | | | | | 五期 | | | | 六期 | |
|---|---|---|---|---|---|---|---|---|---|---|---|---|---|---|---|---|---|---|---|---|---|---|---|---|---|---|---|
| 墓葬 | M31 | M32 | M68 | M70 | M91 | M101 | M66 | M40 | M38 | M39 | M49 | M60 | M35 | M59 | M22 | M29 | M81 | M82 | M65 | M10 | M72 | M15 | M16 | M33 | M62 | M46 | M47 |
| 平底 | | | | | | | | | | | | | | √ | | | | | | | | | | | | | |
| 壶 | | | | | | | | | | | | | | | | | | | | | | | | | | | |
| 鼎 | | | | | | | | | | | | | | | | | √ | | √ | | | | | | | | |
| 釜 | | | | | | | | | | | | | | | | | √ | | | | | | | | | | |
| 锺 | | | | | | | | | | | | | | | | | AⅠ | BⅠ | | AⅠ | | √ | | AⅡ AⅢ | √ | √ | AⅢ BⅡ |
| 钵 | | | | | | | | | | | | | | | | | AⅠ | | | | | | | AⅠ AⅡ | | | |
| 盘 | | | | | | | | | | | | | | | | | Ⅰ | | | | | | B | B | | | Ⅱ |
| 杯 | | | | | | | | | | | | | | | | | A | A | | | | | | | | | B |
| 灯 | | | | | | | | | | | | | | | | | Ⅰ | | | | | | | | | | Ⅱ |
| 勺 | | | | | | | | | | | | | | | | | | | | | | | | | | | |
| 器盖 | | | | | | | | | | | | | | | | | AⅠ D | BⅠ C | | | | BⅡ | | | | | AⅡ AⅢ BⅢ |
| 罐 | | | | | | | | | | | | | | | | | | | | | | | | | | | A B |
| 簋 | | | | | | | | | | | | | | | | | | | | | | | | | √ | √ | √ |
| 鉴 | | | | | | | | | | | | | | | | | | | | | | | | | | √ | √ |
| 圈 | | | | | | | | | | | | | | | | | | | | | | | | | | | |
| 釉陶 | | | | | | | | | | | | | | | | | | | | | | | | | | | |
| 俑 | | | | | | | | | | | | | | | | | | | | | | | | | | | √ |

（左侧"釉陶器"为器类组别标示，含盘、杯、灯、勺、器盖、罐、簋、鉴、圈等。）

说明：因为一期只有1件陶器，故本表未登记。表中"陶俑"和"釉陶俑"包含人物俑、动物俑、镇墓俑或镇墓兽。"√"表示有该类器物。

## 附表八　典型汉墓随葬器物型式登记表（二）

| 分期 | 一期 | | | 二期 | | | | | | 三期 | | | | | | | 四期 | | | | | | | 五期 | | 六期 | |
|---|---|---|---|---|---|---|---|---|---|---|---|---|---|---|---|---|---|---|---|---|---|---|---|---|---|---|---|
| 墓葬 | M43 | M45 | M48 | M54 | M31 | M32 | M68 | M70 | M91 | M66 | M40 | M38 | M39 | M49 | M90 | M101 | M35 | M59 | M22 | M29 | M81 | M82 | M72 | M62 | M102 | M46 | M47 |
| 铜器　鼎 | | √ | √ | | | | | | | | | | | | | | | | | | | | | | | | |
| 钫 | | √ | | | | | | | | | | | | | | | | | | | | | | | | | |
| 鐎壶 | | | √ | | | | | | | | | | | | | | | | | | | | | | | | |
| 勺 | | | √ | | | | | | | | | | | | | | | | | | | | | | | | |
| 环 | | | | | √ | | | | | | | | | | √ | | | | | | | | | | | | |
| 壶 | AⅠ | AⅡ | AⅡ | | | | AⅡ | | | B | | | | | | | | | | | | | | | | | |
| 带钩 | AⅠ | AⅢ | AⅡ | | B | | | | | | | | | | | | | C | | | | | | | | | |
| 镜 | | | | | | | AⅠ | AⅠ | | BⅠ | AⅡ | AⅡ | AⅡ | BⅠ BⅡ | BⅡ | | | | BⅠ | AⅢ | AⅢ | | | | BⅡ | | BⅢ |
| 鍪 | | | | | | | | | | AⅠ | | A | | | | | | | B | A | AⅢ | | | | | | |
| 盆 | | | | | | | | | | | | | | | | | | | | | | | Ⅱ | | | | B |
| 盘 | | | | | | | | | | | | | | | | | | | | | | | | | | | B |
| 釜 | | | | | | | | | | | | | | | | | | | | | | | | | | | |
| 洗 | | | | | | | | | | | | | | | | | | | B | A | | | | | | | |
| 碗 | | | | | | | | | | | | | | | | | | | | | | | | | | B | A |
| 钟 | | | | Ⅰ | Ⅱ | Ⅱ | | | | Ⅰ | | | | | | | | | | | | | | | | | B |
| 篮 | | | | | | | | | Ⅲ | | | | | | | | Ⅲ | Ⅲ | | | Ⅲ | | | √ | | √ | √ |
| 泡钉 | | | | | | | | √ | | | √ | | | | | | | | | | | √ | | √ | | √ | √ |
| 弹饰 | | | | | | | | | | | | | √ | √ | | | | | | | | | | √ | | √ | √ |
| 构件 | | | | | | | | | √ | | | √ | | | | √ | | | √ | √ | | √ | | | | √ | √ |
| 铁器　鼎 | √ | | | | | | | | | | | | | | | | | | | | | | | | | | |
| 奁 | | | | | | | | | | | | | | | | | | | | | | | | | | | |
| 削 | | | √ | | | | | √ | | Ⅰ | Ⅰ | | | | | | | | | | Ⅲ | | | | | | |
| 锯 | | | | | | | | | | | | | | | | | | | | | | | | | | | |
| 剑 | | | | | | | | | | | | | | | | | | | | | | | | | | | |
| 残铁器 | | | | | | | | | | | | | | | | | | | | | | | | | | | |
| 石器　璧 | | | | | | | | | | | | | | √ | | | | | | | | | | | | | |
| 板 | | | | | | | | | | Ⅰ | Ⅰ | | | | | | | | | | | | | | | | |
| 饼 | | | | | | | | | | Ⅱ | | | | | | | Ⅱ | Ⅱ | | | | | | | | | |
| 填 | | | | | | | | | | | | √ | | | | | | | | | | | √ | | | | |
| 穿孔器 | | | | | | | | | | | | | | | | | | | | | | | | | | | |
| 其他　残漆器 | | | | | | | | | | | | | | | | | | | | | | | | | | | √ |
| 金银器 | | | | | | | | | | | | | | | | | | | | | | | | | | | √ |

说明："√"表示有该类器物

# Abstract

Maituo cemetery is located in Gaotang Village, Wuxia Town, Wushan County, Chongqing City, on the north bank of the Yangtze River, about 1 km east of Wushan the old county. The cemetery was seriously stolen or destroyed, covering an area of about 100,000 square meters.

In order to coordinate the construction of the Three Gorges Project, from 1997 to 2002, Hunan Institute of Cultural Relic Archaeology presided over the rescue exploration and excavation of the cemetery four times. The excavation years were from 1997 to 1998, 1999, 2001 and 2002 respectively. The total exploration area is 65,000 square meters and the excavated area is 5,000 square meters. A total of 72 tombs were excavated. Among them, 54 tombs were buried in the Han Dynasty, 6 in the Southern Dynasty, 11 in the Song Dynasty and 1 in the Ming Dynasty.

This report brings together all the information from four excavations. There are five chapters in total: the first chapter is the introduction, the second chapter is the introduction of the tomb data, the third chapter is the analysis of the tomb structure, the fourth chapter is the introduction of the burial device type, and the fifth chapter is the comprehensive study of the Han tomb.

Chapter one mainly introduces the background data of Maituo cemetery as well as the related contents such as excavation and sorting.

Chapter two is the focus of this report. This chapter first summarizes the basic situation of Maituo's burial, and then, according to the annual order of excavation, it mainly starts from two aspects, namely the general situation of burial and the burial objects, and focuses on introducing the burial materials excavated in each year.

Chapter three focuses on the analysis of the Maituo tomb structure. Among them, there are three types of tombs: closed pit tomb, open pit tomb and open brick (stone) chamber tomb. Various types can also be divided into different types, and combined with the evolution rules of these types, the Han tombs of Maituo can be divided into 6 groups.

Chapter four is the study of burial objects. The typological study method is adopted to analyze the type division and evolution rule of burial objects in Han tombs.

Chapter five mainly discusses the composition of artifacts, burial stages, age inference, cemetery structure, funeral system and other related issues of the Han Dynasty tomb, and draws the following conclusions:

1) Based on the analysis of the burial structure and the combination of typical burial objects, this report divides the Maituo tomb into six periods, and concludes that each period is equivalent to

the early western Han Dynasty, the middle western Han Dynasty, the late western Han Dynasty, the new Mang to the early eastern Han Dynasty, the middle eastern Han Dynasty and the late eastern Han Dynasty respectively.

2) The Maituo Han tomb shows a certain spatial distribution rule in different periods, and it has a gradual movement from the east to the west, from the low platform or gentle slope to the high slope. The size of the cemetery has gone from small to large, and gradually declined. There is a gradual movement from east to west in the cemetery arrangement. The layout of tombs has relatively independent group and group stratified structure, and the earlier the age, the better the overall planning of the stratified structure of tombs.

3) Funeral system. There are two types of tomb burial methods: single tomb and tomb buried together. The former is popular from the western Han Dynasty to the new Mang Period, while the latter includes the tomb of husband and wife buried together in different caves, the tomb of husband and wife buried together in the same hole and the tomb of many people buried together in the same hole, which appeared in the middle of the western Han Dynasty, the late western Han Dynasty and the new Mang Period. The burial direction of tombs mainly takes into account the topography and river. Closed tombs are usually buried along the river's vertical slope, while open ones are buried along the slope perpendicular to the river. The direction of burial is mainly westward and southward. The use of coffins is all single layer, including three types: coffin with and without lead, coffin without lead, and coffin without lead. The burial style is generally upright, with the head more in line with the tomb. Tomb owners and funeral objects are displayed in different periods, in different burial forms and in different burial methods.

4) By summarizing the characteristics of the Han tomb of Maituo and comparing it with that of the Han tomb of the central plain, this report believes that the Han tomb of Maituo has not fully absorbed the culture of the central plains, but kept its own characteristics while gradually abandoning the traditional approach to the central plains. The Han culture in the Maituo cemetery is mainly reflected in the open tomb, the buried tomb, the burial custom, the *ming* ware, the model ware, the "Han style" funeral objects, the special sacrificial vessels and the independent sacrificial space, etc., and it is believed that the formation of the Han culture in the Maituo cemetery or the establishment of the "Han system" in the late western Han Dynasty.

# 后　记

本报告由湖南省文物考古研究所尹检顺负责编撰完成。

田野发掘，参加第一次发掘的人员有尹检顺（领队）、龙京沙、谭远辉、潘茂辉、封剑平、肖国光、胡明忠、张双北等。参加第二次发掘的人员有尹检顺（领队）、谭远辉、张涛、龙京沙、江洪、彭运瑞、胡明忠、严华平等。参加第三次发掘的人员有张春龙（领队）、吴仕林、刘颂华、徐炼、王永彪、肖国光、向新民、封剑平、黄鹤鸣、肖时高、汪俊、李付平、方方等。参加第四次发掘的人员有尹检顺（领队）、张涛、吴仕林、周治、向开旺、向新民、封剑平、汪俊、李付平、汪华英、胡明忠等。

资料整理，器物修复由汪华英、朱元妹、付林英、龚辉群等负责完成。墓葬线图由谭远辉、张涛、李付平、黄鹤鸣、向新民绘制，器物线图由谭远辉、李付平绘制。拓片由向开旺、李付平完成。电脑制图、排版工作由谭何易、李静担任。杨盯承担器物拍摄工作。其他整理事宜由尹检顺完成。

发掘期间，巫山县文物管理所给予了大力协助和温馨关照。在资料收集过程中，巫山县博物馆、重庆中国三峡博物馆给予了我们极大的帮助。另外，重庆市文化遗产研究院也给我们提供了大量参考资料。

本报告在整理、编写及出版过程中，得到了湖南省文物考古研究所及郭伟民所长的鼎力支持。张春龙研究员无私地提供了麦沱2001年发掘的全部资料。

科学出版社樊鑫为本报告的出版倾注了大量心血和汗水。本报告英文提要由赵越翻译完成。

在此，一并致以诚挚的感谢！

编　者

2017年8月1日

发掘工作照

2002WMM84（西→东）

1. 1997WMM22器物组合（部分）

2. 1997WMM29器物组合（部分）

M22、M29出土器物

1. 1998WMM32器物组合

2. 1998WMM33器物组合

M32、M33出土器物

1. 1998WMM35器物组合

2. 1998WMM40器物组合（部分）

M35、M40出土器物

1. 1999WMM47随葬器物（南→北）

2. 1999WMM47器物组合（部分）

M47随葬器物及器物组合

1. 1999WMM48器物组合（部分）

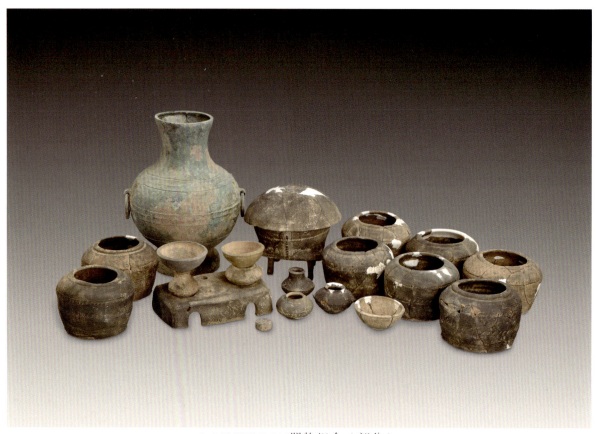

2. 2001WMM66器物组合（部分）

M48、M66出土器物

1. 2002WMM91器物组合（部分）

2. 2002WMM101器物组合（部分）

M91、M101出土器物

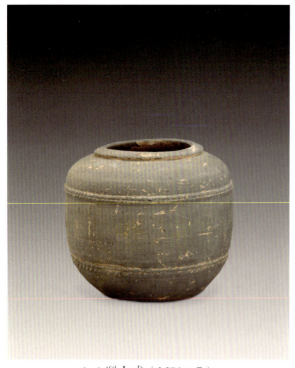

1.A型Ⅰ式（M91：7）

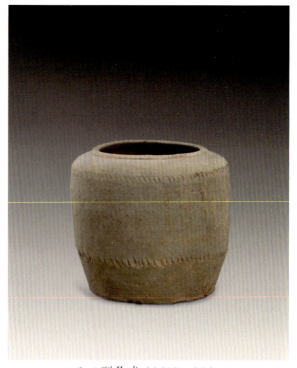

2.A型Ⅱ式（M40：96）

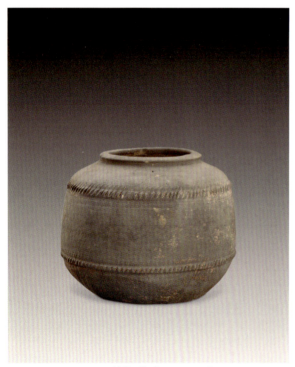

3.Ba型Ⅰ式（M68：5）

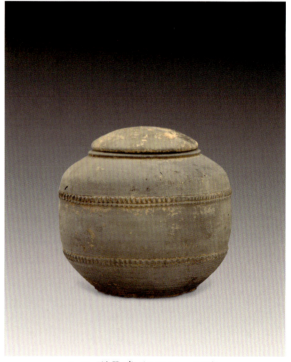

4.Ba型Ⅱ式（M101：17）

汉墓出土陶罐（一）

1. Bb型（M66：12）

2. C型Ⅲ式（M40：16）

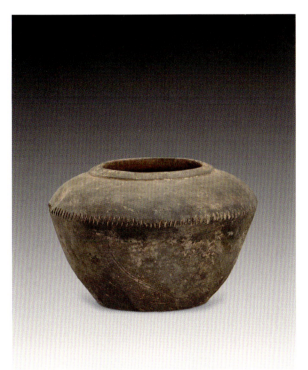

3. D型Ⅰ式（M40：7）

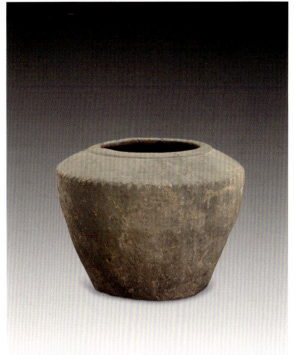

4. D型Ⅱ式（M40：93）

汉墓出土陶罐（二）

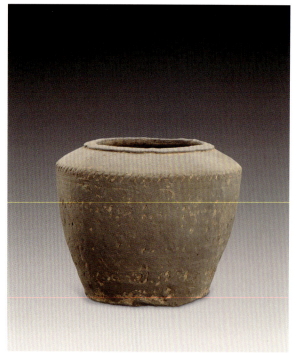

1.D型Ⅲ式（M59：2）

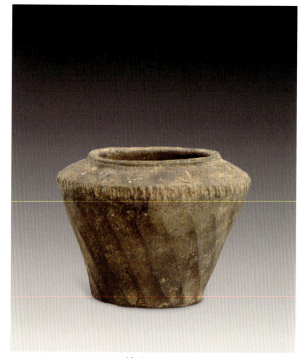

2.E型（M29：8）

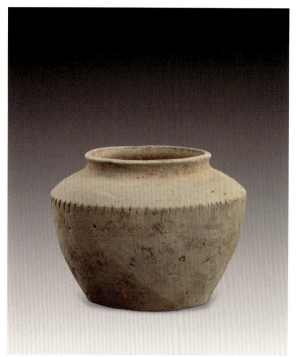

3.F型Ⅰ式（M22：15）

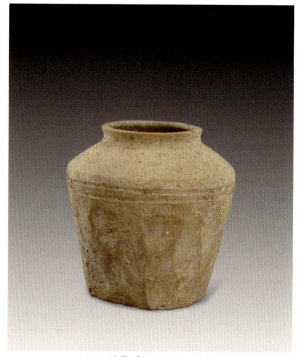

4.F型Ⅱ式（M82：1）

汉墓出土陶罐（三）

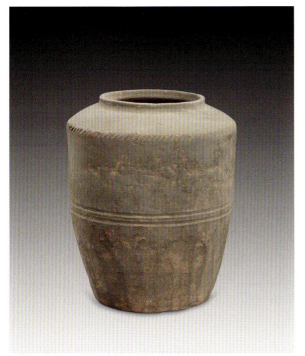

1. G型Ⅱ式（M35∶3）

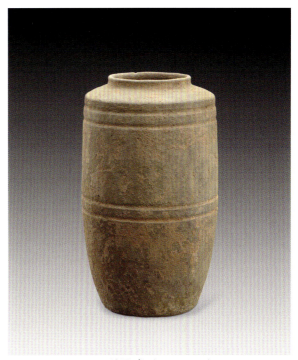

2. G型Ⅲ式（M59∶3）

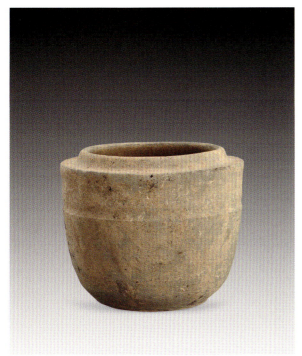

3. H型Ⅰ式（M62∶7）

4. I型（M47∶54）

汉墓出土陶罐（四）

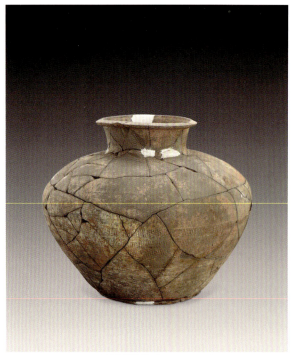

1.A型矮领罐（M48∶7）

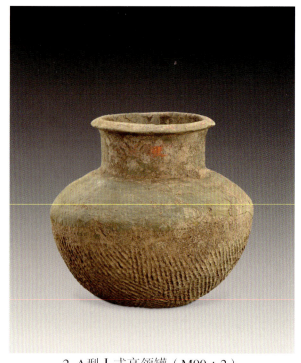

2.A型Ⅰ式高领罐（M90∶2）

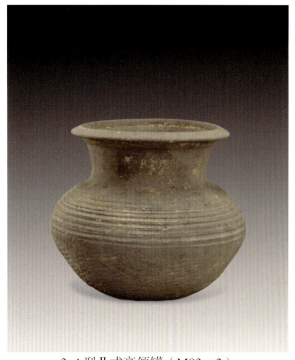

3.A型Ⅱ式高领罐（M83∶2）

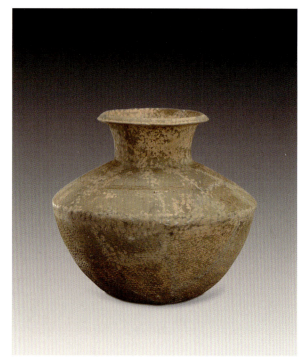

4.C型Ⅰ式高领罐（M39∶8）

汉墓出土陶矮领罐、陶高领罐

1.C型Ⅱ式高领罐（M35：9）

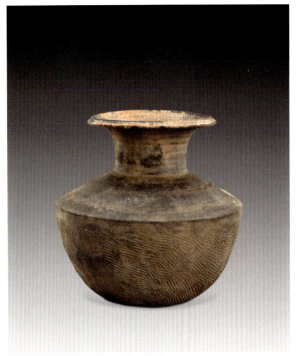

2.C型Ⅲ式高领罐（M33：2）

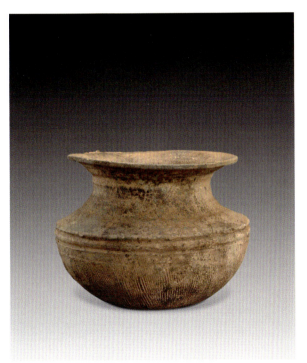

3.E型高领罐（M33：4）

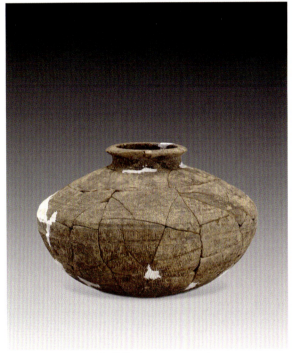

4.Ⅱ式瓮（M29：28）

汉墓出土陶高领罐、陶瓮

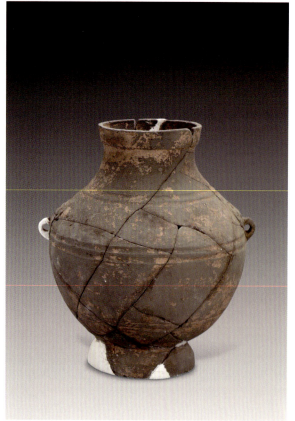

1.A型Ⅰ式（M49：16）

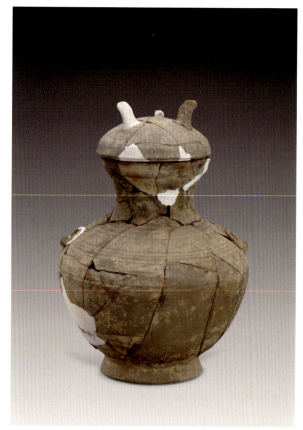

2.A型Ⅱ式（M29：48）

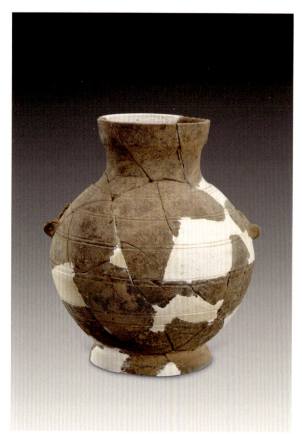

3.A型Ⅱ式（M65：9）

4.B型Ⅰ式（M38：11）

汉墓出土陶壶

1. A型Ⅰ式盂（M91：4）

2. B型Ⅰ式盂（M68：15）

3. C型Ⅱ式盂（M40：97）

4. E型盂（M60：1）

5. B型Ⅰ式釜（M33：7）

6. C型Ⅰ式釜（M82：7）

汉墓出土陶盂、陶釜

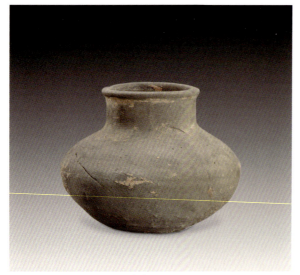

1.A型Ⅱ式瓶（M68：9）

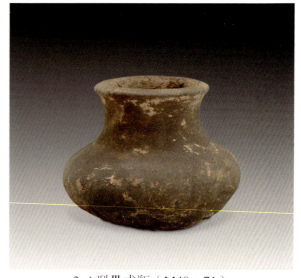

2.A型Ⅲ式瓶（M40：71）

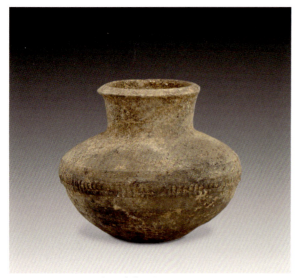

3.B型Ⅰ式瓶（M101：11）

4.C型Ⅱ式瓶（M29：31）

5.A型Ⅰ式甗（M70：17）

6.A型Ⅱ式甗（M31：9）

汉墓出土陶瓶、陶甗

1.A型Ⅰ式钵（M32：2）

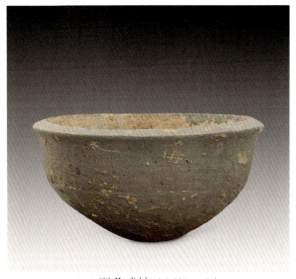

2.A型Ⅱ式钵（M91：6）

3.G型Ⅰ式钵（M40：37）

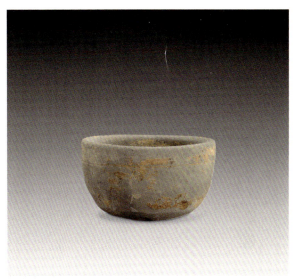

4.A型杯（M60：3）

5.A型Ⅰ式灯（M81：4）

6.A型Ⅱ式器座（M91：17）

汉墓出土陶钵、陶杯、陶灯、陶器座

1. A型（M66：23）

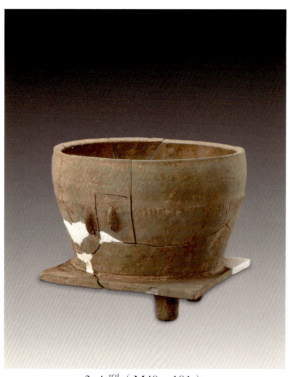

2. A型（M40：82）

3. A型（M40：101）

4. B型（M40：24）

汉墓出土陶仓

1. A型Ⅰ式（M68：11）

2. A型Ⅰ式（M101：9）

3. B型Ⅰ式（M32：3-1）

4. B型Ⅱ式（M31：4-1）

汉墓出土陶灶（一）

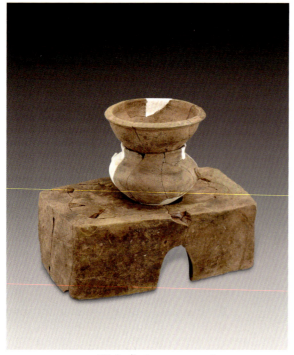

1. D型Ⅰ式（M39：4-1）

2. D型Ⅱ式（M62：6）

3. E型Ⅰ式（M38：16-1）

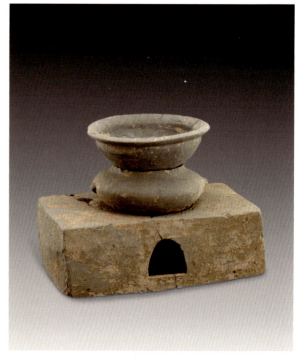

4. E型Ⅱ式（M59：13）

汉墓出土陶灶（二）

1. E型Ⅱ式陶灶（M82：11）

2. F型Ⅰ式陶灶（M102：1）

3. G型Ⅰ式陶灶（M40：78）

4. 陶屋（M47：36）

汉墓出土陶灶、陶屋

1. M47：25

3. M47：24、25（复原上：M47：25、
下：M47：24）

2. M47：24

4. M47：31

汉墓出土陶屋

1. M40:34

2. M40:60

3. M40:61

4. M40:33

5. M40:35

6. M40:102

汉墓出土陶俑（一）

1.击筑俑（M47：26）

2.听歌俑（M47：35）

3.武士俑（M47：33）（未接足）

4.提罐俑（M47：42）

汉墓出土陶俑（二）

1.出恭俑（M47：43）

2.执镜持囊俑（M47：60）

3.舞俑（M47：62）

4.庖厨俑（M47：63）

汉墓出土陶俑（三）

1. 西王母俑（M47：61）

2. 西王母俑（M47：61）（背面）

3. 马（M47：44）

4. 狗（M47：64）

汉墓出土陶俑（四）

1. 鸡（M47：46）

2. 鸡（M62：1）

3. 猪（M47：13）

4. 镇墓俑（M47：27）（未接足）

汉墓出土陶俑（五）

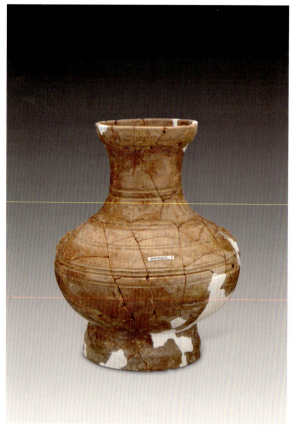

1. A型Ⅰ式（M81：9）

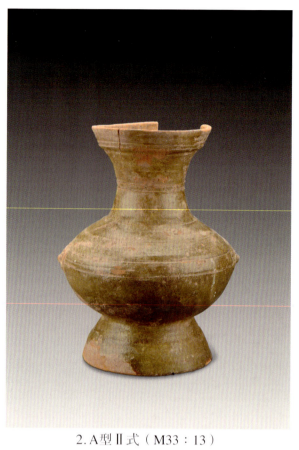

2. A型Ⅱ式（M33：13）

3. A型Ⅲ式（M47：38）

4. A型Ⅲ式（M47：40）

汉墓出土釉陶锺（一）

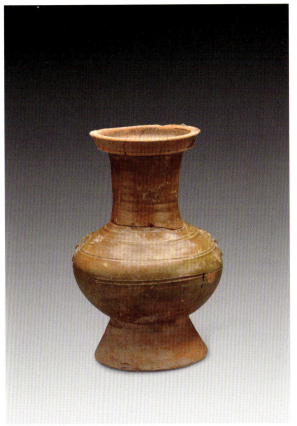

1. A型Ⅲ式（M33：12）

2. B型Ⅰ式（M82：10）

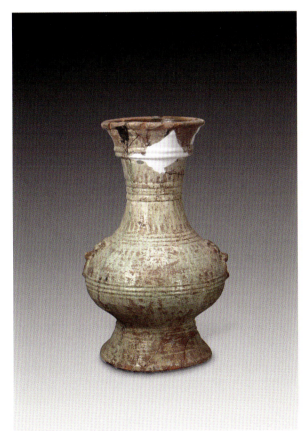

3. B型Ⅱ式（M47：30）

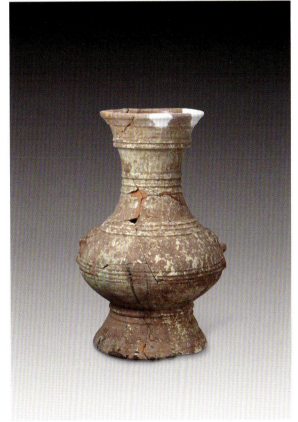

4. B型Ⅱ式（M47：37）

汉墓出土釉陶锺（二）

1. A型罐（M47：12）

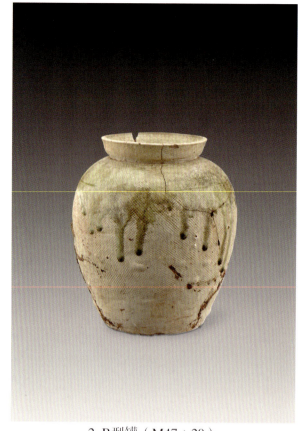

2. B型罐（M47：20）

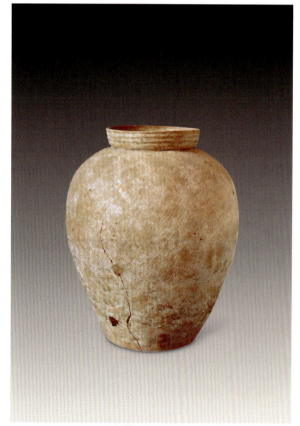

3. B型罐（M47：19）

4. 釜（M81：14）

汉墓出土釉陶罐、釉陶釜

1. 鼎（M81：5）

2. A型Ⅱ式钵（M33：5）

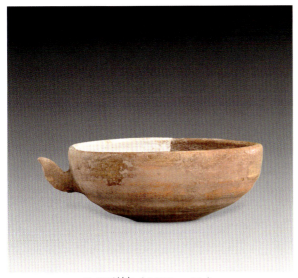

3. B型钵（M33：11）

4. A型杯（M81：7）

5. A型灯（M82：23）

6. B型灯（M47：47）

汉墓出土釉陶鼎、釉陶钵、釉陶杯、釉陶灯

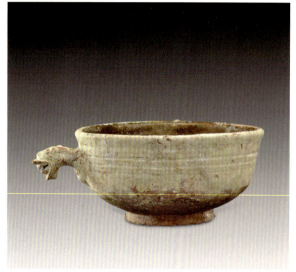

1. Ⅱ式盘（魁）（M47：52）

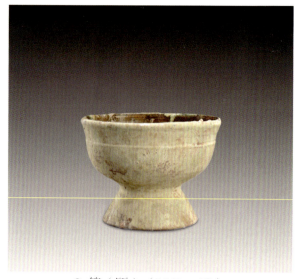

2. 簋（瓯）（M47：51）

3. Ⅰ式勺（M81：6）

4. Ⅱ式勺（M47：59）

5. 圈（M47：48）

汉墓出土釉陶盘（魁）、釉陶簋（瓯）、釉陶勺、釉陶圈

1.A型Ⅱ式（M47：17）

2.A型Ⅲ式（M47：16）

3.B型Ⅰ式（M82：18）

4.B型Ⅱ式（M8：3）

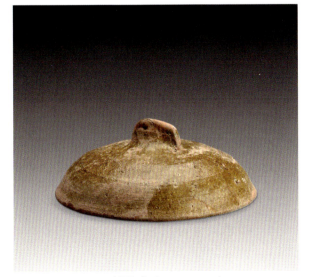

5.B型Ⅲ式（M47：58）

6.D型（M81：3）

汉墓出土釉陶器盖

1. 舞俑（M47：21）

2. 说唱俑（M47：22）

3. 执扇持囊俑（M47：23）

4. 听歌俑（M47：29）

汉墓出土釉陶俑（一）

1. 抱囊俑（M47：34）

2. 击筑俑（M47：41）

3. 吹箫俑（M47：68）

4. 猪（M47：39）

汉墓出土釉陶俑（二）

1. 鸡（M47：45）

2. 狗（M47：66）

3. 镇墓兽（M47：78）

汉墓出土釉陶俑（三）

1. A型Ⅰ式（M66：5）

2. A型Ⅲ式（M29：4）

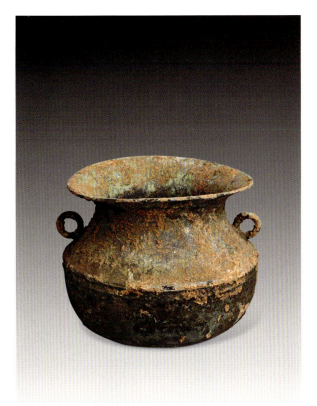

3. B型Ⅰ式（M22：7）

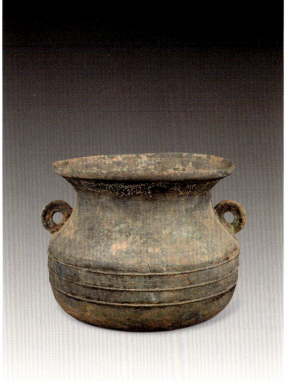

4. B型Ⅲ式（M47：71）

汉墓出土铜鍪

汉墓出土铜壶

1. A 型 I 式（M43∶1）

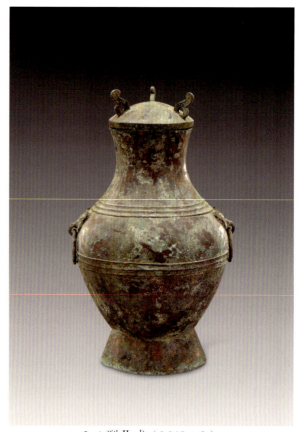

2. A 型 II 式（M48∶3）

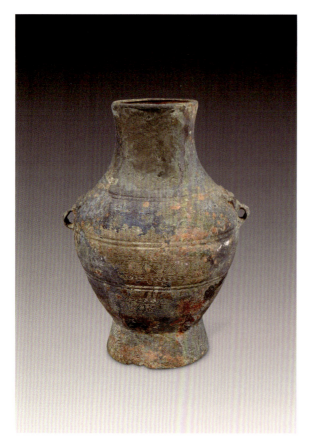

3. A 型 II 式（M68∶1）

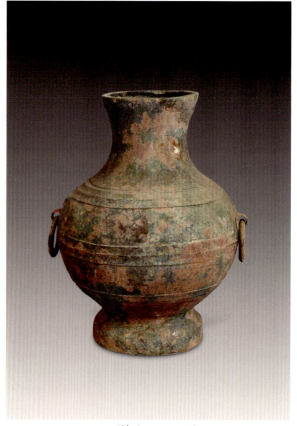

4. B 型（M66∶1）

汉墓出土铜壶

1．B型锺（M47：69）

2．钫（M45：1）

3．鼎（M45：2）

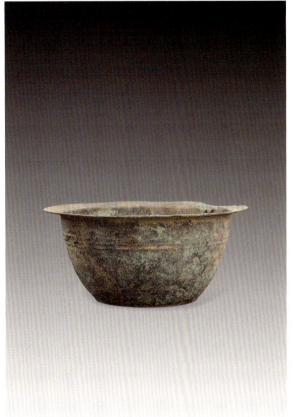

4．Ⅱ式盆（M72：8）

汉墓出土铜锺、铜钫、铜鼎、铜盆

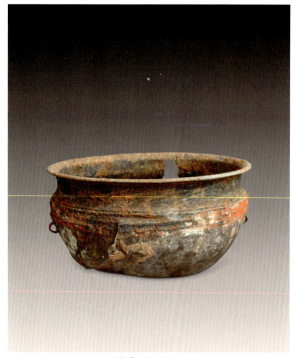

1. B型洗（M22：8）

2. B型洗（M81：8）

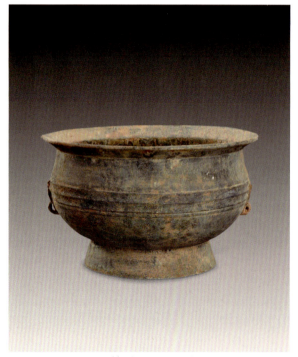

3. 簋（M47：72）

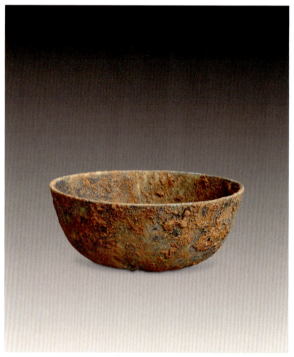

4. 碗（M22：9）

汉墓出土铜洗、铜簋、铜碗

1.鐎壶（M48：5）

2.刀（M71：1）

3.A型Ⅱ式带钩（M48：2）

4.A型Ⅲ式带钩（M45：3）

5.B型带钩（M31：3）

6.C型带钩（M59：9）

汉墓出土铜鐎壶、铜刀、铜带钩

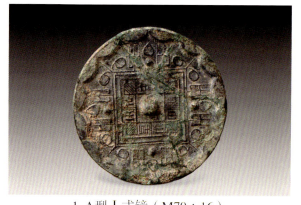

1. A型Ⅰ式镜（M70：16）

2. A型Ⅱ式镜（M40：11）

3. 环（M90：5）

4. A型泡钉（M15：9）

5. A型泡钉（M46：14）

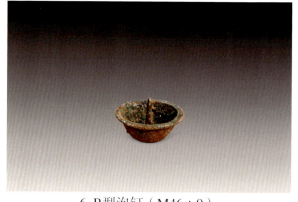

6. B型泡钉（M46：9）

7. C型泡钉（M47：103）

8. C型泡钉（M47：121）

汉墓出土铜镜、铜环、铜泡钉

1. A型牌饰（M47：92）

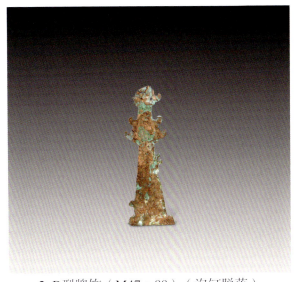

2. B型牌饰（M47：88）（泡钉脱落）

3. C型牌饰（M47：9）（修复后）

4. A型构件（M101：24）

5. D型构件（M47：82）

6. F型构件（M47：113）

汉墓出土铜牌饰、铜构件

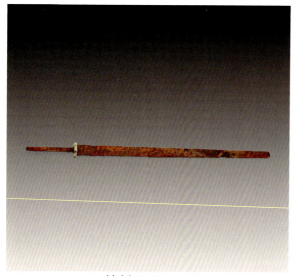

1.铁剑（M39：1）

2.Ⅰ式石板（M49：5）

3.Ⅰ式石饼（M49：3）

4.石瑱（M33：15-1～4）

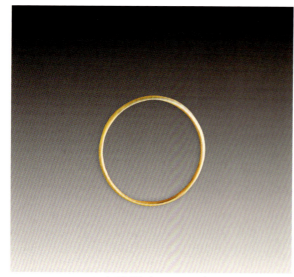

5.金手镯（M47：4）

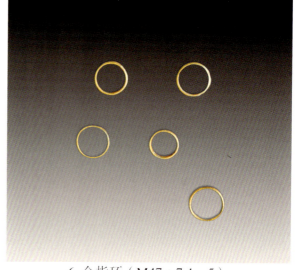

6.金指环（M47：7-1～5）

汉墓出土铁剑、石板、石饼、石瑱、金手镯、金指环

1. 铜手镯（M77：3）

2. 铜手镯（M77：4）

3. 银手镯（M77：2）

4. 石珠（M77：5-1～5）

5. 石珠（M44：1）（35颗）

六朝墓出土铜手镯、银手镯、石珠

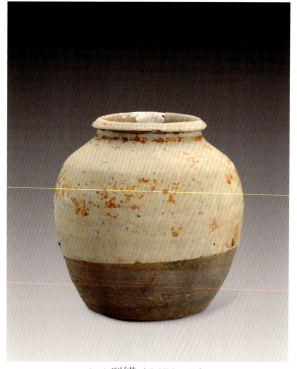

1. A型罐（M76：1）

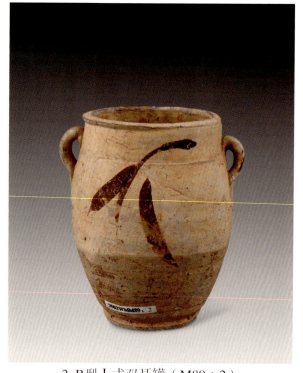

2. B型Ⅰ式双耳罐（M89：2）

3. 多角坛（M51：1）

4. 灯（M73：2）

宋墓出土釉陶罐、釉陶双耳罐、釉陶多角坛、釉陶灯

1. A型Ⅱ式釉陶碗（M73：3）

2. B型Ⅰ式釉陶碗（M89：5）

3. A型Ⅰ式瓷盏（M89：1）

4. A型Ⅱ式瓷盏（M86：3）

5. B型瓷盏（M73：6）

6. 瓷杯（M89：4）

宋墓出土釉陶碗、瓷盏、瓷杯

1. 铜镜（M88：1）

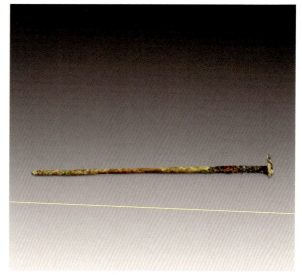

2. 铜钗（M52：3）

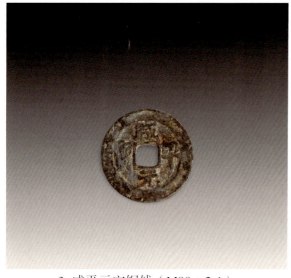

3. 咸平元宝铜钱（M88：2-1）

4. 政和通宝铜钱（M89：7-1）

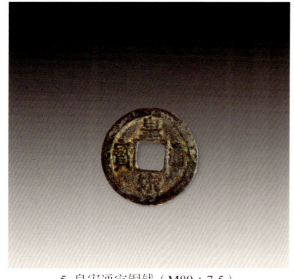

5. 皇宋通宝铜钱（M89：7-5）

6. 元丰通宝铜钱（M89：7-6）

宋墓出土铜镜、铜钗、铜钱

1. 1997WMM15陶器组合

2. 1997WMM29陶器组合（部分）

M15、M29出土器物

1. 1998WMM31陶器组合

2. 1998WMM38陶器组合

M31、M38出土器物

1. 1998WMM39陶器组合

2. 1998WMM40陶器组合（部分）

M39、M40出土器物

1. 1998WMM40陶器组合（部分）

2. 1999WMM47陶器组合（部分）

M40、M47出土器物

1. 1999WMM49器物组合

2. 2001WMM59陶器组合

M49、M59出土器物

1. 2001WMM60陶器组合

2. 2001WMM62陶器组合

M60、M62出土器物

1. 2001WMM65陶器组合

2. 2001WMM68器物组合

M65、M68出土器物

1. 2001WMM70陶器组合

2. 2001WMM72器物组合

M70、M72出土器物

1. 2002WMM81器物组合

2. 2002WMM82陶器组合

M81、M82出土器物

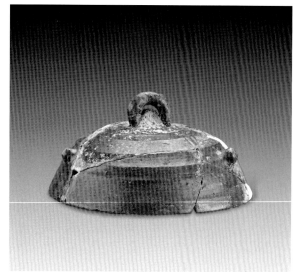

1. 釉陶器盖（M8：3）

2. 釉陶器盖（M8：5）

3. 釉陶锺（M10：1）

4. 陶罐（M15：4）

5. 陶罐（M15：13）

6. 陶罐（M15：14）

M8、M10、M15出土釉陶器盖、釉陶锺、陶罐

1. 瓶（M15：7）

2. 釜（M15：6）

3. 釜（M15：15）

4. 釜（M15：11）

5. 钵（M15：16）

6. 钵（M15：23）

M15出土陶瓶、陶釜、陶钵

1. 钵（M15：21）            2. 钵（M15：18）

3. 杯（M15：5）            4. 灯（M15：20）

5. 灯（M15：1）            6. 灯（M15：19）

M15出土陶钵、陶杯、陶灯

1. 陶灯（M15∶8）

2. 釉陶器盖（M15∶3）

3. 陶器盖（M15∶10）

4. 陶灶（M15∶12）

5. 釉陶杯（M16∶1）

6. 陶盂（M16∶2）

M15、M16出土陶灯、釉陶器盖、陶器盖、陶灶、釉陶杯、陶盂

1. M22：13

2. M22：15

3. M22：17

4. M22：14

M22出土陶罐

1. 罐（M22：16）

2. 高领罐（M22：11）

3. 高领罐（M22：25）

4. 壶（M22：10）

M22出土陶罐、陶高领罐、陶壶

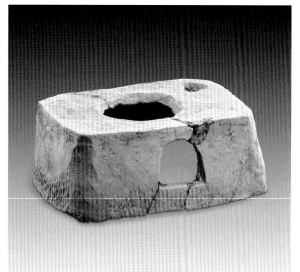

1. 灶（M22：30）

2. 盂（M22：12）

3. 盂（M22：23）

4. 盂（M22：24）

5. 盂（M22：26）

6. 盂（M22：22）

M22出土陶灶、陶盂

1. 陶盂（M22：20）

2. 陶钵（M22：18）

3. 陶甑（M22：21）

4. 陶瓶（M22：19）

5. 铜鍪（M22：7）

6. 铜洗（M22：8）

M22出土陶盂、陶钵、陶甑、陶瓶、铜鍪、铜洗

1. 碗（M22：9）

2. 耳杯扣（上：M22：31、下：M22：33）

3. 铜钱（M22：28）（部分）

4. 牌饰（M22：3）

5. 伞形泡钉（M22：1）

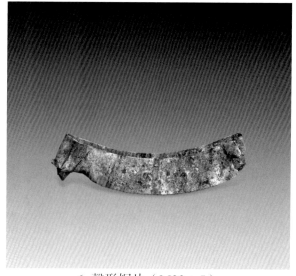

6. 磬形铜片（M22：5）

M22出土铜碗、铜耳杯扣、铜钱、铜牌饰、铜泡钉、铜片

1. M29：8

2. M29：9

3. M29：10

4. M29：11

M29出土陶罐（一）

M29出土陶罐（二）

1. M29：13

2. M29：15

3. M29：30

4. M29：33

M29出土陶罐（二）

1. M29：41

2. M29：47

3. M29：52

4. M29：53

M29出土陶罐（三）

M29出土陶罐（四）

1. M29：57

2. M29：58

3. M29：59

4. M29：60

M29出土陶罐（四）

1. M29：62

2. M29：64

3. M29：82

4. M29：61

M29出土陶罐（五）

M29出土陶罐、陶高领罐

1.罐（M29：63）　　　　2.罐（M29：65）

3.高领罐（M29：32）　　　　4.高领罐（M29：6）

M29出土陶罐、陶高领罐

1. 瓮（M29：28）

2. 壶（M29：43）（复原后）

3. 壶（M29：48）（有盖）

4. 壶（M29：21）

M29出土陶瓮、陶壶

1. M29：69

2. M29：36

3. M29：14

4. M29：37

5. M29：31

6. M29：70

M29出土陶瓶

1. M29：20

2. M29：44

3. M29：46

4. M29：35

5. M29：50

6. M29：40

M29出土陶盂（一）

1. M29：85

2. M29：45

3. M29：49

4. M29：51

5. M29：72

6. M29：84

M29出土陶盂（二）

1. M29：29

2. M29：42

3. M29：73

4. M29：19

5. M29：80

6. M29：54

M29出土陶盂（三）

1. 盂（M29：75）

2. 盂（M29：12）

3. 杯（M29：22）

4. 钵（M29：7）

5. 钵（M29：24）

6. 钵（M29：23）

M29出土陶盂、陶杯、陶钵

1. M29 : 76

2. M29 : 79

3. M29 : 25

4. M29 : 38

5. M29 : 39

6. M29 : 55

M29出土陶钵

1.钵（M29∶56）

2.钵（M29∶68）

3.钵（M29∶27）

4.甑（M29∶77）

5.甑（M29∶81）

6.甑（M29∶26）

M29出土陶钵、陶甑

1. 灶（M29：17-1）（上置1钵1甑）

2. 灶（M29：34-1）（上置1盂2甑）

3. 灶（M29：71）

4. 灶（M29：78）

5. 镇墓俑（M29：1）

M29出土陶灶、陶镇墓俑

1. 洗（M29：5）

2. 鍪（M29：4）

3. 钱币（M29：66）（部分）

4. 钱币（M29：67）（部分）

5. 钱币（M29：83）（部分）

M29出土铜洗、铜鍪、铜钱

1. 罐（M31∶5）

2. 罐（M31∶11）

3. 盉（M31∶10）（有盖）

4. 钵（M31∶8）

5. 钵（M31∶13）

6. 器座（M31∶14）

M31出土陶罐、陶盉、陶钵、陶器座

1. 陶瓶（M31：7）

2. 陶瓶（M31：12）

3. 陶甑（M31：6）

4. 陶甑（M31：9）

5. 陶灶（M31：4-1）（上置2盉）

6. 铁鍪（M31：1）

M31出土陶瓶、陶甑、陶灶、铁鍪

1. 罐（M32∶8）

2. 罐（M32∶5）

3. 钵（M32∶7）

4. 钵（M32∶2）

5. 甑（M32∶11）

6. 陶瓶（M32∶10）

M32出土陶罐、陶钵、陶甑、陶瓶

1. 陶瓶（M32：6）

2. 陶盂（M32：12）

3. 陶器座（M32：1）

4. 陶灶（M32：3-1）（上置2盂1瓶）

5. 铁鍪（M32：4）

M32出土陶瓶、陶盂、陶器座、陶灶、铁鍪

1.高领罐（M33：2）

2.高领罐（M33：10）

3.高领罐（M33：4）

4.罐（M33：1）

M33出土陶高领罐、陶罐

1. 釉陶锺（M33：12）

2. 釉陶锺（M33：13）

3. 釉陶锺（M33：3）

4. 陶灶（M33：9）

M33出土釉陶锺、陶灶

1. 釉陶钵（M33：5）

2. 釉陶钵（M33：6）

3. 釉陶钵（M33：8）

4. 釉陶钵（M33：11）

5. 陶釜（M33：7）

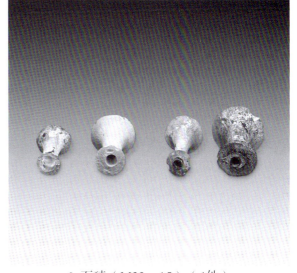

6. 石填（M33：15）（4件）

M33出土釉陶钵、陶釜、石填

M35出土陶高领罐

1. M35：8

2. M35：9

3. M35：10

4. M35：16

M35出土陶高领罐

1. M35：3

2. M35：17

3. M35：2

4. M35：13

M35出土陶罐

1. 罐（M35：15）

2. 器盖（M35：14）

3. 盂（M35：4）

4. 盂（M35：5）

5. 钵（M35：12）

6. 灶（M35：1-1）（上置2盂1甑）

M35出土陶罐、陶器盖、陶盂、陶钵、陶灶

1. M38：13

2. M38：14

3. M38：12

4. M38：19

M38出土陶罐

1.罐（M38：20）

2.罐（M38：21）

3.高领罐（M38：23）

4.壶（M38：10）（有盖）

M38出土陶罐、陶高领罐、陶壶

1.壶（M38：11）（有盖）

2.瓶（M38：25）

3.甑（M38：26）

4.盂（M38：27）

5.灶（M38：16-1）（上置1钵）

M38出土陶壶、陶瓶、陶甑、陶盂、陶灶

1. 陶灶（M38：15-1）（上置9碟）

2. 陶碟（M38：15-2～10）

3. 铜盘（M38：2）

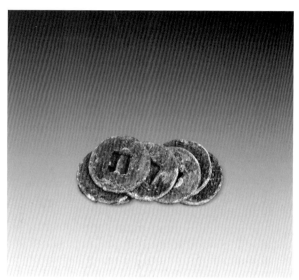

4. 铜钱（M38：9）（部分）

5. 残铁叉（M38：7）

M38出土陶灶、陶碟、铜盘、铜钱、残铁叉

1. 高领罐（M39：8）

2. 瓮（M39：7）

3. 罐（M39：5）

4. 罐（M39：6）

M39出土陶高领罐、陶瓮、陶罐

1. 罐（M39∶9）

2. 罐（M39∶10）

3. 灶（M39∶4-1）（上置1盂1瓶）

4. 钵（M39∶12）

5. 瓶（M39∶11）

M39出土陶罐、陶灶、陶钵、陶瓶

1. M40：1

2. M40：2

3. M40：3

4. M40：4

M40出土陶罐（一）

1. M40：7

2. M40：16

3. M40：17

4. M40：19

M40出土陶罐（二）

1. M40：20

2. M40：22

3. M40：23

4. M40：26

5. M40：29

6. M40：30

M40出土陶罐（三）

1. M40：40

2. M40：56

3. M40：59

4. M40：62

M40出土陶罐（四）

1. M40:69

2. M40:70

3. M40:73

4. M40:74

M40出土陶罐（五）

1. M40：77

2. M40：92

3. M40：89

4. M40：91

M40出土陶罐（六）

1. M40：79

2. M40：93

3. M40：96

4. M40：98

M40出土陶罐（七）

1. M40：100

2. M40：103

3. M40：105

4. M40：109

5. M40：104

6. M40：108

M40出土陶罐（八）

1. 仓（M40：101）

2. 仓（M40：82）（有盖）

3. 仓（M40：24）

4. 器盖（M40：42）

M40出土陶仓、陶器盖

1. M40：76

2. M40：78

3. M40：41

4. M40：99-1（上置2盂1甂1瓶）

5. M40：95-1（上置1盂1甂1钵）

M40出土陶灶

1. M40：18

2. M40：28

3. M40：47

4. M40：27

5. M40：54

6. M40：65

M40出土陶瓶

1. 瓶（M40：80）

2. 瓶（M40：71）

3. 瓶（M40：107）

4. 瓶（M40：51）

5. 盂（M40：45）

6. 盂（M40：43）

M40出土陶瓶、陶盂

1. M40：5

2. M40：9

3. M40：21

4. M40：48

5. M40：57

6. M40：64

M40出土陶盂（一）

1. M40：87

2. M40：88

3. M40：94

4. M40：97

5. M40：13

6. M40：67

M40出土陶盂（二）

1. 盂（M40：68）

2. 碟（M40：44）

3. 碟（M40：55）

4. 碟（M40：75）

5. 碟（M40：110）

6. 碟（M40：52）

M40出土陶盂、陶碟

1. 碟（M40：53）

2. 钵（M40：25）

3. 钵（M40：36）

4. 钵（M40：37）

5. 钵（M40：38）

6. 钵（M40：39）

M40出土陶碟、陶钵

1. M40：46

2. M40：66

3. M40：111

4. M40：6

5. M40：8

6. M40：32

M40出土陶钵（一）

1. M40：50

2. M40：58

3. M40：90

4. M40：112

5. M40：113

M40出土陶钵（二）

1. 甑（M40：31）

2. 甑（M40：49）

3. 甑（M40：63）

4. 支垫（M40：72）

5. 人俑（M40：33）

6. 人俑（M40：34）

M40出土陶甑、陶支垫、陶人俑

1. 陶人物俑（M40：35）

2. 陶人物俑（M40：102）

3. 陶人物俑（M40：60）

4. 陶人物俑（M40：61）

5. 石板（M40：12）

6. 陶罐（M41：1）

M40、M41出土陶人俑、石板、陶罐

1.铁鼎（M43：2）（有盖）

3.铜钫（M45：1）（有盖）

2.铜壶（M43：1）（有盖）

4.铜鼎（M45：2）（有盖）

5.铜带钩（M45：3）

M43、M45出土铁鼎、铜壶、铜钫、铜鼎、铜带钩

1.釉陶锺（足）（M46∶6）

2.釉陶鉴（耳）（M46∶3）

3.陶鸡（M46∶2）

4.钹形铜牌饰（M46∶8）

5.盔形铜泡钉（M46∶9）

6.伞形铜泡钉（M46∶10）

M46出土釉陶锺、釉陶鉴、陶鸡、铜牌饰、铜泡钉

1. 伞形泡钉（M46：11）

2. 伞形泡钉（M46：12）

3. 伞形泡钉（M46：14）

4. 蝉形泡钉（M46：20）

5. 蝉形泡钉（M46：21）

6. 铜钱（M46：22）（部分）

M46出土铜泡钉、铜钱

1. 罐（M47：10）　　　　　　2. 罐（M47：14）

3. 罐（M47：54）　　　　　　4. 罐（M47：50）

5. 碟（M47：11）　　　　　　6. 碟（M47：80）

M47出土陶罐、陶碟

1. M47 : 12

2. M47 : 15

3. M47 : 19

4. M47 : 20

M47出土釉陶罐

1. M47：38

2. M47：40

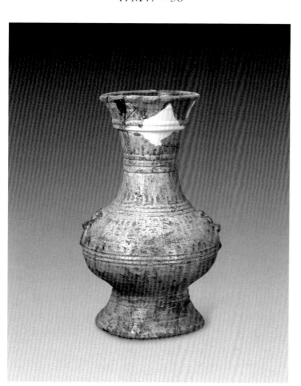

3. M47：30

4. M47：37

M47出土釉陶锺

1. 盘（魁）（M47：52）

2. 簋（瓯）（M47：51）

3. 圈（M47：48）

4. 灯（M47：47）

M47出土釉陶盘（魁）、釉陶簋（瓯）、釉陶圈、釉陶灯

1. 勺（M47：59）

2. 器盖（M47：17）

3. 器盖（M47：18）

4. 器盖（M47：55）

5. 器盖（M47：58）

6. 器盖（M47：16）

M47出土釉陶勺、釉陶器盖

1.镇墓俑（M47：27-1）

2.陶靴（M47：27-2）

3.武士俑（M47：33-1）

4.陶靴（M47：33-2）

M47出土陶镇墓俑、陶靴、陶人俑

1.击筑俑（M47∶26）

2.听歌俑（M47∶35）

3.提罐俑（M47∶42）

4.出恭俑（M47∶43）

M47出土陶人俑（一）

1.舞俑（M47：62）

2.执镜持囊俑（M47：60）

3.西王母俑（M47：61）

4.庖厨俑（M47：63）

M47出土陶人俑（二）

1. 吹箫俑（M47∶68）

2. 说唱俑（M47∶22）

3. 执扇持囊俑（M47∶23）

4. 听歌俑（M47∶29）

M47出土釉陶人俑

1. 抱囊俑（M47：34）

2. 击筑俑（M47：41）

3. 舞俑（M47：21）

4. 镇墓兽（M47：78）

M47出土釉陶人俑、釉陶镇墓兽

1. 釉陶狗（M47：66）

2. 釉陶猪（M47：39）

3. 釉陶鸡（M47：45）

4. 陶鸡（M47：46）

M47出土釉陶狗、釉陶猪、釉陶鸡、陶鸡

1. 鸡（M47：56）

2. 猪（M47：13）

3. 狗（M47：64）

4. 马（M47：44）

M47出土陶鸡、陶猪、陶狗、陶马

1. M47：31

2. M47：25

3. M47：24

4. M47：36

M47出土陶屋

1. 锺（M47：69）

2. 盘（M47：106）

3. 釜（M47：74）

4. 釜（M47：73）

5. 鍪（M47：71）

6. 簋（M47：72）

M47出土铜锺、铜盘、铜釜、铜鍪、铜簋

1. 阙形牌饰（M47：88）

2. 阙形牌饰（M47：77）

3. 钹形牌饰（M47：92）

4. 钹形牌饰（M47：8）

5. 动物形牌饰（M47：104）

6. 动物形牌饰（M47：89）

M47出土铜牌饰

1.伞形泡钉（M47：75）

2.伞形泡钉（M47：85）

3.伞形泡钉（M47：99）

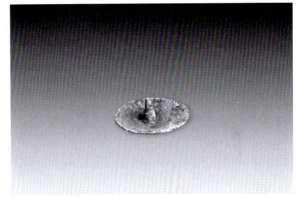

4.伞形泡钉（M47：100）

5.伞形泡钉（M47：105）

6.蝉形泡钉（M47：101）（附牌饰残片）

7.蝉形泡钉（M47：103）

8.蝉形泡钉（M47：121）

M47出土铜泡钉

1. 铜钱（M47：2）（部分）

2. 铜耳杯扣（M47：83）（2件）

3. 铜耳杯扣（M47：1）

4. 铜耳杯扣（M47：109）

5. 铜包足（M47：107）

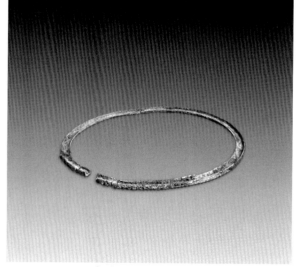

6. 铜包足（M47：53）

M47出土铜钱、铜构件

1. 铜包足（M47：28）

2. 铜包足（M47：82）

3. 铜包口（M47：115）

4. 铜包口（M47：32）

5. 铜包底（M47：114）

6. 铜包底（M47：113）

M47出土铜构件

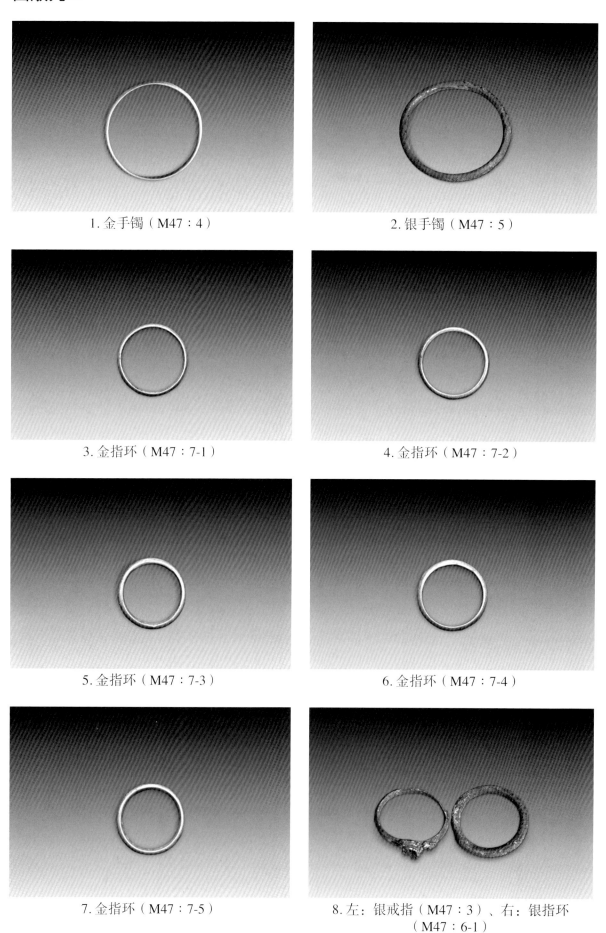

1. 金手镯（M47：4）

2. 银手镯（M47：5）

3. 金指环（M47：7-1）

4. 金指环（M47：7-2）

5. 金指环（M47：7-3）

6. 金指环（M47：7-4）

7. 金指环（M47：7-5）

8. 左：银戒指（M47：3）、右：银指环
（M47：6-1）

M47出土金、银器

1. 陶矮领罐（M48：7）

2. 铜鼎（M48：4）（未修复）

3. 铜鐎壶（M48：5）

4. 铜壶（M48：3）（有盖）

5. 铜勺（M48：6）

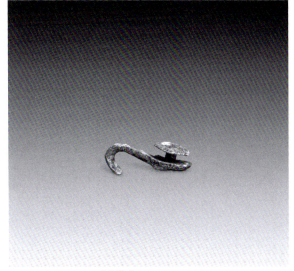

6. 铜带钩（M48：2）

M48出土陶矮领罐、铜鼎、铜鐎壶、铜壶、铜勺、铜带钩

1. M49：8

2. M49：9

3. M49：12

4. M49：20

5. M49：6

6. M49：7

M49出土陶罐

1. 罐（M49：13）

2. 罐（M49：18）

3. 罐（M49：19）

4. 壶（M49：16）

M49出土陶罐、陶壶

1. 盂（M49：23）

2. 盂（M49：25）

3. 盂（M49：24）

4. 钵（M49：26）

5. 钵（M49：27）

6. 钵（M49：28）

M49出土陶盂、陶钵

1. M49：29

2. M49：30

3. M49：31

4. M49：32

5. M49：34

6. M49：22

M49出土陶钵

1. 多角坛（M51：1）

2. 魂瓶（M51：2-1）

3. 罐（M52：1）

4. 罐（M52：2）

M51、M52出土釉陶多角坛、釉陶魂瓶、釉陶罐

1. 矮领罐（M54：2）

2. 罐（M57：1）

3. 罐（M57：5）

4. 罐（M57：6）

M54、M57出土陶矮领罐、陶罐

1. 罐（M57∶7）

2. 罐（M57∶4）

3. 器盖（M57∶8）

4. 马（M57∶3）

5. 罐（M59∶2）

6. 罐（M59∶7）

M57、M59出土陶罐、陶器盖、陶马

1. 陶罐（M59∶3）

2. 釉陶平底壶（M59∶12）

3. 陶器盖（M59∶19）

4. 陶灶（M59∶13）（上置1盂1甑）

M59出土陶罐、釉陶平底壶、陶器盖、陶灶

1. 陶瓶（M59：1）

2. 陶盂（M59：4）

3. 陶盂（M59：5）

4. 陶盂（M59：6）

5. 铜带钩（M59：9）

6. 石板（M59：11）

M59出土陶瓶、陶盂、铜带钩、石板

1. 盂（M60：1）

2. 盂（M60：10）（有盖）

3. 钵（M60：11）

4. 杯（M60：2）

5. 杯（M60：3）

6. 杯（M60：4）

M60出土陶盂、陶钵、陶杯

1. 杯（M60：5）

2. 杯（M60：6）

3. 杯（M60：7）

4. 瓶（M60：8）

5. 器座（M60：9）（倒置）

M60出土陶杯、陶瓶、陶器座

1. 罐（M62：7）

2. 罐（M62：8）

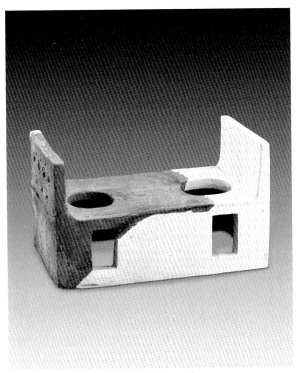

3. 灶（M62：2）

4. 灶（M62：6）

M62出土陶罐、陶灶

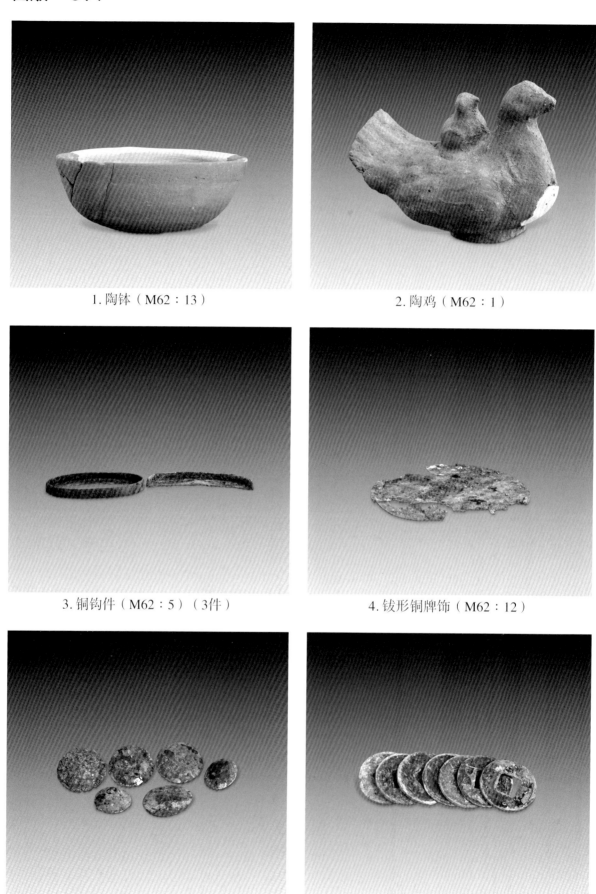

1. 陶钵（M62：13）

2. 陶鸡（M62：1）

3. 铜钩件（M62：5）（3件）

4. 钹形铜牌饰（M62：12）

5. 铜泡钉（M62：11）（6件）

6. 铜钱（M62：9）（部分）

M62出土陶钵、陶鸡、铜耳杯扣、铜牌饰、铜泡钉、铜钱

1.高领罐（M65：2）

2.罐（M65：6）

3.灶（M65：11）（上置1瓶）

4.壶（M65：9）

M65出土陶高领罐、陶罐、陶灶、陶壶

1. M66：11

2. M66：12

3. M66：16

4. M66：17

5. M66：18

6. M66：20

M66出土陶罐

1. 罐（M66：21）

2. 罐（M66：24）

3. 灶（M66：6）（上置2甗1瓶1盂）

4. 仓（M66：23）

M66出土陶罐、陶灶、陶仓

1. 瓶（M66：14）

2. 盂（M66：15）

3. 盂（M66：13）

4. 钵（M66：26）

5. 器盖（M66：19）

M66出土陶瓶、陶盂、陶钵、陶器盖

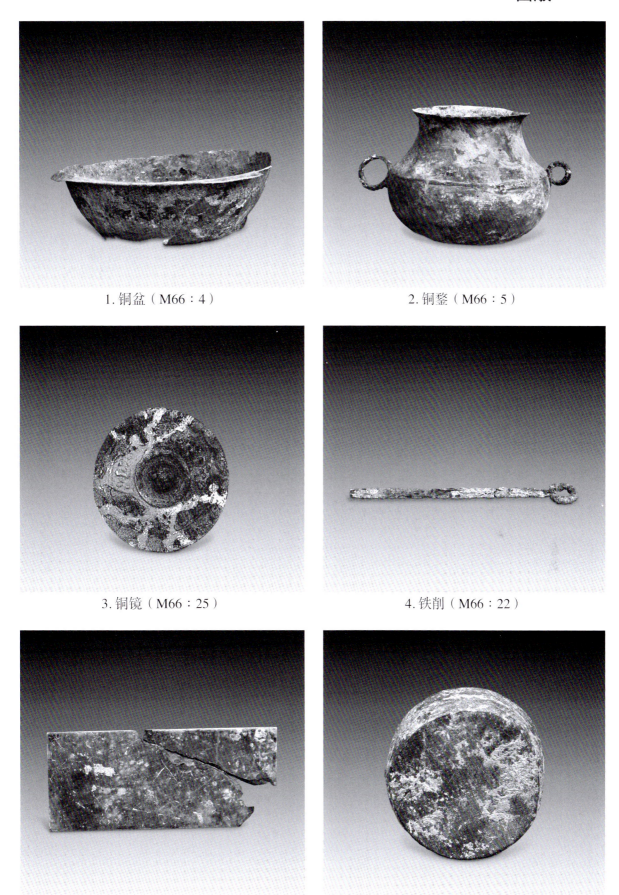

1. 铜盆（M66：4）

2. 铜鍪（M66：5）

3. 铜镜（M66：25）

4. 铁削（M66：22）

5. 石板（M66：2）

6. 石饼（M66：3）

M66出土铜盆、铜鍪、铜镜、铁削、石板、石饼

1. 罐（M68：2）

2. 罐（M68：5）

3. 罐（M68：8）

4. 灶（M68：11）（上置2盂2瓿）

M68出土陶罐、陶灶

1. 陶瓶（M68：9）

2. 陶瓶（M68：10）（有盖）

3. 陶钵（M68：7）

4. 陶器座（M68：17）

5. 陶盂（M68：15）

6. 铜鍪（M68：6）（未修复）

M68出土陶瓶、陶钵、陶器座、陶盂、铜鍪

1. 盆（M69：1）

2. 盆（M69：2）

3. 罐（M70：1）

4. 罐（M70：2）（有盖）

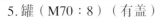

5. 罐（M70：8）（有盖）

6. 罐（M70：12）

M69、M70出土陶盆、陶罐

1. 罐（M70：15）

2. 灶（M70：6）（上置2盂2甑）

3. 盂（M70：10）

4. 盂（M70：14）

5. 甑（M70：17）

6. 器座（M70：11）

M70出土陶罐、陶灶、陶盂、陶甑、陶器座

1. 陶瓶（M70：9）

2. 陶瓶（M70：18）（有盖）

3. 陶钵（M70：13）

4. 铜镜（M70：16）

5. 铜泡钉（M70：19）（2件）

6. 铜刀（M71：1）

M70、M71出土陶瓶、陶钵、铜镜、铜泡钉、铜刀

1. 瓶（M72：9）

2. 盂（M72：3）

3. 钵（M72：4）

4. 甑（M72：5）

5. 瓮（M72：1）

6. 灶（M72：2）

M72出土陶瓶、陶盂、陶钵、陶甑、陶瓮、陶灶

1. 铜盆（M72：8）

2. 铜钱（M72：6）（部分）

3. 瓷盏（M73：6）

4. 釉陶碗（M73：3）

5. 釉陶碗（M73：5）

6. 釉陶双耳罐（M73：4）

M72、M73出土铜盆、铜钱、瓷盏、釉陶碗、釉陶双耳罐

1.灯（M73：2）

2.双耳罐（M74：1）

3.碗（M74：2）

4.罐（M76：1）

M73、M74、M76出土釉陶灯、釉陶双耳罐、釉陶碗、釉陶罐

1. 铜手镯（M77：3）

2. 铜手镯（M77：4）

3. 银手镯（M77：2）

4. 骨饰（M77：9）

5. 石饰（M77：1）

6. 陶壶（M78：1）

M77、M78出土铜手镯、银手镯、骨饰、石饰、陶壶

1. M81：20

2. M81：23

3. M81：24

4. M81：28

5. M81：10

6. M81：39

M81出土陶罐

1. 罐（M81：29）

2. 罐（M81：2）

3. 罐（M81：30）

4. 罐（M81：32）

5. 罐（M81：33）

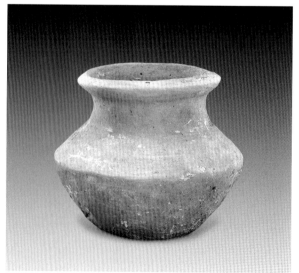

6. 瓶（M81：18）

M81出土陶罐、陶瓶

1. 瓶（M81：22）　　　　　　　　2. 瓶（M81：17）

3. 盂（M81：21）　　　　　　　　4. 盂（M81：16）

5. 盂（M81：25）　　　　　　　　6. 盂（M81：40）

M81出土陶瓶、陶盂

1.盂（M81：41）

2.钵（M81：19）

3.甑（M81：13）

4.甑（M81：31）

5.高领罐（M81：12）

6.灶（M81：15）

M81出土陶盂、陶钵、陶甑、陶高领罐、陶灶

1. 陶灯（M81：4）

2. 釉陶杯（M81：7）

3. 釉陶器盖（M81：3）

4. 釉陶锺（M81：9）

5. 釉陶釜（M81：14）

6. 釉陶勺（M81：6）

M81出土陶灯、釉陶杯、釉陶器盖、釉陶锺、釉陶釜、釉陶勺

1.釉陶鼎（M81：5）

2.釉陶盘（魁）（M81：11）

3.釉陶钵（M81：1）

4.铜洗（M81：8）

5.铁削（M81：35）

M81出土釉陶鼎、釉陶盘（魁）、釉陶钵、铜洗、铁削

1. M82：1

2. M82：2

3. M82：5

4. M82：9

M82出土陶罐

1. 罐（M82：16）

2. 罐（M82：17）

3. 罐（M82：24）

4. 灶（M82：12）

5. 灶（M82：11）

M82出土陶罐、陶灶

1.盂（M82：21）

2.盂（M82：6）

3.釜（M82：13）

4.釜（M82：7）

5.钵（M82：8）

6.钵（M82：19）

M82出土陶盂、陶釜、陶钵

1. 陶钵（M82∶20）

2. 陶钵（M82∶4）

3. 釉陶器盖（M82∶18）

4. 釉陶器盖（M82∶22）

5. 铜耳杯扣（M82∶15）

6. 铜泡钉（M82∶14）

M82出土陶钵、釉陶器盖、铜耳杯扣、铜泡钉

1.釉陶灯（M82：23）（有盖）

2.釉陶锺（M82：10）（有盖）

3.陶高领罐（M83：1）

4.陶高领罐（M83：2）

M82、M83出土釉陶灯、釉陶锺、陶高领罐

1. 碗（M85：1）

2. 碗（M85：2）

3. 碗（M85：3）

4. 碗（M85：4）

5. 双耳罐（M86：1）

6. 碗（M86：2）

M85、M86出土釉陶碗、釉陶双耳罐

1. 瓷盏（M86：3）

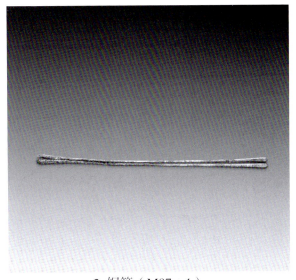

2. 铜簪（M87：1）

3. 铜镜（M88：1）

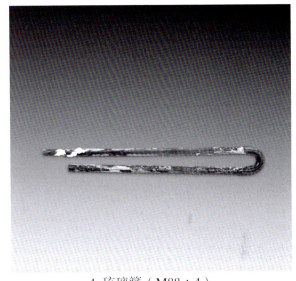

4. 琉璃簪（M88：4）

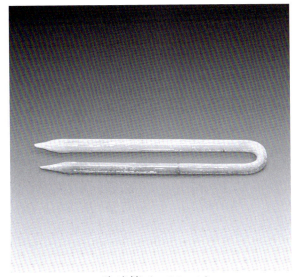

5. 琉璃簪（M88：3）

6. 铜钱（M88：2）（部分）

M86、M87、M88出土瓷盏、铜簪、铜镜、琉璃簪、铜钱

1. 瓷盏（M89：1）

2. 瓷杯（M89：4）

3. 釉陶碗（M89：5）

4. 釉陶双耳罐（M89：2）

5. 铜钱（M89：7）（部分）

M89出土瓷盏、瓷杯、釉陶碗、釉陶双耳罐、铜钱

1.高领罐（M90：2）

2.高领罐（M90：1）

3.罐（M91：7）

4.罐（M91：8）

M90、M91出土陶高领罐、陶罐

1.罐（M91：9）

2.罐（M91：12）

3.瓶（M91：11）

4.瓶（M91：14）

5.盂（M91：3）

6.盂（M91：4）

M91出土陶罐、陶瓶、陶盂

1. 盂（M91：13）

2. 盂（M91：16）（有盖）

3. 甑（M91：10）

4. 甑（M91：2）

5. 钵（M91：6）

6. 钵（M91：15）

M91出土陶盂、陶甑、陶钵

1. 器座（M91：17）

2. 灶（M91：5）

3. 罐（M101：1）（有盖）

4. 罐（M101：4）（有盖）

M91、M101出土陶器座、陶灶、陶罐

1. M101∶5

2. M101∶6

3. M101∶12

4. M101∶17

M101出土陶罐（均有盖）（一）

1. M101：23（有盖）

2. M101：2

3. M101：18

4. M101：19

M101出土陶罐（二）

1. 罐（M101：7）

2. 瓶（M101：11）

3. 瓶（M101：13）

4. 瓶（M101：22）

M101出土陶罐、陶瓶

1. M101：20

2. M101：14

3. M101：27

4. M101：26

M101出土陶钵

1. 陶盂（M101：28）

2. 陶盂（M101：29）

3. 陶甑（M101：25）

4. 铜构件（M101：24）

M101出土陶盂、陶甑、铜构件

1.灶（M101：9）（上置2盂2瓿）

2.灶（M102：1）

3.侍俑（M103：1）

4.侍俑（M103：2）

M101、M102、M103出土陶灶、陶人俑

K-2891. 01

www.sciencep.com

ISBN 978-7-03-058733-6

9 787030 587336 >

定价：480.00 元

科学出版社互联网入口

赛博古二维码

文物考古分社
部门：（010）64009636
部门 E-mail：arch@mail.sciencep.com